高效 是我们不变的标准

全程设计

智慧宝典 全程相伴

新教材·高中同步导学高效课堂

孙胤华◎主 编

化学

选择性必修3

RJ

黑龙江教育出版社

ARTTIME 时代出版

时代出版传媒股份有限公司
安徽科学技术出版社

图书在版编目（CIP）数据

全程设计. 化学. 选择性必修3 / 孙胤华主编. --
哈尔滨 ：黑龙江教育出版社，2020.8 （2021.8重印）
ISBN 978-7-5709-1732-7

Ⅰ. ①全… Ⅱ. ①孙… Ⅲ. ①中学化学课－高中－教
学参考资料 Ⅳ. ①G634

中国版本图书馆CIP数据核字(2020)第172367号

全程设计 化学 选择性必修3
QUANCHENG SHEJI HUAXUE XUANZEXING BIXIU 3
孙胤华 主编

责任编辑：王 玲
责任校对：蔚秋华
装帧设计：一帆红星
整体制作：山东一帆融媒教育科技有限公司
出版发行：黑龙江教育出版社（哈尔滨市道里区群力第六大道1305号）
印 刷：山东华奥印刷有限公司

开 本：880毫米×1230毫米 1/16 版 次：2020年8月第1版
印 张：12.25 印 次：2021年8月第2次印刷
字 数：429 千 书 号：ISBN 978-7-5709-1732-7
定 价：40.80元

如对图书内容、印刷质量有疑问，请与我社联系。联系电话：0537-7307288

新课标·新教材·新教学·新学案

新知识·新能力·新素养·新落实

第一章 有机化合物的结构特点与研究方法

第一节 有机化合物的结构特点

第1课时 有机化合物的分类方法

[新教材内容有哪些]

有机化合物的分类方法
- 依据碳骨架分类
  - 链状化合物
  - 环状化合物
- 依据官能团分类
  - 烃
  - 烃的衍生物

[新课程标准是什么]

1. 认识有机化合物中的官能团。
2. 以典型简单有机化合物为例，建立官能团及有机化合物分类的初步认识。

新课程学案 让核心素养落地生根 **1 预习新教材——自学区**

[理清主干知识]

(一)依据碳骨架分类

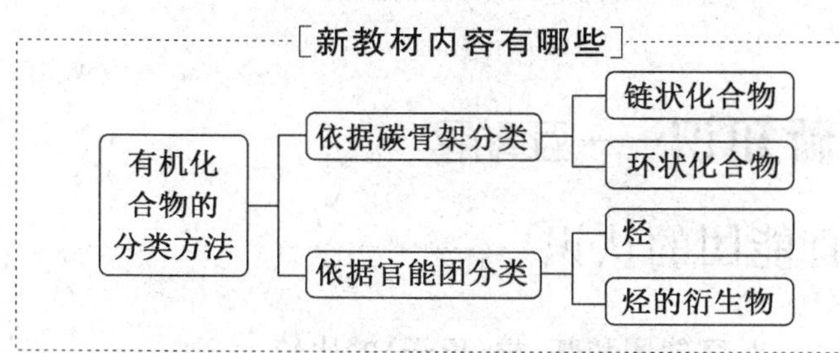

(二)依据官能团分类

1. 烃的衍生物

(1)定义：烃分子中的氢原子可以被______或______所取代，衍生出的一系列的化合物。

(2)举例：甲烷中的氢原子被______取代得到氯代甲烷，然后经过化学反应，转变为甲醇(CH_3OH)，甲醛(HCHO)等一系列烃的衍生物。

2. 官能团：有机化合物中，决定化合物特性的______或______。

3. 有机化合物的主要类别

(1)烃的主要类别

有机化合物类别	官能团(名称和结构简式)	代表物的名称及结构简式
烷烃	—	甲烷 CH_4
烯烃	碳碳双键______	乙烯______
炔烃	碳碳三键 —C≡C—	乙炔 CH≡CH
芳香烃	—	苯 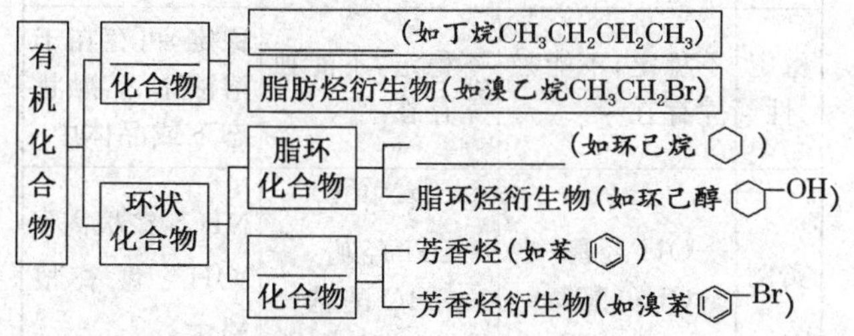

(2)烃的衍生物的主要类别

有机化合物类别	官能团(名称和结构简式)	代表物的名称及结构简式
卤代烃	碳卤键 $-\overset{\vert}{\underset{\vert}{C}}-X$	溴乙烷 CH_3CH_2Br
醇	羟基______	乙醇______
酚	羟基—OH	苯酚 ⌬—OH
醚	醚键 $-\overset{\vert}{\underset{\vert}{C}}-O-\overset{\vert}{\underset{\vert}{C}}-$	乙醚 $CH_3CH_2OCH_2CH_3$
醛	醛基______	乙醛 CH_3CHO
酮	酮羰基 $-\overset{O}{\overset{\Vert}{C}}-$	丙酮 CH_3COCH_3
羧酸	羧基______	乙酸______
酯	酯基______	乙酸乙酯______
胺	氨基______	甲胺 CH_3NH_2
酰胺	酰胺基 $-\overset{O}{\overset{\Vert}{C}}-NH_2$	乙酰胺 CH_3CONH_2

[诊断自学效果]

1. 正误判断(正确的打"√"，错误的打"×")。

(1)含碳的化合物都是有机化合物 (　　)

(2)羧酸的官能团是羟基(—OH) (　　)

(3) ⬡ 属于链状化合物 (　　)

(4) 环己基—OH 属于芳香化合物　(　　)

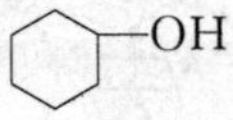

(5)NH_4^+ 属于官能团　(　　)

(6)CH≡CH 中的官能团是碳碳三键　(　　)

2.下列表示的是有机化合物结构式中的一部分，其中不是官能团的是　(　　)

A. —OH　　B. —C≡C—

C. 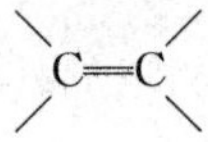 >C=C<　　D. —C—C—（碳碳单键）

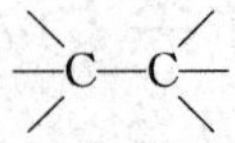

3.按碳骨架分类，下列说法正确的是　(　　)

A. 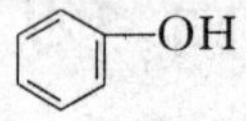 苯环—OH 属于醇类化合物

B. 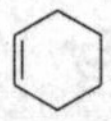 环己烷 属于芳香族化合物

C. 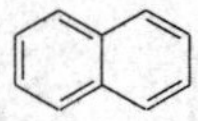 萘 属于脂环化合物

D. $CH_3CH(CH_3)_2$ 属于链状化合物

新课程学案 让核心素养落地生根 **2 研讨新知识——互动区**

新知探究(一)　官能团的认识

[在探究中学]

已知有机化合物中存在下列结构或片段(R 均表示烃基)。

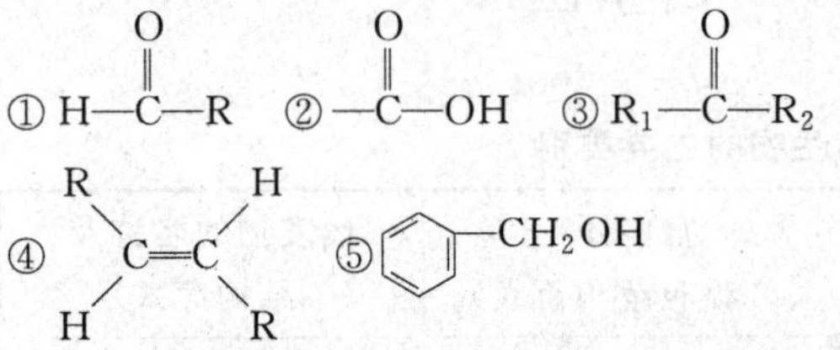

① H—C(=O)—R　② —C(=O)—OH　③ R_1—C(=O)—R_2

④ (R)(H)C=C(H)(R)　⑤ 苯环—CH_2OH

⑥$CH_3—CH_2—NH_2$　⑦$CH_3CH_2CH_3$

结合官能团的有关知识，思考并回答下列问题：

(1)上述结构或片段中，共有多少种官能团？其中含氧官能团有哪些？

(2)若⑤中—OH 直接连在苯环上，形成如 苯环(—CH_3)(—OH) 的有机化合物，它还属于醇类吗？

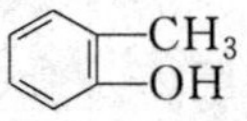

(3)—OH 与 OH^- 都属于官能团吗？

系统知识

1. 官能团与物质性质及类别的关系

分子中官能团不同，其化学性质也不同；分子中官能团相同，但若其连接方式和位置不同，化学性质也有所不同。如当羟基直接连在苯环上属于酚类，当羟基连在链烃上，则属于醇类。

2. 官能团和基、根(离子)的比较

	官能团	基	根(离子)
概念	决定化合物特殊性质的原子或原子团	化合物分子中去掉某些原子或原子团后，剩下的原子团	指带电荷的原子或原子团
电性	电中性	电中性	带电荷
稳定性	不稳定，不能独立存在	不稳定，不能独立存在	稳定，可存在于溶液中、熔融状态下或晶体中
实例	—OH 羟基 —CHO 醛基	—CH_3 甲基 —OH 羟基 —CHO 醛基 —COOH 羧基	NH_4^+ 铵根离子 OH^- 氢氧根离子

[在应用中悟]

[典例]　化合物 F 是一种抗心肌缺血药物的中间体，可以通过以下方法合成：

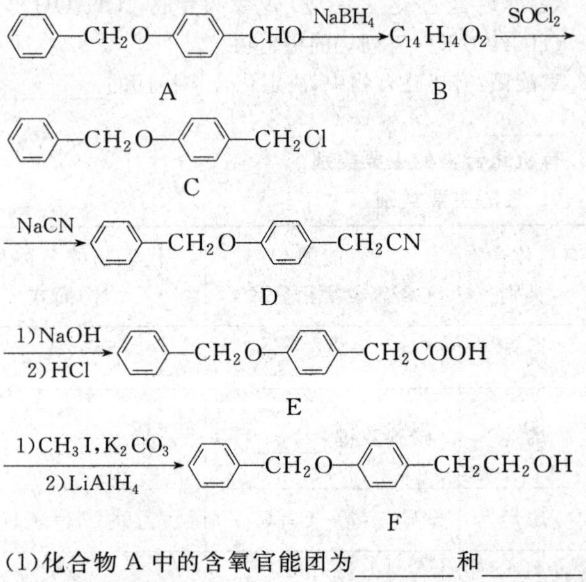

苯环—CH_2O—苯环—CHO (A) $\xrightarrow{NaBH_4}$ $C_{14}H_{14}O_2$ (B) $\xrightarrow{SOCl_2}$

苯环—CH_2O—苯环—CH_2Cl (C)

$\xrightarrow{NaCN}$ 苯环—CH_2O—苯环—CH_2CN (D)

$\xrightarrow[2)HCl]{1)NaOH}$ 苯环—CH_2O—苯环—CH_2COOH (E)

$\xrightarrow[2)LiAlH_4]{1)CH_3I,K_2CO_3}$ 苯环—CH_2O—苯环—CH_2CH_2OH (F)

(1)化合物 A 中的含氧官能团为________和________。(填官能团名称，下同)

(2)C 中含有非氧官能团的名称是____________。

(3)化合物 F 与乙醇具有相同的官能团__________(填名称),从官能团的角度分析,化合物 F 可以与 Na 发生反应,反应方程式为____________________。化合物 F 也可以被催化氧化为________类化合物。

[听课记录]

[名师点睛]

(1)官能团书写要规范。如醛基可简写成"—CHO"但不能写成"—COH"或"CHO—"、硝基($—NO_2$)不能写成"$NO_2—$"。

(2)有机分子中若含有两种以上的官能团,该分子可能具有多方面的性质;若多种官能团之间互相影响,又可能表现某种或某些特殊性。

(3)官能团属于基,但是基不一定是官能团,如甲基($—CH_3$)、苯基(—⬡)不是官能团;根和基可以相互转化,如 OH^- 失去 1 个电子可转化为—OH,而—OH 获得 1 个电子,可转化为 OH^-。

[在训练中评]

1. 下列不属于官能团的是 ( )

A. NO_3^-　　B. $—NO_2$

C. $—NH_2$　　D. —COOH

2. 下列关于官能团的判断中说法错误的是 ( )

A. 醇的官能团是羟基(—OH)

B. 乙酰胺(CH_3CONH_2)的官能团是氨基($—NH_2$)

C. 酚的官能团是羟基(—OH)

D. 烯烃的官能团是碳碳双键

3. 对盆栽鲜花使用 S-诱抗素制剂,以保证鲜花盛开,S-诱抗素的分子结构如图,下列关于该分子说法正确的是 ( )

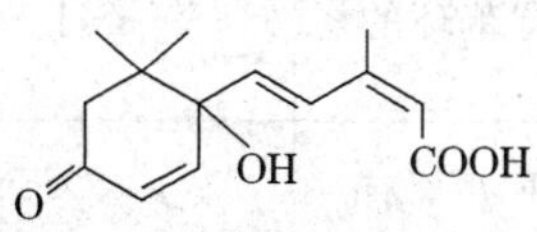

A. 含有碳碳双键、羟基、羰基、羧基

B. 含有苯环、羟基、羰基、羧基

C. 含有羟基、羰基、羧基、酯基

D. 含有碳碳双键、苯环、羟基、羰基

新知探究(二) 有机化合物的简单分类

[在探究中学]

1. 脂环化合物与芳香化合物的比较:

①(苯环)—Br、②(苯环)—CH_2—(苯环)、③(环己烯)、

④(苯环)—CH_3、⑤(环戊烷)、⑥(萘)

分析上述有机化合物的分子结构特点,探究下列问题:

(1)属于脂环化合物的有哪些?其分子结构的共同点是什么?

(2)用上述有机化合物的序号填写下表:

分类	芳香化合物	
	芳香烃	
	苯的同系物	④
分子结构的共同点		

2. 含羰基(—C(=O)—)的物质都为酮吗?

3. 结合教材中环状化合物的分类,请你探讨有机化合物

$CH_2—CH_2$
$CH_2—CH—CH_2$
(苯环)

属于芳香化合物还是脂环化合物?

系统知识

1. 脂环化合物和芳香化合物的比较

(1)芳香化合物:含有一个或多个苯环的化合物,均称为芳香化合物。如 —OH、、—NO_2。

(2)脂环化合物:不含苯环的碳环化合物,都属于脂环化合物,如 、、—OH。

2. 芳香化合物、芳香烃和苯的同系物的关系

		定义	实例
区别	芳香化合物	含有苯环的化合物	—Br、—NO_2
	芳香烃	含有苯环的烃	—CH_3、—CH═CH_2
	苯的同系物	分子中含有一个苯环且侧链为烷基的烃	—CH_3、—CH_2CH_3
关系		芳香化合物 ⊃ 芳香烃 ⊃ 苯的同系物	

3. 根据基团位置确定物质类别的方法

基团	基团所在位置	物质类别	实例
—O—	处在 C—C 键中间	醚	CH_3—O—CH_3、—O—CH_3
	处在苯环上的 C—H 键中间	酚	CH_3——O—H、—O—H
	处在 C—H 键中间(非苯环上的 C—H 键)	醇	CH_3CH_2—O—H、—CH_2—O—H
$-\overset{O}{\overset{\|}{C}}-$	至少一端连接 H	醛	$H-\overset{O}{\overset{\|}{C}}-H$、$-\overset{O}{\overset{\|}{C}}-H$
	两端都连接 C	酮	$CH_3-\overset{O}{\overset{\|}{C}}-CH_3$、$-\overset{O}{\overset{\|}{C}}-CH_3$
	至少一端连接 —NH_2	酰胺	CH_3CONH_2
$-\overset{O}{\overset{\|}{C}}-O-$	O—上连接 H(即 $-\overset{O}{\overset{\|}{C}}-O-H$)	羧酸	$H-\overset{O}{\overset{\|}{C}}-O-H$、$-\overset{O}{\overset{\|}{C}}-O-H$
	O—上连接 C(即 $-\overset{O}{\overset{\|}{C}}-O-C$)	酯	$H-\overset{O}{\overset{\|}{C}}-O-CH_3$、$CH_3-\overset{O}{\overset{\|}{C}}-O-$

[在应用中悟]

[典例] 分析下列有机化合物的结构简式,对下列有机化合物进行分类。

①$CH_3CH_2CH_2CH_2CH_3$　②C_2H_5OH

③ $CH_3-\underset{}{\overset{CH_3}{\overset{|}{C}H}}-CH_2-CH_3$

④ $CH_3-\overset{CH_3}{\overset{|}{C}H}-CH═CH-CH_3$

⑤ 　⑥ $\underset{OH}{\underset{|}{CH_2}}-\underset{OH}{\underset{|}{CH}}-\underset{OH}{\underset{|}{CH_2}}$　⑦$CH_3CH_2CH_3$

⑧ —CH_2CH_3　⑨ H_3C——CH_3

⑩ $CH_3-\overset{CH_3}{\overset{|}{C}H}-\overset{O}{\overset{\|}{C}}-OH$　⑪ $CH_3CH_2CH_2-\overset{O}{\overset{\|}{C}}-H$

⑫ —NH_2　⑬ —OH　⑭ $CH_3\overset{O}{\overset{\|}{C}}Cl$

⑮ —N(CH_3)(CH_2CH_3)　⑯$CH_3CHBrCH_3$

(1)属于烷烃的是____________;

(2)属于烯烃的是____________;

(3)属于芳香烃的是____________;

(4)属于卤代烃的是____________;

(5)属于醇的是____________;

(6)属于醛的是____________;

(7)属于羧酸的是____________;

(8)属于胺类的是____________;

(9)属于脂肪烃的是____________;

(10)属于环状化合物的是____________。

[听课记录]

[名师点睛]

(1)有机化合物中的链状烃也称为脂肪烃。

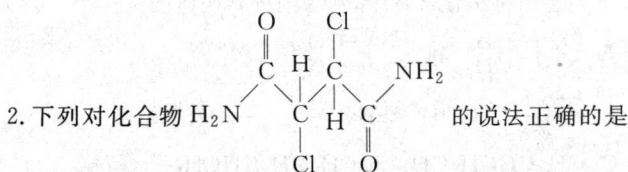

(2)一种物质根据不同的分类方法，可以属于不同的类别。如（环己烯），既属于环状化合物中的脂环化合物，又属于烯烃；（苯酚），既属于环状化合物中的芳香化合物，又属于酚类。

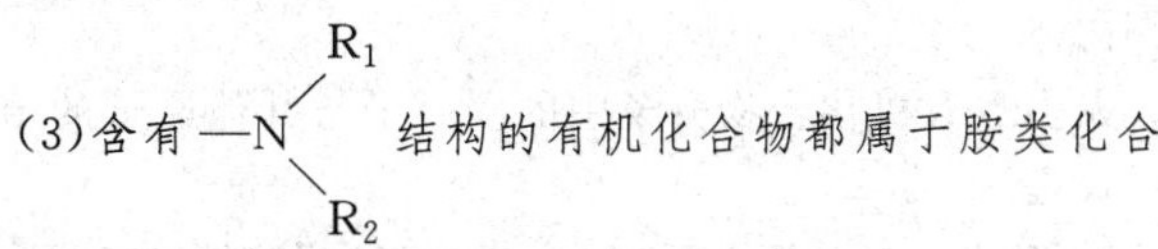

(3)含有 $—N(R_1)(R_2)$ 结构的有机化合物都属于胺类化合物，其中 R_1、R_2 可以相同，也可以不相同，也可以都是氢原子。中学阶段一般出现最多的是 R_1、R_2 相同，且都是氢原子的有机化合物。

[在训练中评]

1. 下列有机化合物是按照碳的骨架进行分类的是 ( )

A. 烷烃 B. 醇 C. 芳香烃 D. 卤代烃

2. 下列对化合物 $H_2N—C(=O)—CH(Cl)—CH(Cl)—C(=O)—NH_2$ 的说法正确的是 ( )

A. 该有机化合物中含有氨基、酮羰基、碳卤键三种官能团

B. 按官能团分类，该有机化合物属于酰胺类

C. 按碳骨架分类，该有机化合物属于脂肪烃

D. 按碳骨架分类，该有机化合物属于脂环化合物

3. 下列有 12 种有机化合物，按它们所属的类别填写下表。

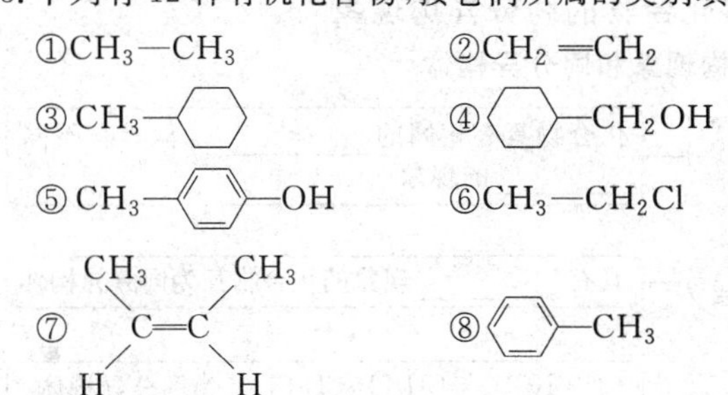

①$CH_3—CH_3$ ②$CH_2=CH_2$

③ CH_3—(环己基) ④ (环己基)—CH_2OH

⑤ CH_3—(苯环)—OH ⑥$CH_3—CH_2Cl$

⑦ $CH_3CH=CHCH_3$ ⑧ (苯环)—CH_3

⑨CH_3Cl ⑩ $CH_3—CH(CH_3)—CH_3$

⑪CH_3CH_2OH ⑫ $CH_3—C≡CH$

分类依据	烷烃	烯烃	炔烃	环烷烃	芳香烃	卤代烃	醇	酚
有机化合物								

课下请完成课时跟踪检测(一)

第 2 课时 有机化合物中的共价键和同分异构现象

[新教材内容有哪些]

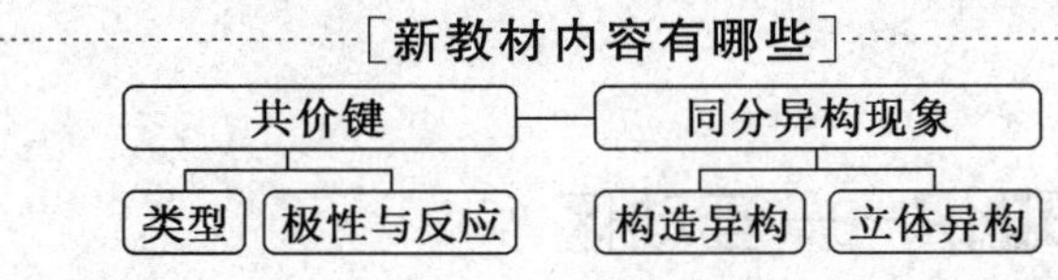

[新课程标准是什么]

1. 了解有机化合物中共价键的类型。
2. 理解有机化合物的同分异构体。

新课程学案 让核心素养落地生根

1 预习新教材——自学区

[理清主干知识]

(一)有机化合物中的共价键

1. 共价键的类型

(1)σ 键

①存在：甲烷分子中的 C—H 和乙烷分子中的________都是 σ 键。一般有机化合物中的________是 σ 键。

②实例：甲烷分子中，氢原子的 1s 轨道与碳原子的一个______杂化轨道沿着两个原子核间的键轴，以“________”的形式相互重叠，形成 σ 键。

③特点：通过 σ 键连接的原子或原子团可绕键轴________而不会导致化学键的破坏。

(2)π 键

①存在：一般情况下，有机化合物中的双键中含有一个 σ 键和________个 π 键，三键中含有一个 σ 键和两个________键。

②实例：乙烯分子中，两个碳原子未参与杂化的________轨道以“________”的形式从侧面重叠，形成 π 键。

③特点：π 键与 σ 键的轨道重叠程度不同，所以强度不同，也不能绕键轴旋转。

2. 共价键的极性与有机反应

(1)特点：①共价键________越强，在反应中越容易断裂。

②有机化合物分子中共价键断裂的位置有多种可能，所以有机反应副反应较多，产物比较复杂。

(2)实例：① $2CH_3—CH_2—OH+2Na \longrightarrow$

____

该反应能够发生的原因是乙醇分子中的氢氧键极性较强，能够发生断裂。

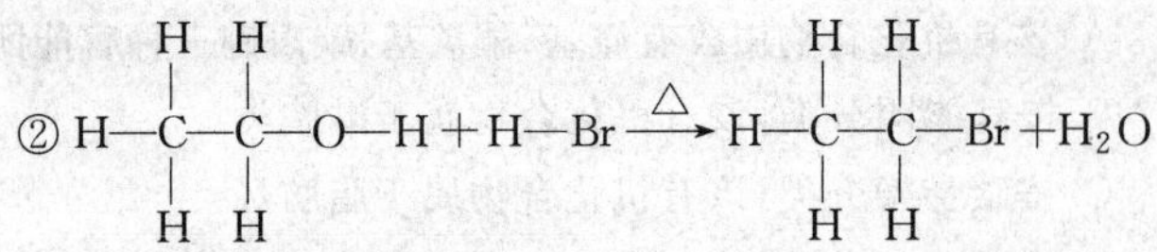

该反应中碳氧键断裂，也是因为碳氧键极性较强。

(二)有机化合物的同分异构现象

1.同分异构现象和同分异构体

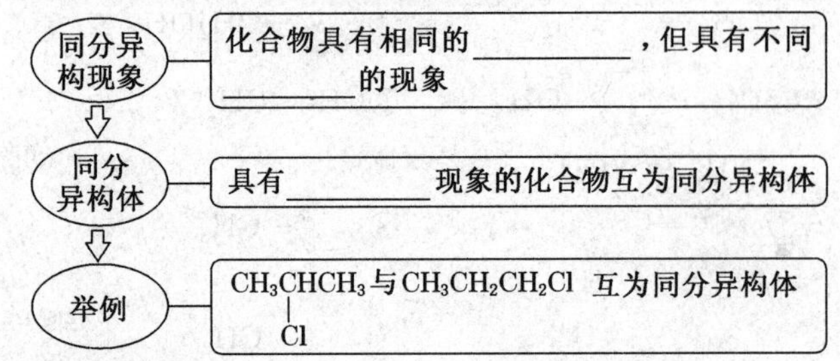

同分异构现象
化合物具有相同的________，但具有不同________的现象
同分异构体
具有________现象的化合物互为同分异构体
举例
CH_3CHCH_3 与 $CH_3CH_2CH_2Cl$ 互为同分异构体
Cl

2.同分异构现象

(1)构造异构现象

异构类别	形成途径	示例
碳架异构	________不同而产生的异构	$CH_3CH_2CH_2CH_3$ 与________
位置异构	________不同而产生的异构	$CH_2{=}CH—CH_2—CH_3$ 与________
官能团异构	________不同而产生的异构	CH_3CH_2OH 与________

(2)**立体异构**：立体异构有顺反异构和对映异构等。

[诊断自学效果]

1.正误判断(正确的打"√"，错误的打"×")。

(1)碳原子只能与碳原子形成共价键　(　　)

(2)有机化合物中只存在极性键　(　　)

(3)所有有机化合物均存在同分异构体　(　　)

(4)相对分子质量相同而结构不同的化合物互为同分异构体　(　　)

2.大多数有机化合物分子中的碳原子与其他原子的结合方式是　(　　)

A.形成 4 对共用电子对　B.通过非极性键结合

C.通过 2 个共价键结合　D.通过离子键和共价键结合

3.互为同分异构体的物质不可能　(　　)

A.具有相同的相对分子质量

B.具有相同的结构

C.具有相同的通式

D.具有相同的分子式

4.下列各组有机化合物中，互为同分异构体的是　(　　)

A. (邻二甲苯，$—CH_3$、$—CH_3$) 和 (邻二甲苯，$—CH_3$、$—CH_3$)

B. $C_6H_5—CH_2OH$ 和 $H_3C—C_6H_4—OH$

C. $CH_3CH(CH_3)CH_2CH_3$ 和 $CH_3CH_2CH(CH_3)CH_3$

D. $H—C(Cl)(Cl)—H$ 和 $H—C(H)(Cl)—Cl$

新课程学案 让核心素养落地生根 2 研讨新知识——互动区

新知探究(一)　有机化合物中碳原子的成键特点

[在探究中学]

碳原子的成键特点及有机化合物分子的表示方法：

(1)根据物质结构理论和价键理论，分析碳原子为什么容易形成 4 个共价键？

(2)已知甲烷分子中的两个氢原子被两个氯原子取代后的结构只有一种，能否证明甲烷的空间结构是正四面体结构而不是平面正方形结构？

(3)烷烃为链状烃，戊烷分子中所有碳原子是否在一条直线上？

(4)分子式为 C_nH_{2n+2} 的烷烃分子中，含共价键的数目是多少？这些共价键都是 σ 键吗？

(5)乙烷和乙烯都属烃类，都含有 2 个碳原子，但二者的化学性质差异较大。乙烷多发生取代反应，而乙烯却易发生加成反应。请你从化学键的角度解释其中的原因。

系统知识

1. 碳原子的结构及成键特点

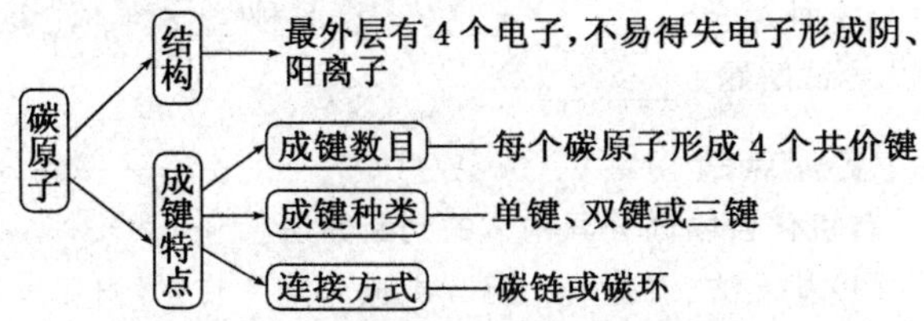

2. 有机化合物中共价键类型与反应

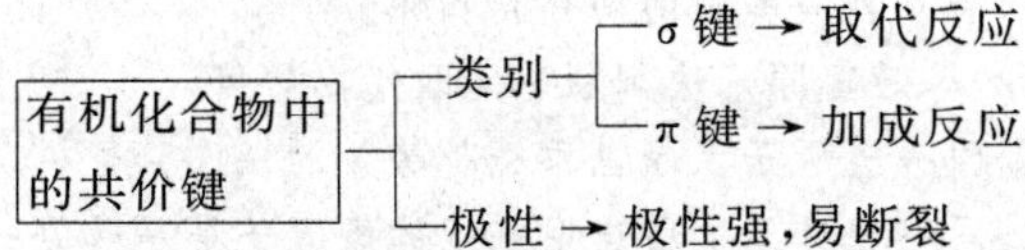

[注意] (1)σ 键的特点是比较牢固，而 π 键容易断裂。

(2)σ 键能围绕键轴自由旋转，π 键不能绕键轴自由旋转。

[在应用中悟]

[典例] 下列关于丙烯($CH_3-CH=CH_2$)的说法正确的是 ( )

A. 丙烯分子有 7 个 σ 键，1 个 π 键

B. 丙烯分子中的碳原子有 sp^3 和 sp^2 两种杂化类型

C. 丙烯能发生加成反应，不能发生取代反应

D. 丙烯分子的所有原子共平面

[尝试解题]________

[名师点睛]

(1)单键均为 σ 键，能取代。双键或三键中有 π 键，能加成。

(2)并不是只有有机化合物中含有 σ 键和 π 键，无机物中也有 σ 键或 π 键，如 N_2。

(3)C 原子以 sp^3 杂化的不可能为平面形分子，应是四面体形。

[在训练中评]

1. 甲烷分子是以碳原子为中心的正四面体结构而不是正方形的平面结构，其理由是 ( )

A. $CHCl_3$ 只有一种结构

B. CH_2Cl_2 只有一种结构

C. CH_4 是非极性分子

D. CH_4 的四个价键的键长和键能都相等

2. 对于分子式为 C_5H_8 的有机化合物结构的说法中不正确的是 ( )

A. 分子中只有一个双键的链烃

B. 分子中可能有两个双键

C. 分子中可能只含有一个三键

D. 分子中含有一个双键的环烃

3. 下列原子与氢原子形成的共价键中，极性最强的是 ( )

A. F　　B. Cl

C. N　　D. O

新知探究(二) 同分异构体

[在探究中学]

戊烷(C_5H_{12})的同分异构体有三种：

$CH_3CH_2CH_2CH_2CH_3$、$CH_3-CH(CH_3)-CH_2CH_3$、

$CH_3-C(CH_3)_2-CH_3$。

分析戊烷三种同分异构体的特点，探究下列问题：

(1)分子式为 C_4H_{10} 的烷烃一定为纯净物吗？

(2)判断己烷同分异构体的个数并写出己烷的同分异构体的结构简式，试总结有机化合物碳链异构体的书写方法。

(3)试讨论并写出分子式为 C_5H_{10} 的属于烯烃的同分异构体。

系统知识

同分异构体的书写方法

(1)**烷烃——减碳对称法**:烷烃只存在碳链异构。

下面以 C_7H_{16} 为例进行解析(为了简便,在所写结构式中省略了氢原子):

①将分子中全部碳原子连成直链作为母链。

```
C—C—C—C—C—C—C
```

②从母链的一端取下一个碳原子,依次连接在母链中心对称线一侧的各个碳原子上,即得到多个带有甲基、主链比母链少一个碳原子的异构体骨架。

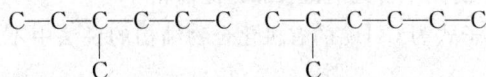

```
C—C—C—C—C—C    C—C—C—C—C—C
    |              |
    C              C
```

[**注意**]　防止支链重新变为主链上的碳原子。

③从母链的一端取下两个碳原子,使这两个碳原子相连(整连)或分开(散连),依次连在母链所剩下的各个碳原子上,得到多个带一个乙基或带两个甲基、主链比母链少两个碳原子的异构体骨架。

```
                      C               C
                      |               |
C—C—C—C—C     C—C—C—C—C     C—C—C—C—C
    |                 |               |
    C                 C               C
    |
    C

C—C—C—C—C     C—C—C—C—C
  |  |            |   |
  C  C            C   C
```

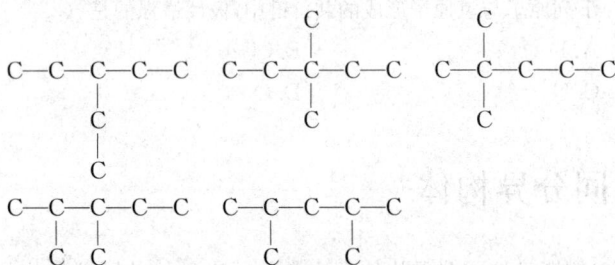

④从母链的一端取下三个碳原子,得到一个带有三个甲基、主链比母链少三个碳原子的异构体骨架。

```
    C
    |
C—C—C—C
    |  |
    C  C
```

⑤从母链上取下的碳原子数,不得多于母链所剩部分的碳原子数。所以 C_7H_{16} 的同分异构体有九种。

上述减碳对称法可概括为"两注意,四句话"即

两注意:选择最长的碳链为主链,找出中心对称线。

四句话:主链由长到短,支链由整到散,位置由心到边,排列同、邻到间。

(2)**含有官能团的有机化合物**(适用于醇、卤代烃等异构体)

一般书写顺序:碳链异构→位置异构→官能团异构。

先写出不带官能团的烃的同分异构体,然后在各条碳链上依次移动官能团的位置,有两个或两个以上的官能团时,先上一个官能团,再上第二个官能团,依次类推。

如书写分子式为 $C_5H_{12}O$ 的醇的同分异构体,结构中数字即为—OH 接入后的位置,即这样的醇合计为 8 种:

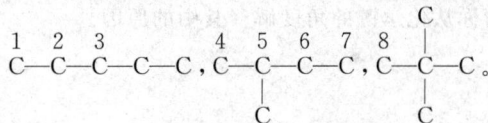

```
                                        C
1  2  3              4  5  6  7   8     |
C—C—C—C—C, C—C—C—C, C—C—C。
                        |               |
                        C               C
```

[在应用中悟]

[**典例**]　已知戊烷有 3 种同分异构体,戊基有 8 种同分异构体,则戊醇的同分异构体(属醇类)的数目有(　　)

A. 5 种　　B. 6 种

C. 7 种　　D. 8 种

[**尝试解题**]________

[**名师点睛**]

有机化合物同分异构体的判断方法

(1)基元法。例如,丁基有 4 种同分异构体,则丁基连接一种官能团时,也有 4 种同分异构体,如丁醇、戊醛、戊酸等都有 4 种同类别的同分异构体。

(2)等效氢原子法判断一元取代物数目。

①同一碳原子上的氢原子是等效的;

②同一碳原子上所连甲基上的氢原子是等效的;

③处于对称位置上的氢原子是等效的。

等效氢原子上的一元取代物只计 1 种,分子中有几种等效氢原子,一元取代物就有几种同分异构体。

(3)替代法。例如,二氯苯有 3 种同分异构体,四氯苯也有 3 种同分异构体(将 H 替代 Cl)。

[在训练中评]

1. 某化工厂生产的某产品只含 C、H、O 三种元素,其分子模型如图所示(图中球与球之间的连线代表化学键,如单键、双键等)。下列物质中与该产品互为同分异构体的是(　　)

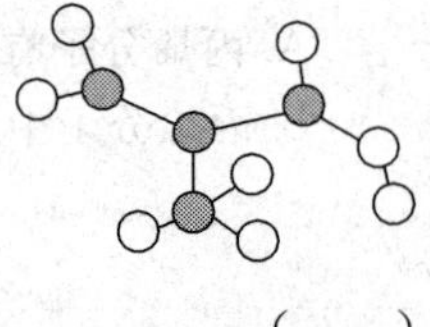

A. $CH_2=C(CH_3)COOH$

B. $CH_3CH(CH_3)COOH$

C. $CH_3CH_2CH=CHCOOH$

D. $CH_2=CHCOOCH_3$

2. [双选]下列各组中,互称为同分异构体的是(　　)

A. $CH_2=CH—CH=CH_2$ 与 $CH_3—CH_2—C≡CH$

B. ^{35}Cl 与 ^{37}Cl

C. CH_3CHO 与 $CH_2—CH_2$

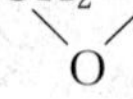

D. CH_4 与 C_2H_6

3. 某化合物的分子式为 $C_5H_{11}Cl$,结构分析表明,该分子中有 2 个—CH_3,2 个—CH_2—,1 个 —CH—(上连一键) 和 1 个—Cl,它的可能结构有 4 种,请写出这 4 种可能的结构简式:________、________、________、________。

课下请完成课时跟踪检测(二)

第二节 研究有机化合物的一般方法

[新教材内容有哪些]

研究有机化合物的基本步骤

分离提纯 → 确定实验式 → 确定分子式 → 确定分子结构

纯净有机化合物　元素分析　质谱法　波谱分析

[新课程标准是什么]

1. 了解研究有机化合物的步骤和方法。
2. 初步学会分离、提纯有机化合物的常用方法。
3. 了解有机化合物分子式、分子结构确定的常见方法。

新课程学案 让核心素养落地生根

1 预习新教材——自学区

[理清主干知识]

(一)分离、提纯

1. 蒸馏

(1)适用范围:分离和提纯______态有机化合物的方法。

(2)适用条件:液态有机化合物中含少量杂质,而且该有机化合物______性较高,其沸点与______的沸点相差较大。

(3)装置:

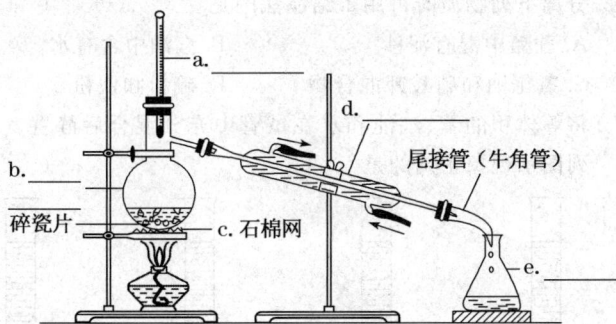

a.______
b.______
碎瓷片
c. 石棉网
d.______
尾接管(牛角管)
e.______

①温度计水银球位于______。

②碎瓷片的作用:防止______。

③冷凝管中水流的方向是______口进入,______口流出。

(4)实例:蒸馏法分离 CH_2Cl_2、$CHCl_3$、CCl_4 的液态混合物。

2. 萃取

(1)分类:萃取包括______萃取和固—液萃取。

(2)液—液萃取是利用待分离组分在两种不互溶的溶剂中的______不同,将其从一种溶剂转移到另一种溶剂的过程。

(3)萃取剂:萃取用的______。常用的萃取剂有乙醚、二氯甲烷等。

(4)分液:将萃取后的两层液体分开的操作。______是分液操作常用的玻璃仪器。

(5)装置:

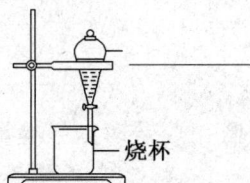

______
烧杯

(6)固—液萃取是用溶剂从______物质中溶解出待分离组分的过程。

3. 重结晶

(1)原理:利用被提纯物质与杂质在同一溶剂中的______不同而将杂质除去,是提纯固体有机化合物常用的方法。

(2)适用条件

①杂质在所选溶剂中的溶解度______,易于除去。

②被提纯的有机化合物在所选溶剂中的溶解度受温度的影响较大,能够进行冷却结晶。

(3)实验装置与操作步骤。

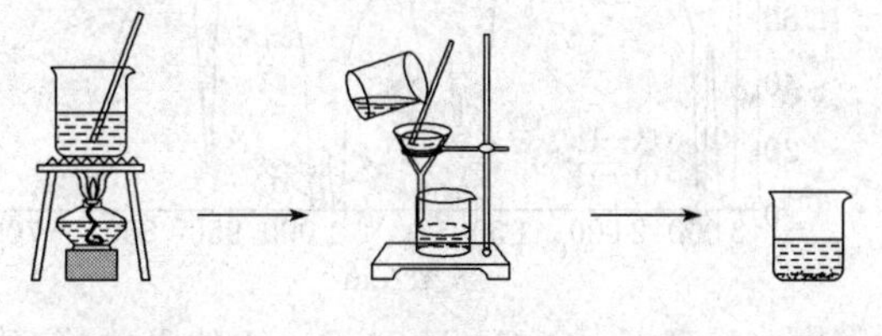

______　______　______

(二)确定实验式

1. **定量分析原理**:将一定量的有机化合物燃烧,转化为简单的无机物,并进行定量测定,通过无机物的质量推算出该有机化合物所含各元素的质量分数,然后计算出该有机化合物分子内各元素原子的最简整数比,确定其______式,也称______式。

2. **李比希定量分析法**

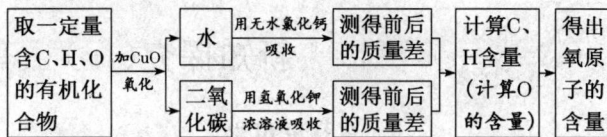

取一定量含C、H、O的有机化合物 —加CuO氧化→ 水 —用无水氯化钙吸收→ 测得前后的质量差 → 计算C、H含量(计算O的含量) → 得出氧原子的含量

取一定量含C、H、O的有机化合物 —加CuO氧化→ 二氧化碳 —用氢氧化钾浓溶液吸收→ 测得前后的质量差 → 计算C、H含量(计算O的含量) → 得出氧原子的含量

(三)确定分子式

1. **原理**

质谱仪用高能电子流等轰击少量______,使有机物失去电子,形成带______的分子离子和碎片离子等。这些离子因质量不同、电荷不同,在电场和磁场中的运动行为不同。计算机对其进行分析后,得到它们的相对质量与电荷数的比值,即质荷比。

2. 质谱图

以________为横坐标，以各类离子的相对丰度为纵坐标记录测试结果，得到有机化合物的质谱图。

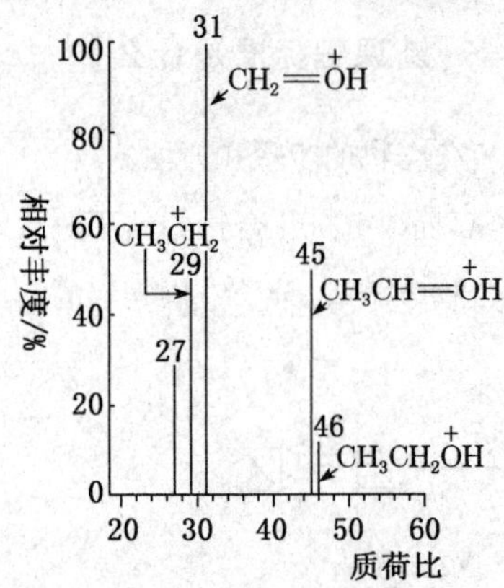

图中最右侧的分子离子峰（$CH_3CH_2\overset{+}{O}H$ 的信号）的质荷比数值为 46，因此该有机化合物的相对分子质量为 46。

（四）确定分子结构

1. 红外光谱

(1)原理：有机化合物受到红外线照射时，能吸收与它的某些化学键或官能团的振动频率相同的红外线，通过红外光谱仪的记录形成红外光谱图。

(2)作用：可获得有机化合物分子中所含有的__________或__________的信息。

(3)实例：

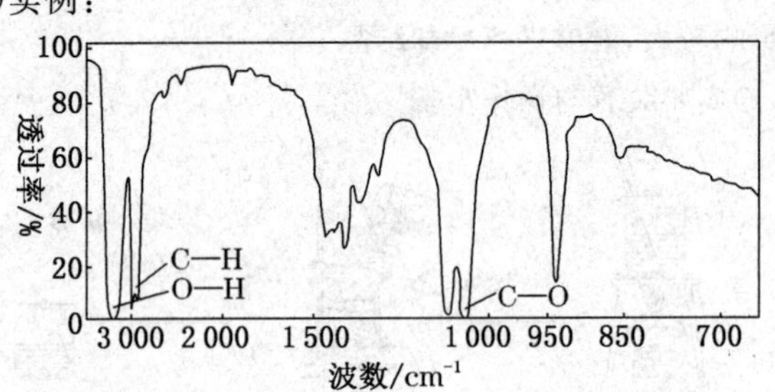

上图中可找到 C—O、C—H 和 O—H 的吸收峰，因此可推知该有机化合物是含有________官能团的化合物。

2. 核磁共振氢谱

(1)原理：处于不同化学环境中的氢原子因产生共振时吸收电磁波的频率不同，相应的信号在谱图中出现的位置也不同，而且吸收峰的面积与__________成正比。

(2)作用：测定有机化合物分子中氢原子的类型和______。

(3)分析：吸收峰数目＝氢原子类型，吸收峰面积比＝不同类型的氢原子数目之比。

3. X 射线衍射

(1)原理：X 射线与晶体中的原子相互作用可产生衍射图。经过计算可以获得键长、键角等分子结构信息。

(2)应用：X 射线衍射已成为物质结构测定的一种重要技术。1975 年，中国科学家通过 X 射线衍射测定了青蒿素的分子结构。

［诊断自学效果］

1. 正误判断（正确的打“√”，错误的打“×”）。

(1)蒸馏可用来分离提纯液态有机化合物　（　）

(2)重结晶提纯有机化合物时，结晶时的温度越低越好　（　）

(3)可用酒精萃取 I_2 水中的 I_2　（　）

(4)某有机化合物燃烧得到 CO_2 和 H_2O，说明该有机化合物中只有 C 和 H 两种元素　（　）

(5)质谱可以确定有机化合物分子的结构　（　）

(6)X 射线衍射可以确定有机化合物的相对分子质量　（　）

2. 分离下列物质时可用重结晶法的是　（　）

A. 蔗糖中混有泥沙　B. 汽油中含有水

C. 氯化钠和硝酸钾混合物　D. 硫粉和铁粉

3. 将等体积的苯、汽油和水在试管中充分混合后静置。下列图示现象正确的是　（　）

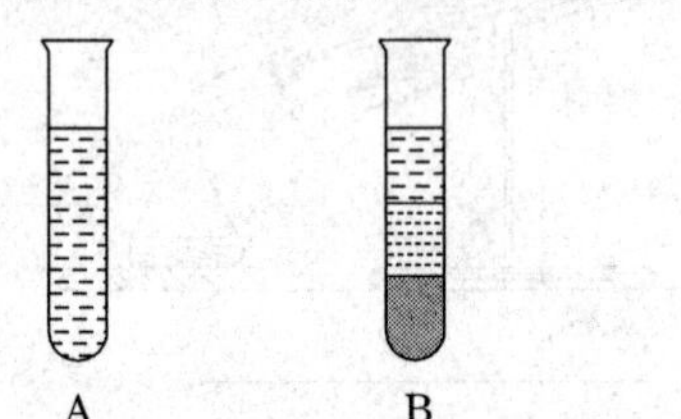

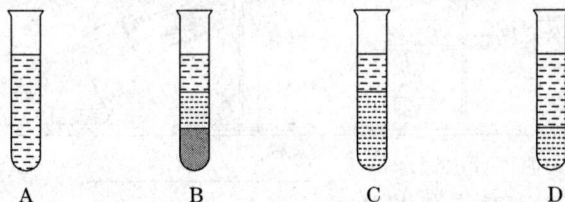

4. 下列物质的核磁共振氢谱有三个吸收峰的是　（　）

A. C_2H_6　B. C_3H_8

C. $CH_3CH_2CH_2CH_3$　D. CH_3CH_2OH

新课程学案 让核心素养落地生根 **2 研讨新知识——互动区**

新知探究（一）　有机化合物的分离、提纯

［在探究中学］

1. 发酵法制取的乙醇液中乙醇的质量分数约为 8%，而工业酒精为 95%。工业上是如何从发酵液中制取工业酒精的？

2. 苯甲酸的重结晶实验中，为得到更多的苯甲酸晶体，结晶时的温度是不是越低越好？

3. 萃取溴水中的溴时，能用酒精作为萃取剂吗？萃取剂的选用原则有哪些？

系统知识

1. 有机化合物的分离和提纯

方法	目的	主要仪器	实例
蒸馏	分离、提纯沸点相差很大的液态混合物	蒸馏烧瓶、冷凝管	分离乙酸和乙醇
萃取	将有机化合物从一种溶剂转移到另一种溶剂	分液漏斗	用四氯化碳将碘水中的碘提取出来
分液	分离互不相溶的液态混合物	分液漏斗	分离汽油和水
重结晶	利用温度对溶解度的影响提纯有机化合物	烧杯、酒精灯、蒸发皿、漏斗	提纯苯甲酸
洗气	分离提纯气体混合物	洗气瓶	除去甲烷中的乙烯

2. 常用分离和提纯方法的注意事项

分离提纯方法	适用范围	注意事项
蒸 馏	互溶的液体	各液体的沸点相差较大，一般在30 ℃以上
重结晶	固态混合物	混合物中各成分溶解度相差较大，且被提纯物质的溶解度受温度影响较大
萃取(主要讨论液—液萃取)	从液体中提纯液体有机化合物	萃取剂的选择条件： (1)与原溶剂互不相溶 (2)被提纯物在此溶剂中的溶解度大于在原溶剂中的溶解度

[在应用中悟]

[典例1] 现分离乙酸乙酯、乙酸、乙醇的混合物，下图是分离操作步骤流程图。请在图中圆括号内填入适当的试剂，在方括号内填入适当的分离方法，在方框内填入所分离的有关物质的名称。

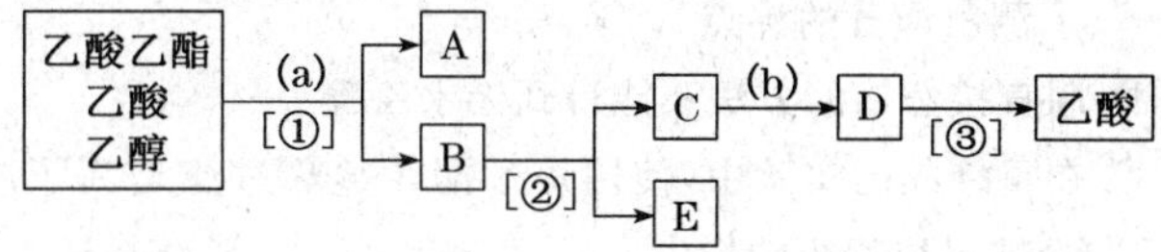

[听课记录]

[典例2] 提纯下列物质(括号中为杂质)，选择试剂和分离方法都正确的是 ( )

选项	被提纯的物质	除杂试剂	分离方法
A	甲烷(乙烯)	酸性高锰酸钾溶液	洗气
B	苯(硝基苯)	水	分液
C	乙酸乙酯(乙酸)	饱和碳酸钠溶液	分液
D	硝酸钾(氯化钠)	水	萃取

[尝试解题]________

[名师点睛]

有机化合物的性质与分离、提纯方法的选择

(1)根据物质的溶解性差异，可选用结晶、过滤的方法将混合物分离。

(2)根据物质的沸点差异，可选用蒸馏的方法将互溶性液体混合物分离。

(3)根据物质在不同溶剂中溶解性的差异，用萃取的方法把溶质从溶解性小的溶剂中转移到溶解性较大的溶剂中。

(4)根据物质和杂质在同一溶剂中溶解性的差异，用重结晶的方法把物质和杂质分离。

[在训练中评]

1. 现有一瓶甲、乙的混合物，已知甲、乙属同系物，甲、乙某些性质如下：

物质	分子式	熔点/℃	沸点/℃	密度/($g\cdot cm^{-3}$)	水溶性
甲	$C_3H_6O_2$	−98	55.5	0.93	可溶
乙	$C_4H_8O_2$	−84	87	0.90	可溶

根据物理性质，将混合物中甲、乙分离的最佳方法是 （　　）

A. 蒸馏　　B. 萃取

C. 重结晶　　D. 分液

2. 下列有关实验的说法中错误的是 （　　）

A. 在蒸馏的实验中，温度计的水银球位于支管口处是为了测出馏分的沸点

B. 用直接蒸馏的方法不能得到无水乙醇

C. 在重结晶的实验中，使用短颈漏斗趁热过滤是为了减少被提纯物质的损失

D. 作为重结晶实验的溶剂，杂质在此溶剂中的溶解度受温度影响应该很大

3. 现有四组混合物：①乙酸乙酯和乙酸钠溶液　②乙醇和甘油　③溴化钠和单质溴的水溶液　④苯甲酸（在水中溶解度：25 ℃—0.17 g，95 ℃—6.8 g）的提纯，分离以上各混合物的正确方法依次是 （　　）

A. 分液、萃取、蒸馏、萃取

B. 萃取、蒸馏、分液、蒸发

C. 分液、蒸馏、萃取、重结晶

D. 蒸馏、萃取、分液、蒸馏

新知探究（二）　元素分析与相对分子质量、分子结构的测定

[在探究中学]

1. 某有机化合物完全燃烧的产物为 CO_2 和 H_2O，如何确定该有机化合物中是否含有氧元素？

2. 试分析能否由实验式直接确定分子式？

3. 思考除利用红外光谱法或X射线衍射判断某有机化合物中含有的化学键、官能团和分子结构外，还可以利用什么方法？

4. 分子式为 $C_3H_6O_2$ 的有机化合物，如果在核磁共振氢谱上观察到氢原子给出的峰有两种强度，一种强度比为 3∶3，另一种强度比为 3∶2∶1。请写出该有机化合物可能的结构简式。

系统知识

1. 相对分子质量（摩尔质量）的测定——质谱图

质谱图中的质荷比最大的值就是未知物的相对分子质量。

2. 相对分子质量的计算方法

(1)气体摩尔体积法求相对分子质量

标准状况下，已知气体密度，则气体摩尔质量为 $M_r=22.4\rho$。

(2)相对密度法求相对分子质量

若已知 A 气体对未知气体 B 的相对密度（符号为 D），则有关系式：$D=\frac{M_A}{M_B}$。如已知某气体对氢气的相对密度为 16，则 $D=\frac{M}{M(H_2)}$，$M=16\times2\ g\cdot mol^{-1}=32\ g\cdot mol^{-1}$。

3. 确定分子式的方法

(1)直接法

有机化合物的密度（或相对密度）→摩尔质量→1 mol 有机化合物中各原子的物质的量→分子式。

(2)最简式法

各元素的质量分数→最简式$\xrightarrow{摩尔质量}$分子式。

(3)**余数法**

用烃的相对分子质量除以 14,看商数和余数。

其中商数是碳原子数,然后就可以确定氢原子数。

(4)**化学方程式法**

利用有机反应中反应物、生成物之间"量"的关系求分子式的方法。在有机化学中,常利用有机化合物完全燃烧的化学方程式对分子式进行求解。常用的化学方程式为

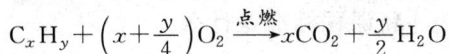

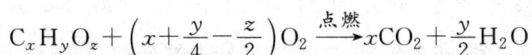

$$C_xH_y+\left(x+\frac{y}{4}\right)O_2\xrightarrow{点燃}xCO_2+\frac{y}{2}H_2O$$

$$C_xH_yO_z+\left(x+\frac{y}{4}-\frac{z}{2}\right)O_2\xrightarrow{点燃}xCO_2+\frac{y}{2}H_2O$$

4. 有机化合物结构的确定

(1)**根据价键规律确定**

某些有机化合物根据价键规律只存在一种结构,则直接根据分子式确定其结构简式。例如:C_2H_6 只能是 CH_3CH_3。

(2)**通过定性实验确定**

通过实验,确定有机化合物的性质,得出相关结论,确定官能团,最后确定结构简式。

(3)**通过定量实验确定**

通过定量实验确定官能团的数目,例如:测得 1 mol 某醇与足量钠反应可得到 1 mol 气体,则可以说明 1 mol 该醇分子中含 2 mol —OH。

(4)**通过波谱分析**

①红外光谱:红外光谱图可以确定有机化合物分子中含有的官能团、化学键等。

②核磁共振氢谱:根据核磁共振氢谱可以确定有机化合物分子中含有的氢原子的数目及类型。

例如:乙醇和甲醚的核磁共振氢谱比较

	乙醇	甲醚
核磁共振氢谱	吸收强度 8 6 4 2 0 δ	吸收强度 8 6 4 2 0 δ
结论	氢原子类型=吸收峰数目=3	氢原子类型=吸收峰数目=1
	不同氢原子的个数之比=不同吸收峰的面积之比=2∶1∶3	只有一种类型的氢原子

③用 X 射线衍射技术测定物质结构。

[在应用中悟]

[典例] 某有机化合物的蒸气对氢气的相对密度为 39。该烃中各元素的质量分数为 C:92.3%,H:7.7%,则该有机化合物的分子式为 ( )

A. C_2H_2 B. C_2H_4

C. C_6H_6 D. C_3H_6

[尝试解题]________

[名师点睛]

确定有机化合物分子结构的一般步骤

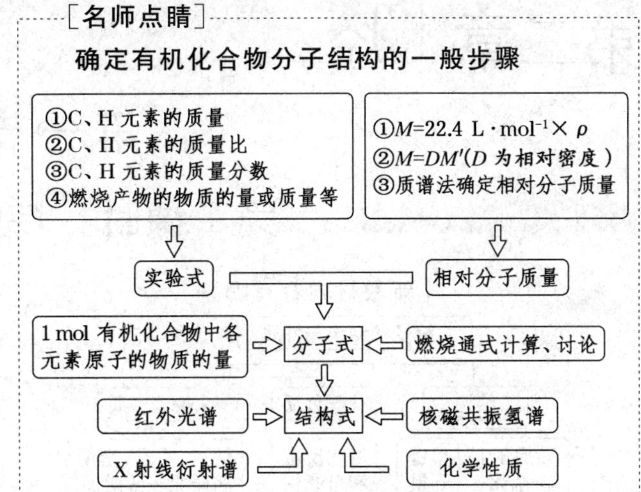

[在训练中评]

1. 某化合物 6.4 g 在氧气中完全燃烧,生成 8.8 g CO_2 和 7.2 g H_2O。下列说法中正确的是 ( )

A. 该化合物仅含碳、氢两种元素

B. 该化合物中碳、氢原子个数比为 1∶4

C. 无法确定该化合物是否含有氧元素

D. 该化合物一定是 $C_2H_8O_2$

2. 分子式为 $C_2H_4O_2$ 的结构可能有两种:$CH_3-\overset{\overset{O}{\|}}{C}-OH$ 和 $H-\overset{\overset{O}{\|}}{C}-O-CH_3$。

(1)若为 $CH_3-\overset{\overset{O}{\|}}{C}-OH$,则红外光谱中应该有________个振动吸收;核磁共振氢谱中应有________个峰。

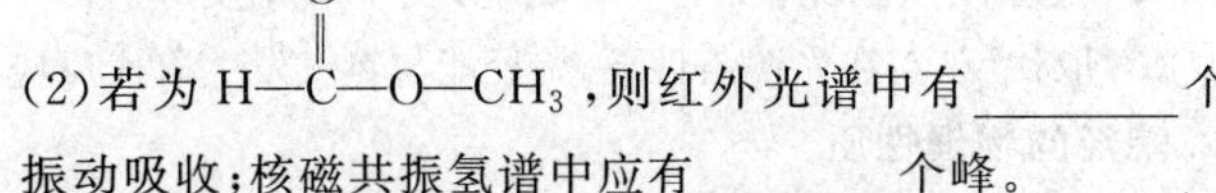

(2)若为 $H-\overset{\overset{O}{\|}}{C}-O-CH_3$,则红外光谱中有________个振动吸收;核磁共振氢谱中应有________个峰。

3. 根据以下内容确定某有机化合物的组成:

(1)测定实验式:含 C、H、O 三种元素的有机化合物,经燃烧实验测得其碳的质量分数为 64.86%,氢的质量分数为 13.51%,则其实验式是____________。

(2)确定分子式:下图是该有机化合物的质谱图,则其相对分子质量为________,分子式为____________。

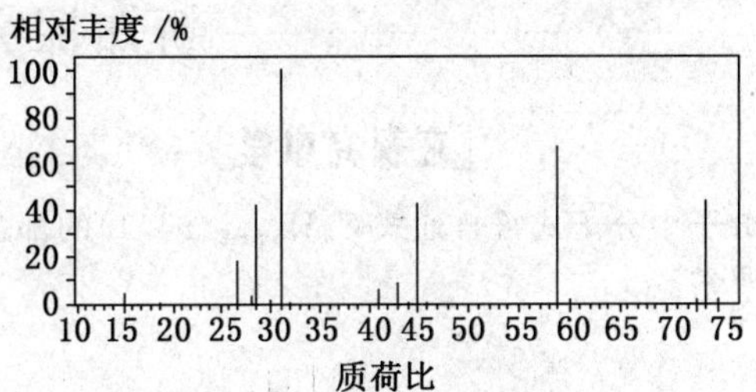

课下请完成 课时跟踪检测(三)
章末检测验收(一)

第二章 烃

第一节 烷烃

第1课时 烷烃的结构和性质

[新教材内容有哪些]

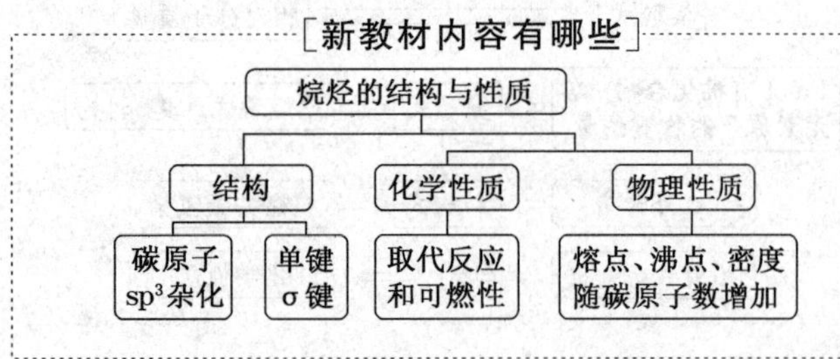

[新课程标准是什么]

1. 知道烷烃分子的结构，了解烷烃分子的结构特点。
2. 以甲烷为例，了解烷烃的物理性质和化学性质。

新课程学案 让核心素养落地生根 1 预习新教材——自学区

[理清主干知识]

(一)烷烃的结构

1. 烷烃分子中的碳原子都采取 sp^3 杂化，与其他碳原子或氢原子形成 σ 键。
2. 烷烃中分子中的共价键都是单键。
3. 同系物：像甲烷、乙烷、丙烷这些结构相似、分子组成上相差一个或若干个 CH_2 原子团的化合物互称为同系物。
4. 链状烷烃的通式：$C_nH_{2n+2}(n\geqslant1)$。

(二)烷烃的性质

1. 烷烃的化学性质

(1)烷烃的化学性质比较稳定，常温下不能被酸性高锰酸钾溶液氧化。

(2)可燃性：烷烃能在空气中燃烧，发生氧化反应。

(3)取代反应：在光照条件下，烷烃能与氯气发生取代反应。

2. 烷烃的物理性质

烷烃随碳原子数的增加，烷烃的熔点、沸点逐渐升高，密度逐渐增大。常温下的状态由气态逐渐过渡到液态、固态。

[诊断自学效果]

1. 正误判断(正确的打"√"，错误的打"×")。

(1)烷烃性质一般比较稳定，不能与其他物质发生反应 ( )

(2)CCl_4 属于烷烃类有机化合物 ( )

(3)取代反应与置换反应是等同的 ( )

(4)甲烷与氯气在光照下，可以得到纯净的一氯甲烷 ( )

(5)有机化合物都易溶于有机溶剂，难溶于水 ( )

2. 下列关于甲烷结构的说法错误的是 ( )

A. 甲烷分子中的化学键都是共价键

B. 甲烷分子为正四面体结构

C. 甲烷分子为正四边形结构

D. CH_2Cl_2 不存在同分异构体

3. 常用的打火机使用的燃料其分子式为 C_3H_8，它属于 ( )

A. 烷烃 B. 烯烃

C. 炔烃 D. 芳香烃

4. 下列物质在括号内的条件下可以与烷烃发生反应的是 ( )

A. 氯水(光照) B. 浓硫酸(常温)

C. 氧气(点燃) D. $KMnO_4$ 溶液(酸性)

新课程学案 让核心素养落地生根 2 研讨新知识——互动区

新知探究 烷烃的结构与性质

[在探究中学]

1. 烃分子中分子式符合通式 $C_nH_{2n+2}(n\geqslant1)$ 的都是链状烷烃吗？

2. $CH_3CH_2CH_2CH_3$、$CH_3—CH(CH_3)—CH_3$、$CH_3—CH_2—CH_2—CH(CH_3)—CH_3$ 是否属于同系物？为什么？

3. 在 1.01×10^5 Pa 下，测得某些烷烃的沸点如下表。

物质名称	沸点/℃
正丁烷 $CH_3(CH_2)_2CH_3$	−0.5
正戊烷 $CH_3(CH_2)_3CH_3$	36.1
异戊烷 $CH_3CH_2CH(CH_3)_2$	27.9
新戊烷 $C(CH_3)_4$	9.5
正已烷 $CH_3(CH_2)_4CH_3$	69.0

阅读上表中的数据，你能发现烷烃沸点的递变规律吗？

4. 烷烃的性质比较稳定，与强酸、强碱或 $KMnO_4$ 等强氧化剂不反应。但在一定条件下会发生反应。

(1)以甲烷为代表的取代反应

实验装置	漫散光；CH_4 和 Cl_2；饱和食盐水；A 铝箔；CH_4 和 Cl_2；饱和食盐水；B
实验现象	A 装置：试管内气体颜色逐渐________；试管内壁有__________出现，试管中有少量白雾，且试管内液面________，水槽内有固体析出 B 装置：____________
实验结论	CH_4 与 Cl_2 需在________时才能发生化学反应，有关化学方程式： $CH_4+Cl_2\xrightarrow{光}CH_3Cl+HCl$(一氯代物) $CH_3Cl+Cl_2\xrightarrow{光}CH_2Cl_2+HCl$(二氯代物) $CH_2Cl_2+Cl_2\xrightarrow{光}CHCl_3+HCl$(三氯代物) $CHCl_3+Cl_2\xrightarrow{光}CCl_4+HCl$(四氯代物)
产物性质	水溶性：CH_3Cl、CH_2Cl_2、$CHCl_3$、CCl_4 均____溶于水。 状态：常温下除________是气体，其余三种均为液体
取代反应概念	有机化合物分子里的某些原子或原子团被其他____________所替代的反应

(2)如下两个反应均可得到氯乙烷

$CH_3CH_3+Cl_2\xrightarrow{光照}CH_3CH_2Cl+HCl$，$CH_2=CH_2+HCl\xrightarrow{\triangle}CH_3CH_2Cl$，你认为采取哪一种方法好？

5. 所有的烷烃都能燃烧吗？若能，请你写出链状烷烃完全燃烧的通式。

系统知识

1. 烷烃的结构

(1)烷烃为开链式结构，即分子结构中首尾不相连，未形成环状，但可以有支链。而形成环状的烷烃称为环烷烃。

(2)烷烃分子的“饱和性”，即每个碳原子只与其他原子以 4 个单键相结合，这种结合方式使其性质比较稳定。

(3)链状烷烃的通式为 C_nH_{2n+2}($n\geqslant1$，正整数)。相邻烷烃在分子组成上相差一个“CH_2”原子团。

2. 烷烃的化学性质

(1)甲烷与氯气的取代反应归纳

反应物		甲烷与氯气(不能用氯水)
反应条件		漫散光照射(不用太阳光直射，以防爆炸)
生成物		甲烷与氯气反应生成四种有机产物：CH_3Cl、CH_2Cl_2、$CHCl_3$、CCl_4 和无机物 HCl，其中 HCl 的产量最多
反应特点	连锁反应	甲烷中的氢原子被氯原子逐步取代，各步反应同时进行，即第一步反应一旦开始，后续反应立即进行
	数量关系	每取代 1 mol 氢原子，消耗 1 mol Cl_2，生成 1 mol HCl

(2)甲烷与卤素单质的反应

在光照条件下烷烃与 Cl_2、Br_2 等卤素单质的气体发生取代反应，生成多种卤代产物和相应的卤化氢气体。

$C_nH_{2n+2}+X_2\xrightarrow{光}C_nH_{2n+1}X+HX$，$C_nH_{2n+1}X$ 可与 X_2 继续发生取代反应。

(3)烷烃的氧化反应(可燃性)

$$C_nH_{2n+2}+\frac{3n+1}{2}O_2\xrightarrow{点燃}nCO_2+(n+1)H_2O$$

3. 烷烃的物理性质

状态	熔、沸点	密度	溶解性
随着碳原子数的递增，状态由气体→液体→固体，$C_1 \sim C_4$ 气态，$C_5 \sim C_{16}$ 液态，C_{17} 以上固态	随着碳原子数的递增而逐渐升高	随着碳原子数的递增而逐渐增大(均小于 $1\ g \cdot cm^{-3}$)	难溶于水，易溶于有机溶剂

[在训练中评]

1. 烷烃具备的化学性质是　　(　　)
A. 能使溴水褪色
B. 一定条件下与氢气发生加成反应
C. 与 Cl_2 发生取代反应
D. 能使酸性 $KMnO_4$ 溶液褪色

2. 将甲烷与氯气按 1∶3 的体积比混合于一试管中，倒立于盛有饱和食盐水的水槽，置于光亮处，下列有关此实验的现象和结论的叙述不正确的是　　(　　)

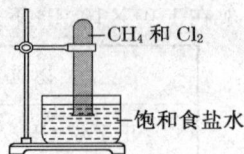

CH_4 和 Cl_2　　饱和食盐水

A. 试管中气体的黄绿色逐渐变浅，水面上升
B. 生成物只有三氯甲烷和氯化氢，在标准状况下均是气体
C. 试管内壁有油状液滴形成
D. 试管内有少量白雾

3. 下列烷烃：① $CH_3(CH_2)_2CH_3$、② $CH_3(CH_2)_3CH_3$、③ $(CH_3)_3CH$、④ $(CH_3)_2CHCH_2CH_3$，其沸点由高到低排列的顺序是　　(　　)
A. ②④①③　　B. ④②③①
C. ④②①③　　D. ②④③①

课下请完成课时跟踪检测(四)

第 2 课时　烷烃的命名

[新教材内容有哪些]

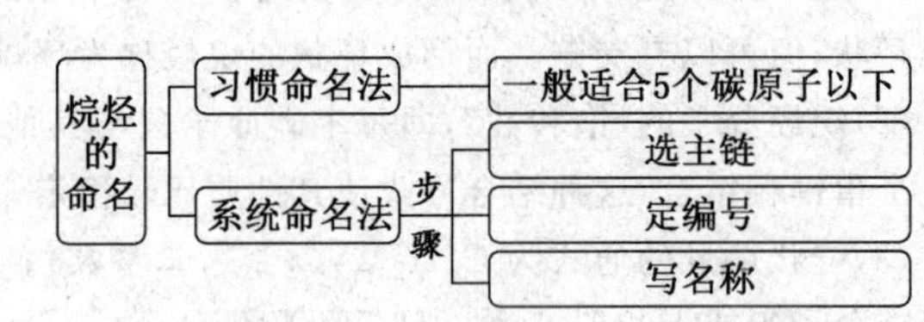

[新课程标准是什么]

1. 了解烷烃的习惯命名法。
2. 掌握烷烃的系统命名法，并能对简单烷烃进行命名。

新课程学案 让核心素养落地生根 1 预习新教材——自学区

[理清主干知识]

1. 烃基和烷基

(1)烃基：烃分子中去掉 1 个氢原子后剩余的基团。如甲烷分子去掉 1 个氢原子是甲基($—CH_3$)，乙烷分子去掉 1 个氢原子是乙基($—CH_2CH_3$)。

(2)烷基：烷烃失去一个氢原子剩余的基团叫烷基。

(3)实例：丙基有两种，分别是正丙基($—CH_2CH_2CH_3$)和异丙基($\underset{\displaystyle CH_3}{—\overset{}{CH}—}CH_3$)。

2. 烷烃的系统命名法

(1)选定分子中______________为主链，按主链中碳原子数目对应的烷烃称为"某烷"。连接在主链上的支链作为________，当出现两条或多条等长的碳链时，要选择连有____________的碳链为主链。

(2)选定主链中离________最________的一端为起点，用 1,2,3 等阿拉伯数字给主链上的________编号定位，以确定________在主链中的位置。

(3)将________名称写在主链名称的前面，在取代基的前面用阿拉伯数字注明它在主链上所处的位置，并在数字和名称之间用________隔开。

(4)如果主链上有相同的________，可以将________合并，用__________表示取代基的个数(只有一个取代基时将取代基的个数省略)，表示位置的阿拉伯数字之间用逗号隔开。

例如，有机化合物的命名图示如下：

$$\overset{1}{CH_3}—\underset{\displaystyle CH_3}{\overset{2}{CH}}—\underset{\displaystyle CH_3}{\overset{3}{CH}}—\overset{4}{CH_2}—\overset{5}{CH_2}—\overset{6}{CH_3}$$

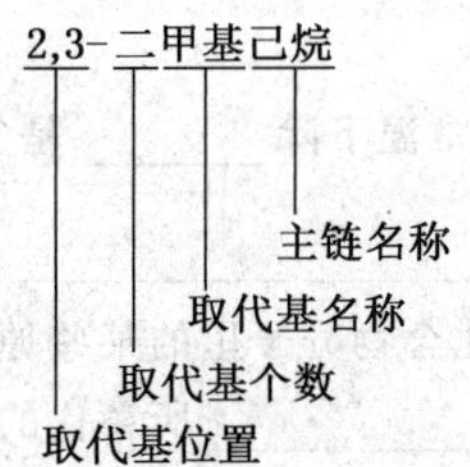

[诊断自学效果]

1. 正误判断(正确的打“√”,错误的打“×”)。

(1)$—CH_2CH_2CH_3$ 称为正丙基 ( )

(2)所有烷烃均存在同分异构体 ( )

(3)$CH_3-\underset{\displaystyle CH_3}{\underset{|}{CH}}-CH_2-CH_3$ 可命名为1-甲基丁烷 ( )

(4) $CH_3-CH_2-CH_2-\underset{\displaystyle C_2H_5}{\underset{|}{CH}}-CH_3$ 的主链应为6个碳原子 ( )

2. 在系统命名法中下列碳原子主链名称是丁烷的是 ( )

A. $(CH_3)_2CHCH_2CH_2CH_3$

B. $(CH_3CH_2)_2CHCH_3$

C. $(CH_3)_2CHCH(CH_3)_2$

D. $(CH_3)_3CCH_2CH_2CH_3$

3. 下列烷烃的系统命名正确的是 ( )

A. 2-乙基丁烷

B. 3,3-二甲基丁烷

C. 2-甲基-4-乙基庚烷

D. 3-乙基-2,3-二甲基戊烷

新课程学案 让核心素养落地生根 2 研讨新知识——互动区

新知探究 烷烃的命名

[在探究中学]

1. 根据分子里所含碳原子的数目来命名,碳原子数后加“烷”字,就是简单烷烃的命名。

碳原子数:
- 十个及以下:依次用甲、乙、丙、丁、戊、己、庚、辛、壬、癸表示。如 C_5H_{12} 叫________
- 十个以上:用汉字表示。如 $C_{14}H_{30}$ 叫________
- 相同时:用“正”“异”“新”等来区别。如 C_5H_{12} 的同分异构体有3种,用习惯命名法命名分别为 $CH_3CH_2CH_2CH_2CH_3$ ________、$CH_3-\underset{\displaystyle CH_3}{\underset{|}{CH}}-CH_2-CH_3$ ________、$CH_3-\overset{\displaystyle CH_3}{\overset{|}{\underset{\displaystyle CH_3}{\underset{|}{C}}}}-CH_3$ ________

2. 有同学认为下列化合物的主链碳原子数是6个,该说法对吗?

$$CH_3-CH_2-\overset{\displaystyle C_2H_5}{\overset{|}{CH}}-CH_2-\overset{\displaystyle C_2H_5}{\overset{|}{CH}}-CH_3$$

3. 给下列三种有机化合物选择合适的命名,并指出其他命名的不当之处。

① $CH_3-\underset{\displaystyle \underset{\displaystyle CH_3}{\underset{|}{CH_2}}}{\underset{|}{CH}}-CH_3$

3-甲基丁烷 ( )

2-乙基丙烷 ( )

2-甲基丁烷 ( )

② $CH_3-\underset{\displaystyle \underset{\displaystyle CH_3}{\underset{|}{CH_2}}}{\underset{|}{CH}}-CH_2-\underset{\displaystyle \underset{\displaystyle CH_3}{\underset{|}{CH_2}}}{\underset{|}{CH}}-CH_3$

3,5-二甲基庚烷 ( )

2,4-二乙基戊烷 ( )

4. 在烷烃的名称中常有“2、3……”“二、三……”“甲、乙……”等,其含义相同吗?

5. 试分析下列烷烃名称的正误,并说明原因。

(1)2,3,3-三甲基丁烷 (2)2,3-二乙基丁烷

系统知识

1. 命名的基本流程

选主链⟶定编号⟶写名称。

2. 命名的具体方法

(1)最长最多定主链

选择碳链最长的为主链，当有几个不同的碳链含碳原子数相同时，选择含取代基最多的一个作为主链，如下所示，应选A为主链：

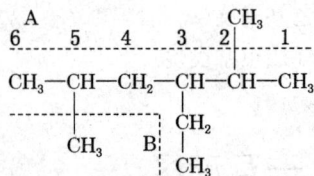

A: 6 5 4 3 2 1（2号碳上连 CH_3）

$CH_3—CH—CH_2—CH—CH—CH_3$

（5号碳下连 CH_3；3号碳下连 CH_2—CH_3，为B链）

(2)最近、最简、最小定编号

①首先考虑“近”：以离取代基较近的主链一端为起点编号。

②同“近”考虑“简”：有两个不同的取代基，且分别处于距主链两端同近的位置时，则从较简单的取代基一端开始编号，如

8 7 6 5 4 3 2 1

$CH_3—CH_2—CH—CH_2—CH—CH—CH_2—CH_3$

（6号碳连 CH_2CH_3，4号碳连 CH_3，3号碳连 CH_3）

③同“近”、同“简”，考虑“小”：若有两个相同的取代基，且分别处于距主链两端同近的位置，而中间还有其他取代基，从主链的两个方向编号，可得两种不同的编号系列，两系列各位次和最小者即为正确的编号。如：

6 5 4 3 2 1

$CH_3—CH—CH_2—CH—CH—CH_3$。

（5号碳连 CH_3，3号碳连 CH_3，2号碳连 CH_3）

(3)写名称

写名称时遵循以下原则：基在前，名在后，基数间，短线连；基相同，应合并，基不同，简到繁。例如：

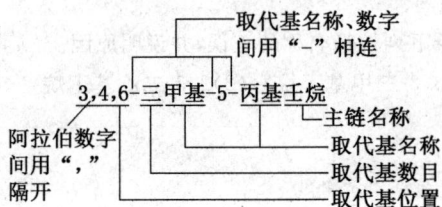

9 8 7 6 5 4 3

$CH_3—CH_2—CH_2—CH—CH—CH—CH—CH_3$

（6号碳连 CH_3；5号碳连 $CH_2—CH_2—CH_3$；4号碳连 CH_3；3号碳连 2 CH_2—1 CH_3）

3,4,6-三甲基-5-丙基壬烷

取代基名称、数字间用“-”相连

主链名称

阿拉伯数字间用“,”隔开

取代基名称

取代基数目

取代基位置

[在应用中悟]

[典例] (1)按照系统命名法写出下列烷烃的名称：

① $CH_3—C(C_2H_5)(CH_3)—CH_2—CH(C_2H_5)—CH_3$ ________；

② $C_2H_5—CH(C_2H_5)—CH(CH_3)—(CH_2)_3—CH_3$ ________。

(2)根据下列有机化合物的名称，写出相应的结构简式：

①2,4-二甲基戊烷：________；

②2,2,5-三甲基-3-乙基己烷：________。

[听课记录]

[名师点睛]

烷烃系统命名法的五原则、五必须

1. 遵循五个原则

(1)最长原则：应选最长的碳链作主链。

(2)最近原则：应从离支链最近的一端对主链碳原子编号。

(3)最多原则：若存在多条等长主链时，应选择含支链较多的碳链作主链。

(4)最小原则：若相同的支链距主链两端等长时，应以支链位号之和最小为原则，对主链碳原子编号。

(5)最简原则：若不同的支链距主链两端等长时，应从靠近简单支链的一端对主链碳原子编号。

2. 符合五个必须

(1)取代基的位号必须用阿拉伯数字“2,3,4……”表示。

(2)相同取代基的个数，必须用中文数字“二，三，四……”表示。

(3)位号2,3,4等相邻时，必须用逗号“,”隔开(不能用顿号“、”)。

(4)名称中阿拉伯数字与汉字相邻时，必须用短线“-”隔开。

(5)若有多种取代基，不管其位号大小如何，都必须把简单的写在前面，复杂的写在后面。

[在训练中评]

1. $(CH_3CH_2)_2CHCH_3$ 的正确命名是 ( )

A. 2-乙基丁烷 B. 2-甲基戊烷

C. 3-甲基戊烷 D. 3-乙基丁烷

2. 下列化合物的核磁共振氢谱中出现三组峰的是 ( )

A. 2,2,3,3-四甲基丁烷 B. 2,3,4-三甲基戊烷

C. 3,4-二甲基己烷 D. 2,5-二甲基己烷

课下请完成课时跟踪检测(五)

第二节 烯烃 炔烃

第1课时 烯烃

[新教材内容有哪些]

- 结构与性质
  - 结构：碳碳原子之间的双键由1个σ键和1个π键组成
  - 性质
    - 物理性质：随C原子增加沸点升高
    - 化学性质：能发生加成反应和氧化反应
- 立体异构：碳碳双键不能绕键轴旋转，有顺反异构现象

[新课程标准是什么]

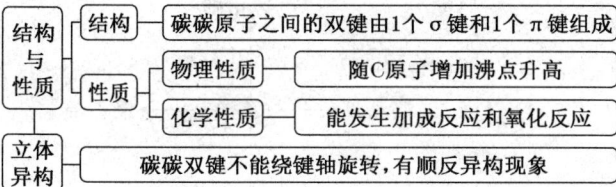

1. 以乙烯为典型物质认识烯烃的结构与性质，能书写相关的化学方程式。
2. 明确氧化反应、加成反应等有机反应类型。

新课程学案 让核心素养落地生根 1 预习新教材——自学区

[理清主干知识]

1. 烯烃的结构和性质

(1)烯烃

烯烃的官能团是__________。烯烃只含有一个碳碳双键时，其通式一般表示为________($n\geqslant2$)。

(2)乙烯的结构

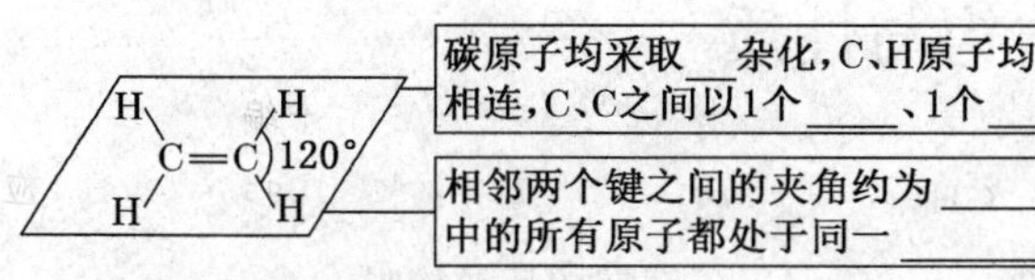
H
H
C=C
120°
H
H
碳原子均采取___杂化，C、H原子均以___键相连，C、C之间以1个____、1个____相连
相邻两个键之间的夹角约为____，分子中的所有原子都处于同一______

(3)乙烯的物理性质

______色、稍有气味的气体，______溶于水，密度比空气略小。

(4)乙烯的化学性质

①氧化反应

实验	现象及反应
点燃乙烯	火焰明亮，伴有黑烟，同时放出大量热，化学方程式为________________
通入酸性高锰酸钾溶液	

②加成反应

乙烯使溴的CCl_4溶液褪色，反应方程式为

____

③加聚反应

乙烯之间相互加成可得到聚乙烯，化学方程式为

____

(5)烯烃的性质

物理性质	沸点随分子中碳原子数递增而________
化学性质	能发生加成反应和________反应

2. 烯烃的立体异构

(1)产生原因：通过__________连接的原子或原子团不能绕__________会导致空间排列方式不同，产生顺反异构现象。

(2)类型

顺式结构	相同的原子或原子团位于双键同一侧
反式结构	相同的原子或原子团位于双键______侧

(3)性质：互为顺反异构的两种有机化合物，化学性质基本相同，物理性质有一定差异。

(4)实例：2-丁烯顺反异构

结构	H_3C 、CH_3 在同侧（H₃C–C=C–CH₃，两个H在下方）	
名称	顺-2-丁烯	反-2-丁烯
熔点/℃	−138.9	−105.5
沸点/℃	3.7	0.9
密度/(g·cm^{-3})	0.621	0.604

[诊断自学效果]

1. 正误判断(正确的打"√",错误的打"×")。

(1)乙烯分子的结构简式为 CH_2CH_2 (　　)

(2)乙烯分子中6个原子在同一平面内 (　　)

(3)丙烯($CH_2=CHCH_3$)与HCl加成只生成一种产物 (　　)

(4)乙烯使溴水褪色属于氧化反应 (　　)

(5)分子通式为 $C_nH_{2n}(n\geqslant 2)$ 的烃都属于烯烃 (　　)

2. 下列关于乙烯的叙述中,不正确的是 (　　)

A. 乙烯的化学性质比乙烷活泼

B. 乙烯燃烧时,火焰明亮,同时伴有黑烟

C. 乙烯可作香蕉等水果的催熟剂

D. 乙烯双键中的一个键可以断裂,容易发生加成反应和取代反应

3. 下列反应不属于加成反应的是 (　　)

A. $CH_2=CH_2+HCl\xrightarrow{催化剂}CH_3CH_2Cl$

B. $2CH_3CH_3+7O_2\xrightarrow{点燃}4CO_2+6H_2O$

C. $CH_3-\overset{\overset{\large O}{\|}}{C}-H+H_2\xrightarrow{催化剂}CH_3CH_2OH$

D. $CH_2=CH_2+Br_2\longrightarrow CH_2BrCH_2Br$

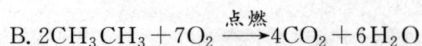

4. 写出实现下列变化的化学方程式,并指出反应类型。

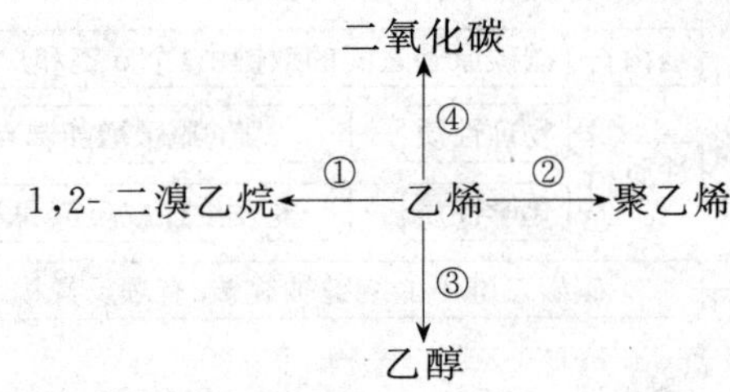

写出相应的方程式及反应类型。

①____________________,__________;

②____________________,__________;

③____________________,__________;

④____________________,__________。

新课程学案 让核心素养落地生根 2 研讨新知识——互动区

新知探究　烯烃的结构与性质

[在探究中学]

1. 有机化合物 $CH_3-\underset{}{\overset{\overset{\large CH_3}{|}}{C}}=CH_2$ 和 $CH_3-\underset{\underset{\large C_2H_5}{|}}{C}=CH_2$ 的沸点哪个高?

2. 如何鉴别烷烃和烯烃?除去气态烷烃中的乙烯,可用溴水,为何不用酸性 $KMnO_4$ 溶液?

3. 烯烃 $\begin{matrix} CH_3 & & H \\ & C=C & \\ CH_3 & & H \end{matrix}$ 存在顺反异构吗?

4. 在1,2-加成和1,4-加成时,1,3-丁二烯的哪些化学键发生了断裂?

系统知识

1. 链状烷烃、烯烃的结构与性质比较

		链状烷烃	烯烃
通式		$C_nH_{2n+2}(n\geqslant 1)$	$C_nH_{2n}(n\geqslant 2)$
代表物		CH_4	$CH_2=CH_2$
结构特点		全部单键,饱和链烃,正四面体结构	含碳碳双键,不饱和链烃,平面形分子,键角 120°
化学性质	取代反应	光照条件下卤代	不作要求
	加成反应	不能发生	能与 H_2、X_2、HX、H_2O、HCN 等发生加成反应
	氧化反应	燃烧火焰较明亮	燃烧火焰明亮带黑烟
		不与酸性 $KMnO_4$ 溶液反应	使酸性 $KMnO_4$ 溶液褪色
	加聚反应	不能发生	能发生
鉴别		溴水不褪色,酸性 $KMnO_4$ 溶液不褪色	溴水褪色;酸性 $KMnO_4$ 溶液褪色

2. 烯烃存在顺反异构的条件

(1)含有碳碳双键。

(2)双键碳上连有不同的原子或基团。

3. 二烯烃的加成反应

二烯烃可用通式 C_nH_{2n-2}($n\geqslant 3$,且为正整数)表示。单键和双键交替的二烯烃为典型的二烯烃,1,3-丁二烯是最重要的代表物。其与氯气按 1∶1 发生加成反应时为两种情况。

(1)1,2-加成:$CH_2=CH-CH=CH_2+Cl_2\longrightarrow CH_2Cl-CHCl-CH=CH_2$。

(2)1,4-加成:$CH_2=CH-CH=CH_2+Cl_2\longrightarrow CH_2Cl-CH=CH-CH_2Cl$。

[在应用中悟]

[典例] 下列说法中,错误的是 ( )

A. 无论乙烯的加成反应,还是乙烯使酸性 $KMnO_4$ 溶液褪色,都与分子内含有的碳碳双键有关

B. 无论使用溴的四氯化碳溶液还是酸性 $KMnO_4$ 溶液都可以鉴别乙烯和乙烷

C. 乙烯的化学性质比乙烷活泼

D. 相同质量的乙烯和甲烷完全燃烧后产生水的质量相同

[尝试解题]______

[名师点睛]

(1)可以用酸性 $KMnO_4$ 溶液鉴别 CH_4 和 $CH_2=CH_2$,但不能用酸性 $KMnO_4$ 溶液除去 CH_4 中混有的 $CH_2=CH_2$ 杂质。

(2)乙烯可使溴水和酸性 $KMnO_4$ 溶液褪色,但褪色的原理不同。

(3)符合通式 C_nH_{2n} 的烃不一定是烯烃,如环烷烃。

(4)聚乙烯是混合物而不是纯净物,因为在 $\text{+}CH_2-CH_2\text{+}_n$ 中,n 不是定值,而是一个数值范围,故高聚物可看作是由许多高分子形成的混合物,无固定熔点。

[在训练中评]

1. [双选]下列有关甲烷和乙烯的说法正确的是 ( )

选项	反应物	反应类型	反应条件
A	甲烷与氯气	取代反应	光照
B	乙烯与溴水	加成反应	光照
C	甲烷与氧气	氧化反应	点燃
D	乙烯与氧气	氧化反应	光照

2. 由于碳碳双键不能自由旋转,因此 $\begin{matrix}H_3C & & CH_3\\ & C=C & \\ H & & H\end{matrix}$ 和 $\begin{matrix}H_3C & & H\\ & C=C & \\ H & & CH_3\end{matrix}$ 是两种不同的化合物,二者互为顺反异构体。则分子式为 $C_3H_4Cl_2$ 且含有碳碳双键的同分异构体(含顺反异构)有 ( )

A. 7 种 B. 5 种

C. 6 种 D. 4 种

3. 乙烯是石油裂解气的主要成分,它的产量通常用来衡量一个国家的石油化工水平。请回答下列问题。

(1)乙烯的分子式:______,结构简式:______。

(2)鉴别甲烷和乙烯的试剂是______(填标号)。

A. 稀硫酸 B. 溴的四氯化碳溶液

C. 水 D. 酸性高锰酸钾溶液

(3)下列物质中,可以通过乙烯加成反应得到的是______(填标号)。

A. CH_3CH_3 B. CH_3CHCl_2

C. CH_3CH_2OH D. CH_3CH_2Br

(4)已知 $2CH_3CHO+O_2\xrightarrow[\triangle]{\text{催化剂}}2CH_3COOH$。若以乙烯为主要原料合成乙酸,其合成路线如图所示。

乙烯 $\xrightarrow{①}$ A $\xrightarrow{②}$ B $\xrightarrow{③}$ 乙酸

反应①的化学方程式为______。

工业上以乙烯为原料可以生产一种重要的合成有机高分子化合物,其反应的化学方程式为______,反应类型是______。

课下请完成课时跟踪检测(六)

第2课时　炔烃

[新教材内容有哪些]

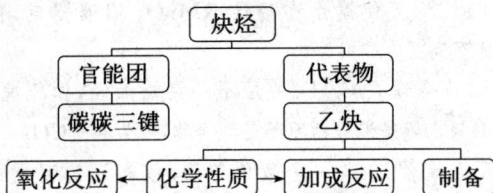

炔烃
官能团 — 碳碳三键
代表物 — 乙炔
氧化反应 ← 化学性质 → 加成反应　制备

[新课程标准是什么]

1. 认识以乙炔为代表的炔烃的性质。
2. 掌握乙炔的实验室制法。
3. 明确炔烃的典型反应，会写对应的化学方程式。

新课程学案　让核心素养落地生根

1 预习新教材——自学区

[理清主干知识]

1. 炔烃

炔烃的官能团是碳碳三键。炔烃分子中只有一个碳碳三键时，其通式一般表示为________($n\geqslant 2$)。炔烃的物理性质与烷烃和烯烃相似，沸点也是随着分子中碳原子数的递增而逐渐升高。

2. 乙炔

(1)**物理性质**：无色、无臭的气体，微溶于水，易溶于有机溶剂。密度比空气略小。

(2)**结构**

①

分子式	结构简式	空间结构	结构式
C_2H_2	CH≡CH	直线形结构	H—C≡C—H
乙炔是最简单的炔烃			

②乙炔分子中的碳原子均采取 sp 杂化，C、H 原子之间均以单键(σ 键)相连接，碳原子和碳原子之间以三键(1个σ键和2个π键)相连接。

(3)**乙炔的实验室制取**

①反应原理：________________________。

②反应试剂：电石(CaC_2)、饱和食盐水。

③实验装置：固体和液体→气体。

④收集方法：排水集气法。

(4)**化学性质**

①氧化反应

a. 使酸性 $KMnO_4$ 溶液________。

b. 乙炔的燃烧

乙炔可以在空气中燃烧，燃烧的化学方程式是

________________________。

乙炔燃烧时火焰________，并伴有________________。

乙炔与空气混合后遇火会发生爆炸，所以点燃乙炔之前必须________。

②加成反应

乙炔能与溴的四氯化碳溶液发生加成反应而使之褪色，反应可分步进行，方程式分别是

____

____

与乙烯类似，在一定条件下，乙炔也能与氢气、氯化氢等发生加成反应，方程式分别为

____

____

③加聚反应

乙炔可用于制备导电高分子材料聚乙炔，反应方程式为

____

[诊断自学效果]

1. 正误判断(正确的打"√"，错误的打"×")。

(1)有机化合物 CH_3—C≡CH 属于炔烃　(　)

(2)所有的炔烃都是直线形分子　(　)

(3)实验室制备乙炔时，应用排空气法收集气体　(　)

(4)乙炔与溴水易发生氧化反应　(　)

(5)分子组成符合 C_nH_{2n-2} 通式的链烃，一定是炔烃　(　)

2. 下列关于乙炔的描述中，不正确的是　(　)

A. 乙炔是无色有特殊臭味的气体

B. 乙炔属于可燃性气体

C. 乙炔易与溴水发生加成反应

D. 乙炔分子中所有原子都在同一直线上

3. 下列关于实验室制取乙炔的说法中，正确的是　(　)

A. 实验室制取乙炔的反应为

$CaC_2+H_2O \longrightarrow CaO+C_2H_2\uparrow$

B. 为了加快反应速率可用饱和食盐水代替水

C. 点燃乙炔前必须验纯

D. 用酸性高锰酸钾溶液除乙炔中的杂质

新课程学案 让核心素养落地生根 2 研讨新知识——互动区

新知探究(一) 乙炔的实验室制备

[在探究中学]

乙炔的实验室制法及性质的验证实验装置：

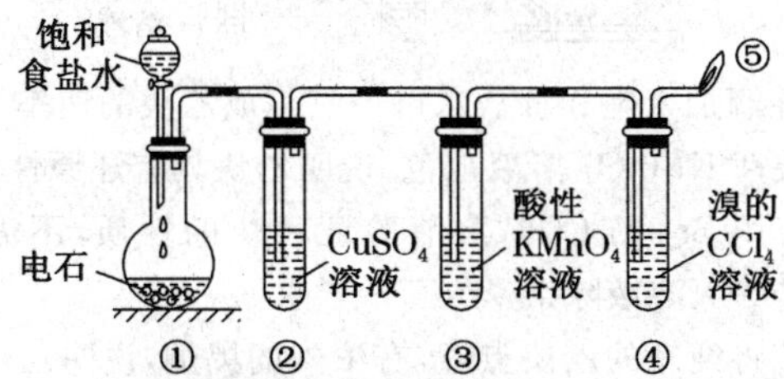

分析以上实验装置，探究以下问题：

(1)完成表格中实验现象

①处现象	②处 $CuSO_4$ 溶液的作用	③处现象	④处现象	⑤处现象
	除去杂质 H_2S、PH_3			

(2)实验室制取乙炔时为什么用饱和食盐水而不用水？

(3)若杂质中只含有 H_2S，则②中的 $CuSO_4$ 溶液还可以换为什么试剂？

(4)反应后④中可能含有哪些有机化合物？写出生成该有机化合物的化学反应方程式。

系统知识

1. 乙炔的实验室制法

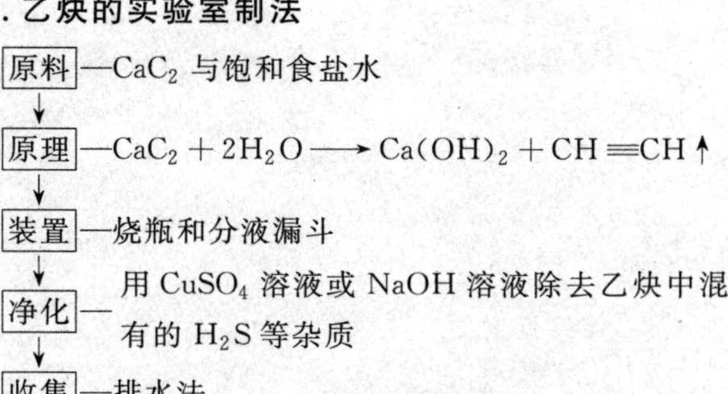

原料—CaC_2 与饱和食盐水
原理—$CaC_2+2H_2O \longrightarrow Ca(OH)_2+CH\equiv CH\uparrow$
装置—烧瓶和分液漏斗
净化—用 $CuSO_4$ 溶液或 NaOH 溶液除去乙炔中混有的 H_2S 等杂质
收集—排水法

2. 制取乙炔的注意事项

(1)实验装置在使用前要先检验装置的气密性。

(2)用试管作反应器制取乙炔时，由于 CaC_2 和水反应剧烈，并产生泡沫，为防止产生的泡沫进入导管，应在导气管口附近塞入少量棉花。

(3)电石与水反应很剧烈，为得到平稳的乙炔气流，可用饱和食盐水代替水，并用分液漏斗控制水流的速率，让食盐水逐滴慢慢地滴入。

(4)由电石制得的乙炔中往往含有 H_2S、PH_3 等杂质，使混合气体通过盛有 NaOH 溶液或 $CuSO_4$ 溶液的洗气瓶可将杂质除去。用 $CuSO_4$ 溶液除去 H_2S 的化学方程式为 $CuSO_4+H_2S = CuS\downarrow+H_2SO_4$。

[在应用中悟]

[典例] 如图中的实验装置可用于制取乙炔。请填空：

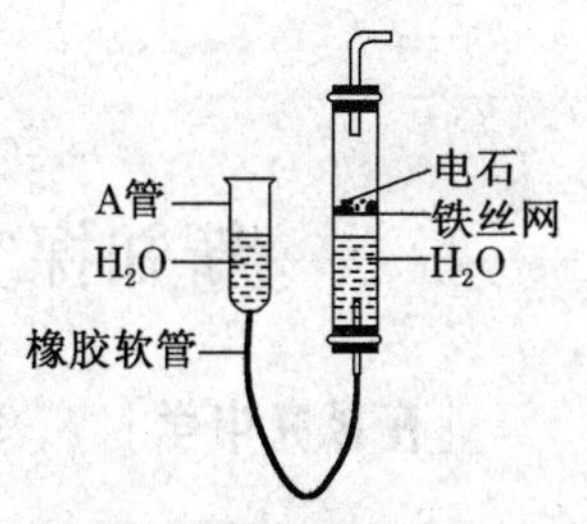

(1)图中，A 管的作用是________________________________，制取乙炔的化学方程式是________________________________，为避免反应太迅速，可采取的措施为________________。

(2)乙炔通入酸性 $KMnO_4$ 溶液中观察到的现象是________，乙炔发生了____________反应。

(3)乙炔通入溴的 CCl_4 溶液中可观察到的现象是________________，乙炔发生了________________反应。

(4)为了安全，点燃乙炔前应____________，乙炔燃烧时的实验现象是________________________。

[听课记录]

[名师点睛]

实验室制备乙炔的注意事项

1.实验室制乙炔的反应原理是典型的金属碳化物发生水解的反应，可类推出其他金属碳化物和H_2O反应的情况，如$Al_4C_3+12H_2O \longrightarrow 4Al(OH)_3+3CH_4\uparrow$。

2.制取乙炔不能用启普发生器或具有启普发生器原理的实验装置，原因是

(1)碳化钙吸水性强，与水反应剧烈，不能做到随开随用、随关随停。

(2)反应过程中放出大量的热，易使启普发生器炸裂。

(3)生成的$Ca(OH)_2$呈糊状易堵塞球形漏斗。

3.常见的四种不能制取乙炔气体发生装置：

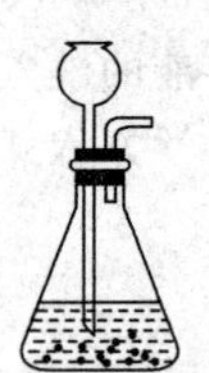
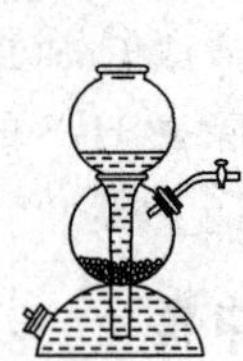
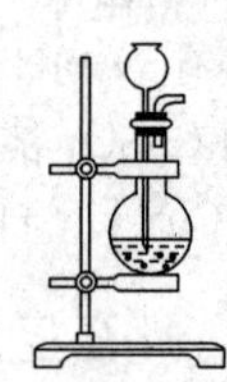
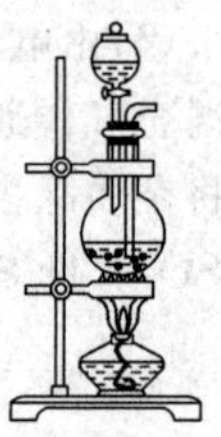

4.$CuSO_4$与H_2S反应生成H_2SO_4和CuS，反应方程式：$CuSO_4+H_2S=CuS\downarrow+H_2SO_4$，这是一个弱酸制备强酸的特例。

[在训练中评]

1.如图为实验室制取乙炔并验证其性质的装置图。下列说法不合理的是　(　　)

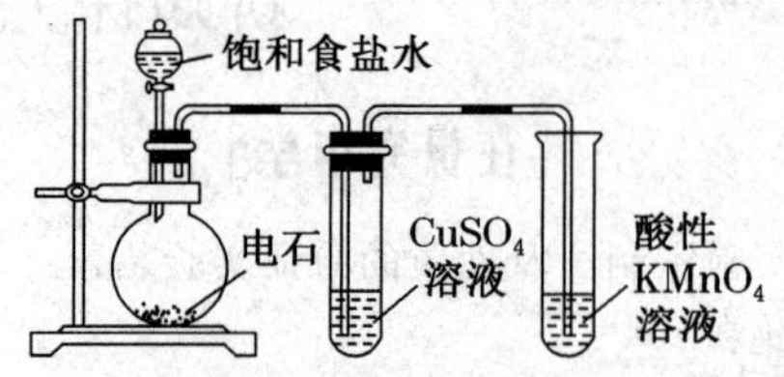

A.逐滴加入饱和食盐水可控制生成乙炔的速率

B.酸性$KMnO_4$溶液褪色，说明乙炔具有还原性

C.若用Br_2的CCl_4溶液验证乙炔的性质，不需要通过$CuSO_4$溶液除杂

D.若将纯净的乙炔点燃，有浓烈的黑烟，说明乙炔不饱和程度高

2.如图是一套实验室制气装置，用于发生、干燥和收集气体。下列各组物质中能利用这套装置进行实验的是　(　　)

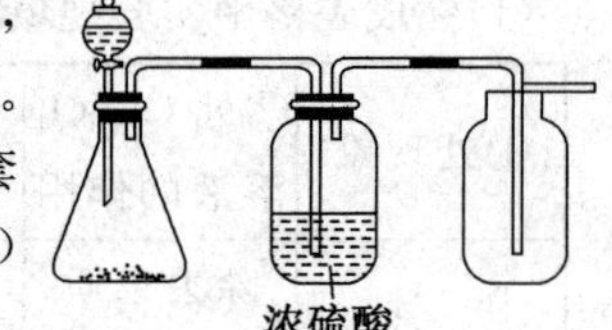

A.固体碳酸氢钠和盐酸

B.二氧化锰和浓盐酸

C.电石和水

D.碳酸钙和稀硫酸

新知探究(二)　烯烃、炔烃的加成反应

[在探究中学]

1.乙烯和乙炔均能使溴水和酸性高锰酸钾溶液褪色，那么如何区别乙烯和乙炔呢？

2.1 mol乙烯与氯气完全加成后再与氯气取代，整个过程最多需要多少mol氯气？

3.通过哪些化学反应中的定量关系可以证明乙炔分子中含有碳碳三键而不是碳碳双键？

4.在烯烃分子中如果双键碳上连接了两个不同的原子或原子团，将可以出现顺反异构。请问在炔烃分子中是否也存在顺反异构现象？

5.烯烃或炔烃因为含有不饱和键可以发生加聚反应。你能顺利写出丙烯($CH_3—CH=CH_2$)发生加聚反应的方程式吗？怎样才能正确书写烯烃的加聚产物？

系统知识

1. 取代反应、加成反应与加聚反应的辨析

	概念	反应方式	反应前后分子总数	实例
取代反应	有机分子中某些原子或原子团被其他原子或原子团代替的反应	有进有出	①若不成环，分子总数不变 ②若成环，分子总数增多	①$CH_3CH_3+Cl_2\xrightarrow{光照}CH_3CH_2Cl+HCl$ ②$CH_3—CH(OH)—CH_2(OH)\xrightarrow[\triangle]{浓硫酸}$ $CH_3—CH—CH_2$（环氧，CH与CH_2经O相连）$+H_2O$
加成反应	有机分子中双键（或三键）两端的原子直接结合新的原子或原子团的反应	只进不出	减小	$CH_2=CH_2+Br_2\longrightarrow CH_2Br—CH_2Br$
加聚反应	不饱和的有机小分子相互加成生成高分子的反应	只进不出	减小	$nCH_2=CH_2\xrightarrow{催化剂}[CH_2—CH_2]_n$

2. 有机反应中的数量关系

(1)取代反应

烷烃的取代反应中，取代 1 mol H 需要1 mol(X_2)。

(2)**加成反应**：1 mol 碳碳双键（$>C=C<$）可以和 1 mol Br_2（或 1 mol H_2）完全加成，1 mol 碳碳三键（$—C\equiv C—$）可以和 2 mol Br_2（或 2 mol H_2）完全加成；1 mol 苯环（—⌬—）可以和 3 mol H_2 完全加成。

[在应用中悟]

[典例] ①1 mol 某链烃最多能和 2 mol HCl 发生加成反应，生成 1 mol 二氯代烷；②1 mol 该氯代烷能和 8 mol Cl_2发生取代反应，生成只含碳元素和氯元素的氯代烃。该链烃可能是 （　）

A. $CH_3CH=CH_2$　　B. $CH_2=CHCH=CH_2$

C. $CH_3CH=CHCH_3$　　D. $CH\equiv CH$

[尝试解题]________

[名师点睛]

1. 取代反应和加成反应的认识

反应类型	取代反应	加成反应
概念	有机化合物分子里的某些原子或原子团被其他原子或原子团所替代的反应	有机化合物分子中双键（或三键）两端的碳原子与其他原子或原子团直接结合生成新的化合物的反应
反应物结构特征	含有易被取代的原子或原子团	含有双键或三键
生成物种数	多种	一种（有机化合物）
反应特点	①可发生分步取代反应 ②上一下一	①有时只有一种加成方式，有时有多种加成方式 ②断一加二

2. 有机反应中数量关系求算应注意的事项

在判断有机反应中的数量关系时，若加成完后的有机化合物中的氢原子被取代，还应考虑前面加入的氢原子的数量，才能正确判断出需要物质的物质的量。

[在训练中评]

1. 含有一个三键的炔烃，氢化后的产物结构简式如图，此炔烃可能的结构简式有 （　）

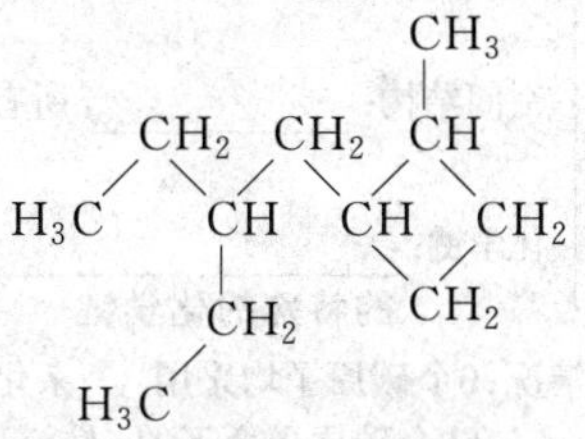

```
                         CH3
                          |
          CH2    CH2     CH
         /   \  /   \   /  \
     H3C      CH     CH     CH2
              |        \   /
             CH2        CH2
            /
        H3C
```

A. 1 种　　B. 2 种

C. 3 种　　D. 4 种

2. 乙炔是重要的有机化工原料，其化学性质活泼。

(1)乙炔能使溴水褪色，说明乙炔能发生________反应（填反应类型）；乙炔能使酸性高锰酸钾溶液褪色，说明乙炔容易被________。

(2)鉴别己烷和二乙烯基乙炔（$CH_2=CH—C\equiv C—CH=CH_2$）可用的试剂有________________。

(3)乙炔聚合得到聚乙炔，聚乙炔________导电（填“能”或“不能”）。

(4)乙炔在不同的催化条件下加氢可得到不同的产物。下列物质与乙炔加氢得到的某种产物互为同系物的是________（填标号）。

a. C_2H_4　b. C_2H_6　c. 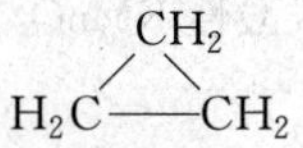 环丙烷（$H_2C—CH_2$，两端均与上方CH_2相连）　d. $CH_2=CHCH_3$

课下请完成课时跟踪检测(七)

第三节 芳香烃

第1课时 苯

[新教材内容有哪些]

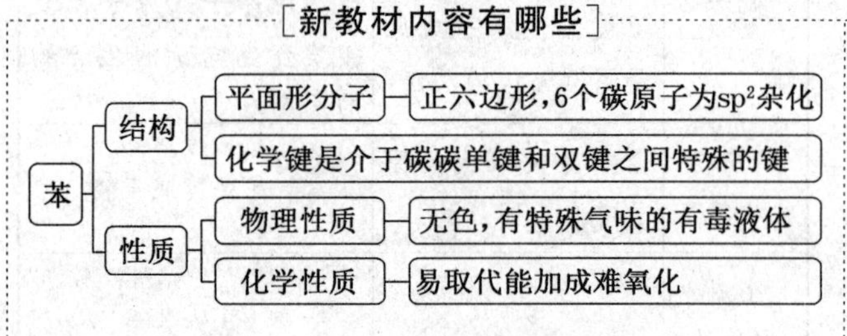

[新课程标准是什么]

1. 了解苯的分子结构,明确苯中共价键的类型和特点。
2. 明确苯的物理性质和化学性质。
3. 会用化学方程式描述苯的化学性质。

新课程学案 让核心素养落地生根 **1** 预习新教材——自学区

[理清主干知识]

1. 苯的物理性质

颜色	状态	气味	毒性	溶解性	密度	挥发性
无色	液体	有______	有___	_____水	小于水	易挥发

2. 苯的分子结构

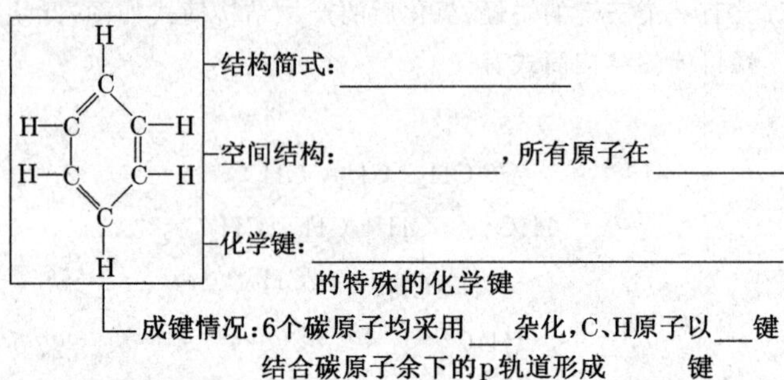

3. 苯的化学性质

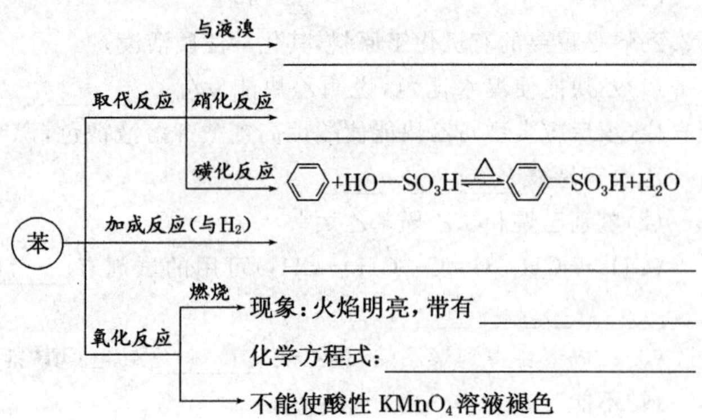

[诊断自学效果]

1. 正误判断(正确的打"√",错误的打"×")。

(1)苯不能使溴水或酸性 $KMnO_4$ 溶液因化学反应而褪色 ( )

(2)苯能与 H_2 在催化剂作用下发生加成反应,说明苯具有碳碳双键或碳碳三键等官能团 ( )

(3)苯分子中的共价键都是σ键 ( )

(4)苯分子具有平面正六边形结构,所有原子均在同一平面上 ( )

(5)苯不能发生氧化反应 ( )

2. 浓溴水加入苯中,充分振荡,静置后,溴水层颜色变浅的原因是 ( )

A. 加成反应　　B. 溶解作用

C. 取代反应　　D. 氧化反应

3. 1866年凯库勒提出了苯的单键、双键交替的正六边形平面结构(凯库勒结构),解释了苯的部分性质,但有一些问题仍未能解决。凯库勒结构不能解释下列哪些事实 ( )

①苯不能使溴水因发生化学反应而褪色

②苯能与氢气发生加成反应

③溴苯没有同分异构体

④邻二溴苯只有一种结构

A. ①②　　B. ③④

C. ①③　　D. ①④

4. 有3种无色液态物质,己烯、己烷和苯。

按下列要求填空:

(1)不能与溴水或酸性 $KMnO_4$ 溶液反应,但在铁屑作用下能与液溴反应的是________,生成的有机化合物名称是________,反应的化学方程式为____________________,此反应属于________反应。

(2)不能与溴水和酸性 $KMnO_4$ 溶液反应的是________。

(3)能与溴水和酸性 $KMnO_4$ 溶液反应的是________。

新课程学案 让核心素养落地生根 **2 研讨新知识——互动区**

新知探究 苯的结构与性质

[在探究中学]

1. 结合苯的性质的演示实验，完成下列探究问题

(1)凯库勒对苯的结构提出两个假说：

Ⅰ. 苯的 6 个碳原子形成环状，即平面六边形环。

Ⅱ. 各碳原子之间存在单、双键相互交替形式。

即凯库勒认为苯的结构为⬡。而现代科学证明苯分子中的 6 个碳原子之间的键完全相同，是一种介于单键和双键之间的独特的键。为证明苯的结构不是单、双键相互交替形式，某同学设计了以下实验，请完成实验现象和结论。

实验	现象	结论
将 1 滴管苯与 1 滴管溴水溶液混合于试管中，振荡，静置		
将 1 滴管苯与 1 滴管酸性高锰酸钾溶液混合于试管中，振荡，静置		

(2)已知己烯(C_6H_{12})含有碳碳双键，和乙烯化学性质相似。对比苯和己烯的性质并填写下表，思考如何鉴别二者？

	己烯	苯
酸性高锰酸钾溶液		
溴水		
溴的 CCl_4 溶液		
一定条件下与 H_2		

(3)苯的邻位二氯代物只有一种结构，能说明苯分子中的 6 个碳碳键完全相同，而不是单双键交替的形式吗？

2. 实验室制取溴苯(装置如图)

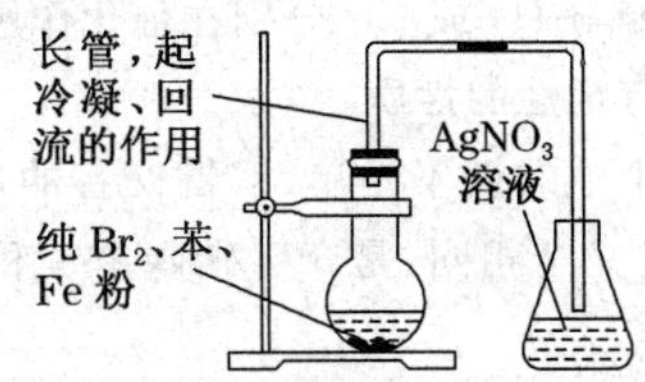

(1)该实验中能否用溴水代替纯溴？

(2)反应中加入 Fe 粉的作用是什么？

(3)纯净的溴苯是一种无色密度比水大的油状液体，但实验得到的溴苯呈褐色，其原因是什么？如何除去褐色？

(4)若利用上图装置检验产物中的 HBr，挥发出的 Br_2 会产生干扰，应做何改进排除干扰？

3. 实验室制取硝基苯(装置如图)

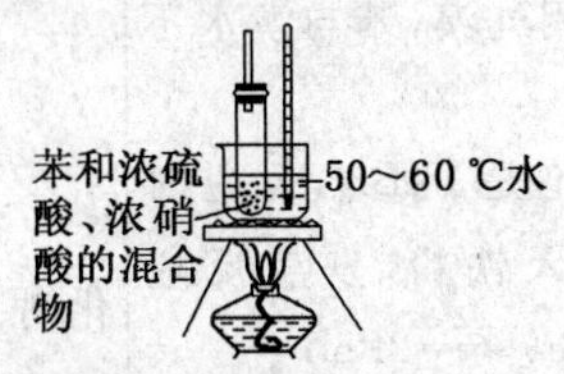

(1)该反应中浓硫酸的作用是什么？

(2)实验中为何需控制温度在 50～60 ℃？

系统知识

1. 苯的特殊结构决定了苯的化学性质

(1)苯不能使酸性 $KMnO_4$ 溶液和溴水因发生化学反应而褪色，由此可知苯在化学性质上与烯烃有很大差别。

(2)苯在催化剂($FeBr_3$)作用下与液溴发生取代反应，说明苯具有类似烷烃的性质。

(3)苯又能与 H_2 或 Cl_2 分别在催化作用下发生加成反应，说明苯具有烯烃的性质。

(4)苯分子中的键不是单、双键交替的形式，真实结构为 6 个碳碳键完全相同，是介于碳碳单键和碳碳双键之间的特殊的键。

2. 溴苯、硝基苯的制备

反应类型	苯与液溴的反应	苯与硝酸的反应(硝化反应)
实验原理	$C_6H_6+Br_2\xrightarrow{FeBr_3}C_6H_5-Br+HBr\uparrow$	$C_6H_6+HNO_3\xrightarrow[50\sim60\ ℃]{浓硫酸}C_6H_5-NO_2+H_2O$
实验现象	整个烧瓶充满红棕色气体，在导管口有白雾(HBr 遇水蒸气形成)；反应完毕后，向锥形瓶中滴加 $AgNO_3$ 溶液，有浅黄色的 AgBr 沉淀生成；把烧瓶里的液体倒入盛有冷水的烧杯里，烧杯底部有褐色不溶于水的液体生成	将反应后的液体倒入一个盛有冷水的烧杯中，烧杯底部有黄色油状物质生成，然后用 NaOH 溶液洗涤，最后用蒸馏水洗涤后得无色油状、有苦杏仁味、密度比水大的液体
注意事项	①应该用纯溴，苯与溴水不反应 ②催化剂是 $FeBr_3$，反应时通常加入铁粉，发生反应 $2Fe+3Br_2 \xlongequal{} 2FeBr_3$ ③锥形瓶中的导管不能插入液面以下，防止倒吸，因 HBr 极易溶于水 ④除去溴苯中过量的溴，可以加入氢氧化钠溶液后再分液	①浓硫酸的作用是催化剂、吸水剂 ②一般采用水浴加热，其优点是：受热均匀，便于控制温度

[在训练中评]

1. 下列关于苯的叙述正确的是　　(　　)

苯：①液溴/$FeBr_3$；②$KMnO_4/H^+$；③浓硝酸，浓硫酸，50～60 ℃；④H_2/催化剂

A. 反应①常温下不能进行

B. 反应②不发生，但是仍有分层现象，紫色层在下层

C. 反应③为加成反应，产物是无色液体

D. 反应④能发生，从而证明苯中是单双键交替结构

2. 下列物质的所有原子，不可能处于同一平面上的是　　(　　)

A. $CH_3CH=CH_2$　　B. $CH_2=CH_2$

C. $C_6H_5-CH=CH_2$　　D. C_6H_6

3. 制备溴苯的实验装置如图，将液溴从恒压滴液漏斗慢慢滴入盛有苯和铁粉的烧瓶 A。反应结束后，对 A 中的液体进行后续处理即可获得溴苯。

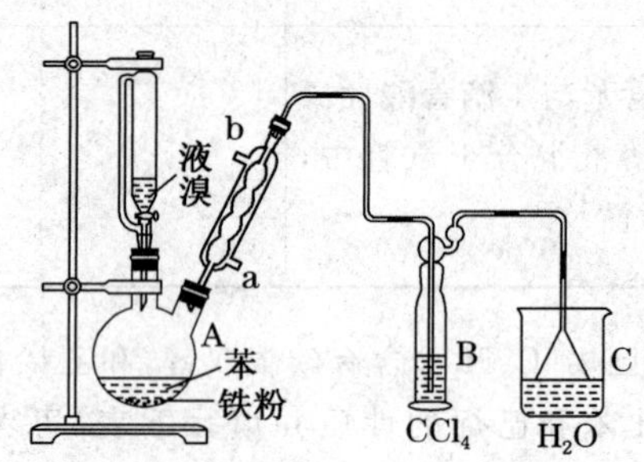

(1)写出 A 中制备溴苯的化学反应方程式________________________________。

(2)B 中盛放的 CCl_4 的作用是________________。

(3)冷凝管的作用是________________，冷凝管中的水应从________口进入(填“a”或“b”)。

(4)向 C 中加入硝酸银溶液可证明苯和液溴发生的是取代反应而不是加成反应，反应现象是________________，也可使用________试纸更简便地证明上述结论。

(5)得到粗溴苯后，要用如下操作精制：①蒸馏　②水洗　③用干燥剂干燥　④10%NaOH 溶液碱洗，正确的操作顺序是________(填标号)。

A. ①②③④②　　B. ②④②③①

C. ④②③①②　　D. ②④①②③

课下请完成课时跟踪检测(八)

第2课时 苯的同系物

[新教材内容有哪些]

结构特点
典型物质
苯的同系物
化学性质
比苯更容易取代，能被强氧化剂氧化

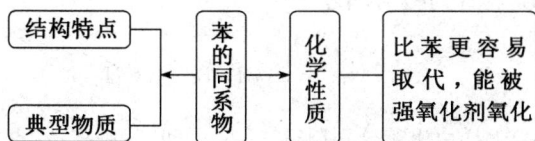

[新课程标准是什么]

1. 了解苯的同系物的结构特点。
2. 了解典型的苯的同系物的性质。
3. 以甲苯为代表物，通过典型反应认识苯的同系物的化学性质。

新课程学案 让核心素养落地生根 1 预习新教材——自学区

[理清主干知识]

1. 苯的同系物的结构

(1)概念：苯环上的氢原子被________取代所得到的一系列产物。

(2)通式：$C_nH_{2n-6}(n\geqslant7)$。

2. 常见苯的同系物及物理性质

(1)**物理通性**：具有类似苯的气味的无色液体，不溶于水，易溶于有机溶剂，密度比水小。

(2)**常见苯的同系物**

	名称	结构简式	熔点/℃	沸点/℃	密度/$(g\cdot cm^{-3})$
	甲苯	—CH_3	−95	111	0.867
	乙苯	—C_2H_5	−95	136	0.867
二甲苯	邻二甲苯(1,2-二甲苯)	—CH_3 —CH_3	−25	144	0.880
	间二甲苯(1,3-二甲苯)	H_3C— —CH_3	−48	139	0.864
	对二甲苯(1,4-二甲苯)	H_3C— —CH_3	13	138	0.861

3. 苯的同系物的化学性质(以甲苯为例)

(1)**氧化反应**

①苯的同系物能使酸性 $KMnO_4$ 溶液________，这是由于甲苯上的甲基被 $KMnO_4$ 氧化的结果。

②燃烧。

燃烧通式为________________________________。

(2)**取代反应**：甲苯与浓硝酸和浓硫酸的混合物在一定条件下发生反应生成2,4,6-三硝基甲苯，方程式为

____

(3)**加成反应**：在一定条件下甲苯与 H_2 发生加成反应，生成甲基环己烷，方程式为________________________________

[诊断自学效果]

1. 正误判断(正确的打"√"，错误的打"×")。

(1)芳香烃的分子都符合分子通式 $C_nH_{2n-6}(n\geqslant7)$ ( )

(2)甲苯能使溴水因发生取代反应而褪色 ( )

(3)乙苯可被酸性高锰酸钾溶液氧化为 —COOH(苯甲酸) ( )

(4)甲苯可与氢气发生加成反应 ( )

(5)萘( )和甲苯都属于苯的同系物 ( )

2. 只用一种试剂就能将甲苯、己烯、四氯化碳、碘化钾溶液区别，该试剂可以是 ( )

A. 酸性高锰酸钾溶液　　B. 溴水

C. 溴化钾溶液　　D. 硝酸银溶液

3. 已知异丙苯的结构简式如图，下列说法错误的是 ( )

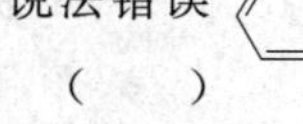

A. 异丙苯可以使酸性高锰酸钾溶液褪色

B. 异丙苯属于芳香烃

C. 异丙苯中所有碳原子不可能都处于同一平面

D. 异丙苯和苯乙烯互为同系物

新课程学案 让核心素养落地生根 2 研讨新知识——互动区

新知探究(一)　苯和苯的同系物

[在探究中学]

1. 苯和甲苯均为无色的液体,物理性质相似,但是化学性质不同。

	苯	甲苯
实验操作	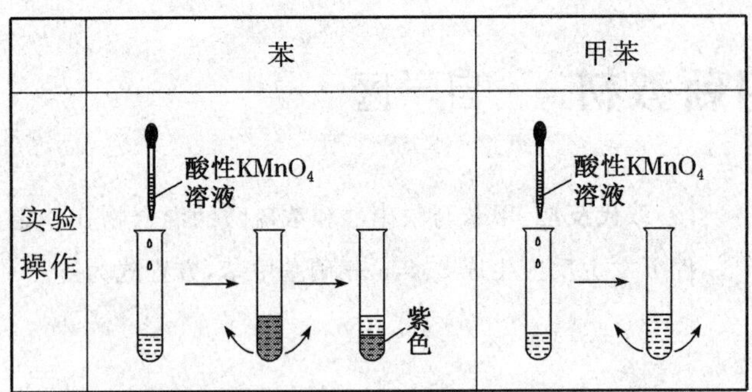	

结合相关实验,思考下列问题:

(1)苯不能使酸性高锰酸钾溶液褪色,而甲苯能使酸性高锰酸钾溶液褪色,原因是什么?说明了什么问题?

(2)等物质的量的苯和甲苯与 H_2 完全加成,需要的氢气的量一样吗?

(3)苯和苯的同系物在相同条件下分别与硝酸反应,哪种更容易?说明了什么问题?

(4)怎样由甲苯分别制得 $C_6H_5CH_2Br$(苯环上连 CH_2Br)和 邻溴甲苯(苯环上连 CH_3,邻位连 Br)?

(5)写出间二甲苯(苯环上1,3位各连一个 CH_3)与足量混酸(浓硝酸和浓硫酸)在加热条件下反应的化学方程式。

2. 苯和苯的同系物虽然结构相似,但结构上还是有些差异。结合相关有机化合物分类的知识,回答下列问题。

(1)苯、甲苯和乙苯属于同系物吗?

(2)萘(两个苯环稠合)、苯乙烯(C_6H_5—CH═CH_2)属于同系物吗?

(3)C_8H_{10}属于苯的同系物的结构有几种？试分别写出其结构简式与名称。

系统知识

1. 苯的同系物

苯的同系物只含有一个苯环，而且支链(或取代基)必须是烷基。例如 C_6H_5—CH═CH_2、萘等都不是苯的同系物。

2. 苯与苯的同系物的异同

		苯	苯的同系物
相同点	组成与结构	①分子中都含有一个苯环。 ②分子式都符合通式 $C_nH_{2n-6}(n\geqslant6)$	
	化学性质	①燃烧时现象相同，火焰明亮，伴有浓烟，燃烧通式 $C_nH_{2n-6}+\frac{3}{2}(n-1)O_2\xrightarrow{点燃}nCO_2+(n-3)H_2O$。 ②都易发生苯环上的取代反应。 ③都能发生加成反应，但反应都比较困难	
不同点	取代反应	易发生取代反应，主要得到一元取代产物	更容易发生取代反应，常得到多元取代产物
	氧化反应	难被氧化，不能使酸性 $KMnO_4$ 溶液褪色	易被氧化剂氧化，能使酸性 $KMnO_4$ 溶液褪色
差异原因		苯的同系物分子中，苯环与侧链相互影响，苯环影响侧链，使侧链烃基性质活泼而易被氧化。侧链烃基影响苯环，使苯环上烃基邻、对位的氢原子更活泼而易被取代	

3. 苯的同系物中苯环和侧链的相互影响

(1)两种影响

①侧链影响苯环。使得苯环邻位和对位上的氢原子活泼，易被其他的原子或原子团取代。

②苯环影响侧链。使得侧链跟苯环直接相连的碳原子上的氢原子活泼，易被氧化，且无论侧链长短，其氧化产物都为苯甲酸。如甲苯、乙苯均能被酸性高锰酸钾溶液氧化成 C_6H_5—COOH。

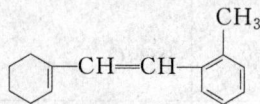

(2)两种褪色

①苯的同系物不能使溴褪色(不发生反应)，但能萃取溴水中的溴使溴水层褪色(物理性质)。

②苯的同系物能使酸性高锰酸钾溶液褪色，而苯不能使酸性高锰酸钾溶液褪色，是由于苯环对侧链的影响。若与苯直接相连的碳上无氢原子，则该同系物不可以使酸性高锰酸钾溶液褪色。

(3)两种取代

甲苯和溴能发生取代反应，但条件不同，取代位置不同。

①发生在苯环上，即侧链对苯环的影响(需加催化剂)。

②发生在侧链上，即类似烷烃的取代反应，还能继续进行，其条件同烷烃取代反应(光照)。

[在训练中评]

1. 鉴别苯和苯的同系物的方法或试剂是 ( )

A. 液溴和铁粉　　B. 浓溴水

C. 酸化的 $KMnO_4$ 溶液　　D. 在空气中点燃

2. 下列有关反应和反应类型不相符的是 ( )

A. 甲苯与浓硝酸、浓硫酸混合反应制 TNT(取代反应)

B. 苯与乙烯在催化剂存在下反应制取乙苯(取代反应)

C. 甲苯与酸性 $KMnO_4$ 溶液反应(氧化反应)

D. 甲苯制取甲基环己烷(加成反应)

3. 某有机化合物的结构简式如图：

(环己烯基)—CH═CH—(邻甲基苯基，CH_3)

(1)该物质苯环上一氯代物有________种。

(2)1 mol 该物质和溴水混合，消耗 Br_2 的物质的量为________mol。

(3)1 mol 该物质和 H_2 加成最多消耗 H_2 ________mol。

(4)下列说法不正确的是________(填标号)。

a. 该物质可发生加成、取代、氧化等反应

b. 该物质不溶于水

c. 该物质能使溴水褪色

d. 该物质能使酸性 $KMnO_4$ 溶液褪色，且发生的是加成反应

新知探究(二) 烃完全燃烧的规律

[在应用中悟]

[典例] 现有CH_4、C_2H_4、C_2H_6三种有机化合物：

(1)等质量的以上三种物质完全燃烧时耗去O_2的量最多的是________。

(2)同状况、同体积的以上三种物质完全燃烧时耗去O_2的量最多的是________。

(3)等质量的以上三种物质燃烧时，生成二氧化碳最多的是________，生成水最多的是________。

(4)在120 ℃、1.01×10^5 Pa下，上述三种烃中的两种气态烃和足量的氧气混合点燃，相同条件下测得反应前后气体体积都没有发生变化，这两种气体是________。

[听课记录]

[名师点睛] 烃完全燃烧的规律

规律	结论
烃(C_xH_y)完全燃烧的通式	$C_xH_y+\left(x+\frac{y}{4}\right)O_2\xrightarrow{点燃}xCO_2+\frac{y}{2}H_2O$
等物质的量的烃完全燃烧时的耗氧量	耗氧量取决于$\left(x+\frac{y}{4}\right)$的大小，$\left(x+\frac{y}{4}\right)$越大，耗氧量越多
等质量的烃完全燃烧时的耗氧量	烃分子中$\frac{x}{y}$越小，耗氧量越多
温度不变时，气态烃完全燃烧，反应前后的气体体积的变化	(1)H_2O为气态($T\geqslant100$ ℃)时； $y=4$，体积不变，如CH_4、C_2H_4等 $y<4$，体积减小，如C_2H_2 $y>4$，体积增大，如C_2H_6、C_3H_8等 (2)H_2O为液态($T<100$ ℃)时，体积一定减小
生成物CO_2和H_2O的物质的量的关系	烷烃：$n(CO_2)<n(H_2O)$ 烯烃：$n(CO_2)=n(H_2O)$ 炔烃：$n(CO_2)>n(H_2O)$

[在训练中评]

1. 在120 ℃、1.01×10^5 Pa时，将3 L炔烃和烷烃的混合气体与相同状态下的14 L O_2混合，充分燃烧后，恢复到原来状态，所得气体体积是17 L。则下列各组烃的混合物中可能是 ( )

A. C_2H_4和C_2H_6　　B. C_3H_4和CH_4

C. C_2H_2和CH_4　　D. C_4H_6和C_2H_6

2. 常温常压下，10 mL某气态烃与50 mL O_2混合点燃并完全燃烧后恢复到原来状况，剩余气体为35 mL，则此烃的化学式为 ( )

A. C_3H_6　　B. C_5H_{12}

C. C_2H_4　　D. C_6H_6

课下请完成 课时跟踪检测(九) 章末检测验收(二)

第三章 烃的衍生物

第一节 卤代烃

[新教材内容有哪些]

溴乙烷 → 物理性质；化学性质 → 取代反应、消去反应

卤代烃 → 卤素检验；化学性质（取代反应、消去反应）；分类；物理性质

[新课程标准是什么]

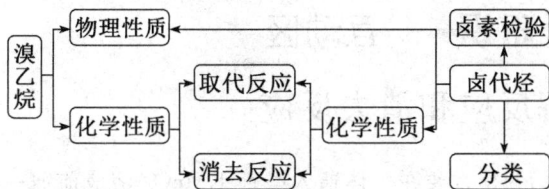

1. 认识卤代烃的组成和结构特点、性质、转化关系及其在生产生活中的应用。
2. 认识卤代烃的取代反应、消去反应的特点和规律。
3. 结合生产、生活实际了解卤代烃对环境和健康可能产生的影响。

新课程学案 让核心素养落地生根

1 预习新教材——自学区

[理清主干知识]

(一)卤代烃的概念、分类和物理性质

1. **概念**:烃分子中的氢原子被__________取代后生成的化合物,称为卤代烃。

2. **分类**

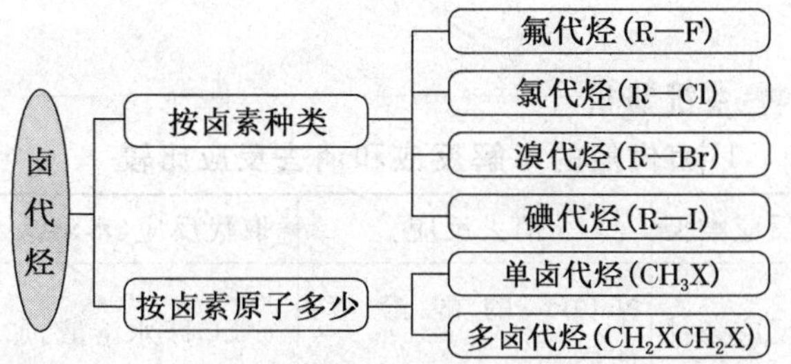

3. **物理性质**

状态	常温下,大多数卤代烃为________或________
溶解性	卤代烃________溶于水,可溶于有机溶剂
密度	高于相应的烃,一般随着烃基中碳原子数目的增加而________
沸点	高于相应的烃,一般随着烃基中碳原子数目的增加而________

(二)溴乙烷

1. **分子的组成与结构**

分子式	电子式	结构式	结构简式	官能团
C_2H_5Br	H:C(H)(H):C(H)(H):Br:（Br周围有孤对电子）	H—C(H)(H)—C(H)(H)—Br		C—Br键

2. **物理性质**

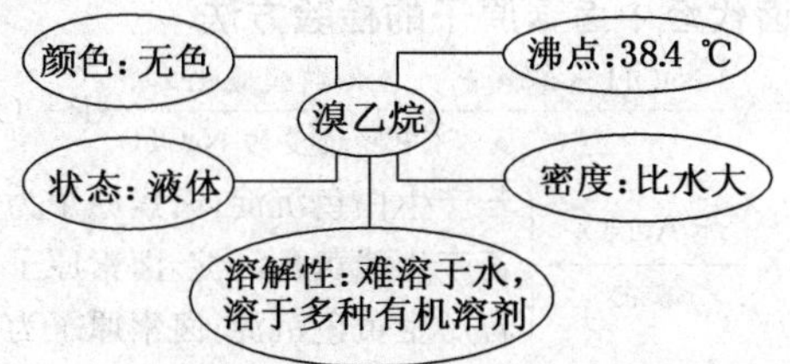

3. **化学性质**

(1)**取代反应**(水解反应)

条件	
反应的方程式	
解释或结论	电负性:卤素原子的电负性比碳原子大,使C—X的电子向卤素原子偏移,形成极性较强的共价键:$C^{\delta+}—X^{\delta-}$,C—X较易断裂,使卤素原子被其他原子或原子团所取代

(2)**消去反应**

条件	
反应方程式	
消去反应	有机化合物在一定条件下,从一个分子中________________(如 H_2O、HX 等),而生成含________的化合物的反应

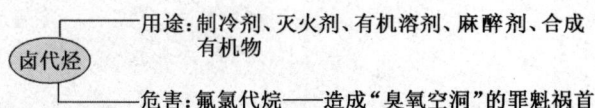

(三)卤代烯烃

1. 四氟乙烯加成聚合生成聚四氟乙烯:

____

2. 氯乙烯加成聚合生成聚氯乙烯:

$n\text{CH}_2=\text{CHCl} \longrightarrow [\text{CH}_2—\text{CHCl}]_n$。

(四)卤代烃对人类生活的影响

卤代烃
- 用途:制冷剂、灭火剂、有机溶剂、麻醉剂、合成有机物
- 危害:氟氯代烷——造成"臭氧空洞"的罪魁祸首

[诊断自学效果]

1. 下列关于卤代烃的叙述中正确的是　　(　　)

A. 卤代烃都含有卤素原子

B. 卤代烃都是难溶于水，密度比水小的液体

C. 卤代烃都是通过取代反应制得的

D. 卤代烃在适当条件下都能发生消去反应

2. 有关溴乙烷的下列叙述中，正确的是　　(　　)

A. 溴乙烷不溶于水，能溶于大多数有机溶剂

B. 溴乙烷与 NaOH 的醇溶液反应生成乙醇

C. 在溴乙烷中滴入 $AgNO_3$ 溶液，立即产生淡黄色沉淀

D. 溴乙烷通常用溴与乙烷直接反应来制取

新课程学案 让核心素养落地生根

2 研讨新知识——互动区

新知探究　卤代烃的水解反应和消去反应

[在探究中学]

1. 实验探究卤代烃的取代反应

1-溴丁烷可与 NaOH 水溶液共热发生取代反应。

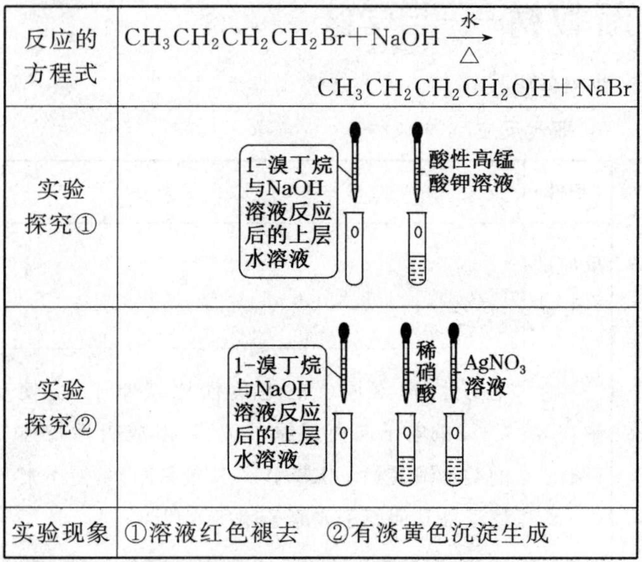

反应的方程式	$CH_3CH_2CH_2CH_2Br+NaOH \xrightarrow[\triangle]{水} CH_3CH_2CH_2CH_2OH+NaBr$
实验探究①	1-溴丁烷与NaOH溶液反应后的上层水溶液；酸性高锰酸钾溶液
实验探究②	1-溴丁烷与NaOH溶液反应后的上层水溶液；稀硝酸；$AgNO_3$溶液
实验现象	①溶液红色褪去　②有淡黄色沉淀生成

根据以上实验内容，思考并回答下列问题：

(1)实验探究①的实验目的是什么？

(2)实验探究②中检验 Br^- 时，在加 $AgNO_3$ 溶液之前为什么要先加入稀硝酸酸化？

2. 探究1-溴丁烷的消去反应实验(装置如图)

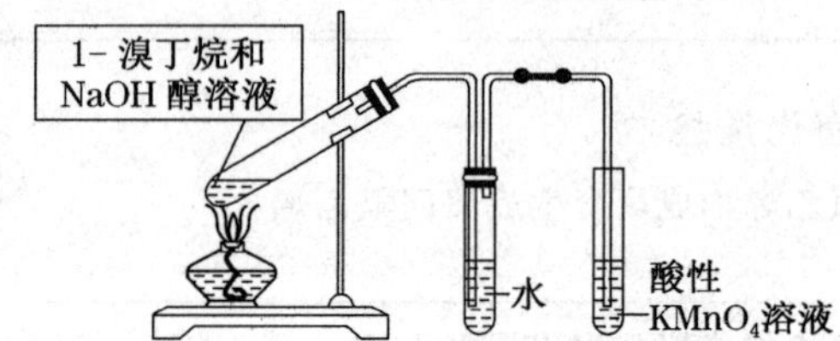

根据以上实验内容，思考并回答下列问题：

(1)1-溴丁烷水解反应和消去反应相比，其反应条件有何差异？由此你得到什么启示？

(2)为什么要在气体通入酸性 $KMnO_4$ 溶液前加一个盛有水的试管？

(3)若用溴水检验乙烯，还有必要先将气体通入水中吗？

系统知识

1. 卤代烃的水解反应和消去反应比较

反应类型	消去反应	取代反应(水解反应)
反应条件	NaOH 的醇溶液、加热	NaOH 水溶液、加热
断键规律	H—C(H)(H)—C(H)(Br)—H，断开虚线框内的 H 与 Br	H—C(H)(H)—C(H)(H)—Br，H—OH，断开虚线框内的键
卤代烃的要求	①含两个以上碳原子，如 CH_3Br 不能反应；②与卤原子相连碳原子的相邻碳原子上有氢原子。如 $(CH_3)_3CCH_2Br$ 不能发生消去反应，而 $CH_3—CH_2—Cl$ 可以	含有—X 的卤代烃绝大多数都可以水解
化学反应特点	消去 HX，引入碳碳双键或碳碳三键	在碳上引入—OH，生成含—OH 的有机化合物(醇)

2. 卤代烃中卤素原子的检验方法

$R—X \xrightarrow[\triangle]{NaOH水溶液} \xrightarrow[(中和过量的NaOH)]{稀硝酸酸化} R—OH$、$NaX \xrightarrow[溶液]{加AgNO_3}$ {若产生白色沉淀，卤素原子为氯原子；若产生浅黄色沉淀，卤素原子为溴原子；若产生黄色沉淀，卤素原子为碘原子

[在训练中评]

1.[**双选**]卤代烃 R—CH_2—CH_2—X 中的化学键如图所示，则下列说法正确的是 (　　)

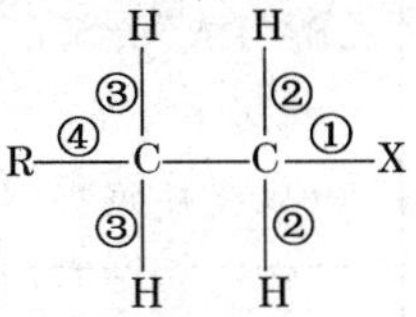

R—④—C—C—①—X（C 上的 C—H 键标为③、③，另一 C 上的 C—H 键标为②、②）

A. 当该卤代烃发生水解反应时，被破坏的键是①

B. 当该卤代烃发生消去反应时，被破坏的键是①和④

C. 当该卤代烃发生取代反应时，被破坏的键是①

D. 当该卤代烃发生消去反应时，被破坏的键是①和②

2. 为了检验溴乙烷中含有溴元素，有以下操作顺序合理的是 (　　)

①加 $AgNO_3$ 溶液　②加 NaOH 溶液　③加热

④加蒸馏水　⑤加稀硝酸至溶液显酸性

A. ②①③⑤　　B. ②④⑤③

C. ②③⑤①　　D. ②①⑤③

3. 以溴乙烷为原料制取 1,2-二溴乙烷，下列转化方案中最合理的是 (　　)

A. $CH_3CH_2Br \xrightarrow[\triangle]{HBr溶液} CH_2BrCH_2Br$

B. $CH_3CH_2Br \xrightarrow{Br_2} CH_2BrCH_2Br$

C. $CH_3CH_2Br \xrightarrow[\triangle]{NaOH的乙醇溶液} CH_2=CH_2 \xrightarrow{HBr} CH_2BrCH_3 \xrightarrow{Br_2} CH_2BrCH_2Br$

D. $CH_3CH_2Br \xrightarrow[\triangle]{NaOH的乙醇溶液} CH_2=CH_2 \xrightarrow{Br_2} CH_2BrCH_2Br$

4. 欲证明某一卤代烃为溴代烃，甲、乙两同学设计了如下方案。甲同学：取少量卤代烃，加入 NaOH 的水溶液，加热，冷却后加入 $AgNO_3$ 溶液，若有淡黄色沉淀生成，则为溴代烃。乙同学：取少量卤代烃，加入 NaOH 的乙醇溶液，加热，冷却后，用硝酸酸化，加入 $AgNO_3$ 溶液，若有淡黄色沉淀生成，则为溴代烃。关于甲、乙两位同学的实验评价正确的是 (　　)

A. 甲同学的方案可行

B. 乙同学的方案可行

C. 甲、乙两位同学的方案都有局限性

D. 甲、乙两位同学的实验所涉及的卤代烃的性质一样

课下请完成课时跟踪检测(十)

第二节　醇　酚

第1课时　醇

[新教材内容有哪些]

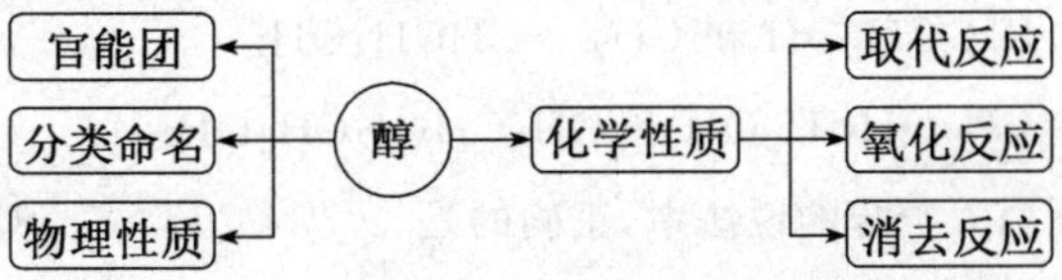

醇 → 官能团、分类命名、物理性质

醇 → 化学性质 → 取代反应、氧化反应、消去反应

[新课程标准是什么]

1. 认识醇的组成和结构特点、性质、转化关系及其在生产生活中的应用。
2. 认识醇的取代、消去反应及氧化还原反应的特点和规律。
3. 结合生产、生活实际了解醇类对环境和健康可能产生的影响。

新课程学案 让核心素养落地生根

1 预习新教材——自学区

[理清主干知识]

(一)醇、酚的概念

羟基与________相连的化合物，称为醇，羟基与________相连而形成的化合物称为酚，它们的官能团都是________。

(二)醇类

1. 分类

醇
- 按羟基数目
  - ______(如 CH_3CH_2OH、C_6H_5—CH_2CH_2OH)
  - ______(如 CH_2OHCH_2OH、$C_6H_4(CH_2OH)_2$)
  - 多元醇(如 $CH_2OHCHOHCH_2OH$)
- 按烃基是否饱和
  - 饱和醇(如 CH_3OH、CH_2OHCH_2OH)
  - 不饱和醇(如 $CH_2=CH—CH_2OH$)

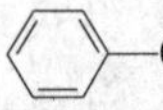

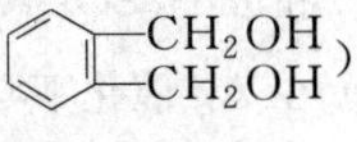

其中饱和一元醇的通式为__________，可简写为 R—OH。

2. 几种常见的醇

名称	甲醇	乙二醇	丙三醇(俗称甘油)
结构简式			
性质	无色、挥发性的液体；易溶于水；有毒，误服会损伤视神经，甚至致人死亡	无色、黏稠的液体，易溶于水和乙醇，是重要的化工原料	

3. **物理性质**

(1)沸点

①相对分子质量相近的醇和烷烃相比,醇的沸点远远________烷烃。

②饱和一元醇随分子中碳原子数的增加,沸点逐渐________。

③碳原子数目相同,羟基的个数越多沸点越高。

(2)溶解性

甲醇、乙醇、丙醇均可与水互溶。这是因为醇分子与水分子之间形成了________。

4. **醇类的系统命名法**

(1)一般步骤

选主链—**选择含有与羟基相连的碳原子的最长碳链为主链,根据碳原子数目称某醇**

编碳号—**从离羟基最近的一端给主链碳原子依次编号**

标位置—**醇的名称前面要用阿拉伯数字标出羟基的位置;羟基的个数用"二""三"等标出**

如 $CH_3—CH—CH—CH_3$（第一个 CH 上连 C_2H_5，第二个 CH 上连 OH）命名为 3-甲基-2-戊醇。

(2)注意事项

①主链应选择含有—OH 的最长的碳链,但不一定是分子中最长的碳链。

②有多个羟基的醇,应标明二醇、三醇……在其前面标明主链碳原子的数目,如乙二醇、丙三醇,不能写作二乙醇、三丙醇。

(三)乙醇的化学性质

醇的化学性质主要由________官能团所决定,由于氧原子吸引电子能力比氢原子和碳原子强,O—H 键和 C—O 键的电子都向氧原子偏移,使 O—H 键和 C—O 键易断裂,发生__________或__________。

乙醇结构简式	H—C(H)(H)—C(H)(H)—O—H（键④为 H—C，③为 C—H，②为 C—O，①为 O—H）	
反应类型	断键序号	化学方程式
乙醇与钠反应(置换反应)		$2CH_3CH_2OH + 2Na \longrightarrow 2CH_3CH_2ONa + H_2\uparrow$
乙醇与氢溴酸反应(取代反应)		
乙醇与浓 H_2SO_4 共热 170 ℃(消去反应)		
乙醇与浓 H_2SO_4 共热 140 ℃(取代反应)	①或②	
乙醇与酸性重铬酸钾溶液反应(氧化反应)	—	$CH_3CH_2OH \xrightarrow{氧化} CH_3CHO \xrightarrow{氧化} CH_3COOH$
乙醇的催化氧化		$2CH_3CH_2OH + O_2 \xrightarrow[\triangle]{Cu/Ag} 2CH_3CHO + 2H_2O$
乙醇燃烧	全断	$CH_3CH_2OH + 3O_2 \xrightarrow{点燃} 2CO_2 + 3H_2O$

(四)氧化反应和还原反应

在有机化学反应中,通常把有机化合物分子中______或__________的反应叫做氧化反应,______或__________的反应是还原反应。

[诊断自学效果]

1. 下列各组物质都属于醇类,但不是同系物的是（　　）

A. C_3H_7OH 和 $CH_3—O—CH_3$

B. C_6H_5—OH 和 C_6H_5—CH_2OH

C. CH_3CH_2OH 和 $CH_2=CHCH_2OH$

D. CH_2OHCH_2OH 和 $CH_3CHOHCH_2OH$

2. 下列关于醇的说法中,正确的是（　　）

A. 醇类都易溶于水

B. 醇就是羟基和烃基相连的化合物

C. 饱和一元醇的通式为 $C_nH_{2n+1}OH(n\geqslant1)$

D. 甲醇和乙醇都有毒,禁止饮用

3. 下列对醇的命名正确的是（　　）

A. 2,2-二甲基-3-丙醇　　B. 1-甲基-1-丁醇

C. 2-甲基-1-丙醇　　D. 1,2-二甲基乙二醇

4. 乙醇分子中各种化学键如图所示,关于乙醇在各种反应中断裂键的说法不正确的是（　　）

H—C(H)(H)—C(H)(H)—O—H（键⑤为 H—C，④为 C—C，③为 C—H，②为 C—O，①为 O—H）

A. 和金属钠反应时键①断裂

B. 和浓 H_2SO_4 共热到 170 ℃时键②和⑤断裂

C. 和浓 H_2SO_4 共热到 140 ℃时仅有键②断裂

D. 在 Ag 催化下与 O_2 反应时键①和③断裂

新课程学案 让核心素养落地生根 2 研讨新知识——互动区

新知探究(一) 乙醇的消去反应

[在探究中学]

乙醇的消去反应(装置如图)

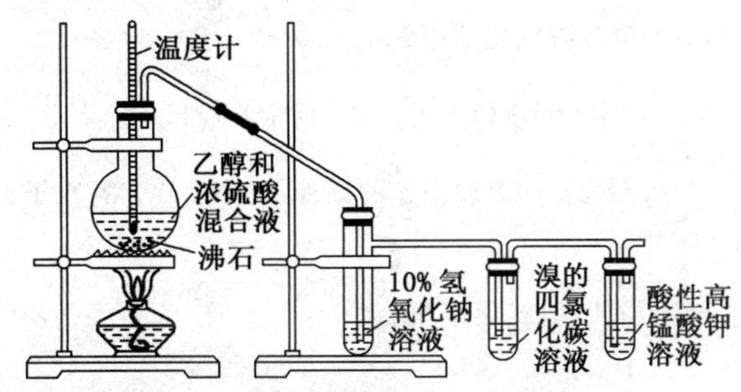

根据以上实验内容,思考并回答下列问题:

(1)如何将乙醇和浓硫酸混合?

(2)加热混合液时为什么要迅速升温并控制温度为 170 ℃?

(3)若将加热混合液所得气体直接通入酸性 $KMnO_4$ 溶液中,溶液褪色,能否说明所得气体为乙烯?

系统知识

醇类消去反应规律及反应产物的判断

1. 反应规律

(1)醇分子中,连有羟基(—OH)的碳原子必须有相邻的碳原子且该相邻碳原子上还必须连有氢原子时,才可发生消去反应而形成不饱和键。表示为:

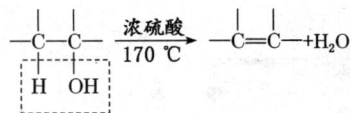

$$-\underset{\text{H}}{\overset{|}{\underset{|}{C}}}-\underset{\text{OH}}{\overset{|}{\underset{|}{C}}}- \xrightarrow[170\ ℃]{\text{浓硫酸}} -\overset{|}{C}=\overset{|}{C}- + H_2O$$

(2)含一个碳原子的醇(如 CH_3OH)无相邻碳原子,所以不能发生消去反应;与羟基(—OH)相连的碳原子的相邻碳原子上没有氢原子的醇也不能发生消去反应。如 $CH_3-\underset{CH_3}{\overset{CH_3}{\overset{|}{\underset{|}{C}}}}-CH_2OH$、$C_6H_5-CH_2OH$(苯甲醇)等均不能发生消去反应。

2. 产物判断

(1)当与醇羟基相连碳原子的邻位碳原子结构比较对称或仅有一个时,最多能生成一种烯烃。

(2)当与醇羟基相连碳原子的邻位碳原子不止一个时,生成的烯烃可能有多种,应根据醇的结构和醇的消去反应方式具体分析和判断。

[在训练中评]

1. 关于实验室制取乙烯的说法不正确的是 ( )

A. 温度计插入到反应物液面以下

B. 加热时要注意使温度缓慢上升至 170 ℃

C. 反应过程中溶液的颜色会逐渐变黑

D. 生成的乙烯中混有刺激性气味的气体

2. 下列醇发生消去反应后,产物为 3 种的是 ( )

A. $CH_3CH_2\underset{HO}{\underset{|}{C}H}\underset{CH_3}{\underset{|}{C}H}CH_2CH_3$

B. $CH_3CH_2-\underset{CH_2CH_3}{\overset{OH}{\overset{|}{\underset{|}{C}}}}-CH_2CH_3$

C. $CH_3-\underset{H_3C}{\overset{OH}{\overset{|}{\underset{|}{C}}}}-\underset{CH_3}{\underset{|}{C}H}-CH_2-CH_3$

D. $CH_3CH_2-\underset{CH_3}{\overset{OH}{\overset{|}{\underset{|}{C}}}}-CH_2CH_2CH_3$

新知探究(二)　乙醇的催化氧化

[在探究中学]

实验装置设计如图，持续通入 CH_3CH_2OH 气体，在U形管中得到乙醛的水溶液。

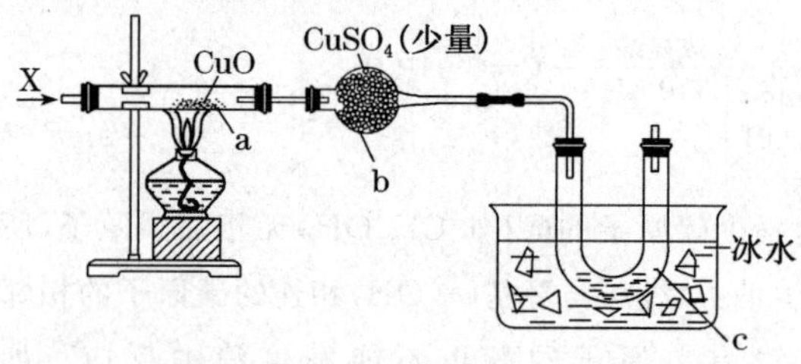

根据以上实验内容，思考并回答下列问题：

1. 装置a处、b处有何现象？

2. 请写出乙醇和 CuO 反应的化学方程式，并指出

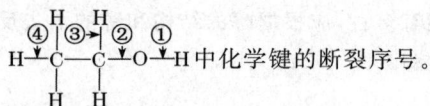

$$H\overset{④}{\downarrow}-\underset{H}{\overset{H}{|}}C\overset{③}{\downarrow}-\underset{H}{\overset{H}{|}}C\overset{②}{\downarrow}-O\overset{①}{\downarrow}-H$$

中化学键的断裂序号。

3. 根据乙醇催化氧化的断键部位推测 $(CH_3)_2CHOH$、$(CH_3)_3COH$ 能否被催化氧化？若能，得到的产物是醛吗？

系统知识

醇的催化氧化反应规律

判断醇能否被催化氧化，关键在于羟基所连接的碳原子上有无氢原子。具体规律如下：

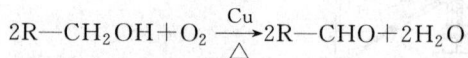

(1)与羟基(—OH)相连的碳原子上有2个氢原子的醇(R—CH_2OH)被氧化成醛。

$$2R—CH_2OH+O_2\xrightarrow[\triangle]{Cu}2R—CHO+2H_2O$$

(2)与羟基(—OH)相连的碳原子上有1个氢原子的醇(R_2—$\overset{R_1}{\overset{|}{C}}$HOH)被氧化成酮。

$$2R_2—\overset{R_1}{\overset{|}{C}}HOH+O_2\xrightarrow[\triangle]{Cu}2R_1—\overset{O}{\overset{\|}{C}}—R_2+2H_2O$$

(3)与羟基(—OH)相连的碳原子上没有氢原子的醇(R_2—$\underset{R_3}{\underset{|}{\overset{R_1}{\overset{|}{C}}}}$—OH)不能被催化氧化。

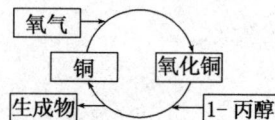

[在训练中评]

1. 某化学反应过程如图所示，由图得出的判断，正确的是　(　　)

氧气
铜
氧化铜
生成物
1-丙醇

A. 生成物是丙醛和丙酮

B. 1-丙醇发生了还原反应

C. 反应中有红黑颜色交替变化的现象

D. 醇类都能发生图示的催化氧化反应

2. 分子组成为 $C_5H_{12}O$，能发生催化氧化并生成醛，则符合要求的醇的种类为　(　　)

A. 2种　　B. 3种

C. 4种　　D. 5种

课下请完成课时跟踪检测(十一)

第2课时 酚

[新教材内容有哪些]

酚
- 结构 → 羟基与苯环直接相连
- 代表物：苯酚
  - 物理性质
  - 化学性质 → 弱酸性、取代反应、显色反应

[新课程标准是什么]

1. 认识酚的组成和结构特点、性质、转化关系及其在生产生活中的应用。
2. 认识酚的取代反应和氧化还原反应的特点和规律。
3. 结合生产、生活实际了解酚类对环境和健康可能产生的影响。

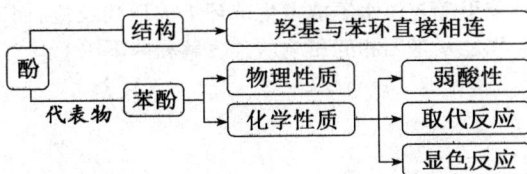

新课程学案 让核心素养落地生根 1 预习新教材——自学区

[理清主干知识]

(一)苯酚的分子组成与结构

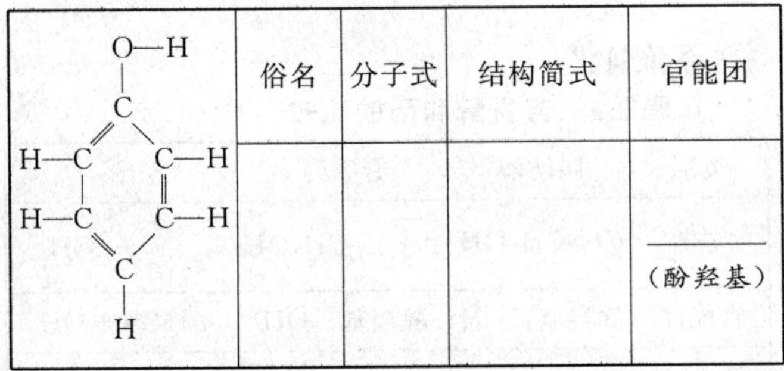

	俗名	分子式	结构简式	官能团
				______(酚羟基)

(二)苯酚的物理性质

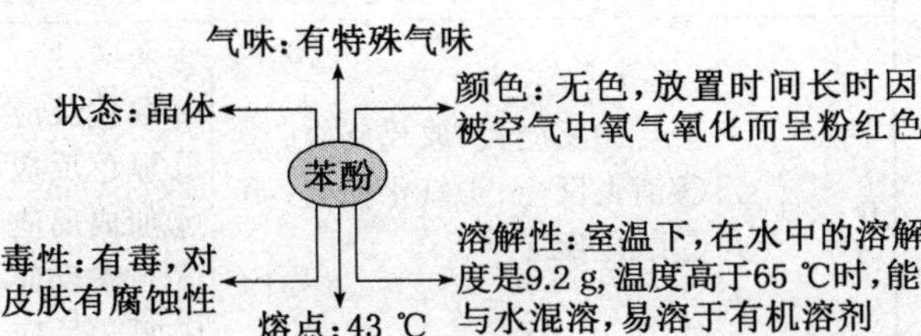

苯酚
气味:有特殊气味
状态:晶体
颜色:无色,放置时间长时因被空气中氧气氧化而呈粉红色
毒性:有毒,对皮肤有腐蚀性
溶解性:室温下,在水中的溶解度是9.2 g,温度高于65 ℃时,能与水混溶,易溶于有机溶剂
熔点:43 ℃

[注意] 若不慎将苯酚沾到皮肤上,应立即用乙醇清洗,再用水冲洗。

(三)苯酚的化学性质

1. **弱酸性**(弱于碳酸)

①电离方程式:OH ⇌ O^- $+H^+$。

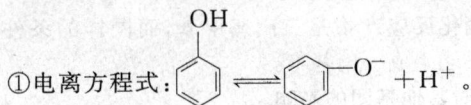

②与 NaOH 反应:

______

③苯酚钠与盐酸反应:

______

④向澄清的苯酚钠溶液中通入二氧化碳气体:

______

2. **苯环上的取代反应**

苯酚与浓溴水反应的化学方程式:

______,

此反应可用于苯酚的定性检验和定量测定。

3. **显色反应**

遇 Fe^{3+} 作用显紫色,可用于酚类物质的检验。

(四)苯酚的用途以及对环境的影响

1. **用途**:重要的化工原料,广泛用于制造酚醛树脂、染料、医药、农药等。
2. **水污染**:含酚类物质的废水对生物具有毒害作用,排放前必须经过处理。

[诊断自学效果]

1. 下列化合物中,属于酚类的是 ( )

A. —CH_2OH　　B. CH_3——OH

C. —CH_2OH　　D. HO——CH_3

2. 下列关于苯酚的说法错误的是 ( )

A. 纯净苯酚是粉红色晶体

B. 有特殊气味

C. 易溶于乙醇、乙醚等有机溶剂,不易溶于冷水

D. 苯酚有毒,但药皂中掺有少量苯酚

3. 下列关于苯酚的叙述中,不正确的是 ( )

A. 将苯酚晶体放入少量水中,加热至全部溶解,冷却至50 ℃形成乳浊液

B. 苯酚可以和饱和溴水发生取代反应

C. 苯酚易溶于 NaOH 溶液中

D. 苯酚的酸性比碳酸强,比醋酸弱

新课程学案 让核心素养落地生根

2 研讨新知识——互动区

新知探究 酚和醇的性质比较

[在探究中学]

1. 实验探究苯酚的酸性

实验操作	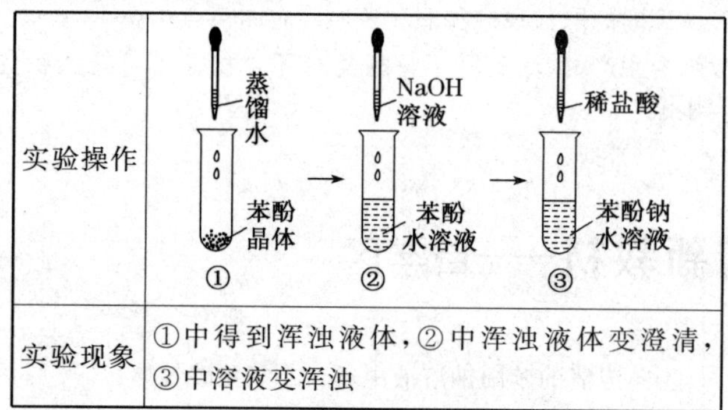
实验现象	①中得到浑浊液体，②中浑浊液体变澄清，③中溶液变浑浊

根据以上实验内容，思考并回答下列问题：

(1)你能写出②、③中发生反应的化学方程式吗？

(2)乙醇分子和苯酚分子中都含有—OH，但乙醇不能与NaOH溶液反应，为什么？

(3)若向③中通入CO_2，溶液也能变澄清，生成产物是$NaHCO_3$而不是Na_2CO_3，为什么？

2. 实验探究苯酚与饱和溴水的反应

实验操作	实验现象
饱和溴水 苯酚溶液	有白色沉淀生成

(1)请写出该反应的化学方程式。

(2)苯甲醇与溴水不能发生苯环上的取代反应，而苯酚却能，你能从基团相互影响的角度解释一下吗？

(3)若苯中混有少量苯酚，如何除去？能否采用先加足量的溴水再过滤的方法？

系统知识

1. 脂肪醇、芳香醇和酚的比较

类别	脂肪醇	芳香醇	酚
实例	CH_3CH_2OH	—CH_2OH	—OH
官能团	醇羟基—OH	醇羟基—OH	酚羟基—OH
结构特点	—OH与链烃基相连	—OH与苯环侧链上的碳原子相连	—OH与苯环直接相连
主要化学性质	①与钠反应；②取代反应；③消去反应；④氧化反应；⑤酯化反应		①弱酸性；②取代反应；③显色反应；④加成反应；⑤与钠反应；⑥氧化反应
特性	灼热的铜丝插入醇中，有刺激性气味物质(醛或酮)生成		与$FeCl_3$溶液反应显紫色

2. 有机分子内原子或原子团的相互影响

(1)链烃基对其他基团的影响

甲苯的硝化反应产物是三硝基甲苯，而同样的条件下的苯的硝化只能生成一硝基苯。

(2)苯基对其他基团的影响

①水、醇、苯酚提供氢离子的能力大小：R—OH < H—OH < C_6H_5—OH。

②烷烃和苯均不能使酸性$KMnO_4$溶液褪色，而苯的同系物可使酸性$KMnO_4$溶液褪色。

(3)羟基对其他基团的影响

①羟基对C—H键的影响：使和羟基相连的C—H键更不稳定。

②羟基对苯环的影响：使苯环邻、对位上的氢原子更易被取代。

3. **苯、甲苯和苯酚性质的比较**

类别		苯	甲苯	苯酚
结构简式		C_6H_6	$C_6H_5-CH_3$	C_6H_5-OH
氧化反应		不能被酸性高锰酸钾溶液氧化	能被酸性高锰酸钾溶液氧化	常温下在空气中被氧化
溴代反应	溴状态	液溴	液溴	浓溴水
	条件	催化剂	催化剂	无催化剂
	产物	C_6H_5-Br	邻、间、对三种溴甲苯	三溴苯酚
	结论	苯酚与溴的取代反应比苯和甲苯更容易进行		

[在训练中评]

1. [**双选**]关于 C_6H_5-OH、$C_6H_{11}-OH$（环己醇）、$C_6H_5-CH_2OH$ 的下列说法中不正确的是 ( )
   A. 都能与金属钠反应放出氢气
   B. 都能与 $FeCl_3$ 溶液发生显色反应
   C. 都能使酸性 $KMnO_4$ 溶液褪色
   D. 都能在一定条件下发生加成反应
2. 能说明苯环对羟基有影响，使羟基变的活泼的事实是 ( )
   A. 苯酚能和溴水迅速反应
   B. 液态苯酚能和钠反应放出 H_2
   C. 室温时苯酚不易溶于水
   D. 苯酚的水溶液具有酸性
3. 下表中Ⅱ对Ⅰ的解释不正确的是 ( )

选项	Ⅰ	Ⅱ
A	$2C_6H_5-OH + 2Na \longrightarrow 2C_6H_5-ONa + H_2\uparrow$	苯环使羟基活泼
B	$C_6H_5-OH + 3Br_2 \longrightarrow$ 2,4,6-三溴苯酚（$C_6H_2Br_3-OH$）$\downarrow + 3HBr$	羟基使苯环活泼
C	$C_6H_5-OH + NaOH \longrightarrow C_6H_5-ONa + H_2O$	苯环使羟基活泼
D	$C_6H_5-CH_3 + 3HNO_3 \xrightarrow[\triangle]{浓硫酸}$ 2,4,6-三硝基甲苯（$CH_3-C_6H_2(NO_2)_3$）$+ 3H_2O$	甲基使苯环活泼

课下请完成课时跟踪检测(十二)

第三节 醛 酮

[新教材内容有哪些]

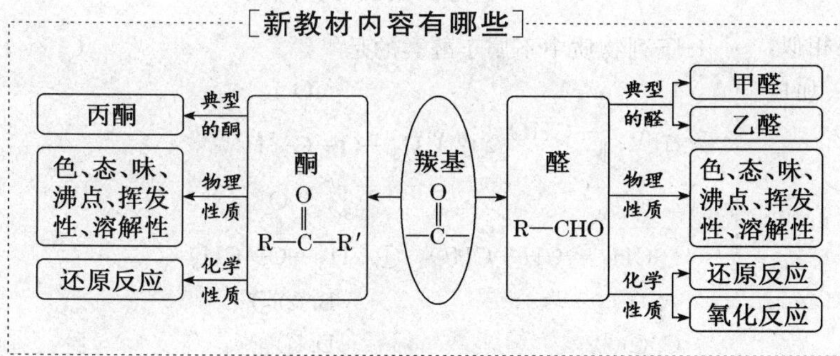

[新课程标准是什么]

1. 认识醛、酮的组成和结构特点、性质、转化关系及其在生产生活中的应用。
2. 认识醛、酮的氧化还原反应的特点和规律。
3. 结合生产、生活实际了解醛、酮对环境和健康可能产生的影响。

新课程学案 让核心素养落地生根 **1** 预习新教材——自学区

[理清主干知识]

(一)醛

概念——由______与______相连而构成的化合物

官能团——______(—CHO)

通式——RCHO，饱和一元醛：______

(二)乙醛(CH_3CHO)

1. **物理性质**

颜色	气味	状态	密度	沸点	挥发性	溶解性
无色		液体	比水小	20.8 ℃	___挥发	与水、乙醇等互溶

2. **化学性质**

(1)**加成反应**

①与 H_2 加成

乙醛蒸气和 H_2 的混合气体通过热的镍催化剂，即发生加成反应(或还原反应)。

化学方程式为：________________。

②与 HCN 加成

乙醛能和一些极性试剂(如 HCN)发生加成反应。

化学方程式为：________________。

(2)**氧化反应**

①银镜反应

乙醛与银氨溶液反应，生成的银附着在试管壁上形成________，常用来检验醛基。

化学方程式为：________________

________________。

②与新制 $Cu(OH)_2$ 的反应

乙醛与新制 $Cu(OH)_2$ 悬浊液共热产生________，常用来检验醛基。

化学方程式为：________________

________________。

③催化氧化

乙醛在有催化剂并加热的条件下，能被氧气氧化为乙酸。

化学方程式为：________________。

④燃烧

反应方程式为：$2CH_3CHO+5O_2 \xrightarrow{点燃} 4CO_2+4H_2O$。

(三)醛类

1. **化学性质**

醛类分子中都含有醛基(—CHO)，化学性质与乙醛相似，能被还原为醇，被氧化为羧酸，可以发生银镜反应、加成反应。

(1)**加成反应**

$R—CHO+H_2 \xrightarrow[\triangle]{催化剂} R—CH_2—OH$

$R—CHO+HCN \longrightarrow R—CH(OH)CN$

(2)**氧化反应**

银镜反应	$RCHO+2[Ag(NH_3)_2]OH \xrightarrow{\triangle} 2Ag\downarrow +RCOONH_4+3NH_3+H_2O$
与新制 $Cu(OH)_2$ 反应	$RCHO+2Cu(OH)_2+NaOH \xrightarrow{\triangle} RCOONa+Cu_2O\downarrow+3H_2O$
催化氧化	$2RCHO+O_2 \xrightarrow[\triangle]{催化剂} 2RCOOH$

2. **甲醛与苯甲醛**

	甲醛(蚁醛)	苯甲醛(苦杏仁油)
结构简式	HCHO	C_6H_5—CHO
色、味、态	无色、有________气味的气体	无色、有________气味的液体
溶解性	易溶于水	能跟水、乙醇等互溶
用途	水溶液又称________，具有杀菌、防腐性能，可用于消毒和制作生物标本	制造染料、香料及药物的重要原料

(四)酮

1. **概念**：________________相连的化合物叫做酮，官能团为：________，通式为：$R—\overset{\overset{O}{\|}}{C}—R'$。

2. **丙酮**($CH_3—\overset{\overset{O}{\|}}{C}—CH_3$)

(1)**物理性质**

丙酮是无色透明的液体，沸点 56.2 ℃，易挥发，能与____、________等互溶。

(2)**化学性质**

①加成反应：在催化剂存在的条件下，丙酮可与 H_2 发生加成反应。化学方程式为：

________________。

②氧化反应：丙酮能燃烧，被氧气氧化，但不能被________、________等弱氧化剂氧化。

3. **用途**：重要的有机溶剂、化工原料。

[诊断自学效果]

1. 下列物质中不属于醛类的是 (　　)

①C_6H_5—CHO　②$CH_3—O—\overset{\overset{O}{\|}}{C}—H$

③$CH_2=CH—CHO$　④$CH_3—\overset{\overset{O}{\|}}{C}—CH_3$

A. ①③　　B. ②④

C. ②③　　D. ①④

2. 下列反应中属于有机化合物被还原的是 (　　)

A. 乙醛发生银镜反应

B. 新制 $Cu(OH)_2$ 悬浊液与乙醛反应

C. 乙醛加氢制乙醇

D. 乙醛制乙酸

3. 下列说法正确的是 (　　)

A. 含有醛基的物质一定是醛

B. 含醛基的物质能发生银镜反应，但不能使酸性 $KMnO_4$ 溶液褪色

C. 醛类物质常温、常压下都为液体或固体

D. 醛与 H_2 发生的加成反应也是还原反应

新课程学案 让核心素养落地生根 2 研讨新知识——互动区

新知探究 乙醛的氧化反应及醛基的检验

[在探究中学]

1. 乙醛的银镜反应实验(装置如图)

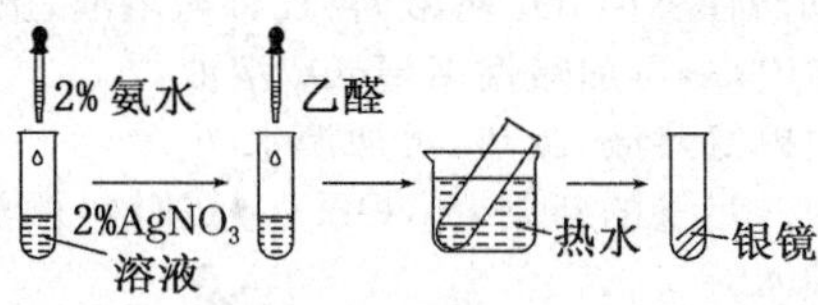

根据以上实验内容,思考并回答下列问题:

(1)如何配制银氨溶液?写出反应的化学方程式。

(2)写出乙醛与银氨溶液反应的化学方程式,根据该方程式分析,1 mol 甲醛与足量银氨溶液反应,理论上能够生成银的物质的量是多少?

(3)该实验用水浴加热的作用是什么?能否用酒精灯直接加热煮沸?

2. 乙醛与新制 $Cu(OH)_2$ 的反应(装置如图)

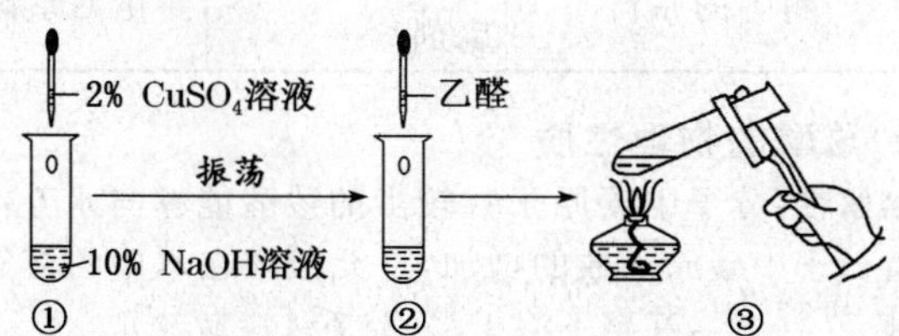

根据以上实验内容,思考并回答下列问题:

(1)写出制备 $Cu(OH)_2$ 的反应方程式,思考为什么在该实验中强调"新制"?

(2)写出乙醛与新制 $Cu(OH)_2$ 反应的化学方程式,根据该方程式分析,1 mol 甲醛与足量新制 $Cu(OH)_2$ 反应,理论上消耗 $Cu(OH)_2$ 的物质的量是多少?

系统知识

醛基的检验方法及注意事项

1. 检验方法

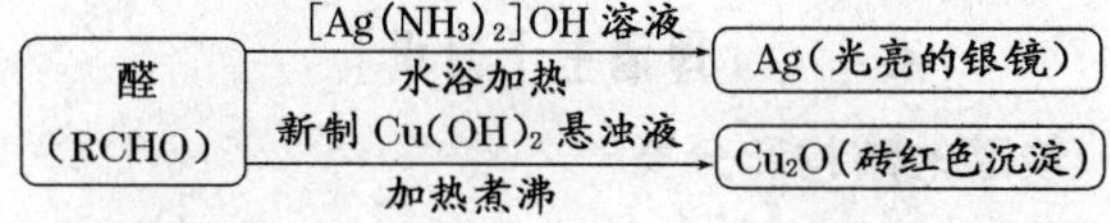

2. 注意事项

(1)银镜反应的注意事项

- 试管洁净→先用热碱液去油污,再用蒸馏水冲洗
- 溶液现配→不可久置,防止产生爆炸性物质
- 氨水适量→过量或浓度过大,Ag^+ 浓度降低,不利于银镜生成,易产生易爆物
- 水浴控温→60 ~ 70 ℃,反应平缓,镀银均匀
- 不可振荡→防止镀银不均匀,银镜变黑
- 剩液处理→及时处理,防止产生爆炸性物质
- 试管清洗→用稀硝酸洗涤

(2)与新制 $Cu(OH)_2$ 反应的注意事项

①所用的 $Cu(OH)_2$ 悬浊液必须是新制的,而且制备时,NaOH 溶液必须明显过量。

②加热时必须将混合液加热至沸腾，才能看到明显的砖红色沉淀。

③加热煮沸时间不能过长，防止 $Cu(OH)_2$ 受热分解成黑色的 CuO。

[在训练中评]

1. 某学生做乙醛的还原性实验时(如图)，加热至沸腾，未观察到砖红色沉淀，分析其原因可能是　(　　)

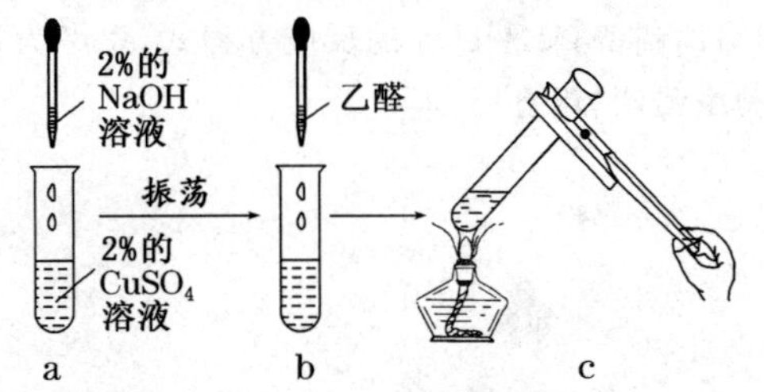

A. 乙醛量不够　　B. 烧碱量不够

C. 硫酸铜量不够　　D. 加热时间短

2. 下列关于银镜反应的实验说法，正确的是　(　　)

A. 试管先用烧碱溶液洗涤，然后用蒸馏水洗涤

B. 向 2%的稀氨水中滴入 2%的 $AgNO_3$ 溶液，配得银氨溶液

C. 采用直接加热

D. 可用浓盐酸洗去银镜

3. 有机化合物 A 是一种重要的化工原料，其结构简式为

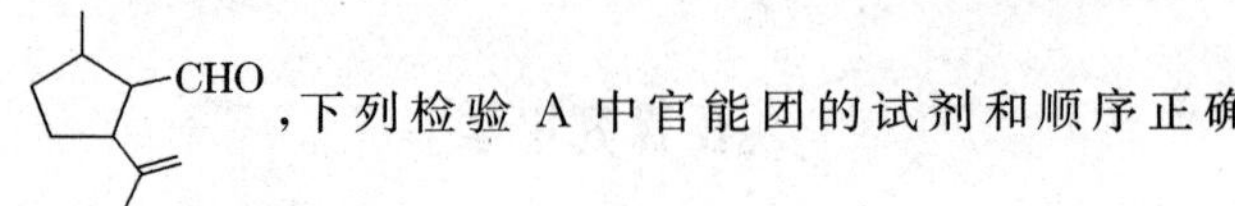

，下列检验 A 中官能团的试剂和顺序正确的是　(　　)

A. 先加酸性 $KMnO_4$ 溶液，再加银氨溶液，微热

B. 先加溴水，再加酸性 $KMnO_4$ 溶液

C. 先加银氨溶液，微热，再加溴水

D. 先加入足量的新制 $Cu(OH)_2$ 悬浊液，微热，酸化后再加溴水

课下请完成课时跟踪检测(十三)

第四节　羧酸　羧酸衍生物

第1课时　羧酸

[新教材内容有哪些]

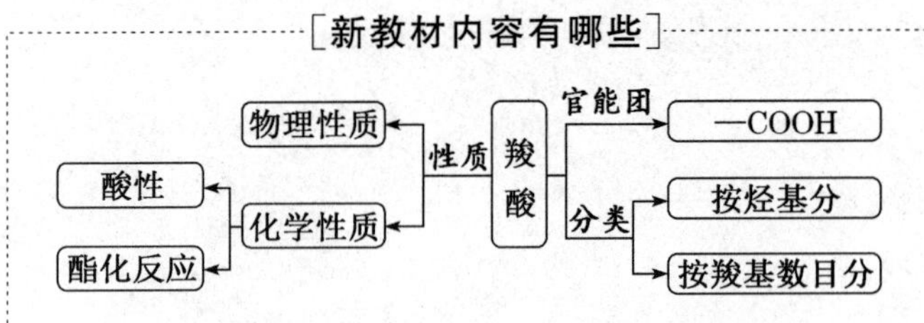

[新课程标准是什么]

1. 认识羧酸的组成和结构特点、性质、转化关系及其在生产生活中的应用。
2. 认识羧酸取代(酯化)反应的特点和规律。
3. 结合生产、生活实际了解羧酸对环境和健康可能产生的影响。

新课程学案 让核心素养落地生根　1　预习新教材——自学区

[理清主干知识]

(一)羧酸的结构和分类

1. **概念**：由烃基(或________)与________($-\overset{O}{\overset{\|}{C}}-OH$)相连构成的化合物。

2. **分类**

(1)按分子中烃基的不同分类

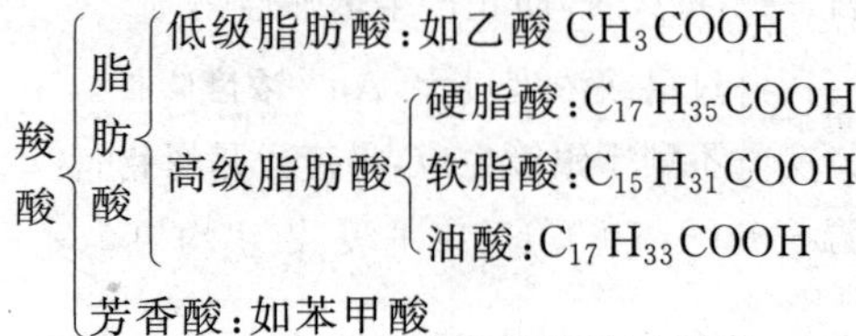

羧酸：
- 脂肪酸：
  - 低级脂肪酸：如乙酸 CH_3COOH
  - 高级脂肪酸：
    - 硬脂酸：$C_{17}H_{35}COOH$
    - 软脂酸：$C_{15}H_{31}COOH$
    - 油酸：$C_{17}H_{33}COOH$
- 芳香酸：如苯甲酸________

(2)按分子中羧基的数目分类

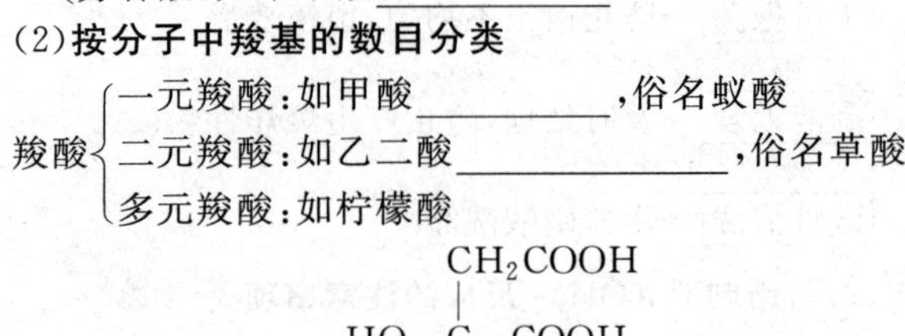

羧酸：
- 一元羧酸：如甲酸________，俗名蚁酸
- 二元羧酸：如乙二酸________，俗名草酸
- 多元羧酸：如柠檬酸

$$\begin{array}{c} CH_2COOH \\ | \\ HO-C-COOH \\ | \\ CH_2COOH \end{array}$$

(二)常见的羧酸

名称	甲酸	苯甲酸	乙二酸
结构简式	$H-\overset{O}{\overset{\|}{C}}-O-H$	C_6H_5—COOH	HOOC—COOH
物理性质	无色、有刺激性气味的液体，有腐蚀性，能与水、乙醇等互溶	无色晶体、易升华，微溶于水，易溶于乙醇	无色晶体，可溶于水和乙醇
化学性质	表现羧酸和醛的性质	表现羧酸和苯环的性质	表现羧酸的性质
重要用途	做还原剂，合成医药、农药和染料等的原料	合成香料、药物等，其钠盐是常用的食品防腐剂	化学分析中常用的还原剂，重要化工原料

(三)羧酸的物理性质

1. **溶解性**：分子中碳原子数较少的羧酸能够与水互溶。随着分子中碳原子数的增加，一元羧酸在水中的溶解度迅速________，甚至不溶于水(如高级脂肪酸)。

2. **沸点**：随着碳原子数的增加，一元羧酸沸点逐渐______。羧酸与相对分子质量相当的有机化合物比，沸点较高，这是因为羧酸分子间含有______。

3. **状态**：甲酸、乙酸等低级羧酸是液体，高级脂肪酸是蜡状固体。

(四)羧酸的化学性质

羧酸的化学性质主要取决于羧基官能团。由于受氧原子电负性较大等因素的影响，羧基结构中下面两个部位的化学键容易断裂：

$$-\overset{\overset{\displaystyle O}{\|}}{C}\nmid\overset{\delta-}{O}\nmid\overset{\delta+}{H}$$

(1)O—H 键断裂：—COOH 解离出 H^+ 表现出酸性。如：$2RCOOH+Na_2CO_3 \longrightarrow 2RCOONa+CO_2\uparrow+H_2O$。

(2)C—O 键断裂：—OH 可以被其他基团取代，生成酯、酰胺等羧酸衍生物。

羧酸与醇在酸催化下可以发生酯化反应，如乙酸与乙醇的反应：

$$CH_3-\overset{\overset{O}{\|}}{C}-\boxed{OH+H}-O-C_2H_5 \underset{\triangle}{\overset{浓H_2SO_4}{\rightleftharpoons}} CH_3-\overset{\overset{O}{\|}}{C}-O-C_2H_5+H_2O$$

利用同位素示踪法，证实乙酸与乙醇的反应原理是：乙酸脱去______，乙醇脱去______。

[诊断自学效果]

1. 下列物质中，不属于羧酸类有机化合物的是 ( )
   A. 乙二酸　B. 苯甲酸
   C. 硬脂酸　D. 石炭酸

2. 下列事实能说明碳酸的酸性比乙酸弱的是 ( )
   A. 乙酸能发生酯化反应，而碳酸不能
   B. 碳酸和乙酸都能与碱反应
   C. 乙酸易挥发，而碳酸不稳定易分解
   D. 乙酸和 Na_2CO_3 反应可放出 CO_2

3. 下列说法正确的是 ( )
   A. 酸和醇发生的反应一定是酯化反应
   B. 酯化反应中羧酸脱去羧基中的羟基，醇脱去羟基中的氢原子生成水
   C. 浓硫酸在酯化反应中只起催化剂的作用
   D. 欲使酯化反应生成的酯分离并提纯，可以将酯蒸气通过导管伸入饱和碳酸钠溶液的液面下，再用分液漏斗分离

新课程学案 让核心素养落地生根

2 研讨新知识——互动区

新知探究(一) 实验探究羧酸的酸性

[在探究中学]

1. 结合下表，你能设计简单的实验证明甲酸具有酸性吗？(仪器、试剂任选)

实验内容	实验现象	结论
		甲酸具有酸性
……	……	

2. 利用下图所示仪器和药品，设计一个简单的一次性完成的实验装置，比较乙酸、碳酸和苯酚的酸性强弱。

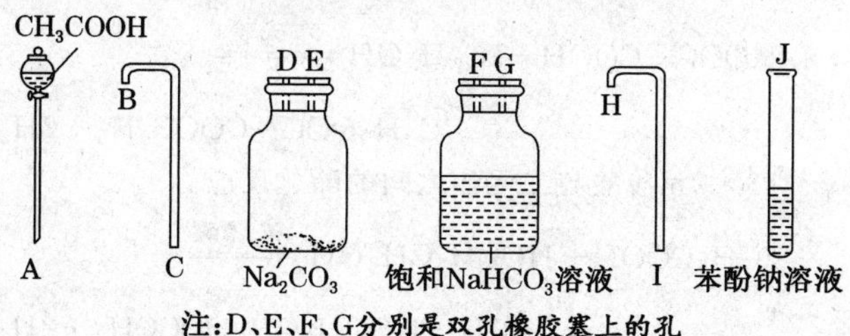

注：D、E、F、G分别是双孔橡胶塞上的孔

(1)为了达到实验目的，仪器应如何连接？

(2)饱和碳酸氢钠溶液的作用是什么？

(3)写出有关反应的化学方程式，并比较酸性的强弱。

系统知识

含羟基物质的活泼性比较

	醇	酚	碳酸	羧酸
羟基氢原子活泼性	逐渐增强→			
水溶液中电离程度	极难电离	微弱电离	部分电离	部分电离
酸碱性	中性	很弱的酸性	弱酸性	弱酸性
与 Na 反应	放出 H_2	放出 H_2	放出 H_2	放出 H_2
与 NaOH 反应	不反应	反应	反应	反应
与 $NaHCO_3$ 反应	不反应	不反应	不反应	反应放出 CO_2

[在训练中评]

1. 下列有机化合物中不能与 NaOH 溶液反应的是 (　　)

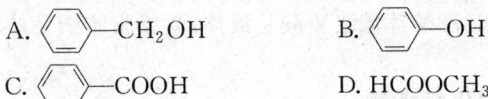

A. C_6H_5—CH_2OH　B. C_6H_5—OH

C. C_6H_5—COOH　D. $HCOOCH_3$

2. [双选]苹果酸的结构简式为

HOOC—CH(OH)—CH_2—COOH，下列说法正确的是 (　　)

A. 苹果酸中能发生酯化反应的官能团有 2 种

B. 1 mol 苹果酸可与 2 mol NaOH 发生中和反应

C. 1 mol 苹果酸与足量金属 Na 反应生成 1 mol H_2

D. HOOC—CH_2—CH(OH)—COOH 与苹果酸互为同分异构体

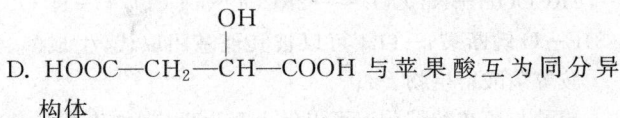

新知探究(二)　羧酸和醇类的酯化反应

[在探究中学]

在一试管中加 3 mL 乙醇，然后边摇动试管边慢慢加入 2 mL 浓硫酸和 2 mL 冰醋酸，按图所示连接好装置。用酒精灯小心均匀地加热试管 3～5 min，产生的蒸气经导管通到饱和碳酸钠溶液的液面上。

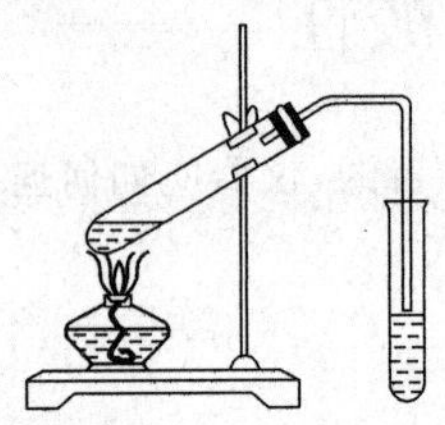

1. 在乙酸与乙醇的酯化反应中，浓硫酸的作用是什么？

2. 在该实验中，若要提高乙酸乙酯的产率，你认为应当采取哪些措施？

3. 用什么方法可以证明乙酸发生酯化反应时断裂 C—O 键？

4. 根据乙酸和乙醇发生酯化反应的断键方式，推测 HO—CH_2—COOH自身发生酯化反应可能生成的产物有哪些？

系统知识

1. 酯化反应的原理

羧酸与醇发生酯化反应时，一般是羧酸分子中的羟基与醇分子中羟基上的氢原子结合生成水，其余部分结合生成酯，用同位素示踪法可以证明。

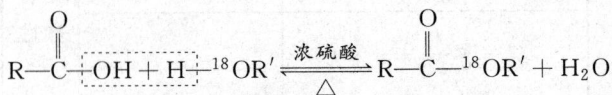

$$R-\overset{O}{\overset{\|}{C}}-OH+H-{}^{18}OR' \xrightleftharpoons[\triangle]{浓硫酸} R-\overset{O}{\overset{\|}{C}}-{}^{18}OR'+H_2O$$

2. 酯化反应的常见类型

(1)一元醇与一元羧酸之间的酯化反应。

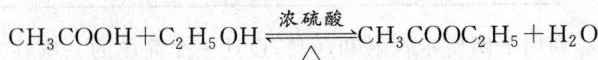

$$CH_3COOH+C_2H_5OH \xrightleftharpoons[\triangle]{浓硫酸} CH_3COOC_2H_5+H_2O$$

(2)二元羧酸与一元醇之间的酯化反应。

$$HOOC-COOH+2C_2H_5OH \xrightleftharpoons[\triangle]{浓硫酸} C_2H_5OOC-COOC_2H_5+2H_2O$$

(3)一元羧酸与二元醇之间的酯化反应。

$$2CH_3COOH+HOCH_2CH_2OH \xrightleftharpoons[\triangle]{浓硫酸} CH_3COOCH_2CH_2OOCCH_3+2H_2O$$

(4)二元羧酸与二元醇之间的酯化反应。反应有两种情况：

$$HOOC-COOH+HOCH_2-CH_2OH \xrightleftharpoons[\triangle]{\text{浓硫酸}} HOOCCOOCH_2CH_2OH+H_2O$$

$$\begin{matrix}COOH\\|\\COOH\end{matrix}+\begin{matrix}CH_2OH\\|\\CH_2OH\end{matrix} \xrightleftharpoons[\triangle]{\text{浓硫酸}} \begin{matrix} & O & & O & \\ & \| & & \diagdown & \\ & C & & & CH_2 \\ & | & & & | \\ & C & & & CH_2 \\ & \| & & \diagup & \\ & O & & O & \end{matrix}+2H_2O$$

(5)羟基酸的自身酯化反应。

此时反应有两种情况[以乳酸（$\underset{\underset{OH}{|}}{CH_3CHCOOH}$）为例]：

$$2\underset{\underset{OH}{|}}{CH_3CHCOOH} \xrightleftharpoons[\triangle]{\text{浓硫酸}} \underset{\underset{OH}{|}}{CH_3CH}COO\underset{\underset{CH_3}{|}}{CH}COOH+H_2O$$

$$2\underset{\underset{OH}{|}}{CH_3CHCOOH} \xrightleftharpoons[\triangle]{\text{浓硫酸}} \begin{matrix} & & CH_3 & & \\ & & | & & \\ & O- & CH & & \\ & \diagup & & \diagdown & \\ O=C & & & & C=O \\ & \diagdown & & \diagup & \\ & & CH- & O & \\ & & | & & \\ & & CH_3 & & \end{matrix}+2H_2O$$

[在训练中评]

1. 1-丁醇和乙酸在浓硫酸作用下，通过酯化反应制得乙酸丁酯，反应温度为 115～125 ℃，反应装置如图所示。下列对该实验的描述错误的是（　　）

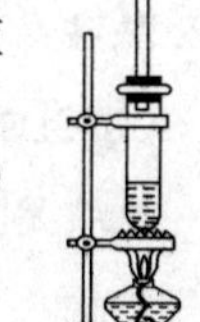

A. 不能用水浴加热

B. 长导管起冷凝回流作用

C. 提纯乙酸丁酯需要经过水、氢氧化钠溶液洗涤

D. 加入过量乙酸可以提高 1-丁醇的转化率

2. 当乙酸分子中的 O 都是 ^{18}O，乙醇分子中的 O 都是 ^{16}O，两者在一定条件下反应所生成的水的相对分子质量为（　　）

A. 16　　B. 18

C. 20　　D. 22

3. 化合物 A 最早发现于酸牛奶中，它是人体内糖代谢的中间体，可由马铃薯、玉米淀粉等发酵制得，A 的钙盐是人们喜爱的补钙剂之一。A 在某种催化剂的存在下进行氧化，其产物不能发生银镜反应。在浓硫酸存在下，A 可发生如图所示的反应：

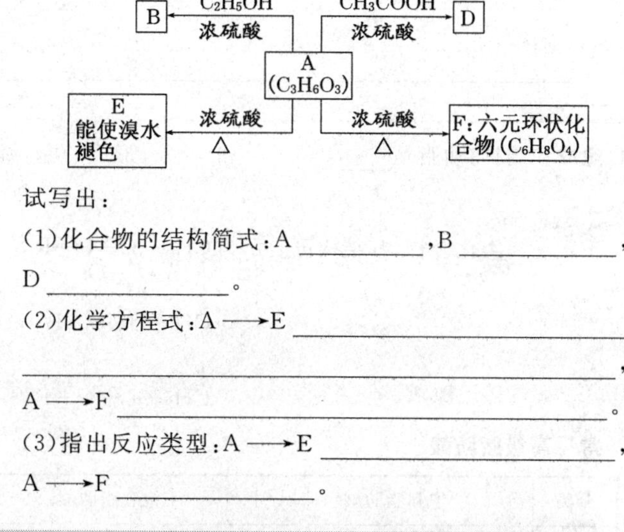

试写出：

(1)化合物的结构简式：A________，B________，D________。

(2)化学方程式：A⟶E________________，

A⟶F________________。

(3)指出反应类型：A⟶E________，

A⟶F________。

课下请完成课时跟踪检测(十四)

第 2 课时　羧酸衍生物

[新教材内容有哪些]

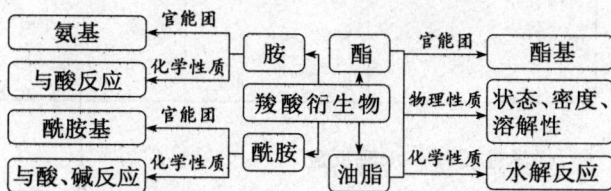

羧酸衍生物：
- 酯 —官能团→ 酯基
- 酯 —物理性质→ 状态、密度、溶解性
- 油脂 —化学性质→ 水解反应
- 胺 —官能团→ 氨基；胺 —化学性质→ 与酸反应
- 酰胺 —官能团→ 酰胺基；酰胺 —化学性质→ 与酸、碱反应

[新课程标准是什么]

1. 认识酯的组成和结构特点、性质、转化关系及其在生产生活中的应用。
2. 知道胺和酰胺的结构特点及其应用。
3. 结合生产、生活实际了解酯、胺和酰胺对环境和健康可能产生的影响。

新课程学案 让核心素养落地生根 1 预习新教材——自学区

[理清主干知识]

(一)酯

1. 组成和结构

(1)酯是羧酸分子羧基中的—OH 被—OR′取代后的产物，简写成 RCOOR′，R 和 R′可以相同，也可以不同。其中 R 是烃基，也可以是 H，但 R′只能是烃基。

(2)羧酸酯的官能团是 $\overset{\overset{O}{\|}}{-C}-O-(R')$。

(3)命名：根据生成酯的酸和醇命名为某酸某酯，如 $CH_3COOCH_2CH_3$：________；$HCOOCH_2CH_3$：________。

2.低级酯的物理性质

低级酯是具有芳香气味的______体，密度一般比水______，______溶于有机溶剂。

3.化学性质（以 $CH_3COOC_2H_5$ 为例）

在酸或碱存在的条件下，酯可以发生水解反应生成相应的羧酸和醇，酯的水解反应是酯化反应的逆反应。在酸性条件下的水解是可逆反应，但在碱性条件下的水解是不可逆的。

(1)在稀 H_2SO_4 存在下水解，化学方程式为：

____

(2)在 NaOH 存在下水解，化学方程式为：

____

(二)油脂

1.组成和结构：油脂是______和______形成的酯，属于______类化合物，其结构可表示为

$$\begin{array}{l} CH_2-O-\overset{\overset{\large O}{\|}}{C}-R \\ \,| \\ CH-O-\overset{\overset{\large O}{\|}}{C}-R' \\ \,| \\ CH_2-O-\overset{\overset{\large O}{\|}}{C}-R'' \end{array}$$

。

2.常见高级脂肪酸

分类	饱和脂肪酸		不饱和脂肪酸	
名称	软脂酸	硬脂酸	油酸	亚油酸
结构简式	$C_{15}H_{31}COOH$			$C_{17}H_{31}COOH$

3.油脂的分类

	物理性质	代表物	代表物分子组成
油	室温下通常呈液态，熔点较低	植物油（花生油、大豆油等）	含较多不饱和高级脂肪酸的甘油酯
脂肪	室温下通常呈固态，熔点较高	动物脂肪（羊油、牛油等）	含较多饱和高级脂肪酸甘油酯

4.油脂的化学性质

(1)**水解反应**（以硬脂酸甘油酯为例）

条件	化学方程式
酸性	
碱性	

[注意] 油脂在碱性溶液中的水解反应又称为皂化反应，常用来制取肥皂，高级脂肪酸钠是肥皂的有效成分。

(2)油脂的氢化

如油酸甘油酯通过氢化发生转变的化学方程式为：

____

[注意] 上述过程也可称为油脂的硬化，这样制得的油脂叫人造脂肪，通常又称为硬化油。

(三)酰胺

1.胺

(1)**组成和结构**：烃基取代氨分子中的氢原子而形成的化合物叫做胺，也可以看作是烃分子中的氢原子被氨基所替代得到的化合物，一般可写作 $R-NH_2$。

(2)**化学性质——碱性**

胺类化合物具有碱性，如苯胺能与盐酸反应，生成易溶于水的苯胺盐酸盐。

化学方程式为：____________________

2.酰胺

(1)**组成和结构**

酰胺是羧酸分子中羟基被氨基所替代得到的化合物。其结构一般表示为______，其中______叫做酰基，______叫做酰胺基。

(2)**常见的酰胺**

名称	乙酰胺	苯甲酰胺	*N*,*N*-二甲基甲酰胺
结构简式			

(3)**化学性质——水解反应**

①酸性、加热条件下水解生成羧酸和铵盐。

化学方程式为：____________________

____

②碱性、加热条件下水解生成羧酸盐和氨气。

化学方程式为：____________________

[诊断自学效果]

1.乙酸甲酯在KOH溶液催化下水解得到的产物是（　　）

A.乙酸和甲醇　　B.乙酸钾和乙醇

C.甲酸和甲醇　　D.乙酸钾和甲醇

2.下列物质属于油脂的是 ( )

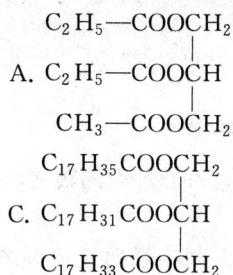

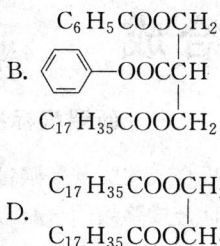

A.
$C_2H_5—COOCH_2$
$C_2H_5—COOCH$
$CH_3—COOCH_2$

B.
$C_6H_5COOCH_2$
C_6H_5—OOCCH（苯环）
$C_{17}H_{35}COOCH_2$

C.
$C_{17}H_{35}COOCH_2$
$C_{17}H_{31}COOCH$
$C_{17}H_{33}COOCH_2$

D.
$C_{17}H_{35}COOCH_2$
$C_{17}H_{35}COOCH_2$

3.食品店出售的冰激凌是硬化油，它是以多种植物油为原料制得的，此过程中发生的反应类型是 ( )

A.水解反应　B.加聚反应

C.加成反应　D.取代反应

4.乙酰胺在氢氧化钠溶液中加热水解生成的产物是 ( )

A.乙酸和氯化铵　B.乙酸钠和氯化铵

C.甲酸钠和氨气　D.乙酸钠和氨气

新课程学案 让核心素养落地生根 2 研讨新知识——互动区

新知探究　酯、油脂和矿物油

[在探究中学]

1.用 Na_2CO_3 溶液为什么可以洗去餐具上的油污？

2.什么叫油脂的硬化？油脂硬化是物理变化还是化学变化？

3.现有两瓶液体，一瓶是花生油，另一瓶是汽油，你能用一种化学方法鉴别一下吗？

系统知识

酯、油脂、矿物油的比较

物质	酯	油脂		矿物油
		油	脂肪	
组成	酸与醇酯化反应而生成的物质	高级不饱和脂肪酸甘油酯	高级饱和脂肪酸甘油酯	多种烃（石油及其分馏产品）
状态	液态或固态	液态	固态	液态
性质	在酸或碱的作用下水解	具有酯的性质，能水解，兼有烯烃的性质	具有酯的性质，能水解	具有烃的性质，不能水解
存在	花草、水果等	油料作物	动物脂肪	石油
鉴别	加含酚酞的 NaOH 溶液，加热，红色变浅且不再分层			加含酚酞的 NaOH 溶液，加热，无变化
类别	酯类			烃类

[在训练中评]

1.油脂是重要的工业原料。关于“油脂”的叙述错误的是 ( )

A.不能用植物油萃取溴水中的溴

B.皂化是高分子生成小分子的过程

C.和 H_2 加成后能提高其熔点及稳定性

D.水解可得到丙三醇

2.既能发生水解反应又能发生氢化反应的是 ( )

A.软脂酸甘油酯　B.油酸甘油酯

C.硬脂酸甘油酯　D.油酸

3.区别植物油和矿物油的正确方法是 ( )

A.看色态，是否澄清、透明　B.加 NaOH 溶液，煮沸

C.加新制的 $Cu(OH)_2$　D.加酸性 $KMnO_4$ 溶液，振荡

课下请完成课时跟踪检测(十五)

第五节　有机合成

[新教材内容有哪些]

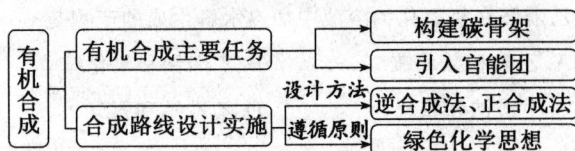

有机合成
- 有机合成主要任务
  - 构建碳骨架
  - 引入官能团
- 合成路线设计实施
  - 设计方法：逆合成法、正合成法
  - 遵循原则：绿色化学思想

[新课程标准是什么]

1. 认识有机合成的关键是碳骨架的构建和官能团的转化。
2. 了解设计合成路线的一般方法。
3. 体会有机合成在创造新物质、提高人类生活质量及促进社会发展方面的重要贡献。

新课程学案 让核心素养落地生根 1 预习新教材——自学区

[理清主干知识]

(一)有机合成的主要任务

1. **有机合成**:使用相对简单易得的原料,通过有机化学反应来____________和____________,合成出具有特定结构和性质的目标分子。

2. **构建碳骨架**

(1)碳链的增长

通过引入含碳原子的官能团等方式使碳链增长,如:炔烃和醛中的不饱和键与 HCN 发生加成反应,再经水解生成羧酸,或经催化加氢还原生成胺。

$$CH\equiv CH \xrightarrow[\text{催化剂}]{HCN} CH_2{=}CHCN \xrightarrow[\triangle]{H_2O,H^+} CH_2{=}CHCOOH$$

丙烯腈　　丙烯酸

$$R(H)C{=}O \xrightarrow[\text{催化剂}]{HCN} R(H)C(OH)CN \xrightarrow[\text{催化剂}]{H_2} R(H)C(OH)CH_2NH_2$$

羟基腈　　氨基醇

(2)碳链的缩短

氧化反应等可以使烃分子链缩短。如烯烃、炔烃及芳香烃的侧链被酸性高锰酸钾溶液氧化,生成羧酸或酮。

$$R'R''C{=}CH{-}R \xrightarrow[H^+]{KMnO_4} R'R''C{=}O + R{-}COOH$$

$$RC\equiv CH \xrightarrow[H^+]{KMnO_4} RCOOH$$

$$C_6H_5{-}CHRR' \xrightarrow[H^+]{KMnO_4} C_6H_5{-}COOH$$

3. **引入官能团**

(1)引入碳碳双键的方法

①卤代烃的消去;②醇的消去;③炔烃的不完全加成。

(2)引入碳卤键的方法

①醇(酚)的取代;②烯烃(炔烃)的加成;③烷烃、苯及苯的同系物的取代。

(3)引入羟基的方法

①烯烃、炔烃与水的加成;②卤代烃的水解;③酯的水解;④醛的还原。

(4)引入醛基的方法

①炔烃的水化;②烯烃的氧化;③醇的催化氧化

(5)引入羧基的方法

①烯烃、炔烃及芳香烃的侧链被酸性高锰酸钾溶液氧化;②酯的水解;③含—CN 化合物的水解。

4. **官能团的保护**

$$R{-}OH \xrightarrow[\text{保护基}]{\text{引入}} R{-}O{-}R' \xrightarrow{\text{合成反应}} \cdots \rightarrow R''{-}O{-}R' \xrightarrow[\text{保护基}]{\text{脱除}} R''{-}OH$$

(合成反应影响羟基,无法直接转化)

(二)有机合成路线的设计与实施

1. **有机合成的过程与方法**

(1)正合成分析法

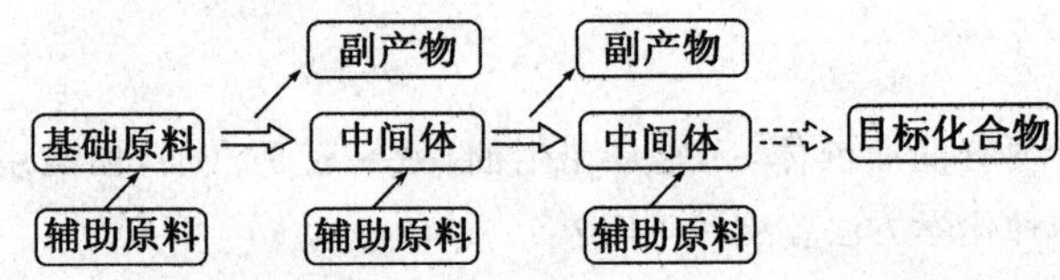

(2)逆合成分析法

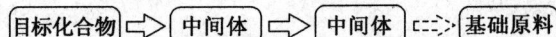

目标化合物 ⇨ 中间体 ⇨ 中间体 ⇨ 基础原料

应用实例——乙烯合成乙二酸二乙酯

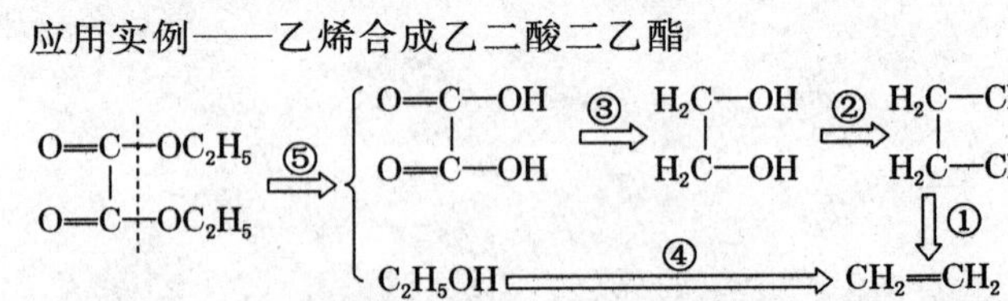

根据以上分析,可确定合成乙二酸二乙酯的基础原料为乙烯($CH_2{=}CH_2$),通过五步反应进行合成,写出反应的化学方程式:

①____________________

②____________________

③____________________

④____________________

⑤____________________

2. 有机合成路线的设计与选择

(1)合成步骤较少，副反应少，反应产率高。

(2)原料、溶剂和催化剂尽可能价廉易得、低毒，污染排放少。

(3)反应条件温和，操作简便，产物易于分离提纯。

[诊断自学效果]

1. 下列说法不正确的是 ( )

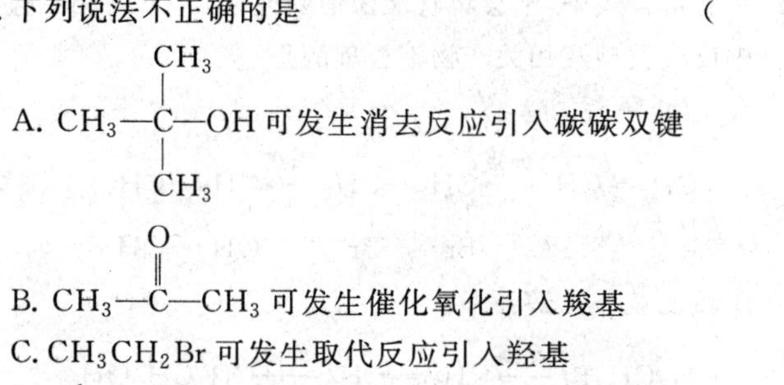

A. $CH_3-C(CH_3)_2-OH$ 可发生消去反应引入碳碳双键

B. $CH_3-CO-CH_3$ 可发生催化氧化引入羧基

C. CH_3CH_2Br 可发生取代反应引入羟基

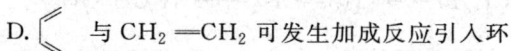

D. 与 $CH_2=CH_2$ 可发生加成反应引入环

2. 下列说法不正确的是 ( )

A. 有机合成的思路就是通过有机反应构建目标化合物的分子构架，并引入或转化成所需的官能团

B. 有机合成过程可以简单表示为基础原料→中间体→目标化合物

C. 逆合成分析法可以简单表示为目标化合物→中间体→基础原料

D. 为减少污染，有机合成不能使用辅助原料，不能有副产物

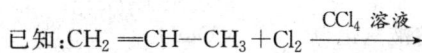

3. 从丙烯合成"硝化甘油"(三硝酸甘油酯)可采用下列四步反应：丙烯 $\xrightarrow{①}\xrightarrow{②}$ 1,2,3-三氯丙烷($Cl-CH_2-CHCl-CH_2Cl$) $\xrightarrow{③}\xrightarrow{④}$ 硝化甘油。

已知：$CH_2=CH-CH_3+Cl_2 \xrightarrow{CCl_4\text{溶液}} CH_2Cl-CHCl-CH_3$

$CH_2=CH-CH_3+Cl_2 \xrightarrow{500\ ℃} CH_2=CH-CH_2Cl+HCl$

(1)写出①、②、③、④各步反应的化学方程式，并分别注明其反应类型。

(2)写出以丙醇作原料制丙烯的化学方程式，并注明反应类型。

新课程学案 让核心素养落地生根 2 研讨新知识——互动区

新知探究(一) 官能团的引入和转化

[在探究中学]

1. 思考分析如何由溴乙烷制取乙二酸？体会官能团的引入和转化。

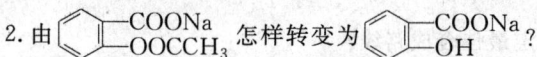

2. 由 $C_6H_4(COONa)(OOCCH_3)$ 怎样转变为 $C_6H_4(COONa)(OH)$？

系统知识

1. 常见取代反应中，官能团的引入或转化

(1)烷烃的取代，如 $CH_4+Cl_2 \xrightarrow{\text{光照}} CH_3Cl+HCl$。

(2)芳香烃的取代，如

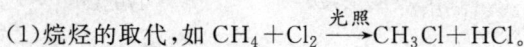

$C_6H_6+Br_2 \xrightarrow{FeBr_3} C_6H_5-Br+HBr$。

(3)卤代烃的水解，如

$CH_3CH_2X+NaOH \xrightarrow[\triangle]{H_2O} CH_3CH_2OH+NaX$。

(4)酯的水解，如 $CH_3COOC_2H_5+H_2O \underset{\triangle}{\overset{\text{稀硫酸}}{\rightleftharpoons}} CH_3COOH+C_2H_5OH$。

2. 常见加成反应中，官能团的引入或转化

(1)烯烃与 HX、H_2O、X_2 等的加成反应，如

$CH_2=CH_2+HX \longrightarrow CH_3CH_2X$。

(2)炔与 X_2、HX、H_2O 等的加成，如

$HC\equiv CH+HCl \xrightarrow[\triangle]{\text{催化剂}} H_2C=CHCl$。

(3)醛、酮的加成，如 $CH_3CHO+H_2 \xrightarrow[\triangle]{Ni} CH_3CH_2OH$。

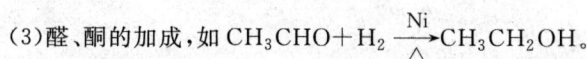

3. 常见氧化反应中，官能团的引入或转化

(1)烯烃的氧化，如

$2CH_2=CH_2+O_2 \xrightarrow{一定条件} 2CH_3CHO$。

(2)含侧链的芳香烃被强氧化剂氧化，如 $C_6H_5-CH_3$ 被酸性 $KMnO_4$ 溶液氧化为 C_6H_5-COOH。

(3)醇的氧化，如

$2CH_3CH_2OH+O_2 \xrightarrow[\triangle]{Cu/Ag} 2CH_3CHO+2H_2O$。

(4)醛的氧化，如 $2CH_3CHO+O_2 \xrightarrow[\triangle]{催化剂} 2CH_3COOH$、$CH_3CHO+2Cu(OH)_2+NaOH \xrightarrow{\triangle} CH_3COONa+Cu_2O\downarrow+3H_2O$。

4. 常见消去反应中，官能团的引入或转化

(1)卤代烃消去：

$CH_3-CH(Cl)-CH_3+NaOH \xrightarrow[\triangle]{醇} CH_2=CH-CH_3\uparrow+NaCl+H_2O$。

$CH_2Cl-CH_2Cl+2NaOH \xrightarrow[\triangle]{醇} CH\equiv CH\uparrow+2NaCl+2H_2O$。

(2)醇消去：$CH_3CH_2OH \xrightarrow[170\ ℃]{浓硫酸} CH_2=CH_2\uparrow+H_2O$。

[在训练中评]

1. 可在有机化合物中引入羟基的反应类型是 ( )

①取代 ②加成 ③消去 ④酯化 ⑤还原

A. ①② B. ①②⑤

C. ①④⑤ D. ①②③

2. 在有机合成中，常会将官能团消除或增加，下列相关过程中反应类型及相关产物不合理的是 ( )

A. 乙烯→乙二醇：

$CH_2=CH_2 \xrightarrow{加成} CH_2(Br)-CH_2(Br) \xrightarrow{取代} CH_2(OH)-CH_2(OH)$

B. 溴乙烷→乙醇：

$CH_3CH_2Br \xrightarrow{水解} CH_2=CH_2 \xrightarrow{加成} CH_3CH_2OH$

C. 1-溴丁烷→1-丁炔：

$CH_3(CH_2)_2CH_2Br \xrightarrow{消去} CH_3CH_2CH=CH_2 \xrightarrow{加成} CH_3CH_2CH(Br)-CH_2(Br) \xrightarrow{消去} CH_3CH_2C\equiv CH$

D. 乙烯→乙炔：$CH_2=CH_2 \xrightarrow{加成} CH_2(Br)-CH_2(Br) \xrightarrow{消去} CH\equiv CH$

新知探究(二) 合成路线的设计与选择

[在探究中学]

1. 以溴乙烷为原料制备乙二醇，设计了以下三种方案，你认为哪种方案最合理？

Ⅰ. $CH_3CH_2Br \xrightarrow[\triangle,水]{NaOH} CH_3CH_2OH \xrightarrow[170\ ℃]{浓硫酸} CH_2=CH_2 \xrightarrow{Br_2} CH_2BrCH_2Br \xrightarrow{水解}$ 乙二醇

Ⅱ. $CH_3CH_2Br \xrightarrow[\triangle,醇]{NaOH} CH_2=CH_2 \xrightarrow{HBr} CH_2BrCH_3 \xrightarrow{Br_2} CH_2BrCH_2Br \xrightarrow{水解}$ 乙二醇

Ⅲ. $CH_3CH_2Br \xrightarrow[\triangle,醇]{NaOH} CH_2=CH_2 \xrightarrow{Br_2} CH_2BrCH_2Br \xrightarrow{水解}$ 乙二醇

2. 现有 $C_6H_5-C(=CH_2)-CH_3$、溴、浓硫酸和其他无机试剂，请设计出由 $C_6H_5-C(=CH_2)-CH_3 \longrightarrow C_6H_5-C(=CH_2)-COOH$ 的正确合成路线。

3. 如何确定最佳合成路线？

系统知识

1. 常见有机化合物的合成路线

(1) 一元合成路线：$R-CH=CH_2 \xrightarrow{HX}$ 卤代烃 ⟶ 一元醇 ⟶ 一元醛 ⟶ 一元羧酸 ⟶ 酯。

(2) 二元合成路线：

$CH_2=CH_2 \xrightarrow{卤素} CH_2X-CH_2X$ ⟶ 二元醇 ⟶ 二元醛 ⟶ 二元羧酸 ⟶ 链酯、环酯、聚酯。

(3) 芳香化合物合成路线：

① $C_6H_5-CH_3 \longrightarrow C_6H_5-CH_2Cl \longrightarrow C_6H_5-CH_2OH \longrightarrow C_6H_5-CHO \longrightarrow C_6H_5-COOH \longrightarrow$ 酯

② $C_6H_6 \xrightarrow[FeCl_3]{Cl_2} C_6H_5-Cl \xrightarrow[\triangle]{NaOH 水溶液} C_6H_5-OH$

2. 有机合成路线的设计

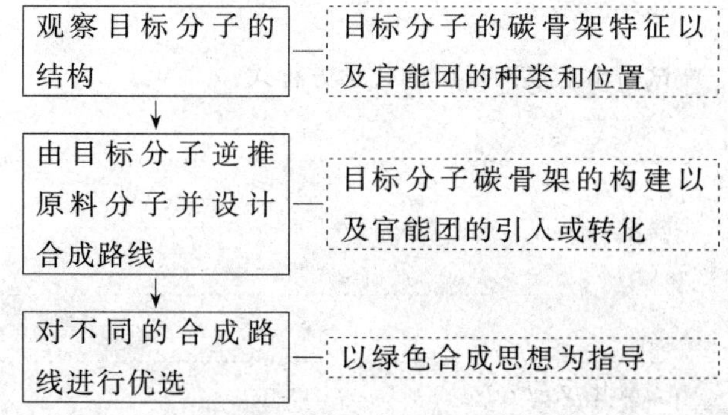
观察目标分子的结构
目标分子的碳骨架特征以及官能团的种类和位置
由目标分子逆推原料分子并设计合成路线
目标分子碳骨架的构建以及官能团的引入或转化
对不同的合成路线进行优选
以绿色合成思想为指导

(1) 设计有机合成路线时，首先要正确判断需合成的有机化合物的类别，它含有哪些官能团，与哪些知识信息有关。

(2) 其次是根据现有的原料、信息和有关反应规律，尽可能合理地把目标化合物分成若干片段，或寻找官能团的引入、转换、保护方法，或设法将各片段拼凑衍变，尽快找出合成目标化合物的关键。

(3) 最后将正向推导和逆向推导得出的若干个合成路线加以综合比较，选择最佳的合成方案。

[在训练中评]

1. 用丙醛(CH_3CH_2CHO)制取聚丙烯 $\lbrack CH(CH_3)-CH_2 \rbrack_n$ 的过程中发生的反应类型依次为 ( )

①取代 ②消去 ③加聚 ④水解 ⑤氧化 ⑥还原

A. ①④⑥ B. ⑤②③

C. ⑥②③ D. ②④⑤

2. 对氨基苯甲酸可用甲苯为原料合成，已知苯环上的硝基可被还原为氨基：$C_6H_5-NO_2 \xrightarrow{Fe,HCl,H_2} C_6H_5-NH_2$，产物苯胺还原性强，易被氧化，则由甲苯合成对氨基苯甲酸的步骤合理的是 ( )

A. 甲苯 $\xrightarrow{硝化}$ X $\xrightarrow{氧化甲基}$ Y $\xrightarrow{还原硝基}$ 对氨基苯甲酸

B. 甲苯 $\xrightarrow{氧化甲基}$ X $\xrightarrow{硝化}$ Y $\xrightarrow{还原硝基}$ 对氨基苯甲酸

C. 甲苯 $\xrightarrow{还原}$ X $\xrightarrow{氧化甲基}$ Y $\xrightarrow{硝化}$ 对氨基苯甲酸

D. 甲苯 $\xrightarrow{硝化}$ X $\xrightarrow{还原硝基}$ Y $\xrightarrow{氧化甲基}$ 对氨基苯甲酸

3. 已知：两个醛分子在 NaOH 溶液作用下可以发生加成反应，生成一种羟基醛，产物不稳定，受热即脱水而生成不饱和醛：

$$R-CH_2-\overset{O}{\overset{\|}{C}}-H + R_1-\overset{H}{\overset{|}{C}}H-CHO \xrightarrow{NaOH 溶液} R-CH_2-\overset{OH}{\overset{|}{C}}H-\overset{R_1}{\overset{|}{C}}H-CHO \xrightarrow{\triangle} R-CH_2-CH=\underset{R_1}{\underset{|}{C}}-CHO + H_2O$$

请设计以乙醛为原料合成 1-丁醇的各步反应的化学方程式。

课下请完成 课时跟踪检测(十六) 章末检测验收(三)

第四章 生物大分子

第一节 糖类

［新教材内容有哪些］

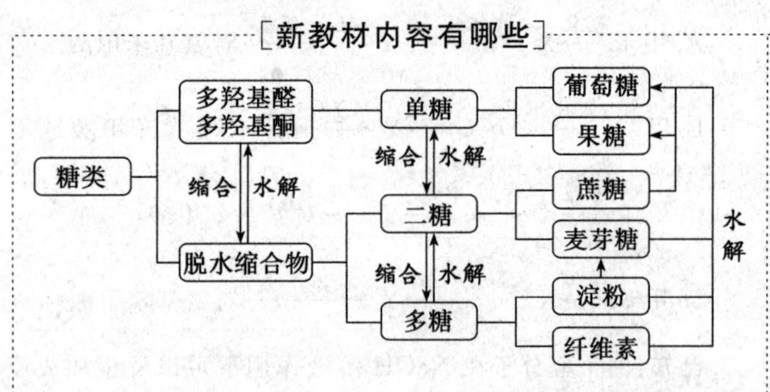

［新课程标准是什么］

1. 认识糖类的组成和性质特点，能列举典型糖类物质，能说明单糖、二糖和多糖的区别与联系。知道糖类在食品加工和生物质能源开发上的应用。
2. 了解葡萄糖的结构特点、主要性质与应用。通过实验探究葡萄糖的化学性质、蔗糖的水解。
3. 了解淀粉纤维及其与葡萄糖的关系，能描述淀粉、纤维素的典型性质。

新课程学案 让核心素养落地生根 **1 预习新教材——自学区**

［理清主干知识］

（一）糖类的组成和分类

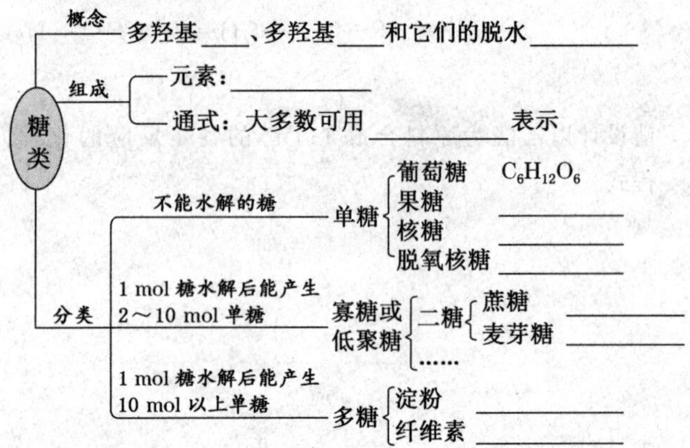

（二）单糖

1. 葡萄糖

（1）存在：自然界分布最广，如植物（水果、蜂蜜、种子等）和________（血液、淋巴液）。

（2）物理性质：________溶于水的________色晶体、熔点低、有甜味（不如蔗糖）。

（3）化学性质

①结构推断：

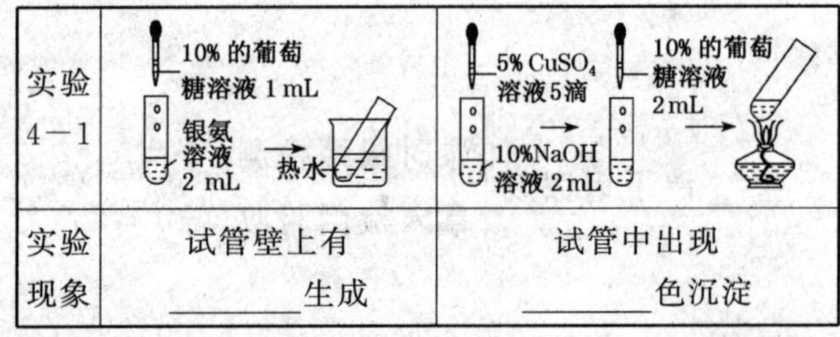

实验 4－1	10% 的葡萄糖溶液 1 mL；银氨溶液 2 mL；热水	5% $CuSO_4$ 溶液 5 滴；10% NaOH 溶液 2 mL；10% 的葡萄糖溶液 2 mL
实验现象	试管壁上有________生成	试管中出现________色沉淀

实验结论：对银氨溶液、氢氧化铜等弱氧化剂表现出______，属于______糖。葡萄糖的分子式为 $C_6H_{12}O_6$，分子中含有醛基，属于醛糖，还含有 5 个羟基属于______，其结构简式为________________。

试写出上述两反应的化学方程式：

____

____

____

____

②氧化反应：

葡萄糖是一种重要的营养物质，发生氧化反应放出热量，提供维持生命活动所需要的能量。反应的方程式为________________________________

2. 果糖

（1）存在与性质：存在于水果和________中，比蔗糖甜度________，纯净的果糖为易溶于水的无色晶体，吸湿性强。

（2）结构与类别：分子式为________，是葡萄糖的________，是一种多羟基酮，属于________糖。

3. 核糖与脱氧核糖

名称	核糖	脱氧核糖
结构	CHO H—C—OH H—C—OH H—C—OH CH_2OH	CHO H—C—H H—C—OH H—C—OH CH_2OH
应用	核糖核酸（RNA）的重要组成部分	脱氧核糖核酸（DNA）的重要组成部分
特点	都是含有 5 个碳原子的单糖——戊糖，生物体重要遗传物质的组成部分	

(三)二糖

1. 比较

类别	蔗糖	麦芽糖
存在	________中含量最为丰富	主要存在于________ ________
分子式		
物理性质	________晶体,易溶于水,有甜味	白色晶体,易溶于水,有甜味,甜度比蔗糖________
水解反应	在酸或酶的条件下,水解方程式为 ________ ________	在酸或酶的条件下,水解方程式为 ________ ________
联系	从结构和组成上看,蔗糖和麦芽糖互为同分异构体	

2. 实验探究糖类的还原性

实验内容	实验现象	实验结论
在盛有新制 $Cu(OH)_2$ 悬浊液的试管中加入蔗糖溶液,加热		
在盛有新制 $Cu(OH)_2$ 悬浊液的试管中,加入麦芽糖溶液,加热		

(四)多糖

淀粉和纤维素是最重要的多糖,属于________化合物。分子式表示为________或________,二者 n 值________同,组成和结构也________。

1. 淀粉

(1)存在:光合作用的产物,植物储存营养物质的形式。

(2)结构:天然淀粉由________和________组成。

(3)性质

溶解性—不溶于冷水,在热水中形成胶状淀粉糊

水解—________

特征反应—遇碘显____色,可用于检验淀粉的存在

(4)用途:①食品成分:可提供有机体所需的葡萄糖。

②工业原料:以水解生成的葡萄糖为原料得到食醋、白酒、氨基酸、抗生素等;淀粉酯化后可生产食品添加剂、表面活性剂和可降解塑料。

2. 纤维素

(1)存在:参与构成植物的________。

(2)物理性质:________色纤维状物质,________甜味,________溶于水和一般的有机溶剂。

(3)化学性质:

①无还原性:不能被弱氧化剂氧化,属于________。

②水解:试管中加入少量脱脂棉,加入几滴蒸馏水和几滴________,用玻璃棒将混合物搅拌成糊状。加入过量 NaOH 溶液中和至碱性,再滴入 3 滴 5% $CuSO_4$ 溶液,加热,观察到________。水解方程式为

____

③酯化:如生产纤维素硝酸酯、纤维素乙酸酯等。

(4)用途:

用途	原料及性能
纺织工业	棉和麻
造纸工业	木材、秸秆
制造纤维素硝酸酯	极易燃烧,可用于生产火药、塑料和涂料等
制造纤维素乙酸酯	不易燃烧,用于生产塑料、过滤膜、胶片等
制造黏胶纤维	用木材、秸秆等富含纤维素的物质经化学处理后,通过纺丝而制成的再生纤维。黏胶纤维中的长纤维一般称为人造丝,短纤维称为人造棉,都可用于纺织工业

[诊断自学效果]

1. 下列有关糖类的叙述正确的是 ( )
A. 糖类都具有甜味
B. 糖类都含有羰基,对氢氧化铜等弱氧化剂表现出还原性
C. 糖类的组成都符合 $C_m(H_2O)_n$ 的通式
D. 糖类是多羟基醛或多羟基酮,及其脱水缩合物

2. 下列有关葡萄糖与果糖的说法中,不正确的是 ( )
A. 两者互为同分异构体
B. 两者都易溶于水
C. 两者都能与 H_2 加成生成醇
D. 葡萄糖比果糖要甜

3. 下列物质中,在一定条件下能发生水解反应,又能发生银镜反应的是 ( )
A. 蔗糖　　B. 葡萄糖
C. 果糖　　D. 麦芽糖

4. 根据核糖和脱氧核糖的结构式,推测其可能发生的反应:________(填序号)。
①氧化反应 ②还原反应 ③酯化反应 ④水解反应
⑤加成反应 ⑥中和反应 ⑦消去反应 ⑧取代反应

新课程学案 让核心素养落地生根

2 研讨新知识——互动区

新知探究(一) 葡萄糖的结构与性质

[在探究中学]

实验探究葡萄糖分子组成和结构,试将下列各步实验操作得出的结论填在横线上:

(1)取 1.80 g 葡萄糖完全燃烧后,只得到 2.64 g CO_2 和 1.08 g H_2O,其结论是________________________。

(2)用质谱法测定葡萄糖的相对分子质量为 180,计算得葡萄糖的分子式为________。

(3)在一定条件下 1.80 g 葡萄糖与足量乙酸反应,生成酯的质量为 3.90 g,由此可说明葡萄糖分子中含有________。

(4)葡萄糖与氢气加成,生成直链化合物己六醇,葡萄糖分子中含有________。

(5)葡萄糖的结构简式是________________。

系统知识

1.葡萄糖的结构和性质

官能团:

- 醛基:还原性:与新制 $Cu(OH)_2$ 悬浊液反应、银镜反应;不饱和性:与 H_2 发生加成反应
- 羟基⟶与羧酸发生酯化反应

2.注意事项

(1)葡萄糖和果糖分子式相同,但结构不同,互为同分异构体。

(2)能发生银镜反应的物质不一定是醛。

(3)葡萄糖和果糖都是还原糖,都能与银氨溶液和新制 $Cu(OH)_2$ 发生反应。

[在训练中评]

1.下列有关葡萄糖的叙述中,错误的是 ( )

A.能加氢生成六元醇

B.能发生银镜反应

C.能与醇发生酯化反应

D.能被氧化为 CO_2 和 H_2O

2.下列反应中能用于检验尿液中是否含有葡萄糖的是 ( )

A.加金属钠看是否有氢气放出

B.与新制的氢氧化铜悬浊液混合后共热,观察是否有红色沉淀生成

C.与醋酸和浓硫酸共热,观察是否有果香味物质生成

D.加入高锰酸钾酸性溶液,看溶液是否褪色

3.核糖是合成核酸的重要原料,结构简式为 $CH_2OH—CHOH—CHOH—CHOH—CHO$,下列关于核糖的叙述正确的是 ( )

A.与葡萄糖互为同分异构体

B.与银氨溶液作用形成银镜

C.跟氯化铁溶液作用显色

D.可以使紫色石蕊溶液变红

4.一种新型的甜味剂木糖醇悄悄地走入了人们的生活,因为木糖醇是一种理想的蔗糖代替品,它具有甜味足、溶解性好、防龋齿、适合糖尿病患者的优点。木糖醇是一种白色粉末状的结晶,分子式为 $C_5H_{12}O_5$,结构简式为 $CH_2OH(CHOH)_3CH_2OH$,下列有关木糖醇的叙述中不正确的是 ( )

A.木糖醇与葡萄糖、果糖不一样,它不属于单糖

B.木糖醇不能跟新制的氢氧化铜悬浊液反应生成红色沉淀

C.木糖醇与乙醇属于同系物

D.木糖醇是一种五元醇,可以与羧酸在一定条件下发生酯化反应

新知探究(二) 蔗糖和麦芽糖的性质比较

[在探究中学]

某学生进行蔗糖水解的实验,并检验水解产物中是否含有葡萄糖。他的操作如下:

①取少量蔗糖加适量水配成溶液;

②在蔗糖溶液中加入 3~5 滴稀硫酸;

③将混合液煮沸几分钟,冷却;

④在冷却后的溶液中加入银氨溶液,水浴加热。

其实验结果没有银镜产生,思考其可能原因是________。

A.蔗糖尚未水解

B.加热时间不够

C.在煮沸后的溶液中没有加碱中和其中的酸

D.蔗糖水解的产物中没有葡萄糖

请你帮他设计正确的实验操作。

系统知识

蔗糖与麦芽糖的比较

		蔗糖	麦芽糖
分子式		$C_{12}H_{22}O_{11}$	$C_{12}H_{22}O_{11}$
分子结构		分子中无醛基	分子中有醛基
		互为同分异构体，都是二糖	
化学性质		水解生成葡萄糖和果糖	水解生成葡萄糖
		非还原糖，与银氨溶液或新制 $Cu(OH)_2$ 悬浊液不反应	还原糖，与银氨溶液或新制 $Cu(OH)_2$ 悬浊液反应
鉴别方法		向其溶液中分别加入银氨溶液，水浴加热，能发生银镜反应的是麦芽糖，不能发生银镜反应的是蔗糖(也可用新制的氢氧化铜悬浊液鉴别)	

[在应用中悟]

[典例] 下列关于蔗糖和麦芽糖的说法中，不正确的是 ( )

A. 蔗糖与麦芽糖互为同分异构体

B. 蔗糖与麦芽糖的分子式都是 $C_{12}H_{22}O_{11}$

C. 蔗糖的水解产物是葡萄糖

D. 麦芽糖能发生银镜反应，蔗糖不能发生银镜反应

[尝试解题]________

[名师点睛]

(1)蔗糖和麦芽糖互为同分异构体，但二者的水解产物不同。

(2)蔗糖和麦芽糖都具有甜味，但蔗糖较甜。

[在训练中评]

1. 在酸性条件下，可以水解生成相对分子质量相同的两种物质的有机化合物是 ( )

A. 蔗糖　　B. 麦芽糖

C. 乙酸乙酯　　D. 甲酸甲酯

2. 下列有关麦芽糖的叙述中，错误的是 ( )

A. 纯净的麦芽糖是白色晶体，易溶于水，有甜味

B. 麦芽糖能发生银镜反应，是一种还原糖

C. 1 mol 麦芽糖水解得到 1 mol 葡萄糖和 1 mol 果糖

D. 麦芽糖和蔗糖水解产物不同

3. 下列关于蔗糖属于非还原糖，而其水解产物具有还原性的实验方案的说法中正确的是 ( )

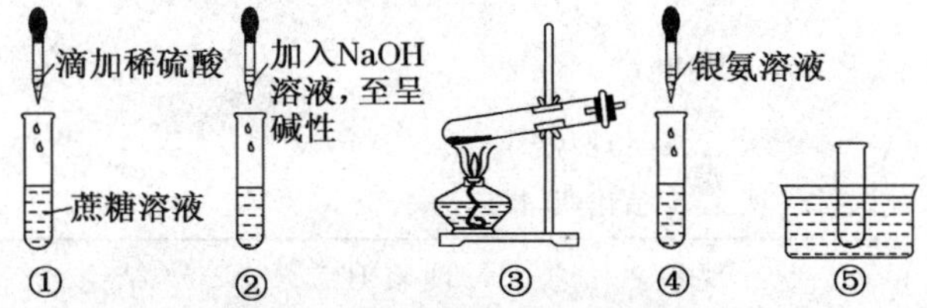

A. 验证蔗糖属于非还原糖的操作顺序：④③

B. 验证蔗糖属于非还原糖的操作顺序：④②⑤

C. 验证蔗糖水解产物具有还原性的操作顺序：①④⑤

D. 验证蔗糖水解产物具有还原性的操作顺序：①②④⑤

新知探究(三) 淀粉和纤维素的比较

[在探究中学]

1. 现有下列物质：①纤维素 ②甲酸甲酯 ③淀粉 ④甲醛 ⑤丙酸 ⑥乳酸(α-羟基丙酸) ⑦乙二醇 ⑧乙酸。其中，符合 $C_m(H_2O)_n$ 的组成，但不属于糖类的有哪些？

2. 淀粉和纤维素都属于糖类，所以食用淀粉和纤维素均可以为人体提供营养，这种说法对吗？为什么？

3. 如何利用淀粉制取酒精？写出相应的化学方程式。

系统知识

1. 淀粉与纤维素的比较

	淀粉	纤维素
通式	$(C_6H_{10}O_5)_n$	$(C_6H_{10}O_5)_n$
结构	几百～几千个葡萄糖单元	几千个葡萄糖单元
相对分子质量	几万→几十万	几十万→百万
相互关系	①二者的聚合度不同，不是同分异构体 ②二者的结构基本单元相同，但并不完全相同，所以不是同系物 ③均属于天然高分子化合物 ④水解的最终产物都为葡萄糖	
物理性质	白色无嗅无味的粉末状物质，不溶于冷水，热水中部分溶解	白色无嗅无味，一般不溶于水和有机溶剂
结构特征	无醛基	无醛基，每个单元中有三个羟基

续表

	淀粉	纤维素
化学性质	①遇碘单质呈蓝色 ②无还原性 ③能水解成葡萄糖	①无还原性 ②能水解成葡萄糖(比淀粉难) ③能发生酯化反应
用途	食用,制葡萄糖和酒精	制硝酸纤维、醋酸纤维、黏胶纤维、造纸

2.淀粉水解程度的判断

淀粉在酸的作用下能够发生水解反应,最终生成葡萄糖。淀粉遇碘显蓝色,不能发生银镜反应;水解产物葡萄糖遇碘不能变蓝色,但能发生银镜反应。依据这一性质可判断淀粉在水溶液中是否发生了水解以及水解是否完全。实验步骤如下:

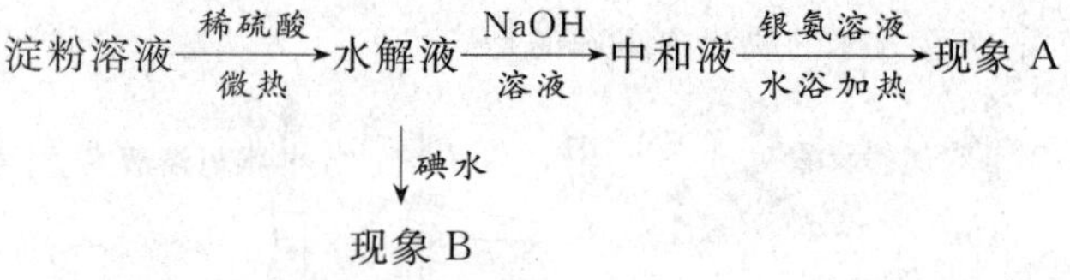

淀粉溶液 $\xrightarrow[\text{微热}]{\text{稀硫酸}}$ 水解液 $\xrightarrow[\text{溶液}]{\text{NaOH}}$ 中和液 $\xrightarrow[\text{水浴加热}]{\text{银氨溶液}}$ 现象A

水解液 $\xrightarrow{\text{碘水}}$ 现象B

实验现象及结论如下:

	现象A	现象B	结论
①	未出现银镜	溶液变蓝色	淀粉尚未水解
②	出现银镜	溶液变蓝色	淀粉部分水解
③	出现银镜	溶液不变蓝色	淀粉完全水解

[在应用中悟]

[典例] 某学生设计了四个实验方案,用以检验淀粉的水解情况。

方案甲:淀粉液 $\xrightarrow[\text{加热}]{\text{稀硫酸}}$ 水解液 $\xrightarrow{\text{氢氧化钠溶液}}$ 中和液 $\xrightarrow{\text{碘水}}$ 溶液变蓝。结论:淀粉尚未水解。

方案乙:淀粉液 $\xrightarrow[\text{加热}]{\text{稀硫酸}}$ 水解液 $\xrightarrow[\text{水浴加热}]{\text{银氨溶液}}$ 无银镜现象。

结论:淀粉尚未水解。

方案丙:淀粉液 $\xrightarrow[\text{加热}]{\text{稀硫酸}}$ 水解液 $\xrightarrow{\text{氢氧化钠溶液}}$ 中和液 $\xrightarrow[\text{水浴加热}]{\text{银氨溶液}}$ 有银镜现象。结论:淀粉已经水解。

方案丁:

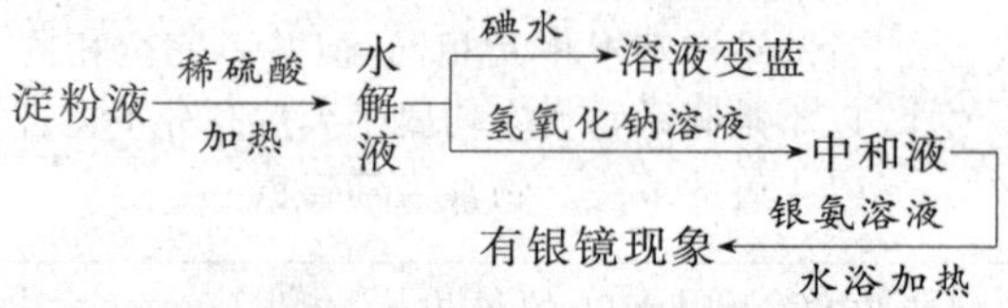

淀粉液 $\xrightarrow[\text{加热}]{\text{稀硫酸}}$ 水解液 —— $\xrightarrow{\text{碘水}}$ 溶液变蓝

水解液 $\xrightarrow{\text{氢氧化钠溶液}}$ 中和液 $\xrightarrow[\text{水浴加热}]{\text{银氨溶液}}$ 有银镜现象

结论:淀粉部分水解。

根据上述操作现象,回答设计、结论是否正确。然后简要说明理由。

(1)甲方案________________________________。

(2)乙方案________________________________。

(3)丙方案________________________________。

(4)丁方案________________________________。

[听课记录]

[名师点睛]

(1)由于糖类水解常用无机酸(一般是稀硫酸)作催化剂,检验水解产物之前,必须先加碱中和酸,以免硫酸与银氨溶液或新制 $Cu(OH)_2$ 悬浊液反应,导致实验失败。

(2)用 I_2 检验淀粉时,应直接取水解后的混合液加碘水。若取中和液加碘水,因 I_2 与 NaOH 溶液反应影响淀粉的检验。

[在训练中评]

1.糖类是人体所需的重要营养物质。淀粉分子中不含的元素是 ( )

A.氢 B.碳

C.氮 D.氧

2.下列有关淀粉和纤维素两种物质的说法正确的是( )

A.二者都能水解,水解的最终产物不相同

B.二者含C、H、O三种元素的质量分数相同,且互为同分异构体

C.它们都属于糖类,且都是高分子化合物

D.都可用 $(C_6H_{10}O_5)_n$ 表示,但淀粉能发生银镜反应而纤维素不能

3.某同学称取9 g淀粉溶于水,测定淀粉的水解百分率,其程序如下:

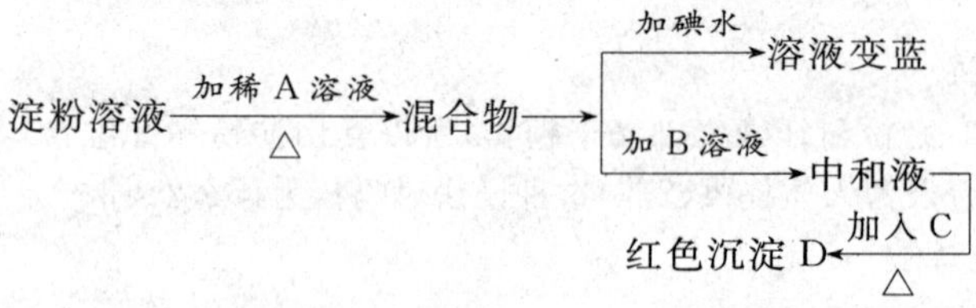

淀粉溶液 $\xrightarrow[\triangle]{\text{加稀A溶液}}$ 混合物 → $\xrightarrow{\text{加碘水}}$ 溶液变蓝

混合物 $\xrightarrow{\text{加B溶液}}$ 中和液 $\xrightarrow[\triangle]{\text{加入C}}$ 红色沉淀D

(1)各步加入的试剂为:A__________,B__________,C__________。

(2)加入A溶液而不加入B溶液是否可以__________(填"可以"或"不可以"),其理由是________________________________。

(3)当析出1.44 g红色沉淀,淀粉的水解率是__________。

课下请完成课时跟踪检测(十七)

第二节 蛋白质

[新教材内容有哪些]

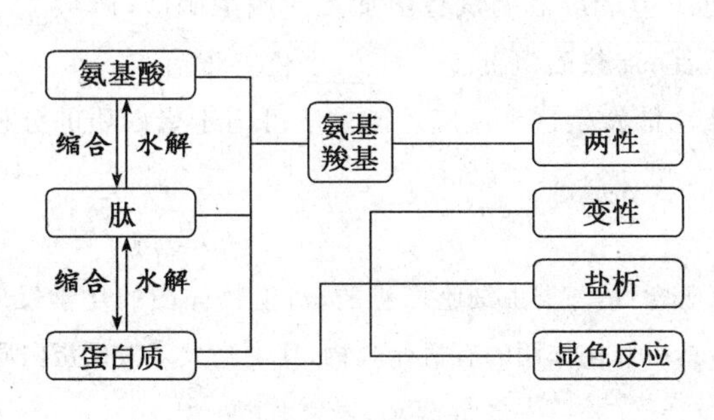

[新课程标准是什么]

1. 认识蛋白质的组成和性质特点。能辨识蛋白质结构中的肽键，能说明蛋白质的基本结构特点。
2. 认识氨基酸的组成、结构特点和主要化学性质，知道氨基酸和蛋白质的关系。能判断氨基酸的缩合产物、多肽的水解产物。
3. 通过实验探究氨基酸的检验(与茚三酮的反应)、蛋白质含量的检测(氨基与亚硝酸的反应)。
4. 阅读讨论蛋白质结构的复杂性和种类的多样性，分析说明氨基酸、蛋白质与人体健康的关系。

新课程学案 让核心素养落地生根 1 预习新教材——自学区

[理清主干知识]

(一)氨基酸

1. 组成和结构

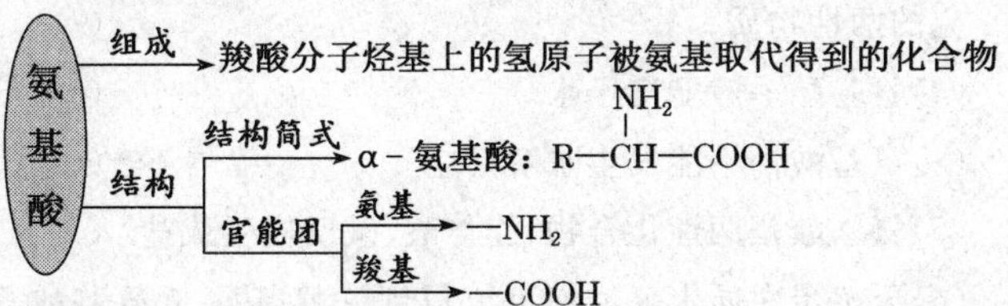

2. 常见的氨基酸

俗名	结构简式	系统命名
甘氨酸	$H_2N—CH_2—COOH$	
丙氨酸		2-氨基丙酸
谷氨酸	$HOOC—(CH_2)_2CH(NH_2)—COOH$	2-氨基戊二酸
苯丙氨酸	$C_6H_5—CH_2—CH(NH_2)—COOH$	

3. 性质

(1)物理性质

氨基酸

- 颜色、熔点、稳定性：天然氨基酸均为无色晶体，熔点较高，在 200 ～ 300 ℃ 熔化时分解
- 溶解性：能溶于强酸或强碱溶液中，除少数外一般都能溶于水，而难溶于乙醇、乙醚

(2)化学性质

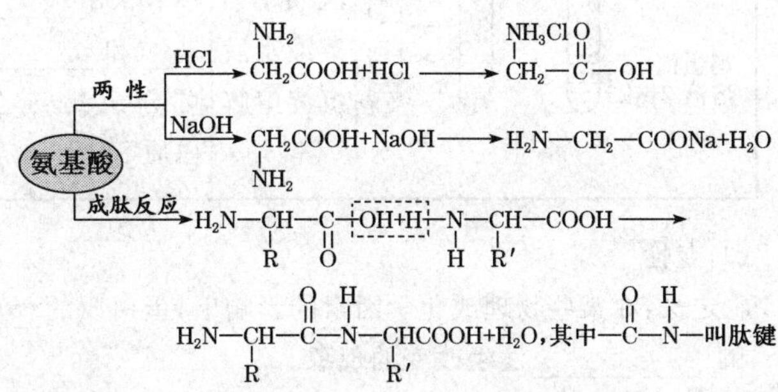

(二)蛋白质

1. 组成

蛋白质是由多种氨基酸通过________等相互连接形成的一类生物大分子。主要由__________等元素组成，有些蛋白质中还含有 P、Fe、Zn、Cu 等元素。

2. 结构

蛋白质的结构不仅取决于多肽链的氨基酸__________、________及__________，还与其______________有关。

分级	形成过程
一级结构	蛋白质分子中氨基酸单体的__________
二级结构	肽键中的氧原子与氢原子之间存在______，会使肽链______________
三级结构	肽链在二级结构基础上进一步__________形成
四级结构	多个具有特定三级结构的多肽链通过非共价键相互作用排列组装形成

3. 蛋白质的化学性质

除与氨基酸性质类似，具有两性外，还具有以下性质：

(1)水解

蛋白质 $\xrightarrow[\text{水解}]{\text{酶、酸或碱}}$ 多肽 $\xrightarrow[\text{逐步水解}]{\text{酶、酸或碱}}$ 氨基酸

食物中的蛋白质在人体内各种蛋白酶的作用下水解成氨基酸，再重新合成人体所需要的蛋白质。

(2)盐析

①定义：少量的盐[如 $(NH_4)_2SO_4$、Na_2SO_4、NaCl 等]能________蛋白质的溶解，但当盐溶液浓度较大时，则会使蛋白质的溶解度________而从溶液中________，这种作用称为________。

②探究：

实验	现象	结论
饱和 $(NH_4)_2SO_4$ 溶液或饱和 Na_2SO_4 溶液；蒸馏水；鸡蛋清溶液 2mL	试管内蛋白质产生沉淀，加蒸馏水后沉淀溶解	蛋白质的盐析是一个________过程，不影响其活性。采用________和________，可分离提纯蛋白质

(3)变性

①定义：在某些物理或化学因素的影响下，蛋白质的________和________发生改变的现象。

物理因素：________、加压、搅拌、振荡、超声波、________________等；

化学因素：________、________、________、乙醇、甲醛等。

②探究：

实验	现象	结论
蒸馏水；鸡蛋清溶液 2mL（加热）	三支试管内蛋白质均产生沉淀；加入蒸馏水后沉淀不溶解	蛋白质的变性是一个________过程，变性后的蛋白质在水中________，同时也会失去________
硝酸银溶液；蒸馏水；鸡蛋清溶液 2mL		
乙醇；蒸馏水；鸡蛋清溶液 2mL		

③应用：________________可使蛋白质变性用于杀菌消毒；疫苗等生物制剂的冷冻保存、攀登高山需要防晒护目、防止紫外线照射等则为了防止________________。

(4)显色反应

向盛有鸡蛋清溶液的试管中加入5滴浓硝酸，产生________沉淀，加热后沉淀变________色。含有________的蛋白质均能发生这个反应。该方法可用于蛋白质的分析检测。

(三)酶

酶
- 概念：是一类由细胞产生的、对生物体内的化学反应具有催化作用的有机化合物，其中绝大多数是蛋白质
- 催化特点
  - 条件温和，不需加热
  - 具有高度的专一性
  - 具有高效催化作用

[诊断自学效果]

1. 正误判断(正确的打"√"，错误的打"×")。

(1)重金属盐能使蛋白质变性，所以误食重金属盐会中毒 (　　)

(2)氨基酸和蛋白质均是既能与强酸反应又能与强碱反应的两性物质 (　　)

(3)氨基酸一般能溶于水 (　　)

(4)氨基酸都不能发生水解反应 (　　)

(5)氨基酸是两性化合物，能与酸、碱反应生成盐 (　　)

(6)天然蛋白质水解最终可以得到α-氨基酸、β-氨基酸等多种氨基酸 (　　)

(7)蛋白质溶液里加入饱和硫酸铵溶液，有沉淀析出，再加入水，也不溶解 (　　)

(8)温度越高，酶催化的化学反应越快 (　　)

2. 分子式为 $C_3H_7O_2N$ 的有机化合物经实验分析，发现有如图所示的原子连接顺序，则此有机化合物一定是 (　　)

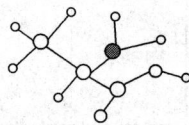

A. 硝基化合物　　B. 硝酸酯

C. α-氨基酸　　D. 蛋白质

3. 蛋白质的________与肽键的形成有关 (　　)

A. 一级结构　　B. 二级结构

C. 三级结构　　D. 四级结构

4. 下列关于蛋白质的叙述中不正确的是 (　　)

A. 蛋白质溶液里加入饱和硫酸铵溶液，蛋白质析出，再加水，又会溶解

B. 蛋白质溶液里的蛋白质能透过半透膜

C. 误食硫酸钡不会使人中毒

D. 浓硝酸溅在皮肤上，使皮肤呈黄色是由于浓硝酸和蛋白质发生了颜色变化

新课程学案 让核心素养落地生根 **2 研讨新知识——互动区**

新知探究(一) 氨基酸的结构与性质

[在探究中学]

1. 苯丙氨酸的结构简式为 $C_6H_5-CH_2-CH(NH_2)-COOH$。分析该分子中的碱性基团和酸性基团,并写出与盐酸、NaOH溶液反应的化学方程式。

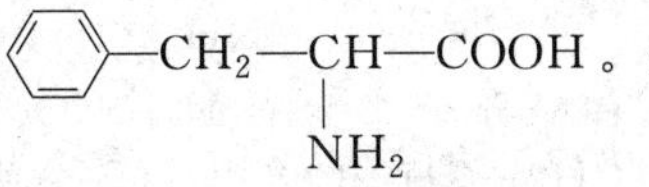

2. 根据下面所示化合物的结构分析,该化合物中表示氨基、羧基、肽键的分别是哪些序号代表的基团?该化合物由几个氨基酸分子失去几个水分子而形成几肽?

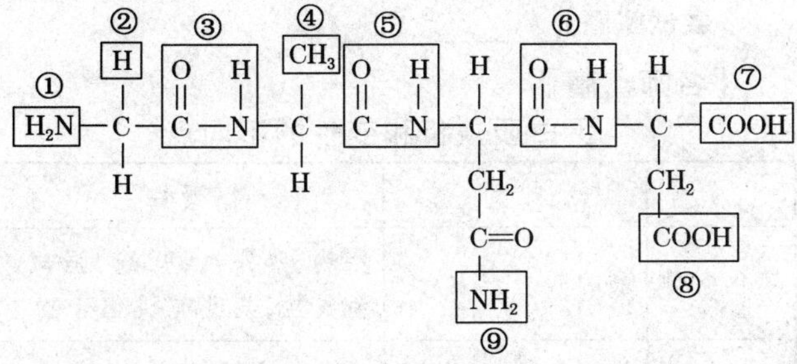

系统知识

1. 氨基酸成肽反应原理

氨基酸的成肽反应原理是由氨基提供的氢原子与羧基提供的羟基结合生成水。即 $-\overset{O}{\overset{\|}{C}}-OH+H-NH-$,脱去一分子水后形成肽键($-\overset{O}{\overset{\|}{C}}-\overset{H}{\overset{|}{N}}-$)。肽键可简写为“—CONH—”,不能写成“—CNHO—”,两者的连接方式不同。

2. 氨基酸的缩合反应

(1)两分子间缩合

$H_2NCH_2COOH+H_2NCH_2COOH \longrightarrow CH_2(NH_2)-C(=O)-NH-CH_2COOH+H_2O$

(2)分子间或分子内缩合成环

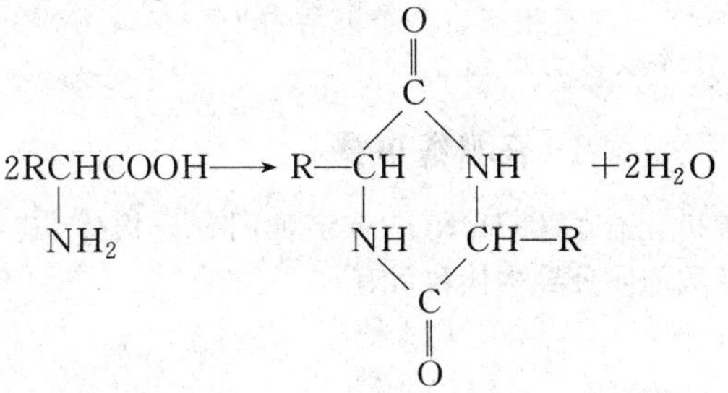

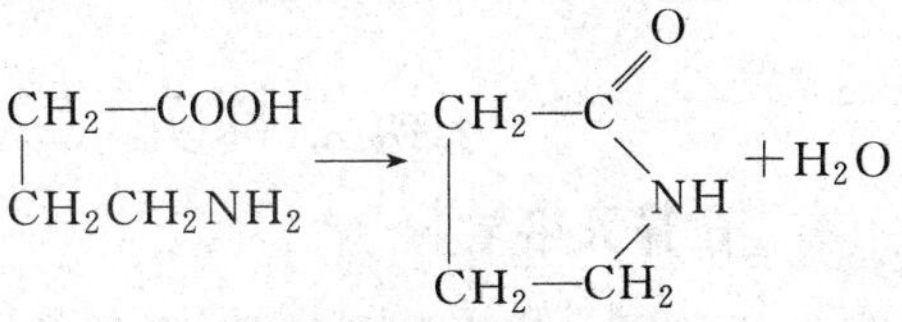

$2RCH(NH_2)COOH \longrightarrow$ (环状二肽:R—CH、C=O、NH、NH、CH—R、C=O 组成的六元环) $+2H_2O$

$CH_2(COOH)-CH_2CH_2NH_2 \longrightarrow$ (五元环:$CH_2-C(=O)-NH-CH_2-CH_2$) $+H_2O$

(3)缩聚成多肽或蛋白质

$nH_2N-CH_2COOH \longrightarrow H\!\left[NH-CH_2-\overset{O}{\overset{\|}{C}}\right]_n OH+(n-1)H_2O$

3. 有关蛋白质结构的计算规律

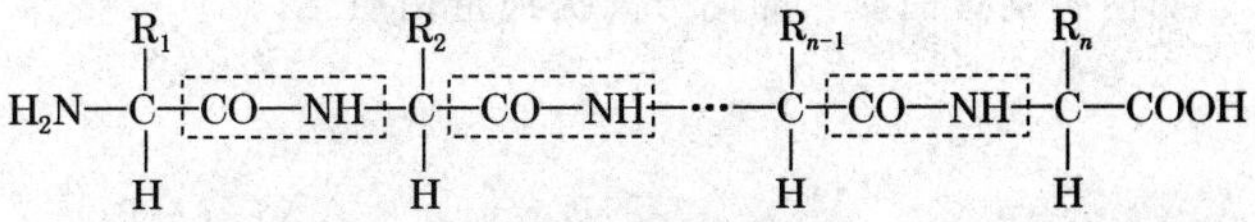

$H_2N-\underset{H}{\overset{R_1}{C}}-CO-NH-\underset{H}{\overset{R_2}{C}}-CO-NH\cdots-\underset{H}{\overset{R_{n-1}}{C}}-CO-NH-\underset{H}{\overset{R_n}{C}}-COOH$

假设氨基酸的平均相对分子质量为a,由n个氨基酸分别形成1条链状多肽或m条链状多肽:

形成肽链数	形成肽键数	脱去水分子数	蛋白质相对分子质量
1	$n-1$	$n-1$	$na-18(n-1)$
m	$n-m$	$n-m$	$na-18(n-m)$

[在应用中悟]

[典例] 据报道,半胱氨酸能增强艾滋病病毒感染者的免疫力,对控制艾滋病病毒的蔓延有奇效。已知半胱氨酸的结构简式为 $HS-CH_2-CH(NH_2)-COOH$,则下列说法不正确的是 ( )

A. 半胱氨酸属于α-氨基酸

B. 半胱氨酸是一种两性化合物

C. 两分子半胱氨酸脱水形成的二肽的结构简式为 $HS-CH_2-CH(NH_2)-CO-S-CH_2-CH(NH_2)-COOH$

D. $HS-CH_2-CH(NH_2)-COOH$ 与 $HS-CH_2-CH_2-CH_2-NO_2$ 互为同分异构体

[尝试解题]________

[名师点睛]

(1)—NH_2 是碱性基团,—COOH 是酸性基团,故氨基酸既能与强酸反应,也能与强碱反应。

(2)分子式相同的氨基酸与硝基化合物互为同分异构体。

(3)二肽是指两分子氨基酸缩去1分子水形成含有肽键的化合物,n 肽则是 n 分子氨基酸缩去 $n-1$ 分子水形成的含有 $n-1$ 个肽键的化合物。

[在训练中评]

1. 某含氮有机化合物 $C_4H_9NO_2$ 有多种同分异构体,其中属于氨基酸的同分异构体数目有 ( )

A. 3种　　B. 4种

C. 5种　　D. 6种

2. 下列物质中与甘氨酸互为同分异构体的是 ( )

A. $C_2H_5ONO_2$

B. $CH_3CH_2NO_2$

C. $CH_3—\underset{\underset{NH_2}{|}}{CH}—COOH$

D. $C_6H_5—CH_2—\underset{\underset{NH_2}{|}}{CH}—COOH$

3. 有一分子式为 $C_8H_{14}N_2O_5$ 的二肽,经水解得丙氨酸 $CH_3—\underset{\underset{NH_2}{|}}{CH}—COOH$ 和另一种氨基酸X,则X分子组成可能是 ( )

A. $C_3H_7NO_3$　　B. $C_5H_9NO_4$

C. $C_5H_{11}NO_5$　　D. $C_5H_7NO_4$

新知探究(二)　蛋白质的性质

[在探究中学]

1. 2020年,我国爆发新型冠状病毒肺炎疫情,居民常用75%乙醇或84消毒液进行杀菌消毒,原理是什么?

2. 如何鉴别蛋白质?如何分离提纯蛋白质?

3. 在临床上如何解救误服重金属盐的病人?

系统知识

1. 蛋白质的检验方法

(1)蛋白质的显色反应

含有苯基的蛋白质加浓硝酸,微热,生成黄色固体。

(2)灼烧法

灼烧蛋白质,可闻到烧焦羽毛气味。这一现象可用于丝绸、羊毛等动物性纤维(蛋白质)与其他类纤维的区分。

2. 蛋白质的分离和提纯方法

(1)常用盐析法来分离和提纯蛋白质,因为盐析是可逆的。在蛋白质溶液中加入某些一定浓度的盐溶液,蛋白质的溶解度降低而从溶液中析出,析出的蛋白质又能溶于水中,并不影响它的活性。

(2)对于蛋白质溶液(属于胶体),可用渗析法除去其中的杂质离子,因为蛋白质属于高分子化合物,不能通过半透膜,而离子可以通过。将蛋白质溶液装入半透膜袋内,置于流动的蒸馏水中即可。

[在应用中悟]

[典例] **[双选]** 下列关于蛋白质的叙述中,不正确的是 ( )

A. 蚕丝、羊毛、病毒等主要成分都是蛋白质

B. 蛋白质溶液中加入甲醛溶液或饱和食盐水,蛋白质析出,再加水,都会溶解

C. 重金属盐能使蛋白质凝结

D. 浓硝酸与浓硫酸腐蚀皮肤分别变黄、变黑,这是由于它们都与蛋白质发生了显色反应

[尝试解题] ________

[名师点睛]

蛋白质盐析和变性的不同点

	盐析	变性
变化条件	浓的轻金属盐	受热、紫外线、强酸、强碱、重金属盐、某些有机化合物
变化实质	物理变化(溶解度降低)	化学变化(蛋白质性质改变)
变化过程	可逆	不可逆
用途	分离、提纯蛋白质	杀菌、消毒

[在训练中评]

1. 欲将蛋白质从水中析出而又不改变它的生物活性应加入 ( )

A. 甲醛溶液　　B. 饱和 Na_2SO_4 溶液

C. $CuSO_4$ 溶液　　D. 浓硫酸

2. 下列关于蛋白质的叙述中不正确的是 ( )

A. 天然蛋白质水解的最终产物是 α-氨基酸

B. 蛋白质溶于水后,若加入饱和 Na_2SO_4 溶液,会使蛋白质溶解度降低而析出

C. 在蛋白质溶液中,加入1%醋酸铅溶液,产生白色沉淀,过滤后,向白色沉淀中加入蒸馏水,沉淀溶解

D. 蛋白质分子中含有肽键($—\overset{\overset{O}{\|}}{C}—NH—$)

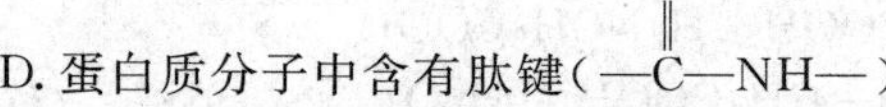

课下请完成课时跟踪检测(十八)

第三节 核酸

[新教材内容有哪些]

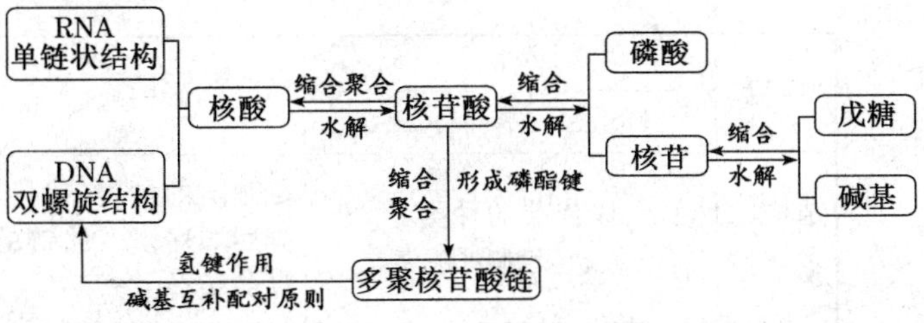

RNA 单链状结构
DNA 双螺旋结构
核酸 ⇄（缩合聚合／水解）核苷酸 ⇄（缩合／水解）磷酸、核苷
核苷 ⇄（缩合／水解）戊糖、碱基
核苷酸 →（缩合聚合，形成磷酸酯键）多聚核苷酸链
多聚核苷酸链 →（氢键作用，碱基互补配对原则）DNA 双螺旋结构

[新课程标准是什么]

1. 了解脱氧核糖核酸、核糖核酸的结构特点和生物功能。认识人工合成多肽、蛋白质、核酸等的意义。
2. 联系生命科学的学科发展过程和其中的重大事件，体会化学科学在生命科学发展中所起的重要作用。
3. 辨识核糖核酸、脱氧核糖核酸中的磷酯键，能基于氢键分析碱基的配对原理。能说明核糖核酸、脱氧核糖核酸对于生命遗传的意义。

新课程学案 让核心素养落地生根 1 预习新教材——自学区

[理清主干知识]

(一)核酸的组成

1. **组成**:核酸可以看作磷酸、________和________通过一定方式结合而成的生物大分子。

其中戊糖分为________和__________,对应的核酸分别是__________(RNA)和______________(DNA);碱基是具有碱性的杂环有机化合物,RNA 中的碱基和 DNA 中的碱基不同,共同的类别有________种。如下图所示:

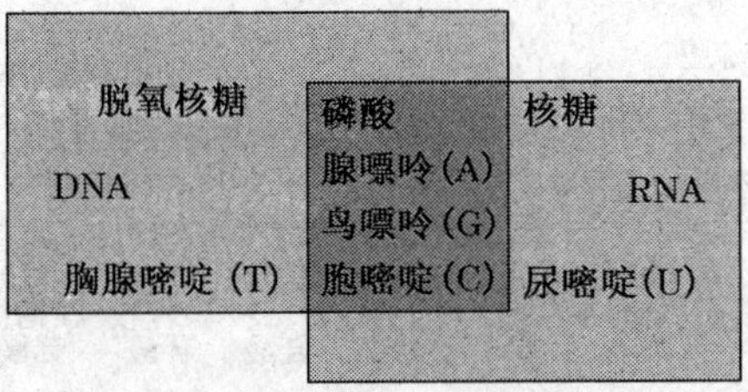

DNA	共同	RNA
脱氧核糖	磷酸	核糖
DNA	腺嘌呤(A) 鸟嘌呤(G)	RNA
胸腺嘧啶(T)	胞嘧啶(C)	尿嘧啶(U)

2. **水解及产物的缩合过程**

戊糖、碱基 ⇄（缩合／水解）核苷；核苷、磷酸 ⇄（缩合／水解）核苷酸 ⇄（缩合聚合／水解）核酸

(二)核酸的结构

1. DNA **分子——双螺旋结构**

(1)由两条多聚核苷酸链组成,两条链________盘绕,形成双螺旋结构。

(2)每条链中的__________和________交替连接,排列在________,碱基排列在________。

(3)两条链上的碱基通过________作用结合成碱基对,腺嘌呤(A)与__________(T)配对,鸟嘌呤(G)与________(C)配对,遵循碱基互补配对原则。

2. RNA **分子——单链状结构**

(1)与 DNA 类似,以核苷酸为基本构成单位,其中的戊糖由________替代了脱氧核糖,碱基由________替代了胸腺嘧啶。

(2)RNA 分子一般呈单链状结构,比 DNA 分子________得多。

(三)核酸的生物功能

1. DNA **分子**

(1)基因:有一定碱基排列顺序的 DNA 片段含有特定的遗传信息。

(2)作用:DNA 分子上有许多基因,决定了生物体的一系列性状。

2. RNA **分子**

负责传递、翻译和表达 DNA 所携带的遗传信息。

3. DNA **分子复制过程**

亲代 DNA 分子解旋→以母链为模板进行碱基配对→形成两个新的 DNA 分子。

4. **我国科学工作者的贡献**

(1)1981 年,人工合成具有生物活性的核酸分子——酵母丙氨酸转移核糖核酸。

(2)1999 年,参与人类基因组计划。

(3)2002 年,完成了水稻基因组图谱的绘制。

[诊断自学效果]

1. 正误判断(正确的打"√",错误的打"×")。

(1)核酸是一类含磷的生物高分子化合物 ( )

(2)根据组成,核酸分为 DNA 和 RNA ( )

(3)DNA 大量存在于细胞质和细胞壁中 ( )

(4)1981 年,我国科学工作者用人工方法合成了酵母丙氨酸转移核糖核酸 ( )

(5)DNA 的两条脱氧核苷酸链之间通过磷酸二酯键连接 ( )

(6)DNA 和 RNA 的碱基组成相同,五碳糖不同 ( )

(7)细胞中的 DNA 一定有氢键,RNA 一定没有氢键 ( )

2. 对生物体的遗传性、变异性和蛋白质的生物合成具有重要作用的物质是 ( )

A. 氨基酸　　B. 葡萄糖
C. 核酸　　D. 核苷酸

3. 组成 DNA 的结构的基本成分是 ( )

①核糖 ②脱氧核糖 ③磷酸 ④腺嘌呤、鸟嘌呤、胞嘧啶 ⑤胸腺嘧啶 ⑥尿嘧啶

A. ①③④⑤　　B. ①②④⑥
C. ②③④⑤　　D. ②③④⑥

新课程学案 让核心素养落地生根

2 研讨新知识——互动区

新知探究　核酸的结构及与蛋白质的比较

[在探究中学]

1. 腺嘌呤核苷和腺嘌呤核苷酸是生产核酸类药物的中间体，请在以下结构简式中找出戊糖、碱基和磷酸所对应的部分。

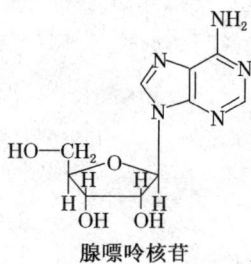

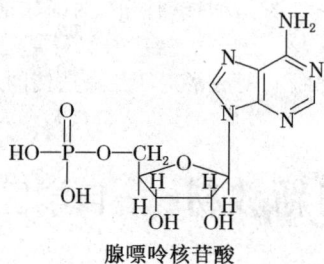

腺嘌呤核苷　　　　腺嘌呤核苷酸

2. DNA 分子的多聚核苷酸链中，核苷酸之间通过磷酯键连接。请类比蛋白质的结构，指出 DNA 分子、核苷酸和磷酯键分别对应蛋白质中的哪些部分。

系统知识

1. 核酸的结构层次

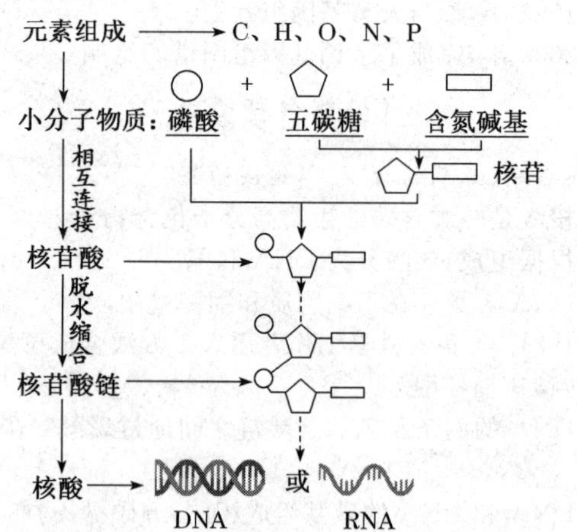

2. 核酸与蛋白质的比较

项目	核酸		蛋白质
	DNA	RNA	
元素	C、H、O、N、P		C、H、O、N 等
组成单位	核苷酸		氨基酸
分子结构	一般双螺旋结构	一般单链结构	氨基酸→多肽→蛋白质
结构的多样性	核苷酸的种类、数量及排列顺序		氨基酸的种类、数量、排列顺序以及肽链的盘曲折叠方式
功能	主要的遗传物质	传达遗传信息	生命活动的主要物质基础

[在应用中悟]

[典例]　下列说法正确的是　　(　　)

A. 生命细胞中碱基、核苷酸、五碳糖种类分别是 5 种、8 种和 2 种

B. 大肠杆菌细胞中含有碱基 A、T、G、C 的核苷酸共 4 种

C. 组成核酸的基本单位是核糖核苷酸

D. DNA 与 RNA 的不同点只在于五碳糖和碱基的不同

[尝试解题]________

[名师点睛]

核酸的组成与分类

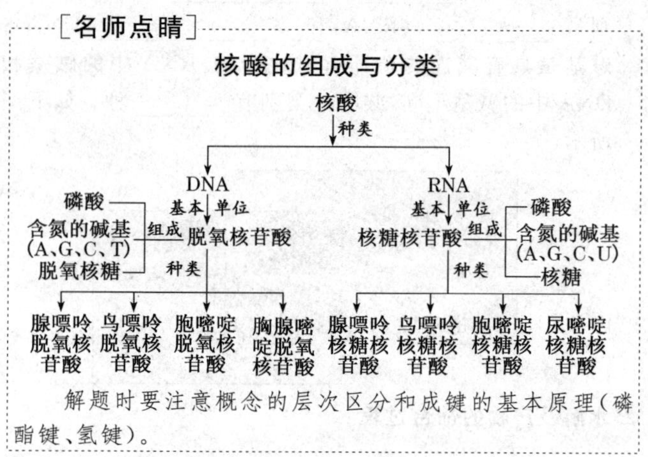

解题时要注意概念的层次区分和成键的基本原理(磷酯键、氢键)。

[在训练中评]

1. 下列关于核酸的叙述中，正确的是　　(　　)

A. 核酸由 C、H、O、N 元素组成

B. 只有动物才有核酸存在，植物没有

C. 核酸是一切生物的遗传物质

D. 组成核酸的基本单位是脱氧核苷酸

2. RNA 水解后，得到的化学物质是　　(　　)

A. 氨基酸、葡萄糖、碱基　　B. 氨基酸、核苷酸、葡萄糖

C. 脱氧核糖、碱基、磷酸　　D. 核糖、碱基、磷酸

3. 将用放射性同位素标记的某种物质注入金丝雀体内后，经检测，新产生的细胞的细胞核具有放射性。注入的物质可能是　　(　　)

A. 脱氧核糖核苷酸　　B. 核糖核苷酸

C. 脱氧核糖核酸　　D. 核糖核酸

课下请完成　课时跟踪检测(十九)　章末检测验收(四)

第五章 | 合成高分子

第一节 合成高分子的基本方法

[新教材内容有哪些]

合成高分子的基本方法 ⇨ 单体	加成聚合反应 形成 加聚物 / 缩合聚合反应 形成 缩聚物	合成高分子

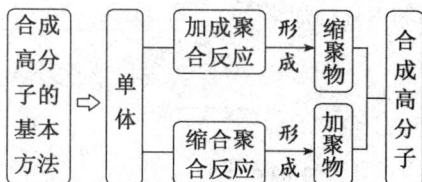

[新课程标准是什么]

1. 了解聚合物的组成与结构特点；认识单体和单体单元（链节）及其与聚合物结构的关系。
2. 突出结构特征的分析。对合成高分子进行结构分析，通过结构预测性质或分析解释化学性质，从结构特征认识性质，进一步体会有机化合物结构与性质的关系。
3. 了解加聚反应和缩聚反应的特点。能对单体和高分子进行相互推断。能分析高分子的合成路线。能写出典型的加聚反应和缩聚反应的反应式。

新课程学案 让核心素养落地生根 **1 预习新教材——自学区**

[理清主干知识]

（一）加成聚合反应

1. 高分子与一般有机化合物的区别

	高分子	一般有机化合物
相对分子质量	只是一个平均值，一般在 10^4 以上	都有一个______的数值，一般在 1 000 以下
结构	若干个____________组成	具有单一结构
性质	在物理、化学性质上有较大差异	

2. 加成聚合反应

（1）概念：通过相互________的方式连接成链状的高分子，称为加成聚合反应，简称________反应；生成的产物为加成聚合物，简称________。

（2）加聚物的结构

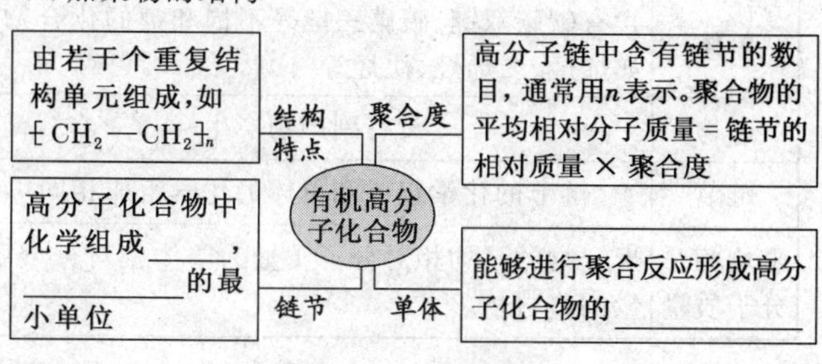

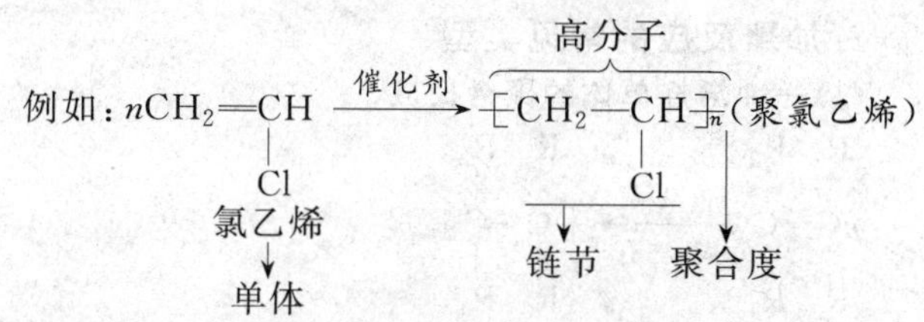

（3）加聚物的书写：加聚物的端基不确定，一般不必写出。

（二）缩合聚合反应

1. 概念：单体分子间通过________反应生成高分子的反应称为________聚合反应，简称________反应。

2. 实例

$$nHO-\overset{O}{\overset{\|}{C}}(CH_2)_4\overset{O}{\overset{\|}{C}}-OH+nHO-CH_2CH_2-OH\xrightleftharpoons[\triangle]{催化剂}$$

己二酸　乙二醇

$$HO+\overset{O}{\overset{\|}{C}}(CH_2)_4\overset{O}{\overset{\|}{C}}-OCH_2CH_2O+_nH+(2n-1)H_2O$$

聚己二酸乙二酯

3. 特点

（1）生成缩聚物的同时，伴有________副产物的生成。

（2）一般的缩聚反应多为可逆反应，为提高产率，并得到较高聚合度的缩聚物，需要及时移除____________。

4. 书写及类型

（1）书写缩聚物的结构式时，一般在方括号外侧写出____________________。

（2）书写缩聚反应的化学方程式时，各单体物质的量与缩聚物结构式的下角标一般要________，还要注意生成的小分子的物质的量，分为以下两种类型：

①由一种单体进行缩聚反应，生成的小分子物质的量一般为__________，如6-羟基己酸的缩聚反应方程式为

____

②由两种单体进行缩聚反应，生成的小分子物质的量一般为________，如对苯二甲酸和1,4-丁二醇的缩聚反应方程式为

____

[诊断自学效果]

1. 今有高聚物 $\text{-[}CH_2-\underset{COOC_2H_5}{\underset{|}{CH}}-CH_2-\underset{COOC_2H_5}{\underset{|}{CH}}-CH_2-\underset{COOC_2H_5}{\underset{|}{CH}}\text{]-}_n$，下列分析正确的是　（　　）

A. 其单体是 $CH_2=CH_2$ 和 $H-\overset{O}{\overset{\|}{C}}-O-CH_2CH_3$

B. 它是缩聚反应的产物

C. 其单体是 $CH_2=CH-\overset{O}{\overset{\|}{C}}-O-CH_2CH_3$

D. 链节是 $CH_3CH_2COOCH_2CH_3$

2. 聚乳酸 $H\text{-[}O-\underset{CH_3}{\underset{|}{CH}}-\underset{O}{\underset{\|}{C}}\text{]-}_nOH$ 可在乳酸菌作用下降解，下列有关聚乳酸的说法正确的是　（　　）

A. 聚乳酸是一种纯净物

B. 聚乳酸是一种酸性高分子材料

C. 聚乳酸的单体为 $CH_3-\underset{OH}{\underset{|}{CH}}-COOH$

D. 聚乳酸是由单体之间通过加聚反应合成的

3. 书写下列聚合反应方程式。

①乙烯的加聚：________

②1,3-丁二烯的加聚：________

③乙烯和丙烯的加聚________

④$HOCH_2COOH$ 的缩聚：________

⑤乙二酸与乙二醇的缩聚：________

新课程学案 让核心素养落地生根 2 研讨新知识——互动区

新知探究(一)　加聚反应的单体推断与书写

[在探究中学]

1. 写出丙烯发生加聚反应的化学方程式，并注明高聚物的单体、链节、聚合度：

____

2. 写出下列物质发生加聚反应的化学方程式：

(1)丙烯酸：________

(2)苯乙烯：________

(3)1,3-丁二烯：________

(4)乙烯、丙烯(1∶1)共聚：________

(5)丙烯与1,3-丁二烯(1∶1)共聚：________

3. 写出下列加聚产物的单体

(1) $\text{-[}CH_2-\overset{CH_3}{\overset{|}{\underset{COOCH_3}{\underset{|}{C}}}}\text{]-}_n$：________。

(2) $\text{-[}CH_2-CH_2-\underset{CH_3}{\underset{|}{CH}}-CH_2\text{]-}_n$：________。

(3) $\text{-[}CH_2-CH=\underset{CH_3}{\underset{|}{C}}-CH_2\text{]-}_n$：________。

系统知识

1. 加聚反应的特点

单体	含有碳碳双键、碳碳三键等不饱和键的化合物，如烯烃、二烯烃、炔烃等
产物	没有副产物产生
链节	链节的化学组成和单体的化学组成相同
平均相对分子质量	聚合物的平均相对分子质量为单体相对分子质量的整数倍

2. 加聚反应的常见类型

(1)一种烯烃单体的聚合反应

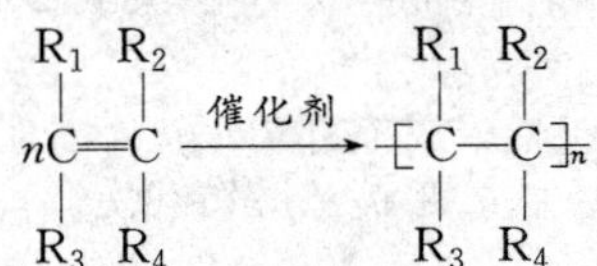

例如，由乙烯聚合得到聚乙烯就属于此反应类型。

(2)**一种二烯烃单体的聚合反应**

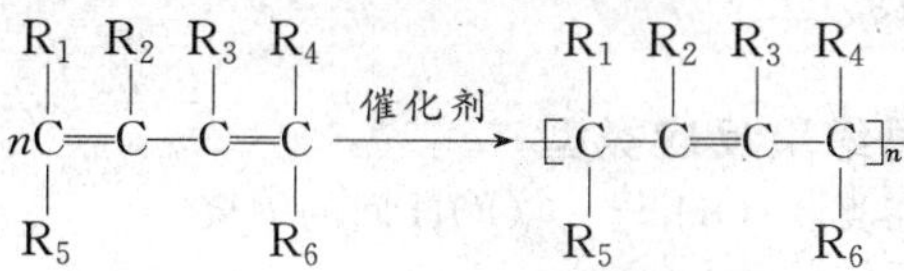

例如，1,3-丁二烯的加聚反应就属于此反应类型。

$$nCH_2=CH—CH=CH_2 \xrightarrow{催化剂} \lbrack CH_2—CH=CH—CH_2 \rbrack_n$$

(3)**不同烯烃的聚合反应**

$$nC(R_1)(R_3)=C(R_2)(R_4) + nC(R_5)(R_7)=C(R_6)(R_8) \xrightarrow{催化剂} \lbrack C(R_1)(R_3)—C(R_2)(R_4)—C(R_5)(R_7)—C(R_6)(R_8) \rbrack_n$$

例如，由乙烯与丙烯聚合得到乙丙橡胶就属于此反应类型。

$$nCH_2=CH_2+nCH_2=CH—CH_3 \xrightarrow{催化剂} \lbrack CH_2—CH_2—CH_2—CH(CH_3) \rbrack_n$$

(4)**烯烃和二烯烃的聚合反应**

$$nC(R_1)(R_3)=C(R_2)(R_4) + nC(R_5)(R_9)=C(R_6)—C(R_7)=C(R_8)(R_{10}) \xrightarrow{催化剂} \lbrack C(R_1)(R_3)—C(R_2)(R_4)—C(R_5)(R_9)—C(R_6)=C(R_7)—C(R_8)(R_{10}) \rbrack_n$$

例如，乙烯与1,3-丁二烯的共聚反应就属于此反应类型。

$$nCH_2=CH_2+nCH_2=CH—CH=CH_2 \xrightarrow{催化剂} \lbrack CH_2—CH_2—CH_2—CH=CH—CH_2 \rbrack_n$$

(5)**碳碳三键的加聚反应**

$$nHC\equiv CH \xrightarrow{催化剂} \lbrack CH=CH \rbrack_n$$

聚乙炔

3. 加聚产物单体的判断方法

先根据高聚物的链节结构判断聚合反应的类型，当链节主链上全部是碳原子时，该高分子属于加聚反应的产物，判断的总原则：聚合物主链上无双键，两个碳原子为一单元，单键变双键，单烯烃即可被还原；聚合物主链上有双键，四个碳原子为一单元，双键在中间，单双键互变，二烯即可被还原。具体分为以下四类：

(1)**凡链节主链上只有两个碳原子的高聚物**

其单体必为一种，将两个半键闭合即可。

如 $\lbrack CH_2—C(CH_3)(COOCH_3) \rbrack_n$ 的单体是 $CH_2=C(CH_3)—COOCH_3$，$\lbrack CH=CH \rbrack_n$的单体为$CH\equiv CH$。

(2)**凡链节主链上只有四个碳原子且无双键的高聚物**

其单体必为两种，以两个碳原子为单元断开，然后分别将两个半键闭合即可。

如 $\lbrack CH_2—CH_2—CH(CH_3)—CH_2 \rbrack_n$ 的单体是 $CH_2=CH_2$ 和 $CH_3—CH=CH_2$。

(3)**凡链节主链上有多个碳原子且存在碳碳双键的高聚物**

①判断其单体的规律是"见双键，四个碳，无双键，两个碳"，划线断开。然后将半键闭合，将单双键互换即可。

如 $\lbrack CH_2—CH=C(CH_3)—CH_2 \rbrack_n$ 的单体是 $CH_2=CH—C(CH_3)=CH_2$，

$\lbrack CH_2—CH=CH—CH_2—CH_2—CH(C_6H_5) \rbrack_n$ 的单体是 $CH_2=CH—CH=CH_2$ 和 $C_6H_5—CH=CH_2$。

②采用"见双键，四个碳"的断键方式，链节主链两边只剩下1个碳原子，无法构成含双键的单体时，则可能是含有碳碳三键的化合物参与了加聚反应。

如 $\lbrack CH(C_6H_5)—CH_2—CH=CH—CH_2—CH_2 \rbrack_n$ 的单体是 $C_6H_5—CH=CH_2$、$CH\equiv CH$ 和 $CH_2=CH_2$。

[在训练中评]

1. 下列单体能在一定条件下发生加聚反应生成 $\lbrack CH_2—C(H)=C(CH_3)—CH_2 \rbrack_n$ 的是 ( )

A. 丙烯　　B. 2-甲基-1,3-丁二烯

C. 乙烯和丙烯　　D. 2-甲基-2-丁烯

2. [双选]下列高聚物的单体相同的是 ( )

A. $\lbrack CH_2—CH_2—CH(CH_3)—CH_2 \rbrack_n$

B. $\lbrack CH_2—CH_2—CH_2—CH(CH_3) \rbrack_n$

C. $\lbrack CH_2—CH=CH—CH(CH_3)—CH_2—CH_2 \rbrack_n$

D. $\lbrack CH_2—CH=CH—CH_2—CH_2—CH(CH_3) \rbrack_n$

3. 某聚合物具有如下结构片段：

$$—CH_2—C(COOCH_3)(CH_3)—CH_2—C(COOCH_3)(CH_3)—$$

，下列关于其单体的说法不正确的是 ( )

A. 能使酸性 $KMnO_4$ 溶液褪色

B. 与 NaOH 溶液共热可生成一种钠盐

C. 能催化加氢生成 2-甲基丙酸甲酯

D. 可形成顺反异构体

新知探究(二) 缩聚反应

[在探究中学]

1. 如果一种聚合物是由缩聚反应得到的，在寻找它的单体时不但要看它的链节结构，还要分析它是通过哪一类有机化学反应缩合的。你能看出下列聚合物是由什么单体缩聚而成的吗？

$$HO\!\left[\overset{O}{\overset{\|}{C}}-C_6H_4-\overset{O}{\overset{\|}{C}}-OCH_2CH_2O\right]_nH$$

2. 写出下列缩聚反应的化学方程式。

(1)羟基酸缩聚：

$$n\,CH_3\underset{OH}{\underset{|}{C}}HCOOH \xrightleftharpoons{催化剂} \underline{\qquad\qquad\qquad}$$

(2)醇酸缩聚：

$$n\,HOCH_2CH_2OH + n\,HO-\overset{O}{\overset{\|}{C}}-\overset{O}{\overset{\|}{C}}-OH \xrightleftharpoons{催化剂}$$

(3)氨基酸缩聚：

①$n\,H_2N(CH_2)_5COOH \xrightarrow{催化剂}$

②$n\,\underset{NH_2}{\underset{|}{C}}H_2COOH + n\,CH_3\underset{NH_2}{\underset{|}{C}}HCOOH \xrightarrow{催化剂}$

(4)胺酸缩聚：

$n\,H_2N(CH_2)_6NH_2 + n\,HOOC(CH_2)_4COOH \xrightarrow{催化剂}$

系统知识

1. 缩聚反应的特点

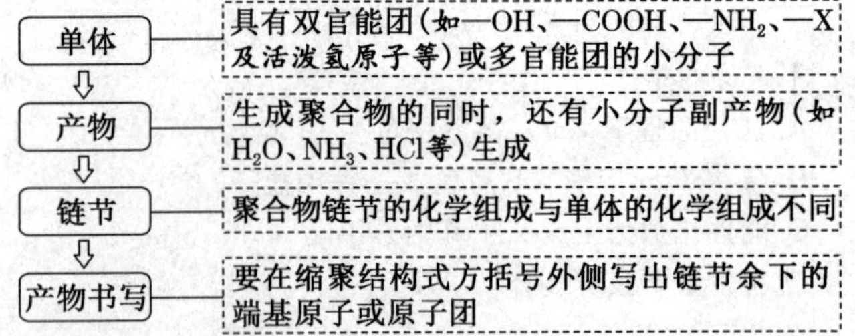

单体
具有双官能团(如—OH、—COOH、—NH₂、—X及活泼氢原子等)或多官能团的小分子
产物
生成聚合物的同时，还有小分子副产物(如H₂O、NH₃、HCl等)生成
链节
聚合物链节的化学组成与单体的化学组成不同
产物书写
要在缩聚结构式方括号外侧写出链节余下的端基原子或原子团

2. 常见缩聚反应类型

(1)**聚酯类**：—OH 与—COOH 间的缩聚。

$$n\,HOCH_2-CH_2-OH + n\,HOOC-COOH \longrightarrow H\!\left[OCH_2CH_2-OOC-\overset{O}{\overset{\|}{C}}\right]_nOH + (2n-1)H_2O$$

$$n\,HOCH_2-CH_2-COOH \longrightarrow H\!\left[OCH_2CH_2-\overset{O}{\overset{\|}{C}}\right]_nOH + (n-1)H_2O$$

(2)**聚氨基酸类**：—NH_2 与—COOH 间的缩聚。

$$n\,H_2N-CH_2COOH \longrightarrow H\!\left[\overset{H}{\overset{|}{N}}-CH_2\overset{O}{\overset{\|}{C}}\right]_nOH + (n-1)H_2O$$

$$n\,H_2NCH_2COOH + n\,H_2NCH-COOH(\text{CH 上连 }CH_3) \longrightarrow H\!\left[NH-CH_2-\overset{O}{\overset{\|}{C}}-NH-\overset{CH_3}{\overset{|}{C}}H-\overset{O}{\overset{\|}{C}}\right]_nOH + (2n-1)H_2O$$

(3)**酚醛树脂类**

$$n\,HCHO + n\,C_6H_5OH \longrightarrow H\!\left[C_6H_3(OH)-CH_2\right]_nOH + (n-1)H_2O$$

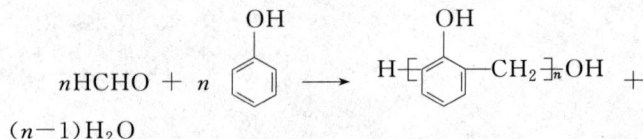

3. 缩聚产物单体的判断方法

先根据高聚物的链节结构判断聚合反应的类型，当链节主链上有碳原子和其他原子时，该高分子属于缩聚反应的产物，然后具体判断分为以下四类：

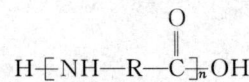

(1)**若高聚物为** $H\!\left[OR\right]_nOH$、$H\!\left[O-R-\overset{O}{\overset{\|}{C}}\right]_nOH$ **或** $H\!\left[NH-R-\overset{O}{\overset{\|}{C}}\right]_nOH$

其单体必为一种，如 $H\!\left[O-CH_2CH_2\right]_nOH$ 的单体为 $HO-CH_2CH_2-OH$，$H\!\left[O-CH_2CH_2\overset{O}{\overset{\|}{C}}\right]_nOH$ 的单体为 $HOCH_2CH_2\overset{O}{\overset{\|}{C}}OH$。方法为去“[　　]”和“n”即为单体。

(2)**凡链节中含有** $-\overset{O}{\overset{\|}{C}}-O-$ **的高聚物**

单体为酸和醇，将 $-\overset{O}{\overset{\|}{C}}-O-$ 中 C—O 键断开，羰基上加—OH，氧原子上加—H 即可。

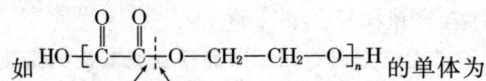

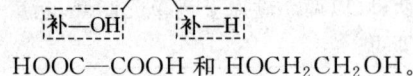

如 $HO\!\left[\overset{O}{\overset{\|}{C}}-\overset{O}{\overset{\|}{C}}-O-CH_2-CH_2-O\right]_nH$（补—OH，补—H）的单体为 $HOOC-COOH$ 和 $HOCH_2CH_2OH$。

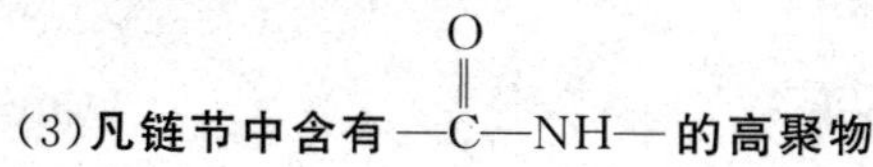

(3)凡链节中含有 $-\overset{O}{\overset{\|}{C}}-NH-$ 的高聚物

单体一般为氨基酸，将 $-\overset{O}{\overset{\|}{C}}-NH-$ 中 C—N 键断开，羰基上加—OH，氮原子上加—H。

如 $H\!\!\left[\!NH-CH_2-\overset{O}{\overset{\|}{C}}\!+\!NH-\underset{CH_3}{\underset{|}{CH}}-\overset{O}{\overset{\|}{C}}\right]_{\!n}\!OH$ 的单体为（补—OH，补—H）

H_2NCH_2COOH 和 $CH_3-\underset{NH_2}{\underset{|}{CH}}-COOH$。

(4)凡链节中含有酚羟基的结构

单体一般为酚和醛。

如 $H\!\!\left[\!\overset{OH}{C_6H_3}-CH_2\right]_{\!n}\!OH$ 的单体是 $\overset{OH}{C_6H_5}$ 和 HCHO。

[在训练中评]

1.聚合物

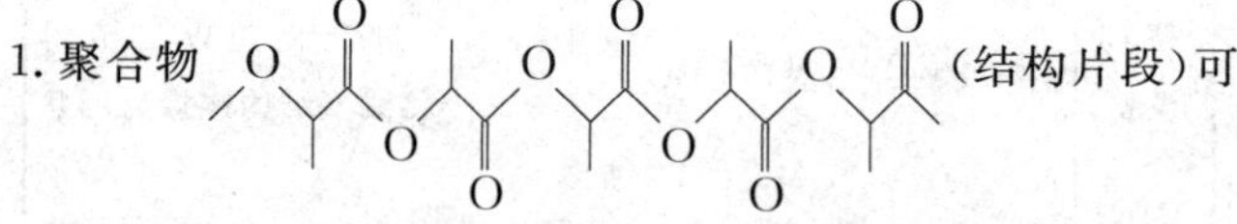

（结构片段）可被人体吸收，常作为外科缝合手术的材料，该物质由下列哪种物质聚合而成 （　　）

A. $CH_3CH(OH)COOH$

B. $HCOOCH_2OH$

C. $HOCH_2CH_2COOH$

D. $HOCH(CH_3)COOCH(CH_3)CH_2OH$

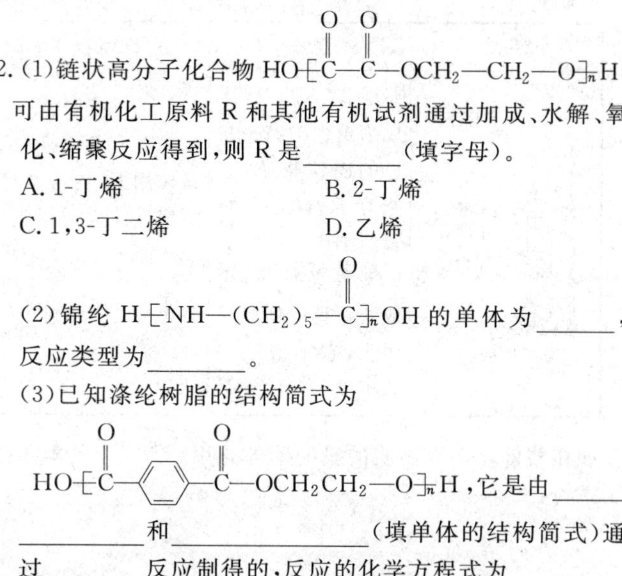

2.(1)链状高分子化合物 $HO\!\left[\!\overset{O}{\overset{\|}{C}}-\overset{O}{\overset{\|}{C}}-OCH_2-CH_2-O\right]_{\!n}\!H$ 可由有机化工原料 R 和其他有机试剂通过加成、水解、氧化、缩聚反应得到，则 R 是________（填字母）。

A. 1-丁烯　　B. 2-丁烯

C. 1,3-丁二烯　　D. 乙烯

(2)锦纶 $H\!\left[\!NH-(CH_2)_5-\overset{O}{\overset{\|}{C}}\right]_{\!n}\!OH$ 的单体为________，反应类型为________。

(3)已知涤纶树脂的结构简式为

$HO\!\left[\!\overset{O}{\overset{\|}{C}}-C_6H_4-\overset{O}{\overset{\|}{C}}-OCH_2CH_2-O\right]_{\!n}\!H$，它是由________和________（填单体的结构简式）通过________反应制得的，反应的化学方程式为________________。

课下请完成课时跟踪检测(二十)

第二节　高分子材料

[新教材内容有哪些]

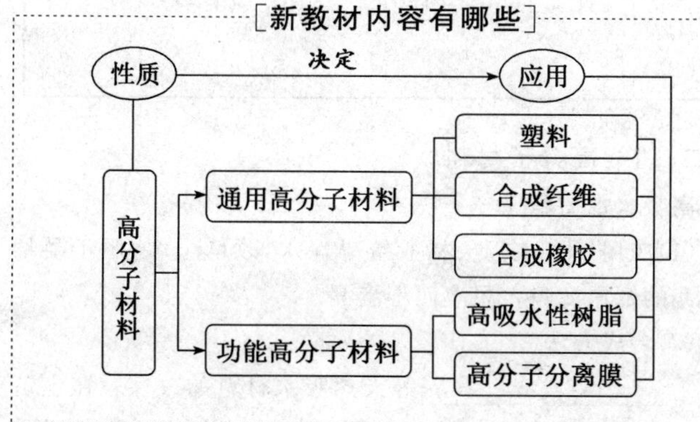

[新课程标准是什么]

1. 认识塑料、合成橡胶、合成纤维的组成和结构特点，能列举重要的合成高分子化合物。
2. 阅读交流常见塑料、合成纤维和合成橡胶的发展、应用与合成，了解新型高分子材料的优异性能及其在材料领域、高新技术领域中的应用。
3. 联系材料科学的学科发展过程和其中的重大事件，体验有机化学作为基础学科对相关学科发展的重要价值。能参与材料选择与使用、垃圾处理等社会性议题的讨论，并作出科学的判断、评价决策。

新课程学案 让核心素养落地生根 1 预习新教材——自学区

[理清主干知识]

(一)通用高分子材料

1.塑料

组成	主要成分是________	
	为改善性能提高应用价值，需加入________	
分类	热塑性塑料	如聚乙烯、聚氯乙烯等塑料制品可以反复加热熔融加工
	热固性塑料	如酚醛树脂不能加热熔融，只能一次成型

(1)聚乙烯

比较项目	高压法聚乙烯	低压法聚乙烯
聚合反应条件	高温、高压，引发剂	低压，催化剂
高分子链的结构	含有较多支链	支链较少
软化温度/℃	105～120	120～140
密度/($g\cdot cm^{-3}$)	0.91～0.93	0.94～0.97
主要性能	无毒，较柔软	无毒，较硬
主要用途	生产食品包装袋、薄膜、绝缘材料等	生产瓶、桶、板、管等

(2)酚醛树脂

①含义:用________(如苯酚)和________(如甲醛)在________或________的催化下相互缩合而成的高分子。

②制备

装置	现象	结论
苯酚、甲醛、浓盐酸或浓氨水	a.酸性条件下,生成米黄色中略带粉色的固体物质,它能溶于丙酮、乙醚等溶剂中。 b.碱性条件下,生成淡黄色固体酚醛树脂,它不溶于一般溶剂。	苯酚与甲醛在酸或碱作用下,均可发生缩聚反应生成树脂。 苯酚、甲醛 —缩合反应→ 酸 △ 线型高分子;碱 △ 网状高分子

如在酸催化下等物质的量的苯酚与甲醛反应,化学方程式为:

____

____

在碱催化下,苯酚与过量的甲醛反应,生成羟甲基苯酚的同时,还生成二羟甲基苯酚、三羟甲基苯酚等,继续反应就可以生成网状结构的酚醛树脂。

③应用:用作绝缘、隔热、阻燃、隔音材料和复合材料。

2.合成纤维

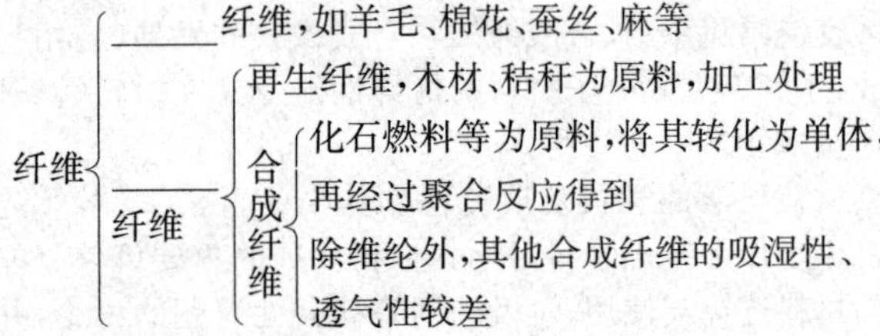

纤维
____纤维,如羊毛、棉花、蚕丝、麻等
____纤维
再生纤维,木材、秸秆为原料,加工处理
合成纤维
化石燃料等为原料,将其转化为单体,再经过聚合反应得到
除维纶外,其他合成纤维的吸湿性、透气性较差

(1)聚酯纤维

合成纤维中产量最大的是聚酯纤维中的涤纶。涤纶可与天然纤维混纺获得改进,用于服装、装饰布料、特殊织物、工业纤维制品等。其制备原理是

____

____

(2)聚酰胺纤维

锦纶、尼龙由己二胺与己二酸缩聚合成,不溶于普通溶剂,熔化温度高于 260 ℃,耐磨、强度大,其制备原理为

____

____

3.合成橡胶

(1)橡胶的分类

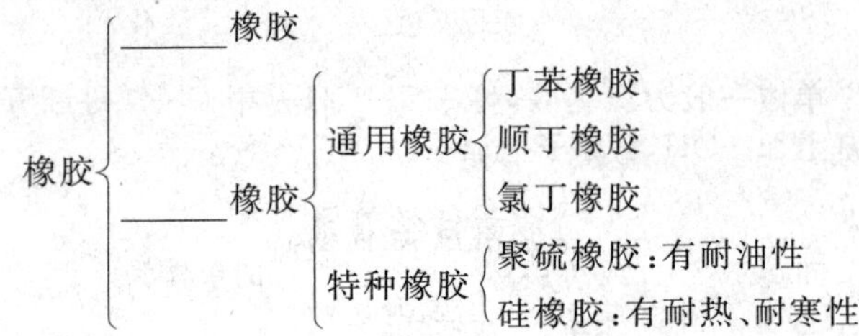

(2)合成橡胶

①原料:以石油、天然气为原料,以二烯烃和烯烃等为单体聚合而成。

②性能:具有高弹性、绝缘性、气密性、耐油、耐高温或耐低温等性能。

(3)几种常见的合成橡胶

名称	单体	结构简式
顺丁橡胶	$CH_2=CH-CH=CH_2$	$\{CH_2-CH=CH-CH_2\}_n$ 线性结构通过硫化剂以二硫键(—S—S—)将线型结构连接为网状结构
丁苯橡胶(SBR)	$CH_2=CH-CH=CH_2$ $C_6H_5-CH=CH_2$	$\{CH_2-CH=CH-CH_2-CH_2-CH(C_6H_5)\}_n$
氯丁橡胶(CBR)	$CH_2=CH-C(Cl)=CH_2$	$\{CH_2-CH=C(Cl)-CH_2\}_n$

(二)功能高分子材料

1.高吸水性树脂

(1)应用:用于农业、林业抗旱保水,改良土壤;用于婴幼儿的纸尿裤吸入尿液而不滴漏。

(2)合成方法

①________、________等天然吸水材料的改性。在主链上再接入带有________基团的支链,以提高它们的吸水能力。例如,将淀粉与丙烯酸钠在一定条件下发生反应,生成以淀粉为主链的接枝共聚物,同时与交联剂反应,生成具有____________的淀粉—聚丙烯酸钠高吸水性树脂。

②用带有________基团的烯类单体进行聚合,得到含亲水基团的高聚物。如在丙烯酸钠中加入少量交联剂,再在一定条件下发生聚合,得到具有____________的聚丙烯酸钠高吸水性树脂。其结构简式为____________。

2.高分子分离膜

(1)原理:分离膜一般只允许水及一些________物质通过,其余物质则被截留在膜的另一侧,形成浓缩液,达到对原液净化、分离和浓缩的目的。

(2)分类:分离膜根据膜孔大小分为微滤膜、超滤膜、纳滤膜和________膜等,可用于分离不同的物质。

(3)**制备**:制作材料主要是________材料,如醋酸纤维、芳香族聚酰胺、聚丙烯、聚四氟乙烯等。

(4)**应用**:高分子分离膜已广泛用于______淡化和______的制取,以及果汁______、乳制品加工、药物______、血液______等领域。

[诊断自学效果]

1. 下列有关塑料的说法不正确的是 ( )
   A. 塑料的主要成分是合成树脂
   B. 热塑性塑料可以反复加工、多次使用
   C. 酚醛树脂可制热固性塑料
   D. 某些合成材料和塑料制品废弃物可以倾倒到海洋中

2. 现有一种为婴儿特制的新型尿布——"尿不湿",这种尿布表面涂有一种既能吸水又能保水的物质,根据你的推测,这种特殊物质的结构可能是 ( )
   A. $\text{⁅}CH_2CH\text{⁆}_n$(CH 上连 $-O-\overset{\overset{O}{\|}}{C}-CH_3$)
   B. $\text{⁅}CH_2CH\text{⁆}_n$(CH 上连 F)
   C. $\text{⁅}CH_2CH\text{⁆}_n$(CH 上连 OH)
   D. $\text{⁅}CCl_2CCl_2\text{⁆}_n$

3. 舱外航天服的材料主要以氨纶和尼龙为主。其中尼龙-1010的结构简式如下所示:
   $H\text{⁅}NH-(CH_2)_{10}-NH-CO-(CH_2)_8-CO\text{⁆}_nOH$
   下列有关尼龙-1010的说法正确的是 ( )
   A. 尼龙-1010是通过加聚反应制成的
   B. 尼龙-1010的单体是 $H_2N(CH_2)_{10}NHCO(CH_2)_8COOH$
   C. 尼龙-1010是通过缩聚反应制成的
   D. 制作舱外航天服的材料要质轻,方便航天员在舱外行走

4. 橡胶树是热带植物,在我国海南已大面积种植。从橡胶树的胶乳中可提取天然橡胶,天然橡胶的成分是聚异戊二烯,其结构简式为 $\text{⁅}CH_2-\underset{\underset{CH_3}{|}}{C}=CH-CH_2\text{⁆}_n$。
   试回答下列问题:
   (1)天然橡胶能溶于汽油的根本原因是____________,天然橡胶加入适当的硫黄进行硫化后,其结构由________变成________,因而硫化橡胶______(填"能"或"不能")溶于汽油。
   (2)天然橡胶的单体是一种无色液体,将该无色液体加入溴水中,溴水______(填"能"或"不能")褪色。

新课程学案 让核心素养落地生根 2 研讨新知识——互动区

新知探究 高分子材料的合成与应用

[在探究中学]

1. 使用一次性聚苯乙烯等材料带来的白色污染是极为严重的环境问题之一。最近研制出的一种可降解塑料,代号为3HB,结构简式为 $H\text{⁅}O-\underset{\underset{CH_3}{|}}{CH}-\underset{\underset{O}{\|}}{C}\text{⁆}_nOH$,具有良好的生物适应性,能在自然界中自行降解。该可降解塑料在自然界中降解的单体是什么?如何聚合成高分子的?

2. 以聚乙烯分子为例,分析为什么一般的高分子材料都有一定的弹性?

3. 为什么低密度聚乙烯比高密度聚乙烯的软化温度低、密度也低呢?

4. 新型有机高分子材料在日常生活、工农业生产和尖端科技领域中正发挥着越来越重要的作用。你能列举一些应用吗?

系统知识

1. 高分子化合物的结构与性质

	线型高分子	网状高分子
结构	分子中的原子以共价键相互连结,构成一条很长的卷曲状态的"链"	分子链与分子链之间还有许多共价键交联起来,形成三维空间的网状结构
溶解性	能缓慢溶解于适当溶剂	很难溶解,但往往有一定程度的胀大
性能	具有热塑性,无固定熔点	具有热固性,受热不熔化
特性	强度大、可拉丝、吹薄膜、绝缘性好	强度大、绝缘性好,有可塑性
常见物质	聚乙烯、聚氯乙烯、天然橡胶	酚醛树脂、硫化橡胶

2. 有机高分子化学反应的特点

(1)与结构的关系:结构决定性质,高分子的化学反应主要取决于结构特点、官能团与基团之间的影响。如碳碳双键易氧化和加成,酯基易水解、醇解,羧基易发生酯化、取代等反应。

(2)常见的有机高分子化学反应

①降解:在一定条件下,高分子材料降解为小分子。如有机玻璃(聚甲基丙烯酸甲酯)热解为甲基丙烯酸甲酯;聚苯乙烯用氧化钡处理,能分解为苯乙烯。常见的高分子降解方法有:生物降解、化学降解、光降解等。

②橡胶硫化:天然橡胶($\left[CH_2-\underset{CH_3}{\underset{|}{C}}=CH-CH_2\right]_n$)经硫化,破坏了碳碳双键,形成单硫键(—S—)或双硫键(—S—S—),线型结构变为网状结构。

③催化裂化:塑料催化裂化得到柴油、煤油、汽油及可燃气体等。

[在应用中悟]

[典例] 复合材料是指由两种或两种以上材料组合成的一种新材料。其中一种材料作为基体,另外一种材料作为增强剂,这样可发挥每一种材料的长处,并避免其弱点。下列物质中不属于复合材料的是 ( )

A. 聚苯乙烯树脂 B. 铝塑管

C. 涤棉织品 D. 玻璃钢

[尝试解题]________

[名师点睛]

功能高分子材料与复合材料的区别

材料名称	功能高分子材料	复合材料
概念	既具有传统高分子材料的机械性能,又具有某些特殊功能的高分子材料	两种或两种以上材料组成的新型材料,分为基体和增强体
性能	不同的功能高分子材料,具有不同的特征性质	一般具有强度高、质量轻、耐高温、耐腐蚀等优异性能
应用	用于制作高分子分离膜、人体器官等	用于汽车工业、机械工业、体育用品、航空航天、人类健康等

[在训练中评]

1. 橡胶属于重要的工业原料。它是一种有机高分子化合物,具有良好的弹性,但强度较差。为了增加某些橡胶制品的强度,加工时往往需要进行硫化处理(即将橡胶原料与硫黄在一定条件下反应);橡胶制品硫化程度越高,强度越大,弹性越差。下列橡胶制品中,加工时硫化程度较高的是 ( )

A. 橡皮筋 B. 汽车外胎

C. 普通气球 D. 医用乳胶手套

2. 高分子材料发展的主要趋势是高性能化、功能化、复合化、精细化和智能化,下列材料不属于功能高分子材料的是 ( )

A. 用于生产光盘等产品的光敏高分子材料

B. 用于制造CPU芯片的良好半导体材料单晶硅

C. 能用于生产"尿不湿"的高吸水性树脂

D. 能导电的碘掺杂聚乙炔

3. 天然纤维的吸湿性优于合成纤维,合成纤维中吸湿性较好的是 ( )

A. 聚酰胺纤维(锦纶)

B. 聚对苯二甲酸乙二酯纤维(涤纶)

C. 聚乙烯醇缩甲醛纤维(维纶)

D. 聚氯乙烯纤维(氯纶)

课下请完成	课时跟踪检测(二十一) 章末检测验收(五)及全程质量检测

学习讲义答案

第一章　有机化合物的结构特点与研究方法

第一节　有机化合物的结构特点

第1课时　有机化合物的分类方法

预习新教材

[理清主干知识]

(一)链状　脂肪烃　脂环烃　芳香族

(二)1.(1)其他原子　原子团　(2)氯原子　2.原子　原子团

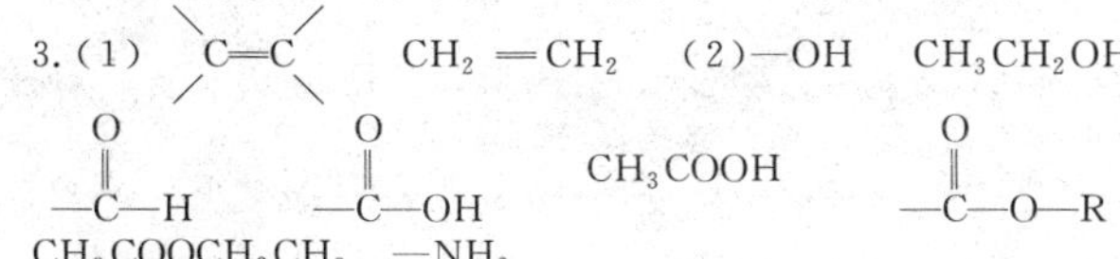

$CH_3COOCH_2CH_3$　$—NH_2$

[诊断自学效果]

1.(1)×　(2)×　(3)×　(4)×　(5)×　(6)√　2.D　3.D

研讨新知识

新知探究(一)

[在探究中学]

(1)提示:①中为醛基;②中为羧基;③中为酮羰基;④中为碳碳双键;⑤中为羟基;⑥中为氨基;⑦中没有官能团。所以共有6种官能团,含氧官能团有醛基、羧基、酮羰基、羟基,共4种。

(2)提示:不是。当—OH直接连在苯环上时属于酚类。

(3)提示:—OH属于官能团,OH^-不是官能团,属于离子。

[在应用中悟]

[典例]　(1)醚键　醛基　(2)碳氯键　(3)羟基

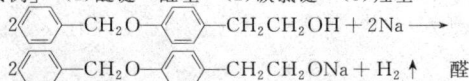

2⟨苯环⟩—CH_2O—⟨苯环⟩—CH_2CH_2OH＋2Na ⟶

2⟨苯环⟩—CH_2O—⟨苯环⟩—CH_2CH_2ONa＋H_2↑　醚

[在训练中评]

1.选A　A项属于硝酸根离子,不是官能团。

2.选B　乙酰胺的官能团是酰胺基,不是氨基。

3.选A　含有 >C=C<、—OH、—CO—(羰基)、—COOH 4种官能团,该分子中不含苯环。

新知探究(二)

[在探究中学]

1.(1)提示:属于脂环化合物的有③、⑤。其分子中都有环状结构,且不含有苯环。

(2)提示:芳香化合物:①②④⑥,芳香烃:②④⑥,分子结构的共同点:都含有苯环。

2.提示:含羰基的物质不一定为酮;若羰基两端均为烃基则为酮,若"—CO—"至少有一端与氢原子相连,则为醛基,即—CHO(—C(=O)—H);若"—CO—"一端与羟基(—OH)相连则为羧基;若"—CO—"一端与"—O—R",R为烃基,则为酯基。

3.提示:该有机化合物属于芳香化合物。如果有机化合物中既含有苯环,又含有环状结构,则该化合物为芳香化合物。区分二者的方法是看化合物有无苯环,如有苯环,不管有无其他环状结构均为芳香化合物。

[在应用中悟]

[典例]　解析:(1)①③⑦碳原子间均以单键相连,符合烷烃的分子通式C_nH_{2n+2}。(2)④分子结构中只含碳氢两种元素,且含有 >C=C< ,属于烯烃。(3)⑤⑧⑨分子结构中均含有苯环,且都属于烃,故⑤⑧⑨属于芳香烃。(4)⑯可认为用Br取代了$CH_3CH_2CH_3$中的氢原子,属于卤代烃。(5)②⑥分子结构中均含有羟基,且羟基与烃基相连,故二者属于醇。(6)⑪分子结构中含有醛基(—CHO),属于醛。(7)⑩分子结构中含有羧基(—COOH),属于羧酸。(8)⑫中有氨基,属于胺类,⑮中也相当于有氨基,所以也属于胺类。(9)脂肪烃也就是链状烃,所以①③④⑦都是。(10)环状化合物就是结构中有脂环或苯环的化合物,所以⑤⑧⑨⑫⑬⑮都是。

答案:(1)①③⑦　(2)④　(3)⑤⑧⑨　(4)⑯
(5)②⑥　(6)⑪　(7)⑩　(8)⑫⑮　(9)①③④⑦
(10)⑤⑧⑨⑫⑬⑮

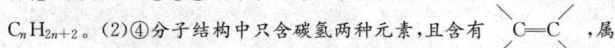

[在训练中评]

1.选C　碳骨架是指碳原子连接的形状:如链状和环状,带不带支链等,烷烃是根据烃的饱和程度分类;醇是根据羟基是否连接在烃基上分类;含芳香环(含有苯环)的烃称为芳香烃;卤代烃是按照烃基上是否连接卤族元素原子分类。

2.选B　该有机化合物含有酰胺基、碳氯键,属于酰胺类,该有机化合物中无环状结构,所以不是环状化合物。由此分析,B项正确。

3.解析:烷烃、烯烃、炔烃、环烷烃、芳香烃均属于烃,只含碳和氢两种元素。卤代烃、醇、酚属于烃的衍生物。卤代烃的官能团为碳卤键,羟基直接连在苯环上的化合物为酚,羟基与烃基或苯环侧链上的碳原子相连的化合物为醇。

答案:①⑩　②⑦　⑫　③　⑧　⑥⑨　④⑪　⑤

第2课时　有机化合物中的共价键和同分异构现象

预习新教材

[理清主干知识]

(一)1.(1)①C—C　单键　②sp^3　头碰头　③旋转　(2)①一　π　②p　肩并肩　2.(1)极性　(2) $2H—CH_2—CH_2—O—Na+H_2↑$（结构式：2H—C(H)(H)—C(H)(H)—O—Na＋H_2↑）

(二)1.分子式　结构　同分异构　2.(1)碳骨架　$CH_3—CH(CH_3)—CH_3$　官能团位置　$CH_3—CH═CH—CH_3$　官能团　$CH_3—O—CH_3$

[诊断自学效果]

1.(1)×　(2)×　(3)×　(4)×

2.选A　碳原子有4个价电子,可形成4对共用电子对,A正确,C不正确;碳原子与其他原子形成的键是极性键,B、D不正确。

3.选B　依据同分异构体的概念分析判断,具有相同的分子式、不同的结构的化合物互为同分异构体,即同分异构体的分子式相同、结构不同、物理性质不同、不同类时化学性质不同。互为同分异构体的物质,分子式相同,一定具有相同的相对分子质量,故A不符合题意;互为同分异构体的物质,分子式一定相同、结构一定不同,故B符合题意,D不符合题意;互为同分异构体的物质,分子式相同,有可能具有相同的通式,故C不符合题意。

4.选B　选项A中苯环用凯库勒式表示,易误认为是一种单双键交替的结构,但我们应明确苯分子中不存在单双键交替的结构,而是一种特殊的化学键——大π键,因此A中表示的是同一物质;同样对于选项D,由于甲烷分子是正四面体结构,因此表示的是同一物质;选项C表示的是同一物质。

研讨新知识

新知探究(一)

[在探究中学]

(1)提示:碳原子最外层有4个电子,既不容易失去也不容易得到电子,所以通常通过共价键与其他原子形成化合物。碳原子最外层有4个电子,所以通常通过4个共价键与H、S、N等形成共价化合物。

(2)提示:能。CH_4若为平面正方形结构时,CH_2Cl_2会有Cl原子相邻和相对两种结构,故CH_2Cl_2只有一种结构即可证明CH_4为正四面体结构。

(3)提示:否。烷烃分子中每个碳原子都形成4个共价单键,其键角都与CH_4中的键角相似,接近109°28′,故戊烷分子中五个碳原子一定不在同一直线上,而呈锯齿状排列。

(4)提示:烷烃分子中含C—C键和C—H键,C_nH_{2n+2}的烷烃中含C—C键数目为$n-1$,含C—H键数目为$2n+2$,故含共价键数目为$3n+1$。这些共价键都是单键,都是σ键。

(5)提示:乙烷中的共价键都是σ键,能发生取代反应,乙烯中含有σ键和π键,π键易发生加成反应。

[在应用中悟]

[典例]　选B　C—C、C—H键均为σ键,C═C中一个σ键,一个π键,则丙烯分子有8个σ键,1个π键,故A错误;甲基中的C原子为sp^3杂化,C═C中的C原子为sp^2杂化,故B正确;丙烯中含有σ键,也含有π键,所以可以发生取代反应,也可以发生加成反应,故C错误;丙烯中含有甲基,具有甲烷的结构特点,则所有原子不可能共平面,故D错误。

[在训练中评]

1. 选 B　CH_4 无论是正四面体结构还是平面正方形结构，都符合选项 A、C、D 的说法，故不能用选项 A、C、D 来确定 CH_4 是何种结构；若 CH_4 是平面正方形结构，则 CH_2Cl_2 有两种结构：

```
   Cl            Cl
   |             |
H—C—Cl 和 H—C—H
   |             |
   H             Cl
```

，而 CH_4 为正四面体结构时，CH_2Cl_2 就只有一种结构，因此可由 CH_2Cl_2 只有一种结构推知 CH_4 为正四面体结构。

2. 选 A　含 5 个碳原子的饱和烃应含有 12 个氢原子，C_5H_8 较之少了 12－8＝4 个氢原子，每减少 2 个氢原子就增加一个碳碳键或形成一个环，所以该分子组成有三种可能：①两个双键，②一个三键，③一个双键和一个环，故 A 项不合理。

3. 选 A　氟的电负性最大，夺电子能力最强，故与氢原子形成的共价化合物中，它的极性是最强的。

新知探究(二)

[在探究中学]

(1)**提示：**C_4H_{10} 不一定表示一种纯净物，因为有机化合物存在同分异构现象，它具有 $CH_3—CH_2—CH_2—CH_3$ 和

```
CH3—CH—CH3
    |
    CH3
```

两种同分异构体，所以 C_4H_{10} 可能是这两种物质的混合物。

(2)**提示：**书写碳链异构的口诀：主链由长到短；支链由整到散；位置由心到边；排布由同到间；碳均满足四键。

①先写出己烷的最长碳链：

$CH_3—CH_2—CH_2—CH_2—CH_2—CH_3$(Ⅰ)

②将己烷碳链缩去一个碳原子，得到戊烷和甲基，将甲基加在中心碳原子(即 $\overset{3}{C}$)上，得

```
1     2     3    4     5
CH3—CH2—CH—CH2—CH3 (Ⅱ)
            |
            CH3
```

将甲基加在 $\overset{2}{C}$ 上，得

```
1     2    3     4     5
CH3—CH—CH2—CH2—CH3 (Ⅲ)
      |
      CH3
```

即支链的位置由心到边。

③若以己烷缩下来的两个碳原子作乙基，写出来的结构简式与Ⅱ是重的，若以己烷缩下来的两个碳原子分作两个甲基，然后两个甲基先加在同一碳原子上，其次是邻位，然后间位的顺序加在主链上，变动它们在主链上的位置，可以写出如下构造式：

```
           CH3
           |
CH3—CH2—C—CH3 (Ⅳ)    CH3—CH—CH—CH3 (Ⅴ)
           |                 |    |
           CH3               CH3  CH3
```

即支链由整到散。己烷同分异构体共 5 种。

(3)**提示：**书写方法可采用先链后位，即先写出可能的碳链方式(即碳链异构)，再加上含有的官能团位置(即碳碳双键的位置异构)。

```
                ②  ①              ③  ④  ⑤
                ↓   ↓              ↓   ↓   ↓
碳链异构：C—C—C—C—C (Ⅰ)     C—C—C—C (Ⅱ)
                                       |
                                       C

   C
   |
C—C—C (Ⅲ)。
   |
   C
```

位置异构：用箭头表示双键的位置。

在(Ⅰ)式中，双键可能加入的位置有

$C═C—C—C—C$、$C—C═C—C—C$；在(Ⅱ)式中，双键可能加入的位置有

```
C═C—C—C、C—C═C—C、C—C—C═C
   |           |        |
   C           C        C
```

；在(Ⅲ)式中，双键无法加入，因为碳只能形成四个键。整理后得 $CH_2═CH—CH_2CH_2CH_3$、

$CH_3CH═CH—CH_2CH_3$、

```
CH2═C—CH2CH3、
     |
     CH3

CH3—C═CH—CH3、CH3—CH—CH═CH2。
     |                 |
     CH3               CH3
```

[在应用中悟]

[典例]　选 D　醇类在组成形式上可以看作羟基取代烷烃上的氢原子，戊醇就是羟基和戊烷基构成的化合物，所以戊烷基有几种，戊醇的同分异构体(属醇类)就有几种；戊烷共能形成 8 种戊烷基，所以戊醇的同分异构体(属醇类)有 8 种。

[在训练中评]

1. 选 D　由分子模型可知该有机化合物的结构简式为

```
CH2═C—COOH
     |
     CH3
```

，分子式为 $C_4H_6O_2$；A 项分子式为 $C_4H_6O_2$，但结构与图中有机化合物相同，应该是同一物质，故 A 不正确；B 项分子式为 $C_4H_8O_2$，故不正确；C 项分子式为 $C_5H_8O_2$，故 C 不正确；D 项分子式为 $C_4H_6O_2$，且结构与图中有机化合物不同，互为同分异构体，故 D 正确。

2. 选 AC　^{35}Cl 与 ^{37}Cl 都是氯元素的不同核素，互为同位素，故 B 错误；$CH_2═CH—CH═CH_2$ 与 $CH_3—CH_2—C≡CH$、CH_3CHO 与

```
CH2—CH2
  \  /
   O
```

分子式相同，结构不同，互为同分异构体，故 A、C 正确；CH_4 与 C_2H_6 都属于烷烃，互为同系物，故 D 错误。

3. **解析：**分子式为 $C_5H_{11}Cl$ 的化合物可看成是戊烷 C_5H_{12} 的一氯代物，而戊烷的同分异构体有 3 种，将这 3 种同分异构体的每种分子内的 1 个氢原子换成 1 个氯原子后，选出符合题目要求的便可得解。

以 $\overset{①}{CH_3}—\overset{②}{CH_2}—\overset{③}{CH_2}—\overset{④}{CH_2}—\overset{⑤}{CH_3}$ 分子中，用氯原子取代 1 个氢原子，为满足题意只能取代②③④位置碳上的氢原子，且②④位置相同，可推出两种可能的结构简式；在

```
①    ②    ③     ④
CH3—CH—CH2—CH3
      |
      ①CH3
```

分子中，用氯原子取代 1 个氢原子的氯代物中满足条件的有①④位置，可推出两种可能的结构简式。

```
                   Cl
                   |
答案：CH3—CH2—CH—CH2—CH3

      Cl
      |
CH3—CH—CH2—CH2—CH3

CH3—CH—CH2—CH3    CH3—CH—CH2—CH2—Cl
      |                   |
      CH2—Cl              CH3
```

第二节　研究有机化合物的一般方法

预习新教材

[理清主干知识]

(一)1.(1)液　(2)热稳定　杂质　(3)a.温度计　b.蒸馏烧瓶　d.冷凝管　e.锥形瓶　①蒸馏烧瓶支管口处　②暴沸　③下　上

2.(1)液—液　(2)溶解性　(3)溶剂　(4)分液漏斗　(5)分液漏斗　(6)固体　3.(1)溶解度　(2)很大或很小　(3)加热溶解　趁热过滤　冷却结晶

(二)1.实验　最简

(三)1.样品　正电荷　2.质荷比

(四)1.(2)化学键　官能团　(3)羟基　2.(1)氢原子数　(2)数目

[诊断自学效果]

1. (1)√　(2)×　(3)×　(4)×　(5)×　(6)×

2. 选 C　A 项，可以用溶解、过滤法除去泥沙；B 项，可以用分液法；C 项，因氯化钠溶解度随温度变化不大，而硝酸钾的溶解度随温度变化很大，用重结晶法分离；D 项，可以直接用磁铁分离或用二硫化碳溶解，然后过滤分离。

3. 选 D　苯、汽油的密度均小于水的密度，且苯与汽油互溶，而二者均不溶于水，故上层液体为苯和汽油的混合物，下层液体为水。

4. 选 D　核磁共振氢谱有三个吸收峰，说明该有机化合物分子中含有三类不同类别的氢原子。A 项，CH_3CH_3 只有一类氢原子；B 项，$CH_3CH_2CH_3$ 中两个甲基上的氢原子为一类，中间碳原子上的氢原子为一类，共两类；C 项，$—CH_3$ 上的氢原子为一类，$—CH_2—$上的氢原子为一类，共两类；D 项，CH_3CH_2OH 中含$—CH_3$、$—CH_2—$、$—OH$三类氢原子。

研讨新知识

新知探究(一)

[在探究中学]

1. 提示:利用 H_2O、C_2H_5OH 二者沸点的差异采用加热蒸馏的方法得到的。
2. 提示:不是,温度过低,杂质的溶解度也会降低,部分杂质也会析出,达不到提纯的目的;温度极低时,溶剂也会结晶,给实验操作带来麻烦。
3. 提示:不能。萃取剂的选择应符合以下条件:(1)萃取剂与原溶剂互不相溶;(2)溶质在萃取剂中的溶解度要大于在原溶剂中的溶解度;(3)萃取剂与原溶剂、溶质等均不能发生化学反应等。而酒精(萃取剂)与水(原溶剂)相互溶解,所以不能选用酒精作为萃取剂。应该选用苯或 CCl_4 等作为萃取剂。

[在应用中悟]

[典例1]　解析:三者为互溶的液体,$CH_3COOCH_2CH_3$ 不溶于水,CH_3COOH、CH_3CH_2OH 均易溶于水,故可先用饱和 Na_2CO_3 溶液分离出 $CH_3COOCH_2CH_3$;乙醇、乙酸的沸点相差不大(78 ℃、117 ℃)且极易互溶,故设法把 CH_3COOH 转化为盐类,而后利用蒸馏法得到 CH_3CH_2OH,最后将乙酸盐再转化为 CH_3COOH,蒸馏即可得到。

答案:a:饱和 Na_2CO_3　①分液　②蒸馏

b:H_2SO_4　③蒸馏　A:乙酸乙酯　B:乙酸钠、乙醇

C:乙酸钠　D:乙酸、硫酸钠　E:乙醇

[典例2]　选C　乙烯被高锰酸钾氧化生成二氧化碳,引入新杂质,应加溴水、洗气除杂,故A错误;苯和硝基苯互溶,但是都不溶于水,分液无法除杂,故B错误;乙酸与碳酸钠反应后,与乙酸乙酯分层,然后分液可除杂,故C正确;硝酸钾和氯化钠均溶于水,应用重结晶的方法,故D错误。

[在训练中评]

1. 选A　甲、乙的密度都比水小,不能分液;都能溶于水,不能萃取,熔点都很低,不能重结晶,所以只能利用沸点的高低,用蒸馏的方法将其分离。
2. 选D　重结晶要选择适当的溶剂,该溶剂的要求之一是杂质在此溶剂中的溶解度很小或溶解度很大,易于除去。
3. 选C　①乙酸乙酯和乙酸钠溶液互不相溶,可用分液的方法分离;②乙醇和甘油互溶,但沸点不同,可用蒸馏的方法分离;③溴化钠易溶于水,而溴易溶于有机溶剂,两者可用萃取法分离;④随温度变化苯甲酸在水中溶解度变化幅度大,故采用重结晶进行提纯。

新知探究(二)

[在探究中学]

1. 提示:通过相关的实验可以确定 CO_2 和 H_2O 的质量,进而求得有机化合物中所含碳元素和氢元素的质量。$m(C)=\frac{12}{44}\times m(CO_2)$,$m(H)=\frac{2}{18}\times m(H_2O)$。若 m(有机化合物)$=m(C)+m(H)$,则说明该有机化合物中只含C和H两种元素。若 m(有机化合物)$>m(C)+m(H)$,且完全燃烧只生成 CO_2 和 H_2O,则说明有机化合物中含有C、H、O三种元素,其中 $m(O)=m$(有机化合物)$-m(C)-m(H)$。
2. 提示:有些是可以的。如实验式 CH_4、CH_4O、CH_3、C_2H_6O、CH_3O 等,根据氢原子饱和程度知对应的分子式只有 CH_4、CH_4O、C_2H_6、C_2H_6O、$C_2H_6O_2$,但绝大多数实验式是无法直接确定分子式的。
3. 提示:官能团都有各自的特征反应,如—COOH 可与 $NaHCO_3$ 反应产生 CO_2 气体,—CHO 可发生银镜反应等,故可利用化学反应现象判定有机化合物中的官能团。
4. 提示:第一种峰强度比为3∶3,说明有2个—CH_3,但2个—CH_3 的性质不同,且连接方式有别,化合物的结构简式为 $CH_3-\overset{\overset{O}{\|}}{C}-O-CH_3$。第二种峰强度比为3∶2∶1,说明结构中含有3种不同性质的氢,其个数分别为3,2,1,有机化合物的结构简式为 $CH_3-CH_2-\overset{\overset{O}{\|}}{C}-OH$ 或 $CH_3-CH_2-O-\overset{\overset{O}{\|}}{C}-H$ 或 $CH_3-\overset{\overset{O}{\|}}{C}-CH_2-OH$ 或 $CH_3-O-CH_2-\overset{\overset{O}{\|}}{C}H$。

[在应用中悟]

[典例]　选C　M(有机化合物)$=39\times 2\ g\cdot mol^{-1}=78\ g\cdot mol^{-1}$,有机化合物分子中 $N(C):N(H)=\frac{92.3\%}{12}:\frac{7.7\%}{1}=1:1$,最简式为CH,分子式 C_6H_6。

[在训练中评]

1. 选B　$n(CO_2)=\frac{8.8\ g}{44\ g\cdot mol^{-1}}=0.2\ mol$,知 $m(C)=12\ g\cdot mol^{-1}\times 0.2\ mol=2.4\ g$,$n(H_2O)=\frac{7.2\ g}{18\ g\cdot mol^{-1}}=0.4\ mol$,知 $m(H)=1\ g\cdot mol^{-1}\times 0.8\ mol=0.8\ g$;则 $m(O)=6.4\ g-2.4\ g-0.8\ g=3.2\ g$,$n(O)=\frac{3.2\ g}{16\ g\cdot mol^{-1}}=0.2\ mol$,$n(C):n(H):n(O)=1:4:1$,实验式为 CH_4O,该分子式一定不是 $C_2H_8O_2$。
2. 解析:(1)若为 $CH_3-\overset{\overset{O}{\|}}{C}-OH$,该有机化合物中有 $-\overset{|}{\underset{|}{C}}-H$、$>C=O$、$-\overset{|}{\underset{|}{C}}-O-$、$-O-H$,则红外光谱中应该有4个振动吸收;分子中含"—$CH_3$"、"—OH"两类氢,则在核磁共振氢谱上有2个峰。

   (2)若为 $H-\overset{\overset{O}{\|}}{C}-O-CH_3$,该有机化合物中有 $-\overset{|}{\underset{|}{C}}-H$、$>C=O$、$-\overset{|}{\underset{|}{C}}-O-$,则红外光谱中应该有3个振动吸收;分子中含有2种氢原子,则在核磁共振氢谱上有2个峰。

   答案:(1)4　2　(2)3　2
3. 解析:(1)该有机化合物的分子中C、H、O的原子个数比为 $N(C):N(H):N(O)=\frac{64.86\%}{12}:\frac{13.51\%}{1}:\frac{1-64.86\%-13.51\%}{16}=4:10:1$。因此该有机化合物的实验式为 $C_4H_{10}O$。(2)根据质谱图中的质荷比的最大值就是未知物的相对分子质量,则该有机化合物的相对分子质量为74,因此该有机化合物的分子式为 $C_4H_{10}O$。

   答案:(1)$C_4H_{10}O$　(2)74　$C_4H_{10}O$

第二章　烃

第一节　烷烃

第1课时　烷烃的结构和性质

预习新教材

1. (1)×　(2)×　(3)×　(4)×　(5)×
2. 选C　甲烷中存在的化学键是碳氢单键,均是共价键,A选项正确;甲烷的空间结构为正四面体结构,B选项正确,C选项错误;甲烷分子中,碳原子采取 sp^3 杂化,4个碳氢键完全相同,CH_2Cl_2 不存在同分异构体,D选项正确。
3. 选A　该物质分子中含有3个C原子,3个C原子最多结合H原子的数目为 $2\times 3+2=8$,因此该物质属于饱和链烃,即属于烷烃。
4. 选C　烷烃化学性质稳定,不与强酸、强碱、酸性高锰酸钾溶液、溴水发生反应,但在光照条件下可以与气态卤素单质发生取代反应,点燃条件下可以与氧气发生燃烧反应。

研讨新知识

新知探究

[在探究中学]

1. 提示:是。分子通式符合 C_nH_{2n+2} 的都是链状烷烃。
2. 提示:不是。同系物在分子组成上相差1个或若干个 CH_2 原子团,给出的三种物质前两者属于同分异构体,第三个与前面其中一个才是同系物。
3. 提示:由数据可知,烷烃分子随碳原子增多,分子的沸点逐渐升高。碳原子数相同的烷烃,支链越多,沸点越低。
4. (1)变浅　油状液体　上升　无明显现象　光照　难　CH_3Cl　原子或原子团

   (2)提示:采取第二种方法好。因为这种方法无副反应,产物较纯。
5. 提示:能。$C_nH_{2n+2}+\frac{3n+1}{2}O_2\xrightarrow{点燃}nCO_2+(n+1)H_2O$。

[在训练中评]

1. 选C　烷烃不能使溴水发生反应而褪色,A项错误;烷烃中氢已饱和,不能与氢气再发生加成反应,B项错误;烷烃的特征反应是在光照条件下,与卤素单质发生取代反应,C项正确;烷烃的化学性质很稳定,与酸、碱不反应、与酸性高锰酸钾溶液也不反应,D项错误。
2. 选B　氯气是黄绿色气体,光照条件下,甲烷和氯气发生取代反应生成氯代烃和氯化物,所以气体颜色变浅,氯化氢溶于水后导致试管内液面上升,故A正确;甲烷和氯气反应的生成物有一氯甲烷、二氯甲烷、三氯甲烷、四氯化碳和氯化氢,标准状况下只有一氯甲烷为气态,故B错误;二氯甲烷、三氯甲烷和四氯化碳都是液态有机化合物,所以瓶内壁有油状液滴生成,故C正确;该反应中有氯化氢生成,氯化氢与空气中的水蒸气形成白雾,故D正确。
3. 选A　烷烃一般随着碳原子数增加,沸点升高,相同碳原子数的情况下,支链越多沸点越低。①是正丁烷,②是正戊烷,③是2-甲基丙烷,④是2-甲基丁烷,①③有4个碳原子,②④有5个碳原子,根据上述分析可知沸点排序为②④①③。

第2课时　烷烃的命名

预习新教材

[理清主干知识]

2.(1)最长的碳链　取代基　取代基数目多　(2)取代基　近　碳原子　取代基　(3)取代基　短线　(4)取代基　取代基　汉字数字

[诊断自学效果]

1.(1)√　(2)×　(3)×　(4)√
2. 选C　A、B、D最长碳链都是5个碳,主链名称为戊烷,故A、B、D错误;C项最长碳链是4个碳,主链名称为丁烷,正确。
3. 选C　2位上不可能出现乙基,所选主链不是最长的,故A错误;3,3-二甲基丁烷不是从离支链最近一端编号,应该为2,2-二甲基丁烷,故B错误;2-甲基-4-乙基庚烷符合烷烃的命名原则,故C正确;如取代基不同,应把简单的写在前面,复杂的写在后面,正确的名称为:2,3-二甲基-3-乙基戊烷,故D错误。

研讨新知识

新知探究

[在探究中学]

1. 戊烷　十四烷　正戊烷　异戊烷　新戊烷
2. **提示**:不正确。选主链时要将$—C_2H_5$展开为$—CH_2CH_3$,主链为7个碳原子。
3. **提示**:①中正确命名是2-甲基丁烷;3-甲基丁烷的错误之处是编号错误,2-乙基丙烷的错误之处是主链选错。②中正确命名是3,5-二甲基庚烷;2,4-二乙基戊烷的错误之处是主链选错。
4. **提示**:含义不同。名称中的"2、3……"表示取代基的位置序号;"二、三……"表示同一取代基的数目;"甲、乙……"表示取代基的名称或母体碳原子数。
5. **提示**:(1)对应烷烃为$CH_3-CH(CH_3)-C(CH_3)_2-CH_3$,原命名不符合取代基位次和最小原则,应为2,2,3-三甲基丁烷。

(2)对应烷烃为$CH_3-CH(C_2H_5)-CH(C_2H_5)-CH_3$,原命名主链选择错误,应为3,4-二甲基己烷。

[在应用中悟]

[典例]　**解析**:(1)按照系统命名法对烷烃进行命名时,首先选主链,称某烷;然后编碳号定基位;最后再写名称。(2)由有机化合物的名称确定烷烃的主链及其碳原子数,再依据支链位置写出碳骨架,最后根据碳满四价原则补写氢原子。

答案:(1)①3,3,5-三甲基庚烷

②4-甲基-3-乙基辛烷

(2)① $CH_3-CH(CH_3)-CH_2-CH(CH_3)-CH_3$

② $CH_3-C(CH_3)_2-CH(C_2H_5)-CH_2-CH(CH_3)-CH_3$

[在训练中评]

1. 选C　$(CH_3CH_2)_2CHCH_3$的结构改为$CH_3CH_2CH(CH_3)CH_2CH_3$,因此命名为3-甲基戊烷,故C正确。
2. 选D　A项,该分子的结构简式为$H_3C-C(CH_3)_2-C(CH_3)_2-CH_3$,只含一种H原子,其核磁共振氢谱中只显示一组峰,错误;B项,该分子的结构简式为$H_3C-CH(CH_3)-CH(CH_3)-CH(CH_3)-CH_3$,含四种H原子,其核磁共振氢谱中只显示四组峰,错误;C项,该分子的结构简式为$H_3C-CH_2-CH(CH_3)-CH(CH_3)-CH_2-CH_3$,含四种H原子,其核磁共振氢谱中显示四组峰,错误;D项,该分子的结构简式为$H_3C-CH(CH_3)-CH_2-CH(CH_3)-CH_3$,含三种H原子,其核磁共振氢谱中显示三组峰,正确。

第二节　烯烃　炔烃

第1课时　烯烃

预习新教材

[理清主干知识]

1.(1)碳碳双键　C_nH_{2n}　(2)sp^2　σ　σ键　π键　120°　平面　(3)无　难　(4)①$C_2H_4+3O_2\xrightarrow{\text{点燃}}2CO_2+2H_2O$　酸性$KMnO_4$溶液褪色　②$CH_2=CH_2+Br_2\longrightarrow CH_2Br-CH_2Br$

③$nCH_2=CH_2\xrightarrow{\text{催化剂}}\!\left[CH_2-CH_2\right]_n$　(5)升高　氧化

2.(1)碳碳双键　键轴旋转　(2)两　(4) $\begin{matrix} H_3C & & H \\ & C=C & \\ H & & CH_3 \end{matrix}$

[诊断自学效果]

1.(1)×　(2)√　(3)×　(4)×　(5)×
2. 选D　乙烯分子中的双键有一个易断裂,使得乙烯容易发生加成反应;乙烯并不容易发生取代反应。
3. 选B　A项中 $>C=C<$ 中的一条键被打开,一个碳原子上连接一个氢原子,另一个碳原子上连接一个氯原子,故属于加成反应;C项中碳氧双键中的一条键被打开,两端各连接一个氢原子,故属于加成反应;D项中碳碳双键中的一条键被打开,两端各连接一个溴原子,故属于加成反应;B项属于氧化反应。
4. ①$CH_2=CH_2+Br_2\longrightarrow CH_2BrCH_2Br$　加成反应

②$nCH_2=CH_2\xrightarrow{\text{催化剂}}\!\left[CH_2-CH_2\right]_n$　加聚反应

③$CH_2=CH_2+H_2O\xrightarrow{\text{催化剂}}CH_3CH_2OH$　加成反应

④$C_2H_4+3O_2\xrightarrow{\text{点燃}}2CO_2+2H_2O$　氧化反应

研讨新知识

新知探究

[在探究中学]

1. **提示**:$CH_3-C(C_2H_5)=CH_2$的高。因为烯烃的沸点随碳原子数的递增而升高。$CH_3-C(C_2H_5)=CH_2$中有5个碳原子,所以沸点较高。
2. **提示**:可用溴的四氯化碳溶液(或溴水)或酸性高锰酸钾溶液进行鉴别,能使溶液褪色的为烯烃,不能使溶液褪色的为烷烃。乙烯可与溴水发生加成反应生成液态产物而留在溶液中,酸性$KMnO_4$溶液把乙烯氧化的最终产物是CO_2,会混入烃中形成新杂质。
3. **提示**:不存在。烯烃顺反异构存在的条件为双键碳原子上连接两个不同的原子或原子团。该烯烃双键碳原子上连接了相同的原子(H)和相同的基团(甲基),所以不存在顺反异构。
4. **提示**:1,2-加成时,两个碳碳双键中只有其中的一个断裂,发生了加成反应,另一个碳碳双键没有发生变化;而在1,4-加成时,两个碳碳双键同时断开,加成试剂的原子加在两端的碳原子上,中间的两个碳原子上形成了新的碳碳双键,如1,3-丁二烯与Cl_2的反应,

可表示为 $\overset{1}{C}H_2=\overset{2}{C}H-\overset{3}{C}H=\overset{4}{C}H_2 \longrightarrow \overset{1}{C}H_2-\overset{2}{C}H-\overset{3}{C}H-\overset{4}{C}H_2$

$\xrightarrow{1,4\text{-加成}} \underset{Cl}{\overset{1}{C}H_2}-\overset{2}{C}H-\overset{3}{C}H-\underset{Cl}{\overset{4}{C}H_2} \longrightarrow \underset{Cl}{\overset{1}{C}H_2}-\overset{2}{C}H=\overset{3}{C}H-\underset{Cl}{\overset{4}{C}H_2}$

[在应用中悟]

[典例] 选D 乙烯、甲烷的实验式分别为 CH_2、CH_4，甲烷中氢的质量分数大于乙烯中氢的质量分数，故相同质量的乙烯和甲烷完全燃烧后产生水的质量甲烷大于乙烯，D项错误。

[在训练中评]

1. 选AC $CH_4+Cl_2 \xrightarrow{光} CH_3Cl+HCl$，A对；$CH_2=CH_2+Br_2 \longrightarrow CH_2Br-CH_2Br$，该反应在常温下进行，B项错；$CH_2=CH_2+3O_2 \xrightarrow{点燃} 2CO_2+2H_2O$，D项错。

2. 选A $C_3H_4Cl_2$ 分子中含有碳碳双键和氯原子，有 $ClCH=CCl-CH_3$、$ClCH=CH-CH_2Cl$、$CH_2=CCl-CH_2Cl$、$Cl_2C=CH-CH_3$和$CH_2=CH-CHCl_2$ 5种同分异构体，其中$ClCH=CCl-CH_3$和$ClCH=CH-CH_2Cl$均存在顺反异构体，则含有碳碳双键的化合物的同分异构体有7种。

3. 解析：(1)乙烯的分子式是 C_2H_4，结构简式是$CH_2=CH_2$。(2)乙烯含有碳碳双键，能够使溴的四氯化碳溶液或酸性高锰酸钾溶液褪色，而甲烷不能与它们发生反应，所以鉴别甲烷和乙烯的试剂是溴的四氯化碳溶液或酸性高锰酸钾溶液。(3)乙烯与氢气发生加成反应产生 CH_3CH_3，所以选项A正确；乙烯不能与任何物质发生反应产生 CH_3CHCl_2，B错误；乙烯与水发生加成反应产生 CH_3CH_2OH，选项C正确；乙烯与HBr发生加成反应产生 CH_3CH_2Br，D正确。(4)根据转化关系图可知A是乙醇，B是乙醛，则反应①的化学方程式为 $CH_2=CH_2+H_2O \xrightarrow{催化剂} CH_3CH_2OH$ 工业上以乙烯为原料可以发生加聚反应生产一种重要的合成有机高分子化合物聚乙烯，其反应的化学方程式为 $nCH_2=CH_2 \xrightarrow{催化剂} \text{⁅}CH_2-CH_2\text{⁆}_n$。

答案：(1)C_2H_4 $CH_2=CH_2$ (2)BD (3)ACD

(4)$CH_2=CH_2+H_2O \xrightarrow{催化剂} CH_3CH_2OH$

$nCH_2=CH_2 \xrightarrow{催化剂} \text{⁅}CH_2-CH_2\text{⁆}_n$ 加聚反应

第2课时 炔烃

预习新教材

[理清主干知识]

1. C_nH_{2n-2}

2. (3)①$CaC_2+2H_2O \longrightarrow Ca(OH)_2+CH\equiv CH\uparrow$ (4)①a. 褪色

b. $2CH\equiv CH+5O_2 \xrightarrow{点燃} 4CO_2+2H_2O$ 明亮 浓烈的黑烟

检验纯度

② $H-C\equiv C-H+Br-Br \longrightarrow H-\underset{Br}{C}=\underset{Br}{C}-H$(1,2-二溴乙烯)

$H-\underset{Br}{C}=\underset{Br}{C}-H+Br-Br \longrightarrow H-\overset{Br}{\underset{Br}{C}}-\overset{Br}{\underset{Br}{C}}-H$

(1,1,2,2-四溴乙烷)

$CH\equiv CH+H_2 \xrightarrow[\triangle]{催化剂} CH_2=CH_2$

$CH\equiv CH+HCl \xrightarrow[\triangle]{催化剂} CH_2=CHCl$(氯乙烯)

③ $nCH\equiv CH \xrightarrow{催化剂} \text{⁅}CH=CH\text{⁆}_n$

[诊断自学效果]

1. (1)√ (2)× (3)× (4)× (5)×

2. 选A 乙炔是一种无色无味的气体，实验室制得的乙炔因混有 H_2S 和 PH_3 而具有特殊的臭味；乙炔分子中含有不饱和键，易与溴水发生加成反应，而使溴水褪色。乙炔为直线形分子，其分子中所有原子处于同一直线上。

3. 选C 电石(主要成分 CaC_2)与水反应得到乙炔和氢氧化钙，方程式为：$CaC_2+2H_2O \longrightarrow Ca(OH)_2+CH\equiv CH\uparrow$，故A错误；电石与水反应比较剧烈，用饱和食盐水代替水可以得到较平稳的气流，用饱和食盐水代替水是为了减慢反应速率，故B错误；点燃乙炔前必须验纯，防止爆炸，故C正确；乙炔也能与酸性高锰酸钾溶液发生氧化反应，不符合除杂原理，故D错误。

研讨新知识

新知探究(一)

[在探究中学]

(1)剧烈反应，有气泡产生 溶液褪色 溶液褪色 火焰明亮并伴有浓烟

(2)提示：电石与纯水反应非常剧烈，相对于纯水，用饱和食盐水反应的剧烈程度较小，反应较缓和，可获得平稳气流。

(3)提示：除去 H_2S，可用 NaOH 溶液，发生的反应为 $H_2S+2NaOH = Na_2S+2H_2O$。

(4)提示：$CH\equiv CH$ 与 Br_2 发生加成反应时，若$CH\equiv CH$只断裂一个键，则与 Br_2 加成可得 $CHBr=CHBr$，$CHBr=CHBr$ 能继续与 Br_2 加成得到 $CHBr_2-CHBr_2$。反应方程式为 $CH\equiv CH+Br_2 \longrightarrow \underset{Br}{CH}=\underset{Br}{CH}$，

$\underset{Br}{CH}=\underset{Br}{CH}+Br_2 \longrightarrow H-\overset{Br}{\underset{Br}{C}}-\overset{Br}{\underset{Br}{C}}-H$。

[在应用中悟]

[典例] 解析：乙炔易被酸性高锰酸钾溶液氧化而使酸性高锰酸钾溶液褪色。乙炔还可与溴发生加成反应生成无色的溴代烃使溴的 CCl_4 溶液褪色。可燃性气体点燃前都应检验纯度。由于乙炔的含碳量较高，所以燃烧时火焰明亮并伴有浓烟。

答案：(1)调节水面高度以控制反应的发生和停止

$CaC_2+2H_2O \longrightarrow Ca(OH)_2+CH\equiv CH\uparrow$ 把水换成饱和食盐水

(2)酸性 $KMnO_4$ 溶液紫色褪去 氧化

(3)溴的 CCl_4 溶液橙色褪去 加成

(4)检验乙炔的纯度 火焰明亮并伴有浓烟

[在训练中评]

1. 选C 电石与水反应比较剧烈，所以用饱和食盐水代替水，逐滴加入饱和食盐水时可控制反应物水的量，从而控制生成乙炔的速率，A正确；酸性 $KMnO_4$ 溶液能氧化乙炔，因此乙炔使酸性 $KMnO_4$ 溶液褪色，表现了乙炔的还原性，B正确；乙炔气体中混有的硫化氢可以被 Br_2 氧化，对乙炔性质的检验产生干扰，所以应先用硫酸铜溶液洗气，C错误；对于烃类物质而言，不饱和程度越高，则含碳量越高，火焰越明亮，冒出的烟越浓，乙炔含有碳碳三键，是不饱和程度较高的烃类物质，D正确。

2. 选A B项，制备 Cl_2 需要加热，错误；C项，收集乙炔的方法错误；D项，制备 CO_2 不能用 $CaCO_3$ 和稀硫酸，因为生成的 $CaSO_4$ 会阻止反应的进一步反应。

新知探究(二)

[在探究中学]

1. 提示：乙烯燃烧时产生明亮火焰，而乙炔燃烧时，由于其含碳量高，燃烧不充分产生大量黑烟，故可用燃烧法区分乙烯和乙炔。

2. 提示：乙烯分子中含有碳碳双键，所以1个乙烯分子可以与1个氯气分子发生加成反应；加成产物为1,2-二氯乙烷，分子中有4个H原子，所以1个该分子又可以与4个氯气分子发生取代反应。因此，1 mol乙烯与氯气完全加成后再与氯气取代，最多可以消耗5 mol氯气。

3. 提示：通过1 mol乙炔可以和2 mol HCl气体或者2 mol氢气或2 mol Br_2 反应说明乙炔分子中含有碳碳三键。

4. 提示：炔烃分子中，碳碳三键($C\equiv C$)上的每一个C原子只能连接一个原子，且这四个原子在同一条直线上，故炔烃分子中不存在顺反异构现象。

5. 提示：①其关键是将连在双键碳的基团摆到双键的上侧或下侧，如：$nCH_2=CH-CH_3 \longrightarrow nCH_2=\underset{CH_3}{CH} \longrightarrow \text{⁅}CH_2-\underset{CH_3}{CH}\text{⁆}_n$，否则容易将饱和碳原子写在主链上。②所有的烯烃都可以看成是乙烯中的氢原子被取代的产物，故所有的烯烃的加聚产物都可以看成是聚乙烯中氢原子被取代的产物，如 $CH_2=CH$—(苯环) 可看成是乙烯中的一个氢原子被苯环取代了，故其加聚产物也可看成是 $\text{⁅}CH_2-CH_2\text{⁆}_n$ 中的一个H原子被苯环取代，为 $\text{⁅}CH_2-CH\text{⁆}_n$

。

[在应用中悟]

[典例] 选B 1 mol某链烃最多能和2 mol HCl发生加成反应，则分子含有2个C═C键或1个C≡C，1 mol该卤代烷能和8 mol Cl_2发生取代反应，生成只含碳元素和氯元素的氯代烃，卤代烃分子中含有8个氢原子，其中2个氢原子为链烃与HCl发生加成反应引入，所以链烃分子中含有6个氢原子，选项中只有CH_2═CHCH═CH_2符合。

[在训练中评]

1. 选B 炔烃与氢气加成后，相邻的每个碳上至少连有2个氢原子，满足此条件的碳碳三键的位置有2种(图中2个乙基对称)，如图：

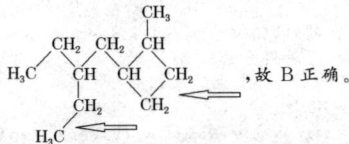

CH_3、CH_2、CH_2、CH、H_3C、CH、CH、CH_2、CH_2、CH_2、H_3C（结构式），故B正确。

2. **解析**：(1)乙炔能使溴水褪色，是因为乙炔中含有碳碳三键，能够与溴水发生加成反应；乙炔能使酸性高锰酸钾溶液褪色，是因为乙炔中含有碳碳三键，被高锰酸钾氧化；(2)己烷不能使酸性高锰酸钾溶液或溴水褪色，二乙烯基乙炔(CH_2═CH—C≡C—CH═CH_2)能使酸性高锰酸钾溶液或溴水褪色，鉴别己烷和二乙烯基乙炔(CH_2═CH—C≡C—CH═CH_2)可用的试剂为酸性高锰酸钾溶液或溴水；(3)乙炔生成聚乙炔：$n\,CH{\equiv}CH \xrightarrow{催化剂} {[CH{=}CH]}_n$，聚乙炔中碳碳单键、碳碳双键交替出现，具有电子容易流动的性质，所以能导电；(4)乙炔在不同的催化条件下加氢可得到乙烯、乙烷，而C_2H_4为乙烯，C_2H_6为乙烷，H_2C—CH_2—CH_2（环丙烷）与乙烯、乙烷的结构都不相似，不属于同系物，CH_2═$CHCH_3$与乙烯结构相似，在分子组成上相差1个CH_2，属于同系物。

答案：(1)加成 氧化 (2)酸性高锰酸钾溶液或溴水

(3)能 (4)d

第三节 芳香烃

第1课时 苯

预习新教材

[理清主干知识]

1. 特殊气味 毒 不溶于

2. ⌬ 或 ⌬(○) 平面正六边形 同一平面上 介于碳碳单键和碳碳双键之间 sp^2 σ 大π

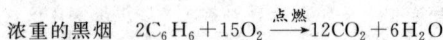

3. ⌬ $+Br_2 \xrightarrow{FeBr_3}$ ⌬—Br $+ HBr\uparrow$

⌬ $+HNO_3 \xrightarrow[\triangle]{浓H_2SO_4}$ ⌬—$NO_2 + H_2O$

⌬ $+3H_2 \xrightarrow[\triangle]{催化剂}$ ⬡（环己烷）

浓重的黑烟 $2C_6H_6+15O_2 \xrightarrow{点燃} 12CO_2+6H_2O$

[诊断自学效果]

1. (1)√ (2)× (3)× (4)√ (5)×

2. 选B 由于溴在苯中的溶解度大于在水中的溶解度，故苯可以从溴水中萃取溴，而使水层颜色变浅。

3. 选D 苯的凯库勒式为 ⌬，按此结构式，则苯能与Br_2因发生加成反应而使溴水褪色，邻二溴苯有 ⌬(Br)(Br) 和 ⌬(Br)(Br) 两种结构，故①、④符合题意。

4. **解析**：己烯、己烷、苯3种物质中，既能和溴水反应，又能和酸性$KMnO_4$溶液反应的只有己烯，均不能与二者反应的为己烷和苯。苯在铁屑的催化作用下与液溴发生取代反应生成溴苯。

答案：(1)苯 溴苯

⌬ $+Br_2 \xrightarrow{FeBr_3}$ ⌬—Br + HBr 取代

(2)苯、己烷 (3)己烯

研讨新知识

新知探究

[在探究中学]

1. (1)**提示**：

现象	结论
液体分为两层，上层为橙红色，下层近于无色	苯不溶于水，也不与溴水发生加成反应，苯分子中不存在碳碳双键
液体分为两层，上层为无色，下层为紫色	苯不溶于水，也不能被酸性高锰酸钾溶液氧化，苯分子中不存在碳碳双键

(2)**提示**：

	乙烯	苯
酸性高锰酸钾溶液	氧化反应，褪色	分层，上层无色，下层紫色
溴水	加成反应，褪色	分层，上层由无色变为橙红色，下层变浅
溴的CCl_4溶液	加成反应，褪色	均一的橙色液体
一定条件下与H_2	加成反应	加成反应

可以用溴水、溴的四氯化碳溶液或酸性高锰酸钾溶液鉴别二者。

(3)**提示**：可以。若苯分子为单双键交替的结构，则其邻位二氯代物有两种结构：⌬(Cl)(Cl) 和 ⌬(Cl)(Cl)。若苯分子中的6个碳碳键完全相同，则其邻位二氯代物只有一种结构。故邻位二氯代物只有一种结构，可以证明苯分子中的6个碳碳键完全相同而不是单双键交替的形式。

2. (1)**提示**：不能。苯与溴水不能发生取代反应生成溴苯。

(2)**提示**：Fe与Br_2发生反应生成$FeBr_3$，$FeBr_3$作该反应的催化剂。

(3)**提示**：溴苯中溶解了Br_2而使溴苯呈褐色；除去的方法是用NaOH溶液洗涤。

(4)**提示**：在烧瓶和锥形瓶之间连接一个盛有CCl_4的洗气瓶，吸收HBr气体中混有的Br_2，如图 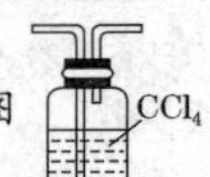

。

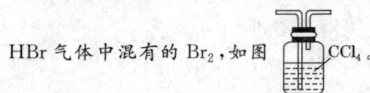

3. (1)**提示**：催化剂和吸水剂。

(2)**提示**：温度过低反应速率慢，温度过高会导致副反应发生，而生成苯磺酸。

[在训练中评]

1. 选B 在溴化铁作催化剂的条件下，苯与液溴在常温下能够发生取代反应，故A项错误；苯不溶于水，密度小于水，所以苯与酸性高锰酸钾溶液混合后分层，苯在上层，高锰酸钾溶液在下层，下层为紫色，故B项正确；反应③为取代反应，即苯的硝化反应，故C错误；苯中没有碳碳双键存在，故D项错误。

2. 选A 乙烯和苯都属于平面形结构，所有原子都处于同一平面内，而甲烷分子是正四面体结构，故可以得出甲基中的原子不可能处于同一平面内，A项含有甲基，所有原子不可能共面，C项可以看作是乙烯中的一个氢原子被苯环取代，推知C项中物质的所有原子可能处于同一平面内。

3. **解析**：(1)在催化剂的作用下，苯环上的氢原子被溴原子所取代，生成溴苯，同时有溴化氢生成，则A中制备溴苯的化学反应方程式为 ⌬ $+Br_2 \xrightarrow{FeBr_3}$ ⌬—Br $+HBr\uparrow$。(2)根据相似相溶原理，溴极易溶于四氯化碳，所以B中盛放的CCl_4的作用是除去溴化氢气体中的溴蒸气。(3)冷凝管的作用是冷凝回流反应物，使反应物充分利用；水逆流冷凝效果最好，则冷凝管中的水应从a口流入。(4)如果发生取代反应，生成溴化氢，溴化氢易溶于水电离出H^+和Br^-，只要检验含有氢离子或溴离子即可，溴离子的检验：取溶液滴加硝酸银溶液，如果有淡黄色沉淀生成就证明是溴离子；氢离子的检验：如果能使蓝色石蕊试纸变红，就证明含有氢离子。(5)得到粗溴苯后，先水洗除去HBr，然后加入10% NaOH溶液碱洗除去Br_2，再水洗除去NaBr，用干燥剂干燥除水蒸气，苯和溴苯互溶，最后蒸馏得到溴苯，所以正确的操作顺序是②④②③①。

答案：(1) ⌬ $+Br_2 \xrightarrow{FeBr_3}$ ⌬—Br $+HBr\uparrow$

(2)除去溴化氢气体中的溴蒸气

(3)冷凝回流 a

(4)有淡黄色沉淀生成 蓝色石蕊 (5)B

第2课时　苯的同系物

预习新教材

[理清主干知识]

1.(1)烷基

3.(1)①褪色　②$C_nH_{2n-6}+\frac{3n-3}{2}O_2\xrightarrow{点燃}nCO_2+(n-3)H_2O$

(2) CH_3（苯环）$+3HO—NO_2\xrightarrow[\triangle]{浓硫酸}$ O_2N、CH_3、NO_2、NO_2（苯环）$+3H_2O$

(3) CH_3（苯环）$+3H_2\xrightarrow[\triangle]{催化剂}$ CH_3（环己烷环）

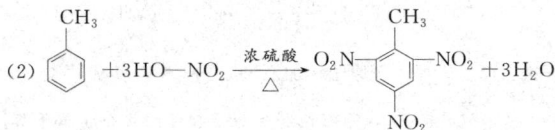

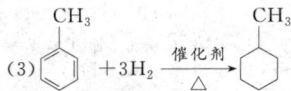

[诊断自学效果]

1.(1)×　(2)×　(3)√　(4)√　(5)×

2.选B　甲苯和己烯都与酸性高锰酸钾发生氧化还原反应，不能鉴别，A错误；甲苯不溶于水，但密度比水小，四氯化碳不溶于水，但密度比水大，加入溴水，颜色层位置不同，己烯与溴水发生加成反应，碘化钾与溴水发生氧化还原反应，溶液颜色加深，可鉴别，B正确；加入溴化钾溶液，不能鉴别甲苯和己烯，二者不与溴化钾溶液反应且密度都比水小，C错误；加入硝酸银溶液，不能鉴别甲苯和己烯，二者与硝酸银不反应，且密度都比水小不能鉴别，D错误。

3.选D　异丙苯与苯环直接相连的碳原子上有H原子，所以异丙苯可以被酸性高锰酸钾溶液氧化，故A正确；异丙苯属于芳香烃，故B正确；（结构式）中用圈标出的碳原子为单键碳，具有四面体结构，异丙苯不可能所有碳原子都处于同一平面，故C正确；苯乙烯含有碳碳双键、异丙苯不含碳碳双键，异丙苯和苯乙烯不是同系物，故D错误。

研讨新知识

新知探究(一)

[在探究中学]

1.(1)**提示**：在甲苯分子中苯环对侧链有影响，使得侧链烷基容易被氧化，而使酸性高锰酸钾溶液褪色。说明了苯的同系物分子中苯环对烷基是有影响的。

(2)**提示**：一样。苯和苯的同系物分子中都含有一个苯环，苯环上的6个碳原子都是不饱和碳原子，能各加一个氢原子。1 mol的苯和甲苯与H_2完全加成，均需要3 mol的H_2。

(3)**提示**：苯的同系物反应更容易。如甲苯与硝酸反应可生成三硝基甲苯，而苯一般生成硝基苯。原因是在苯的同系物分子中，烷基对苯环有影响，使得苯环上的氢原子容易被取代。说明了苯的同系物分子中烷基对苯环是有影响的。

(4)**提示**：甲苯与溴反应，条件不同，溴取代氢原子的位置就不同。甲苯与溴蒸气在光照条件下反应，溴取代侧链上的氢原子。

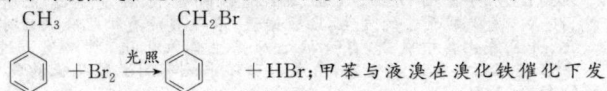

CH_3（苯环）$+Br_2\xrightarrow{光照}$ CH_2Br（苯环）$+HBr$；甲苯与液溴在溴化铁催化下发生反应，则溴取代甲基邻位或对位上的氢原子，CH_3（苯环）$+Br_2\xrightarrow{FeBr_3}$ CH_3、Br（苯环）$+HBr$。

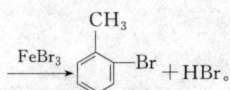

(5)**提示**：在苯的同系物中，发生硝化反应时，硝基取代烷基的邻位和对位上的氢原子，化学方程式如下：

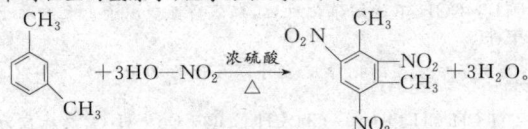

CH_3、CH_3（苯环）$+3HO—NO_2\xrightarrow[\triangle]{浓硫酸}$ O_2N、CH_3、NO_2、CH_3、NO_2（苯环）$+3H_2O$。

2.(1)**提示**：属于同系物。它们三者结构相似，组成上相差几个“CH_2”原子团，所以属于同系物。

(2)**提示**：萘中含有两个苯环，苯乙烯中含有碳碳双键，结构不相似，所以二者不属于同系物。

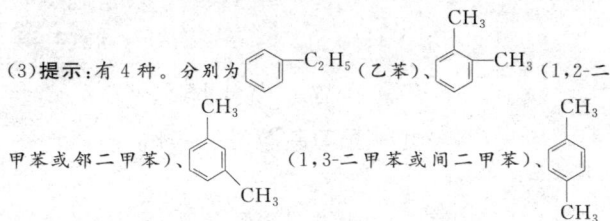

(3)**提示**：有4种。分别为（苯环）$—C_2H_5$（乙苯）、CH_3、CH_3（苯环）（1,2-二甲苯或邻二甲苯）、CH_3、CH_3（苯环）（1,3-二甲苯或间二甲苯）、CH_3、CH_3（苯环）（1,4-二甲苯或对二甲苯）

[在训练中评]

1.选C　苯和苯的同系物的共同性质：①与液溴或硝酸在催化剂作用下发生取代反应；②在空气中燃烧且现象相似；③与H_2能发生加成反应。不同点：苯的同系物能被酸性$KMnO_4$溶液氧化，而苯不能，则正确答案为C项。

2.选B　甲苯与浓硝酸、浓硫酸混合反应制TNT，甲苯中氢原子被硝基取代，该反应属于取代反应，故A正确；苯与乙烯在催化剂存在下反应制取乙苯，该反应属于加成反应，故B错误；甲苯能够被酸性$KMnO_4$溶液氧化，该反应属于氧化反应，故C正确；甲苯与氢气发生加成反应生成甲基环己烷，该反应属于加成反应，故D正确。

3.**解析**：(1)有机化合物结构不对称，苯环上有4种氢原子，则苯环上一氯代物有4种。(2)分子中含有2个碳碳双键，可与溴水发生加成反应，则1 mol该物质和溴水混合，消耗Br_2的物质的量为2 mol。(3)能与氢气发生加成反应的为碳碳双键和苯环，1 mol该物质和H_2加成最多需$H_2$5 mol。(4)该物质含碳碳双键可发生加成反应，甲基、苯环可发生取代反应，碳碳双键可发生氧化反应，故a正确；该物质属于有机化合物，含有苯环、碳碳双键，不溶于水，故b正确；该物质含有碳碳双键可发生加成反应，能使溴水褪色，故c正确；该物质能使酸性$KMnO_4$溶液褪色，但发生的是氧化反应，故d错误。

答案：(1)4　(2)2　(3)5　(4)d

新知探究(二)

[在应用中悟]

[典例]　**解析**：(1)等质量的烃C_xH_y完全燃烧时，氢元素的质量分数越大，耗氧量越大，CH_4、C_2H_4、C_2H_6中的$\frac{y}{x}$依次为$\frac{4}{1}$、$\frac{4}{2}$、$\frac{6}{2}$，故CH_4耗O_2最多。

(2)同状况、同体积即等物质的量，等物质的量的烃C_xH_y完全燃烧时，$\left(x+\frac{y}{4}\right)$的值越大，耗氧量越大，$CH_4$、$C_2H_4$、$C_2H_6$的$\left(x+\frac{y}{4}\right)$依次为$1+\frac{4}{4}=2$、$2+\frac{4}{4}=3$、$2+\frac{6}{4}=3.5$，故$C_2H_6$消耗$O_2$最多。

(3)$n(CO_2)=n(C)$，因为等质量的CH_4、C_2H_4、C_2H_6的$n(C)$分别为$\frac{1}{16}\times1$、$\frac{1}{28}\times2$、$\frac{1}{30}\times2$，$\frac{1}{28}\times2$最大，故C_2H_4生成的CO_2最多；$n(H_2O)=n(H_2)$，因为等质量的CH_4、C_2H_4、C_2H_6的$n(H_2)$分别为$\frac{1}{16}\times2$、$\frac{1}{28}\times2$、$\frac{1}{30}\times3$，$\frac{1}{16}\times2$最大，故CH_4生成的H_2O最多。

(4)温度≥100 ℃条件下，当烃C_xH_y中，$y=4$时，该烃完全燃烧前后气体体积不变，$y=4$的为CH_4、C_2H_4。

答案：(1)CH_4　(2)C_2H_6　(3)C_2H_4　CH_4　(4)CH_4、C_2H_4

[在训练中评]

1.选B　设混合烃的平均分子式是C_xH_y，在120 ℃时，水为气体，则有

$$C_xH_y+\left(x+\frac{y}{4}\right)O_2\xrightarrow{点燃}xCO_2+\frac{y}{2}H_2O\quad \Delta V$$

$$1\qquad x+\frac{y}{4}\qquad x\qquad \frac{y}{2}\qquad \frac{y}{4}-1$$

因为反应前后气体体积没有发生变化，所以$\frac{y}{4}-1=0$，$y=4$。

2.选A　设该烃分子式为C_xH_y，则有

$$C_xH_y+\left(x+\frac{y}{4}\right)O_2\xrightarrow{点燃}xCO_2+\frac{y}{2}H_2O\quad \Delta V$$

$$1\qquad x+\frac{y}{4}\qquad x\qquad 1+\frac{y}{4}$$

$$10\qquad 50\qquad 10+50-35=25$$

$\frac{1}{10}=\frac{1+\frac{y}{4}}{25}$，$y=6$

由于C_6H_6常温常压下为液态，故该烃为C_3H_6。

第三章　烃的衍生物

第一节　卤代烃

预习新教材

[理清主干知识]

(一)1.卤素原子　3.液体　固体　不　减小　升高

(二)1.CH_3CH_2Br　3.(1)NaOH 水溶液、加热　$C_2H_5—Br+NaOH\xrightarrow[\triangle]{水}C_2H_5—OH+NaBr$　(2)NaOH 乙醇溶液、加热　$CH_3CH_2Br+NaOH\xrightarrow[\triangle]{乙醇}CH_2=CH_2\uparrow+NaBr+H_2O$　脱去一个或几个小分子　不饱和键

(三)1.$nCF_2=CF_2\longrightarrow[CF_2—CF_2]_n$

[诊断自学效果]

1.选 A　有的卤代烃是气体，且有的密度比水大，故 B 错误；有的卤代烃可以通过加成制得，故 C 错误；有的卤代烃不能发生消去反应，如 CH_3Cl，故 D 错误。

2.选 A　溴乙烷与 NaOH 的醇溶液发生消去反应生成乙烯，与 NaOH 的水溶液反应才生成乙醇，B 错误；溴乙烷不能发生电离，属于非电解质，所以不能与 $AgNO_3$ 溶液反应，C 错误；制取溴乙烷通常用乙烯与 HBr 加成，而不采用乙烷与 Br_2 取代制备，原因是乙烷与 Br_2 发生取代反应时，生成产物种类多，难以得到较纯的溴乙烷，D 错误。

研讨新知识

新知探究

[在探究中学]

1.(1)提示：检验 1-溴丁烷取代反应生成物中的丁醇。丁醇还原酸性高锰酸钾溶液，而使之褪色。

(2)提示：加入稀硝酸的目的是为了中和 NaOH，提供酸性环境便于检验 Br^- 的存在。

2.(1)提示：1-溴丁烷的水解反应是以水为溶剂，而消去反应则是以乙醇为溶剂，溶剂的共同作用是溶解 NaOH，使反应易进行。由此可以看出同种反应物，反应条件不同，发生的反应不同，产物不同。

(2)提示：除去丁醇蒸气和 HBr，因为丁醇也能使酸性 $KMnO_4$ 溶液褪色，干扰乙烯的检验。

(3)提示：不必要。因为丁醇不能使溴水褪色，不会干扰乙烯的检验。

[在训练中评]

1.选 AC　卤代烃的水解反应实质上就是取代反应，反应中—X 被—OH 取代了，所以被破坏的键只有①；卤代烃的消去反应是相邻两个碳原子上的一个—X 和一个—H 一同被脱去，而生成不饱和烃和卤化氢的反应，被破坏的键应该是①和③。

2.选 C　溴乙烷中的溴元素不是以离子状态存在，因此，不能与 $AgNO_3$ 溶液直接反应，必须使之变为溴离子。由题意可知，应通过溴乙烷在碱性水溶液中水解得到溴离子，但反应后溶液显碱性，不能直接加入 $AgNO_3$ 溶液检验，否则 Ag^+ 与 OH^- 反应得到 AgOH 白色沉淀，AgOH 再分解为 Ag_2O 褐色沉淀，影响溴元素的检验，故需加入足量稀硝酸使溶液变为酸性，再加入 $AgNO_3$ 溶液检验。

3.选 D　要制取 $\underset{Br}{CH_2}—\underset{Br}{CH_2}$，首先要得到 $CH_2=CH_2$，而溴乙烷在 NaOH 的乙醇溶液中加热发生消去反应即可得到 $CH_2=CH_2$，故合成路线为 $CH_3CH_2Br\xrightarrow{消去}CH_2=CH_2\xrightarrow[Br_2]{加成}\underset{Br}{CH_2}—\underset{Br}{CH_2}$。

4.选 C　甲同学让卤代烃水解，在加热冷却后没有用稀硝酸酸化，由于 OH^- 也会与 Ag^+ 反应最终生成褐色的 Ag_2O 沉淀，会掩盖 AgBr 的淡黄色，不利于观察现象，所以甲同学的实验有局限性；乙同学是利用消去反应让卤代烃中的卤素原子变成离子，但是，不是所有的卤代烃都能发生消去反应，所以此法也有局限性。

第二节　醇　酚

第 1 课时　醇

预习新教材

[理清主干知识]

(一)饱和碳原子　苯环直接　—OH

(二)1.一元醇　二元醇　$C_nH_{2n+1}OH(n\geqslant1)$　2. $CH_3—OH$

$\begin{matrix}CH_2OH\\|\\CH_2OH\end{matrix}$　$\begin{matrix}CH_2OH\\|\\CHOH\\|\\CH_2OH\end{matrix}$　3.(1)①高于　②升高　(2)氢键

(三)羟基　取代反应　消去反应　①

②　$C_2H_5OH+HBr\xrightarrow{\triangle}C_2H_5Br+H_2O$

②④　$CH_3CH_2OH\xrightarrow[170\ ℃]{浓H_2SO_4}CH_2=CH_2\uparrow+H_2O$

$CH_3CH_2OH+CH_3CH_2OH\xrightarrow[140\ ℃]{浓H_2SO_4}C_2H_5OC_2H_5+H_2O$

①③

(四)失去氢原子　加入氧原子　加入氢原子　失去氧原子

[诊断自学效果]

1.选 C　根据醇的定义，羟基与饱和碳原子相连的化合物属于醇，因此 A 项中的 $CH_3—O—CH_3$，B 项中的 C_6H_5—OH 均不属于醇类；C 项两种物质都属于醇类，但由于二者结构不相似，所以不是同系物；D 项两种物质都是饱和二元醇，所含碳原子数不同，二者互为同系物，故只有 C 项符合题意。

2.选 C　分子中碳原子数比较多的高级醇不溶于水，A 项不正确；醇是羟基与饱和碳原子相连的化合物，B 项不正确；饱和一元醇可以看成是烷烃分子中的一个氢原子被羟基取代后的产物，C 项正确；甲醇有毒，乙醇可以制成白酒等饮用，D 项不正确。

3.选 C　先根据题给名称写出醇的结构简式，再由醇的系统命名法判断正误。

A 项，$CH_3—\underset{CH_3}{\overset{CH_3}{C}}—CH_2OH$，应为 2,2-二甲基-1-丙醇，错误；B 项，$CH_3CH_2CH_2\underset{OH}{CH}CH_3$，应为 2-戊醇，错误；D 项，$CH_3—\underset{OH}{CH}—\underset{OH}{CH}—CH_3$，应为 2,3-丁二醇，错误；C 项，$CH_3—\underset{CH_3}{CH}—CH_2—OH$，为 2-甲基-1-丙醇，正确。

4.选 C　根据乙醇在发生反应时的实质进行分析。A 选项，乙醇与钠反应生成乙醇钠，是乙醇羟基中 O—H 键断裂，正确；B 选项，乙醇发生消去反应生成乙烯和水，是键②和⑤断裂，正确；C 选项，乙醇发生分子间脱水生成醚，其中一分子乙醇断裂键①，另一分子乙醇断裂键②，错误；D 选项，乙醇氧化为乙醛，断裂键①和③，正确。

研讨新知识

新知探究(一)

[在探究中学]

(1)提示：因为浓硫酸的密度大于乙醇，故应将浓硫酸缓慢加入到盛有无水乙醇的烧杯中，边加边搅拌冷却。

(2)提示：减少副反应的发生，因为在 140 ℃时乙醇分子间脱水生成乙醚，而温度高于 170 ℃时，会产生大量 CO_2、SO_2 气体。

(3)提示：不能。因为浓硫酸具有强氧化性，加热时易将乙醇氧化而生成 C、CO、CO_2、SO_2 等，SO_2 能使酸性 $KMnO_4$ 溶液褪色，故检验乙烯时应先通过 NaOH 溶液除去 SO_2。

[在训练中评]

1.选 B　本实验温度计所测温度为反应时的温度，所以温度计应插入到反应物液面以下，A 正确；加热时应使温度迅速上升至 170 ℃，减少副反应的发生，B 项错误；浓硫酸使有机化合物脱水炭化，并且氧化其中成分，自身被还原产生二氧化硫，所以反应过程中溶液的颜色会逐渐变黑，生成的乙烯中混有刺激性气味的气体，C、D 项正确。

2.选 D　醇的消去反应是与羟基相连的碳原子的邻位碳原子上的氢与羟基结合生成 H_2O 且得到烯烃的过程，由此 A 可以生成 2 种烯烃、B 可生成 1 种烯烃，C 生成 2 种烯烃、D 生成 3 种烯烃。

新知探究(二)

[在探究中学]

1.提示：a 处黑色固体变为红色，b 处白色固体变蓝。

2.提示：$CH_3CH_2OH+CuO\xrightarrow{\triangle}CH_3CHO+H_2O+Cu$　①③断裂

3.提示：$(CH_3)_2CHOH$ 能被催化氧化，但产物不是醛，而是酮(丙酮)；$(CH_3)_3COH$ 不能被催化氧化，羟基所连碳原子上无氢原子。

[在训练中评]

1.选 C　题图示中发生的化学反应可以表述为 $2Cu+O_2\xrightarrow{\triangle}2CuO$，$CuO+CH_3CH_2CH_2OH\xrightarrow{\triangle}CH_3CH_2CHO+Cu+H_2O$，总反应为醇的催化氧化，不是所有的醇都能被氧化为醛或酮，故只有 C 项正确。

2.选 C　分子式为 $C_5H_{12}O$ 并能被氧化生成醛类的有机化合物是醇类，且满足 $C_4H_9—CH_2OH$，丁基有 4 种，则该醇类有 4 种，C 项正确。

第2课时　酚

预习新教材

[理清主干知识]

(一)石炭酸　C_6H_6O　(苯环)—OH　—OH

(三)1.②(苯环)—OH $+NaOH \longrightarrow$ (苯环)—ONa $+H_2O$

③(苯环)—ONa $+HCl \longrightarrow$ (苯环)—OH $+NaCl$

④(苯环)—ONa $+CO_2+H_2O \longrightarrow$ (苯环)—OH $+NaHCO_3$

2. (苯环)—OH $+3Br_2 \longrightarrow$ Br—(2,4,6-三溴苯环)—OH↓ $+3HBr$

[诊断自学效果]

1. 选B　羟基(—OH)与苯环直接相连的化合物属于酚。C、D两项中的物质无苯环,A项中物质为芳香醇。
2. 选A　纯净苯酚是无色晶体,在空气中因被氧气氧化而呈粉红色。
3. 选D　苯酚微溶于冷水,65 ℃以上与水以任意比互溶,故A正确;由于羟基对苯环的影响,苯环上羟基邻、对位上的氢原子较活泼,易被取代,与饱和溴水反应生成2,4,6-三溴苯酚,B正确;苯酚与NaOH溶液反应,因而易溶于NaOH溶液中,C正确;苯酚的酸性比碳酸、醋酸都弱,D错误。

研讨新知识

新知探究

[在探究中学]

1.(1)**提示:**(苯环)—OH $+NaOH \longrightarrow$ (苯环)—ONa $+H_2O$,

(苯环)—ONa $+HCl \longrightarrow$ (苯环)—OH $+NaCl$。

(2)**提示:**苯酚中羟基氢比乙醇中羟基氢更易电离。乙醇分子中—OH与乙基相连,—OH上H原子比水分子中H原子还难电离,因此乙醇不显酸性。而苯酚分子中—OH与苯环相连,受苯环影响,—OH上的H原子易电离,使苯酚显示一定酸性。

(3)**提示:**苯酚、H_2CO_3、HCO_3^-的酸性强弱顺序为$H_2CO_3>$(苯环)—OH$>HCO_3^-$。因此,苯酚能与Na_2CO_3发生反应,且苯酚钠与CO_2、H_2O反应时,无论CO_2是否过量,均生成$NaHCO_3$而不是Na_2CO_3。

2.(1)**提示:**(苯环)—OH $+3Br_2 \longrightarrow$ Br—(2,4,6-三溴苯环)—OH↓ $+3HBr$。

(2)**提示:**在苯酚分子中,羟基与苯环直接相连,使苯环在羟基的邻对位上的氢原子变得活泼,较容易被取代,能与溴水发生反应。苯甲醇分子中,碳原子与苯环直接相连,不能使苯环上的氢原子活化,不能与溴水发生反应。

(3)**提示:**先加入足量的烧碱溶液,再分液,上层即为苯。不能加入溴水,因为,苯酚和溴水反应生成的三溴苯酚虽不溶于水,但是其易溶于苯而不容易分离。且所加的溴水过量,而过量的溴水又溶于苯中,故不能用溴水除去苯中的苯酚。

[在训练中评]

1. 选BD　(苯环)—OH属于酚类,(环己基)—OH、(苯环)—CH_2OH属于醇类,只有酚能与$FeCl_3$溶液发生显色反应,选项B不正确;三种物质都含有—OH,能与金属钠反应产生氢气,选项A正确;苯酚和含—C(H)—OH结构的醇都能被酸性$KMnO_4$溶液氧化而使其褪色,选项C正确;(环己基)—OH不能发生加成反应,选项D错误。
2. 选D　A项,说明羟基使苯环中的氢原子更活泼,不能说明苯环使羟基变的活泼;液态苯酚能与钠反应放出H_2,但乙醇也能与钠反应放出H_2,所以B、C不能说明苯环使羟基变的活泼;苯酚的水溶液具有酸性,说明苯酚分子中的—OH易电离,比醇羟基活泼,故D项可说明苯环使羟基变的活泼。
3. 选A　无论是醇羟基还是酚羟基都能与钠反应,A项不能说明苯环使羟基活泼;苯酚比苯容易发生取代反应,说明羟基使苯环活泼,B项正确;醇羟基不显酸性而酚羟基显酸性,是由于苯环的影响,C项正确;苯发生硝化反应时,硝基只取代苯环上的一个氢原子,而甲苯发生硝化反应时,硝基可以取代苯环上的三个氢原子,显然是由于甲基的作用,使苯环上的氢原子活泼,D项正确。

第三节　醛　酮

预习新教材

[理清主干知识]

(一)烃基　醛基　醛基　$C_nH_{2n}O$

(二)1.刺激性气味　易

2.(1)①$CH_3CHO+H_2 \xrightarrow[\triangle]{催化剂} CH_3CH_2OH$

②$CH_3CHO+HCN \longrightarrow CH_3CH(OH)CN$

(2)①银镜　$CH_3CHO+2[Ag(NH_3)_2]OH \xrightarrow{\triangle} CH_3COONH_4+2Ag\downarrow+3NH_3+H_2O$

②砖红色沉淀　$CH_3CHO+2Cu(OH)_2+NaOH \xrightarrow{\triangle} CH_3COONa+Cu_2O\downarrow+3H_2O$

③$2CH_3CHO+O_2 \xrightarrow[\triangle]{催化剂} 2CH_3COOH$

(三)2.强烈刺激性　苦杏仁　福尔马林

(四)1.羰基与两个烃基　$-\overset{O}{\overset{\|}{C}}-$　2.(1)水　乙醇

(2)①$CH_3-\overset{O}{\overset{\|}{C}}-CH_3+H_2 \xrightarrow[\triangle]{催化剂} CH_3CH(OH)CH_3$

②银氨溶液　新制$Cu(OH)_2$

[诊断自学效果]

1. 选B　①属于醛,②属于酯类,③属于醛,④属于酮。
2. 选C　有机化合物分子中加入氢原子或失去氧原子的反应是还原反应,加入氧原子或失去氢原子的反应叫做氧化反应。A、B、D中均是在有机化合物分子中加入了氧原子,属于氧化反应。C中由乙醛生成乙醇,是在有机化合物分子中加入氢原子,属于还原反应。
3. 选D　含醛基的物质不一定是醛,如甲酸、甲酸某酯等,A项错误;因醛基还原性很强,能被弱氧化剂[如银氨溶液、新制的$Cu(OH)_2$悬浊液]氧化,更易与强氧化剂(如溴水、酸性$KMnO_4$溶液)反应,B项错误;甲醛在常温下呈气态,C项错误;在有机反应中,得氧或失氢的反应称为氧化反应,失氧或得氢的反应称为还原反应,因此醛与H_2发生的加成反应也属于还原反应,D项正确。

研讨新知识

新知探究

[在探究中学]

1.(1)**提示:**在洁净的试管中加入$AgNO_3$溶液,向$AgNO_3$溶液中滴加稀氨水,边滴边振荡,至最初产生的沉淀恰好完全溶解为止

$AgNO_3+NH_3\cdot H_2O \xlongequal{} AgOH\downarrow+NH_4NO_3$。

$AgOH+2NH_3\cdot H_2O \xlongequal{} [Ag(NH_3)_2]OH+2H_2O$。

(2)**提示:**$CH_3CHO+2[Ag(NH_3)_2]OH \xrightarrow{\triangle} 2Ag\downarrow+CH_3COONH_4+3NH_3+H_2O$

4 mol(甲醛相当于二元醛)

(3)**提示:**水浴加热的作用是使试管受热均匀,且利于控制温度。用酒精灯直接加热煮沸,不利于控制温度,温度过高,会产生黑色沉淀,不能形成银镜。

2.(1)**提示:**$2NaOH+CuSO_4 \xlongequal{} Cu(OH)_2\downarrow+Na_2SO_4$　$Cu(OH)_2$不稳定,久置可能会分解产生黑色的氧化铜,活性不高。

(2)**提示:**$CH_3CHO+2Cu(OH)_2+NaOH \xrightarrow{\triangle} CH_3COONa+Cu_2O\downarrow+3H_2O$　4 mol

[在训练中评]

1. 选B　乙醛还原氢氧化铜的实验要求在碱性环境中进行,NaOH的量不足,硫酸铜过量时,Cu^{2+}水解会使溶液呈酸性,导致实验失败。
2. 选A　用烧碱溶液是为了将试管上的油污洗净,A项正确。配制银氨溶液时,应向$AgNO_3$溶液中滴加稀氨水至沉淀恰好溶解。采用水浴加热,不能直接加热。反应所得的银镜应用稀硝酸清洗。
3. 选D　有机化合物A中所含的官能团有$>C=C<$和—CHO,二者均能使酸性$KMnO_4$溶液和溴水褪色,A、B错误;先加银氨溶液,微热,能检验出—CHO,但发生银镜反应之后的溶液仍显碱性,溴水和碱反应,C错误。

第四节　羧酸　羧酸衍生物

第1课时　羧酸

预习新教材

[理清主干知识]

(一)1. 氢原子　羧基　2.(1) C_6H_5—COOH　(2) HCOOH　HOOC—COOH

(三)1.减小　2.升高　氢键

(四)(2)羟基　氢原子

[诊断自学效果]

1. 选D　要确定有机化合物是否为羧酸，关键看有机化合物中是否含有羧基。石炭酸即苯酚，属于酚类。
2. 选D　能说明碳酸的酸性比乙酸弱的事实，是碳酸盐和乙酸反应生成碳酸，碳酸分解放出CO_2。
3. 选B　A项，$HBr+C_2H_5OH\xrightarrow{\triangle}C_2H_5Br+H_2O$不是酯化反应；C项，酯化反应中浓硫酸起催化剂、吸水剂作用；D项，导管口应该在饱和碳酸钠溶液的液面以上，以防止液体倒吸。

研讨新知识

新知探究(一)

[在探究中学]

1. 提示：

实验内容	实验现象	结论
配制甲酸溶液，取适量置于试管中，滴加几滴石蕊溶液	溶液变红色	甲酸具有酸性
配制甲酸溶液，取适量置于试管中，加入少量锌粒	有无色气体产生，收集并检验，气体为氢气	
取适量配制好的甲酸溶液，逐滴加入含有酚酞的氢氧化钠溶液中	溶液红色逐渐变浅至消失	
取适量配制好的甲酸溶液，逐滴加入碳酸氢钠溶液中	有无色气体产生，收集并检验，气体为CO_2	
……	……	

2. (1)提示：A接D，E接B，C接F，G接H，I接J

(2)提示：除去CO_2中混有的醋酸蒸气，防止比较碳酸与苯酚酸性的干扰。

(3)提示：$Na_2CO_3+2CH_3COOH\longrightarrow 2CH_3COONa+H_2O+CO_2\uparrow$，酸性：乙酸>碳酸

$NaHCO_3+CH_3COOH\longrightarrow CH_3COONa+H_2O+CO_2\uparrow$，

酸性：乙酸>碳酸

C_6H_5—ONa$+H_2O+CO_2\longrightarrow C_6H_5$—OH$+NaHCO_3$，

酸性：碳酸>苯酚

[在训练中评]

1. 选A　含有酚羟基、羧基、酯基的物质均能与NaOH溶液反应，但只含醇羟基的物质与NaOH溶液不反应。
2. 选AB　A项，由苹果酸的结构简式可知，含有羟基和羧基两种官能团，两者都能发生酯化反应，正确。B项，苹果酸中只有羧基能和NaOH反应，故1 mol苹果酸只能与2 mol NaOH发生中和反应，正确。C项，羧基和羟基都能与Na反应放出H_2，故1 mol苹果酸能与3 mol Na反应生成1.5 mol H_2，错误。D项，此结构简式与题干中的结构简式表示的是同一种物质，错误。

新知探究(二)

[在探究中学]

1. 提示：作催化剂和吸水剂。
2. 提示：(1)用酒精灯加热时，用稳火缓慢加热，减少乙醇和乙酸的挥发。

(2)用长导管导气，使挥发的乙醇和乙酸充分冷凝回流，提高利用率。

(3)使用浓硫酸，其吸水使平衡右移，增大反应进行的程度。

3. 提示：使用同位素示踪法探究乙酸酯化反应中可能的脱水方式。

	乙酸(CH_3—COOH)	乙醇(CH_3—CH_2—^{18}OH)
方式a	酸脱羟基，醇脱氢，产物：$CH_3CO^{18}OC_2H_5$、H_2O	
方式b	酸脱H，醇脱—OH，产物：$CH_3COOC_2H_5$、$H_2{}^{18}O$	

在乙酸乙酯中检测到了同位素^{18}O，证明乙酸与乙醇在浓硫酸作用下发生酯化反应的机理是“酸脱羟基，醇脱氢”。

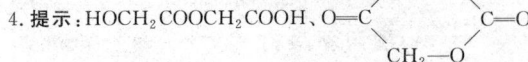

4. 提示：$HOCH_2COOCH_2COOH$、（环状二酯：O=C—O—CH_2与CH_2—O—C=O构成的六元环）

[在训练中评]

1. 选C　A项，该反应温度为115～125 ℃，超过了100 ℃，故不能用水浴加热；B项，长导管可以进行冷凝回流；C项，提纯乙酸丁酯不能用NaOH溶液洗涤，酯在强碱性条件下会发生较彻底的水解反应；D项，增大乙酸的量可提高1-丁醇的转化率。
2. 选C　抓住酯化反应的机理，即“酸脱羟基，醇脱氢”，其反应的化学方程式为

$$CH_3-\overset{^{18}O}{\overset{\|}{C}}-{}^{18}OH+H-{}^{16}OC_2H_5\underset{\triangle}{\overset{浓硫酸}{\rightleftharpoons}}CH_3-\overset{^{18}O}{\overset{\|}{C}}-{}^{16}OC_2H_5+H_2{}^{18}O$$

由以上可知生成的水中有^{18}O，$H_2{}^{18}O$的相对分子质量为20。

3. 解析：A在浓硫酸作用下脱水可生成不饱和的化合物E，说明A分子中含有—OH；A也能脱水形成六元环状化合物F，说明分子中还有—COOH，其结构简式为CH_3—CH(OH)—COOH，可推出B为CH_3—CH(OH)—$COOC_2H_5$，D为CH_3—COO—CH(CH_3)—COOH。

答案：(1) CH_3—CH(OH)—COOH

CH_3—CH(OH)—$COOC_2H_5$　$CH_3COOCHCOOH$（CH上连CH_3）

(2) $CH_3CH(OH)COOH\xrightarrow[\triangle]{浓硫酸}CH_2{=}CHCOOH+H_2O$

$2CH_3CH(OH)COOH\xrightarrow[\triangle]{浓硫酸}$（六元环状交酯：$H_3C$—CH—C(=O)—O—CH($CH_3$)—C(=O)—O—）$+2H_2O$

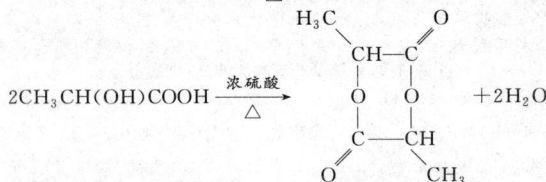

(3)消去(或脱水)反应　酯化(或分子间脱水)反应

第2课时　羧酸衍生物

预习新教材

[理清主干知识]

(一)1.(3)乙酸乙酯　甲酸乙酯　2.液　小　易

3.(1) $CH_3COOC_2H_5+H_2O\underset{\triangle}{\overset{稀H_2SO_4}{\rightleftharpoons}}CH_3COOH+C_2H_5OH$

(2) $CH_3COOC_2H_5+NaOH\xrightarrow{\triangle}CH_3COONa+C_2H_5OH$

(二)1.高级脂肪酸　甘油　酯　2.$C_{17}H_{35}COOH$　$C_{17}H_{33}COOH$

4.(1)

$$\begin{array}{l}CH_2-O-\overset{O}{\overset{\|}{C}}-C_{17}H_{35}\\ CH-O-\overset{O}{\overset{\|}{C}}-C_{17}H_{35}\\ CH_2-O-\overset{O}{\overset{\|}{C}}-C_{17}H_{35}\end{array}+3H_2O\underset{\triangle}{\overset{H^+}{\rightleftharpoons}}3C_{17}H_{35}COOH+\begin{array}{l}CH_2OH\\ CHOH\\ CH_2OH\end{array}$$

$$\begin{array}{l}CH_2-O-\overset{O}{\overset{\|}{C}}-C_{17}H_{35}\\ CH-O-\overset{O}{\overset{\|}{C}}-C_{17}H_{35}\\ CH_2-O-\overset{O}{\overset{\|}{C}}-C_{17}H_{35}\end{array}+3NaOH\xrightarrow{\triangle}\begin{array}{l}CH_2-OH\\ CH-OH\\ CH_2-OH\end{array}+3C_{17}H_{35}COONa$$

(2)

$$\begin{array}{l}CH_2-OOCC_{17}H_{33}\\ CH-OOCC_{17}H_{33}\\ CH_2-OOCC_{17}H_{33}\end{array}+3H_2\xrightarrow[\triangle]{催化剂}\begin{array}{l}CH_2-OOCC_{17}H_{35}\\ CH-OOCC_{17}H_{35}\\ CH_2-OOCC_{17}H_{35}\end{array}$$

(三)1.(2) $C_6H_5-NH_2+HCl \longrightarrow C_6H_5-NH_3Cl$

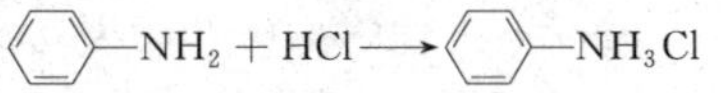

2.(1) $R-\overset{O}{\overset{\|}{C}}-NH_2$　$R-\overset{O}{\overset{\|}{C}}-$　$-\overset{O}{\overset{\|}{C}}-NH_2$

(2) $CH_3-\overset{O}{\overset{\|}{C}}-NH_2$　$C_6H_5-\overset{O}{\overset{\|}{C}}-NH_2$ 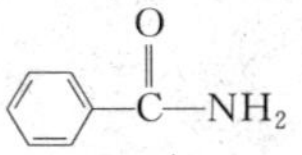　$H-\overset{O}{\overset{\|}{C}}-N(CH_3)_2$

(3)①$RCONH_2+H_2O+HCl \xrightarrow{\triangle} RCOOH+NH_4Cl$

②$RCONH_2+NaOH \xrightarrow{\triangle} RCOONa+NH_3\uparrow$

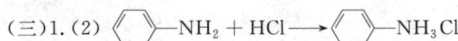

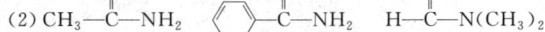

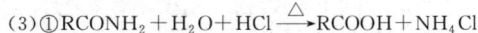

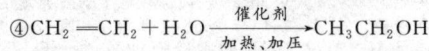

[诊断自学效果]

1.选D　在碱性条件下,生成的乙酸会继续与碱反应生成乙酸盐。

2.选C　油脂是高级脂肪酸和甘油形成的酯类化合物。

3.选C　植物油分子结构中含有 $\gt C=C\lt$,$\gt C=C\lt$ 能与 H_2 发生加成反应。

4.选D　在碱性、加热条件下,乙酰胺水解生成乙酸盐和氨气。

研讨新知识

新知探究

[在探究中学]

1.**提示**:Na_2CO_3 水解使溶液呈碱性,碱性条件下,油脂可以水解生成可溶性高级脂肪酸盐和甘油。

2.**提示**:液态的油转变为半固态的脂肪的过程称为油脂的硬化,实质是油脂中不饱和键与 H_2 发生加成反应,是化学变化。

3.**提示**:花生油属于液态油脂,汽油是液态烃的混合物,可以利用前者能发生水解反应,后者不能来鉴别。具体如下:取两种液体各少量,分别置入两支洁净的试管中,加含有酚酞的氢氧化钠溶液并加热,一会后,红色变浅且不再分层的是花生油,没有明显变化的是汽油。

[在训练中评]

1.选B　植物油的主要成分为不饱和高级脂肪酸甘油酯,分子中含有碳碳双键能够与溴反应,A正确;皂化反应是油脂的碱性水解,反应物油脂不是高分子化合物,B错误;油脂和 H_2 加成后油脂中的不饱和高级脂肪酸甘油酯转化成饱和的高级脂肪酸甘油酯,其熔点及稳定性均得到提高,C正确;油脂是高级脂肪酸和甘油形成的酯,水解后可以得到甘油,即丙三醇,D正确。

2.选B　酯类物质都能发生水解反应,如选项A、B、C。不饱和油脂可与氢气发生加成反应,油酸甘油酯为不饱和甘油酯,可与氢气发生加成反应,而硬脂酸甘油酯和软脂酸甘油酯为饱和油脂,不能与氢气发生加成反应。

3.选B　植物油的成分是不饱和高级脂肪酸的甘油酯,矿物油指汽油、煤油等,其成分为液态烷烃、烯烃等。纯净的植物油和矿物油都是澄清、透明的无色液体,A项错误;植物油和矿物油都不与新制的 $Cu(OH)_2$ 反应,C项错误;植物油分子中含不饱和键,可使酸性 $KMnO_4$ 溶液褪色,若矿物油是裂化汽油,同样也能使酸性 $KMnO_4$ 溶液褪色,D项错误;向两者中分别加入 NaOH 溶液后煮沸,分层现象消失的为植物油,无变化的为矿物油,B项正确。

第五节　有机合成

预习新教材

[理清主干知识]

(一)1.构建碳骨架　引入官能团

(二)1.① $CH_2=CH_2+Cl_2 \longrightarrow CH_2Cl-CH_2Cl$

② $CH_2Cl-CH_2Cl+2NaOH \xrightarrow[\triangle]{H_2O} CH_2OH-CH_2OH+2NaCl$

③ $CH_2OH-CH_2OH+2O_2 \xrightarrow[\triangle]{催化剂} HO-\overset{O}{\overset{\|}{C}}-\overset{O}{\overset{\|}{C}}-OH+2H_2O$

④$CH_2=CH_2+H_2O \xrightarrow[加热、加压]{催化剂} CH_3CH_2OH$

⑤ $HO-\overset{O}{\overset{\|}{C}}-\overset{O}{\overset{\|}{C}}-OH+2CH_3CH_2OH \underset{\triangle}{\overset{催化剂}{\rightleftharpoons}} C_2H_5O-\overset{O}{\overset{\|}{C}}-\overset{O}{\overset{\|}{C}}-OC_2H_5+2H_2O$

[诊断自学效果]

1.选B　$CH_3-\overset{O}{\overset{\|}{C}}-CH_3$ 中 $-\overset{O}{\overset{\|}{C}}-$ 上无氢原子,故不能发生催化氧化生成羧酸,B不正确。

2.选D　有机合成中可以使用辅助原料,也可以产生副产物,D项错误。

3.**解析**:将题给信息用结构简式表示:$CH_2=CH-CH_3 \xrightarrow{①} \xrightarrow{②} CH_2Cl-CHCl-CH_2Cl \xrightarrow{③} \xrightarrow{④} CH_2(ONO_2)-CH(ONO_2)-CH_2(ONO_2)$,可以清楚地看到①、②两步中必定有一步是取代(Cl原子取代H原子)反应,有一步是加成(碳碳双键上加氯原子)反应,关键是哪一步在前。由题中所给信息知道,虽然丙烯有很多碳氢键,但是丙烯的甲基中的碳氢键却是可被选择取代的,氯的位置是一定的,因此①是取代反应,②是加成反应。再看反应③和④,总结果是将—Cl换成—ONO_2,卤代烃要成为硝酸酯,在中学没有学过,只学过由醇生成酯,而且还学过卤代烃水解成为醇,故③是水解反应,④是酯化反应。

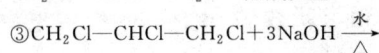

答案:(1)①$CH_2=CHCH_3+Cl_2 \xrightarrow{500\ ℃} CH_2=CHCH_2Cl+HCl$　取代反应

②$CH_2=CHCH_2Cl+Cl_2 \xrightarrow{CCl_4溶液} CH_2Cl-CHCl-CH_2Cl$　加成反应

③$CH_2Cl-CHCl-CH_2Cl+3NaOH \xrightarrow[\triangle]{水} CH_2OH-CHOH-CH_2OH+3NaCl$　水解反应

④$CH_2OH-CHOH-CH_2OH+3HNO_3 \underset{\triangle}{\overset{浓H_2SO_4}{\rightleftharpoons}} CH_2(ONO_2)-CH(ONO_2)-CH_2(ONO_2)+3H_2O$　酯化(或取代)反应

(2)$CH_3CH_2CH_2OH \xrightarrow[一定温度]{浓H_2SO_4} CH_3CH=CH_2\uparrow+H_2O$　消去反应

研讨新知识

新知探究(一)

[在探究中学]

1.**提示**:由溴乙烷制取乙二酸的转化流程为

$CH_3CH_2Br \xrightarrow{消去} CH_2=CH_2 \xrightarrow[加成]{Br_2} CH_2Br-CH_2Br \xrightarrow{水解} HOCH_2-CH_2OH \xrightarrow{[O]} OHC-CHO \xrightarrow{[O]} HOOC-COOH$。

2.**提示**:流程为 $C_6H_4(COONa)(OOCCH_3) \xrightarrow{NaOH} C_6H_4(COONa)(ONa) \xrightarrow{通入CO_2} C_6H_4(COONa)(OH)$。

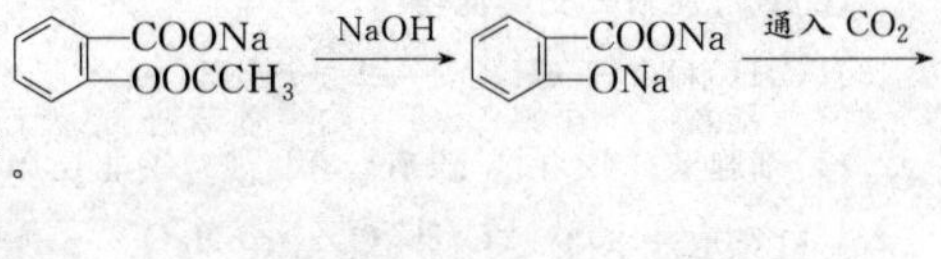

[在训练中评]

1.选B　取代反应、加成反应、还原反应均可以引入羟基。

2.选B　B项,由溴乙烷→乙醇,只需溴乙烷在碱性条件下水解即可,路线不合理,且由溴乙烷→乙烯为消去反应。

新知探究(二)

[在探究中学]

1.**提示**:方案Ⅲ最合理。方案Ⅰ设计过程较复杂,前两步可合并为一步,即 CH_3CH_2Br 在 NaOH 醇溶液中直接发生消去反应制乙烯。方案Ⅱ中应用了取代反应,难以得到单一的取代产物。

2.**提示**:在设计合成路线时,需要考虑碳碳双键保护,可以暂时使碳碳双键发生加成反应,等引入新的官能团后,再通过消去反应生成碳碳双键。具体设计流程如下:$C_6H_5-C(=CH_2)-CH_3 \xrightarrow{Br_2} C_6H_5-CBr(CH_3)-CH_2Br \xrightarrow{NaOH(aq)} C_6H_5-C(OH)(CH_3)-CH_2OH \xrightarrow{[O]} C_6H_5-C(OH)(CH_3)-COOH \xrightarrow[\triangle]{浓H_2SO_4} C_6H_5-C(=CH_2)-COOH$

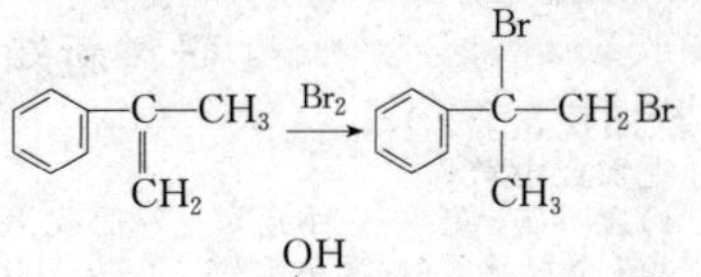

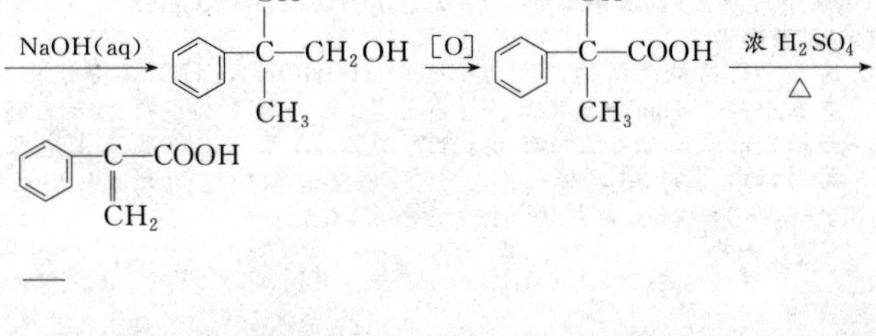

3. **提示**:当有几条不同的合成路线时,就需要通过优选的方法来确定最佳合成路线:(1)必须考虑合成路线是否符合化学原理,产率是否高,副反应是否少,成本是否低,原料是否易得;(2)合成操作是否安全可靠等;(3)是否符合绿色合成的思想。

[在训练中评]

1. 选C　用丙醛制取聚丙烯的过程为

$CH_3-CH_2-CHO \xrightarrow{H_2\ 加成} CH_3-CH_2-CH_2(OH) \xrightarrow{消去}$

$CH_3-CH=CH_2 \xrightarrow{加聚} [CH(CH_3)-CH_2]_n$。

2. 选A　由甲苯制取产物时,需发生硝化反应引入硝基,再还原得到氨基,将甲基氧化才得到羧基;但氨基易被氧化,故甲基氧化为羧基应在硝基还原前,否则生成的氨基也被氧化,故先进行硝化反应,再将甲基氧化为羧基,最后将硝基还原为氨基。另外还要注意$-CH_3$为邻、对位取代定位基;而$-COOH$为间位取代定位基,故B、C、D均错。

3. **解析**:根据信息:两分子CH_3CHO可制得$CH_3-CH(OH)-CH_2-CHO$。下一步是把羟基醛先转化成烯醛还是先转化成二元醇,这是值得推敲的。显然如果先把羟基醛还原成二元醇,再消去便生成了二烯烃,最后再加氢还原得到的是烃而不是一元醇。可见首先把羟基醛转化为烯醛,再经加氢还原便可得到饱和一元醇。

答案:$CH_3-C(=O)-H+H-CH_2-CHO \xrightarrow{NaOH溶液} CH_3-CH(OH)-CH_2-CHO$

$CH_3-CH(OH)-CH_2-CHO \xrightarrow{\triangle} CH_3-CH=CH-CHO+H_2O$

$CH_3-CH=CH-CHO+2H_2 \xrightarrow[\triangle]{催化剂} CH_3CH_2CH_2CH_2OH$

第四章　生物大分子

第一节　糖类

预习新教材

[理清主干知识]

(一)醛　酮　缩合物　C、H、O　$C_m(H_2O)_n$　$C_6H_{12}O_6$　$C_5H_{10}O_5$　$C_5H_{10}O_4$　$C_{12}H_{22}O_{11}$　$C_{12}H_{22}O_{11}$　$(C_6H_{10}O_5)_n$　$(C_6H_{10}O_5)_n$

(二)1.(1)动物　(2)易　无　(3)①银镜　砖红　还原性　还原　多羟基醛　$CH_2OH(CHOH)_4CHO$

$CH_2OH(CHOH)_4CHO+2Ag(NH_3)_2OH \xrightarrow{\triangle} CH_2OH(CHOH)_4COONH_4+2Ag\downarrow+3NH_3+H_2O$

$CH_2OH(CHOH)_4CHO+2Cu(OH)_2+NaOH \xrightarrow{\triangle} CH_2OH(CHOH)_4COONa+Cu_2O\downarrow+3H_2O$

②$C_6H_{12}O_6(s)+6O_2(g) \longrightarrow 6CO_2(g)+6H_2O(l)$

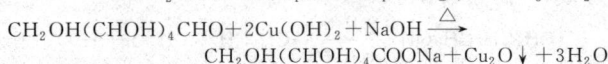

2.(1)蜂蜜　高　(2)$C_6H_{12}O_6$　同分异构体　酮

(三)1.甘蔗、甜菜　发芽的谷粒和麦芽中　$C_{12}H_{22}O_{11}$　$C_{12}H_{22}O_{11}$

无色　低　$\underset{蔗糖}{C_{12}H_{22}O_{11}}+H_2O \xrightarrow{酸或酶} \underset{葡萄糖}{C_6H_{12}O_6}+\underset{果糖}{C_6H_{12}O_6}$

$\underset{麦芽糖}{C_{12}H_{22}O_{11}}+H_2O \xrightarrow{酸或酶} \underset{葡萄糖}{2C_6H_{12}O_6}$

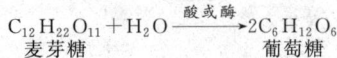

2.无明显现象　蔗糖为非还原糖　有砖红色沉淀生成　蔗糖为还原糖

(四)天然有机高分子　$(C_6H_{10}O_5)_n$　$[C_6H_7O_2(OH)_3]_n$　不　不同

1.(2)直链淀粉　支链淀粉

(3)$\underset{淀粉}{(C_6H_{10}O_5)_n}+nH_2O \xrightarrow{酸或酶} \underset{葡萄糖}{nC_6H_{12}O_6}$　蓝

2.(1)细胞壁　(2)白　没有　不　(3)①非还原糖　②浓硫酸

有砖红色沉淀生成　$\underset{纤维素}{(C_6H_{10}O_5)_n}+nH_2O \xrightarrow{酸或酶} \underset{葡萄糖}{nC_6H_{12}O_6}$

[诊断自学效果]

1. 选D　不是所有的糖都有甜味,有些糖不是还原糖,有些糖的组成不符合碳水化合物的通式。
2. 选D　A项,葡萄糖和果糖的分子式都是$C_6H_{12}O_6$,前者是多羟基醛,后者是多羟基酮,两者结构不同,互为同分异构体,正确;B项,葡萄糖和果糖都易溶于水,正确;C项,醛基和酮基都能与H_2发生加成反应生成羟基,正确;D项,两者都具有甜味,但果糖比葡萄糖甜得多,在糖类中,果糖是最甜的糖,错误。
3. 选D　葡萄糖、果糖是单糖,不能发生水解反应,蔗糖没有还原性,不能发生银镜反应;麦芽糖属于二糖,能发生银镜反应。
4. ①②③⑤⑦⑧

研讨新知识

新知探究(一)

[在探究中学]

(1)含有碳、氢、氧三种元素且最简式为CH_2O　(2)$C_6H_{12}O_6$

(3)5个羟基　(4)碳氧双键　(5)$CH_2OH(CHOH)_4CHO$

[在训练中评]

1. 选C　葡萄糖的结构简式为$CH_2OH(CHOH)_4CHO$,其分子中含有五个醇羟基和一个醛基。含有醛基,可与氢气加成得到六元醇,与银氨溶液反应可生成银镜;含有醇羟基,可与羧酸反应生成酯;葡萄糖由C、H、O三种元素组成,可燃烧生成CO_2和H_2O(在人体中被氧化为CO_2和H_2O)。
2. 选B　检验葡萄糖可利用其分子结构中含有醛基,将其与新制的$Cu(OH)_2$悬浊液混合后共热,看是否有红色沉淀生成来判定,也可借助银镜反应来检验葡萄糖。
3. 选B　核糖是五碳糖,葡萄糖是六碳糖,二者不属于同分异构体,故A选项错;核糖分子中含有醛基,能发生银镜反应,故B选项正确;遇$FeCl_3$溶液显色是酚类的性质,使紫色石蕊溶液变红是酸性物质表现的性质,核糖分子中既无酚的结构,又无羧基,故C、D选项均不符合题意。
4. 选C　单糖是多羟基醛或酮,而木糖醇为五元醇,不含醛基,乙醇为一元醇,故A、B、D正确,C不正确。

新知探究(二)

[在探究中学]

提示:蔗糖水解需要在稀H_2SO_4作催化剂的条件下进行,而检验水解产物时要在碱性条件下加入银氨溶液或新制$Cu(OH)_2$悬浊液,故实验没有银镜产生的原因可能是C。正确的实验操作为:在水解冷却后的溶液中滴加NaOH溶液至溶液呈碱性,再加入银氨溶液并水浴加热。

[在应用中悟]

[典例]　选C　蔗糖与麦芽糖的分子式都是$C_{12}H_{22}O_{11}$,二者互为同分异构体;麦芽糖是还原二糖,而蔗糖是非还原二糖;蔗糖的水解产物是果糖和葡萄糖。

[在训练中评]

1. 选A　蔗糖水解生成葡萄糖和果糖,其相对分子质量相等。
2. 选C　1 mol麦芽糖水解生成2 mol葡萄糖。
3. 选D　糖类是否属于还原糖,可通过银镜反应加以证明。银镜反应应该在水浴中进行加热,故不能选择③,同时考虑到银镜反应的发生应该在碱性条件下进行,故蔗糖水解后应先加碱中和过量的酸,才能进行银镜反应。

新知探究(三)

[在探究中学]

1. **提示**:②④⑥⑧
2. **提示**:纤维素虽然属于糖类,但在人体内却不能水解,因为人体内没有能水解纤维素的酶。
3. **提示**:由淀粉制取酒精的过程为:

淀粉$\xrightarrow{水解}$葡萄糖$\xrightarrow{酒化酶}$乙醇;

化学方程式为$\underset{淀粉}{(C_6H_{10}O_5)_n}+nH_2O \xrightarrow{催化剂} \underset{葡萄糖}{nC_6H_{12}O_6}$

$\underset{葡萄糖}{C_6H_{12}O_6} \xrightarrow{酒化酶} 2C_2H_5OH+2CO_2$。

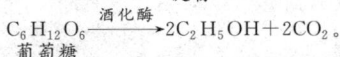

[在应用中悟]

[典例]　**解析**:在具体设计实验时,要注意两点:一是在检验葡萄糖存在时,加银氨溶液之前,要加碱中和溶液中的硫酸,否则银氨络离子要被破坏;二是检验淀粉存在时,不能是碱性溶液,因为碘能与NaOH反应,因此水解液可以直接加碘水检验,不必先中和。

若淀粉水解完全时,则在溶液中加入碘水,溶液不会出现蓝色;若淀粉尚未水解时,则加入银氨溶液,水浴加热,溶液不会出现银镜反应;若淀粉部分水解,则既要用碘水检验淀粉的存在,又要用银氨溶液检验葡萄糖的存在。

答案:(1)设计和结论都不正确。设计不正确是因加入NaOH溶液呈碱性后,加入I_2,I_2与NaOH溶液发生反应,没有I_2存在,不能证明淀粉是否存在;结论不正确是因为若淀粉部分水解,溶液中也会有淀粉存在

(2)设计和结论都不正确。因为在酸性条件下,加入的银氨溶液被破坏,不能与葡萄糖发生银镜反应。按方案乙的设计,无银镜现象,淀粉可能是完全水解,也可能是部分水解或尚未水解

(3)设计和结论都正确。按设计的方案进行实验，有银镜现象，说明淀粉已水解生成了葡萄糖

(4)设计和结论都正确。按设计的方案进行实验，溶液变蓝又有银镜现象，说明既有淀粉又有葡萄糖，淀粉部分水解

[在训练中评]

1.选C　淀粉属于糖类，是由C、H、O三种元素组成的。

2.选C　淀粉、纤维素都属于多糖，它们在一定条件下均能水解，最终产物均为葡萄糖；二者的组成都可用$(C_6H_{10}O_5)_n$表示，所以二者分子中C、H、O的质量分数相同，但由于n值不同，故二者不互为同分异构体；二者都不能发生银镜反应。

3.解析：(1)淀粉水解产物检验的流程如下：

$$淀粉\xrightarrow[\triangle]{稀硫酸}混合物\xrightarrow{NaOH}混合物\xrightarrow{新制Cu(OH)_2溶液}红色沉淀，$$

故A、B、C分别为H_2SO_4、NaOH、新制$Cu(OH)_2$悬浊液。(2)若不加NaOH中和硫酸，则硫酸与$Cu(OH)_2$反应，最终不能得到红色沉淀。

(3)$(C_6H_{10}O_5)_n \sim nC_6H_{12}O_6 \sim nCu_2O$

$162n \qquad\qquad 144n$

$m \qquad\qquad 1.44\ g$

$\dfrac{162n}{m}=\dfrac{144n}{1.44\ g}$

$m=1.62\ g$

则淀粉的水解率为$\dfrac{1.62\ g}{9\ g}\times100\%=18\%$。

答案：(1)H_2SO_4　NaOH　新制$Cu(OH)_2$悬浊液

(2)不可以　醛基与新制$Cu(OH)_2$悬浊液的反应只有在碱性条件下才能发生，因此需要加NaOH溶液中和H_2SO_4　(3)18%

第二节　蛋白质

预习新教材

[理清主干知识]

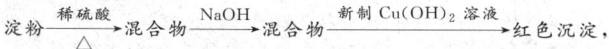

(一)2.氨基乙酸　$CH_3-CH(NH_2)-COOH$　2-氨基-3-苯基丙酸

(二)1.肽键　C、H、O、N、S　2.种类　数目　排列顺序　特定的空间结构　排列顺序　氢键　盘绕或折叠成特定的空间结构　盘曲折叠　3.(2)①促进　降低　析出　盐析　②可逆　多次盐析　溶解　(3)①性质　生理功能　加热　紫外线和放射线　强酸　强碱　重金属盐　②不可逆　不溶解　原有的生理活性　③乙醇、苯酚、碘、紫外线　蛋白质变性　(4)白色　黄　苯环

[诊断自学效果]

1.(1)√　(2)√　(3)√　(4)√　(5)√　(6)×　(7)×　(8)×

2.选C　每个碳原子的成键数为4，每个氮原子的成键数为3，每个氧原子的成键数为2，每个氢原子只能形成1个键，显然大白球为碳原子，与题图最右下方的碳原子相连的2个中白球为氧原子，最小的白球是氢原子，灰球应是氮原子。该有机化合物结构简式为$CH_3-CH(NH_2)-C(=O)-OH$，属于α-氨基酸。

3.A

4.选B　饱和硫酸铵溶液使蛋白质发生盐析，是可逆的，A对；胶体粒子不能透过半透膜，B不对；硫酸钡虽然是重金属盐，但是在人体内不会产生钡离子，所以不会使人中毒，C对。

研讨新知识

新知探究(一)

[在探究中学]

1.提示：苯丙氨酸分子中，碱性基团是氨基(—NH_2)，酸性基团是羧基(—COOH)。—NH_2与HCl的反应为(可仿照H—NH_2与HCl的反应写)—NH_2+HCl⟶—NH_3Cl；—COOH与NaOH的反应为—COOH+NaOH⟶—COONa+H_2O。

$C_6H_5-CH_2-CH(NH_2)-COOH+HCl\longrightarrow C_6H_5-CH_2-CH(NH_3Cl)-COOH$

$C_6H_5-CH_2-CH(NH_2)-COOH+NaOH\longrightarrow C_6H_5-CH_2-CH(NH_2)-COONa+H_2O$

2.提示：表示氨基、羧基、肽键的分别是①⑨、⑦⑧、③⑤⑥，该化合物由4个氨基酸分子失去3个水分子而形成四肽。

[在应用中悟]

[典例]　选C　由题目给出的半胱氨酸的结构简式可知，氨基在羧基邻位碳原子上，所以属于α-氨基酸；因为氨基为碱性基团，羧基为酸性基团，所以半胱氨酸是一种两性化合物；两分子半胱氨酸脱水形成二肽应是氨基与羧基反应的结果：$HS-CH_2-CH(NH_2)-CO-NH-CH(CH_2-SH)-COOH$；氨基酸与硝基化合物互为同分异构体。

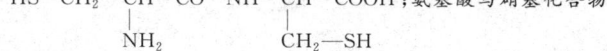

[在训练中评]

1.选C　属于氨基酸的有五种，它们是

$CH_2(NH_2)CH_2CH_2COOH$、$CH_3CH(NH_2)CH_2COOH$、$CH_3CH_2CH(NH_2)COOH$、$H_3C-C(NH_2)(CH_3)-COOH$、$CH_2(NH_2)-CH(CH_3)-COOH$。

2.选B　相同碳原子数的氨基酸与硝基化合物互为同分异构体。甘氨酸的结构简式为H_2N-CH_2-COOH，与其互为同分异构体的是$C_2H_5NO_2$。

3.选B　水解方程式为$C_8H_{14}N_2O_5+H_2O\longrightarrow CH_3-CH(NH_2)-COOH+X$，

根据原子守恒可得X的分子式为$C_5H_9NO_4$。

新知探究(二)

[在探究中学]

1.提示：它们能够使细菌蛋白质变性而使蛋白质失去生理活性。

2.提示：(1)鉴别蛋白质的主要依据有：①有些蛋白质分子中有苯基存在，这样的蛋白质与浓硝酸反应时呈黄色。②蛋白质灼烧时有烧焦的羽毛气味(常以此来区别毛纺物和棉纺物、合成纤维等)。

(2)常用盐析来分离提纯蛋白质。

3.提示：解救Cu^{2+}、Pb^{2+}、Hg^{2+}等重金属盐中毒的病人时常让他们服用大量生鸡蛋、牛奶或豆浆，这是因为生鸡蛋、牛奶和豆浆中含有的丰富蛋白质可与Cu^{2+}、Pb^{2+}、Hg^{2+}等重金属盐反应，起到解毒作用。

[在应用中悟]

[典例]　选BD　蛋白质溶液中加入甲醛溶液后会发生变性，再加水，不会溶解；浓硫酸腐蚀皮肤是由于发生了脱水和强氧化性，不是显色反应。

[在训练中评]

1.选B　A、C、D选项中的试剂都能使蛋白质发生变性。

2.选C　A项，天然蛋白质都是α-氨基酸脱水缩合形成的高分子化合物，所以水解的最终产物是α-氨基酸，正确。B项，会产生盐析现象，正确。C项，蛋白质已发生变性，再加水沉淀不会溶解，错误。D项，蛋白质分子中含有羧基与氨基形成的肽键，正确。

第三节　核酸

预习新教材

[理清主干知识]

(一)1.戊糖　碱基　核糖　脱氧核糖　核糖核酸　脱氧核糖核酸　3

(二)1.(1)平行　(2)脱氧核糖　磷酸　外侧　内侧　(3)氢键　胸腺嘧啶　胞嘧啶　2.(1)核糖　尿嘧啶　(2)小

[诊断自学效果]

1.(1)√　(2)√　(3)×　(4)√　(5)×　(6)×　(7)×

2.选C　核酸是生物遗传信息的载体，控制生物性状。

3.选C　DNA的基本组成单位是脱氧核糖核苷酸，脱氧核糖核苷酸由一分子含氮碱基、一分子脱氧核糖和一分子磷酸组成，含氮碱基有(A)腺嘌呤、(G)鸟嘌呤、(C)胞嘧啶、(T)胸腺嘧啶四种。

研讨新知识

新知探究

[在探究中学]

1.提示：

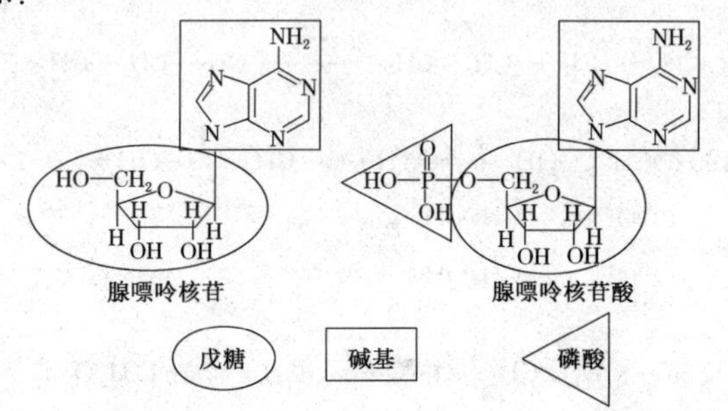

2. 提示：

DNA分子

5′ 3′ 磷酸键 A ≡ T 氢键 G ≡ C 核苷酸 T ≡ A C ≡ G 3′ 5′

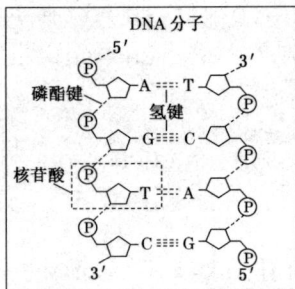

[在应用中悟]

[典例] 选 A 生命细胞中碱基、核苷酸、五碳糖种类分别是 5 种、8 种和 2 种，A 正确；大肠杆菌细胞中既含有 DNA，又含有 RNA，故含有碱基 A、T、G、C 的核苷酸共 7 种，B 错误；组成核酸的基本单位是核苷酸，C 错误；DNA 与 RNA 的不同点除了五碳糖和碱基的不同外，还有结构的不同，DNA 一般是双链，RNA 一般是单链，D 错误。

[在训练中评]

1. 选 C 核酸的元素组成主要是 C、H、O、N、P，任何一种核酸中都含有 P。核酸是一切生物的遗传物质。核酸分为两大类，一类是脱氧核糖核酸，基本单位是脱氧核糖核苷酸；一类是核糖核酸，基本单位是核糖核苷酸。所以 A、B、D 三项都是错误的。
2. 选 D RNA 是核糖磷酸的简称，水解后得到的化学物质是核糖（五碳糖）、碱基、磷酸，氨基酸是蛋白质的组成单位，葡萄糖是六碳糖，DNA 中含有脱氧核糖。
3. 选 A 根据题意判断，这种物质被用作产生新细胞时合成细胞核内某种成分的原料，所以只能在 A、C 两项中选择。如果注射的是脱氧核糖核酸，它一般情况下是不能被细胞直接吸收的，如果注射的是脱氧核糖核苷酸，它可以被吸收进细胞，在细胞分裂过程中 DNA 复制时被用来合成脱氧核糖核酸。本题要注意 DNA 和 RNA 化学组成的差别。

第五章 合成高分子

第一节 合成高分子的基本方法

预习新教材

[理清主干知识]

(一)1. 明确 重复结构单元 2.(1)加成 加聚 加聚物 (2)相同 可重复 低分子化合物

(二)1. 缩合 缩合 缩聚 3.(1)小分子 (2)小分子副产物

4.(1)端基原子或原子团 (2)一致 ①$n-1$

$$n\underset{\text{6-羟基己酸}}{HO-\overset{O}{\overset{\|}{C}}(CH_2)_5OH} \xrightleftharpoons[\triangle]{催化剂} \underset{\text{聚-6-羟基己酸酯}}{HO\left[\overset{O}{\overset{\|}{C}}(CH_2)_5O\right]_nH}+(n-1)H_2O$$

②$2n-1$

$$\underset{\text{对苯二甲酸}}{nHO-\overset{O}{\overset{\|}{C}}-C_6H_4-\overset{O}{\overset{\|}{C}}-OH}+\underset{\text{1,4-丁二醇}}{nHO-(CH_2)_4-OH} \xrightleftharpoons[\triangle]{催化剂}$$

$$\underset{\text{聚对苯二甲酸丁二酯}}{HO\left[\overset{O}{\overset{\|}{C}}-C_6H_4-\overset{O}{\overset{\|}{C}}-O(CH_2)_4O\right]_nH}+(2n-1)H_2O$$

[诊断自学效果]

1. 选 C 从有机化合物的结构简式可知，该高聚物是由 $CH_2=CHCOOCH_2CH_3$ 经加聚反应生成的，其链节为 $-CH_2-\underset{COOC_2H_5}{\underset{|}{CH}}-$。
2. 选 C 高分子化合物是混合物，A 错；由聚乳酸的结构可知，该物质是由乳酸的羟基和羧基脱水而生成的，属于缩聚反应，C 对，D 错；乳酸显酸性，但聚乳酸不显酸性，B 错。
3. ①$nCH_2=CH_2 \xrightarrow{催化剂} \left[CH_2-CH_2\right]_n$

②$nCH_2=CH-CH=CH_2 \xrightarrow{催化剂} \left[CH_2-CH=CH-CH_2\right]_n$

③$nCH_2=CH_2+nCH_2=\overset{CH_3}{\overset{|}{CH}} \xrightarrow{催化剂} \left[CH_2-CH_2-CH_2-\overset{CH_3}{\overset{|}{CH}}\right]_n$

④$nHOCH_2COOH \xrightleftharpoons{催化剂} H\left[O-CH_2-\overset{O}{\overset{\|}{C}}\right]_nOH+(n-1)H_2O$

⑤$n\begin{matrix}COOH\\|\\COOH\end{matrix}+n\begin{matrix}CH_2OH\\|\\CH_2OH\end{matrix} \xrightleftharpoons{催化剂}$

$H\left[O-CH_2-CH_2-O-\overset{O}{\overset{\|}{C}}-\overset{O}{\overset{\|}{C}}\right]_nOH+(2n-1)H_2O$

研讨新知识

新知探究(一)

[在探究中学]

1. $nCH_3-CH=CH_2 \xrightarrow{催化剂} \left[\underset{CH_3}{\underset{|}{CH}}-CH_2\right]_n$

单体 链节 聚合度

2.(1)$nCH_2=CH-COOH \xrightarrow{催化剂} \left[CH_2-\underset{COOH}{\underset{|}{CH}}\right]_n$

(2)$nCH_2=\underset{C_6H_5}{\underset{|}{CH}} \xrightarrow{催化剂} \left[CH_2-\underset{C_6H_5}{\underset{|}{CH}}\right]_n$

(3)$nCH_2=CH-CH=CH_2 \xrightarrow{催化剂} \left[CH_2-CH=CH-CH_2\right]_n$

(4)$nCH_2=CH_2+nCH_2=CH-CH_3 \xrightarrow{催化剂}$

$\left[CH_2-CH_2-CH_2-\underset{CH_3}{\underset{|}{CH}}\right]_n$（或$\left[CH_2-CH_2-\underset{CH_3}{\underset{|}{CH}}-CH_2\right]_n$）

(5)$nCH_2=CH-CH_3+nCH_2=CH-CH=CH_2 \xrightarrow{催化剂}$

$\left[CH_2-\underset{CH_3}{\underset{|}{CH}}-CH_2-CH=CH-CH_2\right]_n$

（或$\left[\underset{CH_3}{\underset{|}{CH}}-CH_2-CH_2-CH=CH-CH_2\right]_n$）

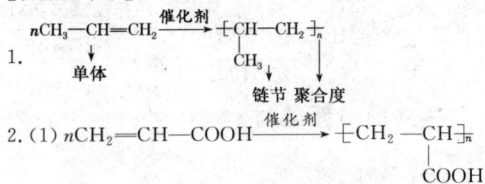

3.(1) $CH_2=\overset{CH_3}{\overset{|}{C}}-COOCH_3$ (2)$CH_2=CH_2$ 和 $CH_2=CHCH_3$

(3) $CH_2=CH-\underset{CH_3}{\underset{|}{C}}=CH_2$

[在训练中评]

1. 选 B 根据链节上的碳原子数目和键的类型可判断其单体是二烯烃 $CH_2=CH-\underset{CH_3}{\underset{|}{C}}=CH_2$。
2. 选 AB A 和 B 的单体都是 $CH_2=CH_2$ 和 $CH_2=CHCH_3$，C 的单体是 $CH_2=CHCH=CHCH_3$ 和 $CH_2=CH_2$，D 的单体是 $CH_2=CHCH=CH_2$ 和 $CH_2=CHCH_3$。
3. 选 D 由该聚合物的结构片段可知其单体为 $CH_2=\underset{CH_3}{\underset{|}{C}}-COOCH_3$，分子中含有碳碳双键和酯基。由于含有碳碳双键可使酸性 $KMnO_4$ 溶液褪色，可与 H_2 发生加成反应生成 $CH_3-\underset{CH_3}{\underset{|}{CH}}-COOCH_3$（2-甲基丙酸甲酯），A、C 项正确；含有酯基可在碱性条件下水解生成钠盐，B 项正确；由于单体中其中一个双键碳上有两个氢原子，不可能形成顺反异构体。

新知探究(二)

[在探究中学]

1.提示:

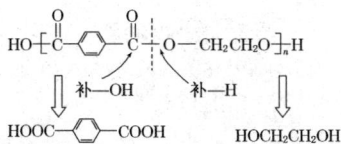

$HO\text{-}[\overset{O}{\overset{\|}{C}}\text{-}C_6H_4\text{-}\overset{O}{\overset{\|}{C}}\text{-}|\text{-}O\text{-}CH_2CH_2O\text{-}]_n H$（在虚线处断开，补—OH、补—H）

$HOOC\text{-}C_6H_4\text{-}COOH$　　$HOCH_2CH_2OH$

2.(1) $H\text{-}[O\text{-}\underset{}{\overset{CH_3}{CH}}\text{-}\overset{O}{\overset{\|}{C}}]_n\text{-}OH+(n-1)H_2O$

(2) $H\text{-}[OCH_2CH_2O\text{-}\overset{O}{\overset{\|}{C}}\text{-}\overset{O}{\overset{\|}{C}}]_n\text{-}OH+(2n-1)H_2O$

(3)① $H\text{-}[NH(CH_2)_5\overset{O}{\overset{\|}{C}}]_n\text{-}OH+(n-1)H_2O$

② $H\text{-}[NHCH_2\overset{O}{\overset{\|}{C}}\text{-}NH\text{-}\underset{CH_3}{CH}\text{-}\overset{O}{\overset{\|}{C}}]_n\text{-}OH+(2n-1)H_2O$

(4) $H\text{-}[NH(CH_2)_6\text{-}NH\text{-}\overset{O}{\overset{\|}{C}}(CH_2)_4\overset{O}{\overset{\|}{C}}]_n\text{-}OH+(2n-1)H_2O$

[在训练中评]

1.选A　由题干中给出的高聚物的部分结构可知,该高聚物中含有酯基,是某单体通过缩聚反应制得,单体是$CH_3CH(OH)COOH$。

2.解析:(1)该高分子化合物是由乙二醇和乙二酸经缩聚反应得到的,故R为乙烯。(2)此聚合物中含有肽键,其单体是$H_2N(CH_2)_5COOH$。(3)由高聚物的结构片段分析,此高聚物属于高聚酯,因而属于酯化型缩聚反应。联想酯化反应的特征即可推出酸和醇的结构片段:$\text{-}\overset{O}{\overset{\|}{C}}\text{-}C_6H_4\text{-}\overset{O}{\overset{\|}{C}}\text{-}$和$\text{-}OCH_2CH_2O\text{-}$,再连接上—OH或—H即得到单体的结构简式。

答案:(1)D

(2)$H_2N\text{-}(CH_2)_5COOH$　缩聚反应

(3) $HO\text{-}\overset{O}{\overset{\|}{C}}\text{-}C_6H_4\text{-}\overset{O}{\overset{\|}{C}}\text{-}OH$　$HOCH_2CH_2OH$　缩合聚合(或缩聚)

$nHO\text{-}\overset{O}{\overset{\|}{C}}\text{-}C_6H_4\text{-}\overset{O}{\overset{\|}{C}}\text{-}OH+nHOCH_2CH_2OH\xrightarrow{催化剂}$

$HO\text{-}[\overset{O}{\overset{\|}{C}}\text{-}C_6H_4\text{-}\overset{O}{\overset{\|}{C}}\text{-}OCH_2CH_2O]_n\text{-}H+(2n-1)H_2O$

第二节　高分子材料

预习新教材

[理清主干知识]

(一)1.合成树脂　加工助剂　(2)①酚　醛　酸　碱

② $C_6H_5\text{-}OH+H\text{-}\overset{O}{\overset{\|}{C}}\text{-}H\xrightarrow{H^+}$ (邻-CH_2OH)$C_6H_4\text{-}OH$

n(邻-CH_2OH)$C_6H_4\text{-}OH\xrightarrow{H^+}H\text{-}[\overset{OH}{C_6H_3}\text{-}CH_2]_n\text{-}OH+(n-1)H_2O$

2.天然　化学

(1) $nHOOC\text{-}C_6H_4\text{-}COOH+nHOCH_2CH_2OH\underset{\triangle}{\overset{催化剂}{\rightleftharpoons}}$

$HO\text{-}[\overset{O}{\overset{\|}{C}}\text{-}C_6H_4\text{-}\overset{O}{\overset{\|}{C}}\text{-}OCH_2CH_2\text{-}O]_n\text{-}H+(2n-1)H_2O$

(2) $nH_2N\text{-}(CH_2)_6\text{-}NH_2+nHO\text{-}\overset{O}{\overset{\|}{C}}(CH_2)_4\overset{O}{\overset{\|}{C}}\text{-}OH\underset{\triangle}{\overset{催化剂}{\rightleftharpoons}}$

$HO\text{-}[\overset{O}{\overset{\|}{C}}(CH_2)_4\overset{O}{\overset{\|}{C}}\text{-}NH(CH_2)_6NH]_n\text{-}H+(2n-1)H_2O$

3.(1)天然　合成

(二)1.(2)①淀粉　纤维素　强亲水　网状结构　②强亲水　网状结构　$\text{-}[CH_2\text{-}\underset{COONa}{CH}]_n\text{-}$　2.(1)小分子　(2)反渗透　(3)有机高分子　(4)海水　饮用水　浓缩　提纯　透析

[诊断自学效果]

1.选D　塑料的主要成分是合成树脂,为了适应工农业生产和生活的各种要求,通常在高分子材料中掺入各种加工助剂来改善其性能,A项正确。塑料根据其受热特征可分为热塑性塑料和热固性塑料,酚醛树脂就是热固性塑料,B、C项正确。

2.选C　"尿不湿"的材料应是亲水但不溶于水的物质,选项中只有$\text{-}[CH_2\underset{OH}{CH}]_n\text{-}$中的—OH属于亲水基而其自身属于高分子化合物,不溶于水。

3.选C　尼龙-1010分子结构中含有若干肽键$\text{-}\overset{O}{\overset{\|}{C}}\text{-}\overset{H}{N}\text{-}$,因此它是通过缩聚反应制成的,A项错误、C项正确;合成尼龙-1010的单体是$H_2N(CH_2)_{10}NH_2$和$HOOC(CH_2)_8COOH$,B项错误;由于舱外航天服是航天员在太空失重的情况下穿的,不需要考虑选轻质材料,D项错误。

4.解析:(1)从天然橡胶成分的结构简式可知,天然橡胶为线型结构的高分子,能溶于汽油等有机溶剂。天然橡胶硫化后,引入的硫原子可通过形成共价键,使高分子链发生交联,形成网状结构,故硫化橡胶不能溶于汽油。

(2)天然橡胶的单体中含有两个碳碳双键,能发生加成反应,使溴水褪色。

答案:(1)天然橡胶是线型结构　线型结构　网状结构　不能　(2)能

研讨新知识

新知探究

[在探究中学]

1.提示:降解后的单体为乳酸,通过缩聚反应。

2.提示:聚乙烯分子链上的碳原子完全由碳碳单键相连,可以发生旋转,使分子链不可能呈一条直线,只能呈不规则的卷曲状态。大量聚乙烯分子纠缠在一起,好似一团乱麻。当有外力作用时,卷曲的高分子链可以被拉直或部分被拉直,除去外力后又恢复卷曲状态。因此,一般的高分子材料都具有一定的弹性。

3.提示:高分子链之间的作用力与链的长短有关,高分子链越长,高分子相对分子质量越大,高分子链之间的作用力越大。此外,还与高分子链之间的疏密远近有关。低密度聚乙烯的主链有较多长短不一的支链,支链结构有碍碳碳单键的旋转和链之间的接近,链之间的作用力就比高密度聚乙烯的小,软化温度和密度也就较低;相反,高密度聚乙烯的支链较少,链之间易于接近,相互作用力较大,软化温度和密度都较高。

4.提示:在通用高分子材料基础上改进的导电塑料;利用高分子分离膜可以进行海水淡化或污水净化;导弹技术中利用复合材料提高耐腐蚀性;医用高分子材料的发展可以使人类能够制造各种人工器官等。

[在应用中悟]

[典例]　选A　复合材料是指两种或两种以上材料组成的一种新型材料,所以复合材料应具有两种或两种以上成分。铝塑管、涤棉织品、玻璃钢是复合材料;聚苯乙烯树脂是由苯乙烯这一单一成分加聚产生,故不是复合材料。

[在训练中评]

1.选B　根据题目信息可知,硫化程度较高的橡胶强度大,弹性差,选项中汽车外胎强度最大,弹性最差。

2.选B　B项中半导体材料单晶硅,属于传统的无机非金属材料。

3.选C　聚乙烯醇缩甲醛纤维(维纶)分子结构中含有吸水性强的基团——羟基,故吸湿性较好。

配套检测卷答案

课时跟踪检测(一)

1. 选 A　A 项,含碳碳双键和碳溴键;B 项,只含碳碳三键;C 项,只含碳氯键;D 项,含碳氯键、硝基和碳碳双键 3 种官能团。
2. 选 B　8 种物质中含有 5 种官能团,分别为碳碳双键、酚羟基、醇羟基、碳氯键、碳碳三键,可分为 5 类物质。
3. 选 C　A、B、D 均为链状烃,C 中含有苯环,属于芳香烃,所以 C 与其他有机化合物的碳的骨架不一样。
4. 选 C　维生素 C 中含酯基而丁香油酚中不含酯基;维生素 C 中含醇羟基而不含酚羟基,丁香油酚中含酚羟基而不含醇羟基;维生素 C 中不含苯环,维生素 C 和丁香油酚中均含有碳碳双键。
5. 选 A　甲乙环丙胺中含有环丙基,属于环状化合物,A 正确;甲基不是官能团,B 错误;该有机化合物中不含酰胺基,不是酰胺类化合物,C 错误;该有机化合物中含有氮原子,不是烃类,D 错误。
6. 选 D　乙烯属于具有不饱和结构的烯烃,而聚乙烯结构中只有 C—C 键及 C—H 键,A 错;B 中给出的物质的官能团为酯基,故该物质属于酯类物质,B 错;C 中给出的两种物质虽然都含有羟基,但因为前者羟基是与苯环直接相连,后者羟基是与链烃基直接相连,故前者属于酚,后者属于醇,C 错;绝大多数有机化合物都含有官能团,但烷烃没有官能团,D 正确。
7. 选 C　芳香烃是指分子中含有苯环的烃,题给分子中含有 N、O、Br 原子,A、B 均错误;分子中无酚羟基,故不可能属于酚类,D 错误。
8. 选 A　A 项不含苯环,不属于苯的同系物;B 项含有苯环,属于芳香化合物;C 项中的化合物只含有碳、氢两种元素,且分子中含有碳碳双键,故属于不饱和烃;D 项中的化合物含有羟基,且未与苯环直接相连,故属于醇类。
9. 选 B　该有机化合物含有氧元素,不可能为烃,也不可能为烯烃,排除①③,进而可排除 A、D;该有机化合物含有苯环,但同时也含有氧原子,所以不是苯的同系物,⑤不正确,排除 C。
10. 选 B　烃中只含有碳、氢两种元素,该物质中含有 C、H、O 三种元素,B 项错误。
11. 选 B　A 项,分子中无苯环,不属于芳香族化合物,属于醇;B 项,分子中含羧基,属于羧酸;C 项,官能团为羰基,属于酮;D 项,羟基不直接连在苯环上,属于醇。
12. 选 BC　由该物质的结构简式可知,其分子式为 $C_{15}H_{28}O_4N_4$,A 项错误;该物质含有环状结构,属于环状化合物,B 项正确;由手性碳原子的定义可知,该物质含 5 个手性碳原子,C 项正确;由结构简式可知分子中含有氨基、羧基、羟基和肽键。该分子中不含酯基,D 项错误。
13. **解析**:分子中含有羟基,但不与苯环直接相连的有机化合物属于醇,有①③;只由 C、H 两种元素形成的化合物属于烃,有⑤⑦;含有苯环的化合物属于芳香族化合物,有①②⑥;⑧中官能团是酯基,属于酯,④也是;⑥分子中只有羧基 1 种官能团。③、④、⑤和⑨都是脂环类化合物,⑨中含有氨基,属于胺类化合物。

    答案:(1)①③　(2)⑤⑦　(3)①②⑥　(4)酯基　④　(5)1
    (6)③④⑤⑨　(7)⑨
14. **解析**:绿原酸中含有羧基、醇羟基、酚羟基、酯基、碳碳双键 5 种官能团,其中含氧官能团有 4 种,故它可以看作是醇、酚、羧酸、酯类。

    答案:(1)5　羧基、酯基、醇羟基、酚羟基、碳碳双键
    (2)醇、酚、羧酸、酯
15. **解析**:各种物质含有的官能团如下:

物质	A	B	C	D	E	F	G
官能团	碳氯键	碳氯键、羧基	羟基、羧基	羟基	醛基	羧基	酯基、羧基

答案:(1)A、D、E、F　(2)B、C、F、G　(3)$C_{16}H_{12}O_6$　(4)A

16. **解析**:(1)根据化合物的结构简式可知它含有的官能团有羟基、醛基、碳碳双键,分子中不存在苯环,含有六元环,因此它属于脂环化合物。(2)①根据酚酞的结构简式可知其化学式为 $C_{20}H_{14}O_4$。②从结构上看分子中含有酚羟基、酯基,因此酚酞可看作芳香化合物、酚、酯。(3)①根据莽草酸的结构简式可知从上到下对应的官能团依次是羧基、碳碳双键、羟基;②根据莽草酸的结构简式可知莽草酸的分子式为 $C_7H_{10}O_5$;③莽草酸分子中含有羧基、羟基,因此从有机化合物按官能团分类的角度考虑,莽草酸属于羧酸类、醇类。

    答案:(1)羟基、醛基、碳碳双键　脂环　(2)①$C_{20}H_{14}O_4$
    ②BDF　(3)①羧基　碳碳双键　羟基　②$C_7H_{10}O_5$　③羧酸　醇

课时跟踪检测(二)

1. 选 B　同一分子中的 π 键不如 σ 键牢固,反应时比较容易断裂,故 A 正确;单键中只含有 σ 键,而含有 π 键的分子中一定含有 σ 键,故 B 错误;氢原子、氯原子等最外层只有一个电子,跟其他原子形成分子时只能形成 σ 键,不能形成 π 键,故 C 正确;含有 π 键的分子中一定含有 σ 键,则当原子形成分子时,首先形成 σ 键,可能形成 π 键,故 D 正确。
2. 选 C　有机化合物分子中省去碳、氢元素符号,只表示化学键的连接情况,每个拐点和终点均表示连接有一个碳原子,这样的式子称为键线式,碳碳双键、碳碳三键等不能省略。在所给的键线式中有两个拐点和两个终点,所以表示是 4 个碳原子,又在分子结构中有一个碳碳双键,它是一个烯烃,即为丁烯。
3. 选 B　乙醇和二甲醚的分子式相同,结构不同,官能团不同,互为同分异构体。
4. 选 A　a 的分子式为 C_4H_8,d 的分子式为 C_4H_8,二者分子式相同、结构不同,互为同分异构体,故 A 正确;b 的分子式为 C_5H_{12},c 的分子式为 C_4H_{10},都是烷烃,互为同系物,故 B 错误;a 的结构简式为 $(CH_3)_2C{=}CH_2$,含有碳碳双键,能发生加成反应,d 为环烷烃,不含不饱和键,不能发生加成反应,故 C 错误;a、d 也能发生取代反应,故 D 错误。
5. 选 D　分子中可只含 σ 键,但含 π 键时一定含 σ 键,则 σ 键一般能单独形成,而 π 键一般不能单独形成,故 A 正确;σ 键为轴对称,π 键为镜面对称,则 σ 键可以绕键轴旋转,π 键一定不能绕键轴旋转,故 B 正确;双键、三键中均只含 1 个 σ 键,其余为 π 键,则碳碳双键中有一个 σ 键、一个 π 键,碳碳三键中有一个 σ 键,两个 π 键,故 C 正确;三种分子中分别含 C—C、C=C、C≡C 键,则 C—C 的键长、键能均不相同,故 D 错误。
6. 选 D　轴烯与苯分子式都是 C_6H_6,二者分子式相同,结构不同,互为同分异构体,D 项正确。
7. 选 B　$C_4H_{10}O$ 作为醇,其结构简式可写为 C_4H_9OH,由于—C_4H_9 有 4 种同分异构体,故 C_4H_9OH 作为醇也有 4 种同分异构体。
8. 选 C　乙烯中存在 4 个 C—H 键和 1 个 C=C 双键,没有孤对电子,成键数为 3,则 C 原子采取 sp^2 杂化,C—H 之间是 sp^2 形成的 σ 键,C=C 之间有 1 个 sp^2 形成的 σ 键和 1 个未参加杂化的 2p 轨道形成的 π 键。
9. 选 BC　根据等效氢法可知,四种物质的等效氢如下图所示:

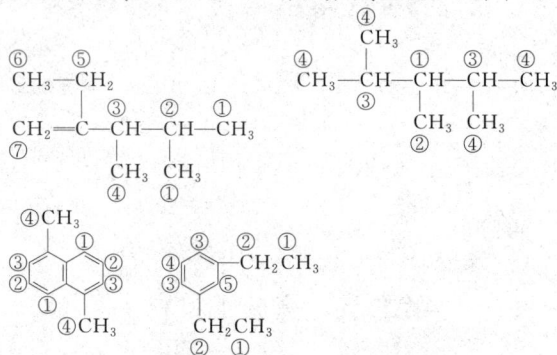

```
 ⑥      ⑤                                    ④
CH3—CH2                                      CH3
        |                                     |
        |    ③    ②    ①              ④    |     ①    ③    ④
CH2=C—CH—CH—CH3                     CH3—CH—CH—CH—CH3
 ⑦       |     |                            ③     |     |
        CH3   CH3                                 CH3   CH3
         ④     ①                                  ②     ④
```

```
  ④CH3
     |   ①                   ③   ②  ①
③ /\/\ ②                   ④ /\—CH2CH3
② \/\/ ③                   ③ \/ ⑤
    ① |                          |
    ④CH3                       CH2CH3
                                 ②  ①
```

物质 B、C 一氯代物均为 4 种,物质 A 为 7 种,D 为 5 种。
10. 选 C　一氯代产物只有一种说明分子中只有一种氢原子,而只有新戊烷具有这样的特点,所以应选择 C。
11. 选 D　青蒿素的分子式为 $C_{15}H_{22}O_5$,双氢青蒿素分子式为 $C_{15}H_{24}O_5$,二者不是同分异构体也不是同系物,A、B、C 错误;青蒿素分子中含有酯基、醚键,D 正确。
12. 选 B　$\frac{100}{12}=8\cdots\cdots4$,但 C_8H_4 不可能含有 4 个甲基,所以该烃分子式为 C_7H_{16},含有 4 个甲基的结构可能为

```
      CH3                                     CH3
      |                                       |
CH3—C—CH2—CH2—CH3 、 CH3—CH2—C—CH2—CH3 、
      |                                       |
      CH3                                     CH3
CH3—CH—CH—CH2—CH3 、 CH3—CH—CH2—CH—CH3 ,
      |    |                      |          |
      CH3  CH3                    CH3        CH3
```

共 4 种。
13. (1)①③　⑥　②　④　⑤
(2)C_6H_{12}　CH_2　(3)羟基　醛基

14. **解析**：解题关键是明确同素异形体、同分异构体、同系物、同位素的概念及所研究的对象，它们的研究对象分别是单质、化合物、化合物、原子。

答案：(1)③ (2)⑥ (3)②、④ (4)⑦ (5)①

15. **解析**：(1)根据键线式可知：该有机化合物有7个碳原子，因为碳原子成四键，所以端点的5个碳原子上各连有2个氢原子，中间每个碳原子上各连有1个氢原子，所以氢原子数目为 $5\times2+2\times1=12$，故该有机化合物的分子式是 C_7H_{12}。(2)该有机化合物的一氯代物有 Cl 、 Cl 和 Cl ，它们互为同分异构体。

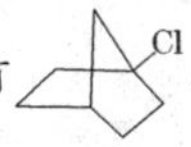

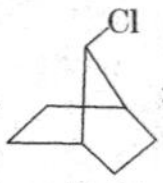

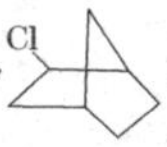

(3)该有机化合物属于环烷烃，所以是饱和的，芳香烃必须含有苯环。

答案：(1)C_7H_{12} (2)3 (3)AB

16. **解析**：首先找出分子的对称中心，确定等效氢的种类，然后确定取代产物的种类。

(1)依据碳的四价原则，推知环辛四烯分子中每个碳原子只结合一个氢原子，故环辛四烯的分子式为 C_8H_8。

(2)根据同分异构体的概念即可做出判断。同分异构体是分子式相同、结构不同的化合物，因此苯与棱晶烷(分子式均为 C_6H_6)、乙烯基乙炔与正四面体烷(分子式均为 C_4H_4)、环辛四烯与立方烷(分子式均为 C_8H_8)互为同分异构体。

(3)正四面体烷完全对称，分子中只有一种化学环境的氢原子，一氯取代物只有一种；立方烷分子中只有一种化学环境的氢原子，但其二氯取代物有3种，分别为

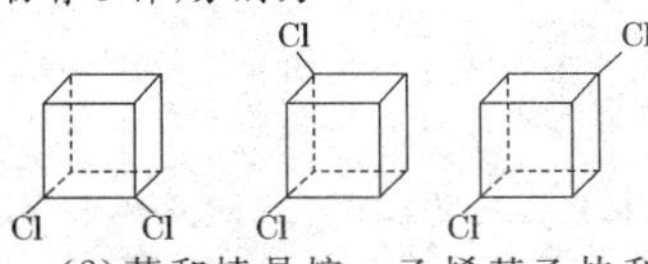

答案：(1)C_8H_8 (2)苯和棱晶烷 乙烯基乙炔和正四面体烷 环辛四烯和立方烷 (3)1 3

17. **解析**：(1)乙酸乙酯的键线式为 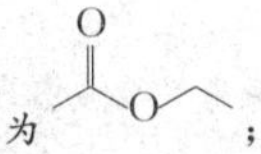 ； 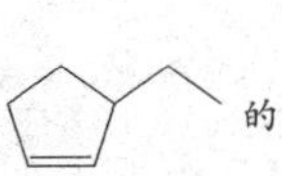 的分子式为 C_7H_{12}。

(2)C_5H_{12} 有三种同分异构体：$CH_3CH_2CH_2CH_2CH_3$、$CH_3CH(CH_3)CH_2CH_3$、$C(CH_3)_4$；其中一氯代物只有一种结构的为 $C(CH_3)_4$。

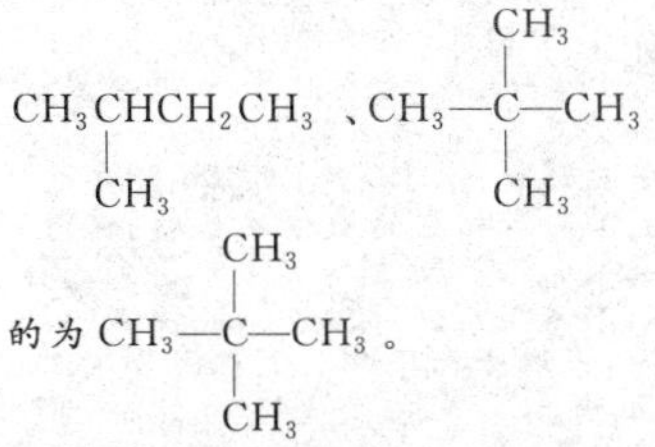

(3)C_4H_{10} 的同分异构体有两种：$CH_3CH_2CH_2CH_3$、$CH_3CH(CH_3)CH_3$；$CH_3CH_2CH_2CH_3$ 分子中有2种化学环境不同的H原子，其一氯代物有2种分别为：$CH_3CH_2CHClCH_3$、$CH_3CH_2CH_2CH_2Cl$；$CH_3CH(CH_3)CH_3$ 分子中有2种化学环境不同的H原子，其一氯代物有2种分别为：$CH_3CCl(CH_3)CH_3$、$CH_3CH(CH_3)CH_2Cl$。

答案：(1) 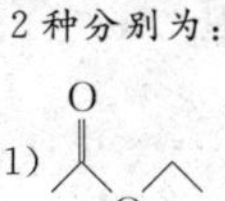 C_7H_{12} (2)$C(CH_3)_4$

(3)$CH_3CH_2CHClCH_3$ $CH_3CH_2CH_2CH_2Cl$
$CH_3CCl(CH_3)CH_3$ $CH_3CH(CH_3)CH_2Cl$

课时跟踪检测(三)

1. 选C 利用核磁共振氢谱可测定有机化合物分子中氢原子在碳骨架上的位置和数目，而质谱法通常用于精确测定有机化合物的相对分子质量。
2. 选C 红外光谱可用于判断基团种类。
3. 选AD 该物质完全燃烧生成水和二氧化碳的分子数比为2∶1，即 $N(H_2O)\colon N(CO_2)=2\colon1$，则该物质中氢原子与碳原子个数之比为 $(2\times2)\colon1=4\colon1$，化学式满足 $N(C)\colon N(H)=1\colon4$ 的有 CH_4、CH_3OH。
4. 选B 氧的质量分数为50%，则 $N(O)<\frac{150\times50\%}{16}\approx4.7$，因此最多为4个氧原子，则该有机化合物相对分子质量为128，则C、H质量和最多也只能为 $128-64=64$，根据商余法，$\frac{64}{12}=5\cdots\cdots4$，整数商为5，余数为4，所以碳原子数最多为5。
5. 选B 分液漏斗中下层液体从下口放出，上层液体从上口倒出，A项错误。可以利用蒸馏的方式分离两种沸点不同的有机化合物，B项正确。苯的密度比水小，水层在下，从分液漏斗的下端放出，含碘的苯溶液应从上口倒出，C项错误。提纯混有少量硝酸钾的氯化钠的正确操作为蒸发结晶、趁热过滤、洗涤、干燥，D项错误。
6. 选B 从题图中可看出其右边最高峰质荷比为16，是 H^+ 质荷比的16倍，即其相对分子质量为16，为甲烷。
7. 选A 两种烃含碳的质量分数相同，则含氢的质量分数也相同，即两者实验式也一定相同；而实验式相同的有机化合物，其分子式可能不同，故它们不一定是同分异构体，也不一定是同系物；其各1 mol完全燃烧所消耗 O_2 的质量也不一定相等。
8. 选B 核磁共振氢谱可以测定有机化合物中氢原子的种类和数目；此图中出现了四个峰，说明原分子中有4种不同的氢原子；A项中有2种氢原子；B项中有4种氢原子；C项中有2种氢原子；D项中有3种氢原子。
9. 选D A项错误，分离装置的选取和分离原理均错误，胶体粒子能通过滤纸，不能通过半透膜，普通过滤装置不能达到纯化胶体的目的；B项错误，分离装置的选取和分离原理均错误，因为两者互溶，所以可利用两者的沸点不同采用蒸馏的方法进行分离；C项错误，分离原理描述错误，其原理是利用粗盐中各成分的溶解度不同首先通过过滤除去不溶性杂质，再依次加入足量 NaOH、$BaCl_2$、Na_2CO_3 溶液，过滤除去杂质离子 Mg^{2+}、Ca^{2+}、SO_4^{2-} 等，最后加入适量盐酸并依据氯化钠的溶解度受温度影响变化不大的原理通过蒸发结晶得到精盐；D项正确，利用两种液体的沸点不同，采用蒸馏的方法进行分离。
10. 选D A项中处在不同化学环境中的氢原子有2种，其个数比为6∶2，不符合题意；B项如图所示：②③③②①$OCH_3$①OCH_3，氢原子有3种，其个数比为3∶1∶1，不符合题意；C项如图所示：H_3C①③③②②③③$CH_3$①，氢原子有3种，其个数比为6∶2∶8，不符合题意；D项如图所示：H_3C①②②②②$CH_3$①，氢原子有2种，其个数比为3∶2，符合题意。
11. 选C $n(H_2O)=\frac{14.4\ g}{18\ g\cdot mol^{-1}}=0.8\ mol$，

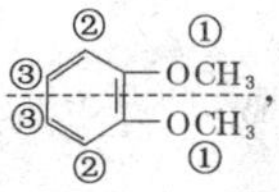

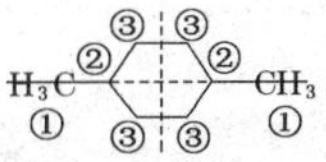

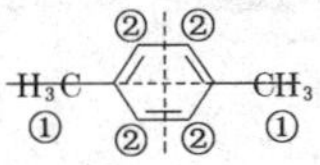

$n(CO_2)=\frac{26.4\ g}{44\ g\cdot mol^{-1}}=0.6\ mol$。

有机化合物中氧元素的物质的量为

$\frac{12\ g-0.6\ mol\times12\ g\cdot mol^{-1}-0.8\ mol\times2\times1\ g\cdot mol^{-1}}{16\ g\cdot mol^{-1}}=0.2\ mol$。

则 $n(C)\colon n(H)\colon n(O)=0.6\colon(0.8\times2)\colon0.2=3\colon8\colon1$。

故有机化合物的分子式为 C_3H_8O。

12. **解析**：硝酸钾在水中的溶解度随温度升高明显增大而NaCl在水中的溶解度受温度影响不大，采用重结晶和过滤可将其分离；水和汽油互不相溶，分层，可用分液法进行分离；CCl_4 和甲苯两种互溶的液体，沸点差大于30 ℃，可用蒸馏法分离；乙烯可被溴水吸收，可用洗气的方法除去；碘在有机溶剂中溶解度大，可用萃取分液方法提纯。

答案：(1)CF (2)D (3)E (4)G (5)A

13. **解析**：(1)据题意可知 $N(C)\colon N(H)\colon N(O)=\frac{52.2\%}{12}\colon\frac{13.0\%}{1}\colon\frac{100\%-52.2\%-13.0\%}{16}=2\colon6\colon1$，该有机化合物的分子式为 C_2H_6O，据题中信息可知该有机化合物中所有氢原子均为等效氢原子，其结构简式只能是 CH_3-O-CH_3。

(2)甲分子中共有4种不同结构的氢原子，故在核磁共振氢谱中会给出4个相应的峰，其氢原子个数比为2∶2∶1∶1，故其峰强度之比也为2∶2∶1∶1。乙分子中共有2种不同的氢原子，故在核磁共振氢谱中会给出两个相应的峰，其氢原子数比为1∶1，峰强度之比为1∶1。

答案：(1)CH_3-O-CH_3

(2)4 2∶2∶1∶1 2 1∶1

14. **解析**：(1)粗品的制备既要防止反应物暴沸，又要防止生成物挥发。(2)精品的制备关键在于除杂，此问涉及分液和蒸馏。环己烯密度比水小在上层，洗涤时选用酸性 $KMnO_4$ 溶液会氧化环己烯，又因粗品中混有少量酸性物质，洗涤时不能再用稀 H_2SO_4，需用 Na_2CO_3 溶液将多余的酸除掉。其中的水分可用

生石灰除去。由于环已醇的沸点较低，制备粗品时随产品一起蒸出，导致产量低于理论值。(3)区分精品与粗品不能选用酸性$KMnO_4$溶液，因为二者皆可被$KMnO_4$氧化；由于粗品中含有环己醇等，可与钠作用产生气体，故可用 Na 加以区分；测定沸点则能很好的区分二者。

答案：(1)①防止暴沸　冷凝　②防止环己烯挥发
(2)①上　c　②g　除去水分　③83 ℃　c　(3)bc

15. **解析**：(1)由图 A 分子的质谱图，可知 A 的相对分子质量为 90。9 g A 的物质的量为$\frac{9\ g}{90\ g\cdot mol^{-1}}=0.1\ mol$，燃烧生成二氧化碳为$\frac{13.2\ g}{44\ g\cdot mol^{-1}}=0.3\ mol$，生成水为$\frac{5.4\ g}{18\ g\cdot mol^{-1}}=0.3\ mol$，则有机化合物分子中$N(C)=\frac{0.3\ mol}{0.1\ mol}=3$、$N(H)=\frac{0.3\ mol\times 2}{0.1\ mol}=6$，则分子中$N(O)=\frac{90-12\times 3-6}{16}=3$，故有机化合物 A 的分子式为$C_3H_6O_3$。(2)A能与 $NaHCO_3$ 溶液发生反应生成 CO_2，则 A 一定含有羧基。(3)有机化合物 A 的分子式为 $C_3H_6O_3$，含有羧基，A 分子的核磁共振氢谱有 4 个吸收峰，说明含有 4 种氢原子，峰面积之比是 1：1：1：3。则 4 种氢原子数目为 1：1：1：3。故 A 的结构简式为 $CH_3CH(OH)COOH$。(4)官能团与 A 相同的同分异构体的结构简式：$HOCH_2CH_2COOH$。

答案：(1)90　$C_3H_6O_3$　(2)羧基
(3)$CH_3CH(OH)COOH$　(4)$HOCH_2CH_2COOH$

章末检测验收(一)

1. 选 A　羧酸的官能团为—COOH，名称为羧基，故 A 正确；醛的官能团为—CHO，名称为醛基，故 B 错误；醇的官能团为—OH，名称为羟基，故 C 错误；氨基的结构简式为—NH_2，故 D 错误。

2. 选 A　$C_{17}H_{35}COO—CH_2$ / $C_{17}H_{35}COO—CH$ / $C_{17}H_{35}COO—CH_2$ 属于油脂，也是酯类，A 正确；(环己烯)分子中不存在苯环，不属于芳香化合物，B 错误；(萘)分子中含有苯环，属于芳香化合物，C 错误；(环己基—OH)分子中含有酚羟基，属于酚类，D 错误。

3. 选 D　碳、硅原子最外层都有 4 个电子，在分子中应是形成四个共价键，则 D 中得碳、硅原子之间应为双键。

4. 选 C　单键中只含有 σ 键，不含 π 键，选项 A 错误；苯环中的大 π 键非常稳定，选项 B 错误；σ 键是原子轨道沿着轴方向重叠而形成的，具有较大的重叠程度，所以 σ 键轴对称，可沿键轴自由旋转而不影响键的强度，选项 C 正确；σ 键比 π 键重叠程度大，选项 D 错误。

5. 选 A　A 项，只有 1 种等效氢原子，一氯代物有 1 种；B 项，一氯代物有 2 种；C 项，一氯代物有 5 种；D 项，一氯代物有 3 种。

6. 选 D　含相同元素的微粒可能为分子或离子，化学性质不一定相同，①正确；相对分子质量相同的物质不一定互为同分异构体，如一氧化碳和氮气，②错误；物质的结构决定性质，同分异构体的结构不同，性质不一定相同，③错误；同系物具有以下特征：结构相似、化学性质相似、通式相同，分子式不同、物理性质不同，④、⑤正确；同系物分子组成相差若干个“CH_2”原子团，故分子式不同，不互为同分异构体，⑥正确；根据同系物的概念，分子组成相差 $n(n\geqslant 1)$个 CH_2，即相对分子质量相差 $14n(n\geqslant 1)$，⑦正确；因同分异构体的分子式相同、各元素的质量分数也相同，所以分子式相同、各元素的质量分数也相同的物质不一定是同种物质，⑧错误。

7. 选 B　乙烷分子中有 1 种氢原子，所以一氯代物同分异构体有 1 种，二氯代物的同分异构体有 2 种，A 错误；正戊烷分子中有 3 种氢原子，所以一氯代物同分异构体有 3 种，二氯代物的同分异构体有 9 种，B 正确；正丁烷分子中有 2 种氢原子，所以一氯代物同分异构体有 2 种，二氯代物的同分异构体有 6 种，C 错误；丙烷分子中有 2 种氢原子，所以一氯代物同分异构体有 2 种，二氯代物的同分异构体有 4 种，D 错误。

8. 选 B　操作 A 是用轻汽油浸泡，该过程属于萃取；轻汽油与油脂的混合物需用蒸馏的方法分离。

9. 选 B　根据有机化合物燃烧生成的水和二氧化碳的质量，可计算出水和二氧化碳的物质的量，根据 C、H 元素守恒可计算有机化合物中 C、H 元素的物质的量和质量，有机化合物的质量减去碳、氢元素的质量和得氧元素的质量，从而计算出碳、氢、氧原子个数比得出最简式，故 B 正确，A 错误；若计算出的最简式中碳已达饱和可知分子式，若计算出的最简式中碳没饱和，则不能确定分子式，需要相对分子质量才能确定，若有机化合物没有同分异构体，则确定了分子式即可确定结构式，故 C、D 错误。

10. 选 D　正丁烷中核磁共振氢谱图中吸收峰数目是 2，故 A 错误；B 选项，有机化合物中核磁共振氢谱图中吸收峰数目是 3，错误；1-丁烯核磁共振氢谱图中吸收峰数目是 4，故 C 错误；D 选项，有机化合物中核磁共振氢谱图中吸收峰数目是 1，正确。

11. 选 A　根据核磁共振氢谱，有 3 种不同的峰，说明有 3 种不同的氢原子，CH_3CH_2OH 有 3 种不同氢原子，故 A 正确；B 项，有 2 种不同的氢原子，错误；C 项，有 4 种不同的氢原子，错误；D 项，有 2 种不同的氢原子，错误。

12. 选 B　A 项错误，蒸馏是利用混合物中各组分的沸点不同，将各组分蒸出然后冷却，属于物理变化；而干馏是煤在隔绝空气条件下加热分解，属于化学变化。B 项正确，重结晶法要求杂质在所选溶剂中溶解度很大或很小，易于除去；或有机化合物在热溶液中的溶解度较大，冷溶液中的溶解度较小，冷却后易于结晶析出。C 项错误，分离和提纯即可以利用物质的物理性质也可以利用物质的化学性质。D 项错误，萃取后分液时，打开分液漏斗活塞，从下口将下层液体放出，并及时关闭活塞，上层液体从上口倒出。

13. 选 A　3.2 g 该有机化合物在氧气中充分燃烧后生成的产物依次通过浓硫酸和碱石灰，分别增重 3.6 g 和 4.4 g，则生成水的质量是 3.6 g，所以氢原子的物质的量是 0.4 mol，生成的二氧化碳的质量是 4.4 g，碳原子的物质的量是 0.1 mol，根据原子守恒，可知 3.2 g 该有机化合物中含有 0.1 mol 碳原子和 0.4 mol 氢原子，$m(H)+m(C)=0.4\ mol\times 1\ g\cdot mol^{-1}+0.1\ mol\times 12\ g\cdot mol^{-1}=1.6\ g<3.2\ g$，故该有机化合物中一定含有碳、氢、氧三种元素，所以 A 正确。

14. 选 B　$\frac{N(C)}{N(H)}=\frac{24}{12}：\frac{5}{1}=2：5$，得其实验式为 C_2H_5，$M_r=\rho V_m=2.59\ g\cdot L^{-1}\times 22.4\ L\cdot mol^{-1}\approx 58\ g\cdot mol^{-1}$，$(24+5)n=58$，$n=2$，故其分子式为 C_4H_{10}。

15. 选 D　该有机化合物有 3 种不同化学环境的氢原子，有 3 个峰，A 错误；红外光谱图确定有机化合物官能团的种类和化学键，B 错误；质谱法中质荷比最大值为该有机化合物的相对分子质量，C 错误；核磁共振氢谱确定氢原子的种类和个数比，红外光谱图确定有机化合物官能团的种类和化学键，质谱法中质荷比最大值为该有机化合物的相对分子质量，D 正确。

16. 选 A　碳与氢两元素的质量比为 21：4，个数比为$\frac{21}{12}：\frac{4}{1}=7：16$。主链上有 5 个碳原子的结构共有 5 种：$(CH_3)_3CCH_2CH_2CH_3$，$(CH_3)_2CHCH(CH_3)CH_2CH_3$，$(CH_3)_2CHCH_2CH(CH_3)_2$，$CH_3CH_2C(CH_3)_2CH_2CH_3$，$CH_3CH_2CH(CH_2CH_3)_2$。

17. 选 AD　盆烯中有 3 种氢原子，所以一氯取代物有 3 种，A 项正确；盆烯和乙烯两者的结构不相似，在分子组成上不相差一个或 n 个 CH_2 原子团，不是同系物，B 项错误；盆烯的分子式为 C_6H_6，苯的分子式为 C_6H_6，分子式不同，不是同分异构体，C 项错误；盆烯中含有碳碳双键可以发生加成反应，D 项正确。

18. 选 C　步骤(1)是分离固液混合物，其操作为过滤，需要过滤装置，故 A 正确；步骤(2)是分离互不相溶的液体混合物，需进行分液，要用到分液漏斗，故 B 正确；步骤(3)是从溶液中得到固体，操作为蒸发，需要用到蒸发皿，而不用坩埚，故 C 错误；步骤(4)是利用混合液中组分的沸点不同，采取蒸馏操作从有机混合物中得到甲苯，需要蒸馏装置，故 D 正确。

19. 选 D　苯环上只有一个取代基，则苯环上有三种氢原子，苯基(C_6H_5—)的相对分子质量是 77，则取代基的相对分子质量是 59，对照核磁共振氢谱可知，取代基上的氢原子是等效的，对照红外光谱可判断，A 的结构简式是 C_6H_5—C(=O)—OCH_3，故 A、B、C 项均正确。与 A 含有相同官能团的同分异构体有 C_6H_5—O—C(=O)—CH_3、C_6H_5—CH_2—O—C(=O)—H、(邻-CH_3)C_6H_4—O—C(=O)—H、(间-H_3C)C_6H_4—O—C(=O)—H、H_3C—C_6H_4—O—C(=O)—H(对位)，共 5 种，故 D 项错误。

20. 选 AB　由两个甲苯分子(C_6H_5—CH_3)生成二甲苯(如 邻二甲苯 $C_6H_4(CH_3)_2$)和 苯，从结构简式可以知道发生的是取代反应，A 项错误；甲苯的相对分子质量小于二甲苯，故其沸点低于二甲苯，B 项错误；苯的沸点最低，故用蒸馏的方法可将苯从反应所得产物中首先分离出来，C 项正确；二甲苯混合物中，对二甲苯的熔点最高，故从二甲苯混合物中，用冷却结晶的方法可将对二甲苯分离出来，D 项正确。

21. **解析**：要选好萃取剂，因酒精既能溶解咖啡因，且在后来的分离操作中容易分离，得到产品，这种方法是萃取。从题意中可以发现，利用咖啡因易升华的特点，选择升华的分离操作方法。

答案：(1)$C_8H_{10}N_4O_2$　(2)B　(3)萃取　升华

22. **解析**:(1)产生氧气中含有水,应经过干燥后才可与有机化合物反应,生成二氧化碳和水,用无水氯化钙吸收水,用碱石灰吸收二氧化碳,整套装置顺序为D→C→E→B→A,干燥管的两端可以颠倒,各导管接口顺序为g、f、e、h、i、c(或d)、d(或c)、a(或b)、b(或a);(2)C中浓硫酸的作用是吸收水分,得到干燥纯净的O_2,即浓硫酸的作用是干燥O_2;(3)B中$CaCl_2$吸收反应生成的H_2O,A中碱石灰吸收反应生成的CO_2,E为有机化合物燃烧装置,$m(CO_2)=2.2\ g$,$n(CO_2)=0.05\ mol$,$m(H_2O)=0.9\ g$,$n(H_2O)=0.05\ mol$,则$m(C)+m(H)=0.05\ mol\times 12\ g\cdot mol^{-1}+0.05\ mol\times 2\ g\cdot mol^{-1}=0.7\ g$,所以有机化合物中不含氧元素,所以该有机化合物中C、H两种元素的原子个数比是$n(C):n(H)=0.05:(0.05\times 2)=1:2$,故该有机化合物的最简式为$CH_2$;(4)已知在相同条件下该M蒸气相对氢气的密度为35,M的相对分子质量为$35\times 2=70$,设M的分子式为$(CH_2)_n$,则$n=70\div 14=5$。M的分子式为C_5H_{10};若有机化合物M不能使溴水褪色,且其核磁共振氢谱只有一个吸收峰,说明M中不存在不饱和键,应该含有1个碳环,其不存在支链,则M为环戊烷,其结构简式为⬠;若该有机化合物M分子中所有碳原子一定都在同一平面内,且能使溴水褪色,在催化剂作用下能与H_2加成,其加成产物分子中含有3个甲基,说明M分子中含有1个碳碳双键,则M的结构简式为$CH_3—C(CH_3)═CH—CH_3$。

答案:(1)gfehicdab (2)干燥O_2 (3)CH_2

(4)C_5H_{10} ⬠ $CH_3—C(CH_3)═CH—CH_3$

23. **解析**:Ⅰ.①为同位素,②为同素异形体,③为同分异构体,④为同系物。Ⅱ.(1)D为乙炔,其电子式为H∶C⋮⋮C∶H;A为甲烷,其二氯代物只有1种。(2)可作为植物生长调节剂的是C(乙烯),其结构简式为$CH_2═CH_2$;(3)乙烯和水反应生成乙醇,化学方程式为$CH_2═CH_2+H_2O\xrightarrow{催化剂}CH_3CH_2OH$。

答案:Ⅰ.(1)① (2)④ (3)③ (4)②

Ⅱ.(1)H∶C⋮⋮C∶H 1 (2)$CH_2═CH_2$

(3)$CH_2═CH_2+H_2O\xrightarrow{催化剂}CH_3CH_2OH$

24. **解析**:(1)根据题给信息:用NaOH溶液萃取B,再将C从下层分出,倒出上层A。C中加盐酸后用分液漏斗分出下层水层,即得上层的B。

(2)在应用蒸馏操作进行分离时,需要控制加热温度,冷凝后用锥形瓶进行接收,故还缺温度计、冷凝器和锥形瓶。先蒸出沸点低的物质,故先蒸馏出的液体为A。

答案:(1)②③④ 上 ⑤①④ 上

(2)温度计 冷凝器(管) 锥形瓶 A

25. **解析**:(1)由表格数据可知,A易溶于水,B不溶于水,但A、B互溶,二者沸点差异较大,除去A和B混合物中的少量B得到A可采用的方法是蒸馏,故b符合题意。(2)由题意可知,$n(H_2O)=\frac{5.4\ g}{18\ g\cdot mol^{-1}}=0.3\ mol$,$n(CO_2)=\frac{8.8\ g}{44\ g\cdot mol^{-1}}=0.2\ mol$,$n(O_2)=\frac{6.72\ L}{22.4\ L\cdot mol^{-1}}=0.3\ mol$,则有机化合物中含有氧原子的物质的量是$0.3\ mol+0.4\ mol-0.6\ mol=0.1\ mol$,所以该物质的最简式为$C_2H_6O$;由于分子中碳、氢原子的个数比是1:3,已经达到饱和,所以若要确定其分子式,不需有其他条件,即最简式就是分子式。分子式为C_2H_6O,核磁共振氢谱表明其分子中有三种不同化学环境的氢原子,则A的结构简式为CH_3CH_2OH。(3)B的相对分子质量为74,根据红外光谱,B中存在对称的甲基、亚甲基和醚键,根据对称性,B的结构简式为$CH_3CH_2OCH_2CH_3$。(4)A和B的化学式分别为C_2H_6O、$C_4H_{10}O$,设C_2H_6O、$C_4H_{10}O$的物质的量分别是x mol、y mol,则

$C_2H_6O+3O_2\longrightarrow 2CO_2+3H_2O$

x $2x$ $3x$

$C_4H_{10}O+6O_2\longrightarrow 4CO_2+5H_2O$

y $4y$ $5y$

$3x\ mol+5y\ mol=\frac{19.8\ g}{18\ g\cdot mol^{-1}}$,$2x\ mol+4y\ mol=\frac{35.2\ g}{44\ g\cdot mol^{-1}}$,解得$x=0.2$,$y=0.1$,即A和B的物质的量之比为2:1。

答案:(1)b (2)C_2H_6O 否 CH_3CH_2OH

(3)$CH_3CH_2OCH_2CH_3$ 醚键 (4)2:1

课时跟踪检测(四)

1. 选C 甲烷的分子式是CH_4,甲烷是正四面体结构,有3个原子共面,A错误;甲烷分子中,碳原子中3个2p轨道和1个2s轨道发生杂化,所以形成四个完全相同的共价键,B错误;甲烷分子中碳原子含有4个共价键,且没有孤电子对,所以其空间结构是正四面体结构,C正确;三点确定一个平面,所以甲烷中的任意三个原子都共面,D错误。

2. 选D $CH_4\xrightarrow{高温}C+2H_2$,该反应是分解反应;$2HI+Cl_2═══2HCl+I_2$,该反应是置换反应;$CH_4+2O_2\xrightarrow{点燃}CO_2+2H_2O$,该反应是氧化反应;$C_2H_6+Cl_2\xrightarrow{光照}C_2H_5Cl+HCl$,该反应是取代反应。

3. 选D 烷烃的化学性质相对比较稳定,一般情况下,不与强酸、强碱、酸性高锰酸钾溶液等强氧化性物质反应。

4. 选D ①烷烃都是易燃物,正确;②烷烃的特征反应是取代反应,正确;③碳原子数相邻的两个烷烃在分子组成上相差一个“$—CH_2$”,故其中正确的是①②。

5. 选C A项,结合CH_4中碳原子成键特点知丙烷分子中碳原子不在同一条直线上;B项,光照下与卤素发生取代反应是烷烃的主要性质;C项,丙烷与甲烷均为烷烃,互为同系物;D项,丙烷性质稳定,不能被酸性$KMnO_4$溶液氧化。

6. 选D 乙烷的分子式为C_2H_6,若分子上的所有的H原子依次被氯原子取代,则可得氯代物6种。但考虑同分异构现象,其中二氯代物、三氯代物、四氯代物各有2种同分异构体,所以最多共有9种氯代物。

7. 选B 烷烃的密度随碳原子数的增多而逐渐增大,但都比水轻,所以B项错误。

8. 选C 要判断一氯代物的种类数,需对烃中H原子种类数进行判断:A. $\overset{①}{C}H_3—\overset{②}{C}H_2—\overset{②}{C}H_2—\overset{①}{C}H_3$,其一氯代物有2种;B. $\overset{①}{C}H_3—\overset{②}{C}H(\overset{①}{C}H_3)—\overset{①}{C}H_3$,其一氯代物有2种;C. $\overset{①}{C}H_3—C(\overset{①}{C}H_3)_2—\overset{①}{C}H_3$,其一氯代物有1种;D. $\overset{①}{C}H_3—\overset{②}{C}H(\overset{①}{C}H_3)—\overset{③}{C}H_2—\overset{④}{C}H_3$,其一氯代物有4种。

9. 选A B项,它们与其他碳原子数不同的烷烃互为同系物;C项,化学性质相似,但物理性质不同;D项,碳原子数小于或等于4的烷烃及新戊烷在通常状况下是气体。

10. 选C 甲烷与氯气一旦反应,不会停止在某一步,四种有机产物都会产生,得不到纯净的CH_3Cl和HCl的混合物,A错误,C正确;甲烷与氯气的取代反应,每取代1 mol H原子,消耗1 mol氯气,生成1 mol HCl,故产生的HCl最多,B错误;1 mol甲烷生成CCl_4最多消耗4 mol氯气,D错误。

11. 选AC 烷烃分子中无论是碳碳键还是碳氢键,都是单键,A正确;烷烃属于饱和链烃,其化学性质一般比较稳定,通常烷烃不与酸、碱、氧化剂(如酸性$KMnO_4$溶液)反应,也不能使溴水褪色,B错误;烷烃在光照下都能与氯气发生取代反应,这是烷烃的主要特性之一,C正确;乙烷是烷烃,和溴水不反应,D错误。

12. 选D 随着碳原子数的增多,烷烃的含碳量逐渐增大,A项错误;$CH_3—CH(CH_3)—CH_2—CH_3$和$CH_3—CH(CH_2—CH_3)—CH_3$的分子式和结构都相同,属于同一种物质,B项错误;丙烷的球棍模型为(球棍模型),C项错误;己烷(C_6H_{14})有5种同分异构体,D项正确。

13. 选B 自行车烃属于烃,烃均难溶于水,故A错误;自行车烃是由碳氢元素组成,能在氧气中燃烧生成CO_2和水,故B正确;自行车烃属于烃,烃的密度均小于水的密度,故C错误;自行车烃与己烷的结构不相似,不是同类物质,不互为同系物,故D错误。

14. **解析**:(1)烷烃通式为C_nH_{2n+2},$M=36\times M(H_2)=36\times 2=72$,即分子式为$C_5H_{12}$。(2)根据题意$2n+2=200$,$n=99$,即分子式为$C_{99}H_{200}$。(3)根据H原子守恒,1 mol C_nH_{2n+2}~15 mol H_2O,故$n=14$,分子式为$C_{14}H_{30}$。(4)由烷烃燃烧通式知1 mol C_nH_{2n+2}~$\frac{3n+1}{2}$ mol O_2,本题中0.01 mol E完全燃烧消耗O_2 $\frac{2.464\ L}{22.4\ L\cdot mol^{-1}}=0.11\ mol$,可得E为$C_7H_{16}$。

答案:(1)C_5H_{12} (2)$C_{99}H_{200}$ (3)$C_{14}H_{30}$ (4)C_7H_{16}

15. **解析**:(1)氯气和甲烷在光照条件下发生反应,颜色逐渐变浅,试管内出现白雾,试管壁上出现油状液滴,试管内液面上升;(2)甲烷和氯气是一系列的反应,每一步反应都生成HCl,因此试管内的产物最多的是HCl,空间结构呈四面体的有一氯甲烷、二氯甲烷、三氯甲烷、四氯化碳,但呈正四面体的产物为四氯化碳;(3)若(2)中生成的四种有机产物的物质的量相同,即一氯甲烷、二氯甲烷、三氯甲烷、四氯化碳各0.25 mol,根据反应方程式分析每取代一个氢原子消耗一个氯气,取代1 mol氢原子,消耗1 mol氯气,因此$0.25\ mol\times(1+2+3+4)=2.5\ mol$,则反应消耗的$Cl_2$的物质的量为2.5 mol;(4)与$CH_4$相邻同系物为乙烷,其结构简式为

CH_3CH_3 或 $CH_3—CH_3$，该同系物与 Cl_2 发生一氯取代反应的化学方程式为 $CH_3CH_3+Cl_2\xrightarrow{光照}CH_3CH_2Cl+HCl$。

答案：(1)油状液滴　出现白雾　液面上升　(2)HCl　CCl_4
(3)2.5　(4)CH_3CH_3或 $CH_3—CH_3$
$CH_3CH_3+Cl_2\xrightarrow{光照}CH_3CH_2Cl+HCl$

16.**解析**：在光照条件下，甲烷与氯气发生反应：$CH_4+Cl_2\xrightarrow{光}CH_3Cl+HCl$，$CH_3Cl+Cl_2\xrightarrow{光}CH_2Cl_2+HCl$，$CH_2Cl_2+Cl_2\xrightarrow{光}CHCl_3+HCl$，$CHCl_3+Cl_2\xrightarrow{光}CCl_4+HCl$。(1)理论上，甲烷与氯气体积比为1∶4时，二者恰好完全反应，而本题中氯气与甲烷体积比为5∶1>4∶1，说明氯气过量，反应后仍有氯气剩余。该反应进行缓慢，不会产生火花。产物中只有氯化氢和一氯甲烷为气体，所以气体的总物质的量减小，内部压强减小，甲管活塞向内移动。(2)甲烷分子中的四个氢原子可被氯原子逐一取代，故甲管中发生的是取代反应。(3)反应后的剩余气体中含有氯气和氯化氢，可用氢氧化钠溶液吸收。(4)生成的HCl会与 $AgNO_3$ 溶液反应生成AgCl白色沉淀，同时因 CH_2Cl_2、$CHCl_3$、CCl_4 不溶于水而看到液体分为两层；因 Cl_2 有剩余，若加入几滴石蕊溶液，溶液会先变红后褪色。

答案：(1)②③　(2)取代反应　(3)B　(4)液体分为两层，且产生白色沉淀　溶液先变红后褪色

17.**解析**：(1)C装置中生成 CH_3Cl 的反应是甲烷和氯气光照发生取代反应生成，反应的化学方程式：$CH_4+Cl_2\xrightarrow{光}CH_3Cl+HCl$，E中有氯化氢产生，不能证明甲烷与氯气发生了取代反应，可能是浓盐酸挥发出的氯化氢气体或未反应的氯气与水反应生成的，他的看法正确；(2)浓硫酸具有吸水性，因为甲烷和氯气中含有水蒸气，所以浓硫酸干燥混合气体，还可以控制气流速度，能均匀混合气体等作用；(3)D装置中的棉花由白色变为蓝色，结合D装置中含有 Cl_2，说明棉花上可能预先滴有淀粉-KI溶液，Cl_2 氧化KI生成 I_2，碘遇淀粉溶液变蓝色；(4)氯代甲烷难溶于水，而HCl极易溶于水，所以可以采用分液方法分离提纯，故答案为a；(5)根据充分反应后生成 CH_3Cl、CH_2Cl_2、$CHCl_3$、CCl_4 四种有机产物的物质的量依次增大0.1 mol，可以设其物质的量分别是 x、(x+0.1 mol)、(x+0.2 mol)、(x+0.3 mol)；根据C守恒，x+(x+0.1 mol)+(x+0.2 mol)+(x+0.3 mol)=1 mol，解得 x=0.1 mol，$n(CH_3Cl)$、$n(CH_2Cl_2)$、$n(CHCl_3)$、$n(CCl_4)$ 物质的量依次为0.1 mol、0.2 mol、0.3 mol、0.4 mol，发生取代反应时，一半的Cl进入HCl，消耗氯气的物质的量为0.1 mol+2×0.2 mol+3×0.3 mol+4×0.4 mol=3 mol，生成HCl的物质的量共为3 mol。

答案：(1)$CH_4+Cl_2\xrightarrow{光}CH_3Cl+HCl$　正确
(2)干燥气体　(3)淀粉-KI　(4)a　(5)3 mol　3 mol

课时跟踪检测(五)

1.选C　根据烷烃的结构简式可知主链含有6个碳原子，2个甲基作支链，所以正确的名称是2,4-二甲基己烷。

2.选D　根据烷烃的结构简式可知主链含有7个碳原子，在2号碳原子上含有2个甲基，则其名称为2,2-二甲基庚烷。

3.选B　①和②两个结构简式相似，属于同系物，①和②的名称分别为2,3-二甲基戊烷和3-甲基-3-乙基戊烷。

4.选A　A项，该物质的碳骨架为（C—C—C—C—C—C，2号碳上连一个C，3号碳上连两个C），则命名正确；B项，该物质的碳骨架为（C—C—C—C，2、3、4号碳上各连一个C），则命名错误，应该是2,3-二甲基戊烷，错误；C项，该物质的碳骨架为（C—C—C—C，3号碳上连C—C），则命名错误，应该是3-甲基戊烷，错误；D项，该物质的碳骨架为（C—C—C，中间碳上连两个C），则命名错误，应该是2,2-二甲基丁烷，错误。

5.选D　选取含有碳原子数最多的碳链为主链，该有机化合物中最长的碳链含有7个C，主链为庚烷，编号从距离取代基最近的一端开始，即从左边开始，在3、4号C上各有一个甲基，在4号C上有一个乙基，该有机化合物的命名为3,4-二甲基-4-乙基庚烷。

6.选BC　碳元素存在多种同素异形体，氧、磷等元素也存在同素异形现象，例如氧气和臭氧、红磷和白磷，A正确；丁烷(C_4H_{10})存在两种结构，即正丁烷和异丁烷，B错误；$CH_3—CH(C_2H_5)—CH_2—CH_3$ 的名称是3-甲基戊烷，C错误；CH_3COOH 与 $HOOCCH_2CH_3$ 均是饱和一元羧酸，二者互为同系物，D正确。

7.选A　对该有机化合物主链上碳原子编号如图所示：

$\overset{8}{C}H_3—\overset{7}{C}H_2—\overset{6}{C}H_2—\overset{5}{C}(CH_3)_2—\overset{4}{C}H_2—\overset{3}{C}(CH_3)(\overset{2}{C}H_2\overset{1}{C}H_3)—CH_3$，故其命名为3,3,5-三甲基-5-乙基辛烷。

8.选D　烷烃的一个分子里含有9个碳原子，其一氯代物只有两种，则结构对称，只有2种位置的H原子。正壬烷的结构简式为 $CH_3CH_2CH_2CH_2CH_2CH_2CH_2CH_2CH_3$，其分子中含有5种等效氢原子，一氯代物有5种，故A错误；2,6-二甲基庚烷的结构简式为 $CH_3CH(CH_3)CH_2CH_2CH_2CH(CH_3)CH_3$，分子中含有4种等效H原子，其一氯代物有4种，故B错误；2,3,4-三甲基己烷的结构简式为 $CH_3CH(CH_3)CH(CH_3)CH(CH_3)CH_2CH_3$，其分子中含有8种等效H，一氯代物有8种，故C错误；2,2,4,4-四甲基戊烷的结构简式为 $(CH_3)_3CCH_2C(CH_3)_3$，其分子中含有2种等效H，一氯代物只有2种，故D正确。

9.选C　此有机化合物是对称结构，结构中含2种H原子，故一氯代物有2种，故A错误；烷烃命名时，应选最长的碳链为主链，故主链上有4个碳原子，从离支链近的一端给主链上的碳原子编号，故在2号和3号碳原子上各有一个甲基，故名称为2,3-二甲基丁烷，故B错误；此有机化合物和丁烷的结构相似、在分子组成上相差2个 CH_2 原子团，故和丁烷互为同系物，故C正确；2-甲基己烷的分子式为 C_7H_{16}，而此有机化合物的分子式为 C_6H_{14}，两者的分子式不相同，故不互为同分异构体，故D错误。

10.选D　A项，不符合离支链最近的一端编号，应是2,2-二甲基丁烷，错误；B项，不符合支链的代数和最小，应是2,2,3-三甲基丁烷，错误；C项，不符合主链碳原子最多，应是2,2,3-三甲基戊烷，错误。

11.选C　链状烷烃的通式为 C_nH_{2n+2}，所以 $14n+2=86$，$n=6$，所以该烷烃分子式为 C_6H_{14}。据此解答。$CH_3CH_2C(CH_3)_3$，有3种氢原子，一氯代物有3种，故A错误；$(C_2H_5)_2CHCH_3$，有4种氢原子，一氯代物有4种，故B错误；$(CH_3)_2CHCH(CH_3)_2$，有2种氢原子，一氯代物有2种，名称为2,3-二甲基丁烷，故C正确；$CH_3(CH_2)_4CH_3$，有3种氢原子，一氯代物有3种，故D错误。

12.选BD　乙烷共有5种同分异构体，支链越多，熔点、沸点越低，选项A错误；乙烯可以使溴水褪色，乙烷不可以，选项B正确；命名遵循：长、多、近、简、小，有机化合物（键线式）的名称为2,2,4,5-四甲基-3-乙基己烷，选项C错误；$CH_3—CH(C_2H_5)—CH_3$ 的名称为2-甲基丁烷，选项D正确。

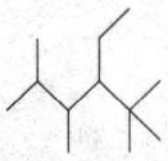

13.选D　2-甲基丁烷为含5个C的烷烃，则也称为异戊烷，故A错误；$CH_3CH_2CH(CH_2CH_2CH_3)CH(CH_3)CH_3$ 只有C—C单键和C—H单键，属于烷烃，最长碳链为6，称为己烷，在2号碳上含有1个甲基，在3号碳上含有1个乙基，正确命名为2-甲基-3-乙基己烷，故B错误；C_4H_{10} 的同分异构体有 $CH_3CH_2CH_2CH_3$、$CH_3CH(CH_3)CH_3$，$CH_3CH_2CH_2CH_3$ 分子中有2种化学环境不同的H原子，其一氯代物有2种；$CH_3CH(CH_3)CH_3$ 分子中有2种化学环境不同的H原子，其一氯代物有2种；故 C_4H_9Cl 的同分异构体共有4种，故C错误；轴烯与苯分子式都是 C_6H_6，二者分子式相同，结构不同，互为同分异构体，故D正确。

14.**解析**：(1)主链含6个C，2、3号C上有甲基，4号C上有乙基，结构简式为 $(CH_3)_2CHCH(CH_3)CH(C_2H_5)CH_2CH_3$；(2)$CH_2═CH—CH═CH_2$ 键线式中每个拐点为一个C原子，每个C能形成4个共价键，所以键线式为（键线式）；(3)根据键线式中每个拐点为一个C原子，每个C能形成4个共价键，每个O原子形成2个共价键，每个H原子形成1个共价键，所以其结构简式为 $CH_2═C(CH_3)COOCH_3$，分子式为 $C_5H_8O_2$；(4)最长碳链含有6个碳，取代基的位次和最小，该有机化合物命名为2,4-二甲基-3-乙基-己烷。

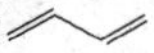

答案：(1)$(CH_3)_2CHCH(CH_3)CH(C_2H_5)CH_2CH_3$
(2)（键线式）　(3)$C_5H_8O_2$
(4)2,4-二甲基-3-乙基-己烷

15.**解析**：有机化合物中均含有5个碳原子，习惯命名法分别称为正戊烷、异戊烷和新戊烷；系统命名法分别命名为戊烷、2-甲基丁烷和2,2-二甲基丙烷。

答案：正戊烷　异戊烷　新戊烷　戊烷　2-甲基丁烷　2,2-二甲基丙烷

16. **解析**:(1)1 mol 羟基有 9 mol 电子,其电子式为 $\cdot\ddot{\underset{\cdot\cdot}{O}}:H$;(2)根据有机化合物的命名,此有机化合物的名称为 3,3-二甲基戊烷;(3)分子量最小的有机化合物是甲烷,其分子式为 CH_4;(4)根据该有机化合物结构简式可知,含有的官能团是碳碳双键和醛基;发生加聚反应的结构简式为 $\mathrm{\{CH_2-CH(CH_3-CH-CHO)\}_n}$;(5)3-甲基戊烷的结构简式为 $CH_3CH_2CH(CH_3)CH_2CH_3$,有 4 种不同的氢原子,一氯代物有 4 种。

答案:(1) $\cdot\ddot{\underset{\cdot\cdot}{O}}:H$　(2)3,3-二甲基戊烷　(3)CH_4

(4)碳碳双键、醛基　$\mathrm{\{CH_2-CH(CH_3-CH-CHO)\}_n}$　(5)4

17. **解析**:(1)对有机化合物 $CH_3-CH(C_2H_5)-CH(CH_3)-(CH_2)_2-CH_3$ 进行系统命名时应先找主链:$CH_3-CH(C_2H_5)-CH(CH_3)-(CH_2)_2-CH_3$,再从邻近取代基的一侧开始编号,即从左往右开始编号,因此命名为:3,4-二甲基庚烷;(2)2,6-二甲基-4-乙基辛烷的结构简式可表示为 $CH_3-CH(CH_3)-CH_2-CH(CH_2CH_3)-CH_2-CH(CH_3)-CH_2-CH_3$,该烃完全燃烧的反应方程式为 $2C_{12}H_{26}+37O_2\xrightarrow{点燃}24CO_2+26H_2O$,因此当 1 mol 烃完全燃烧时,所需消耗氧气为 18.5 mol。(3)①C_nH_{2n+2} 的烃分子中碳碳间共用电子对数为 $\frac{4n-(2n+2)}{2}=n-1$;②单烯烃中含一条碳碳双键,因此少两个氢原子,故其分子式为 C_nH_{2n};(4)该分子式为 $C_{10}H_{20}$,按碳的骨架分,该有机化合物为环状的碳氢化合物,属于环状化合物、脂环烃,因不含苯环,因此不属芳香化合物、苯的同系物。(5)2,2-二甲基丙烷的结构简式为 $CH_3-C(CH_3)_2-CH_3$,因此其习惯命名为新戊烷。

答案:(1)3,4-二甲基庚烷

(2)$CH_3-CH(CH_3)-CH_2-CH(CH_2CH_3)-CH_2-CH(CH_3)-CH_2-CH_3$　18.5

(3)①$n-1$　②C_nH_{2n}　(4)$C_{10}H_{20}$　ab

(5)新戊烷

课时跟踪检测(六)

1. 选 C　二氧化碳与淡黄色的 Na_2O_2 反应生成白色的碳酸钠,该反应中 Na_2O_2 既是氧化剂又是还原剂,二氧化碳不是氧化剂和还原剂,故 A 错误;氯气通入氯化亚铁溶液,溶液由浅绿色变为黄色,反应中 Cl 元素化合价降低,氯气被还原,故 B 错误;乙烯通入酸性高锰酸钾溶液,溶液紫色褪去,反应中高锰酸钾是氧化剂,乙烯被氧化,故 C 正确;硫化氢通入硫酸铜溶液,有黑色硫化铜沉淀生成,是复分解反应,没有元素化合价的变化,故 D 错误。

2. 选 B　A 选项,它们所含元素为碳元素和氢元素,因此它们所含元素的种类相同,烷烃通式为 C_nH_{2n+2},烯烃为 C_nH_{2n},两者通式不同,正确;B 选项,烷烃分子中所有碳原子可能在同一平面内,比如乙烷两个碳原子在同一平面内,烯烃分子中所有碳原子可能在同一平面内,也可能不在同一平面内,比如 1-丁烯中碳原子可能不在同一平面内,错误;C 选项,最简单的烯烃为乙烯,即烯烃分子中的碳原子数至少为 2,最简单的烷烃分子为甲烷即烷烃中的碳原子至少为 1,正确;D 选项,含碳原子数相同的烯烃和烷烃分子式不相同,因此不能互为同分异构体,正确。

3. 选 B　丙烯分子式为 C_3H_6,实验式为 CH_2,故 A 正确;聚丙烯为高分子化合物,聚丙烯是由丙烯不饱和的碳原子相互加成得到的,其结构简式为 $\mathrm{\{CH(CH_3)-CH_2\}_n}$,故 B 错误;丙烯为含碳碳双键的烃,故 C 正确;丙烯含有一个官能团碳碳双键,结构简式为 $CH_2=CHCH_3$,故 D 正确。

4. 选 A　甲烷性质稳定,与溴水不反应,乙烯含有C=C官能团,能与溴水发生加成反应生成二溴乙烷而导致溴水褪色,可鉴别乙烯和甲烷,又可用来除去甲烷中混有的乙烯,故 A 正确;常温下二者均不与液溴反应,溴易挥发,会导致甲烷中混有溴蒸气,并在光照条件下能发生取代反应,不能用来除杂,故 B 错误;乙烯具有还原性,与酸性高锰酸钾溶液反应生成二氧化碳气体,引入新的杂质,故 C 错误;一定条件下与 H_2 反应会引入新的杂质氢气,且不能鉴别甲烷中是否含有乙烯,故 D 错误。

5. 选 B　丙烯,含有碳碳双键,有一个碳上含有两个氢原子,故 A 不符;2-丁烯,碳碳双键两端的每个碳原子上所连的两个基团不同,故 B 符合;1-丁烯,含有碳碳双键,有一个碳上含有两个氢原子,故 C 不符;2-甲基丙烯,含有碳碳双键,有一个碳上含有两个甲基,故 D 不符。

6. 选 C　分子里碳、氢原子个数比为 1∶2 不能说明含有碳碳双键,如环丙烷,故 A 错误;乙烯完全燃烧生成的 CO_2 和 H_2O 的物质的量相等只能说明其碳、氢原子个数之比为 1∶2,不能说明含有碳碳双键,故 B 错误;乙烯与溴发生加成反应时,乙烯和溴的物质的量之比等于反应的计量数之比,所以能证明含有一个碳碳双键,故 C 正确;能使酸性高锰酸钾溶液褪色的不一定是含有碳碳双键的物质,含有碳碳三键的物质也能使酸性高锰酸钾溶液褪色,故 D 错误。

7. 选 D　乙烯通入溴的四氯化碳溶液中,与溴发生加成反应而使溶液褪色,通入到酸性高锰酸钾溶液中,会被高锰酸钾氧化变为 CO_2,高锰酸钾被还原为无色的 Mn^{2+},因此褪色原理不相同,A 错误;不饱和的烯烃、炔烃都可以使溴的四氯化碳溶液和酸性高锰酸钾溶液褪色,因此不能证明乙烯分子中含有碳碳双键,B 错误;乙烯通入到酸性高锰酸钾溶液中,会被高锰酸钾氧化变为 CO_2,使乙烷气体中混入了新的杂质,不能达到净化除杂的目的,C 错误;乙烷与溴的四氯化碳溶液、酸性高锰酸钾溶液都不能发生反应,而乙烯可以使这两种溶液都褪色,现象不同,可以鉴别,D 正确。

8. 选 B　根据烯烃与 H_2 加成反应的原理,推知该烷烃分子中相邻碳原子上均带氢原子的碳原子间是对应烯烃存在碳碳双键的位置。该烷烃的碳链结构为(碳原子编号 1～8 的键线式),能形成双键位置有 1 和 2 之间(同 4 和 5 之间),2 和 3 之间(同 3 和 4 之间)且存在顺反异构,3 和 6 之间,6 和 7 之间,7 和 8 之间,故该烃共有 6 种。

9. 选 C　酸性 $KMnO_4$ 溶液不与乙烷反应,但能将乙烯氧化为二氧化碳气体,同时紫色溶液褪去,故可以区分乙烷、乙烯,但在除去乙烷中的乙烯时又产生了新的杂质气体(CO_2),故 A 错误;环己烷和正己烷均不与溴水反应,且密度均小于 1,现象相同,无法鉴别,故 B 错误;烷烃中碳碳之间和碳氢之间都是单键,故 C 正确;乙烯中含碳量高于乙烷,在空气中燃烧时,乙烯的火焰明亮且有黑烟,乙烷没有,故 D 错误。

10. 选 C　同系物为结构相似,分子组成相差若干个 CH_2 原子团,C_3H_4 无法确定其结构,不能判断是否为同系物,A 错误;◇含有 2 种环境的氢原子,一氯代物有二种,B 错误;环丁烯的分子式为 C_4H_6,分子式相同结构不同,互为同分异构体,C 正确;◇中,所有碳原子均为 sp^3 杂化,所有碳原子不可能都处于同一平面,D 错误。

11. 选 D　乙烯和氯气在适当的条件下反应制取四氯乙烷的反应是先加成再取代,有机化合物中 1 mol 双键加成需要 1 mol 的氯气,有机化合物中 1 mol 氢原子被氯原子取代消耗氯气 1 mol,所以用乙烯和氯气在适当的条件下反应制取四氯乙烷,共需要氯气 3 mol。

12. 选 AB　该烯烃的分子式为 C_5H_4,故 A 不正确;该分子中有一个饱和碳原子,与该碳原子直接相连的 4 个碳原子构成四面体,所有碳原子不可能在同一平面,故 B 不正确;该分子中有两个碳碳双键,所以 1 mol 该有机化合物最多可与 2 mol Br_2 发生加成反应,故 C 正确;与其互为同分异构体且只含三键的链烃含有两个三键,如 $CH\equiv C-C\equiv C-CH_3$ 和 $CH\equiv C-CH_2-C\equiv CH$,所以不止一种结构,故 D 正确。

13. **解析**:(1)乙烯为共价化合物,C 原子最外层可达到 8 个电子,H 原子最外层可达到 2 个电子,电子式为 $H:\overset{H}{\underset{}{\ddot{C}}}::\overset{H}{\underset{}{\ddot{C}}}:H$;(2)根据烃的分子式和含甲基的个数可知,该烃只能为新戊烷,结构简式为 $CH_3-C(CH_3)_2-CH_3$;(3)根据同系物的定义可知与乙烯互为同系物的只能是 a;(4)聚乙烯为乙烯通过加聚反应生成的,其正确的结构简式为 $\mathrm{\{CH_2-CH_2\}_n}$。

答案:(1)$H:\overset{H}{\underset{}{\ddot{C}}}::\overset{H}{\underset{}{\ddot{C}}}:H$　(2)$CH_3-C(CH_3)_2-CH_3$

(3)a　(4)$\mathrm{\{CH_2-CH_2\}_n}$

14. **解析**：Ⅰ.(1)乙烯含有的官能团为碳碳双键；(2)E是溴乙烷，分子式为C_2H_5Br；(3)乙烯和氢气在催化作用下发生加成反应生成乙烷，化学方程式为$CH_2=CH_2+H_2\xrightarrow[\triangle]{催化剂}CH_3CH_3$。

Ⅱ.(1)乙烯发生加聚反应生成聚乙烯，反应的化学方程式为$nCH_2=CH_2\xrightarrow[加热、加压]{催化剂}\text{⁅}CH_2-CH_2\text{⁆}_n$；(2)烷烃$C_4H_{10}$的同分异构体有两种，分别是正丁烷和异丁烷，结构简式分别为$CH_3CH_2CH_2CH_3$、$CH_3CH(CH_3)_2$。

答案：Ⅰ.(1)碳碳双键 (2)C_2H_5Br

(3)$CH_2=CH_2+H_2\xrightarrow[\triangle]{催化剂}CH_3CH_3$ 加成反应

Ⅱ.(1)$nCH_2=CH_2\xrightarrow[加热、加压]{催化剂}\text{⁅}CH_2-CH_2\text{⁆}_n$

加聚反应 (2)$CH_3CH_2CH_2CH_3$、$CH_3CH(CH_3)_2$

15. **解析**：(1)工业制乙烯的实验原理是烷烃(液态)在催化剂和加热条件下发生反应生成不饱和烃。根据原子守恒，$C_{16}H_{34}\xrightarrow[\triangle]{催化剂}C_8H_{18}+$甲，所以甲分子式为$C_8H_{16}$；依据方程式：$C_8H_{16}\xrightarrow[\triangle]{催化剂}4$乙，结合原子守恒可知，乙为$C_2H_4$，为乙烯，结构简式为$CH_2=CH_2$；(2)乙烯含有碳碳双键，能够与溴发生加成反应而使溴水褪色，反应的化学方程式为$CH_2=CH_2+Br_2\longrightarrow CH_2Br-CH_2Br$；(3)乙烯具有还原性，能够被酸性高锰酸钾氧化发生氧化反应而使高锰酸钾褪色；(4)乙烯与酸性高锰酸钾溶液反应产生二氧化碳，二氧化碳能够与氢氧化钙反应生成碳酸钙沉淀，溶液变浑浊，因此D中的澄清石灰水变浑浊，可以证明乙烯与酸性高锰酸钾溶液反应产生了二氧化碳；(5)乙烯跟氢气的加成产物为乙烷，乙烷中含有6个氢原子，生成的有机化合物有一氯乙烷(1种)、二氯乙烷(2种)、三氯乙烷(2种)、四氯乙烷(2种)、五氯乙烷(1种)、六氯乙烷(1种)，还有氯化氢，一共有10种生成物。

答案：(1)$CH_2=CH_2$

(2)$CH_2=CH_2+Br_2\longrightarrow BrCH_2-CH_2Br$

(3)紫色(或紫红色)褪去 氧化反应

(4)D中的澄清石灰水变浑浊 (5)10

16. **解析**：(1)根据装置中试剂可知A、B、D用来制备乙烯，由于生成的乙烯中含有SO_2和CO_2等气体，在利用乙烯与溴反应之前需要除去。C起到安全瓶的作用，目的是为防止倒吸。E装置用来制备1,2-二溴乙烷，生成的1,2-二溴乙烷中含有溴，利用F装置除杂，最后利用G装置进行尾气处理，则正确的连接顺序是B经A①插入A中，D接入②；A③接C、F、E、G。(2)温度计测量的是溶液的温度，因此位于三颈瓶的液体中央。(3)D是恒压漏斗，能保持内外压强相同，则其作用是平衡上下压强，使液体顺利滴下。(4)根据分析可知装置C的主要作用是防倒吸。装置F的作用是除去三颈瓶中产生的CO_2、SO_2并吸收挥发的溴蒸气。(5)E装置用来制备1,2-二溴乙烷，反应的方程式为$CH_2=CH_2+Br_2\longrightarrow BrCH_2CH_2Br$。(6)由于液溴易挥发，则装置E烧杯中的冷水和反应管内液溴上的水层作用均是减少溴的挥发；若将装置F拆除，则SO_2易与溴发生氧化还原反应，所以在E中的主要反应为$SO_2+Br_2+2H_2O=\!=\!=H_2SO_4+2HBr$。

答案：(1)C F E G

(2)位于三颈瓶的液体中央

(3)平衡上下压强，使液体顺利滴下

(4)防倒吸 除去三颈瓶中产生的CO_2、SO_2，吸收挥发的溴蒸气

(5)$CH_2=CH_2+Br_2\longrightarrow BrCH_2CH_2Br$

(6)减少溴的挥发 $SO_2+Br_2+2H_2O=\!=\!=H_2SO_4+2HBr$

课时跟踪检测(七)

1. 选C 乙烯和乙炔分子式不同，含有的官能团也不同，但是都含有不饱和的键，都能发生加成反应。

2. 选C 乙炔为直线形分子，键角为180°，属于非极性分子，选项A正确；碳原子形成乙炔时，一个2s轨道和一个2p轨道杂化成两个sp轨道，另外的两个2p轨道保持不变，其中一个sp轨道与氢原子的1s轨道头碰头重叠形成C—H σ键，另一个sp轨道则与另一个碳原子的sp轨道头碰头重叠形成碳碳σ键，碳原子剩下的两个p轨道则肩并肩重叠形成两个碳碳π键，且这两个π键相互垂直，选项B正确；碳碳三键的三条键中有1个σ键和2个π键，能量大小不相同，键长大于碳碳单键的$\frac{1}{3}$，选项C错误；乙炔中C—H键为极性共价键，碳碳三键属于非极性共价键，选项D正确。

3. 选D 乙烯和乙炔均可以使溴水和高锰酸钾溶液褪色，故A、B项错；三者均属于烃类物质，因此燃烧的产物均为CO_2和H_2O，故无法从产物中检验，C项错；由于它们三者中碳的百分含量有着显著的差别，故燃烧时产生的烟是不同的，甲烷为明亮火焰，无烟；乙烯为黑烟；乙炔为浓烟，D项正确。

4. 选AD 由乙炔的分子结构可推知丙炔中的三个碳原子应在同一直线上；碳碳三键中有一个共价键与其余两个共价键不同；符合C_nH_{2n-2}通式的链烃还可以是二烯烃；乙炔同系物C_nH_{2n-2}中碳的质量分数为$\frac{12n}{14n-2}\times100\%=\frac{12}{14-\frac{2}{n}}\times100\%$，n增大时，$14-\frac{2}{n}$增大，w(C)减小，故n=2时w(C)最大。

5. 选D 利用乙炔在氧气中燃烧温度可高达3 000 ℃，常用氧炔焰来切割、焊接金属，选项A正确；乙炔与HCl发生加成反应生成氯乙烯，再由氯乙烯加聚制得聚氯乙烯塑料，选项B正确；乙炔分子结构中含有碳碳三键，能使溴水褪色，选项C正确；乙炔分子结构中含有碳碳三键，能使酸性$KMnO_4$溶液褪色，选项D错误。

6. 选C 乙烯基乙炔分子中含有一个碳碳双键、一个碳碳三键，都能使酸性$KMnO_4$溶液褪色，所以A选项是正确的；乙烯基乙炔分子中含有一个碳碳双键、一个碳碳三键，能发生加聚反应生成高分子化合物，所以B选项是正确的；乙烯是平面结构，乙炔是直线形分子，乙烯基乙炔分子中的所有原子一定都共平面，但不是所有碳原子都在一条直线上，故C错误；乙烯基乙炔中C=C连接相同的H原子，不具有顺反异构，所以D选项是正确的。

7. 选C 烃是由C、H两种元素组成的有机化合物，从结构简式中可看出含有N，故不是烃，A项错误；从结构简式中可看出氰基辛炔中有—C≡C—，易被酸性$KMnO_4$溶液氧化，故可使酸性$KMnO_4$溶液褪色，B项错误；三键为直线结构，且均直接相连，则所有原子都在同一直线上，C项正确；炔和含氮化合物加聚时会生成高分子化合物，三键中的一个键会被打开而出现双键，而是HC≡C—C≡C—C≡C—C≡C—C≡N中不含有双键，且不是高分子，故不能由加聚反应制得，D项错误。

8. 选B 一定条件下三种炔烃组成的混合气体4 g，与足量的氢气充分加成后可生成4.4 g烷烃，则需氢气的质量为4.4 g－4 g＝0.4 g，$n(H_2)=\frac{0.4\ g}{2\ g\cdot mol^{-1}}=0.2\ mol$，已知n(炔烃)～$2n(H_2)$，则炔烃的物质的量为0.1 mol，所以$\overline{M}$(炔烃)$=\frac{4}{0.1}\ g\cdot mol^{-1}=40\ g\cdot mol^{-1}$，则混合物中一定含有相对分子质量小于40的炔烃，则一定含有乙炔，加成后可生成乙烷。

9. 选C 制备乙炔的反应原理是$CaC_2+2H_2O\longrightarrow Ca(OH)_2+CH\equiv CH\uparrow$，A正确；$H_2S$等杂质能与硫酸铜反应而除去，B正确；d中有机产物为卤代烃，不能与$AgNO_3$溶液反应产生沉淀，C错误；乙炔能与酸性高锰酸钾溶液发生氧化还原反应，乙炔被氧化，D正确。

10. 选D 炔烃在与氢气加成时：$R-C\equiv CH\sim 2H_2$，混合气体与氢气发生加成最多需要100 mL的氢气(同温同压)，可知该混合气体中含有该炔烃50 mL。故而混合气体中烷烃的体积为150 mL。它们的体积比为3∶1。

11. 选AD 该有机化合物分子式为$C_{10}H_{22}$，共含有32个原子，1 mol该物质所含原子数为$32N_A$，故A正确；根据烷烃的系统命名原则知，该有机化合物的系统命名为2,3,5-三甲基庚烷，故B错误；烷烃为锯齿形结构，主链有7个碳原子，由于饱和碳原子具有四面体结构，所以该物质一个分子中10个碳原子不可能共平面，故C错误；根据炔烃与H_2加成反应的原理，推知该烷烃分子中相邻碳原子上均带2个氢原子的碳原子间是对应炔存在C≡C的位置，符合条件的只有一种，故D正确。

12. 选B 聚乙炔$\text{⁅}CH=CH\text{⁆}_n$的单体是乙炔，聚合物A $\text{⁅}CH_2-CH=CH-CH_2\text{⁆}_n$的单体是1,3-丁二烯，结构不相似，不互为同系物，故A错误；聚合物A中每2个单键与1个双键交错，故B正确；聚合物A和聚乙炔的n不同，相对分子质量没有确定的关系，故C错误；1 mol乙炔能够与2 mol Br_2发生加成反应，1 mol 1,3-丁二烯能够与2 mol Br_2发生加成反应，最多消耗Br_2的物质的量之比为1∶1，故D错误。

13. **解析**：(1)乙炔的分子式是C_2H_2，结构式是H—C≡C—H，分子空间结构是直线形结构。(2)乙炔分子中含有碳碳三键，能发生加成反应。(3)①乙炔和足量的Br_2按1∶2反应，化学方程式为：$CH\equiv CH+2Br_2\longrightarrow CHBr_2CHBr_2$。②乙炔和氯化氢1∶1发生加成反应的化学方程式：$CH\equiv CH+HCl\xrightarrow[\triangle]{催化剂}CH_2=CHCl$。(4)同系物要求结构相似，组成上相差若干个$CH_2$，同分异构体要求分子式相同，结构不同。所以乙烷、乙烯、乙炔既不是同系物，也不是同分异构体，①正确；烷烃是饱和烃，烯烃和炔烃是不饱和烃，②正确；烷烃不能与溴水反应，烯烃和炔烃中的不饱和键能与溴水发生加成反应，使溴水褪色，③正确；它们都能燃烧，且由于乙炔含碳量最高，所以火焰最明亮，并有浓烟，④正确；甲烷不能被酸性高锰酸钾溶液氧化，乙烯和乙炔可以，⑤错误。

答案：(1)C_2H_2 H—C≡C—H 直线形结构

(2)碳碳三键

(3)①$CH\equiv CH+2Br_2\longrightarrow CHBr_2CHBr_2$

②$CH\equiv CH+HCl\xrightarrow[\triangle]{催化剂}CH_2=CHCl$

(4)①②③④

14. **解析**：(1)乙炔的结构简式为CH≡CH，电子式为H∶C⋮⋮C∶H；(2)用电石制取乙炔的方程式为$CaC_2+2H_2O \longrightarrow Ca(OH)_2+$ CH≡CH↑；(3)实验室制得的乙炔中含有硫化氢等杂质气体，净化乙炔时，可用硫酸铜溶液除去其中的H_2S、PH_3等杂质气体；(4)根据题意，A为乙炔的二聚产物；E为乙炔的三聚产物，E分子中有四个碳原子在一条直线上，高分子D的结构为$\text{⁅}H_2C—CH═C(Cl)—CH_2\text{⁆}_n$，则B为$CH_2═CHCCl═CH_2$，

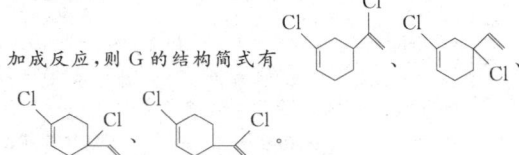

A为$CH_2═CHC≡CH$，

E为$H_2C═CH—C≡C—CH═CH_2$，

A→B是$CH_2═CHC≡CH$与HCl的加成反应；

(5)根据上述分析，E为$H_2C═CH—C≡C—CH═CH_2$；

(6)根据信息 [diene] + ‖ ⟶ [cyclohexene]，

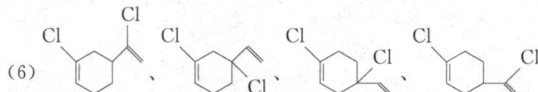

有机化合物B($CH_2═CHCCl═CH_2$)在一定条件下反应，生成含六元环的二氯代烃G，G分子式为$C_8H_{10}Cl_2$，是2分子B发生的加成反应，则G的结构简式有 [structure]、[structure]、[structure]、[structure]。

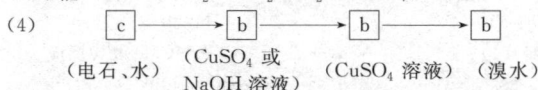

答案：(1)H∶C⋮⋮C∶H

(2)$CaC_2+2H_2O═Ca(OH)_2+CH≡CH↑$

(3)$CuSO_4$溶液　(4)$H_2C═CH—CCl═CH_2$　加成反应

(5)$H_2C═CH—C≡C—CH═CH_2$

(6) [structure]、[structure]、[structure]、[structure]

15. **解析**：在制得的乙炔中含有少量还原性的H_2S等杂质气体，可以发生反应$Br_2+H_2S═S↓+2HBr$；故使溴水褪色的物质不一定是乙炔，使溴水褪色的反应不一定是加成反应。因为乙炔中含有H_2S等杂质，首先用$CuSO_4$或NaOH溶液除去H_2S，再用$CuSO_4$溶液检验H_2S是否已除净，在确保无H_2S存在时，可根据溴水的褪色来验证乙炔与溴水发生了加成反应。

答案：(1)$CaC_2+2H_2O \longrightarrow CH≡CH↑+Ca(OH)_2$

$HC≡CH+Br_2 \longrightarrow CHBr═CHBr$

(或$HC≡CH+2Br_2 \longrightarrow CHBr_2—CHBr_2$)

(2)不能　a、c　(3)H_2S　$Br_2+H_2S═S↓+2HBr$

(4) [c] ⟶ [b] ⟶ [b] ⟶ [b]

(电石、水)　($CuSO_4$或NaOH溶液)　($CuSO_4$溶液)　(溴水)

16. **解析**：(1)装置6与3是气体发生装置，然后应通过导气管1连接贮水瓶5，被挤压出的水应通过导管2流向烧杯4。(2)操作步骤一般有检查气密性—装药品—发生反应—关闭仪器—测量气体体积。(3)若电石中混有能与水反应且产生气体的杂质，则会使测定结果偏大。(4)水的体积即是C_2H_2的体积，再利用关系式：$CaC_2 \sim C_2H_2$，即可求出CaC_2的物质的量及质量。

答案：(1)6　3　1　5　2　4　(2)②①③⑤④

(3)其他可与水反应产生气体的　(4)80

课时跟踪检测(八)

1. 选D　苯与溴易发生取代反应，而乙烯与溴易发生加成反应，A、B项错误；苯在一定条件下也可发生加成反应，C项错误；苯分子中不含有碳碳双键，不能被酸性$KMnO_4$溶液氧化，D项正确。

2. 选B　苯分子中碳碳原子之间的键不是单纯的单键或双键，而是介于单、双键之间的独特的键，即存在6个电子的大π键，结构稳定，不能使酸性高锰酸钾溶液褪色，也不能与溴水反应褪色。

3. 选D　从苯的分子式C_6H_6看，其氢原子数未达饱和，应属不饱和烃，而苯不能使酸性$KMnO_4$溶液褪色，是由于苯分子中的碳碳键是介于碳碳单键与碳碳双键之间的独特的键所致，故A错误；苯的凯库勒式并未反映出苯的真实结构，只是由于习惯而沿用，不能由其来认定苯分子中含有碳碳双键，苯也不属于烯烃，故B错误；在催化剂的作用下，苯与液溴反应生成了溴苯，发生的是取代反应而不是加成反应，故C错误；苯分子为平面正六边形结构，苯分子中的碳碳键是介于碳碳单键与碳碳双键之间的独特的键，其分子中6个碳原子之间的价键完全相同，故D正确。

4. 选C　苯分子是一个高度对称的平面形结构，乙烯也是平面形结构，不能说明与烯烃的性质不同，故A错误；烃类有机化合物都可燃烧，不能说明与烯烃的性质不同，故B错误；苯中不含碳碳双键，因此不能被酸性高锰酸钾溶液氧化，能说明与烯烃的性质不同，故C正确；苯和烯烃均可以与氢气发生加成反应，而且比例一致，不能说明与烯烃的性质不同，故D错误。

5. 选A　苯分子中C原子均以sp^2杂化方式成键，形成夹角为120°的三个sp^2杂化轨道，为正六边形的碳环，故A错误；苯分子中每个碳原子还有一个未参与杂化的2p轨道，垂直碳环平面，相互平行重叠，形成大π键，故B正确；大π键中6个电子被6个C原子共用，故称为6中心6电子大π键，故C正确；苯分子中共有十二个原子共面，六个碳碳键完全相同，故D正确。

6. 选A　苯和溴水混合后振荡，虽然溴水也褪色，但是发生的是萃取，属于物理变化，溴被富集到苯中，上层变为红棕色。

7. 选B　苯分子结构中无论是单、双键交替出现，还是6个碳原子之间的键完全相同，苯的一取代物都只有一种结构，间位二取代物、对位二取代物也都只有一种结构，因此A、C、D项不能说明苯环不存在单、双键交替结构；B项，苯分子结构中若单、双键交替出现，则苯的邻位二取代物有两种结构，因此B项可以说明苯分子不存在单、双键交替结构。

8. 选D　SO_2具有还原性，能被强氧化剂Br_2及酸性$KMnO_4$溶液氧化而使其褪色；$CH_3—CH_2—CH═CH_2$中有双键，遇Br_2能发生加成反应，遇酸性$KMnO_4$溶液能被氧化，从而使溴水及酸性$KMnO_4$溶液褪色；苯结构稳定，不能被酸性$KMnO_4$溶液氧化，但可萃取溴水中的Br_2，使溴水褪色，此过程属物理变化过程；CH_3CH_3既不能使溴水褪色，也不能使酸性$KMnO_4$溶液褪色。

9. 选A　A项苯中加溴水后分层，上层为溴的苯溶液(橙红色)，下层为无色水层，乙醇中加溴水不分层，苯乙烯(C₆H₅—CH═CH₂)中加溴水，溴水褪色，所以A项能成功；B项中浓溴水能与乙烯发生加成反应，产物易溶于苯中；C项中两者都不能反应且分层，现象相同；D项中苯能溶解硝基苯。

10. 选C　将液溴、铁粉和苯混合加热即可制得溴苯，选项A错误；用苯和浓硝酸、浓硫酸混合控制水浴在50～60 ℃，反应可制得硝基苯，选项B错误；由苯制取溴苯和硝基苯都是取代反应，其反应原理相同，选项C正确；溴苯和硝基苯与水分层，溴苯、硝基苯的密度都比水大，都在下层，选项D错误。

11. 选C　该反应温度不超过100 ℃，所以用水浴加热，A项正确；因反应物受热易挥发，所以用长玻璃管起冷凝回流作用，B项正确；用水洗涤不能除去没反应完的苯，因为苯不易溶于水，C项错误；加入过量硝酸可以使平衡向右移动，从而提高苯的转化率，D项正确。

12. 选AD　由方程式可知，苯生成乙苯、环己烷为加成反应，故A正确；苯与溴水不反应，在催化条件下苯与液溴反应，故B错误；乙苯含有饱和碳原子，具有甲烷的结构特点，则所有原子不可能在同一个平面上，故C错误；乙烯含有碳碳双键，可使溴水褪色，而乙苯不反应，可鉴别，故D正确。

13. (1) [structure]　—C—C—　>C═C<　酸性$KMnO_4$

(2)溶液分层，溶液紫红色不褪去

(3)错误　(4)相同　介于碳碳单键和碳碳双键之间的特殊的化学　在 [structure]

(5)不同意，由于苯是一种有机溶剂且不溶于水，而溴单质在苯中的溶解度比其在水中的溶解度大许多，故将苯与溴水混合振荡时，苯将溴单质从其水溶液中萃取出来，从而使溴水褪色，与此同时，苯层颜色加深

14. **解析**：A是一种果实催熟剂，它的产量用来衡量一个国家的石油化工发展水平，则A为$CH_2═CH_2$，B是一种比水轻的油状液体，仅由碳、氢两种元素组成，碳元素与氢元素的质量比为12∶1，则碳、氢原子个数之比为1∶1，B的相对分子质量为78，则$12n+n=78$，解得$n=6$，所以B为苯。

(1)A为$CH_2═CH_2$，其电子式为 H:C::C:H（各C上另有一个H）；B的结构简式为 [structure]。

(2)与A相邻的同系物C为$CH_2═CHCH_3$，使溴的四氯化碳溶液褪色，发生加成反应，化学反应方程式为$CH_2═CH—CH_3+Br_2 \longrightarrow CH_2BrCHBrCH_3$。

(3)碘水中加入苯发生萃取，苯的密度比水的小，则苯在上层，观察到的现象是液体分层，下层无色，上层紫红色。

(4)等质量的A、B完全燃烧时，氢的质量分数越大，消耗O_2的物质的量越多，则消耗O_2的物质的量A>B。

$$\begin{matrix} H & H \\ \cdot\cdot & \cdot\cdot \\ C & :: & C \\ \cdot\cdot & \cdot\cdot \\ H & H \end{matrix}$$

答案：(1) C :: C（电子式，上下各有H）　⌬

(2)$CH_2=CH-CH_3+Br_2 \longrightarrow CH_2Br-CHBr-CH_3$

(3)液体分层，下层无色，上层紫红色

(4)A>B

15. **解析**：乙烯、乙炔能使溴水褪色，且有 $CH\equiv CH+H_2 \xrightarrow{催化剂} CH_2=CH_2$，$CH_2=CH_2+H_2 \xrightarrow{催化剂} CH_3CH_3$，故甲为 $CH_2=CH_2$，乙为 $CH\equiv CH$；再结合②③知丙为乙烷，丁为苯。

答案：(1) $CH_2=CH_2$　$CH\equiv CH$

(2) ⌬ $+Br_2 \xrightarrow{FeBr_3}$ ⌬$-Br+HBr$

16. **解析**：苯与溴的取代反应需要催化剂且反应是放热反应，容易使苯与溴挥发出来，若缺少洗气瓶，挥发出的溴蒸气溶解在水中能生成 HBr，$HBr+AgNO_3 = AgBr\downarrow+HNO_3$，无法证明苯与溴是否发生了取代反应。

答案：(1)红棕　(2)溴易挥发，挥发出的溴蒸气溶解在水中生成 HBr　(3)①使液体分层　②除去未反应的溴

课时跟踪检测(九)

1. 选C　烷烃分子中碳原子均形成4个键，杂化轨道数为4，均采用 sp^3 杂化轨道成键。碳碳三键由1个σ键、2个π键组成；苯环中碳原子采用 sp^2 杂化轨道成键，6个碳原子上未参与成键的p电子形成一个大π键；甲苯分子中$-CH_3$中的C采用 sp^3 杂化。
2. 选D　芳香烃是分子中含一个或多个苯环的烃类化合物，而苯的同系物仅指分子中含有一个苯环，苯环的侧链全部为烷基的烃类化合物，其通式为 C_nH_{2n-6}($n\geqslant 7$，且n为正整数)；苯和甲苯都能与卤素单质、硝酸等发生取代反应，但甲苯能使酸性 $KMnO_4$ 溶液褪色而苯不能，这是由于苯环与侧链之间的影响所致。
3. 选B　①和⑥含有一个苯环，属于苯的同系物；③和④尽管含有一个苯环，但其中含有其他(N或O)原子，不属于芳香烃；②含有碳碳双键，尽管属于芳香烃，但不是苯的同系物；⑤含有两个苯环，属于芳香烃，不是苯的同系物。
4. 选A　先加足量溴水，将不饱和的己烯转化为饱和溴代烷，然后再加入酸性高锰酸钾溶液，可检验甲苯，故A正确；配制混合酸时，为避免酸液飞溅，应将浓硫酸加入浓硝酸中，故B错误；溴易溶于溴苯，应加入氢氧化钠溶液除杂，故C错误；制取硝基苯，在温度为50～60 ℃的水中加热，故D错误。
5. 选C　该烃不能使溴水褪色，丙烯分子中有碳碳双键，能使溴水褪色，A项错误；在铁催化下与氯气反应，应该是苯环上的取代反应，B项，分子只能得到一种一氯代物，C项，分子得到两种一氯代物，D项，分子得到四种一氯代物。
6. 选C　苯及其同系物都只含1个苯环，如果有多个苯环，就不符合"与苯相差1个或若干个 CH_2 原子团"的条件了，A错误；苯及其大部分的同系物在Fe存在的条件下可以与纯溴发生取代反应，而不是与溴水反应，B错误；苯及其大部分的同系物在Fe存在的条件下可以与氯气发生取代反应，而所有的苯的同系物在光照条件下可以与氯气发生取代反应，C正确；苯不能被酸性 $KMnO_4$ 溶液氧化，D错误。
7. 选A　A.甲苯和苯都能与浓硝酸、浓硫酸发生取代反应，但产物不同，侧链对苯环有影响，使苯环变得活泼，更容易发生取代反应，甲苯硝化生成三硝基甲苯，能说明侧链对苯环有影响，故正确；B.甲苯能使酸性高锰酸钾溶液褪色，苯不能使酸性高锰酸钾溶液褪色，说明苯环对侧链有影响，故错误；C.苯和甲苯都能燃烧产生带浓烟的火焰，这是碳不完全燃烧导致，所以不能说明侧链对苯环有影响，故错误；D.1 mol甲苯或1 mol苯都能与3 mol H_2 发生加成反应，所以不能说明侧链对苯环有影响，故错误。
8. 选D　苯的同系物中，苯环上的一溴化物只有一种，这说明分子中苯环上的氢原子只有一类，乙苯苯环上的氢原子分为3类，A错误；邻二甲苯苯环上的氢原子分为2类，B错误；间二甲苯苯环上的氢原子分为3类，C错误；对二甲苯苯环上的氢原子只有一类，因此苯环上的一溴化物只有一种，D正确。
9. 选C　苯乙烯中含有碳碳双键，所以能发生加聚反应生成聚苯乙烯，故A正确；苯和乙烯都是平面结构，所有原子共平面，则苯乙烯分子中所有原子可以共平面，故B正确；乙苯具有特殊结构，和溴水不发生反应，但能使溴水萃取褪色，苯乙烯和溴单质发生加成反应使溴水褪色，二者褪色原理不同，故C错误；聚苯乙烯与苯乙烯的最简式相同，都是CH，等质量的聚苯乙烯与苯乙烯中所含的碳原子数相同，故D正确。
10. 选D　A项，该有机化合物的分子式为 $C_{13}H_{14}$，错误；B项，该有机化合物含有碳碳双键和碳碳三键，不属于苯的同系物，错误；C项，分析碳碳三键附近的原子，单键可以自由旋转，所以该有机化合物分子至少有3个碳原子共直线，错误；D项，该有机化合物可以看成是由甲基、苯环、乙基、乙烯、乙炔连接而成，单键可以自由旋转，该有机化合物分子最多有13个碳原子共平面，正确。
11. 选CD　由题意可知有机化合物燃烧后产物只有 CO_2 和 H_2O，生成物中含有碳、氢元素，依据原子守恒可知该物质中一定含有碳、氢元素，氧元素不能确定，故A错误；一种烃在足量的氧气中燃烧并通过浓硫酸只能说产物的体积减少的部分是生成水蒸气的体积，故B错误；设该烃的化学式为 C_xH_y，根据 $C_xH_y+\left(x+\frac{y}{4}\right)O_2 \xrightarrow{点燃} xCO_2+\frac{y}{2}H_2O$，体积差为 $x+\frac{y}{2}-\left(1+x+\frac{y}{4}\right)=\frac{y}{4}-1$，即可得反应前后体积不变，则 $y=4$；若体积减少则y小于4，反之则大于4，故C正确；因为一个碳原子对应消耗一个氧气分子，四个氢原子对应消耗一个氧气分子，而一个碳原子的质量等于12个氢原子的质量，12个氢原子消耗三个氧气分子，所以相同质量的烃，完全燃烧，消耗的 O_2 越多，则烃中氢元素的质量分数越高，故D正确。
12. 选B　在此条件下，水为液态，$C_2H_6+\frac{7}{2}O_2 \xrightarrow{点燃} 2CO_2+3H_2O$ $\Delta V=1+\frac{7}{2}-2=2.5$，$C_3H_6+\frac{9}{2}O_2 \xrightarrow{点燃} 3CO_2+3H_2O$ $\Delta V=1+\frac{9}{2}-3=2.5$，$C_2H_2+\frac{5}{2}O_2 = 2CO_2+H_2O$ $\Delta V=1+\frac{5}{2}-2=1.5$，乙烷和丙烯体积减少的相同，可以看作一种物质，设乙烷和丙烯共为x mL，乙炔为y mL，则有 $x+y=8$，$2.5x+1.5y=18$，解得 $x=6$，$y=2$，故乙炔体积分数为 $\frac{2}{8}\times 100\%=25\%$，B正确。
13. **解析**：(1)苯与氯气在 $FeCl_3$ 作催化剂时发生取代反应产生氯苯，反应的化学方程式是 ⌬$+Cl_2 \xrightarrow{FeCl_3}$ ⌬$-Cl+HCl$；(2)甲苯与浓硝酸、浓硫酸的混合物加热发生取代反应，产生2,4,6-三硝基甲苯，反应的化学方程式是 ⌬$-CH_3+3HO-NO_2 \xrightarrow{浓H_2SO_4}$ O_2N-⌬$(NO_2)_2-CH_3+3H_2O$；(3)苯与足量氢气在Ni作催化剂时，加热发生加成反应产生环己烷，反应的化学方程式是 ⌬$+3H_2 \xrightarrow[\triangle]{Ni}$ ⬡；(4)甲苯与液溴在 $FeBr_3$ 作催化剂时发生取代反应产生间溴甲苯，反应的化学方程式是 ⌬$-CH_3+Br_2 \xrightarrow{FeBr_3}$（间溴甲苯）$+HBr$。

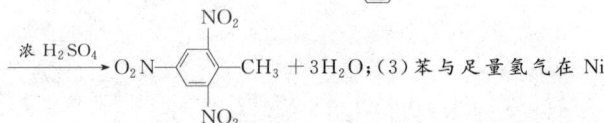

答案：(1) ⌬$+Cl_2 \xrightarrow{FeCl_3}$ ⌬$-Cl+HCl$　取代反应

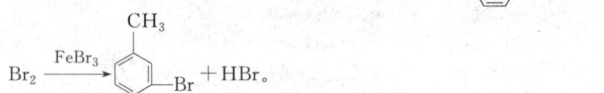

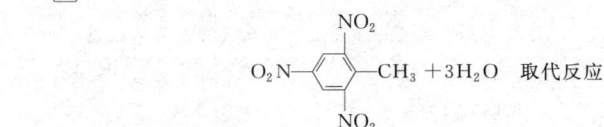

(2) ⌬$-CH_3+3HO-NO_2 \xrightarrow{浓H_2SO_4}$ O_2N-⌬$(NO_2)_2-CH_3+3H_2O$　取代反应

(3) ⌬$+3H_2 \xrightarrow[\triangle]{Ni}$ ⬡　加成反应

(4) ⌬$-CH_3+Br_2 \xrightarrow{FeBr_3}$（间溴甲苯）$+HBr$　取代反应

14. **解析**：(1) ⌬ 和 ⌬$-CH_3$ 结构相似，都含苯环，且组成上相差一个"CH_2"原子团，故互为同系物。(2)甲苯的分子式为 C_7H_8，碳的含量高，故燃烧时火焰明亮，冒浓烟，1 mol C_7H_8 完全燃烧消耗 O_2 为 $7+\frac{8}{4}=9$(mol)。(3)甲苯苯环上的一氯代物有3种：（邻位）、（间位）、（对位）。

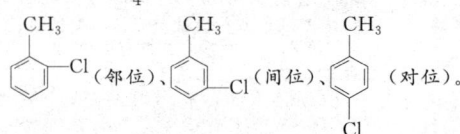

(4)由题意知甲苯可使酸性高锰酸钾溶液褪色而苯不能，故可用酸性 $KMnO_4$ 溶液区分二者。

答案：(1)D　(2)火焰明亮，冒浓烟　9 mol　(3)3

(4)取无色液体，加入酸性高锰酸钾溶液，振荡后若紫色消失，则该液体为甲苯，若紫色不消失，则该液体为苯

15. **解析**：(1)A中含碳原子数为$\frac{104\times92.3\%}{12}=8$，除碳外余数为8，只能是氢，分子式为$C_8H_8$。(2)因A中含有苯环，故A为 $—CH=CH_2$，与溴的四氯化碳溶液发生加成反应。(3)由信息可知，在该条件下发生的结构变化是碳碳双键打开其一，分别连接一个羟基。(4) $—CH=CH_2$ 与H_2加成可能有三种情况：只苯环加氢(产物中碳的质量分数为87.3%)，只侧链碳碳双键加氢(产物中碳的质量分数为90.6%)，二者均加氢(产物中碳的质量分数为85.7%)，因此结构简式为 $—CH_2CH_3$。

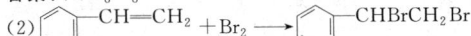

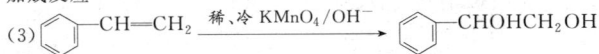

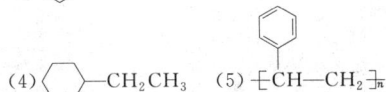

答案：(1)C_8H_8

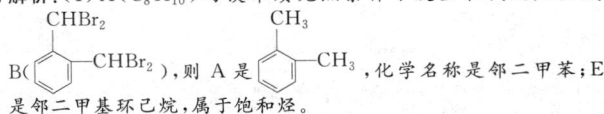

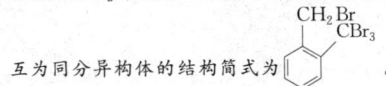

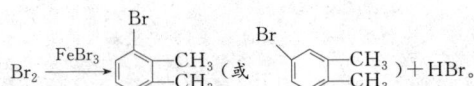

(2) $—CH=CH_2+Br_2\longrightarrow$ $—CHBrCH_2Br$

加成反应

(3) $—CH=CH_2\xrightarrow{稀、冷KMnO_4/OH^-}$ $—CHOHCH_2OH$

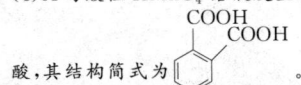

(4) $—CH_2CH_3$　(5) $\text{⁅}CH—CH_2\text{⁆}_n$

16. **解析**：(1)$A(C_8H_{10})$与溴单质光照条件下发生取代反应生成B($CHBr_2$ / $—CHBr_2$)，则A是 CH_3 / $—CH_3$，化学名称是邻二甲苯；E是邻二甲基环己烷，属于饱和烃。

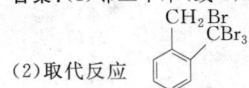

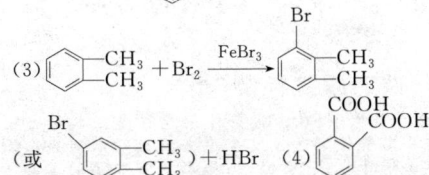

(2)A与Br_2在光照下发生取代反应，可生成多种副产物，其中与B互为同分异构体的结构简式为 CH_2Br / CBr_3 。

(3)A→C发生苯环上的取代反应，化学方程式为 $—CH_3$ / $—CH_3$ $+Br_2\xrightarrow{FeBr_3}$ Br / $—CH_3$ / $—CH_3$ (或 Br / $—CH_3$ / $—CH_3$)$+HBr$。

(4)A与酸性$KMnO_4$溶液发生氧化反应可得到D，D为邻苯二甲酸，其结构简式为 COOH / COOH 。

答案：(1)邻二甲苯(或1,2-二甲苯)　饱和烃

(2)取代反应 CH_2Br / CBr_3

(3) $—CH_3$ / $—CH_3$ $+Br_2\xrightarrow{FeBr_3}$ Br / $—CH_3$ / $—CH_3$ (或 Br / $—CH_3$ / $—CH_3$)$+HBr$　(4) COOH / COOH

章末检测验收(二)

1. 选A　由于甲烷、乙烷、丙烷、丁烷的结构相似，所以它们的沸点随碳原子数的增多而升高，因此丙烷的沸点应该介于乙烷和丁烷之间。
2. 选D　烷烃属于烃，烃是仅含碳、氢两种元素的化合物，故A说法正确；含有碳、氢元素的烃，可以是烷烃，也可以是烯烃、炔烃、芳香烃等，故B说法正确；烷烃是饱和烃，但饱和烃不一定是烷烃，如环烷烃也是饱和烃，故C说法正确；碳原子间只以单键相结合的烃可能是烷烃，也可以是环烷烃，故D说法错误。
3. 选A　己烯、乙炔与溴水发生加成反应使溴水褪色；溴水和苯、环己烷、己烷发生萃取分层，而且上层有颜色，四氯化碳和溴水也分层但下层有颜色；故A正确。
4. 选C　已知乙炔为直线形结构，则与C≡C键直接相连的C原子可共线，则共有3个；分子中与苯环以及C═C直接相连的原子共平面，则可能共面的碳原子数最多为14，即所有的碳原子可能共平面；含四面体结构的碳原子为饱和碳原子，共4个。
5. 选B　A错：2-苯基丙烯中含有 $C=C$ ，能使酸性高锰酸钾溶液褪色。B对：2-苯基丙烯中含有 $C=C$ ，可以发生加成聚合反应。C错：2-苯基丙烯分子中含有一个$—CH_3$，所有原子不可能共平面。D错：2-苯基丙烯属于烃，难溶于水，易溶于甲苯。
6. 选D　由球棍模型知其结构简式为 $H_3C—\underset{CH_3}{\overset{CH_3}{C}}—CH_2—\underset{CH_3}{CH}—CH_3$，正确命名为2,2,4-三甲基戊烷。
7. 选C　A项，属于苯的同系物，命名正确；B项，属于烯烃，命名正确；C项，属于醇，名称应该是2-丁醇，错误；D项，属于卤代烃，命名正确。
8. 选B　乙烯通入酸性高锰酸钾溶液中，高锰酸钾溶液褪色，是乙烯的还原性，A项错误；苯在一定温度、压强和催化剂的作用下和氢气反应，生成环己烷，是苯的加成反应，B项正确；一定条件下，苯滴入浓硝酸和浓硫酸的混合液中，有油状物生成，是苯的取代反应，C项错误；由电石制乙炔，是取代反应，D项错误。
9. 选D　气态烷烃和气态单烯烃组成的混合气体，密度是相同状况下H_2密度的13倍，说明混合气体的平均相对分子质量是氢气的13倍，即26，而烯烃中相对分子质量最小的乙烯为28，所以混合气体中一定有甲烷。标准状况下4.48 L混合气体与足量溴水反应，溴水增重2.8 g，说明混合气体中烯烃的质量是2.8 g，4.48 L混合气体物质的量是0.2 mol，甲烷的物质的量为$\frac{26\ g\cdot mol^{-1}\times0.2\ mol-2.8\ g}{16\ g\cdot mol^{-1}}=0.15\ mol$，烯烃的物质的量为$0.2\ mol-0.15\ mol=0.05\ mol$，则烯烃的摩尔质量是$\frac{2.8\ g}{0.05\ mol}=56\ g\cdot mol^{-1}$，所以该烯烃是丁烯。
10. 选B　$CH_3CH=CH_2$ 与 HBr 加成产物为 $CH_3CH_2CH_2Br$ 或 $\underset{Br}{CH_3CHCH_3}$。
11. 选CD　根据烷烃的定义，a、b、c分别为碳原子数为1、5、17的烷烃，它们互为同系物，故A说法正确；X为烷烃，通式为C_nH_{2n+2}，故B说法正确；b的同分异构体是$CH_3CH_2CH_2CH_2CH_3$、$(CH_3)_2CHCH_2CH_3$，故C说法错误；c中所有甲基都是一样，三个氯原子在同一个$—C(CH_3)_3$中甲基上有1种，二个氯原子在一个$—C(CH_3)_3$中的一个甲基上，另一个氯原子进行移动，有2种结构，二个氯原子分别在一个$—C(CH_3)_3$中2个甲基上，另一氯原子进行移动，有2种，三个氯原子分别在三个$—C(CH_3)_3$中甲基上取代，有1种结构，共有6种，故D说法错误。
12. 选D　在烃的混合物中，若总质量一定，按任意比混合，完全燃烧后生成的CO_2和H_2O都恒定，则两种混合物的最简式一定相同，符合条件的只有选项D。
13. 选B　在铁粉存在下，苯和液溴的反应非常剧烈，不需加热。苯和浓HNO_3、浓H_2SO_4反应制取硝基苯时需水浴加热，温度计应放在水浴中测水的温度，控制在50～60 ℃。混合浓硫酸和浓硝酸时，应将浓硫酸加入到浓硝酸中，且边加边振荡(或搅拌)散热。
14. 选D　柠檬烯中没有苯环，不属于芳香烃，A错误；柠檬烯分子中含有连接3个碳原子的饱和碳原子，所有碳原子不可能处于同一个平面上，B错误；柠檬烯分子中含有碳碳双键，可被酸性高锰酸钾溶液氧化，C错误；柠檬烯分子中含有碳碳双键，可与溴发生加成反应，D正确。
15. 选D　选项A中1个CH_3^+含有8个电子，所以1 mol甲基正离子(CH_3^+)所含电子总数为$8N_A$，错误；每个乙烯分子中含有6对共用电子对，28 g乙烯为1 mol，因此含有共用电子对数为$6N_A$，选项B错误；标准状况下，二氯甲烷是液体，不能适用气体摩尔体积，选项C错误；乙烯、丙烯、丁烯都是烯烃，最简式相同，都是CH_2，因此质量一定时所含有的原子个数与三种烯烃的组成无关，14 g烯烃的混合物所含原子个数是$3N_A$，选项D正确。
16. 选BC　甲基与苯环平面结构通过单键相连，甲基的碳原子处于苯的氢原子位置，所以处于苯环这个平面。两个苯环相连，与苯环相连的碳原子处于另一个苯的氢原子位置，也处于另一个苯环这个平面，另一苯环对位上的碳原子也处于同一平面上，所以至少有9个碳原子共面，A错误，B正确；C项，每个苯环上4个H各不相同，取代苯环上的H有4种异构体，再加上甲基氢被取代，则该烃的一氯取代物最多有5种，正确；D项，该有机化合物含有2个苯环，与苯在组成上不相差CH_2的倍数，不是苯的同系物，错误。
17. 选C　根据烯烃与H_2加成反应的原理，推知该烷烃分子中相邻碳原子上均带氢原子的碳原子间是对应烯烃存在碳碳双键的位置，该烷烃的碳链结构为 $\overset{1}{C}—\underset{\underset{6}{C}}{\overset{2}{C}}—\underset{\underset{7}{C}}{\overset{3}{C}}—\underset{\underset{8}{C}}{\overset{\overset{9}{C}}{\overset{4}{C}}}—\overset{5}{C}$，所以能形成双键的有1和2之间(或2和6)；2和3之间；3和7之间，共有3种，故C项正确。

18. 选CD　A中的最简式均为CH_2，正确；B中的最简式相同，含碳量相同，正确；C. 丁二烯和丁烯含有的碳碳双键的数目不同，不为同系物，错误；D. 标准状况下，已烷不是气体，错误。

19. 选D　C_8H_{10}在$FeBr_3$作催化剂的条件下，与液溴发生苯环上的取代反应，且溴原子取代的是烷基的邻、对位氢原子，其中生成一种一溴代物的是（对二甲苯，两个CH_3处于对位），其他三项均生成2种一溴代物。

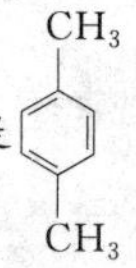

20. 选D　相对分子质量是43的烷基为$—C_3H_7$，为丙基，丙基有2种；正丙基、异丙基，取代甲苯苯环上的氢原子的位置有3种：甲基的邻、间、对位，所以得到的产物有6种。

21. **解析**：由A～G的分子球棍模型可知A为CH_4、B为CH_3CH_3、C为$CH_2=CH_2$、D为$CH\equiv CH$、E为$CH_3CH_2CH_3$、F为（苯）、G为（苯环）$—CH_3$。不能与溴水反应但能被酸性$KMnO_4$溶液氧化的是甲苯。

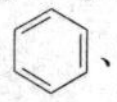

答案：(1)D　(2)4

(3)$CaC_2+2H_2O\longrightarrow Ca(OH)_2+CH\equiv CH\uparrow$

(4)（苯）$+HNO_3\xrightarrow[\triangle]{浓硫酸}$（硝基苯，苯环上连$NO_2$）$+H_2O$

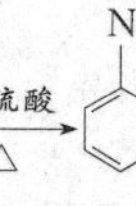

(5)甲苯

22. **解析**：(1)1-丁烯含有碳碳双键，与溴水发生加成反应的方程式为$CH_2=CH—CH_2—CH_3+Br_2\longrightarrow BrCH_2CHBrCH_2CH_3$；(2)有机化合物的相对分子质量为72，且仅含有碳和氢两种元素，根据商余法$72\div14=5\cdots2$，所以分子式为C_5H_{12}；戊烷的同分异构体为正戊烷、异戊烷和新戊烷，其中一氯代物只有一种，说明结构简式中所有H位置相同，满足该条件的戊烷为新戊烷：$C(CH_3)_4$，该一氯代物的结构简式为$CH_3C(CH_3)_2CH_2Cl$。(3)$(CH_3)_2CHCH(CH_3)_2$中的主链上有4个碳，从离甲基的最近的一端编号，所以$(CH_3)_2CHCH(CH_3)_2$的名称为2,3-二甲基丁烷；$CH_3—CH(CH_3)—CH(C_2H_5)—CH(C_2H_5)—CH_3$中的主链上有6个碳，为己烷，从离甲基最近的一端编号，所以名称为2,4-二甲基-3-乙基己烷。(4)分子式为C_5H_{10}的有机化合物，属于烯烃的同分异构体有$CH_2=CHCH_2CH_2CH_3$、$(H_3C)(H)C=C(H)(CH_2CH_3)$（顺式）、$(H_3C)(H)C=C(H)(CH_2CH_3)$（反式）、$CH_2=C(CH_3)CH_2CH_3$、$CH_2=CHCH(CH_3)CH_3$、$CH_3CH=C(CH_3)CH_3$，共计是6种。

答案：(1) $CH_2=CH—CH_2—CH_3+Br_2\longrightarrow BrCH_2CHBrCH_2CH_3$

(2)$CH_3C(CH_3)_2CH_2Cl$

(3)2,3-二甲基丁烷　2,4-二甲基-3-乙基己烷

(4)6

23. **解析**：(1)因溴与铁反应生成溴化铁：$2Fe+3Br_2=2FeBr_3$，苯和液溴在溴化铁的催化作用下生成溴苯和溴化氢：（苯）$+Br_2\xrightarrow{FeBr_3}$（溴苯）$+HBr$；②中反应的离子方程式为$Br^-+Ag^+=AgBr\downarrow$。(2)反应生成的溴苯和溴互溶呈红褐色油状液滴，可用NaOH溶液洗涤，让反应生成溶于水的物质，再进行分液。(3)从图上信息可知，支管是短进短出，a的作用是防止倒吸安全装置；B中要除去Br_2，试剂为苯或四氯化碳，该装置的优点是吸收HBr中混有的溴蒸气，防止Br_2与$AgNO_3$溶液反应，干扰HBr的检验；防止污染空气。

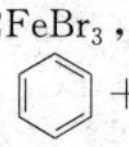

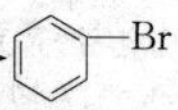

答案：(1)$2Fe+3Br_2=2FeBr_3$

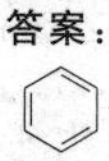

（苯）$+Br_2\xrightarrow{FeBr_3}$（溴苯）$+HBr$

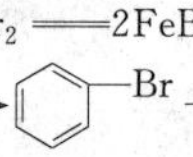

$Br^-+Ag^+=AgBr\downarrow$

(2)（溴苯）与Br_2　NaOH溶液　分液漏斗

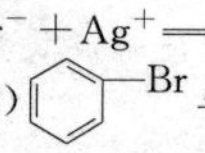

(3)防止倒吸　CCl_4或（苯）　除去HBr中混有的Br_2，避免干扰HBr的检验；防止污染空气(合理即可)

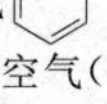

24. **解析**：(1)烃A的蒸气折合成标准状况下的密度是$3.214\ g\cdot L^{-1}$，所以A的摩尔质量是$3.214\ g\cdot L^{-1}\times22.4\ L\cdot mol^{-1}=72\ g\cdot mol^{-1}$。又因为该烃的碳氢质量比为5∶1，所以碳、氢原子个数之比是$\frac{5}{12}$∶1=5∶12，则该烃最简式是C_5H_{12}。根据相对分子质量可知分子式为C_5H_{12}。(2)该烃的一氯取代物有4种，说明分子中氢原子有4种，所以结构简式为$CH_3CH_2CH(CH_3)CH_3$。(3)炔烃加氢即得到烷烃，则烷烃分子中相邻碳原子上各去2个氢原子，即形成炔烃。所以B的结构简式是$CH\equiv C—CH(CH_3)—CH_3$。

答案：(1)C_5H_{12}　(2) $CH_3CH_2CH(CH_3)CH_3$

(3) $CH\equiv C—CH(CH_3)—CH_3$

25. **解析**：(1)根据整个流程可知，装置a用来制取乙烯，产生乙烯气体的同时可能还产生二氧化硫气体，二氧化硫也能与溴水反应，所以乙烯通入溴水之前应先除去二氧化硫，则在装置c中应加入氢氧化钠溶液，其作用就是除去乙烯中带出的酸性气体SO_2，答案选③。

(2)溴呈红棕色，所以判断d管中制备二溴乙烷反应已结束的最简单方法是溴的颜色完全褪去。

(3)根据表格提供的信息，二溴乙烷难溶于水且比水重，所以产物应在水的下层。

(4)二溴乙烷与NaOH溶液不反应，而Br_2与NaOH溶液反应，所以若产物中有少量未反应的Br_2，最好用NaOH溶液洗涤除去。

(5)乙烯与溴反应时放热，冷却可避免溴的大量挥发，所以反应过程中需用冷水冷却；根据表格提供的信息，1,2-二溴乙烷的凝固点为9 ℃，过度冷却会使其凝固而使气路堵塞，所以不用冰水进行过度冷却。

(6)以1,2-二溴乙烷为原料，制备聚氯乙烯，其步骤为1,2-二溴乙烷通过消去反应制得乙炔，乙炔通过与HCl发生加成反应生成氯乙烯，再由氯乙烯经过加聚反应制得聚氯乙烯，所以①为消去反应，②乙炔的电子式为H∶C⋮⋮C∶H，③为加成反应；第一步反应的化学方程式为

$CH_2Br—CH_2Br+2NaOH\xrightarrow[\triangle]{乙醇}HC\equiv CH\uparrow+2NaBr+2H_2O$。

答案：(1)③　(2)溴的颜色完全褪去　(3)下　(4)②

(5)乙烯与溴反应时放热，冷却可避免溴的大量挥发　1,2-二溴乙烷的凝固点为9 ℃，过度冷却会使其凝固而使气路堵塞

(6)①消去反应　②H∶C⋮⋮C∶H　③加成反应

$CH_2Br—CH_2Br+2NaOH\xrightarrow[\triangle]{乙醇}HC\equiv CH\uparrow+2NaBr+2H_2O$

课时跟踪检测(十)

1. 选C　氯乙烷中含有氯原子，在一定条件下能够发生水解反应，A项正确；氯乙烷在一定条件下通过发生消去反应可以制备乙烯，B项正确；氯乙烷不易溶于水，C项错误；氯乙烷官能团的名称是碳氯键，D项正确。

2. 选B　随着碳原子数的增多，一氯代烃的沸点逐渐升高，A项正确；随着碳原子数的增多，一氯代烃的密度逐渐减小，B项错误；等碳原子数的一氯代烃，支链越多，分子间距离越大，分子间作用力越小，沸点越低，C项正确；等碳原子数的一卤代烃，卤素的原子序数越大，分子间作用力越大，沸点越高，D项正确。

3. 选A　溴乙烷、己烷、苯及苯乙烯4种物质都不溶于水，滴入水中都会出现分层现象，但溴乙烷可与热的NaOH溶液反应生成乙醇和NaBr，乙醇与水互溶，NaBr溶于水，故溴乙烷滴入热的NaOH溶液中分层现象消失，而其他3种物质与NaOH都不反应，溶液依然分层，故A项正确。

4. 选A　断键时碳溴键断裂的位置不同，碳氢键断裂的位置也不同，但反应类型相同，产物相同。

5. 选A　氯苯分子中含有稳定的苯环结构，假设氯苯与KOH醇溶液共热发生消去反应，将破坏苯环的稳定性，因此不能发生消去反应，①符合；②中卤代烃中和氯相连的碳原子的相邻碳原子上有氢原子，因此该卤代烃能发生消去反应，生成对应的烯烃，不符合；③中卤代烃中和氯相连的碳原子的相邻碳原子上没有氢原子，因此该卤代烃不能发生消去反应，符合；④中卤代烃中和氯或溴相连的碳原子的相邻碳原子上有氢原子，因此该多卤代烃能发生消去反应，不符合；一溴环己烷中和溴原子相连的碳原子的相邻碳原子上有氢原子，因此一溴环己烷能发生消去反应，生成环己烯，⑤不符合；CH_2Cl_2不能发生消去反应，因二氯甲烷分子中只有一个碳原子，没有相邻的碳原子和氢原子，⑥符合。

6. 选 BC　A 中有机化合物水解只能得到 $CH_3CH_2CH_2OH$；B 中可得 (苯环上邻位含 CH_3 和 Cl，即邻氯甲苯) 和 H_3C—(苯环)—Cl 两种异构体；C 中可得 $CH_2=CH—CH_2—CH_3$ 和 $CH_3—CH=CH—CH_3$ 两种异构体；D 只能得到 (环己基)—$CH_2—CH_3$。

7. 选 C　因该卤代烃中含有碳碳双键，属于不饱和卤代烃，故该卤代烃不仅具有卤代烃的共性——能发生水解反应和消去反应，而且具有烯烃的性质——能发生加成反应，使溴水褪色，使酸性 $KMnO_4$ 溶液褪色和发生加聚反应；因为卤代烃是非电解质，不能电离，所以该卤代烃不能与 $AgNO_3$ 溶液直接反应。

8. 选 C　根据题中所给信息可知高聚物 $\text{-[}CH(CH_3)—CH_2—CH_2—CH_2\text{]-}_n$ 的单体是 $CH_2=CH_2$ 和 $CH_3—CH=CH_2$，因此 C 为 $CH_3—CH=CH_2$，由题意可知，D 中含有 Cl^-，因此应选择能发生消去反应且生成丙烯的氯代烃。

9. 选 C　4-溴环己烯与 NaOH 乙醇溶液共热，发生消去反应后，所得产物中只含有碳碳双键一种官能团；4-溴环己烯与 HBr 发生加成反应所得产物中只含一种官能团为—Br。

10. 选 D　聚四氟乙烯的结构可表示为 $\text{-[}CF_2—CF_2\text{]-}_n$，其中不含有 $>C=C<$，不能使酸性高锰酸钾溶液褪色，A 选项正确；甲烷与氯气发生取代反应可生成三氯甲烷($CHCl_3$)，B 选项正确；乙烯分子中所有的原子都在同一个平面上，四氟乙烯相当于四个 F 原子取代乙烯分子中的四个 H 原子后形成的，其空间结构没有发生变化，C 选项正确；二氟一氯甲烷($CHClF_2$)中，H 原子和 C 原子通过共用电子对结合在一起，H 原子的最外层只有两个电子，D 选项错误。

11. 选 AB　分子中含有碳碳双键，能使酸性 $KMnO_4$ 溶液褪色，A 正确；分子中含有碳碳双键，能使溴水褪色，B 正确；苯环和碳碳双键均与氢气发生加成反应，则在加热和催化剂作用下，最多能和 4 mol H_2 反应，C 错误；分子中含有氯原子，但邻位的碳原子上没有氢原子，则一定条件下，不能和 NaOH 的醇溶液发生消去反应，D 错误。

12. 选 B　化合物 X($C_5H_{11}Cl$)用 NaOH 的醇溶液处理发生消去反应生成 Y、Z 的过程中，有机化合物 X 的碳架结构不变，而 Y、Z 经催化加氢时，其有机化合物的碳架结构也未变，由 2-甲基丁烷的结构可推知 X 的碳架结构为 C—C(C)—C—C，其连接 Cl 原子的相邻碳原子上都有氢原子且氢原子的化学环境不同。从而推知化合物 X 的结构简式为 $CH_3—CH(CH_3)—CHCl—CH_3$ 或 $CH_3—CCl(CH_3)—CH_2—CH_3$，则化合物 X 用 NaOH 的水溶液处理可得到 $CH_3—CH(CH_3)—CH(OH)—CH_3$ 或 $CH_3—C(CH_3)(OH)—CH_2—CH_3$。

13. **解析**：(1)甲烷是正四面体结构，若分子中的四个 H 原子全部被 Cl 原子取代得到 CCl_4，还是有极性键构成的非极性分子。由于这些多卤代甲烷都是分子晶体构成的物质，沸点不同，因此可采取分馏的方法分离。(2)三氟氯溴乙烷($CF_3CHClBr$)是一种麻醉剂，其所有同分异构体的结构简式是 $CF_2BrCHFCl$、$CF_2ClCHFBr$、$CFClBrCHF_2$。(3)乙烯与氯气发生加成反应得到 1,2-二氯乙烷；反应①的化学方程式是 $H_2C=CH_2+Cl_2 \longrightarrow CH_2ClCH_2Cl$。1,2-二氯乙烷在 480～530 ℃条件下发生消去反应得到氯乙烯 $CH_2=CHCl$，氯乙烯发生加聚反应得到聚氯乙烯。

答案：(1)四氯化碳　分馏

(2)$CF_2BrCHFCl$、$CF_2ClCHFBr$、$CFClBrCHF_2$

(3)$H_2C=CH_2+Cl_2 \longrightarrow CH_2ClCH_2Cl$　加成反应　消去反应

14. (1)检查装置的气密性　(2)乙醇　碎瓷片　(4)溴水褪色

(5)①$CH_2BrCH_2Br+2NaOH \xrightarrow[\triangle]{乙醇} CH\equiv CH\uparrow+2NaBr+2H_2O$；

$CH\equiv CH+Br_2 \longrightarrow BrCH=CHBr$(或 $CH\equiv CH+2Br_2 \longrightarrow Br—CH(Br)—CH(Br)—Br$)

②为防止暴沸，在试管中应加入碎瓷片；用水浴加热，注意不要使水沸腾

15. **解析**：本题应采用逆推法：E 是 D 发生消去反应后的产物，分子中含有一个碳碳双键，且有 3 种不同类型的氯原子，由此可得 E 为 $ClCH_2CCl=CHCl$；D 在发生消去反应时生成的 E 只有一种结构，所以 D 应该是一种对称结构，D 应为 $CH_2Cl—CCl_2—CH_2Cl$。由反应②中 B 通过加成反应生成了 $CH_2Cl—CHCl—CH_2Cl$，可推出 B 为 $CH_2Cl—CH=CH_2$，进一步可推出 A 为 $CH_3—CH=CH_2$。$CH_2Cl—CHCl—CH_2Cl$ 通过反应③得到 C，根据 D 的结构简式判断，则 C 为 $CH_2=CCl—CH_2Cl$。

答案：(1)1,2,2,3-四氯丙烷　(2)取代反应　消去反应

(3)5　(4)$CH_2ClCHClCH_2Cl+NaOH \xrightarrow[\triangle]{乙醇} NaCl+CH_2=CCl—CH_2Cl+H_2O$

16. **解析**：(1)88 g CO_2 为 2 mol，45 g H_2O 为 2.5 mol，标准状况下的烃 A 11.2 L，即为 0.5 mol，所以 1 分子烃 A 中含碳原子数为 4，氢原子数为 10，则分子式为 C_4H_{10}。

(2)C_4H_{10} 存在正丁烷和异丁烷两种，但从框图上看，A 与 Cl_2 在光照条件下发生取代反应时有两种产物，且在 NaOH 醇溶液作用下的产物只有一种，则 A 只能是异丁烷，取代后的产物为 2-甲基-1-氯丙烷和 2-甲基-2-氯丙烷。(3)B、C 发生消去反应后生成 2-甲基丙烯，在 Br_2 的 CCl_4 溶液中发生加成反应，生成 E：$CH_3—CBr(CH_3)—CH_2Br$，再在 NaOH 的水溶液中水解生成 F：$CH_3—C(CH_3)(OH)—CH_2OH$。

答案：(1)C_4H_{10}　(2)2-甲基-1-氯丙烷和 2-甲基-2-氯丙烷(可互换)　(3)$CH_3—C(CH_3)=CH_2$　是

(4)$CH_3—CH(CH_2Br)—CH_2Br$(答案合理即可)

(5)消去反应、加成反应、取代反应(或水解反应)

(6)$CH_3—C(CH_3)=CH_2+Br_2 \longrightarrow CH_3—CBr(CH_3)—CH_2Br$

$CH_3—CBr(CH_3)—CH_2Br+2NaOH \xrightarrow{H_2O} CH_3—C(CH_3)(OH)—CH_2OH+2NaBr$

课时跟踪检测(十一)

1. 选 A　B 选项，与羟基(—OH)相连的碳原子的相邻碳原子上没有氢原子的醇不能发生消去反应，不符合题意；C 选项，饱和一元醇的通式才是 $C_nH_{2n+1}OH$，不符合题意；D 选项，醇不能电离出氢离子，而水能够微弱电离出氢离子，故醇与钠的反应没有水与钠的反应剧烈，不符合题意。

2. 选 C　A 项，两种有机化合物的分子式不同，错误；B 项，两种有机化合物互为同分异构体，但前者是酚，后者是醇，错误；C 项，两种有机化合物属于官能团位置异构，正确；D 项，两种有机化合物属于同系物，错误。

3. 选 C　醇的羟基之间易形成较强的相互作用，故醇的沸点比同碳原子数的烃要高，醇中碳原子数越多，其沸点越高，碳原子数相同的醇，所含羟基数目越多，其沸点越高。

4. 选 C　乙二醇和丙三醇都易溶于水，且易溶于有机溶剂。

5. 选 D　乙醇和金属钠发生的是置换反应；乙醇和乙酸的反应是醇羟基中的氢原子被取代；由乙醇制乙烯的反应是消去反应，不属于取代反应。

6. 选 D　①中与羟基直接相连的碳原子的邻位碳原子上没有氢原子，故①不能发生消去反应，A 不正确；②中与羟基相连的碳原子上没有氢原子，不能发生催化氧化反应，B 不正确；①和②中的羟基数目相同，故等物质的量的①和②与足量 Na 反应时，产生 H_2 的量相等，C 不正确。

7. 选 C　将所给的结构简式写成具有支链的形式为 $CH_3—CH_2—CH_2—C(OH)(CH_2CH_3)—CH_2CH_3$，依据系统命名原则应为 3-乙基-3-己醇。

8. 选 D　不同物质的量的三种醇生成了等量的氢气，说明不同物质的量的三种醇含有等量的羟基。设醇 A、B、C 分子内的—OH 数分别为 a、b、c，则 $3a=6b=2c$，$a:b:c=2:1:3$。

9. 选 BC　A 选项，乙醇为饱和一元醇，而金合欢醇分子中含有碳碳双键，二者的结构不相似，所以不是同系物，错误；B 选项，金合欢醇分子中含有碳碳双键可发生加成反应，同时含有羟基，所以能发生取代反应，正确；C 选项，金合欢醇含有 3 个碳碳双键，所以 1 mol 金合欢醇能与 3 mol H_2 发生加成反应，也能与 3 mol Br_2 发生加成反应，正确；D 选项，醇羟基不能与碳酸氢钠溶液反应，错误。

10. 选 D　分子式为 C_2H_6O 的醇只有 CH_3CH_2OH 一种，而分子式为 C_3H_8O 的醇有 $CH_3—CH_2—CH_2OH$ 和 $CH_3—CH(OH)—CH_3$ 两种。同种分子间可形成 3 种醚，不同种分子间可形成 3 种醚，共 6 种。

11. 选 A　反应①生成 (环己烯基)—OH，有两种官能团；反应②生成 HO—(环己基)—OH，有一种官能团；反应③生成 Br—(环己基)—Br，有一种官能团；反应④生成 Br—(环己烯基) 或 Br—(环己基)—O—(环己基)—Br，均有两种官能团。

12. 选 A　根据题意，0.5 mol 饱和醇充分燃烧生成 1.5 mol CO_2，可知其分子中含有 3 个碳原子；又 0.5 mol 该醇与足量金属钠反应生成 5.6 L(标准状况)H_2，可知其分子中含有 1 个—OH，B、D 项均不符合题意；由于该醇分子中除含羟基氢外，还有 2 种不同类型的氢原子，可知 A 项符合题意。

13. **解析**：(1)该醇发生消去反应生成两种单烯烃，表明连有—OH 的碳原子的相邻碳原子上连有氢原子，且以—OH 所连碳原子为中心，分子不对称，另外，羟基不连在链端碳原子上，是 C。(2)～(4)连有—OH 的碳原子上有 2 个氢原子时可被氧化为醛，是 D；有一个氢原子时可被氧化为酮，是 A、C；不含氢原子时不能发生催化氧化，是 B。

答案：(1)C　(2)D　(3)B　(4)2

14. **解析**：(1)根据 A 的分子式，结合 A 是由乙醇氧化得到，可知 A 为乙酸。(2)乙酸与乙醇发生酯化反应得到乙酸乙酯。(3)由乙醇与 C 的分子式可知，乙醇分子中的 1 个 H 原子被 Cl 原子取代，所以反应类型为取代反应。(4)E 的单体为 D，根据 D 的分子式，可知 D 为氯乙烯，所以 E 为聚氯乙烯。(5)乙醇在浓硫酸作催化剂、170 ℃时发生消去反应生成乙烯和水。

答案：(1)CH_3COOH　(2)乙酸乙酯　(3)取代反应

(4)聚氯乙烯

(5)$CH_3CH_2OH \xrightarrow[170\ ℃]{浓硫酸} CH_2═CH_2\uparrow + H_2O$

15. **解析**：(1)根据 α-松油醇的结构简式容易写出其分子式，但要注意—OH 中的氧原子是 ^{18}O。

(2)α-松油醇的结构中含有醇羟基，所以属于醇类。

(3)α-松油醇的结构中含有 $>C═C<$，所以能发生加成反应和氧化反应；它还含有醇羟基，所以能发生酯化反应。

(4)注意酯化反应的实质是酸脱羟基醇脱氢，所以 α-松油醇分子中的 ^{18}O 应该在酯中。

(5)只要清楚消去反应的实质是在相邻的两个 C 原子上分别脱去—OH 和—H，就不难得到两种醇的结构简式。

答案：(1)$C_{10}H_{18}{}^{18}O$　(2)A　(3)B

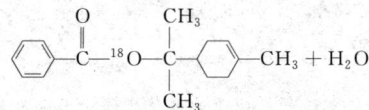

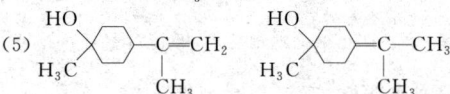

(4) $C_6H_5—COOH + H^{18}O—C(CH_3)_2—C_6H_8—CH_3 \underset{\triangle}{\overset{浓硫酸}{\rightleftharpoons}} C_6H_5—CO—^{18}O—C(CH_3)_2—C_6H_8—CH_3 + H_2O$

(5) (HO)(H_3C)C(环己基)—C(CH_3)═CH_2　　(HO)(H_3C)C(环己基)—C(CH_3)═C—CH_3（CH_3）

16. **解析**：(1)在乙醇的催化氧化实验中，Cu 作催化剂，反应过程中，红色的 Cu 先生成黑色的 CuO，黑色的 CuO 又被乙醇还原为红色的 Cu。有关的化学方程式为 $2Cu + O_2 \xrightarrow{\triangle} 2CuO$，$CuO + CH_3CH_2OH \xrightarrow{\triangle} Cu + CH_3CHO + H_2O$。

(2)甲中水浴加热的目的是获得平稳的乙醇气流，乙中冷水浴的目的是为了冷凝乙醛。

(3)生成的 CH_3CHO 和 H_2O 以及挥发出来的乙醇进入试管 a 被冷凝收集，不溶于水的 N_2 被收集在集气瓶中。

(4)能使紫色石蕊试纸显红色，说明该液体为酸性物质，即 CH_3COOH；要除去乙醛中的乙酸，可以先将其与 $NaHCO_3$ 反应生成 CH_3COONa，再加热蒸馏，蒸出 CH_3CHO。

答案：(1)$2Cu+O_2 \xrightarrow{\triangle} 2CuO$，$CH_3CH_2OH+CuO \xrightarrow{\triangle} CH_3CHO+H_2O+Cu$　放热　(2)加热　冷却　(3)乙醛、乙醇、水　氮气　(4)乙酸　c　蒸馏

课时跟踪检测(十二)

1. 选 C　苯环与羟基直接相连的化合物为酚类，A、B 错误；醇类和酚类的官能团相同，但性质不同，D 错误。

2. 选 B　苯酚微溶于冷水，65 ℃以上与水互溶，冷却时会形成浊液，A 错误；由于羟基对苯环的影响，使得苯环上羟基邻、对位上的氢原子较活泼，易被取代，与浓溴水反应生成 2,4,6-三溴苯酚，B 正确；苯酚与 NaOH 溶液反应而易溶于 NaOH 溶液，C 错误；苯酚的酸性比碳酸、醋酸都弱，D 错误。

3. 选 B　苯酚钠溶液中通入 CO_2，C_6H_5ONa 与 H_2CO_3 反应生成 C_6H_5OH，说明苯酚酸性弱。苯酚的水溶液中加入 NaOH，生成苯酚钠只能证明苯酚具有酸性。

4. 选 C　苯甲醇不能与浓溴水反应，A 错误；苯甲醇、苯酚的结构不相似，故不属于同系物，B 错误；酚与分子式相同的芳香醇、芳香醚互为同分异构体，C 正确；乙醇、苯甲醇的羟基都不显酸性，都不能与 NaOH 反应，D 错。

5. 选 D　与 Fe^{3+} 发生显色反应的是酚羟基，故 D 正确。

6. 选 D　从漆酚的结构简式看，它具有苯酚和二烯烃或炔烃($—C_{15}H_{27}$)的性质。作为烃的含氧衍生物，可以燃烧生成 CO_2 和 H_2O；作为酚，能与 $FeCl_3$ 溶液发生显色反应；含有酚羟基和不饱和烃基，能发生取代和加成反应，也能被酸性 $KMnO_4$ 溶液氧化，只有 D 不对。

7. 选 B　甲苯中苯环对—CH_3 产生影响，使—CH_3 可被 $KMnO_4(H^+)$ 氧化为—COOH，从而使酸性 $KMnO_4$ 溶液褪色；苯酚中，羟基对苯环产生影响，使苯酚分子中与羟基相连碳原子的邻、对位碳原子上的氢原子更活泼，更易被取代；苯环对羟基产生影响，使羟基中氢原子更易电离，表现出弱酸性。

8. 选 C　酚类物质必须有—OH 与苯环直接相连，可能的组成：$C_6H_5—CH_2—C_6H_4—OH$，移动—OH 的位置，可得 3 种同分异构体：$C_6H_5—CH_2—C_6H_4—OH$(邻位)、$C_6H_5—CH_2—C_6H_4—OH$(间位)、$C_6H_5—CH_2—C_6H_4—OH$(对位)。

9. 选 D　因混合物中只有苯酚一种酚类，故可用 $FeCl_3$ 溶液检验残留苯酚，A 项正确；苯酚具有还原性，可被酸性 $KMnO_4$ 溶液氧化，菠萝酯分子中含碳碳双键，也可以被酸性 $KMnO_4$ 溶液氧化，B 项正确；苯氧乙酸可与 NaOH 溶液发生中和反应，菠萝酯可在 NaOH 溶液中发生水解反应，C 项正确；烯丙醇与溴水可发生反应，但产物菠萝酯也能与溴水反应，故不能用溴水检验烯丙醇，D 项错误。

10. 选 A　该有机化合物中含有 $>C═C<$，能发生加聚反应，也能使酸性 $KMnO_4$ 溶液褪色；该有机化合物因含有酚羟基，故具有弱酸性(比 H_2CO_3 酸性还弱)，能与 KOH 溶液及活泼金属 Na 反应，但不能与 $NaHCO_3$ 溶液反应；该有机化合物的组成元素中只有 C、H 和 O，故可以燃烧。酚类不易溶于水。

11. 选 B　根据乙醇不会和 NaOH 溶液反应，加入 NaOH 溶液后，乙醇不会发生变化，但苯酚全部变成苯酚钠；乙醇的沸点是 78 ℃，水的沸点是 100 ℃，加热到 78 ℃左右时，将乙醇全部蒸馏掉，剩下的为苯酚钠、NaOH 溶液；最后通入过量的二氧化碳气体，由于碳酸酸性强于苯酚酸性，所以通入二氧化碳后，苯酚钠全部转化为苯酚，苯酚溶解度小，与生成的 $NaHCO_3$ 溶液分层，静置后通过分液可以得到苯酚，所以正确的操作顺序为⑥①⑤③。

12. 选 CD　该有机化合物分子中含有碳碳双键、酚羟基、苯环。酚羟基的存在使该有机化合物遇 $FeCl_3$ 溶液显紫色，但其与苯酚不互为同系物，A 项不正确。由于酚羟基也易被酸性 $KMnO_4$ 溶液氧化，所以溶液褪色不能证明其结构中存在碳碳双键，B 项不正确。酚羟基使苯环上邻、对位上的氢原子变得更加活泼，易被取代，1 mol 该物质与浓溴水反应时苯环上有 3 mol 氢原子可被取代，再加上碳碳双键的加成反应，共消耗 4 mol Br_2；1 mol 该物质中含有 2 mol 苯环、1 mol 碳碳双键，与 H_2 反应时最多消耗 H_2 7 mol，C 项正确。苯环上的碳原子及与其直接相连的碳原子共平面，碳碳双键上的碳原子及与其直接相连的碳原子共平面，故该分子中的所有碳原子有可能共平面，D 项正确。

13. **解析**:(1)醇类物质不能与 NaOH 溶液反应,酚类物质都可以与 NaOH 溶液反应;(2)酚羟基的邻、对位的碳原子上的氢原子可以与溴水发生取代反应;(3)醇、酚、水都可以与 Na 反应;(4)与—OH 相连的碳原子的邻位碳原子上连有氢原子时,才可能发生消去反应(酚类物质都不可以发生苯环上的消去反应);(5)酚类物质遇 $FeCl_3$ 溶液显紫色;(6)与—OH相连的碳原子上必须连有氢原子,才能发生催化氧化反应,生成醛或酮。

答案:(1)②④ (2)②④ (3)①②③④ (4)①
(5)②④ (6)①③

14. **解析**:(1)A 中的官能团是(醇)羟基、碳碳双键,B 中的官能团是(酚)羟基。
(2)A 属于醇类不能与氢氧化钠溶液反应,B 属于酚类能与氢氧化钠溶液反应。
(3)由 A→B 属于消去反应。
(4)A 中含有 1 mol 碳碳双键,消耗 1 mol 单质溴,B 中只有酚羟基的邻位 H 原子与单质溴发生取代反应,消耗 2 mol 单质溴。

答案:(1)(醇)羟基、碳碳双键 (酚)羟基
(2)不能 能 (3)消去反应 (4)1 2

15. **解析**:(1)由白藜芦醇的结构简式知,分子中含两种官能团,即酚羟基和碳碳双键,A、B、C 项均正确;酚不与 NH_4HCO_3 溶液反应,D 项错误;该有机化合物属于酚,不属于醇,E 项错误。(2)酚羟基与 NaOH 溶液反应,故1 mol该有机化合物最多消耗 3 mol NaOH。(3)1 mol 该有机化合物发生取代反应时消耗 Br_2 5 mol,发生加成反应时消耗 Br_2 1 mol,故共消耗 Br_2 6 mol。(4)苯环及碳碳双键均可与 H_2 在一定条件下发生加成反应,故 1 mol 该有机化合物最多消耗7 mol H_2,在标准状况下的体积为 156.8 L。

答案:(1)ABC (2)3 (3)6 (4)156.8

16. **解析**:设备Ⅰ中废水和苯混合分离出水,显然是萃取、分液操作,实验室中可以用分液漏斗进行;设备Ⅱ中向苯酚和苯的混合液中加入 NaOH 溶液,目的是分离出苯,故物质 A 是苯酚钠溶液;在设备Ⅲ中通入 CO_2 分离出苯酚,故剩下物质 B 是 $NaHCO_3$ 溶液;在设备Ⅳ中向 $NaHCO_3$ 溶液中加入 CaO,生成 NaOH、H_2O、$CaCO_3$,可用过滤操作分离出 $CaCO_3$;在设备Ⅴ中加热 $CaCO_3$ 可得 CO_2 和 CaO。

答案:(1)①萃取、分液 分液漏斗 ②C_6H_5ONa $NaHCO_3$
③$C_6H_5ONa+CO_2+H_2O \longrightarrow C_6H_5OH+NaHCO_3$
④$CaCO_3$ 过滤 ⑤NaOH 水溶液 CO_2
(2)取少量污水于洁净试管中,向其中滴加 $FeCl_3$ 溶液,若溶液呈紫色,则表明含有苯酚

C_6H_5—OH $+NaOH \longrightarrow$ C_6H_5—ONa $+H_2O$

C_6H_5—ONa $+CO_2+H_2O \longrightarrow$ C_6H_5—OH $+NaHCO_3$

课时跟踪检测(十三)

1. 选 C —CH_3 中四个原子不共面,A 错误;醛基应写成—CHO 而不可写成—COH,B 错误;完全燃烧 1 mol 乙醛、乙醇消耗氧气的物质的量分别为 2.5 mol、3 mol,质量不相等,D 错误。
2. 选 D A 项中甲醛应为气体,B 中丙酮不能发生银镜反应,C 中丙酮与水互溶,A、B、C 均错误。
3. 选 D 在有机反应中,有机化合物去氢或加氧的反应是氧化反应,有机化合物去氧或加氢的反应是还原反应。
4. 选 C 比较两种有机化合物,前者中的醛基变为后者的羧基,而碳碳双键不被氧化,所以选择弱氧化剂银氨溶液或新制氢氧化铜悬浊液即可。
5. 选 B 有机化合物 $C_5H_{10}O$ 能发生银镜反应,则其分子中一定含—CHO,将其与 H_2 加成时—CHO 还原为 CH_2OH,故只要化学式正确并含有—CH_2OH 的产物都是可能的。
6. 选 D 茉莉醛中所具有的官能团为碳碳双键、醛基,且还含有苯环,故该物质可能具有的性质即为上述官能团和苯环的性质之和,故 A、B、C 三项均正确,而 D 项错误。
7. 选 B 链状的 C_4H_8O 中不含 >C=C< ,则必有碳氧双键,为醛或酮,醛有 2 种为 $CH_3CH_2CH_2CHO$ 和 CH_3—CH(CH_3)—CHO,酮有 1 种为 CH_3—C(=O)—CH_2CH_3 ,共 3 种。
8. 选 B 选项 A 中的酸性 $KMnO_4$ 溶液与三种物质均反应而褪色,溴的 CCl_4 溶液仅能够鉴别出不褪色的甲苯,故选项 A 错;选项 B 中的银氨溶液可以鉴别出发生银镜反应的丙醛,而溴的 CCl_4 溶液又可以鉴别出发生加成反应而褪色的1-己烯,不反应的为甲苯,故选项 B 正确;选项 C 中的试剂只有银氨溶液可以鉴别出丙醛,故不正确;选项 D 中的银氨溶液可以鉴别出丙醛,而酸性 $KMnO_4$ 溶液和另外两种物质均反应而褪色,故无法鉴别。
9. 选 A 该有机化合物中的 1 个碳碳双键与 Br_2 发生加成反应后引入 2 个—Br,官能团数目增加,A 项正确;该有机化合物与银氨溶液反应后 2 个—CHO 变为 2 个—$COONH_4$,官能团数目不变,B 项错误;该有机化合物中的 1 个碳碳双键与 HBr 发生加成反应后引入 1 个—Br,官能团数目不变,C 项错误;该有机化合物与 H_2 发生加成反应后—CHO 变为—CH_2OH,碳碳双键消失,官能团数目减少,D 项错误。
10. 选 C Y 与 Z 反应生成乙酸乙酯,为乙酸与乙醇反应;X 氧化生成 Z,加氢生成 Y,故 X 为乙醛,Z 为乙酸,Y 为乙醇,故选 C。
11. 选 BD 香草醛分子中含有醛基,可以发生银镜反应,A 项正确;分子中含有一个苯环(与 3 个 H_2 加成),一个醛基(与 1 个 H_2 加成),B 项错误;香草醛中含有酚羟基遇 $FeCl_3$ 溶液变色,C 项正确;酚羟基能和 NaOH 溶液反应,但不与 $NaHCO_3$ 溶液反应(酚的电离能力比 H_2CO_3 弱,酚的酸性弱于 H_2CO_3),D 项不正确。
12. 选 B 甲既能被氧化为酸又能被还原为醇可推知为醛类,甲、乙、丁都能发生银镜反应,则甲为甲醛,乙为甲酸,丁为甲酸甲酯。1 mol 甲醛中相当于有 2 mol 醛基,与足量的银氨溶液完全反应时,可得到 4 mol Ag,B 项错误;甲醛和甲酸甲酯的最简式相同,当二者质量相等时,消耗 O_2 的质量相等,C 正确。
13. **解析**:本题的突破口在于 C_3H_7Br 有两种同分异构体:$CH_3CH_2CH_2Br$ 和 $CH_3CHBrCH_3$,前者水解生成 $CH_3CH_2CH_2OH$,其氧化产物是醛,能发生银镜反应。后者水解生成 $CH_3CH(OH)CH_3$,其氧化产物是酮,不能发生银镜反应。

答案:(1)①$CH_3CH_2CH_2Br$

②$CH_3CH_2CH_2Br+NaOH \xrightarrow[\triangle]{H_2O} CH_3CH_2CH_2OH+NaBr$

$CH_3CH_2CHO+2[Ag(NH_3)_2]OH \xrightarrow{\triangle} CH_3CH_2COONH_4+3NH_3+2Ag\downarrow+H_2O$

(2)① $CH_3CH(OH)CH_3$

② $CH_3CHBrCH_3+NaOH \xrightarrow[\triangle]{醇} CH_3CH=CH_2+NaBr+H_2O$

$2CH_3CH(OH)CH_3+O_2 \xrightarrow[\triangle]{Cu} 2CH_3COCH_3+2H_2O$

$nCH_3CH=CH_2 \xrightarrow{催化剂} [\!-CH_2-CH(CH_3)-\!]_n$

14. **解析**:(1)主要根据所含官能团 >C=C< 、—CHO 进行性质分析。①>C=C< 可与 Br_2 发生加成反应,从而使溴的四氯化碳溶液褪色;②分子中无—COOH,不能与 C_2H_5OH 发生酯化反应;分子中有—CHO 可以发生③、④反应;⑤ >C=C< 与—CHO 均可以使酸性 $KMnO_4$ 溶液褪色;⑥ >C=C< 与—CHO 均能加成,完全加成后生成饱和一元醇,分子式为 $C_{10}H_{22}O$。(2)常用银镜反应或新制 $Cu(OH)_2$ 悬浊液的反应检验—CHO 的存在。(3)常用溴的 CCl_4 溶液或酸性 $KMnO_4$ 溶液来检验 >C=C< 的存在。(4)—CHO 也可使酸性 $KMnO_4$ 溶液褪色,当—CHO 与 >C=C< 同时出现时,应先检验—CHO 的存在,然后除去—CHO,再检验 >C=C< 。

答案:(1)C
(2)加入银氨溶液后水浴加热,有银镜出现,说明有醛基

$(CH_3)_2C=CHCH_2CH_2C(CH_3)=CHCHO+2[Ag(NH_3)_2]OH \xrightarrow{\triangle} (CH_3)_2C=CHCH_2CH_2C(CH_3)=CHCOONH_4+2Ag\downarrow+H_2O+3NH_3$

(3)在加银氨溶液[或新制 $Cu(OH)_2$ 悬浊液]氧化醛基后,调节溶液 pH 至酸性再加入溴的四氯化碳溶液(或酸性 $KMnO_4$ 溶液),若溶液褪色说明有碳碳双键
(4)醛基(或—CHO)

15. **解析**:在整个转化过程,碳链没有发生变化,因此根据扁桃酸 H 的结构简式确定 A 为乙苯,乙苯与氯气在光照条件下发生取代反应,生成一氯代物 B,氯原子取代的位置不同,将有两种不同的结

构(C_6H_5—$CHClCH_3$ 或 C_6H_5—CH_2CH_2Cl),检验 B 中的氯元素可以用 B 与氢氧化钠的水溶液共热,发生水解反应得到氯离子,先后加入稍过量的 HNO_3 溶液、$AgNO_3$ 溶液,用银离子检验氯离子的存在,进而确定 B 中含有氯元素。在氢氧化钠的醇溶液中 B 发生消去反应,生成苯乙烯 C,根据苯环的平面结构和乙烯的平面结构可知,苯乙烯中所有的碳原子均有可能在同一平面上,C 中含有碳碳双键,与溴的四氯化碳溶液发生加成反应生成 D(C_6H_5—CH(Br)—CH_2(Br)),D 在氢氧化钠的水溶液中发生取代反应引入羟基生成 E(C_6H_5—CH(OH)—CH_2(OH)),E 经氧化得到 F(C_6H_5—C(=O)—C(=O)—H),再次氧化、酸化后得到 G(C_6H_5—C(=O)—C(=O)—OH),G 与氢气发生加成反应得到扁桃酸 H(C_6H_5—CH(OH)—C(=O)—OH)。

答案:(1)C_6H_5—CH_2—CH_3　C—Br 键

(2)能　C_6H_5—$CHClCH_3$、C_6H_5—CH_2CH_2Cl

(3)C_6H_5—CH(OH)—CH_2(OH) $+O_2 \xrightarrow[\triangle]{Cu}$ C_6H_5—C(=O)—C(=O)—H $+2H_2O$

C_6H_5—C(=O)—C(=O)—OH $+H_2 \xrightarrow{一定条件}$ C_6H_5—CH(OH)—C(=O)—OH

(4)③⑦

(5)取适量的物质 B 与 NaOH 水溶液混合加热,待反应完全后冷却混合溶液至室温,先后加入稍过量的 HNO_3 溶液、$AgNO_3$ 溶液,如果有白色沉淀析出则证明 B 中含有氯元素

16. **解析**:一元醇 ROH 中,$\frac{16}{M(R)+17}\times100\%=21.6\%$,$M(R)=57$,R 为 C_4H_9—,由结构分析知 A 为 $CH_3CH_2CH_2CH_2OH$,名称为正丁醇或 1-丁醇。由路线图知 B 为 $CH_3CH_2CH_2CHO$,由信息知 C 为 $CH_3CH_2CH_2CH$═C(CH_2CH_3)—CHO 或 CH_3CH_2CH═CH—CH(CH_2CH_3)—CHO,$M_C=126$。由图知,$M_D=130$,则 D 为 $CH_3CH_2CH_2CH_2$—CH(CH_2CH_3)CH_2OH。

答案:(1)$C_4H_{10}O$　1-丁醇(或正丁醇)

(2)$CH_3CH_2CH_2CHO+2Cu(OH)_2+NaOH \xrightarrow{\triangle} CH_3CH_2CH_2COONa+Cu_2O\downarrow+3H_2O$

(3)2　银氨溶液、稀盐酸、溴水

(4)还原反应(或加成反应)　羟基

课时跟踪检测(十四)

1. 选 B　乙酸分子中含有甲基,因此所有原子不可能共平面。
2. 选 C　甲酸分子中含有醛基和羧基两种官能团,具有醛与羧酸的双重性质。
3. 选 B　首先,四种基团两两组合可得 6 种物质,即 CH_3OH、CH_3COOH、C_6H_5—CH_3、H_2CO_3、C_6H_5—OH 和 C_6H_5—COOH。注意不要漏掉 H_2CO_3(结构简式为 HO—C(=O)—OH)。
4. 选 C　酯化反应的实质是"酸脱羟基醇脱氢",则可写出反应 CH_3CH_2—^{18}O—H + HO—C(=O)—CH_3 $\underset{\triangle}{\overset{浓硫酸}{\rightleftharpoons}}$ CH_3—C(=O)—^{18}O—CH_2CH_3 $+H_2O$,所以生成的乙酸乙酯中含有 ^{18}O,水中不含 ^{18}O;根据酯化反应的化学方程式可知,1 mol 乙醇和 1 mol 乙酸反应理论上可生成 1 mol 乙酸乙酯,即 90 g 乙酸乙酯,但由于酯化反应是可逆反应,不能进行彻底,因此实际上不能得到 90 g 乙酸乙酯。
5. 选 C　A 项,C_6H_5—COOH 不能使溴水褪色;B 项,C_6H_5—COOH 消耗 3 mol H_2,山梨酸消耗 2 mol H_2;D 项,二者都含一个—COOH,消耗 NaOH 的量相等。
6. 选 C　据①知,其分子结构中含有—COOH 和—OH,则 A 选项不合题意;据②知,B 选项不合题意,因其发生消去反应的产物有两种:CH_2═$CHCH_2COOH$ 和 CH_3CH═CHCOOH;据③知,D 选项不合题意,因其生成的环状化合物为 O═C—CH—CH_2CH_3(C 与 CH 之间以 O 成三元环),并非五元环;只有 C 选项符合各条件要求。
7. 选 BC　分枝酸分子中含有羧基、醇羟基、碳碳双键和醚键 4 种官能团,A 错误;分枝酸分子中含有羧基和醇羟基,故可与乙醇和乙酸发生酯化反应,B 正确;分枝酸分子中的六元环不是苯环,其分子结构中的羟基为醇羟基,不能和 NaOH 发生中和反应,故 1 mol 分枝酸最多可与 2 mol NaOH 发生中和反应,C 正确;分枝酸使溴的 CCl_4 溶液褪色发生的是加成反应,使酸性 $KMnO_4$ 溶液褪色发生的是氧化反应,原理不同,D 错误。
8. 选 A　Na 既能与羟基反应,又能与羧基反应。$NaHCO_3$ 只与羧基反应,不与羟基反应,因此,能使生成的 CO_2 和 H_2 的量相等的只有 A 项。
9. 选 D　A 项,咖啡酸的分子式为 $C_9H_8O_4$,正确;B 项,咖啡酸中官能团为羧基、酚羟基、碳碳双键,每摩尔碳碳双键能和 1 mol 溴加成,在酚羟基的邻位和对位可以和溴发生取代反应,总共需要 4 mol 溴,正确;C 项,羧基和酚羟基都和氢氧化钠反应,所以 1 mol 咖啡酸可以和 3 mol 氢氧化钠反应,正确;D 项,因为酚羟基也能和高锰酸钾反应,所以不能用高锰酸钾检验碳碳双键,错误。
10. 选 C　甲酸(H—C(=O)—OH)与甲醛(H—C(=O)—H)都含有醛基(—CHO),因此二者均能发生银镜反应,均能与新制 $Cu(OH)_2$ 悬浊液反应,产生砖红色沉淀,甲酸与醇反应生成的酯仍含有醛基,因此,A、B、D 三项操作均不能证明甲醛的存在。
11. 选 C　根据阿魏酸的结构简式可知,它含有酚羟基,与氯化铁溶液反应显紫色,不是蓝色,A 项错误;它不含醛基,B 项错误;它含羧基,与碳酸氢钠溶液反应产生气泡,C 项正确;酚羟基邻位上的氢原子与 Br_2 可发生取代反应,溴水褪色不能证明一定含有碳碳双键,D 项错误。
12. 选 AD　由题意可列出流程图,

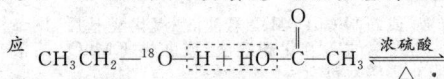

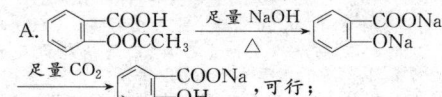

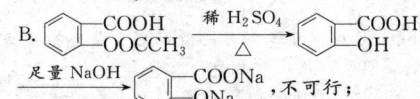

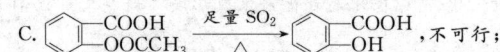

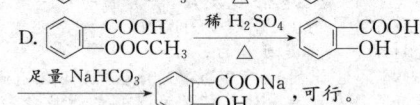

A. C_6H_4(COOH)($OOCCH_3$) $\xrightarrow[\triangle]{足量 NaOH}$ C_6H_4(COONa)(ONa) $\xrightarrow{足量 CO_2}$ C_6H_4(COONa)(OH),可行;

B. C_6H_4(COOH)($OOCCH_3$) $\xrightarrow[\triangle]{稀 H_2SO_4}$ C_6H_4(COOH)(OH) $\xrightarrow{足量 NaOH}$ C_6H_4(COONa)(ONa),不可行;

C. C_6H_4(COOH)($OOCCH_3$) $\xrightarrow[\triangle]{足量 SO_2}$ C_6H_4(COOH)(OH),不可行;

D. C_6H_4(COOH)($OOCCH_3$) $\xrightarrow[\triangle]{稀 H_2SO_4}$ C_6H_4(COOH)(OH) $\xrightarrow{足量 NaHCO_3}$ C_6H_4(COONa)(OH),可行。

13. **解析**:解题的突破口是 A 在稀硫酸作用下发生水解反应生成两种物质 B、F,可知 A 是酯,由 A 的分子式($C_5H_8O_2$)可知 A 为一元酯;B→C→D 连续两步氧化可知 B 是醇、D 是酸,E 是酯,E 能发生银镜反应可知 E 是甲酸甲酯,B 是甲醇;F 的分子式为 $C_4H_6O_2$,是一元羧酸,F 能与 H_2 发生加成反应可知 F 中含一个 >C═C<,F 与 H_2 发生加成反应生成 G,G 的分子式为 $C_4H_8O_2$(C_3H_7—COOH),G 的一氯取代产物 H 有两种不同的结构,所以 C_3H_7—COOH 的结构简式为 CH_3—CH(CH_3)—COOH,推出 F 的结构简式为 CH_2═C(CH_3)—COOH,推出 A 的结构简式为 CH_2═C(CH_3)—$COOCH_3$。根据加聚反应的特点即可写出 A 发生加聚反应的化学方程式。

答案:(1)碳碳双键、羧基 (2)②③

(3)$HCOOH+CH_3OH \xrightleftharpoons[\triangle]{浓硫酸} HCOOCH_3+H_2O$

(4)$nCH_2=C(CH_3)-COOCH_3 \xrightarrow{催化剂} [CH_2-C(CH_3)(COOCH_3)]_n$

14. **解析**:(1)A分子中碳、氢元素的总质量分数为0.814,则氧元素占的质量分数为1−0.814=0.186,若A分子中含有一个氧原子,则$M(A)=1\times16\div0.186=86$,若A分子中含有2个氧原子,则$M(A)=2\times16\div0.186=172$,化合物A的相对分子质量小于90,所以A分子中含有一个氧原子,相对分子质量为86。则$M(C、H)=86-16=70$,A的分子式为$C_5H_{10}O$。

(2)C与乙醇酯化后的D的分子式为$C_4H_8O_2$,由酯化反应特点可知,C的分子式是$C_4H_8O_2+H_2O-C_2H_6O=C_2H_4O_2$,是乙酸。所以B分子中的碳原子数为3,结合题中B与$NaHCO_3$溶液完全反应,其物质的量之比为1∶2,可知B为二元酸,只能是$HOOC-CH_2-COOH$,在浓硫酸的催化下,B与足量的C_2H_5OH发生反应的化学方程式是$HOOC-CH_2-COOH+2C_2H_5OH \xrightleftharpoons[\triangle]{浓硫酸} C_2H_5OOC-CH_2-COOC_2H_5+2H_2O$,反应类型为酯化反应(或取代反应)。

(3)A的分子式为$C_5H_{10}O$,与相应的饱和一元醇仅相差2个氢原子,结合题中A既可以与金属钠作用放出氢气又能使溴的四氯化碳溶液褪色,可知A为含有碳碳双键的一元醇,结合B、C的结构式推知,A的结构简式为$HO-CH_2-CH_2-CH=CH-CH_3$。

(4)D的分子式为$C_4H_8O_2$,符合酯和一元羧酸的通式,其中能与$NaHCO_3$溶液反应放出CO_2的是$CH_3CH_2CH_2COOH$、$CH_3CH(CH_3)COOH$。

答案:(1)$C_5H_{10}O$

(2)$HOOC-CH_2-COOH+2C_2H_5OH \xrightleftharpoons[\triangle]{浓硫酸}$

$C_2H_5OOC-CH_2-COOC_2H_5+2H_2O$

酯化反应(或取代反应)

(3)$HO-CH_2-CH_2-CH=CH-CH_3$

(4)2 $CH_3CH_2CH_2COOH$、$CH_3CH(CH_3)COOH$

15. (1)增大反应物浓度,使平衡向生成酯的方向移动,提高酯的产率(合理即可) 浓H_2SO_4能吸收生成的水,使平衡向生成酯的方向移动,提高酯的产率 浓H_2SO_4具有强氧化性和脱水性,会使有机化合物碳化,降低酯的产率

(2)中和乙酸 溶解乙醇 减少乙酸乙酯在水中的溶解

(3)振荡 静置

(4)原料损失较大 易发生副反应 乙醚 蒸馏

16. **解析**:(1)因有机化合物A能与Na_2CO_3溶液反应产生CO_2,所以A中含有羧基;因B能与Na_2CO_3溶液反应,但不产生CO_2,所以B中含有酚羟基,由B加氢可得环己醇知,B为苯酚;由C的分子组成和苯酚中碳原子的个数可知,A为苯甲酸,苯甲酸钠为常用的食品防腐剂,所以A与B反应生成C的化学方程式为

$C_6H_5COOH + C_6H_5OH \xrightleftharpoons[H_3BO_3,\triangle]{浓H_2SO_4} C_6H_5COOC_6H_5 + H_2O$,该反应属于取代(或酯化)反应。

(2)由题给信息ⅰ及C的结构简式可知,D的结构简式为 $C_6H_5-CO-C_6H_4-OH$(对位),该分子中含有的官能团为羰基和酚羟基。

(3)由题给信息ⅰ及D的结构简式可知,E的结构简式为 $C_6H_5-CO-C_6H_4-O-CH_2CH_2-N(CH_3)_2$(对位)。

(4)由J经还原可转化为G可知,J为羧酸,G为醇,且二者分子中含碳原子个数相同;由K的结构简式和J的分子组成可知,J的结构简式为$C_6H_5-CH=CH-COOH$。

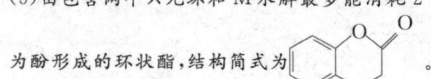

(5)由包含两个六元环和M水解最多能消耗2 mol NaOH可知,M为酚形成的环状酯,结构简式为(二氢香豆素,苯并六元环内酯)。

(6)由反应物和生成物分子组成来看,生成物比反应物多了两个H原子,因此该反应中$LiAlH_4$和水起还原(或加成)作用。

(7)K失去一分子水生成碳碳双键,因托瑞米芬具有反式结构,因此失去的是两个苯环间的羟基;N与$SOCl_2$发生取代反应,由H、O原子个数的变化情况可知,取代的是碳链端点上的羟基,因此托瑞米芬的结构简式为 $(CH_3)_2N-CH_2CH_2-O-C_6H_4-C(C_6H_5)=C(C_6H_5)-CH_2CH_2Cl$。

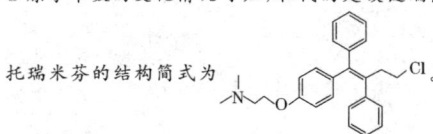

答案:(1) $C_6H_5COOH + C_6H_5OH \xrightleftharpoons[H_3BO_3,\triangle]{浓H_2SO_4} C_6H_5COOC_6H_5 + H_2O$ 取代反应(或酯化反应)

(2)羰基、羟基 (3) $C_6H_5-CO-C_6H_4-O-CH_2CH_2-N(CH_3)_2$

(4) $C_6H_5-CH=CH-COOH$ (5)(二氢香豆素结构)

(6)还原(加成) (7) $(CH_3)_2N-CH_2CH_2-O-C_6H_4-C(C_6H_5)=C(C_6H_5)-CH_2CH_2Cl$

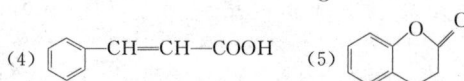

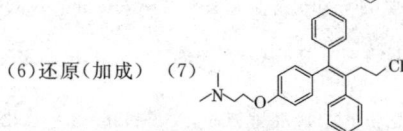

课时跟踪检测(十五)

1. 选A 同系物指的是结构相似,分子组成上相差一个或多个CH_2原子团的物质。A中的硬脂酸和软脂酸分别为$C_{17}H_{35}COOH$和$C_{15}H_{31}COOH$,结构相似,都是饱和一元羧酸,且在组成上相差2个CH_2,是同系物;B中的油酸和乙酸分别为$C_{17}H_{33}COOH$和CH_3COOH,不是同系物;C中的$C_6H_5-CH_2OH$和C_6H_5-OH虽在组成上相差一个CH_2原子团,但结构并不相似,前者是苯甲醇,属于芳香醇类,后者是苯酚,属于酚类,所以不是同系物;D中的丙酸丙酯和硬脂酸甘油酯的结构简式分别为$CH_3CH_2COOC_3H_7$和
$C_{17}H_{35}COOCH_2$
$C_{17}H_{35}COOCH$
$C_{17}H_{35}COOCH_2$
,两者显然不符合同系物的特点,不是同系物。

2. 选D 能与NaOH反应的是羧基和酯基,羧基和碱发生的反应是中和反应,在⑥处断键;酯水解时,在②处断键。

3. 选B 因为饱和一元酸的通式为$C_nH_{2n}O_2$,故含26个碳的饱和一元酸的分子式为$C_{26}H_{52}O_2$,分子中含6个碳碳双键,则少12个H原子,故其分子式为$C_{26}H_{40}O_2$,结构简式为$C_{25}H_{39}COOH$。

4. 选C 油酸中—COOH不与H_2发生加成反应。

5. 选B 植物油、石蜡油都属于混合物、有机化合物,都不属于高分子化合物。

6. 选C 硬脂酸为$C_{17}H_{35}COOH$,软脂酸为$C_{15}H_{31}COOH$,由于$-C_{17}H_{35}$和$-C_{15}H_{31}$是饱和烃基,而$-C_{17}H_{33}$与$-C_{17}H_{35}$相比少两个氢原子,因此含1个$>C=C<$。所以题给分子中含1个$>C=C<$和3个$-\overset{O}{\overset{\|}{C}}-O-$(酯基)。其中,$>C=C<$能发生加成反应,但该油脂分子中的高级脂肪酸是混酸,和H_2加成时得不到硬脂酸甘油酯和软脂酸甘油酯,A、B两项错误;酯基在NaOH溶液中水解,得到肥皂的主要成分——高级脂肪酸钠,C项正确;与该物质互为同分异构体,完全水解后产物相同的油脂均为高级脂肪酸在甘油上的取代位置不同而形成的异构体,有两种
$C_{17}H_{35}COOCH_2$ $C_{17}H_{33}COOCH_2$
$C_{15}H_{31}COOCH$、$C_{17}H_{35}COOCH$,D错误。
$C_{17}H_{33}COOCH_2$ $C_{15}H_{31}COOCH_2$

7. 选 D　符合条件的同分异构体中必须含有苯环，若苯环上有两个取代基，则其中一个是甲基，另一个是酯基，它们分别为 $H-\overset{O}{\overset{\|}{C}}-O-C_6H_4-CH_3$（邻）、$H-\overset{O}{\overset{\|}{C}}-O-C_6H_4-CH_3$（对）、$H-\overset{O}{\overset{\|}{C}}-O-C_6H_4-CH_3$（间）；若苯环上只有一个取代基，则为 $C_6H_5-COOCH_3$、$C_6H_5-OOCCH_3$。

8. 选 D　由题意可知，该羧酸酯中含有 1 个酯基，设羧酸为 M，则反应的化学方程式为 $C_{10}H_{18}O_3+H_2O\xrightleftharpoons[\triangle]{稀H_2SO_4}M+C_2H_6O$，由质量守恒可知 M 的分子式为 $C_8H_{14}O_3$，选项 D 符合题意。

9. 选 D　因 A、B 互为同分异构体，二者水解后得到同一种产物 C，由转化关系图知 X、Y 分子式相同且为官能团相同的同分异构体，A、C 不正确，D 正确；C 可以是甲酸、乙酸，也可以是甲醇，B 不正确。

10. 选 C　A 项，动植物油脂和短链醇都是可再生资源；B 项，生物柴油中含有多种酯；C 项，高分子化合物的相对分子质量一般高达 $10^4\sim10^6$，而油脂的相对分子质量在 1 000 左右，故动植物油脂不是高分子化合物；D 项，"地沟油"的主要成分是油脂，故可用于制备生物柴油。

11. 选 D　所给结构中含有苯环，可发生加成反应，① 正确；含有 $-COOH$，有酸性，能发生酯化反应，⑤、⑥正确；可与 NaOH 溶液反应，含有酯基，可发生水解反应，生成 CH_3COOH 和 $HO-C_6H_4-COOH$（间）两种酸，1 mol 该有机化合物可消耗 3 mol NaOH，②、③正确；不含 $\gt C=C\lt$ 及 $-C\equiv C-$ 等，不能使溴水褪色，④正确。

12. 选 CD　该有机化合物中有 12 个碳原子，A 项错误；该有机化合物中只有碳碳双键能与 H_2 发生加成反应，B 项错误；该有机化合物中能消耗 NaOH 的只有酯基，D 项正确。

13. **解析**：乙醇在 Cu 作催化剂、加热条件下发生氧化反应生成 A 为 CH_3CHO，CH_3CHO 进一步被氧化生成 B 为 CH_3COOH，甲苯与氯气发生取代反应生成 $C_6H_5CH_2Cl$，$C_6H_5CH_2Cl$ 在碱性条件下水解生成 C 为 $C_6H_5-CH_2OH$，苯甲醇与乙酸在一定条件下发生酯化反应生成 $CH_3COOCH_2-C_6H_5$。

(1) 乙酸苯甲酯的分子式为 $C_9H_{10}O_2$；$C_6H_5CH_2Cl$ 在碱性条件下水解生成 $C_6H_5CH_2OH$，故 C 的结构简式为 $C_6H_5CH_2OH$；乙醇在 Cu 作催化剂、加热条件下发生氧化反应生成 A 为 CH_3CHO，CH_3CHO 进一步被氧化生成 B 为 CH_3COOH，故 B 中的官能团为羧基；③的反应类型为取代反应。

(2) 反应①是乙醇发生催化氧化生成乙醛，反应的化学方程式为 $2CH_3CH_2OH+O_2\xrightarrow[\triangle]{Cu}2CH_3CHO+2H_2O$。

(3) 乙酸苯甲酯与 NaOH 溶液反应的离子方程式为

$$CH_3COOCH_2-C_6H_5+OH^-\xrightarrow{\triangle}CH_3COO^-+HOCH_2-C_6H_5$$

答案：(1) $C_9H_{10}O_2$　$C_6H_5CH_2OH$　羧基　取代反应

(2) $2CH_3CH_2OH+O_2\xrightarrow[\triangle]{Cu}2CH_3CHO+2H_2O$

(3) $CH_3COOCH_2-C_6H_5+OH^-\xrightarrow{\triangle}CH_3COO^-+HOCH_2-C_6H_5$

14. (1) 取代反应　加成反应

(2) $\underset{OH}{\underset{|}{CH_2}}-\underset{OH}{\underset{|}{CH}}-\underset{OH}{\underset{|}{CH_2}}$　$\underset{OH}{\underset{|}{CH_2}}-\underset{Cl}{\underset{|}{CH}}-\underset{Cl}{\underset{|}{CH_2}}$

(3) $CH_3COOCH_2CH=CH_2+H_2O\xrightleftharpoons[\triangle]{H^+}CH_3COOH+HOCH_2CH=CH_2$

(4) 3

15. **解析**：(1) A 与银氨溶液反应有银镜生成，则 A 中存在醛基，由流程可知，A 与氧气反应可以生成乙酸，则 A 为 CH_3CHO。(2) 由 B 和 C 的结构简式可以看出，乙酸分子中的羟基被氯原子取代，发生了取代反应。(3) D 与甲醇在浓硫酸条件下发生酯化反应生成 E，E 的结构简式为 $o\text{-}HO-C_6H_4-COOCH_3$。(4) 由 F 的结构简式可知，C 和 E 在催化剂条件下脱去 HCl 得到 F，F 中存在酯基，F 分子中含一个酚酯基和一个醇酯基，在碱液中发生水解反应时，1 mol 醇酯基消耗 1 mol NaOH，1 mol 酚酯基消耗 2 mol NaOH，故 1 mol F 最多消耗 3 mol NaOH，F 与过量 NaOH 溶液反应的化学方程式为 $o\text{-}CH_3COO-C_6H_4-COOCH_3+3NaOH\xrightarrow{\triangle}o\text{-}NaO-C_6H_4-COONa+CH_3COONa+CH_3OH+H_2O$。(5) G 分子结构中存在苯环、酯基、羟基、碳碳双键，所以能够与溴单质发生加成反应，能够与金属钠反应产生氢气，a 和 b 选项正确；1 mol G 中含 1 mol 碳碳双键和 1 mol 苯环，所以能与 4 mol 氢气反应，c 选项错误；G 的分子式为 $C_9H_6O_3$，d 选项正确。

答案：(1) CH_3CHO　(2) 取代反应

(3) $o\text{-}HO-C_6H_4-COOCH_3$　(4) $o\text{-}CH_3COO-C_6H_4-COOCH_3+3NaOH\xrightarrow{\triangle}o\text{-}NaO-C_6H_4-COONa+CH_3COONa+CH_3OH+H_2O$　(5) abd

16. **解析**：由 B 的相对分子质量及分子中 C、H、O 的个数比求出 B 的分子式，由题意知 D 为甘油，然后根据 $C_{57}H_{106}O_6+3H_2O\longrightarrow CH_2OH-CHOH-CH_2OH+C_{18}H_{32}O_2+2C$ 可确定 C 的分子式为 $C_{18}H_{36}O_2$，即 C 为硬脂酸。

答案：(1) $C_{18}H_{32}O_2$

(2) 取代（或水解）反应　硬脂酸（或十八烷酸或十八酸）

(3) d　(4) $2\,CH_2OH-CHOH-CH_2OH+6Na\longrightarrow2\,CH_2ONa-CHONa-CH_2ONa+3H_2\uparrow$

课时跟踪检测（十六）

1. 选 B　苯和溴水共热不反应，A 项错；甲苯蒸气与溴蒸气在光照条件下混合发生甲基上的取代反应，生成 $C_6H_5CH_2Br$，B 项正确；C、D 项为溴原子的消除，C、D 项均错。

2. 选 C　合成苯酚需要将苯卤代后，再水解，共两步才能制得。

3. 选 C　根据信息可知，$\underset{Br}{\underset{|}{CH_2}}-CH_2-\underset{Br}{\underset{|}{CH_2}}$ 与钠反应可生成环丙烷（H_2C-CH_2，CH_2 成环）。

4. 选 D　根据 1,4-二氧六环的结构，可以推知它是由两分子乙二醇 $HO-CH_2-CH_2-OH$ 脱水后形成的环氧化合物；生成乙二醇的可能是 1,2-二溴乙烷（$\underset{Br}{\underset{|}{CH_2}}-\underset{Br}{\underset{|}{CH_2}}$）；生成 1,2-二溴乙烷的应该是乙烯，所以反应流程为 $CH_2=CH_2\xrightarrow{Br_2}\underset{Br}{\underset{|}{CH_2}}-\underset{Br}{\underset{|}{CH_2}}\xrightarrow[\triangle]{NaOH水溶液}\underset{OH}{\underset{|}{CH_2}}-\underset{OH}{\underset{|}{CH_2}}\xrightarrow[-2H_2O]{浓硫酸,\triangle}$ 1,4-二氧六环（$O(CH_2-CH_2)_2O$ 环状）。

5. 选 A　因为有机化合物甲既可被氧化，又可水解，所以 B、D 选项不正确，C 选项中 $CH_2(Cl)—CHO$ 水解后只含一个羟基，只能与一个羧基发生酯化反应，无法形成含碳原子数为 6 的物质。

6. 选 D　由题给信息可知产物中与—OH 相连的碳原子是羰基碳原子，要合成 $CH_3—C(OH)(CH_3)—CH_3$，需要丙酮和一氯甲烷。

7. 选 A　A 的设计中化合物 X 为甲醛与乙醛在碱性环境下反应生成的 $HO—CH_2—CH_2—CHO$，发生催化氧化时不能生成丙酸，故不合理。

8. 选 D　X 为石油化工产品，并结合图示转化关系可推知 X 为 $CH_2═CH_2$，Y 为 C_2H_5OH，Z 为 CH_3CHO，W 为乙酸乙酯。乙酸乙酯与 NaOH 溶液和稀硫酸均能发生水解反应，D 项不正确。

9. 选 C　由题给信息可知，A 为醇，B 为醛，C 为酸，且三者碳原子数相同，碳链结构相同，又据 C 能与 A 反应生成酯($C_4H_8O_2$)，可知 A 为乙醇，B 为乙醛，C 为乙酸。

10. 选 C　首先乙醇通过消去反应生成乙烯，然后乙烯与溴加成生成 1,2-二溴乙烷，1,2-二溴乙烷水解得到乙二醇，乙二醇进一步氧化成乙二酸，最后乙二酸和前面制得的乙二醇发生酯化反应得到乙二酸乙二酯。

11. 选 A　根据转化关系，可知 A 与 $NaHCO_3$ 反应，则 A 中一定含有—COOH；A 与银氨溶液反应生成 B，则 A 中一定含有—CHO；B 能与溴水发生加成反应，则 B 可能含有 >C═C< 或—C≡C—；A 与 H_2 加成生成 E，E 在 H^+、加热条件下生成的 F 是环状化合物，应该是发生分子内酯化反应；推断 A 可能是 OHC—CH═CH—COOH 或 OHC—C≡C—COOH，故 A 项不正确。

12. 选 BD　由 M 的分子式可知，其相对分子质量为 134，故 1.34 g M 的物质的量为 0.01 mol，与足量的 $NaHCO_3$ 溶液反应生成 0.02 mol CO_2，由此可推出 M 分子中含有 2 个羧基，由 M 的碳链结构无支链，M 可发生一系列转化可知，M 的结构简式为 $HOOCCHOHCH_2COOH$。M→A 发生的是消去反应，A→B 发生的是加成反应，B→C 的反应包含 —COOH 与 NaOH 溶液的中和反应及—Br 的水解反应，C 分子中含有多个亲水基，C 可溶于水，A 项正确，B 项错误，D 项错误；符合条件的 M 的同分异构体有 $HOOC—CH(CH_2OH)—COOH$ 和 $HOOC—C(OH)(CH_3)—COOH$，共 2 种，C 项正确。

13. **解析**：由图示的转化关系和题中信息可知，A 应为 $CH_3CH═CH_2$，由 C→D→E 可知，C 应为 $CH_3CH_2CH_2OH$，则 B 为 $CH_3CH_2CH_2Cl$，F 为 $CH_3—CH(Cl)—CH_3$，则 D、E、G 的结构简式可分别推出。

(1)D 应为 CH_3CH_2CHO。

(2)A→B 的反应是在 H_2O_2 条件下发生的加成反应。

(3)F→G 的反应是卤代烃的水解反应，属于取代反应。

(4)E 为丙酸，G 为 2-丙醇，生成 H 的反应为酯化反应。

(5)H 属于酯类，与 6 个碳原子的饱和一元羧酸互为同分异构体，因烃基上只有两种不同化学环境的氢原子，故其结构简式为 $CH_3—C(CH_3)_2—CH_2—COOH$。

答案：(1)CH_3CH_2CHO

(2)$CH_3CH═CH_2+HCl\xrightarrow{H_2O_2}CH_3CH_2CH_2Cl$

(3)取代反应(水解反应)

(4)$CH_3CH_2COOH+CH_3CH(OH)CH_3 \underset{\triangle}{\overset{浓硫酸}{\rightleftharpoons}} CH_3CH_2COOCH(CH_3)_2+H_2O$

(5)$CH_3—C(CH_3)_2—CH_2—COOH$

14. **解析**：(1)A 的结构简式为 HO—C₆H₄—OH(间位)，根据有机化合物的命名原则可知，A 的俗名为间苯二酚，系统命名法应为 1,3-苯二酚。

(2)由结构简式可知，$CH_2═CH—COOH$ 中含有碳碳双键和羧基两种官能团。

(3)由 D、E 结构简式的变化可知，反应③是 D 中的—CH_3 被 H 原子取代的反应，属于取代反应。由 W 的结构简式[结构式]，以及碳的四价结构可知分子中 C、H、O 的原子个数分别为 14、12、4，故其分子式为 $C_{14}H_{12}O_4$。

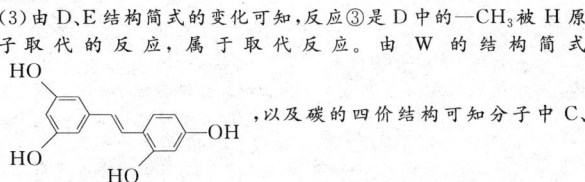

(4)由限定条件可知，X 分子中含有苯环；由 1 mol X 与足量钠反应可生成 1 mol 氢气可知，X 分子中含有 2 个—OH；由分子中有三种不同化学环境的氢，说明分子结构对称，结合分子中三种氢原子的个数比可写出 X 的结构简式为[结构式]、[结构式]。(5)由题中 Heck 反应可逆推。二苯乙烯可由苯乙烯与碘苯反应得到。由题中反应①可知，苯 $\xrightarrow{KI/BTPPC}$ 碘苯；苯乙烯可由 1-氯乙苯在碱性条件下消去得到，1-氯乙苯可由乙苯在光照条件下发生侧链的取代反应得到，乙苯可由苯与溴乙烷发生苯环的烷基化反应得到。据此可确定合成路线。

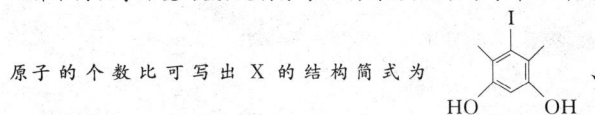

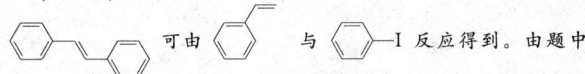

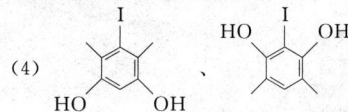

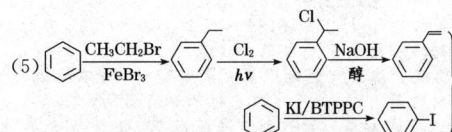

答案：(1)间苯二酚(1,3-苯二酚)　(2)羧基、碳碳双键

(3)取代反应　$C_{14}H_{12}O_4$

(4)[结构式]、[结构式]

(5)苯 $\xrightarrow[FeBr_3]{CH_3CH_2Br}$ 乙苯 $\xrightarrow[h\nu]{Cl_2}$ 1-氯乙苯 $\xrightarrow[醇]{NaOH}$ 苯乙烯；苯 $\xrightarrow{KI/BTPPC}$ 碘苯；$\xrightarrow{钯催化剂}$ 二苯乙烯

15. **解析**：由合成途径和信息①可推知，A 是由两分子丁二烯经下列反应制得的：[反应式]；而由 C 的分子式为 $C_7H_{14}O$ 和信息②可知 B 是 A 的氧化产物，其结构简式为[结构式]；C 是 B 的加成产物，结构简式为[结构式]。要得到[结构式]，可使 C 消去—OH 而得到 D，反应方程式为[环己基甲醇] $\xrightarrow[\triangle]{浓H_2SO_4}$ [亚甲基环己烷] $+H_2O$，再由 D 发生加成反应而得到甲基环己烷：[亚甲基环己烷] $+H_2\xrightarrow[\triangle]{催化剂}$ [甲基环己烷]。

答案：(1)[结构式]　[结构式]

(2)[环己基甲醇] $\xrightarrow[\triangle]{浓H_2SO_4}$ [亚甲基环己烷] $+H_2O$　消去反应

[亚甲基环己烷] $+H_2\xrightarrow[\triangle]{催化剂}$ [甲基环己烷]　加成反应

16. **解析**:由已知信息①及合成路线可推知 A 为 C_6H_5—CHO,B 为 C_6H_5—CH═CHCHO,C 为 C_6H_5—CH═CHCOOH,D 为 C_6H_5—CH(Br)—CH(Br)COOH,E 为 C_6H_5—C≡CCOOH,E 发生酯化反应生成F:C_6H_5—C≡CCOOC$_2$H$_5$。再结合信息②,由 F、H 的结构简式可推知G为(降冰片二烯)。(5)F 为 C_6H_5—C≡C—COOC$_2$H$_5$,苯环外含有 5 个碳原子、3 个不饱和度和 2 个 O 原子,其同分异构体能与饱和碳酸氢钠溶液反应生成 CO_2,即必含有羧基,核磁共振氢谱显示有 4 种氢原子,则具有较高的对称性,氢原子个数比为 6∶2∶1∶1,可知含有两个对称的甲基,还有 2 个碳原子和 2 个不饱和度,则含有碳碳三键,故满足条件的同分异构体的结构简式为

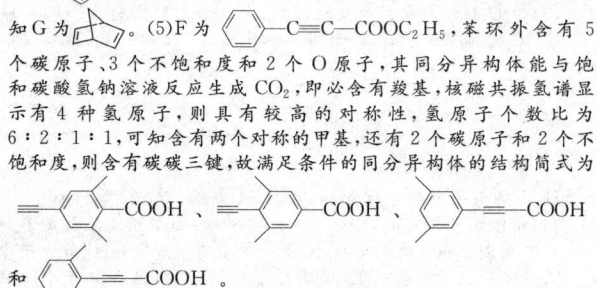

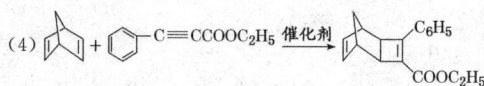

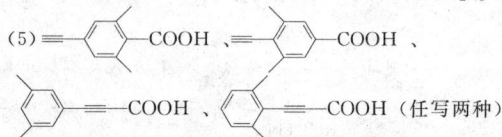

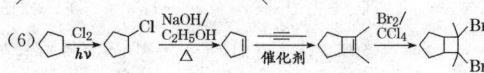

(结构简式)—COOH、(结构简式)—COOH、(结构简式)—C≡C—COOH

和 (结构简式)—C≡C—COOH 。

答案:(1)苯甲醛　(2)加成反应　取代反应

(3) C_6H_5—C≡CCOOH

(4) (降冰片二烯) + C_6H_5—C≡CCOOC$_2$H$_5$ $\xrightarrow{催化剂}$ (产物,含 C_6H_5、COOC$_2$H$_5$)

(5) (结构简式)—COOH、(结构简式)—COOH、

(结构简式)—C≡C—COOH、(结构简式)—C≡C—COOH(任写两种)

(6) 环戊烷 $\xrightarrow[h\nu]{Cl_2}$ 氯代环戊烷 $\xrightarrow[\triangle]{NaOH/C_2H_5OH}$ 环戊烯 $\xrightarrow[催化剂]{≡—}$ (产物) $\xrightarrow{Br_2/CCl_4}$ (二溴代产物)

章末检测验收(三)

1. 选 D　1 mol 该物质与足量 NaOH 溶液反应时消耗 2 mol NaOH。
2. 选 B　要制备乙二醇,由溴乙烷不能直接转化,故考虑先通过消去反应得到乙烯,然后经过加成得到二卤代烃,再水解(取代)得到乙二醇。
3. 选 B　根据题意,一溴代烷的水解产物为R—CH$_2$OH,且—R 有 4 种同分异构体,即—R 为丁基。
4. 选 B　胆固醇的分子式中只有一个氧原子,应是一元醇,而题给胆固醇酯只有 2 个氧原子,应为一元酯,据此可写出该酯化反应的通式(用 M 表示羧酸):$C_{27}H_{46}O+M \longrightarrow C_{34}H_{50}O_2+H_2O$,再由原子守恒定律可求得该酸的分子式为 $C_7H_6O_2$。
5. 选 C　酸性高锰酸钾溶液可氧化甲苯生成苯甲酸,而不能氧化苯,可以证明苯环对甲基有影响,而非甲基对苯环有影响。
6. 选 D　酯水解生成酸和醇,醇分子中存在羟基,可以与金属钠反应,A 和 B 选项正确;由乙酸和醇的结构可知该酯的结构简式为 $CH_3COOC_6H_{13}$,C 选项正确;酯水解需要酸性或者碱性条件,D 选项错误。
7. 选 B　有机化合物大多易燃烧,①正确;该有机化合物含有碳碳双键,既能被酸性 $KMnO_4$ 溶液氧化而使酸性$KMnO_4$溶液褪色,又能发生加聚反应,②、⑤正确;该有机化合物含有酚羟基,可以和氢氧化钠反应,③正确;该有机化合物含有醛基,能跟新制银氨溶液反应,④正确;该有机化合物没有可以水解的官能团,不能发生水解反应,⑥错误。
8. 选 D　A 项中形成的三溴苯酚易溶于苯,不能用过滤法分离,错误;B 项中不分层,无法分液,应加入 NaOH 溶液洗涤后再蒸馏,错误;C 项中不分层,无法分液,应加入 NaOH 溶液洗涤后再蒸馏,错误;D 项正确。
9. 选 D　$C_4H_8O_2$ 的有机化合物属于酯类的共有 4 种,分别是 $HCOOCH_2CH_2CH_3$、HCOOCH(CH$_3$)—CH$_3$、$CH_3COOC_2H_5$、$CH_3CH_2COOCH_3$,A 项正确;属于羧酸类的共有两种,分别是 $CH_3CH_2CH_2COOH$、CH$_3$CH(CH$_3$)COOH,B 项正确;$C_4H_8O_2$ 的有机化合物中含有六元环的是 (O—CH$_2$—CH$_2$—O—CH$_2$—CH$_2$ 环)等,C 项正确;$C_4H_8O_2$ 的有机物属于羟基醛时,可以是 CH$_3$CH$_2$CH(OH)—CHO、CH$_3$CH(OH)CH$_2$CHO、HOCH$_2$CH$_2$CH$_2$CHO、HOCH$_2$—CH(CH$_3$)—CHO、CH$_3$—C(OH)(CH$_3$)—CHO 共 5 种,D 项不正确。
10. 选 C　Cu(OH)$_2$ 会与甲酸、乙酸发生中和反应,生成易溶的羧酸铜蓝色溶液。甲酸和乙醛有醛基,加热时会被新制 Cu(OH)$_2$ 悬浊液氧化,Cu(OH)$_2$ 被还原生成砖红色的 Cu_2O 沉淀。新制 Cu(OH)$_2$ 悬浊液中有水,当与酯或溴乙烷混合时,有机层与水层因不溶而分离,酯密度小,位于上层,溴乙烷密度大,位于下层,而乙醇可以与水互溶。
11. 选 B　胡椒酚中既含苯环,又含碳碳双键,故 1 mol该物质可与 4 mol H_2 发生加成反应;胡椒酚属于酚,在水中溶解度较小,但可以与 NaOH 溶液反应;1 mol胡椒酚可与 2 mol Br_2 发生取代反应,又可与 1 mol Br_2 发生加成反应,故 1 mol 胡椒酚最多可与 3 mol Br_2发生反应。
12. 选 C　采取逆向分析可知,乙二酸→乙二醛→乙二醇→1,2-二氯乙烷→乙烯→氯乙烷。然后再逐一分析反应发生的条件,可知 C 项设计合理。
13. 选 A　利尿酸分子结构中含有苯环,含苯环的有机化合物至少有 12 个原子共平面;该有机化合物中能与 H_2 加成的结构有苯环、—C(═O)—(不包括羧基中的 —C(═O)—)、>C═C<,故 1 mol 利尿酸只能与5 mol H_2 加成;利尿酸中无酚羟基,不能与 $FeCl_3$ 溶液发生显色反应。
14. 选 CD　由芥子醇的结构简式可知其分子式为 $C_{11}H_{14}O_4$,A 错;由于单键可以旋转,所以由 >C═C< 所确定的平面可以与苯环所确定的平面重合,通过旋转 C—O 键可以使—CH$_3$ 中碳原子转至苯环的平面上,B 错;芥子醇中的酚羟基邻、对位没有氢原子,不能与 Br_2 发生取代反应,只有 >C═C< 可以与 Br_2 发生加成反应,故 1 mol 芥子醇最多消耗 1 mol Br_2,D 对。
15. 选 D　CH_3CH_2OH 易挥发,且能被酸性 $KMnO_4$ 溶液氧化,故 A 错误;浓盐酸有挥发性,挥发出来的 HCl 也能与苯酚钠反应生成苯酚,故 B 错误;c 装置中应测量液体的温度,温度计水银球应浸入液体中,故 C 错误。
16. 选 C　根据 D 的结构简式可知 C 是乙二醇,所以 B 是 1,2-二溴乙烷,则 A 是乙烯,A 正确;反应①、②、③的反应类型依次为加成反应、取代反应、取代反应,B 正确;反应③如果快速升温至 170 ℃会发生分子内脱水,C 错误;D 分子中含有醚键,属于醚,D 正确。
17. 选 B　由转化关系可知,醇和羧酸中碳原子数相等,都是 5 个。5 个碳的饱和一元醇共有 8 种(戊基有 8 种):
①HO—CH$_2$—(CH$_2$)$_3$CH$_3$、②CH$_3$—CH(OH)—(CH$_2$)$_2$CH$_3$
③HO—CH(CH$_2$CH$_3$)$_2$、④HO—CH$_2$—CH(CH$_3$)—C$_2$H$_5$、
⑤HO—C(CH$_3$)$_2$—C$_2$H$_5$、⑥HO—CH(CH$_3$)—CH(CH$_3$)$_2$、
⑦HO—CH$_2$—CH$_2$—CH(CH$_3$)$_2$、⑧HO—CH$_2$—C(CH$_3$)$_3$,其中能氧化为酸的有 4 种(①④⑦⑧)。
18. 选 D　A 的结构简式应为环戊烯,A 不正确;反应④的反应试剂和反应条件是氢氧化钠的乙醇溶液,加热,B 不正确;①②③的反应类型分别为卤代、消去、加成,C 不正确;环戊二烯与 Br_2 以 1∶1 的物质的量之比发生1,4-加成生成Br—(环戊烯)—Br,D 正确。
19. 选 C　洋蓟素苯环上酚羟基的邻、对位氢原子可以被 Br_2 取代,>C═C< 可以与 Br_2 发生加成反应,故1 mol洋蓟素最多可与 8 mol Br_2 反应,A 错;1 mol 洋蓟素含有 4 mol 酚羟基,B 错;羟

基、羧基可以发生酯化反应，醇羟基所连碳原子的邻位碳原子上有H原子，则可以发生消去反应，C对；酚羟基、酯基、羧基均可以消耗NaOH，故1 mol洋蓟素最多可以消耗7 mol NaOH，D错。

20. 选AB　CPAE中酚羟基和酯基都能与NaOH反应，1 mol CPAE与足量的NaOH溶液反应，最多消耗3 mol NaOH，A错误；题述反应中的四种物质都能与Na反应产生氢气，所以用Na无法检验反应是否残留苯乙醇，B项错误；与苯乙醇互为同分异构体的酚类物质共有9种，分别为（邻乙基苯酚）、（间乙基苯酚）、（对乙基苯酚）、（二甲基苯酚）、…… C项正确；咖啡酸中含有碳碳双键，能发生加聚反应，D项正确。

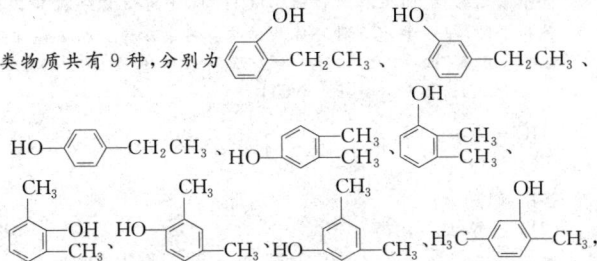

21. **解析**：由题干信息知A为酯，且A由B和E发生酯化反应生成，根据B $\xrightarrow{O_2}$ C $\xrightarrow{O_2}$ D可知B为醇，E为羧酸；又因D和E是具有相同官能团的同分异构体，说明B和E中碳原子数相同。结合A的分子式可知E中含有5个碳原子，又因E分子烃基上的氢若被氯取代，其一氯代物只有一种，可以确定E的结构简式为$(CH_3)_3C—COOH$；进一步可知B的分子式为$C_5H_{12}O$，说明B为饱和一元醇，又因B中没有支链，可确定B的结构简式为$CH_3CH_2CH_2CH_2CH_2OH$。

答案：(1)①②④　(2)羧基　碳碳双键

(3) $CH_3—CH(CH_3)—CH_2—C(=O)—OH$、$CH_3—CH_2—CH(CH_3)—C(=O)—OH$

(4) $CH_3—CH(CH_3)—CH_2—OH + HCOOH \xrightarrow{一定条件}$ $CH_3—C(CH_3)_2—COOH + H_2O$

22. **解析**：(1)根据有机合成流程图知，A是$CH_3CH_2CH_2CHO$，是丁醛；B为$CH_2═CHOC_2H_5$，根据乙烯的平面结构及碳碳单键可以旋转，将$CH_2═CHOC_2H_5$写成（结构式），分子中共面原子数最多为9个；C分子中与环相连的三个基团中，8个碳原子上的氢原子化学环境不同，共有8种。(2)D中含氧官能团是醛基，检验醛基可以用银氨溶液或新制氢氧化铜悬浊液，其与银氨溶液反应的化学方程式为$CH_3CH_2CH_2CH═CHCHO + 2Ag(NH_3)_2OH \xrightarrow{\triangle} 2Ag↓ + CH_3CH_2CH_2CH═CHCOONH_4 + 3NH_3 + H_2O$，与新制氢氧化铜悬浊液反应的化学方程式为$CH_3CH_2CH_2CH═CHCHO + 2Cu(OH)_2 + NaOH \xrightarrow{\triangle} CH_3CH_2CH_2CH═CHCOONa + Cu_2O↓ + 3H_2O$。(3)根据流程图，结合信息，C在酸性条件下反应生成$CH_3CH_2CH_2CH═CHCHO$、$CH_3CH_2CH_2CHO$和CH_3CH_2OH以及水，因此E为CH_3CH_2OH，属于醇，能发生的反应有消去反应和取代反应，故选c、d。(4)B的同分异构体F与B有完全相同的官能团，F可能的结构有：$CH_2═CHCH_2OCH_3$、$H_2C═C(OCH_3)CH_3$、$CH_3CH═CHOCH_3$，

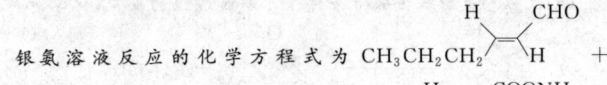

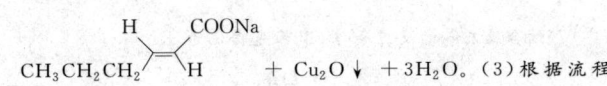

$CH_3CH═CHOCH_3$有顺反异构：（顺式）、（反式）。

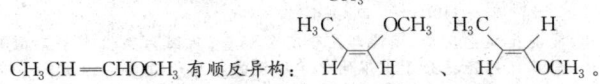

(5)己醛的结构简式为$CH_3CH_2CH_2CH_2CH_2CHO$，根据题中已知信息和己醛的结构，首先将$CH_3CH_2CH_2CH═CHCH(OCH_3)_2$中的碳碳双键转化为碳碳单键，然后在酸性条件下反应即可得到己醛。(6)由于醛基也能够与氢气加成，(5)中合成路线中第一步反应的目的是保护醛基，在第二步中不与氢气发生加成反应。

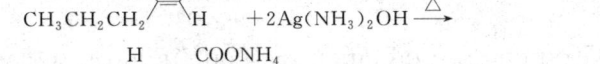

答案：(1)正丁醛(或丁醛)　9　8　(2)醛基

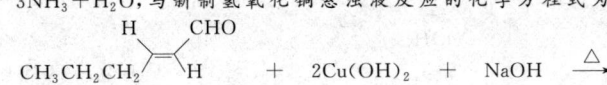

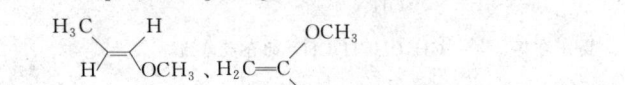

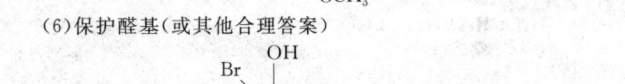

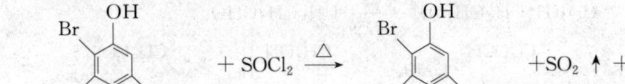

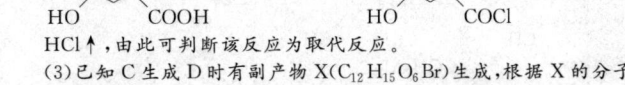

$CH_3CH_2CH_2CH═CHCHO + 2Ag(NH_3)_2OH \xrightarrow{\triangle} CH_3CH_2CH_2CH═CHCOONH_4 + 2Ag↓ + 3NH_3 + H_2O$

(或$CH_3CH_2CH_2CH═CHCHO + 2Cu(OH)_2 + NaOH \xrightarrow{\triangle} CH_3CH_2CH_2CH═CHCOONa + Cu_2O↓ + 3H_2O$)

(3)cd

(4)$CH_2═CHCH_2OCH_3$、（顺式$CH_3CH═CHOCH_3$）、（反式$CH_3CH═CHOCH_3$）、$H_2C═C(OCH_3)CH_3$

(5) $\xrightarrow{H_2/催化剂} CH_3(CH_2)_4CH(OCH_3)_2 \xrightarrow{H^+/H_2O} CH_3(CH_2)_4CHO$

(6)保护醛基(或其他合理答案)

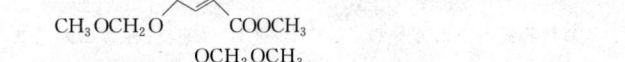

23. **解析**：(1)根据A（结构简式）的结构简式可判断其含氧官能团为(酚)羟基和羧基。

(2)根据产物B的结构特点可得生成B的化学方程式为 A $+ SOCl_2 \xrightarrow{\triangle}$ B（—COCl） $+ SO_2↑ + HCl↑$，由此可判断该反应为取代反应。

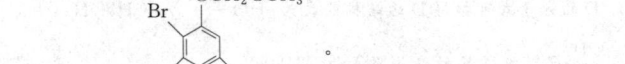

(3)已知C生成D时有副产物$X(C_{12}H_{15}O_6Br)$生成，根据X的分子式比反应物C多了4个碳原子和2个氧原子，可得出CH_3OCH_2Cl与反应物C中的两个酚羟基均发生了取代反应，其化学方程式为 C $+ 2CH_3OCH_2Cl \xrightarrow{三乙胺}$ X $+ 2HCl$，即副产物X的结构简式为（结构简式）。

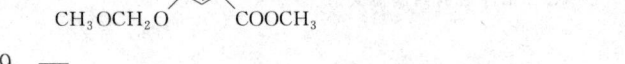

(4)因为 C(Br, OH, HO, $COOCH_3$)的同分异构体与三氯化铁溶液能发生显色反应，因此其应含有酚羟基；又因为碱性水解后酸化，含苯环的产物分子中不同化学环境的氢原子数目比为 1∶1，则可判断该同分异构体中含有酯基；同时根据氧原子数目可知水解后的产物必须含三个酚羟基，且三个酚羟基处于间位。由此可得其结构简式为 (HO, $OCCH_2Br$ (O), OH)。

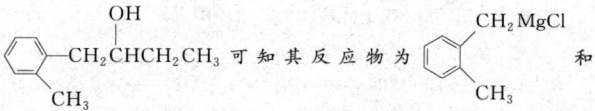

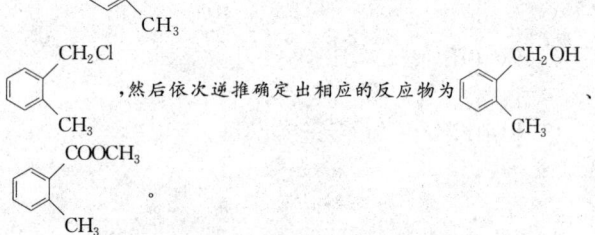

(5) 分析所合成的有机化合物的结构简式 ($CH_2CHCH_2CH_3$, OH, CH_3) 可知其反应物为 (CH_2MgCl, CH_3) 和 CH_3CH_2CHO。CH_3CH_2CHO 可由 $CH_3CH_2CH_2OH$ 催化氧化得到。(CH_2MgCl, CH_3) 采用逆推法判断出反应物为 (CH_2Cl, CH_3)，然后依次逆推确定出相应的反应物为 (CH_2OH, CH_3)、($COOCH_3$, CH_3)。

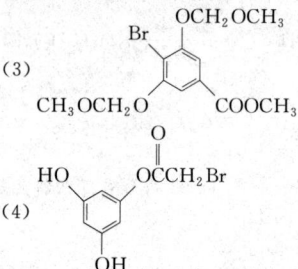

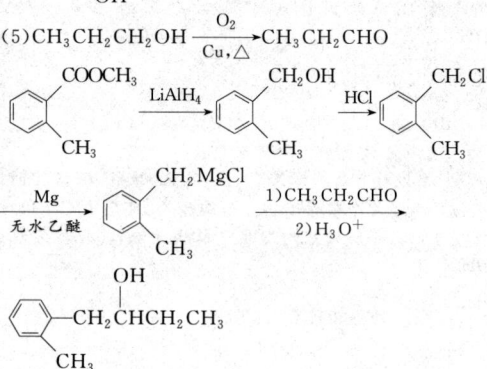

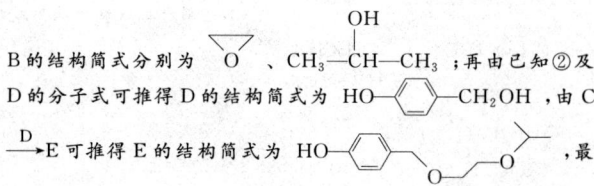

由此可得 ($CH_2CHCH_2CH_3$, OH, CH_3) 的合成路线。

答案：(1)(酚)羟基　羧基　(2)取代反应

(3) (Br, OCH_2OCH_3, CH_3OCH_2O, $COOCH_3$)

(4) (HO, $OCCH_2Br$ (O), OH)

(5) $CH_3CH_2CH_2OH \xrightarrow[Cu,\triangle]{O_2} CH_3CH_2CHO$

($COOCH_3$, CH_3) $\xrightarrow{LiAlH_4}$ (CH_2OH, CH_3) $\xrightarrow{HCl}$ (CH_2Cl, CH_3)

$\xrightarrow[无水乙醚]{Mg}$ (CH_2MgCl, CH_3) $\xrightarrow[2)H_3O^+]{1)CH_3CH_2CHO}$ ($CH_2CHCH_2CH_3$, OH, CH_3)

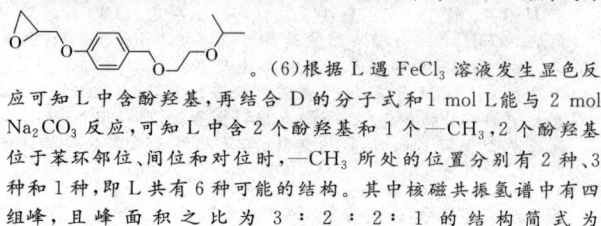

24. **解析**：由已知①、C 的结构简式及 $A \xrightarrow{B} C$ 的合成路线可推得 A、B 的结构简式分别为 (环氧乙烷, O)、$CH_3-CH(OH)-CH_3$；再由已知②及 D 的分子式可推得 D 的结构简式为 HO—(苯环)—CH_2OH，由 $C \xrightarrow{D} E$ 可推得 E 的结构简式为 HO—(苯环)—CH_2—O—CH_2CH_2—O—(异丙基)，最后由 G 的结构简式及 F→G 的合成路线，逆推得 F 的结构简式为 (环氧基)—CH_2—O—(苯环)—CH_2—O—CH_2CH_2—O—(异丙基)。(6)根据 L 遇 $FeCl_3$ 溶液发生显色反应可知 L 中含酚羟基，再结合 D 的分子式和 1 mol L 能与 2 mol Na_2CO_3 反应，可知 L 中含 2 个酚羟基和 1 个—CH_3，2 个酚羟基位于苯环邻位、间位和对位时，—CH_3 所处的位置分别有 2 种、3 种和 1 种，即 L 共有 6 种可能的结构。其中核磁共振氢谱中有四组峰，且峰面积之比为 3∶2∶2∶1 的结构简式为 (HO, CH_3, OH) 和 (HO, CH_3, OH)。

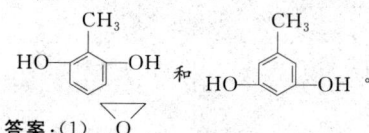

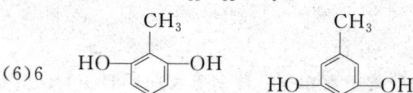

答案：(1) (环氧乙烷, O)

(2)2-丙醇(或异丙醇)

(3) HO—CH_2CH_2—O—(异丙基) + HO—(苯环)—CH_2OH $\xrightarrow[\triangle]{浓H_2SO_4}$ HO—(苯环)—CH_2—O—CH_2CH_2—O—(异丙基) $+H_2O$

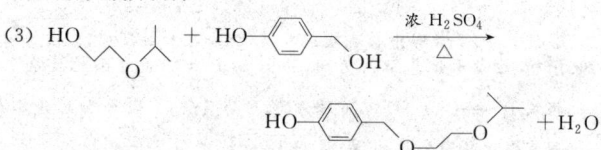

(4)取代反应　(5)$C_{18}H_{31}NO_4$

(6)6　(HO, CH_3, OH)　(HO, CH_3, OH)

25. **解析**：(1)由 A 的结构简式知，A 中所含官能团为—OH，其名称为羟基。

(2)由手性碳的结构特点可知，B 中手性碳原子(用 * 表示)为 (*, O, *)。

(3)由同分异构体的限定条件可知，分子中除含有六元环外，还含有 1 个饱和碳原子和—CHO。若六元环上只有一个侧链，则取代基为—CH_2CHO；若六元环上有两个取代基，可能是—CH_3 和—CHO，它们可以集中在六元环的同一个碳原子上(1 种)，也可以位于六元环的不同碳原子上，分别有邻、间、对 3 种位置。

(4)由 C、E 的结构简式和 C 转化为 D 的反应条件可推断 D 的结构简式为 (O, COOH)，反应④D 与 C_2H_5OH 在浓 H_2SO_4、加热条件下发生酯化反应生成 E。

(5)由 E、G 的结构简式及 F 转化为 G 的反应条件可推知 F 为 (O, $COOC_2H_5$)，反应⑤是与—$COOC_2H_5$ 相连的碳原子上的 H 原子被—$CH_2CH_2CH_3$ 取代的反应。

(6)反应⑥是酯基在碱性条件下水解再酸化的反应，化学方程式为 (O, $COOC_2H_5$) $\xrightarrow{OH^-,\triangle}$ (O, COO^-) $+C_2H_5OH$，(O, COO^-) $\xrightarrow{H^+}$ (O, COOH)。

(7)结合反应⑤的反应条件，甲苯先转化为 (CH_2Br)，再与乙酰乙酸乙酯((O, O))发生取代反应生成 (O, O, C_6H_5)，(O, O, C_6H_5) 在碱性条件下发生水解反应后再酸化即可得产物。

答案:(1)羟基 (2)(结构式)

(3)(五种含 CHO 的结构式)

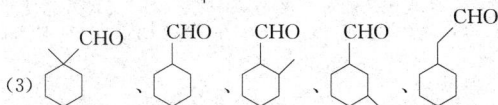

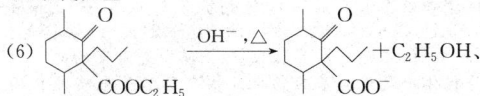

(4)C_2H_5OH/浓 H_2SO_4、加热

(5)取代反应

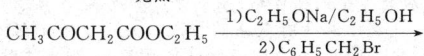

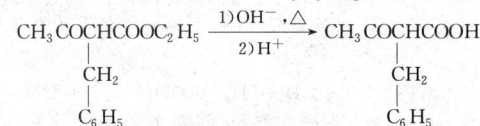

(6)(结构式,$COOC_2H_5$) $\xrightarrow{OH^-,\triangle}$ (结构式,COO^-) $+C_2H_5OH$、

(结构式,COO^-) $\xrightarrow{H^+}$ (结构式,COOH)

(7)$C_6H_5CH_3 \xrightarrow[光照]{Br_2} C_6H_5CH_2Br$

$CH_3COCH_2COOC_2H_5 \xrightarrow[2)C_6H_5CH_2Br]{1)C_2H_5ONa/C_2H_5OH}$

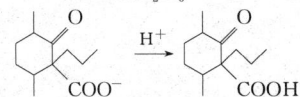

$CH_3COCH(CH_2C_6H_5)COOC_2H_5 \xrightarrow[2)H^+]{1)OH^-,\triangle} CH_3COCH(CH_2C_6H_5)COOH$

课时跟踪检测(十七)

1.选 C　糖类的分子结构是多羟基醛或酮,A 中没有羟基,B 是多元醇,不含醛基或羰基,所以 A、B 都不是糖;C 是多羟基酮,且其分子组成为 $C_6H_{12}O_5$,不符合$C_m(H_2O)_n$,故 C 符合题意;D 是多羟基醛,属于糖,但是其分子组成为 $C_4(H_2O)_4$,所以 D 不符合题意。

2.选 C　纤维素、蔗糖和脂肪在一定条件下均能发生水解反应,但葡萄糖不能水解,故 C 错。

3.选 D　做银镜反应之前要用碱中和水解液中的稀硫酸。

4.选 C　Na 与乙醇、乙酸、葡萄糖均能反应放出氢气,Na 不能将它们区别开来;只有乙酸使石蕊溶液变红色,石蕊溶液不能区别乙醇和葡萄糖;$NaHCO_3$ 溶液只与乙酸反应放出 CO_2 气体,不能区别乙醇和葡萄糖;新制 $Cu(OH)_2$悬浊液与乙醇加热到沸腾无红色沉淀生成,而与葡萄糖溶液加热到沸腾有红色沉淀生成,新制$Cu(OH)_2$溶于乙酸,溶液显蓝色,故 C 项能区别三种物质。

5.选 C　A 项不正确,因为脱氧核糖的分子式为 $C_5H_{10}O_4$,不符合$C_m(H_2O)_n$;B 项不正确,糖的分类是按照能否水解以及水解生成单糖的数目分为单糖、低聚糖和多糖;C 项正确,还原糖和非还原糖的区别就在于分子结构中是否含有醛基;D 项不正确,淀粉、纤维素都是多糖,都可用通式$(C_6H_{10}O_5)_n$ 表示,但 n 值不同,分子式不同。

6.选 C　青苹果汁中含淀粉较多,熟苹果汁中含葡萄糖较多。

7.选 C　碘化钾溶液不能使淀粉显蓝色,只有碘单质才能使淀粉显蓝色;用淀粉制乙醇的过程为淀粉$\xrightarrow[①]{催化剂}$葡萄糖$\xrightarrow[②]{酒化酶}$乙醇,其中反应①是水解反应,反应②不是水解反应。

8.选 C　由$(C_6H_{10}O_5)_n$ 可知,糖原是由若干个单糖结构单元组成的多糖,在这一点上与淀粉、纤维素相同,在水解的最终产物、还原性上也与淀粉、纤维素相同。但是,糖原、淀粉、纤维素的相对分子质量不同,分子组成之差是 $C_6H_{10}O_5$ 的整数倍而不是 CH_2 的整数倍,因此不属于同系物,也不互为同分异构体。

9.选 C　能发生水解反应的物质有③④⑤⑥⑦,能发生银镜反应的物质有①②③⑤,水解产物中有能发生银镜反应的物质有③④⑤⑥⑦,故 C 正确。

10.选 B　由题意可知,有机化合物 X 可以是二糖或多糖,水解生成葡萄糖后,再分解为乙醇,乙醇被氧化为乙醛。乙醇在浓硫酸存在的条件下加热至不同温度,可发生分子内脱水生成乙烯的反应,也可发生分子间脱水生成乙醚的反应,故 B 错误。

11.选 B　滴入稀硫酸用来催化淀粉水解,加入 NaOH 溶液是为了中和稀硫酸。

12.选 AB　葡萄糖不能发生水解反应,C 项错误;糖类化合物是指多羟基醛或多羟基酮以及能水解生成它们的物质,肌醇属于醇,不属于糖类化合物,D 项错误。

13.**解析**:(1)淀粉在酸性条件下,最终水解生成葡萄糖,化学方程式是$(C_6H_{10}O_5)_n+nH_2O \xrightarrow{H^+} nC_6H_{12}O_6$。

(2)甲与乙的反应物均相同,但甲加热,乙未加热,所以甲、乙实验是探究温度对淀粉水解的影响;甲中有稀硫酸,而丙中无稀硫酸,所以甲、丙是探究催化剂对淀粉水解的影响。

(3)淀粉水解生成的葡萄糖是在酸性条件下,而加入新制氢氧化铜浊液产生砖红色沉淀时应在碱性条件下,所以应先加入氢氧化钠中和酸后,再加入氢氧化铜,所以实验 1 无现象。

(4)加入的碘与氢氧化钠反应,导致碘无法与淀粉反应,所以溶液变化不明显。

(5)a.根据实验可知淀粉水解需要在催化剂和一定温度下进行,正确;b.因为碘易升华,所以冷却后加入碘,可判断淀粉是否完全水解,正确;c.欲检验淀粉的水解产物具有还原性,应先在水解液中加入氢氧化钠中和稀硫酸至溶液呈碱性,再加入新制氢氧化铜并加热,根据砖红色沉淀的产生判断产物的还原性,正确;d.唾液中含有淀粉酶,且为中性,淀粉在淀粉酶的作用下水解为葡萄糖,所以可用唾液代替稀硫酸进行实验 1,可达到预期的现象,正确。

答案:(1)$(C_6H_{10}O_5)_n+nH_2O \xrightarrow{H^+} nC_6H_{12}O_6$

(2)温度　催化剂

(3)没有加入碱中和作为催化剂的稀硫酸

(4)氢氧化钠与碘反应　(5)abcd

14.**解析**:(1)淀粉遇碘变蓝色,利用此性质可检验淀粉的存在。

(2)淀粉水解得葡萄糖,B 是日常生活中有特殊香味的常见有机化合物,在有些饮料中含有 B,可知 B 为乙醇,葡萄糖在酒化酶的作用下分解得乙醇。乙醇与乙酸在浓硫酸作用下发生酯化反应得乙酸乙酯,乙醇催化氧化可得乙醛。检验葡萄糖可用新制的氢氧化铜悬浊液。

(3)无水 $CaCl_2$ 和碱石灰分别吸收水和二氧化碳,二者的物质的量分别为 0.06 mol、0.08 mol,则分子中 C、H 原子的个数比为 2∶3。1 mol 该有机化合物中含有碳原子4 mol,氢原子 6 mol,设分子式为 $C_4H_6O_x$,根据相对分子质量可求得 $x=5$,则分子式为 $C_4H_6O_5$。

答案:(1)碘水

(2)①$CH_3COOH+CH_3CH_2OH \underset{\triangle}{\overset{浓H_2SO_4}{\rightleftharpoons}} CH_3COOCH_2CH_3+H_2O$

取代　$2CH_3CH_2OH+O_2 \xrightarrow[\triangle]{催化剂} 2CH_3CHO+2H_2O$

氧化　②新制的氢氧化铜悬浊液(合理答案均可)

(3)2∶3　$C_4H_6O_5$

15.**解析**:(1)甘蔗渣成分是纤维素,因此 A 为纤维素,纤维素水解的最终产物是葡萄糖,葡萄糖在酶的作用下转化成乙醇,乙醇和氧化铜在加热作用下,生成乙醛,乙醛被氧化成乙酸,乙酸和乙醇在浓硫酸作用下生成乙酸乙酯,H 的名称为乙酸乙酯,与其同为酯的同分异构体的结构简式为 $HCOOCH_2CH_2CH_3$、$HCOOCH(CH_3)_2$、$CH_3CH_2COOCH_3$。(2)根据(1)的分析,乙醇和氧化铜发生氧化反应,把羟基氧化成醛基,反应方程式为 $CH_3CH_2OH+CuO \xrightarrow{\triangle} CH_3CHO+Cu+H_2O$。葡萄糖是多羟基醛,能被银氨溶液氧化,其离子反应方程式为 $CH_2OH(CHOH)_4CHO+2[Ag(NH_3)_2]^++2OH^- \xrightarrow{\triangle} CH_2OH(CHOH)_4COO^-+NH_4^++2Ag\downarrow+3NH_3+H_2O$。

答案:(1)纤维素　乙酸乙酯

$HCOOCH_2CH_2CH_3$、$HCOOCH(CH_3)_2$、$CH_3CH_2COOCH_3$

(2)$CH_3CH_2OH+CuO \xrightarrow{\triangle} CH_3CHO+Cu+H_2O$

$CH_2OH(CHOH)_4CHO+2[Ag(NH_3)_2]^++2OH^- \xrightarrow{\triangle}$

$CH_2OH(CHOH)_4COO^-+NH_4^++2Ag\downarrow+3NH_3+H_2O$

16.**解析**:由 B、C、D 分子中均有 6 个碳原子并结合 A 是淀粉的水解产物知 A 是葡萄糖,A 被氧化成 B(葡萄糖酸);由 C 的分子构成及题干中不同物质被氧化的顺序知 C 是 $HOOC(CHOH)_4COOH$;由 D 的组成及生成途径知其为己六醇,试剂Ⅲ是 H_2。B 在浓硫酸存在下发生分子内酯化反应生成环状酯 E、F。葡萄糖不能发生水解反应;淀粉本身没有甜味;葡萄糖能与银氨溶液反应而淀粉不能,淀粉遇碘呈蓝色而葡萄糖不能;葡萄糖通过缩聚反应可以得到淀粉,故选 c、d。D 是六元醇,B 是一元酸,1 mol D 最多可与 6 mol B 发生酯化反应。

答案:(1)酯化反应(或取代反应)

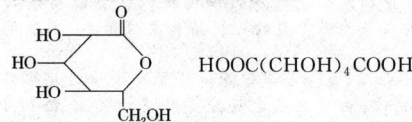

(环状酯结构式:HO、HO、HO、O、CH_2OH)　$HOOC(CHOH)_4COOH$

同分异构体

(2)H_2(其他合理答案也可)　$CH_2OH(CHOH)_4CH_2OH$

(3)cd　(4)6

(5)$CH_2OH(CHOH)_4CHO+2Cu(OH)_2 \xrightarrow{\triangle}$

$CH_2OH(CHOH)_4COOH+Cu_2O\downarrow+2H_2O$

$C_6H_{12}O_6 \xrightarrow{酒化酶} 2C_2H_5OH+2CO_2\uparrow$

课时跟踪检测(十八)

1. 选C　根据题意，$—NO_2$ 直接连在苯环上，则另一取代基应为 $—C_3H_7$，$—C_3H_7$ 有正丙基和异丙基两种异构体，再考虑在苯环上邻、间、对三种位置异构，得知符合条件的异构体共有六种。

2. 选D　本题主要是考查成肽反应的断键、成键位置：

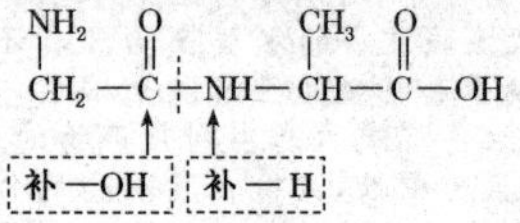

$NH_2-CH_2-CO \vdots NH-CH(CH_3)-CO-OH$（补—OH，补—H）

所以，合成这种二肽的氨基酸应该是 H_2N-CH_2-COOH 和 $CH_3-CH(NH_2)-COOH$。

3. 选D　①$NaHCO_3$ 是酸式盐，能和 NaOH 反应，能和盐酸反应，故符合题意；②$(NH_4)_2S$ 能和盐酸反应生成硫化氢，和氢氧化钠反应生成氨气，故符合题意；③是两性氢氧化物，既能跟酸反应又能跟碱反应，故符合题意；④只能跟碱反应生成氨气，故不符合题意；⑤—COOH显酸性，$—NH_2$ 显碱性，符合题意；⑥只能和碱反应，生成盐，故不符合题意。

4. 选A　A项，在蛋白质溶液中加入饱和硫酸铵溶液，是盐析过程，析出的蛋白质性质并无变化，即没有新物质生成，加水后，析出的蛋白质仍能溶解，不是化学变化；B项，皮肤不慎沾上浓硝酸显黄色属于蛋白质的颜色反应，是化学变化；C项，在蛋白质溶液中加入硫酸铜溶液，析出沉淀是因为蛋白质变性，是化学变化；D项，用稀释的福尔马林溶液杀死种子上的细菌和微生物，即使这些生物体的蛋白质发生变性反应，是化学变化。

5. 选D　只有含苯基的蛋白质遇到浓硝酸才会变黄色。

6. 选C　淀粉在淀粉酶的作用下水解生成葡萄糖，葡萄糖透过玻璃纸，而酶蛋白留在袋内。新制 $Cu(OH)_2$ 悬浊液受热分解显黑色，酶蛋白遇浓 HNO_3 发生显色反应。

7. 选D　酶属于蛋白质，在强酸或强碱条件下会变性。

8. 选AC　根据阿斯巴甜的结构简式，可以求得其分子式为 $C_{14}H_{18}N_2O_5$，该物质不是蛋白质；其分子中含有“—NH—CO—”，可以发生水解反应生成 $HOOC-CH_2-CH(NH_2)-COOH$（氨基酸）、$C_6H_5-CH_2CH(NH_2)-COOH$（苯丙氨酸）和 CH_3OH（甲醇）；阿斯巴甜中存在 $—NH_2$，可以与酸反应，还存在—COOH，可以与碱反应。

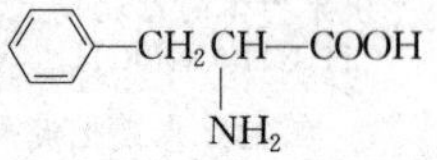

9. 选D　A项正确，色氨酸分子中含有的官能团为—COOH、$—NH_2$，其中—COOH 有酸性，$—NH_2$ 有碱性，故二者能反应生成（吲哚环—$CH_2CH(NH_3^+)COO^-$）；B项正确，色氨酸分子较大，含有苯环，溶解度较小，色氨酸盐有阴、阳离子，溶解度较大，根据化学平衡移动原理，通过调节溶液的 pH 可使色氨酸盐向色氨酸转化，当色氨酸过饱和时便形成晶体析出；C项正确，色氨酸属于氨基酸，因此它具有氨基酸的性质，能发生脱水缩合反应；D项不正确，褪黑素与色氨酸分子结构相差较大，如褪黑素的苯环上有 $—OCH_3$，色氨酸没有，褪黑素五元环上的侧链（$—CH_2CH_2NH—CO—CH_3$）含有肽键，色氨酸五元环上的侧链（$—CH_2CH(NH_2)COOH$）含氨基和羧基，故色氨酸有两性，褪黑素没有两性。

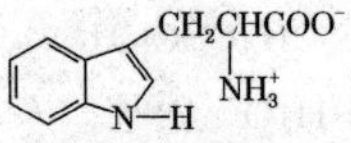

10. 选B　加酶洗衣粉中加入的少量碱性蛋白酶能使蛋白质水解而被除去，因此，主要成分为蛋白质的毛织品和蚕丝制品，不能用加酶洗衣粉洗涤。

11. 选A　GFP 属于蛋白质，重金属离子能使其变性，A对；天然蛋白质属于混合物，B错；蛋白质的显色反应是指蛋白质遇浓 HNO_3 变黄色，C错；新制 $Cu(OH)_2$ 悬浊液通常检验醛基的存在，D错。

12. 选B　有机化合物R可与等物质的量的 KOH 或盐酸完全反应，说明R分子中含有一个氨基($—NH_2$)和一个羧基(—COOH)。$n(R)=n(NaOH)=c(NaOH)\cdot V(NaOH)=1\ mol\cdot L^{-1}\times 0.05\ L=0.05\ mol$，$M(R)=\frac{m(R)}{n(R)}=\frac{4.45\ g}{0.05\ mol}=89\ g\cdot mol^{-1}$。即此有机化合物的相对分子质量为89。因R是天然蛋白质水解的产物，故其是α-氨基酸，分子结构中应含有“$—CH(NH_2)—COOH$”，结合相对分子质量可求得其残基的相对质量为 $89-74=15$，显然只能是甲基($—CH_3$)，从而确定有机化合物R的结构简式为 $CH_3-CH(NH_2)-COOH$。

13. **解析**：(1)左边绿球结合4个原子，故可推出绿球为碳原子，继而推出白球为氢原子。思考右边绿球：根据碳的四价理论，右下方红球必是2个单键、右上方红球必是1个双键，因此推出红球为氧原子。同理推出左上方的蓝球形成了三个单键，应为氮原子。故X为 H_2NCH_2COOH。(2)①X(H_2NCH_2COOH)与B是分子式相同，结构不同，互为同分异构体。②与X是同系物的只有D，它的同分异构体中属于氨基酸的数目推导思路是先碳链异构，再插入$—NH_2$：

$\overset{①}{C}-\overset{②}{C}-\overset{③}{C}-COOH$、$\overset{④}{C}-\overset{⑤}{C}(C)-COOH$。

答案：(1)C　(2)①B　②5

14. **解析**：(1)由酪氨酸的分子结构可知，分子中含有氨基、羧基、酚羟基及苯环，因此酪氨酸应该具有氨基酸、酚、羧酸所具有的性质，能发生中和反应、酯化反应、取代反应和氧化反应。(2)由于碳骨架相同，且含有酚羟基，侧链不变，将酪氨酸中的羟基置于邻位、间位，有2种，侧链变为“$—CH(NH_2)—CH_2—COOH$”后与—OH 处于邻、间、对位的有3种，总共5种。(3)酚羟基与羧基均能与 NaOH 溶液发生反应。

答案：(1)ABCD　(2)5

(3) 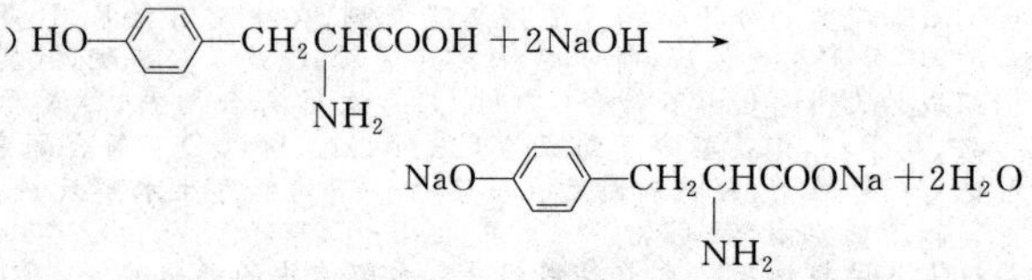 $HO-C_6H_4-CH_2CH(NH_2)COOH+2NaOH\longrightarrow NaO-C_6H_4-CH_2CH(NH_2)COONa+2H_2O$

15. **解析**：(1)根据蛋白质的水解规律，可得该蛋白质的结构片段水解生成的氨基酸：$H_2N-CH(CH_3)-COOH$、$H_2N-CH(C_6H_5)-COOH$、$H_2N-CH_2-CH(SH)-COOH$、H_2N-CH_2-COOH，其中 $H_2N-CH_2-CH(SH)-COOH$ 不属于α-氨基酸。

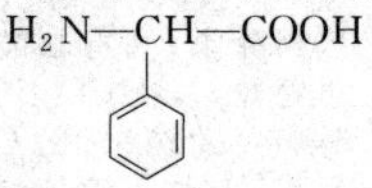

(2) 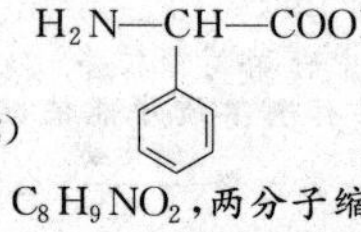 $H_2N-CH(C_6H_5)-COOH$ 分子中碳、氢原子数比值最大，其分子式为 $C_8H_9NO_2$，两分子缩合形成环状物质时应脱去两分子 H_2O，根据原子守恒可知所得缩合物的分子式为 $C_{16}H_{14}N_2O_2$；满足题意的同分异构体应有6种，分别是（邻二甲苯，①②位）、（间二甲苯，③④⑤位）、（对二甲苯，⑥位）（六个位置上是硝基）。(3)水解生成了4种氨基酸，相应地增加了4个 H_2O 分子的式量，即水解生成的各种氨基酸的式量之和为 $364+72=436$。

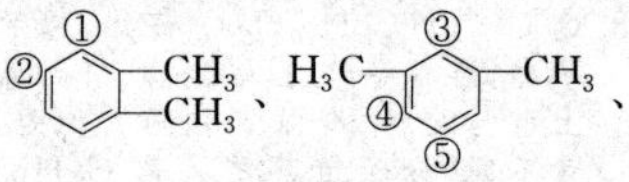

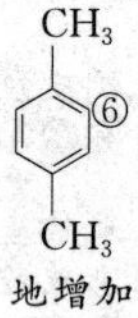

答案：(1) $H_2N-CH_2-CH(SH)-COOH$

(2)① $H_2N-CH(C_6H_5)-COOH+NaOH\longrightarrow H_2N-CH(C_6H_5)-COONa+H_2O$

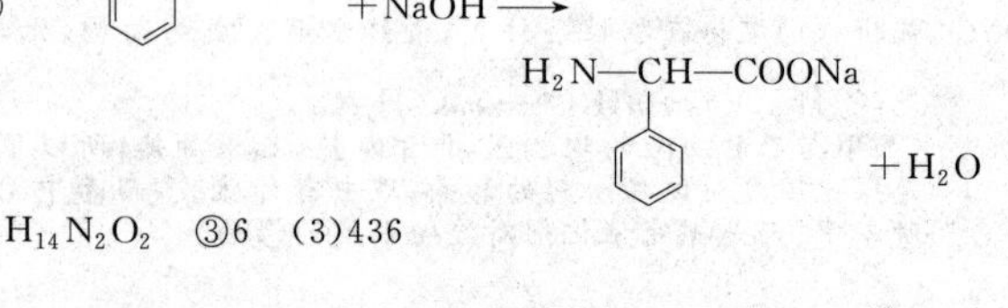

②$C_{16}H_{14}N_2O_2$　③6　(3)436

16. **解析**：$CH_3—\overset{NH_2}{\overset{|}{C}}H—COOH$ 的分子式为 $C_3H_7NO_2$，分子组成与 $B(C_6H_{10}N_2O_2)$ 分子组成的关系：$2C_3H_7NO_2 \longrightarrow B(C_6H_{10}N_2O_2)+2H_2O$，据此可知 B 为环状结构。结合题给信息，C 应是 $CH_3—\overset{NH_2}{\overset{|}{C}}H—COOH$ 与亚硝酸（HNO_2）反应得到的 $CH_3—\underset{OH}{\underset{|}{C}}H—COOH$。C 能发生脱水反应，比较 D、E 的摩尔质量可知，D 在分子组成上比 E 多一个"H_2O"，D 是两分子 C 脱去一分子水的产物，E 是两分子 C 脱去两分子水的产物。

答案：(1) $CH_3—\underset{NH_2}{\underset{|}{C}}H—COONa$　（环状结构：$HN—\overset{O}{\overset{\|}{C}}—CH(CH_3)—NH—\overset{O}{\overset{\|}{C}}—CH(CH_3)—$，成六元环）

(2) $2CH_3—\overset{OH}{\overset{|}{C}}H—COOH \xrightarrow{催化剂} CH_3—\overset{OH}{\overset{|}{C}}H—COO—\overset{CH_3}{\overset{|}{C}}H—COOH+H_2O$

(3) $2CH_3—\overset{OH}{\overset{|}{C}}H—COOH \xrightarrow{催化剂}$ （六元环酯：$CH_3—CH$ 与 $CH—CH_3$ 经两个 $—O—\overset{O}{\overset{\|}{C}}—$ 相连成环）$+2H_2O$

课时跟踪检测(十九)

1. 选 C　组成蛋白质的化学元素有 C、H、O、N，组成核酸的化学元素有 C、H、O、N、P，共有的化学元素是 C、H、O、N。
2. 选 B　杨树叶肉细胞中的核酸既有 DNA 又有 RNA，构成 DNA 的碱基有 4 种(A、T、G、C)，构成 RNA 的碱基有 4 种(A、U、G、C)，含有的碱基有 5 种。
3. 选 C　氨基酸不属于核酸的化学组成成分。
4. 选 D　核酸主要分布在有细胞结构的生物的细胞核中。
5. 选 D　核酸属于大分子，绝大多数生物的遗传信息贮存在 DNA 分子，部分病毒的遗传信息贮存在 RNA；组成 DNA 的脱氧核苷酸只有 4 种，但排列顺序是多样化的，不同生物的 DNA 的脱氧核苷酸排列顺序是不同的，各有特点。
6. 选 B　不同生物的 DNA 分子具有不同的核苷酸排列顺序，即包含不同的遗传信息构成了核酸分子的特异性。
7. 选 C　核酸有多种结构。
8. 选 C　四种核糖的手性碳原子个数分别为 3、4、2、3 种。
9. 选 AC　A 项，同种氨基酸分子形成的二肽有两种，不同的氨基酸分子间形成的二肽也有两种，共 4 种，正确；B 项，生物体遗传信息的载体是 DNA，错误；D 项，蛋白质均可水解，错误。
10. 选 D　核酸携带遗传信息，能提供能量的是糖类、脂肪和蛋白质。
11. 选 D　在 NaOH 溶液中甘氨酸分子中的羧基与氢氧根离子发生中和反应。
12. 选 B　本题考查 DNA 的基本结构单位，有 4 种(含 A、G、C、T 的)脱氧核苷酸。B 项为尿嘧啶核糖核苷酸，为 RNA 的基本结构单位。
13. **解析**：1 分子核苷酸由 1 分子①磷酸和 1 分子②五碳糖和 1 分子③含氮碱基组成。五碳糖有脱氧核糖和核糖两种；含氮碱基有 A、G、C、T、U 5 种。因五碳糖不同，核酸分为 DNA 和 RNA，共有 8 种核苷酸(4 种脱氧核糖核苷酸和 4 种核糖核苷酸)。DNA 是绝大多数生物的遗传物质，有些病毒只含有 RNA，如 SARS 病毒，它们的遗传信息储存在 RNA 中。

    答案：(1)核糖　脱氧核糖　(2)核糖　脱氧核糖　胸腺嘧啶脱氧核苷酸　(3)4　4　(4)核糖　腺嘌呤(A)、鸟嘌呤(G)、胞嘧啶(C)、尿嘧啶(U)
14. (1)DNA　脱氧核苷酸　(2)遗传信息
    (3)DNA　RNA　脱氧核苷酸　核糖核苷酸
15. (1)磷酸　脱氧核糖　脱氧核苷酸　(2)氢
16. **解析**：分析题图：①为磷酸，②为脱氧核糖，③为胞嘧啶，④包括一分子磷酸、一分子脱氧核糖、一分子胞嘧啶，⑤为腺嘌呤，⑥为鸟嘌呤，⑦为胞嘧啶，⑧为胸腺嘧啶，⑨为氢键。

    (1)从空间上看，DNA 分子的两条单链按反向平行方式盘旋成规则的双螺旋结构。(2)图中④是由一分子磷酸、一分子脱氧核糖、一分子胞嘧啶组成的，但不是胞嘧啶脱氧核糖核苷酸；⑦为胞嘧啶。(3)构成 DNA 分子的碱基虽然只有 4 种，但由于碱基排列顺序(或碱基对的排列顺序)的千变万化，因此构成了 DNA 分子的多样性。(4)DNA 分子中，N 元素位于含氮碱基中，因此如果将细胞培养在含 ^{15}N 的同位素培养基上，则能在此图的③～⑧成分上可以测到 ^{15}N。

    答案：(1)反向平行　规则的双螺旋
    (2)一分子磷酸、一分子脱氧核糖、一分子胞嘧啶　胞嘧啶
    (3)碱基排列顺序(或碱基对的排列顺序)
    (4)③～⑧

章末检测验收(四)

1. B
2. 选 B　蔗糖和麦芽糖互为同分异构体；软脂酸甘油酯和硬脂酸甘油酯都是由饱和的高级脂肪酸和甘油生成的酯，为同系物；而淀粉和纤维素都是混合物；油酸是不饱和酸，而乙酸则为饱和酸。
3. B　4. B
5. 选 C　多巴胺分子式为 $C_8H_{11}NO_2$，A 正确；多巴胺分子中含有苯环，能发生加成和取代反应，含酚羟基易发生氧化反应，B 正确；与酚羟基相连的碳原子的邻、对位碳原子上的氢原子易被溴取代，故多巴胺和溴水反应时，1 mol 多巴胺消耗 2 mol 溴单质，C 错误；多巴胺分子中含有氨基和酚羟基，既可以与强酸反应，又可以与强碱反应，D 正确。
6. 选 C　二者结构并不完全相同，聚合度也不同，不属于同分异构体。
7. 选 D　完全水解后没有淀粉，遇碘不再变蓝。
8. 选 A　B 项生成了纤维素酯，C 项生成磷酸酯，D 项生成了乙酸乙酯。
9. 选 AD　由所给结构简式知其分子式为 $C_8H_9NO_2$，A 项对；结构中的官能团为羟基和肽键，不含—COOH 和—NH_2，B 项错；属于 α-氨基酸的同分异构体只有一种，即 $C_6H_5—\underset{NH_2}{\underset{|}{C}}HCOOH$，C 项错；因结构中含酚羟基，可与 $FeCl_3$ 溶液发生显色反应。
10. B
11. 选 D　根据信息可以确定 B 中含有 2 个羧基，根据不饱和度确定 B 中含有一个碳碳双键；B 的结构简式为 $HOOC—CH═CH—COOH$，C 的结构简式为 $HOOC—CH_2—CH(Cl)—COOH$。所以反应①为加成反应，反应②为取代反应。
12. 选 D　酶作为生物催化剂，在适宜的温度下其催化性能很高，但如果温度过高就会失去生理活性，其催化性能降低甚至丧失，综合分析只有 D 曲线符合。
13. 选 C　1 mol 物质能水解生成 2 mol 相同物质的有机化合物有：麦芽糖、两个相同的羟基羧酸形成的一元酯或二元酯、同种氨基酸形成的二肽。
14. 选 B　A 项，因溶液显酸性，不发生银镜反应，错误；B 项，氨基酸、肽类物质及蛋白质均含有碱性官能团—NH_2 与酸性官能团—COOH，故均可与酸、碱反应，正确；C 项，糖精是一种甜味剂，不是糖，错误；D 项，氨基酸含有—COOH、—NH_2，除少数外，一般都可溶于水，而难溶于乙醇、乙醚，错误。
15. 选 AD　蛋白质的组成元素除 C、H、O、N 外，还有 S 等元素，A 对；浓 $CuSO_4$ 溶液和浓 HNO_3 均会使蛋白质变性，不能用于蛋白质的分离、提纯，B 错；酶的催化作用具有高度的专一性，蛋白酶只能催化蛋白质的水解反应，不能催化其他反应，C 错。
16. 选 D　氨基酸水解，断键部分是 $—\overset{O}{\overset{\|}{C}}—|—NH—$，如图所示：

    $—|—\overset{H}{N}—\overset{H}{\underset{CH_3}{C}}—\overset{O}{\overset{\|}{C}}—|—\overset{H}{N}—\overset{H}{\underset{C_6H_5}{C}}—\overset{O}{\overset{\|}{C}}—|—\overset{H}{N}—\overset{H}{\underset{CH_2SH}{C}}—\overset{O}{\overset{\|}{C}}—|—\overset{H}{N}—\overset{H}{\underset{H}{C}}—\overset{O}{\overset{\|}{C}}—|—$
    　　　①　　　　②　　　　③　　　　④

    得到四种氨基酸：①是 $CH_3—\underset{NH_2}{\underset{|}{C}}H—COOH$；②是 $C_6H_5—\overset{NH_2}{\overset{|}{C}}H—COOH$；③是 $HS—CH_2—\overset{NH_2}{\overset{|}{C}}H—COOH$；④是 $\overset{NH_2}{\overset{|}{C}}H_2—COOH$。

17. 选D　乙肝病毒由蛋白质和核酸构成,蛋白质和核酸都是高分子化合物,A正确;蛋白质最终水解的产物是氨基酸,氨基酸既有—COOH,也有—NH_2,因此能与酸或碱反应,B正确;乙肝病毒的外壳是蛋白质,蛋白质与硝酸发生显色反应,因此遇到浓硝酸会变性,C正确;蛋白质的水解只是肽键中的C—N键断裂,碳氧键不断裂,D错误。

18. 选B　核酸包括DNA和RNA,它们的不同之处是:组成它们的核苷酸种类不同,DNA是4种脱氧核苷酸、RNA是4种核糖核苷酸,故A项正确;不论是DNA还是RNA,两个核苷酸之间都是通过磷酸和五碳糖交替连接而成,所以不同核酸中核苷酸的连接方式相同,故B项错误;不同的核酸,其核苷酸的数量、排列方式不同,故C、D项正确。

19. D

20. 选D　DNA是由4种脱氧核苷酸构成的,DNA所含的脱氧核苷酸排列顺序就是遗传信息,不同的人体内的遗传信息不同。

21. **解析**:(2)n个氨基酸形成一个链时,含有$(n-1)$个肽键。现有两条多肽链,所以肽键数为$126-2=124$。

(3)蛋白质水解可生成多肽或氨基酸,又因为水解产物可发生两分子缩合,因此A为氨基酸;$A+A \longrightarrow B+H_2O$,则A的相对分子质量为$\frac{312+18}{2}=165$。又因为B与浓硝酸可发生显色反应。因此B中含有苯环,A中含有苯基、—COOH、—NH_2,A分子中余下结构的式量为$165-77-45-16=27$,应为C_2H_3,因此可写出A、B的结构简式。

答案:(1) ①cA、②aB、③bC

(2)124　(3) $C_6H_5-CH_2-CH(NH_2)-COOH$、

$C_6H_5-CH_2-CH(NH_2)-CO-NH-CH(COOH)-CH_2-C_6H_5$

22. (1)$CH_2OH(CHOH)_3CHO$

(2)$CH_2OH(CHOH)_3CH_2OH$　c

(3)

$CH_2(OH)-CH(OH)-CH(OH)-CH(OH)-CHO \xrightarrow[\triangle]{浓H_2SO_4}$ (呋喃环)$-CHO+3H_2O$　CE

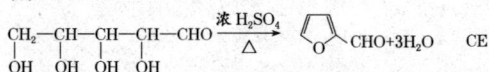

23. **解析**:Ⅰ.(1)该有机化合物蒸气的密度是相同条件下H_2密度的28倍,该有机化合物的摩尔质量为$28\times2=56\ g\cdot mol^{-1}$,1.4 g有机化合物中含有0.1 mol(1.2 g)C,0.2 mol(0.2 g)H,故不含氧元素,最简式为CH_2,分子式:C_4H_8;(2)A是链状烃,同分异构体的结构简式分别是$CH_2=CH-CH_2-CH_3$、$CH_3-CH=CH-CH_3$、$CH_2=C(CH_3)-CH_3$,共有3种;(3)符合题意的为$CH_2=C(CH_3)-CH_3$按照有机化合物命名规则命名为2-甲基丙烯;(4)B核磁共振氢谱有4个信号峰,说明有四种氢原子,符合题意的B的结构简式是$CH_2=CH-CH_2-CH_3$,其反应方程式:$CH_2=CHCH_2CH_3+Br_2 \longrightarrow CH_2Br-CHBrCH_2CH_3$。

Ⅱ.(1)皂化反应:油脂在碱性条件水解,生成高级脂肪酸钠和甘油的反应,故反应方程式为

$$\begin{matrix}C_{17}H_{35}COOCH_2\\ |\\ C_{17}H_{35}COOCH\\ |\\ C_{17}H_{35}COOCH_2\end{matrix}+3NaOH \longrightarrow 3C_{17}H_{35}COONa+\begin{matrix}CH_2OH\\ |\\ CHOH\\ |\\ CH_2OH\end{matrix}$$

;(2)加入食盐颗粒后,液体表面析出白色固体,这是盐析,降低有机化合物的溶解度使之析出,故食盐的作用为降低高级脂肪酸钠盐的溶解度。

答案:Ⅰ.(1)C_4H_8　(2)3　(3) $H_2C=C(CH_3)-CH_3$

2-甲基丙烯(或2-甲基-1-丙烯)

(4) $CH_2=CHCH_2CH_3+Br_2 \longrightarrow CH_2Br-CHBrCH_2CH_3$

Ⅱ.(1)

$$\begin{matrix}C_{17}H_{35}COOCH_2\\ |\\ C_{17}H_{35}COOCH\\ |\\ C_{17}H_{35}COOCH_2\end{matrix}+3NaOH \longrightarrow 3C_{17}H_{35}COONa+\begin{matrix}CH_2OH\\ |\\ CHOH\\ |\\ CH_2OH\end{matrix}$$

(2)降低高级脂肪酸钠盐的溶解度

24. **解析**:(1)a选项,不是所有的糖都有甜味,如纤维素等多糖没有甜味,也不是所有的糖都具有$C_nH_{2m}O_m$的通式,如脱氧核糖的分子式为$C_5H_{10}O_4$,所以说法错误;b选项,麦芽糖水解只生成葡萄糖,所以说法错误;c选项,如果淀粉部分水解生成葡萄糖,也可以发生银镜反应,即银镜反应不能判断溶液中是否还含有淀粉,因此只用银镜反应不能判断淀粉水解是否完全,所以说法正确;d选项,淀粉和纤维素都属于多糖类天然高分子化合物,所以说法正确。

(2)B生成C的反应是酸和醇生成酯的反应,属于取代(或酯化)反应。

(3)通过观察D分子的结构简式,可判断D分子中含有酯基和碳碳双键;由D生成E的反应为消去反应。

(4)F为分子中含6个碳原子的二元酸,名称为己二酸,己二酸与1,4-丁二醇发生缩聚反应,其反应的化学方程式为

$$nHOOC(CH_2)_4COOH+nHO(CH_2)_4OH \xrightarrow{催化剂} HO\!\left[\!-\overset{O}{\overset{\|}{C}}-(CH_2)_4-\overset{O}{\overset{\|}{C}}-O-(CH_2)_4-O\!-\right]_nH+(2n-1)H_2O。$$

(5)W为二取代芳香化合物,因此苯环上有两个取代基,0.5 mol W与足量碳酸氢钠溶液反应生成44 g CO_2,说明W分子结构中含有两个羧基,还有两个碳原子,先将两个羧基和苯环相连,如果碳原子分别插入苯环与羧基间,有一种情况,如果两个取代基分别在苯环的邻、间、对位,有3种同分异构体;如果2个碳原子只插入其中一个苯环与羧基之间,有—CH_2CH_2—和—$CH(CH_3)$—两种情况,两个取代基分别在苯环上邻、间、对位,有6种同分异构体;再将苯环上连接一个甲基,另一个取代基为一个碳原子和两个羧基,即—$CH(COOH)_2$,有一种情况,两个取代基分别在苯环的邻、间、对位,有3种同分异构体;因此共有12种同分异构体,其中核磁共振氢谱为三组峰的结构简式为$HOOCH_2C-C_6H_4-CH_2COOH$(对位)。

(6)由题给路线图可知,己二烯与乙烯可生成环状烯,环状烯可转化为对二甲苯,用高锰酸钾可将对二甲苯氧化为对苯二甲酸,所以其合成路线为:

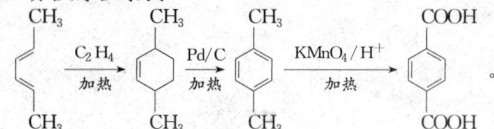

$$CH_3CH=CH-CH=CHCH_3 \xrightarrow[加热]{C_2H_4} (3,6\text{-二甲基环己烯}) \xrightarrow[加热]{Pd/C} H_3C-C_6H_4-CH_3 \xrightarrow[加热]{KMnO_4/H^+} HOOC-C_6H_4-COOH$$。

答案:(1)cd　(2)取代反应(酯化反应)　(3)酯基、碳碳双键　消去反应　(4)己二酸

$$nHOOC(CH_2)_4COOH+n\,HO(CH_2)_4OH \xrightarrow{催化剂} HO\!\left[\!-\overset{O}{\overset{\|}{C}}-(CH_2)_4-\overset{O}{\overset{\|}{C}}-O-(CH_2)_4-O\!-\right]_nH+(2n-1)H_2O$$

(5)12　$HOOCH_2C-C_6H_4-CH_2COOH$(对位)

(6) $$CH_3CH=CH-CH=CHCH_3 \xrightarrow[加热]{C_2H_4} (3,6\text{-二甲基环己烯}) \xrightarrow[加热]{Pd/C} H_3C-C_6H_4-CH_3 \xrightarrow[加热]{KMnO_4/H^+} HOOC-C_6H_4-COOH$$

25. **解析**:(1)由图Ⅰ分析,反应物浓度增大到一定限度,反应速率增大幅度减缓,说明决定化学反应速率的主要因素是酶的浓度。

(2)由图Ⅱ分析,温度在某一适宜温度,反应速率最大,说明催化剂酶的活性有一定的适宜温度。

(4)75 ℃酶蛋白质变性,失去催化作用。如果没有酶反应不能进行的话,反应速率为零。

答案:(1)酶的数量有一定限度

(2)酶催化反应的最适宜温度

(3)随着温度升高,酶的活性下降

(4)反应速率加快　反应速率基本不变或几乎为零

课时跟踪检测(二十)

1. 选B　淀粉是天然高分子化合物。聚乙烯是合成高分子化合物。硝化纤维是天然高分子化合物与硝酸发生酯化反应的产物,在与硝酸反应中,纤维素的高分子链未被破坏,因而仍是高分子化合物。油脂是高级脂肪酸甘油酯,相对分子质量相对较小,且在其结构中没有出现重复的结构单元和聚合度,故不是高分子化合物。

2. 选D　有机高分子化合物虽然相对分子质量很大，但在通常情况下，结构并不复杂，它们是由简单的结构单元重复连接而成的；对于高分子材料来说，它是由许多聚合度相同或不同的高分子聚合起来，因而 n 是一个平均值，也就是说它的相对分子质量只能是一个平均值。

3. 选C　A的链节为 $-CH(Cl)-CH_2-$；B的链节为 $-CH(C_6H_5)-CH_2-$；D的链节为 $-CH(CH_3)-CH_2-$。

4. 选B　根据加聚反应的特点，单体含有不饱和键以及反应中有没有副产物产生，可以判断②和④为加聚反应。

5. 选C　能发生加聚反应，分子中必定有不饱和双键或三键；观察①至⑥中的基团，能够水解的只有④，所以该有机化合物分子结构中必定含有的基团为②、④。

6. 选C　二者都是有机高分子化合物，聚合度 n 不确定，二者相对分子质量大小不能确定，二者形成的物质均为混合物，不同物质性质不相同；前者是通过加聚反应制得，后者是通过缩聚反应制得，反应类型不同，C错。

7. 选AC　分子中有肽键，则该高分子化合物水解即可得到AC。

8. 选C　由丁腈橡胶的结构简式可知为加聚产物，根据加聚产物单体的判断方法“见双键，四个碳”，断键后，单双键互换，即得单体为 $CH_2=CH-CN$ 和 $CH_2=CH-CH=CH_2$。

9. 选C　据该高分子化合物的结构简式可知，它是加聚反应的产物，其单体是 $CH_2=CHCOOCH_3$，A、B不正确，C正确；它燃烧后产生 CO_2 和 H_2O 的物质的量之比为4∶3，D不正确。

10. 选B　链节是高分子化合物中重复的最小单元。

11. 选C　根据ABS的结构简式可知该高分子化合物是加聚产物，其单体有 $CH_2=CHCN$、$CH_2=CHCH=CH_2$、苯乙烯，C正确。

12. 选D　A、B、C都为加聚反应，D为缩聚反应。

13. **解析**：(1)聚苯乙烯的链节是 $-CH_2-CH(C_6H_5)-$，单体是 $C_6H_5-CH=CH_2$，$n=\frac{52\,000}{104}=500$。(2)乙烯制取聚乙烯，丙烯制取聚丙烯的反应是加聚反应，对苯二甲酸和乙二醇发生的是缩聚反应。

答案：(1)① $-CH_2-CH(C_6H_5)-$　$C_6H_5-CH=CH_2$

②500

(2)① $nCH_2=CH_2 \xrightarrow{催化剂} {+\!\!\!\!\!\!\;-}CH_2-CH_2{-\!\!\!\!\!\!\;+}_n$

加聚反应

② $nCH_3-CH=CH_2 \xrightarrow{催化剂} [CH_2-CH(CH_3)]_n$

加聚反应

③ $nHOOC-C_6H_4-COOH+nHOCH_2CH_2OH \xrightarrow{催化剂}$

$HO[CO-C_6H_4-CO-O-CH_2CH_2-O]_nH+(2n-1)H_2O$

缩聚反应

14. **解析**：由题中信息可知，C为 $ClCH_2CH_2Cl$，C脱去1 mol HCl可得到 $CH_2=CHCl$(D)，F为 $HOCH_2CH_2OH$，则B为 Cl_2，E为 $[CH_2-CH(Cl)]_n$；由F与G生成高分子化合物的结构简式可逆推出G为 $HOOC(CH_2)_4COOH$。

答案：(1) $CH_2=CH_2$　$[CH_2-CH(Cl)]_n$　$HOOC(CH_2)_4COOH$

(2) $ClCH_2CH_2Cl+NaOH \xrightarrow[\triangle]{乙醇} CH_2=CHCl+NaCl+H_2O$

$ClCH_2CH_2Cl+2NaOH \xrightarrow[\triangle]{水} HOCH_2CH_2OH+2NaCl$

(3)① $CH_2=CH_2+Cl_2 \longrightarrow ClCH_2CH_2Cl$　加成反应

③ $nCH_2=CH(Cl) \xrightarrow{催化剂} [CH_2-CH(Cl)]_n$　加聚反应

⑤ $nHO-CO-(CH_2)_4-CO-OH+nHOCH_2CH_2OH$

$\underset{\triangle}{\overset{浓硫酸}{\rightleftharpoons}} HO[CO-(CH_2)_4-CO-OCH_2CH_2O]_nH+(2n-1)H_2O$

缩聚反应

15. **解析**：(1)首先分析高分子链中主链的结构简式，合成材料是由不饱和的单体发生加聚反应而形成的，后再将高分子链节(即重复结构单元)断成三段：

$-CH_2-CH=CH-CH_2-$、$-CH_2-CH(C_6H_5)-$、$-CH_2-CH-$(连接6-甲基-2-吡啶基)，

可知有3种单体。

(2) $HO[CO-CH_2CH_2-CO-OCH_2CH_2O]_nH$ 对应的单体为 $HOOCCH_2CH_2COOH$ 和 $HOCH_2CH_2OH$，二者可发生缩聚反应生成聚酯，也可发生酯化反应生成环酯，为

$$\begin{array}{l} CH_2-CO-O-CH_2 \\ | \qquad\qquad\qquad\quad | \\ CH_2-CO-O-CH_2 \end{array}$$

。

(3)①由高分子化合物A的结构片段可看出其重复的结构单元为 $-CH_2-CH(COOH)-$，则A的结构简式为 $[CH_2-CH(COOH)]_n$，它是由加聚反应所得的高聚物，其单体是 $CH_2=CH-COOH$。

②由高分子化合物B的结构片段，可看出其重复的结构单元为 $-CO-CH(CH_3)-NH-$，则B的结构简式为 $HO[CO-CH(CH_3)-NH]_nH$，它是由缩聚反应所得的高聚物，其单体是 $CH_3-CH(NH_2)-COOH$。

答案：(1) $CH_2=CH-CH=CH_2$

$C_6H_5-CH=CH_2$　$CH_2=CH$-(6-甲基-2-吡啶基)　加聚

(2)①缩聚　$HOOCCH_2CH_2COOH$　$HOCH_2CH_2OH$

②
$$\begin{array}{l} CH_2-CO-O-CH_2 \\ | \qquad\qquad\qquad\quad | \\ CH_2-CO-O-CH_2 \end{array}$$

(3)① $CH_2=CH-COOH$　加聚

② $CH_3-CH(NH_2)-COOH$　缩聚

16. **解析**：由逆推法：$H[OCH_2-C_6H_4-CO]_nOH$

$\xrightarrow{①} HOCH_2-C_6H_4-COOH$(D) $\xrightarrow{②} HOCH_2-C_6H_4-CHO$(C) $\xrightarrow{③}$

$ClCH_2-C_6H_4-CHCl_2$(B) $\xrightarrow{④} H_3C-C_6H_4-CH_3$(A)，逆推的第三步用到了题中所给的信息。(4)D的同分异构体能水解，且水解产物之一为乙酸，则一定为乙酸酯，所以有邻、间、对三种同分异构体。

答案：(1)C_8H_{10}

(2) $H_3C-C_6H_4-CH_3+3Cl_2\xrightarrow{光}$

$ClH_2C-C_6H_4-CHCl_2+3HCl$　取代反应

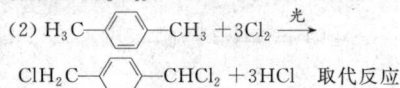

(3) $ClH_2C-C_6H_4-CHCl_2+3NaOH\xrightarrow[\triangle]{H_2O}$

$HOH_2C-C_6H_4-CHO+3NaCl+H_2O$

$HOH_2C-C_6H_4-\underset{OH}{\overset{OH}{CH}}$

(4) $HOH_2C-C_6H_4-COOH$

$HO-C_6H_4-O\overset{O}{\overset{\|}{C}}CH_3$、$(HO)C_6H_4-O\overset{O}{\overset{\|}{C}}CH_3$、$C_6H_4(OH)-O\overset{O}{\overset{\|}{C}}CH_3$

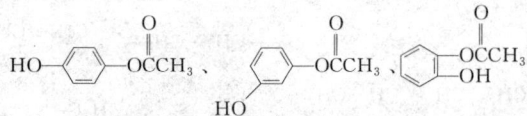

课时跟踪检测(二十一)

1.选D　淀粉是高分子化合物，属于混合物；线型高分子化合物的链与链之间未形成化学键，仅以分子间作用力相结合，故受热易熔化，具有热塑性；有机高分子化合物一般易燃烧。

2.选C　PHB是高分子化合物，属于混合物，没有固定的熔点；PHB是聚酯类高分子化合物，通过缩聚反应制得；其降解过程是先水解生成2-羟基丁酸，然后被氧化为CO_2和H_2O。

3.选D　顺丁橡胶和高吸水性树脂都是网状结构，都不溶于水，故D错误。

4.选B　由X的结构简式可判断出它是加聚反应的产物，其单体为$\underset{CN}{CH}=\underset{CN}{CH}$和$CH_2=CHOOCCH_3$，显然，前者是$HC\equiv CH$和$(CN)_2$的加成产物，后者是$HC\equiv CH$和$CH_3COOH$的加成产物。

5.选A　尼龙绳是由尼龙切片制成的纤维丝经一系列加工制成的，它属于合成纤维，A项正确；宣纸的主要成分是纤维素，它属于天然纤维，B项错误；羊绒衫的主要原料是羊毛，属于蛋白质，C项错误；棉衬衣的主要原料是棉花，棉花属于天然纤维，D项错误。

6.选C　能与强碱反应则应含有—COOH，能形成环酯，表明还含有—OH，故该有机化合物分子中同时含有—COOH和—OH。

7.选B　聚丙烯酸酯是由单体丙烯酸酯发生加聚反应得到的高分子化合物；由于聚丙烯酸酯属于混合物，因此没有固定的熔沸点；聚丙烯酸酯中无碳碳双键，含有酯基，故其能发生水解反应，不能发生加成反应，其分子中不含亲水基，故无吸水性。

8.选AD　由光刻胶的主要成分的结构简式知，它的单体为$CH_2=CH-O-\overset{O}{\overset{\|}{C}}-CH=CH-C_6H_5$，化学式为$C_{11}H_{10}O_2$，A正确；1 mol光刻胶含有$n$ mol碳碳双键和n mol苯环，可消耗$4n$ mol H_2，B错误；该物质含有酯基，在碱性溶液中可发生水解，C错误；该物质是经过加聚反应制得的，D正确。

9.选C　高分子材料是由含有单体数目不等的高聚物分子组成的，因此不是纯净物，而是混合物，A错误；塑料属于合成材料，都是经过人工合成制成的，B错误；具有网状结构的酚醛树脂不导电、不导热、受热也不能软化或熔融，因此可以用作绝缘和隔热材料，C正确；塑料具有热塑性与热固性之分，D错误。

10.选A　由题中"PBT是最坚韧的工程热塑性材料之一"以及非常好的热稳定性可推知A不正确；PBT的单体为$HOOC-C_6H_4-COOH$和$HOCH_2CH_2CH_2CH_2OH$。

11.选A　合成纤维和人造纤维统称化学纤维，A正确；聚氯乙烯为热塑性塑料，B错；锦纶(即尼龙)属于合成纤维，燃烧时没有烧焦羽毛的气味，C错；聚酯纤维属于合成高分子材料，D错。

12.选BD　羊毛的化学成分是蛋白质，而聚酯纤维的化学成分是酯类，高分子化合物都是混合物，A不正确；羊毛和聚酯纤维在一定条件下都能水解，蛋白质最终水解成氨基酸，聚酯纤维水解成对苯二甲酸和乙二醇，B正确；该聚酯纤维是由对苯二甲酸和乙二醇经过缩聚反应合成的，C不正确；羊毛的主要成分是蛋白质，灼烧时有烧焦羽毛的气味，可以区别，D正确。

13.**解析**：耐纶分子中含有肽键$-NH-\overset{O}{\overset{\|}{C}}-$，从肽键中N—C键处断开补加氢原子和羟基即得到单体，分别为$H_2N(CH_2)_6NH_2$和$HOOC(CH_2)_4COOH$。

答案：(1)2　(2)$H_2N(CH_2)_6NH_2$　(3)缩聚

14.**解析**：此题可采用逆推的方式来解。根据尼龙-66的结构简式可推出C、E分别是$HOOC(CH_2)_4COOH$、$H_2N(CH_2)_6NH_2$。根据题给信息可知A为$\underset{Cl}{CH_2}-CH=CH-\underset{Cl}{CH_2}$，其是由$CH_2=CH-CH=CH_2$与$Cl_2$的1,4-加成得到的。B是环己醇，由$C_6H_{11}OH$(环己醇)$\longrightarrow$(环己酮)应属于醇的氧化。

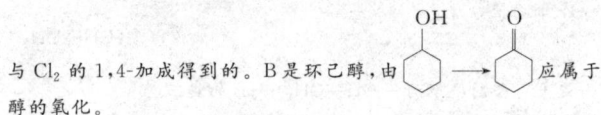

(3)关于C的同分异构体，符合题意的有很多，常见的有两类：一类是将—COOH拆成—CHO和—OH，另一类是将—COOH改成HCOO—(甲酸酯类)。

(5)$H_2N(CH_2)_6NH_2$有碱性，能与HCl发生反应。

答案：(1)氧化反应　缩聚反应

(2)$H_4NOOC(CH_2)_4COONH_4$

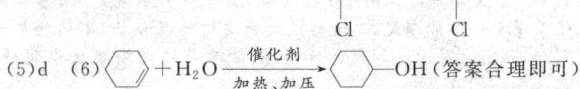

(3)$OHC\underset{OH}{CH}CH_2CH_2\underset{OH}{CH}CHO$(答案合理即可)

(4)$CH_2=CH-CH=CH_2+Cl_2\longrightarrow\underset{Cl}{CH_2}CH=CH\underset{Cl}{CH_2}$

(5)d　(6) $C_6H_{10}+H_2O\xrightarrow[加热、加压]{催化剂}C_6H_{11}-OH$(答案合理即可)

15.(1)$CH_3CH_2CH_2CHO$　$CH_2=CHCHO$　$CH_3-\underset{CH_3}{CH}-CHO$

(2)加成反应　加聚反应

(3)①$CH_2=CH-COOH+CH_3CH_2CH_2CH_2OH\underset{\triangle}{\overset{浓硫酸}{\rightleftharpoons}}$

$CH_2=CH-COOCH_2CH_2CH_2CH_3+H_2O$

②$nCH_2=CH-COOCH_2CH_2CH_2CH_3\xrightarrow{催化剂}$

$\left[CH_2-\underset{COOCH_2CH_2CH_2CH_3}{CH}\right]_n$

16.**解析**：(1)由A的分子式C_2H_4O及其核磁共振氢谱有两种峰可知，A为乙醛。(2)结合信息可知A到B需要的条件为稀氢氧化钠溶液、加热，与已知信息Ⅰ中的条件一致，得出反应：$C_6H_5-CHO+CH_3CHO\xrightarrow[\triangle]{稀NaOH}$ $C_6H_5-CH=CHCHO+H_2O$。(3)B还原得到C，且C为反式结构，说明B中只有—CHO与H_2发生加成反应，则C的结构简式为$\begin{matrix}H & & CH_2OH\\ & C=C & \\ C_6H_5 & & H\end{matrix}$。(4)由PVB的结构可知其是N与PVA发生已知信息Ⅱ中的反应生成的，逆向分析可知N为$CH_3CH_2CH_2CHO$，PVA为$\left[\underset{OH}{CH}-CH_2\right]_n$，故A到E增长了碳链。同时E还可使溴的四氯化碳溶液褪色，可知E中存在碳碳双键，则两分子CH_3CHO发生已知信息Ⅰ中的反应，生成的E为$CH_3CH=CHCHO$，F为$CH_3CH_2CH_2CH_2OH$，N为$CH_3CH_2CH_2CHO$，所以①的反应试剂和条件是稀NaOH、加热，②的反应类型是加成(或还原)反应，③的化学方程式是$2CH_3(CH_2)_3OH+O_2\xrightarrow[\triangle]{Cu}$ $2CH_3(CH_2)_2CHO+2H_2O$。

(5)C为醇，$C+M\xrightarrow[\triangle]{浓H_2SO_4}D(C_{11}H_{12}O_2)+H_2O$，此反应为酯化反应，则M为酸且为$CH_3COOH$，结合PVA的结构可以推出PVAc的单体是$CH_3COOCH=CH_2$。

(6)碱性条件下，PVAc完全水解的化学方程式是

$\left[CH_2-\underset{OOCCH_3}{CH}\right]_n+nNaOH\xrightarrow{\triangle}$

$\left[CH_2-\underset{OH}{CH}\right]_n+nCH_3COONa$。

答案：(1)乙醛

(2) $C_6H_5-CHO+CH_3CHO\xrightarrow[\triangle]{稀NaOH}$

$C_6H_5-CH=CHCHO+H_2O$

(3) C_6H_5—CH═CH—CH_2OH（H 与 CH_2OH 位于双键同侧，苯基与 H 位于双键同侧）

(4) a. 稀 NaOH，加热　　b. 加成（或还原）反应

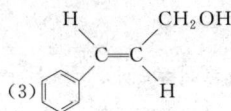

c. $2CH_3(CH_2)_3OH + O_2 \xrightarrow[\triangle]{Cu} 2CH_3(CH_2)_2CHO + 2H_2O$

(5) $CH_3COOCH═CH_2$

(6) $\left[CH_2—CH(OOCCH_3)\right]_n + nNaOH \xrightarrow{\triangle} \left[CH_2—CH(OH)\right]_n + nCH_3COONa$

章末检测验收（五）

1. 选 B　沥青是石油减压蒸馏的产物，其主要成分是碳氢化合物，属于有机材料。橡胶、聚乙烯纤维，也属于有机材料。钢筋是金属材料，属于无机材料。

2. 选 A　聚乙烯中不存在碳碳不饱和键，不能发生加成反应，老化是由于发生了氧化反应，A 项错误。

3. 选 B　由于该黏合剂易溶于水，其结构中应含亲水基团，各选项中只有 B 项含亲水基团—OH。

4. 选 D　丝绸的化学成分是蛋白质，棉花的化学成分是纤维素，都属于有机高分子化合物；捷克水晶的化学成分是二氧化硅，属于无机物；乌克兰葵花籽油的化学成分是油脂，属于有机化合物，但不是高分子化合物。

5. 选 A　PVC 属于塑料，A 正确；锦纶属于合成纤维，B 错误；轮胎属于复合材料，C 错误；棉花属于天然纤维，D 错误。

6. 选 A　天然橡胶中含有碳碳双键，化学性质活泼而易变质，其他的高聚物中无碳碳双键，性质稳定。

7. 选 B　只有碳碳三键加聚才能形成单双键交替出现的结构。

8. 选 A　该高聚物的形成过程属于加聚反应，直接合成该高聚物的物质为

$CH_2═CH—CH_2—O—\overset{O}{\overset{\|}{C}}—\overset{O}{\overset{\|}{C}}—O—CH_2—CH═CH_2$（两个羰基碳连在苯环邻位），该物质属于酯类，由 $CH_2═CH—CH_2OH$ 和 $H—O—\overset{O}{\overset{\|}{C}}—\overset{O}{\overset{\|}{C}}—O—H$（邻苯二甲酸）通过酯化反应生成。

9. 选 C　合成酚醛树脂的单体是苯酚和甲醛，C 项错误；利用弯箭头法判断合成顺丁橡胶的单体是 $CH_2═CH—CH═CH_2$，D 项正确。

10. 选 B　A 项，根据结构分析，可得聚维酮的单体是（N-乙烯基吡咯烷酮）；B 项，聚维酮分子左侧包括 $2m$ 个链节，故其由 $(2m+n)$ 个单体聚合而成；C 项，聚维酮碘存在氢键，能够溶于水；D 项，聚维酮分子中含有肽键，在一定条件下能发生水解反应。

11. 选 C　从题目中给出的关键词“无机耐火”可知，C 项正确。

12. 选 C　尼龙-66 是 $HOOC(CH_2)_4COOH$ 和 $H_2N(CH_2)_6NH_2$ 通过成肽反应缩聚而成的高分子化合物。

13. 选 A　观察分析凯夫拉纤维的结构片段可知，其单体为对苯二胺和对苯二甲酸，而 A 项的单体为对氨基苯甲酸，故 A 错误。

14. 选 C　根据物理学知识，导弹的射程与其本身的质量有关，因此提高导弹的射程是利用复合材料质量轻的性质。

15. 选 D　A 项，二者的聚合度 n 值不同，故二者不是同分异构体，不正确；B 项，二者的官能团不同，不属于同系物，不正确；C 项，单体为 $CH_2═CH—CH═CH_2$ 和 $CH_3CH═CH_2$，不正确。

16. 选 AB　合成维通橡胶的单体是 $CH_2═CF_2$ 和 $CF_2═CF—CF_3$，A 正确；有机硅橡胶是 $HO—Si(CH_3)_2—OH$ 的缩聚产物，B 正确，C 错；聚甲基丙烯酸甲酯是甲基丙烯酸甲酯的加聚产物，D 错。

17. 选 B　由已知条件知 A 是线型结构，B 是网状结构，不论是线型结构还是网状结构都可能有弹性。

18. 选 CD　聚丙烯酸酯在链节上不含有碳碳不饱和键，不能发生加成反应，也不含有亲水基团，因而不具有强吸水性。

19. 选 D　M 水解后所得产物分别为 A：$\left[C(C_6H_4COOH)═CH\right]_n$（对位为 COOH）、B：$HOOC—CH(CH_3)—OH$ 和 C：$HOCH_2CH_2OH$。A 属于高聚物，1 mol A 消耗 n mol 金属钠，放出气体为 $\frac{n}{2}$ mol，D 错误。

20. 选 A　乙烯与 HCl 加成生成一氯乙烷，聚氯乙烯的单体是氯乙烯，故 A 不正确。

21. **解析**：(1) 合成聚丙烯酸钠的单体的结构简式是 $CH_2═CH—COONa$，该反应是加聚反应。(2) ①涤纶是由对苯二甲酸和乙二醇缩聚而成；$HOOC—C_6H_4—COOH$ 能和 $NaHCO_3$ 反应，其核磁共振氢谱的峰面积之比是 1∶2；②对苯二甲酸和乙二醇发生缩聚反应合成涤纶，反应的化学方程式为

$nHOOC—C_6H_4—COOH + nHOCH_2CH_2OH \xrightarrow{一定条件} HO\left[\overset{O}{\overset{\|}{C}}—C_6H_4—\overset{O}{\overset{\|}{C}}—OCH_2CH_2O\right]_nH + (2n-1)H_2O$。

答案：(1) $CH_2═CH—COONa$　加聚反应

(2) ① $HOOC—C_6H_4—COOH$　1∶2（或 2∶1）

② $nHOOC—C_6H_4—COOH + nHOCH_2CH_2OH \xrightarrow{一定条件} HO\left[\overset{O}{\overset{\|}{C}}—C_6H_4—\overset{O}{\overset{\|}{C}}—OCH_2CH_2O\right]_nH + (2n-1)H_2O$

22. **解析**：(1) A 为苯，A→B 发生苯环上的取代，B 为 $C_6H_5—Cl$，C 为 $C_6H_5—ONa$，D 为 $C_6H_5—OH$。

(3) D→E 可以看作 HCHO 中羰基的加成反应。若苯酚与 HCHO 按 1∶3 发生加成，则酚羟基邻、对位均发生加成反应。

(4) E 的同分异构体中除 2 个酚羟基外还有一个甲基，则 2 个酚羟基可以处于邻、间、对位，甲基作取代基分别有 2、3、1 种，故共 6 种属于二元酚的同分异构体。

答案：(1) 碳氯键　$C_6H_5—ONa$

(2) $C_6H_6 + Cl_2 \xrightarrow{Fe} C_6H_5Cl + HCl$　取代反应

(3) 加成反应　（2,4,6-三羟甲基苯酚：OH 邻位两个 CH_2OH，对位一个 CH_2OH）

(4) 6　（5-甲基-1,3-苯二酚）或（2-甲基-1,3-苯二酚）

(5) $H\left[NH—\overset{O}{\overset{\|}{C}}—NH—CH_2\right]_nOH$ 或

$H\left[O—CH_2—NH—\overset{O}{\overset{\|}{C}}—NH—CH_2\right]_nOH$（合理答案均可）

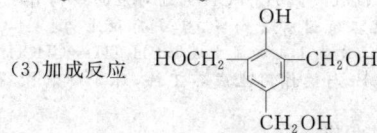

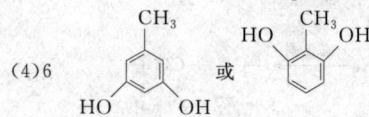

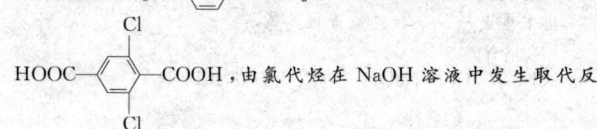

23. **解析**：(1) 结合对苯二甲酸的结构简式和 A→B→C→D 间的转化条件，可推知 A 为 $H_3C—C_6H_4—CH_3$，光照条件下，Cl_2 与甲基上的“H”发生取代反应；G+H→M，因 M 是高分子化合物，结合 M 的结构简式知该反应为缩聚反应。(2) A→B 的转化过程中 Cl_2 有可能与同一个甲基上的“H”发生二取代，故 B 的同分异构体的结构简式为 $H_3C—C_6H_4—CHCl_2$。(3) 由 M 的结构简式知 E 为 $HOOC—C_6H_2Cl_2—COOH$（两个 Cl 分别位于苯环的 2、5 位），由氯代烃在 NaOH 溶液中发生取代反应和羧酸及酚羟基的性质可写出 E→F 的化学方程式。(4) 由聚

酯纤维P的结构简式可知，它是由乙二醇和对苯二甲酸两种单体发生缩聚反应得到的，结合提示，可利用对二甲苯(原料A)在酸性高锰酸钾溶液条件下氧化生成对苯二甲酸，利用乙烯与卤素单质发生加成反应生成卤代烃，然后水解生成乙二醇，最后对苯二甲酸与乙二醇缩聚得到聚酯纤维P。

答案：(1)取代反应　缩聚反应

(2) $H_3C-C_6H_4-CHCl_2$

(3) HOOC—(苯环，两个 Cl 取代)—COOH $+6NaOH \xrightarrow{一定条件}$ NaOOC—(苯环，两个 ONa 取代)—COONa $+2NaCl+4H_2O$

(4) $CH_2=CH_2 \xrightarrow{Br_2/CCl_4} \underset{Br}{CH_2}-\underset{Br}{CH_2} \xrightarrow[\triangle]{NaOH 溶液} \underset{OH}{CH_2}-\underset{OH}{CH_2}$

$H_3C-C_6H_4-CH_3 \xrightarrow{KMnO_4/H^+} HOOC-C_6H_4-COOH$

$\xrightarrow[\triangle]{浓 H_2SO_4} HO\!\left[\overset{O}{\overset{\|}{C}}-C_6H_4-\overset{O}{\overset{\|}{C}}-O-CH_2-CH_2-O\right]_n\!H$

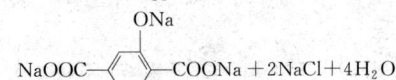

24. **解析**：由I的分子组成及合成路线可知A是丙烯、B是1,2-二溴丙烷，C是1,2-丙二醇，D是 $CH_3\overset{O}{\overset{\|}{C}}CHO$，E是 $CH_3\overset{O}{\overset{\|}{C}}COOH$，F是 $CH_3\overset{OH}{\overset{|}{C}H}COOH$，G是 $CH_2=CH-COOH$，H是 $CH_2=CHCOONa$。

(1) A的分子式为 C_3H_6；由 $CH_3\overset{OH}{\overset{|}{C}H}COOH$ 生成 $CH_2=CH-COOH$ 的反应为消去反应。(2)B的名称是1,2-二溴丙烷；$CH_3\overset{O}{\overset{\|}{C}}COOH$(E)中含有羰基和羧基。(3)H→I的化学方程式为 $nCH_2=CHCOONa \xrightarrow{催化剂} \left[CH_2-\underset{COONa}{CH}\right]_n$。(4)由题可知，Y的分子式为 $C_5H_8O_2$，由①②知其同分异构体中含有2个—CHO，可表示为 $OHC-C_3H_6-CHO$，则对应的结构有4种，其中戊二醛的核磁共振氢谱有3组峰，且峰面积比为1∶1∶2。(5)1,3-丁二烯先与 Br_2 发生1,4-加成生成 $BrCH_2CH=CHCH_2Br$，$BrCH_2CH=CHCH_2Br$ 与钠作用生成环丁烯，环丁烯加聚得到目标产物。

答案：(1) C_3H_6　消去反应

(2)1,2-二溴丙烷　羰基、羧基

(3) $nCH_2=CHCOONa \xrightarrow{催化剂} \left[CH_2-\underset{COONa}{CH}\right]_n$

(4)4　$OHCCH_2CH_2CH_2CHO$

(5) $CH_2=CH-CH=CH_2 \xrightarrow{Br_2}$

$BrCH_2CH=CHCH_2Br \xrightarrow{Na}$ □(环丁烯) $\xrightarrow{一定条件}$ [□]$_n$

25. **解析**：(1)A有三个碳原子，且为烯烃，因此A的名称为丙烯；由B和HOCl生成的C为 Cl⌒(OH)⌒Cl 或 HO⌒(Cl)⌒Cl，因此C中的官能团为氯原子和羟基。

(2)由B和C的分子式以及反应试剂可知，该反应为加成反应。

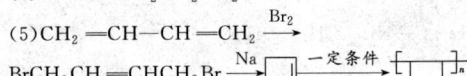

(3)C的结构简式为 Cl⌒(OH)⌒Cl 或 HO⌒(Cl)⌒Cl，在NaOH作用下生成 (环氧)⌒Cl，该反应方程式为

Cl⌒(OH)⌒Cl $+NaOH \longrightarrow$ (环氧)⌒Cl $+NaCl+H_2O$

(或 HO⌒(Cl)⌒Cl $+NaOH \longrightarrow$ (环氧)⌒Cl $+NaCl+H_2O$)。

(4)由生成物F以及信息①可知，E的结构简式为 $C_6H_5-\overset{O}{\overset{\|}{C}}-CH_3$。

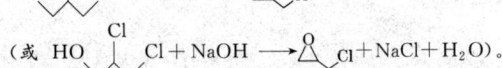

(5)E的同分异构体是芳香族化合物，说明含有苯环；能发生银镜反应说明含有醛基；有三组峰说明有三种等效氢，有一定的对称性，三组峰的面积比为3∶2∶1，由此可写出满足条件的结构简式为 (CHO 对位为 CH_3，CH_3 两侧各一个 Cl 的苯环)、(CHO 对位为 CH_3，CHO 两侧各一个 Cl 的苯环)。

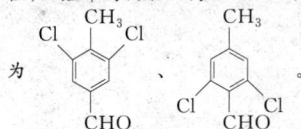

(6)由题给信息②③可知，要生成1 mol G，同时生成 $(n+2)$ mol NaCl和 $(n+2)$ mol 水，即得 $(n+2)$ mol×(58.5+18) $g\cdot mol^{-1}=765$ g，解得 $n=8$。

答案：(1)丙烯　碳氯键　羟基　(2)加成反应

(3) Cl⌒(OH)⌒Cl $+NaOH \longrightarrow$ (环氧)⌒Cl $+NaCl+H_2O$

(或 HO⌒(Cl)⌒Cl $+NaOH \longrightarrow$ (环氧)⌒Cl $+NaCl+H_2O$)

(4) $C_6H_5-\overset{O}{\overset{\|}{C}}-CH_3$　(5) (CHO 对位为 CH_3，CH_3 两侧各一个 Cl 的苯环)　(CHO 对位为 CH_3，CHO 两侧各一个 Cl 的苯环)　(6)8

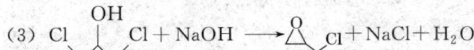

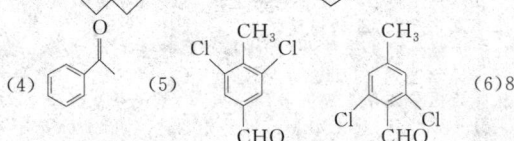

全程质量检测(一)

1. 选C　蚕丝含有蛋白质，灼烧时有烧焦羽毛的气味，为蛋白质的特有性质，可用灼烧的方法区分蚕丝和人造皮革，故A正确；焚烧垃圾容易产生二噁英等有害物质，污染环境，故B正确；医用消毒酒精中乙醇的浓度为75%，故C错误；高温能使蛋白质发生变性，所以加热能杀死流感病毒，故D正确。
2. 选D　有机分子中含有羟基或羧基才能发生酯化反应。由充填模型可知，A是甲烷，B是苯，C是乙酸，D是乙醇，四种物质中只有乙醇能发生酯化反应。
3. 选C　红外光谱法可判断有机化合物分子中含有哪些官能团。
4. 选C　果糖属于单糖不能发生水解。
5. 选B　可将键线式转换为碳的骨架形式，在选取含碳碳双键的最长碳链为主链，从靠近官能团的一端(即右端)进行编号，最后按命名规则正确书写名称。
6. 选B　甲烷、苯、聚乙烯、环己烷既不能使酸性 $KMnO_4$ 溶液褪色，也不能使溴水因发生化学反应而褪色。聚乙炔($\left[CH=CH\right]_n$)、2-丁炔、环己烯分子内均含有不饱和碳原子，可使酸性 $KMnO_4$ 溶液和溴水因化学反应而褪色。
7. 选B　芳香族化合物A的分子式为 C_7H_8O，故A含有1个苯环，遇 $FeCl_3$ 溶液可发生显色反应，含有酚羟基，故还含有1个甲基，甲基与酚羟基有邻、间、对三种位置关系，故符合条件的A的结构有3种；遇 $FeCl_3$ 溶液不显紫色，则不含酚羟基，故侧链为 $-CH_2OH$ 或 $-OCH_3$，符合条件的A的结构有2种。
8. 选B　葡萄糖为单糖，不能在体内发生水解反应，A错误；工业上以石油为原料制取聚乙烯，需经裂解产生的为乙烯，再发生加聚反应生成聚乙烯，B正确；乙烯和乙醇各1 mol时，耗氧量均为3 mol，则燃烧等物质的量的乙烯和乙醇耗氧量相同，C错误；乙醇和乙酸发生的酯化反应为可逆反应，原子利用率小于100%，D错误。
9. 选C　根据分析两种物质变为一种物质，则反应属于加成反应，故A正确；碳酸亚乙酯的二氯代物只有两种，一种为在同一个碳原子上，另一种是两个碳原子上各一个氯原子，故B正确；碳酸亚乙酯有亚甲基的结构，类似于甲烷的空间结构，不可能所有原子共平面，故C错误；1 mol碳酸亚乙酯相当于有2 mol酯基，因此最多可与2 mol NaOH发生反应，生成乙二醇和碳酸钠，故D正确。
10. 选C　①与—OH所连碳的相邻碳上没有H，不能发生消去反应；且与—OH相连的C上有2个H，能氧化生成醛；②与—OH所连碳的相邻碳上有H，能发生消去反应，且与—OH相连的C上有1个H，能氧化生成酮；③没有邻位C，不能发生消去反应；④与—OH所连碳的相邻碳上有H，能发生消去反应，且与—OH相连的C上有2个H，能氧化生成醛；⑤与—OH所连碳的相邻碳上没有H，不能发生消去反应；且与—OH相连的C上有2个H，能氧化生成醛；⑥与—OH所连碳的相邻碳上有H，能发生消去反应，且与—OH相连的C上有1个H，能氧化生成酮。
11. 选C　肉桂酸($C_6H_5-CH=CH-COOH$)的分子式为 $C_9H_8O_2$，A不正确；双键碳的每个碳上连有两个不同的原子或原子团，存在顺反异构，B不正确；安息香酸(C_6H_5-COOH)分子中无碳碳双键，与肉桂酸($C_6H_5-CH=CH-COOH$)不是同系物，D不正确。

12. 选 D　乙炔由碳化钙和水反应生成乙炔，选择固液不加热制取装置，乙炔微溶于水，可以用排水法收集，故 A 正确；苯的硝化反应，苯与浓硫酸在催化剂作用下可生成硝基苯，实验温度需控制在 50～60 ℃，长玻璃管可以起到冷凝回流的作用，故 B 正确；乙酸与乙醇在浓硫酸作用下发生取代反应生成乙酸乙酯，温度应控制在 60～70 ℃，如温度太高会产生乙醚和亚硫酸等杂质，减少乙酸乙酯的产率，故可以选择水浴加热，故 C 正确；乙烯的制取且需要测定反应液的温度为 170 ℃，需要温度计插入乙醇和浓硫酸的混合液中，若温度控制不当，会产生乙醚等杂质，故 D 错误。

13. 选 D　溴丙烷水解制丙醇属于取代反应，丙烯与水反应制丙醇属于加成反应，A 错误；甲苯硝化制对硝基甲苯属于取代反应，由甲苯氧化制苯甲酸属于氧化反应，B 错误；氯代环己烷消去制环己烯属于消去反应，而丙烯与溴制 1,2-二溴丙烷属于加成反应，C 错误；选项 D 中的两个反应均属于取代反应。

14. 选 BC　该物质的分子式应为 $C_{17}H_{16}O_4$，酚羟基和酯基都能与 NaOH 反应，故 1 mol 该物质最多能与 3 mol NaOH 反应。

15. 选 B　淀粉溶液中加入碘水，溶液变蓝，说明溶液中还存在淀粉，淀粉可能部分水解，不能说明淀粉没有水解，故 A 错误；乙醇具有还原性，能被橙色的酸性重铬酸钾溶液氧化生成绿色的 Cr^{3+}，故 B 正确；蔗糖溶液中加入稀硫酸水解后溶液呈酸性，在酸性条件下，葡萄糖与银氨溶液不能发生银镜反应，故 C 错误；葡萄糖与新制 $Cu(OH)_2$ 反应生成砖红色沉淀氧化亚铜，表现了葡萄糖的还原性，故 D 错误。

16. 选 C　a 中没有苯环，不属于芳香族化合物，A 项错误；a、c 分子中含有饱和碳原子，所有碳原子不可能共平面，B 项错误；a 中的碳碳双键、b 中与苯环相连的甲基、c 中的醛基均可以被酸性 $KMnO_4$ 溶液氧化，C 项正确；与新制 $Cu(OH)_2$ 反应的官能团为醛基，只有 c 可以与新制 $Cu(OH)_2$ 反应，而 b 不能，D 项错误。

17. 选 BD　A 选项，一个碳原子含有四个不同的原子或原子团，这样的碳原子叫手性碳，由图可知正确。B 选项，该物质有醚键、羟基、酯基三种含氧官能团，故错误。C 选项，该物质中有碳碳双键和苯环结构，能发生加成反应，与羟基碳相邻的碳原子上有氢原子，故能发生消去反应，正确。D 选项，分子中的酯基为酚酯，故 1 mol 该物质消耗 2 mol NaOH，故错误。

[结构式：Calanolide A]

Calanolide A

18. 选 C　①中应该用浓硫酸，②中应该加热到 170 ℃，③中在加入硝酸银溶液之前需要先加入硝酸酸化，④中未出现红色沉淀的原因可能是未加入氢氧化钠，⑤中加入银氨溶液水浴加热之前需要先加入氢氧化钠中和稀硫酸。

19. 选 D　A 对：由交联聚合物 P 的结构片段 X、Y 可判断其结构中含有酯基，因此聚合物 P 能水解。B 对：酯基是由羧基和醇羟基脱水生成的，因此聚合物 P 的合成反应为缩聚反应。C 对：油脂水解可生成丙三醇。D 错：乙二醇只含两个醇羟基，邻苯二甲酸和乙二醇在聚合过程中不可能形成类似聚合物 P 的交联结构。

20. 选 AC　A 项：该物质是由 n 个单体分子通过加聚反应生成，正确；B 项：0.1 mol 该物质中含有 1.5n mol 碳原子，完全燃烧应生成 33.6n L(标准状况)的 CO_2，不正确；C 项：该物质在酸性条件下水解生成的乙二醇，可作汽车发动机的抗冻剂，C 正确；D 项：1 mol 该物质与足量 NaOH 溶液反应，最多可消耗 4n mol NaOH，不正确。

21. (1)对氯苯甲酸　(2)取代反应　(3)[结构式：苯氧基取代、含 SO_2NH_2、H_2N、COOH 的苯环化合物]

(4) [结构式：含 ClO_2S、Cl 的苯甲酸] $-COOH+HNO_3\xrightarrow[\triangle]{浓硫酸}$ [结构式：含 O_2N、Cl、SO_2Cl、COOH 的苯环化合物] $+H_2O$

(5) [结构式：含 SO_2NH-、苯氧基、$HN-C_4H_9$、$-\overset{O}{\overset{\|}{C}}-$ 的片段] 或 [结构式：含 SO_2NH_2、苯氧基、$N(C_4H_9)-$、$-\overset{O}{\overset{\|}{C}}-$ 的片段]

(6)4　$CH_3\underset{CH_3}{\underset{|}{C}H}CH_2OH$

(7) $CH_2═CH_2\xrightarrow[催化剂\ 高温高压]{H_2O}CH_3CH_2OH\xrightarrow[\triangle]{CuO}CH_3CHO\xrightarrow{OH^-\ H_2O}CH_3\overset{OH}{\overset{|}{C}H}—CH_2CHO\xrightarrow[\triangle]{-H_2O}CH_3CH═CHCHO\xrightarrow[Ni/\triangle]{H_2}CH_3CH_2CH_2CH_2OH$

22. **解析**：(1)根据题意可知合成 M 的主要途径：丙烯 $CH_2═CHCH_3$ 在催化剂作用下与 H_2/CO 发生反应生成丁醛 $CH_3CH_2CH_2CHO$，$CH_3CH_2CH_2CHO$ 在碱性条件下发生加成反应生成 $CH_3CH_2CH_2\overset{OH}{\overset{|}{C}H}\underset{CH_2CH_3}{\underset{|}{C}H}CHO$，其分子式为 $C_8H_{16}O_2$，与 A 的分子式 $C_8H_{14}O$ 对比可知，反应①为在浓硫酸、加热条件下发生的消去反应，生成 A 可为 $CH_3CH_2CH_2CH═\underset{C_2H_5}{\underset{|}{C}}CHO$。A 经过两次连续加氢得到的 Y 为醇，$C_3H_6$ 经连续两次氧化得到的 D 为羧酸，则反应④的条件为浓硫酸、加热，生成的 M 为酯。

(2)除催化氧化法外，由 A 得到 $CH_3CH_2CH_2CH═\underset{C_2H_5}{\underset{|}{C}}COOH$ 可利用银氨溶液或新制氢氧化铜悬浊液将醛基氧化成羧基，然后再酸化的方法。

(3)化合物 A($C_8H_{14}O$)中含有 $\gt C═C\lt$ 和—CHO，与 H_2 发生加成反应生成 B($C_8H_{16}O$)，B 能发生银镜反应，说明碳碳双键首先与 H_2 加成，即碳碳双键比醛基(羰基)易还原。

(4)丙烯 $CH_2═CHCH_3$ 在催化剂作用下被氧化为 C(C_3H_4O)，结构简式为 $CH_2═CHCHO$；$CH_2═CHCHO$ 进一步被催化氧化生成 D($C_3H_4O_2$)，D 的结构简式为 $CH_2═CHCOOH$；Y 的结构简式为 $CH_3CH_2CH_2CH_2CH(CH_2CH_3)CH_2OH$，D 与 Y 在浓硫酸、加热条件下发生酯化反应生成 M，M 的结构简式为 $CH_2═CHCOOCH_2\underset{C_2H_5}{\underset{|}{C}H}CH_2CH_2CH_2CH_3$。

(5)D 为 $CH_2═CHCOOH$，与 1-丁醇在浓硫酸、加热条件下发生酯化反应生成 $CH_2═CHCOOCH_2CH_2CH_2CH_3$，$CH_2═CHCOOCH_2CH_2CH_2CH_3$ 与氯乙烯发生加聚反应可生成高聚物：$\mathrm{⁅}CH_2—\underset{Cl}{\underset{|}{C}H}—CH_2—\underset{COOCH_2CH_2CH_2CH_3}{\underset{|}{C}H}\mathrm{⁆}_n$。

(6)丁醛的结构简式为 $CH_3CH_2CH_2CHO$，在其同分异构体中①不含羰基，说明分子中含有碳碳双键；②含有 3 种不同化学环境的氢原子且双键碳上连有羟基的结构不稳定，则符合条件的同分异构体的结构简式为 $H_2C═\underset{CH_3}{\underset{|}{C}}—O—CH_3$。

答案：(1)消去反应　浓硫酸，加热
(2)银氨溶液，酸
(3)碳碳双键比羰基易还原
(4)$CH_2═CHCHO$
$CH_2═CHCOOCH_2\underset{C_2H_5}{\underset{|}{C}H}CH_2CH_2CH_2CH_3$
(5)$\mathrm{⁅}CH_2—\underset{Cl}{\underset{|}{C}H}—CH_2—\underset{COOCH_2CH_2CH_2CH_3}{\underset{|}{C}H}\mathrm{⁆}_n$
(6)$H_2C═\underset{CH_3}{\underset{|}{C}}—O—CH_3$(合理即可)

23. (1) BC　(2) HO—C_6H_4—$CH_2COOCH_2CH_3$
(3) $H_2N\overset{O}{\overset{\|}{C}}CH_2$—$C_6H_4$—OH + $ClCH_2\underset{\ \ O\ \ }{CH—CH_2}$(环氧) ⟶ $H_2N\overset{O}{\overset{\|}{C}}CH_2$—$C_6H_4$—$OCH_2\underset{\ \ O\ \ }{CH—CH_2}$(环氧) + HCl

(4) CH_3–⟨苯环⟩–NO_2 $\xrightarrow[h\nu]{Cl_2}$ CH_2Cl–⟨苯环⟩–NO_2 $\xrightarrow{NaCN}$ CH_2CN–⟨苯环⟩–NO_2 $\xrightarrow[H^+]{H_2O}$ CH_2COOH–⟨苯环⟩–NO_2

(5) H_2N–⟨苯环⟩–$\overset{O}{\overset{\|}{C}}OCH_3$、$H_2N$–⟨苯环⟩–$O\overset{O}{\overset{\|}{C}}CH_3$、$CH_3$–⟨苯环⟩–$O\overset{O}{\overset{\|}{C}}NH_2$、$CH_3O$–⟨苯环⟩–$\overset{O}{\overset{\|}{C}}NH_2$

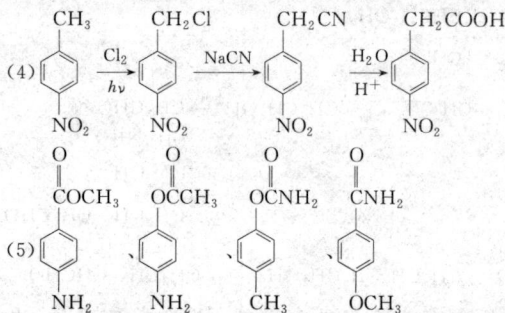

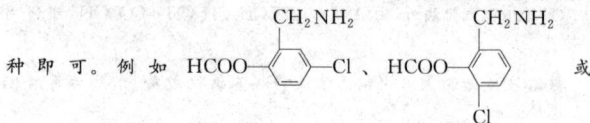

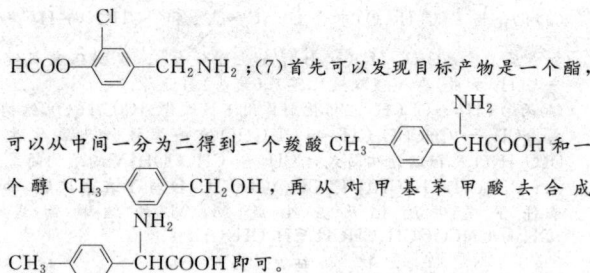

24. **解析**：(1)①反应是将甲基变为醛基，因此是一个氧化反应；(2)根据D的结构简式可知D中具有的官能团为碳氯键、羧基和氨基；(3)根据分析反应④是一个酯化反应，形成了甲醇酯，因此需要甲醇和浓硫酸在加热的条件下进行；(4)根据F和G的分子结构可以发现G比F多一个碳原子，这个碳原子来自⟨1,3-二氧戊环⟩，则⟨1,3-二氧戊环⟩中另外两个碳和两个氧会变成乙二醇，乙二醇可用于汽车防冻液、制备涤纶等；(5)根据分析反应⑤是一个取代反应，而C_6H_7BrS的结构可以根据E、F的结构来推出E中氨基上的氢原子被取代；(6)按照要求，首先苯环上有3个不同的取代基，其次含有酯基且能发生银镜反应，那么一个自然的想法就是形成了甲酸酯，另一个取代基是氯原子，最后一个取代基是含有氨基的，任意写出一种即可。例如 $HCOO$–⟨苯环（邻位CH_2NH_2）⟩–Cl、$HCOO$–⟨苯环（CH_2NH_2，Cl）⟩ 或 $HCOO$–⟨苯环（Cl）⟩–CH_2NH_2；(7)首先可以发现目标产物是一个酯，可以从中间一分为二得到一个羧酸 CH_3–⟨苯环⟩–$\underset{}{CH(NH_2)COOH}$ 和一个醇 CH_3–⟨苯环⟩–CH_2OH，再从对甲基苯甲酸去合成 CH_3–⟨苯环⟩–$CH(NH_2)COOH$ 即可。

答案：(1)氧化反应 (2)羧基、氨基和碳氯键

(3)CH_3OH、浓H_2SO_4 加热

(4)制备涤纶、用作汽车防冻液等

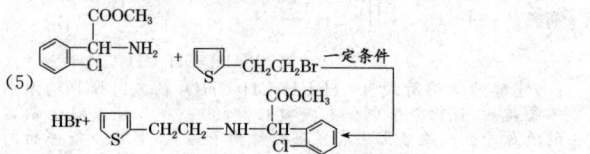

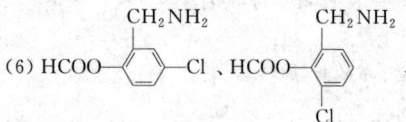

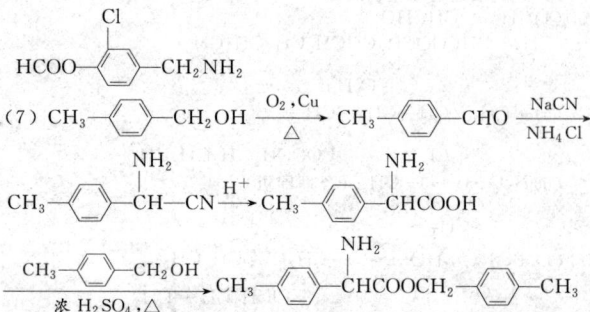

(5) ⟨邻氯苯基⟩–$CH(NH_2)$–$COOCH_3$ + ⟨噻吩基⟩–CH_2CH_2Br $\xrightarrow{一定条件}$ HBr+ ⟨噻吩基⟩–CH_2CH_2–NH–$CH(COOCH_3)$–⟨邻氯苯基⟩

(6) $HCOO$–⟨苯环（CH_2NH_2）⟩–Cl、$HCOO$–⟨苯环（CH_2NH_2，Cl）⟩、$HCOO$–⟨苯环（Cl）⟩–CH_2NH_2

(7) CH_3–⟨苯环⟩–CH_2OH $\xrightarrow[\triangle]{O_2,Cu}$ CH_3–⟨苯环⟩–CHO $\xrightarrow[NH_4Cl]{NaCN}$ CH_3–⟨苯环⟩–$CH(NH_2)$–CN $\xrightarrow{H^+}$ CH_3–⟨苯环⟩–$CH(NH_2)COOH$ $\xrightarrow[浓H_2SO_4,\triangle]{CH_3–⟨苯环⟩–CH_2OH}$ CH_3–⟨苯环⟩–$CH(NH_2)COOCH_2$–⟨苯环⟩–CH_3

25. **解析**：(1)由A的相对分子质量和组成可判断A为CH_3OH。也可由F到G的转化关系，可判断F与A发生酯化反应得到G，根据G的结构特点可推出A为甲醇CH_3OH。

(2)由C的水解产物可推出C的结构，由此逆推出B的结构简式为$CH_3COOCH=CH_2$，B中含有碳碳双键和酯基。

(3)根据问题(1)的判断结果(A为CH_3OH)可推出D为CH_3Br，结合G的结构，可判断D到E的反应为在甲苯的对位引入甲基，由此可判断该反应为取代反应。

(4)①比较CH_3COOH和$CH_3COOCH=CH_2$结构可得出，该反应为乙酸与乙炔发生加成反应得到$CH_3COOCH=CH_2$。②G为对苯二甲酸二甲酯，根据信息②可知，乙二醇与酯进行交换，可彼此连接得到高聚物。

(5)苯环通常用邻、间、对编位，也可用数值编位。

(6)G除苯环外，侧链共有4个碳原子，可构成含有两个羧基的支链组合为：—COOH、—CH_2CH_2COOH；—COOH、—$CH(CH_3)COOH$；—CH_3、—$CH(COOH)_2$；两个—CH_2COOH；共4种组成，每种组合具有邻、间、对三种异构体，故共有12种异构体。

答案：(1)CH_3OH (2)酯基、碳碳双键 (3)取代反应

(4)① $CH_3COOH+CH\equiv CH\longrightarrow CH_3COOCH=CH_2$

② $n CH_3O$–$\overset{O}{\overset{\|}{C}}$–⟨苯环⟩–$\overset{O}{\overset{\|}{C}}$–$OCH_3$ + n $\begin{matrix}CH_2—OH\\|\\CH_2—OH\end{matrix}$ $\xrightleftharpoons{催化剂}$ CH_3O–$\left[\overset{O}{\overset{\|}{C}}–⟨苯环⟩–\overset{O}{\overset{\|}{C}}–OCH_2CH_2—O\right]_n$–H + $(2n-1)CH_3OH$

(5)对二甲苯或(1,4-二甲苯)

(6)12

全程质量检测(二)

1. 选C 乙醇汽油可降低CO排放量，有效降低氮氧化物、酮类等污染物的浓度，减少尾气污染，A正确；甘油有吸湿性，添加到化妆品中有保湿作用，B正确；某些有机高分子聚合物可以做导电材料，比如聚乙炔、聚苯胺等，C错误；葡萄在成熟过程中会释放出乙烯，高锰酸钾溶液可吸收乙烯，防止水果过度成熟或提早成熟，从而达到保鲜的目的，D正确。

2. 选C 甲醛属于醛，分类标准是以官能团种类作为依据，故②④的分类属于此标准，而①③的分类标准是以碳的骨架为依据。

3. 选B 油脂不属于有机高分子化合物。

4. 选A 2,3,5-三甲基己烷，主碳链6个碳原子，2,3,5号碳上含一个甲基，A项正确；烷烃中无1-甲基，主碳链选择错误，正确名称为2-甲基戊烷，B项错误；烷烃中不存在2-乙基，主碳链选择错误，正确名称为3,3,4-三甲基庚烷，C项错误；2,3-二甲基-4-乙基戊烷中主碳链选错，主碳链6个碳，离取代基近的一端编号，正确名称为2,3,4-三甲基己烷，D项错误。

5. 选D 乙酸甲酯(CH_3COOCH_3)中含有2种氢原子，核磁共振氢谱能出现两组峰，且其峰面积之比为1∶1，故A错误；乙醛(CH_3CHO)中含有2种氢原子，核磁共振氢谱能出现两组峰，且其峰面积之比为3∶1，故B错误；2-甲基丙烷中含有2种氢原子，核磁共振氢谱能出现两组峰，且其峰面积之比为9∶1，故C错误；对苯二甲酸(HOOC–⟨苯环⟩–COOH)中含有2种氢原子，核磁共振氢谱能出现两组峰，且其峰面积之比为2∶1，故D正确。

6. 选C 由题意可知，只要碳碳双键的碳原子上均连接两个不同的取代基，就存在空间异构体，显然丙烯不符合条件；物质结构的变化属于化学变化；1,2-二苯乙烯中所有原子有可能在同一个平面内，这是由它们的结构特点所决定的。

7. 选A 该物质水解后生成—COOH，所得产物中含有羧基，能和碳酸氢钠反应，故A正确；该物质水解生成酚—OH，不能和碳酸氢钠反应，故B错误；该物质水解生成酚—OH，不能和碳酸氢钠反应，故C错误；该物质水解后生成醇—OH，生成物中没有—COOH，不能和碳酸氢钠反应，故D错误。

8. 选C 聚氯乙烯的结构简式为 $\left[CH_2—\underset{Cl}{\underset{|}{CH}}\right]_n$，苯酚与甲醛生成酚醛树脂是缩聚反应，乙烯与丙烯生成高分子化合物属于加聚反应。

9. 选B A项，苯酚容易溶于有机溶剂苯，而难溶于水，水与苯互不相溶，因此可用苯作萃取剂将含有苯酚的废水中的苯酚萃取出来，操作Ⅰ中苯作萃取剂，正确；B项，苯酚钠易溶于水，而难溶于苯，因此在苯中的溶解度比在水中的小，错误；C项，向萃取分液后的含有苯酚的溶液中加入NaOH溶液，发生反应：$NaOH+C_6H_5OH=C_6H_5ONa+H_2O$，$C_6H_5ONa$易溶于水，而与苯互不相溶，然后分液，得到的苯可再应用于含有苯酚的废水的处理，故通过操作Ⅱ苯可循环使用，正确；D项，再向含有苯酚钠的水层加入盐酸，发生：$C_6H_5ONa+HCl=C_6H_5OH+NaCl$，苯酚难溶于水，密度比水大，在下层，通过分液与水分离开，通过上述分析可知在三步操作中都要进行分液操作，因此都需要使用分液漏斗，正确。

10. 选 B　三种物质中均有碳碳双键，故可以使溴的四氯化碳溶液褪色，B 正确。

11. 选 BD　A 项：分子中含酚羟基和酯基，不含醚键，不正确；B 项：该物质能和溴水发生取代反应，正确；C 项：分子中与三个苯环都相连的碳原子成四面体结构，与其他原子不可能共面，不正确；D 项：pH＝7 时，1 mol 酚酞最多消耗 3 mol NaOH，正确。

12. 选 A　A 选项，酚羟基遇 Fe^{3+} 发生显色反应。B 选项，84 消毒液的主要成分是次氯酸钠，是一种强碱弱酸盐水解显碱性，但水解产物具有漂白性，对 pH 试纸有漂白作用，可以使用数字 pH 计测量。C 选项，溴水与苯酚生成的三溴苯酚也可溶于苯中，一般加入氢氧化钠溶液再进行分液。D 选项，正确顺序为依次加入碎瓷片、乙醇、浓硫酸、乙酸，再加热。

13. 选 D　水杨酸分子的苯环上可加成 3 mol H_2，羧基中的碳氧双键不能加成 H_2，故 D 不正确。

14. 选 B　正四面体烷的分子中的 4 个氢原子完全是相同的，其二氯代物只有 1 种，A 不正确；乙炔和乙烯基乙炔的最简式都是相同的，都是 CH，所以 B 正确；苯分子中不存在碳碳单键和碳碳双键，C 不正确；环辛四烯中含有碳碳双键，和溴水能发生加成反应，D 不正确。

15. 选 D　反应①是乙烯与单质溴发生加成反应，产物的结构简式为 CH_2BrCH_2Br，故 A 错误；反应②是乙烯与水的加成反应，故 B 错误；反应⑦是乙酸的还原反应，故 C 错误；反应③是乙醇的消去反应，反应条件是浓硫酸加热，加热时浓硫酸具有强氧化性，能够与乙醇发生氧化还原反应，生成 SO_2 气体，故 D 正确。

16. 选 B　向硝酸银溶液中滴加氨水制备银氨溶液，滴加氨水至生成的沉淀恰好溶解，故 A 错误；苯萃取碘水后，水在下层，则图中分层现象合理，故 B 正确；蒸馏时温度计测定馏分的温度，冷却水下进上出，图中温度计的水银球未在烧瓶的支管口处、冷却水未下进上出，故 C 错误；乙醇易挥发，乙烯、乙醇均使高锰酸钾溶液褪色，则图中实验装置不能检验乙烯的生成，故 D 错误。

17. 选 AD　金丝桃素中含氮元素，则其燃烧产物不只是 CO_2 和 H_2O，A 错；有—OH 和苯环，可发生取代、加成、酯化、消去等反应，B 对；分子式为 $C_{17}H_{23}O_3N$，苯环上的一氯代物有邻、间、对 3 种，C 对；该物质中只有苯环能与 3 mol H_2 发生加成反应，D 错。

18. 选 B　由题意知 PVDC 的单体为 $CCl_2=CH_2$，分子中含有碳碳双键、氯原子，故可发生加成、取代、消去、氧化等反应。

19. 选 A　该有机化合物分子中含有 $>C=C<$，能与 $KMnO_4$ 酸性溶液发生反应，A 正确；1 mol 该有机化合物中含 1 mol $>C=C<$ 和 1 mol 羰基，故最多可以和 2 mol H_2 发生加成反应，B 错误；由结构简式可知该有机化合物中没有—CHO，不能发生银镜反应，C 错误；该有机化合物可以看作是酯，酯的水解是可逆的，碱性条件下可以水解完全，比酸性条件下水解程度大，D 错误。

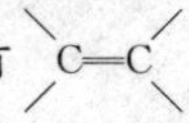

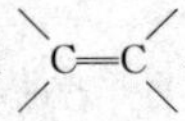

20. 选 CD　A 错：由结构简式可知，X 中能与 NaOH 反应的官能团有酚酯基和羧基，1 mol —COOH 消耗 1 mol NaOH，1 mol —COO—(酚酯基)消耗 2 mol NaOH，故 1 mol X 最多能与 3 mol NaOH 反应。B 错：Y 与乙酸发生酯化反应可得到 X。C 对：X、Y 中均有碳碳双键，能与酸性 $KMnO_4$ 溶液反应。D 对：X、Y 分别与足量 Br_2 加成后的产物分子中，手性碳原子用 * 标出，如图所示，两者均含 3 个手性碳原子。

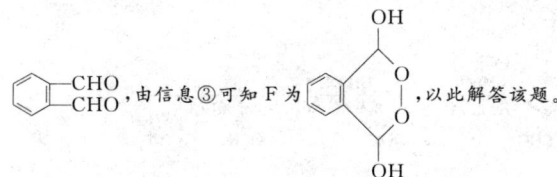

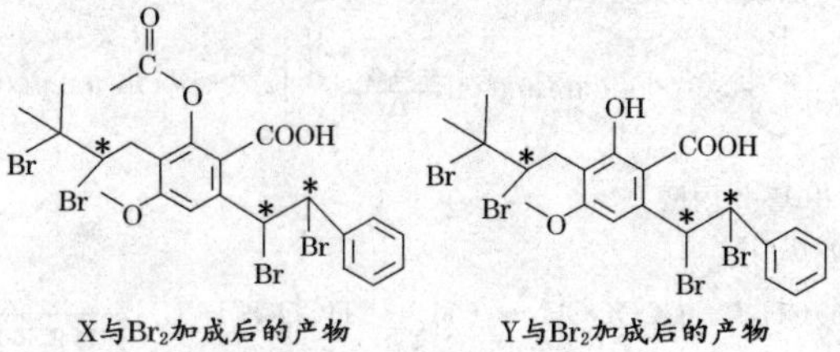

X与Br_2加成后的产物　　Y与Br_2加成后的产物

21. (1)羟基　(2) HC≡CH　(3)加聚反应

(4) 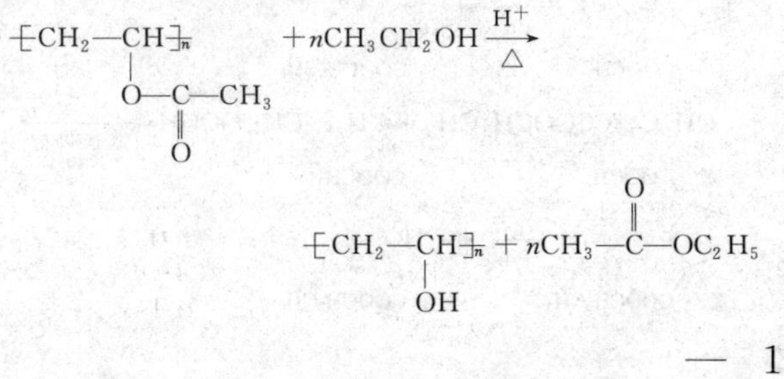 $\mathrm{[CH_2-CH(OOCCH_3)]_n} + n\mathrm{CH_3CH_2OH} \xrightarrow[\triangle]{H^+} \mathrm{[CH_2-CH(OH)]_n} + n\mathrm{CH_3COOC_2H_5}$

(5) (邻羟基苯甲酸) $+ \mathrm{CH_3-CO-O-CO-CH_3} \longrightarrow$ (邻乙酰氧基苯甲酸，$C_6H_4(OOCCH_3)COOH$) $+ \mathrm{CH_3COOH}$

(6)① $C_6H_4(OH)COOH + NaHCO_3 \longrightarrow C_6H_4(OH)COONa + H_2O + CO_2$

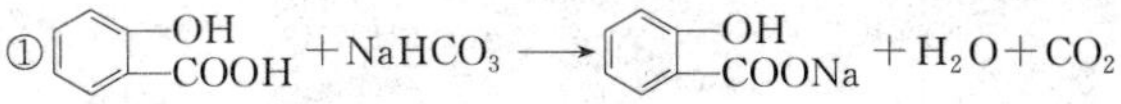

②ac

22. 解析：由 B 可知 A 的结构简式为 $C_6H_4(COOH)_2$(邻位)，C 为 $C_6H_4(COOCH_3)_2$，由信息①可知 D 为 $C_6H_4(CH_2OH)_2$，E 为 $C_6H_4(CHO)_2$，由信息③可知 F 为 (苯并环状过氧化物，两个 CH 上各连 —OH)，以此解答该题。

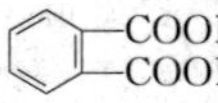

(1) A 为 $C_6H_4(COOH)_2$，名称为邻苯二甲酸；

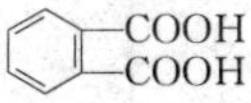

(2)由以上分析可知 C 为 $C_6H_4(COOCH_3)_2$，由 B 发生取代反应生成；

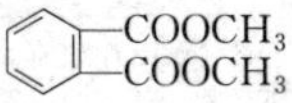

(3)由 F 生成 G 的反应方程式为

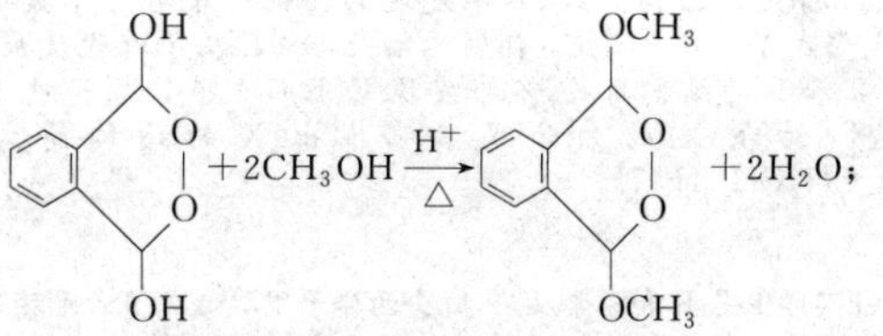

F(两个 —OH) $+ 2CH_3OH \xrightarrow[\triangle]{H^+}$ G(两个 —OCH_3) $+ 2H_2O$；

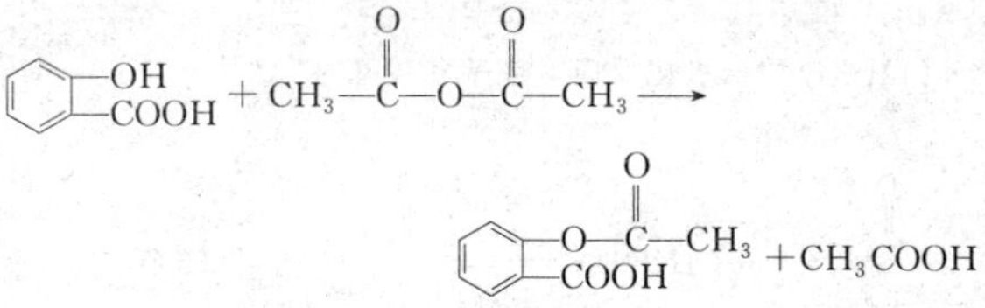

(4) C 为 $C_6H_4(COOCH_3)_2$，芳香化合物 X 是 C 的同分异构体，1 mol X 与足量碳酸氢钠溶液反应生成 88 g CO_2，说明有 2 个羧基，其核磁共振氢谱显示有 3 种不同化学环境的氢，峰面积之比为 3∶1∶1，说明分子中含有 2 个甲基、2 个羧基，对应的结构可能为 (3,6-二甲基邻苯二甲酸)、(4,5-二甲基邻苯二甲酸)、(2,3-二甲基对苯二甲酸)、(2,5-二甲基对苯二甲酸，$HOOC$、H_3C、$COOH$、CH_3)，共 4 种。

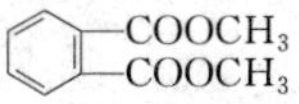

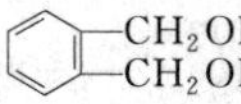

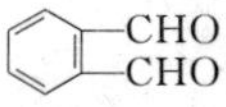

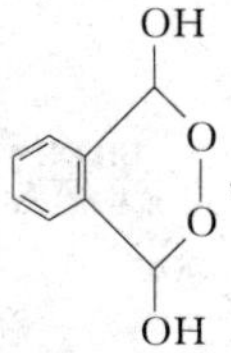

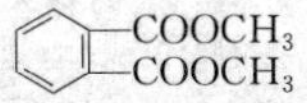

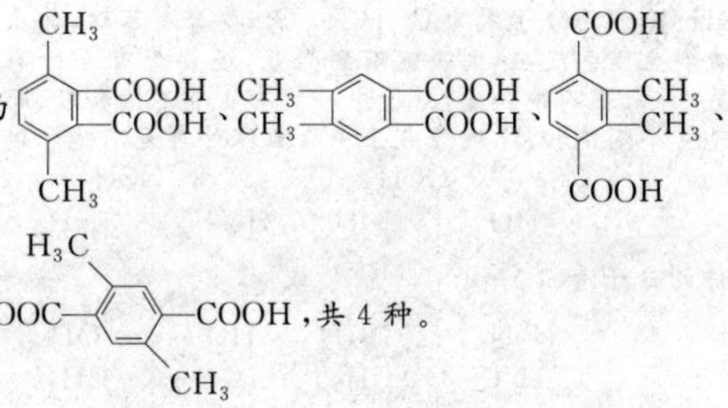

答案：(1)邻苯二甲酸　(2) 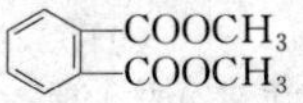 $C_6H_4(COOCH_3)_2$　取代反应

(3) 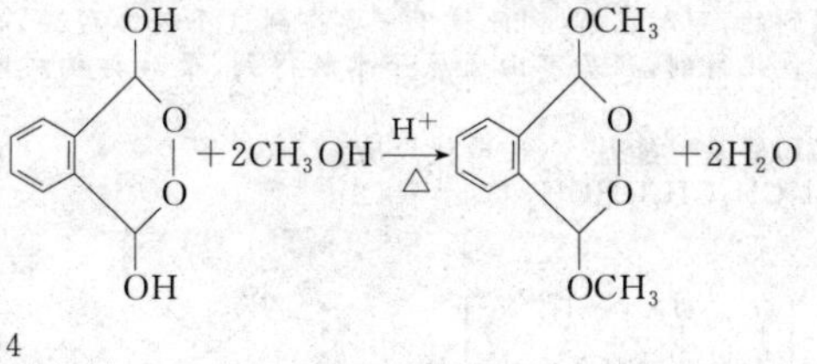 F(两个 —OH) $+ 2CH_3OH \xrightarrow[\triangle]{H^+}$ G(两个 —OCH_3) $+ 2H_2O$

(4)4

(3,6-二甲基邻苯二甲酸)、(4,5-二甲基邻苯二甲酸)、(2,3-二甲基对苯二甲酸)、(2,5-二甲基对苯二甲酸)

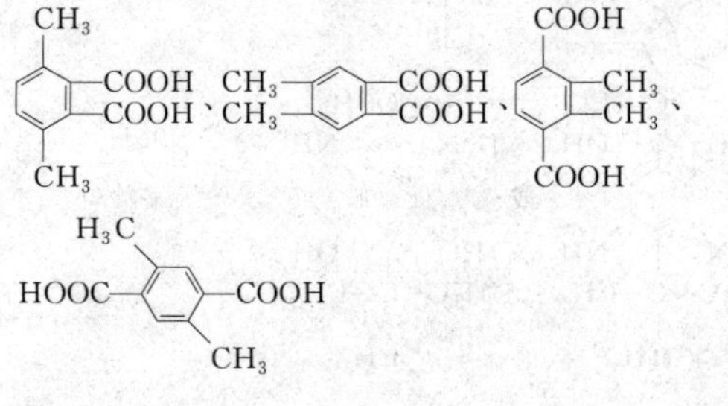

23.(1) OH / CH_2 氧化反应　羰基和羧基

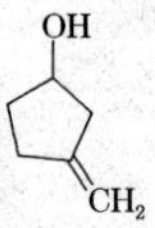

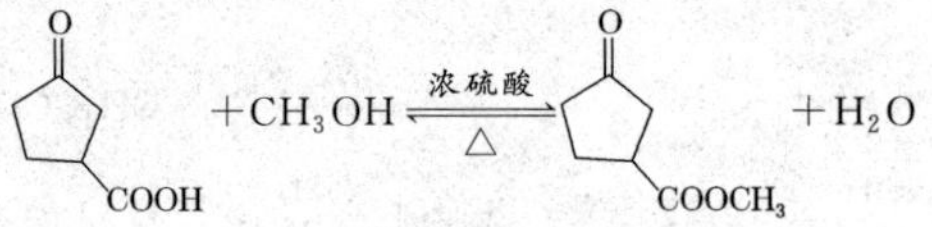

$$\text{(环戊酮-COOH)} + CH_3OH \underset{\triangle}{\overset{\text{浓硫酸}}{\rightleftharpoons}} \text{(环戊酮-}COOCH_3\text{)} + H_2O$$

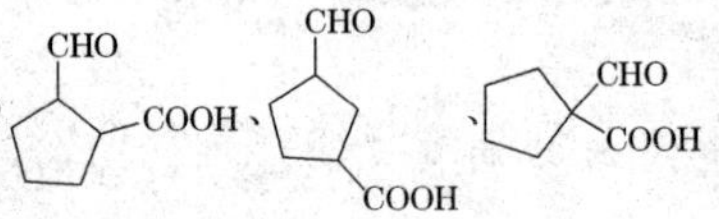

(2) CHO、COOH；CHO、COOH；CHO、COOH

(3) O、*、OH

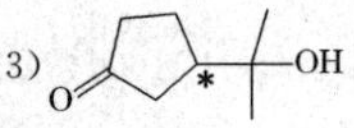

(4) OH、CHO $\xrightarrow[H_3O^+,\triangle]{KMnO_4}$ O、COOH $\xrightarrow[\text{浓硫酸},\triangle]{CH_3OH}$ O、$COOCH_3$ $\xrightarrow[\text{干燥HCl}]{HO\quad OH}$ O O、$COOCH_3$ $\xrightarrow[\text{②}H_3O^+]{\text{①}\ \text{—}CH_2MgI}$ O、OH

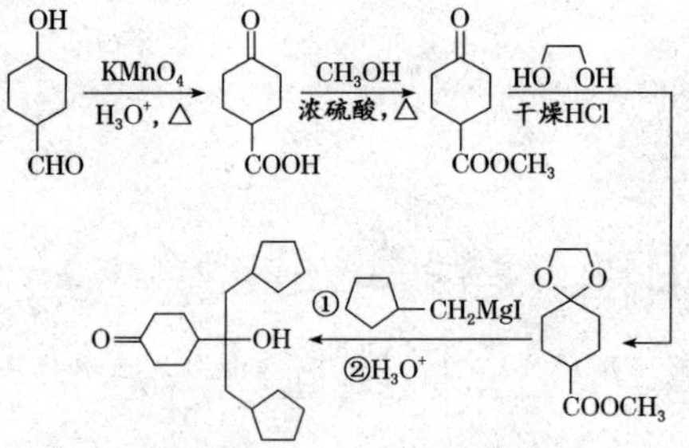

24.**解析**:(1)B中的含氧官能团为醛基和酯基;

(2)观察D和E的结构简式,不难发现D上的1个氢原子被1个乙基取代形成了一条小尾巴(侧链),因此D→E属于取代反应;

(3)观察E和F的结构简式,不难发现E上的1个氢原子被1个戊基取代,结合X的分子式不难推出X的结构简式为$CH_3CH_2CH_2CHCH_3$(Br);

(4)F到G实际上是F和尿素反应,脱去两分子甲醇形成了六元环的结构,我们发现F中有2个酯基,尿素中有2个氨基,两种各含2个官能团的化合物符合缩聚反应的发生条件,因此二者可以缩聚成 $HO{+}C(=O){-}C{-}C(=O){-}NH{-}C(=O){-}NH{+}_nH$;

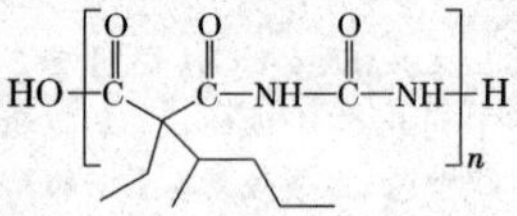

(5)根据条件,G的分子式为$C_{11}H_{18}N_2O_3$,要含有苯环,其次能和氯化铁溶液发生显色反应,则一定有酚羟基,还要含有4种不同化学环境的氢,再来看不饱和度,分子中一共有4个不饱和度,而1个苯环恰好是4个不饱和度,因此分子中除苯环外再无不饱和键,综上,符合条件的分子有(苯环上:OCH_3、HO、OH、H_2N、NH_2、$H_3C{-}C(CH_3){-}CH_3$)或(苯环上:OCH_3、H_2N、NH_2、HO、OH、$H_3C{-}C(CH_3){-}CH_3$)等;

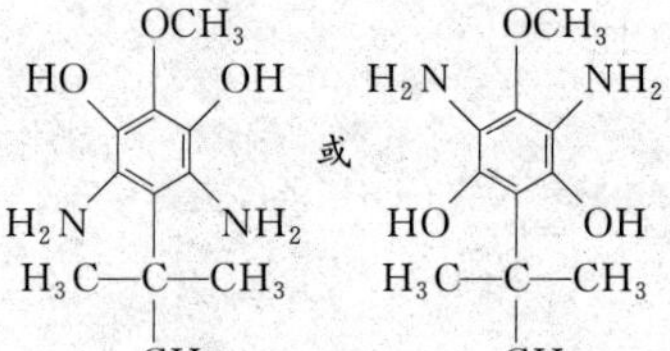

(6)采用逆推法,分子中有两个酯,一定是2个羧基和2个甲醇酯化后得到的,甲醇已有,因此接下来要得到这个丙二羧酸,羧基可由羟基氧化得到,羟基可由卤原子水解得到,最后再构成四元环即可。

答案:(1)醛基　酯基　(2)取代反应

(3) $CH_3CH_2CH_2CHCH_3$(Br)

(4) 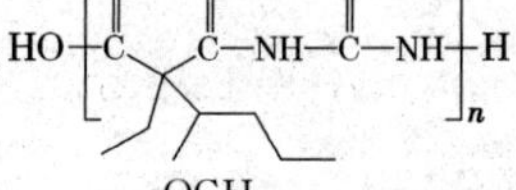 $HO{+}C(=O){-}C{-}C(=O){-}NH{-}C(=O){-}NH{+}_nH$

(5)(苯环上:OCH_3、HO、OH、H_2N、NH_2、$H_3C{-}C(CH_3){-}CH_3$)或(苯环上:OCH_3、H_2N、NH_2、HO、OH、$H_3C{-}C(CH_3){-}CH_3$)

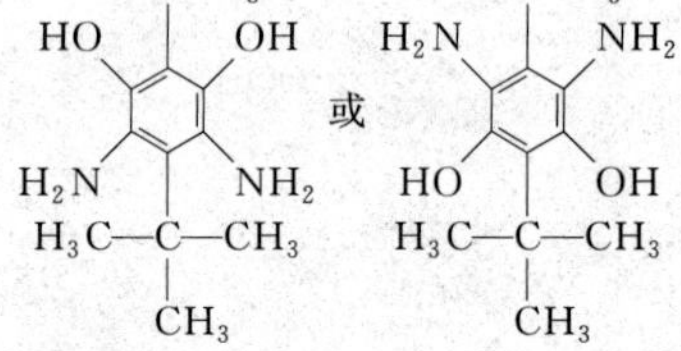

(6)

$$Br\text{—}\text{—}Br \xrightarrow[\triangle]{NaOH\text{溶液}} HO\text{—}\text{—}OH \xrightarrow[Cu/\triangle]{O_2} H\text{(丙二醛)}H \xrightarrow[\text{催化剂}/\triangle]{O_2} HO\text{(丙二酸)}OH \xrightarrow[\text{浓}H_2SO_4/\triangle]{CH_3OH} \text{丙二酸二甲酯} \xrightarrow[CH_3ONa]{Br\text{—}\text{—}\text{—}Br} \text{环丁烷-1,1-二甲酸二甲酯}$$

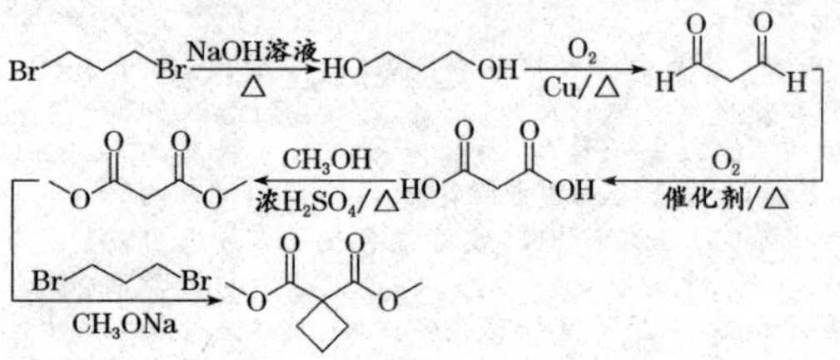

25.**解析**:(1)由茅苍术醇的结构简式求得其分子式为$C_{15}H_{26}O$;其结构中含有2种官能团:碳碳双键($\rangle C{=}C\langle$)和羟基(—OH);分子中的手性碳原子数目为3个(带*C原子):(*、*、*、OH)。

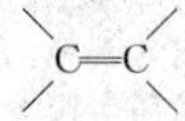

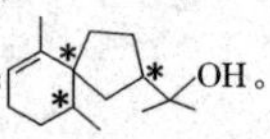

(2)$CH_3C{\equiv}CCOOC(CH_3)_3$中有2种等效H原子,所以其核磁共振氢谱中有2个吸收峰;符合条件①②的同分异构体有:$CH_3CH(CH_3){-}C{\equiv}C{-}COOCH_2CH_3$、

$CH_3CH_2CH_2C{\equiv}C{-}COOCH_2CH_3$、

$CH_3CH_2{-}C{\equiv}C{-}CH_2{-}COOCH_2CH_3$、

$CH_3{-}C{\equiv}C{-}CH_2{-}CH_2{-}COOCH_2CH_3$、

$CH_3{-}C{\equiv}C{-}CH(CH_3){-}COOCH_2CH_3$,共5种;其中碳碳三键与乙酯基直接相连的同分异构体的结构简式为

$CH_3CH(CH_3){-}C{\equiv}C{-}COOCH_2CH_3$和

$CH_3CH_2CH_2C{\equiv}C{-}COOCH_2CH_3$。

(3)C⟶D的反应类型为加成反应或还原反应。

(4)D⟶E的反应为酯交换反应,化学方程式为

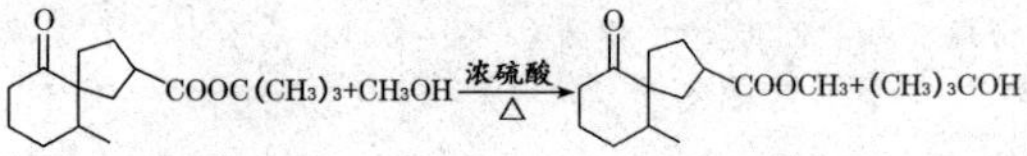

$$\text{D—}COOC(CH_3)_3 + CH_3OH \xrightarrow[\triangle]{\text{浓硫酸}} \text{E—}COOCH_3 + (CH_3)_3COH$$

根据系统命名法,$CH_3{-}C(CH_3)_2{-}OH$的名称为2-甲基-2-丙醇。

(5)HBr分别与F和G反应,可以得到相同的加成产物(Br、$COOCH_3$),故选b。

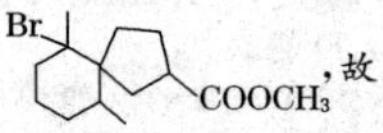

答案:(1)$C_{15}H_{26}O$　碳碳双键、羟基　3　(2)2　5

$CH_3CH(CH_3)C{\equiv}CCOOCH_2CH_3$和

$CH_3CH_2CH_2C{\equiv}CCOOCH_2CH_3$

(3)加成反应或还原反应

(4) 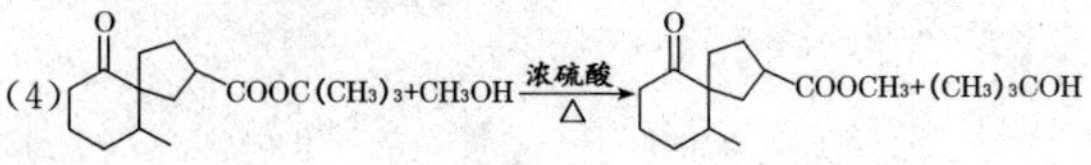
$$\text{D—}COOC(CH_3)_3 + CH_3OH \xrightarrow[\triangle]{\text{浓硫酸}} \text{E—}COOCH_3 + (CH_3)_3COH$$

2-甲基-2-丙醇

(5)b

(6)$CH_3C{\equiv}CCOOCH_3 + CH_2{=}CHCOOCH_2CH_3 \xrightarrow{\text{膦催化剂}}$ ($COOCH_2CH_3$、$COOCH_3$) $\xrightarrow[Pd/C]{H_2}$ ($COOCH_3$、$COOCH_2CH_3$) 或

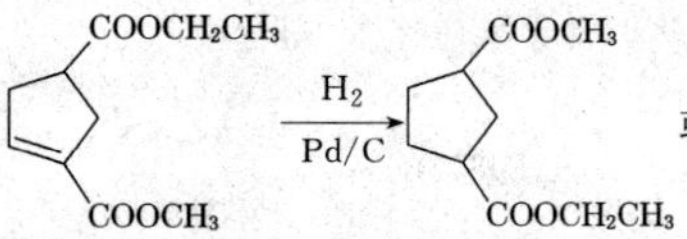

$CH_3C{\equiv}CCOOCH_2CH_3 + CH_2{=}CHCOOCH_3 \xrightarrow{\text{膦催化剂}}$ ($COOCH_3$、$COOCH_2CH_3$) $\xrightarrow[Pd/C]{H_2}$ ($COOCH_3$、$COOCH_2CH_3$)

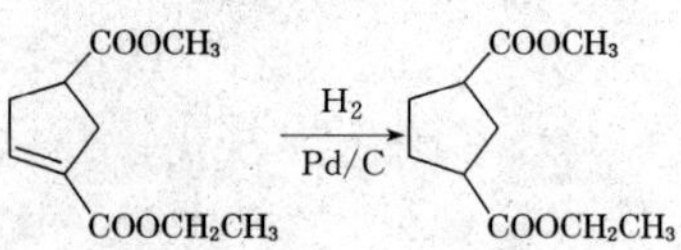

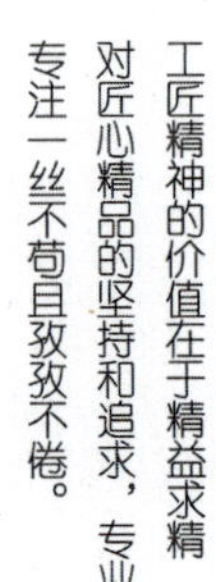
工匠精神的价值在于精益求精
对匠心精品的坚持和追求，专业
专注一丝不苟且孜孜不倦。

匠心

精制虽繁·必不敢省气力

创新虽难·必不敢懈精神

班级：　　　　姓名：　　　　学号：

课时跟踪检测(一)　有机化合物的分类方法

1. 下列有机化合物中，含有两种官能团的是　(　　)

A. $CH_2=CHCH_2Br$　　B. $CH\equiv CH$

C. $CH_2Cl—CH_2Cl$（$CH_2—CH_2$，两个碳上各连 Cl）　　D. $CHCl=CHNO_2$（$CH=CH$，分别连 Cl、NO_2）

2. 下列 8 种有机化合物：

①$CH_2=CH_2$；②$CH_3—C_6H_4—OH$（对甲基苯酚）；③环己醇（环己基—OH）；

④CH_3CH_2Cl；⑤CCl_4；⑥$CH\equiv CH$；⑦$HOCH_2—CH_2OH$；

⑧CH_3CH_2OH

按官能团的不同可分为　(　　)

A. 4 类　　B. 5 类

C. 6 类　　D. 8 类

3. 下列有机化合物按碳的骨架进行分类，其中与其他三种有机化合物属于不同类别的是　(　　)

A. $CH_3CH(CH_3)CH_2CH_3$　　B. $CH_2=CH_2$

C. $C_6H_5—CH=CH_2$　　D. $CH_3C\equiv CH$

4. 维生素 C 的结构简式为

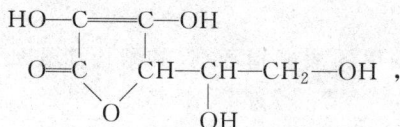

HO—C=C—OH；O=C—O—CH（五元环内酯）；CH—CH(OH)—CH_2—OH，

丁香油酚的结构简式为 HO—C_6H_3(OCH_3)—$CH_2—CH=CH_2$，

下列关于二者的说法中正确的是　(　　)

A. 均含酯基　　B. 均含醇羟基和酚羟基

C. 均含碳碳双键　　D. 均含有苯环

5. 对于有机化合物甲乙环丙胺（环丙基—N(CH_3)(CH_2CH_3)）的说法正确的是　(　　)

A. 属于环状化合物

B. 含有甲基($—CH_3$)、氨基($—NH_2$)等官能团

C. 属于酰胺类化合物

D. 属于烃类化合物

6. 下列关于有机化合物及相应官能团的说法中正确的是　(　　)

A. 乙烯与聚乙烯具有相同的官能团，故都属于烯烃

B. $CH_3—\overset{O}{\overset{\|}{C}}—O—CH_2—CH_3$ 分子中含有醚键(虚线部分)，所以该物质属于醚

C. $C_6H_5—OH$ 及 $C_6H_5—CH_2OH$ 因都含有羟基，故都属于醇

D. 不是所有的有机化合物都具有一种或几种官能团

7. 拟除虫菊酯是一类高效、低毒、对昆虫具有强烈触杀作用的杀虫剂，其中对光稳定的溴氰菊酯的结构简式如下：

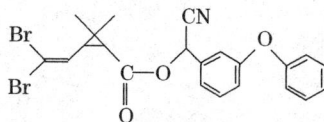

（结构：$Br_2C=CH$—二甲基环丙烷—C(=O)—O—CH(CN)—C_6H_4—O—C_6H_5）

下列对该化合物叙述正确的是　(　　)

A. 属于芳香烃　　B. 属于卤代烃

C. 属于芳香化合物　　D. 属于酚类

8. 下列有机化合物的分类不正确的是　(　　)

A	B	C	D
环己基—CH_2CH_3	H_3C—$C_6H_2Cl_2$—CH_3	C_6H_5—$CH=CH_2$	C_6H_5—CH_2CH_2OH
苯的同系物	芳香化合物	不饱和烃	醇

9. 某有机化合物的结构简式如图：

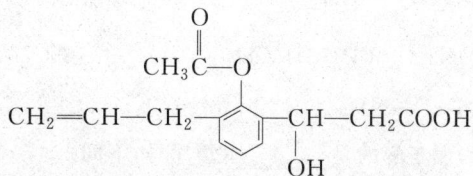

（结构：苯环上连有 $CH_3C(=O)—O—$、$CH_2=CH—CH_2—$、$—CH(OH)—CH_2COOH$）

此有机化合物属于　(　　)

①烯烃　②多官能团有机化合物　③芳香烃

④烃的衍生物　⑤苯的同系物　⑥芳香化合物

A. ①②③④⑥　　B. ②④⑥

C. ②④⑤⑥　　D. ①③⑤

10. 一种植物生长调节剂的分子结构如图所示。下列说法不正确的是　(　　)

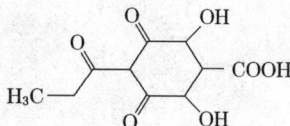

（结构：六元环上有两个 C=O、两个 OH、一个 COOH，及 $H_3C—CH_2—C(=O)—$ 取代基）

A. 该物质含有 3 种官能团

B. 该物质属于脂环烃

C. 该物质属于多官能团化合物

D. 该物质属于烃的衍生物

[答题栏]

	1
	2
	3
	4
	5
	6
	7
	8
	9
	10
	11
	12

11. 按官能团分类，下列说法正确的是　　(　　)

A. 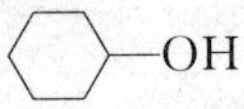 (环己基)—OH属于芳香族化合物

B. 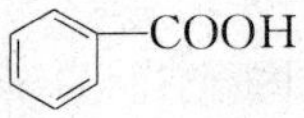 (苯基)—COOH 属于羧酸

C. $CH_3—CH(CH_3)—C(=O)—CH_3$ 属于醛类

D. 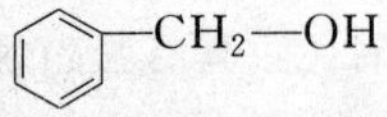 (苯基)—CH_2—OH 属于酚类

12. [**双选**]治疗禽流感的新药帕拉米韦的结构如图(连有四个不同原子或原子团的碳原子称为"手性碳原子")。下列说法正确的是　　(　　)

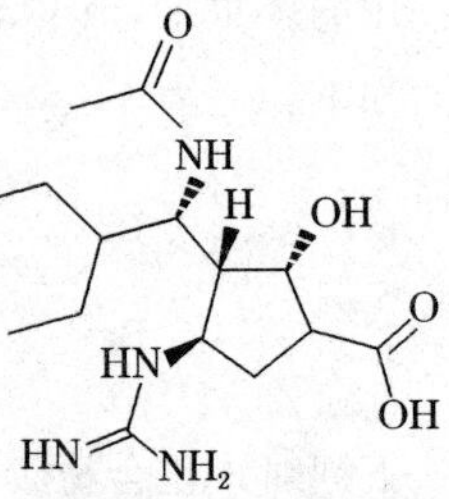

A. 分子式是 $C_{15}H_{27}O_4N_4$

B. 属于环状化合物

C. 分子中含有 5 个手性碳原子

D. 分子中含有氨基、羧基、羟基、醛基等官能团

13. 现有几种有机化合物的结构简式如下：

① (对位取代苯环，一端 $CHCH_3$(OH)，另一端 CH_2OH)　② (萘环，1,8-位 OH OH)　③ (环己烷，HO、OH、CH_2OH)

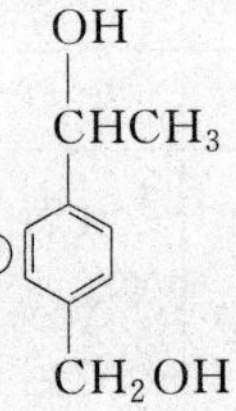

④ (六元环内酯，含 C=O，H_3C、CH_3)　⑤ (环戊基)—CH_2CH_3　⑥ (苯基)—COOH

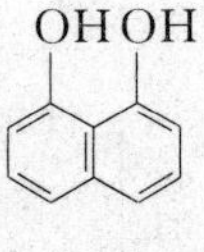

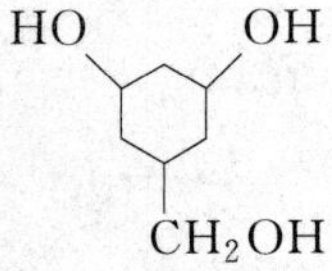

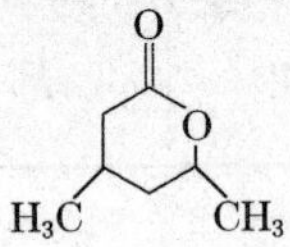

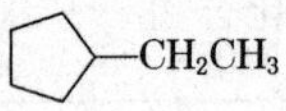

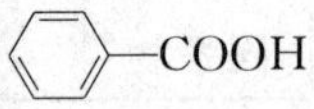

⑦ $CH_3C≡CCH(CH_3)CH_2CH_3$　⑧ $H—C(=O)—OCH_2CH_3$

⑨ (环己基)—NH_2

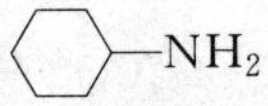

(1)属于醇的是________(填序号，下同)。

(2)属于烃的是________。

(3)属于芳香族化合物的是________。

(4)⑧中官能团的名称是________，具有相同官能团的分子还有________。

(5)⑥分子中有________种官能团。

(6)属于脂环化合物的是____________。

(7)属于胺类化合物的是____________。

14. 绿原酸(结构简式见图)是注射用双黄连的主要成分。

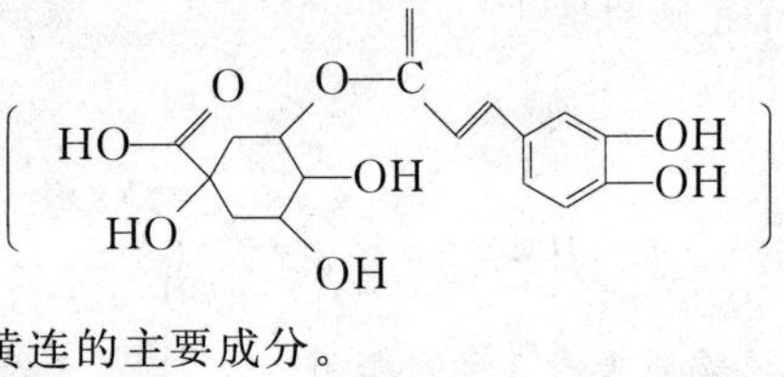

(1)绿原酸中含有________种官能团，分别是________________________________(写名称)。

(2)根据含氧官能团的性质，绿原酸可以属于______类有机化合物(写类别名称)。

15. 下列是一个化工产品生产过程设计框图：

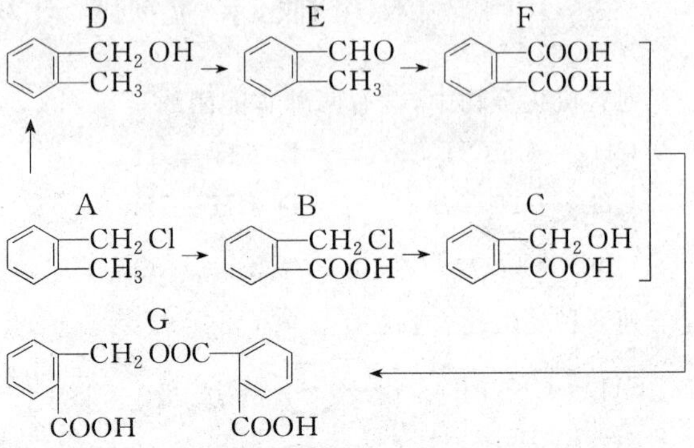

A (邻位 $—CH_2Cl$、$—CH_3$) → B (邻位 $—CH_2Cl$、$—COOH$) → C (邻位 $—CH_2OH$、$—COOH$)

A → D (邻位 $—CH_2OH$、$—CH_3$) → E (邻位 $—CHO$、$—CH_3$) → F (邻位 $—COOH$、$—COOH$)

C、F → G (两个苯环以 $—CH_2OOC—$ 相连，各带一个 COOH)

根据要求回答下列问题。

(1)只含有一种官能团的物质是________________。

(2)含有羧基的是________________________。

(3)写出 G 物质的分子式是________________。

(4)属于卤代烃的是____________。

拔高提能训练

16. 按要求完成下列各题。

(1)化合物(结构中含 HO、CHO、CHO)是一种取代有机氯农药 DDT 的新型杀虫剂，它含有的官能团有________(写名称)，它属于________(填"脂环"或"芳香")化合物。

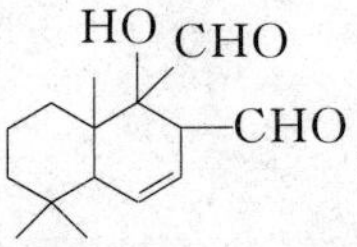

(2)酚酞是常用的酸碱指示剂，其结构简式如图所示：

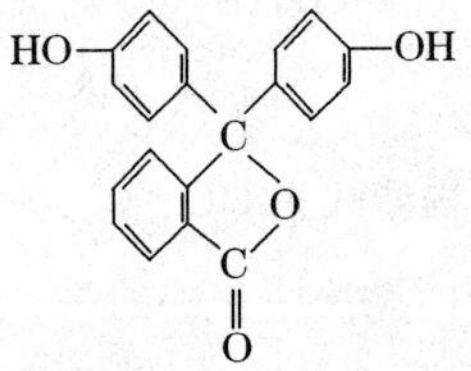

①酚酞的分子式(或化学式)为____________。

②从结构上看酚酞可看作__________(填字母)。

A. 烯烃　B. 芳香化合物　C. 醇　D. 酚　E. 醚　F. 酯

(3)莽草酸是从中药八角茴香中提取的一种有机化合物，具有抗炎、镇痛作用，常用作抗病毒和抗癌药物的中间体。莽草酸的结构简式为

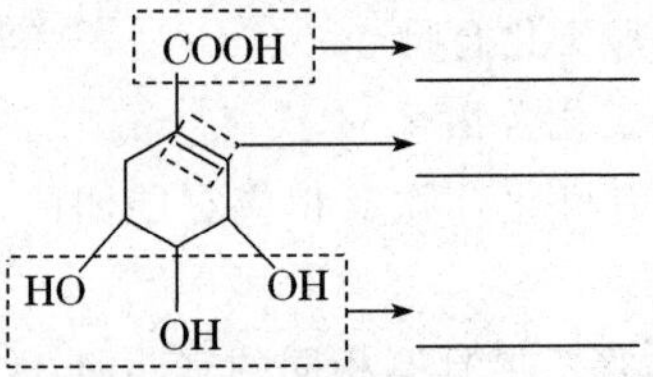

(COOH → ________；C=C → ________；HO、OH、OH → ________)

①在横线上写出官能团的名称。

②莽草酸的分子式为______________。

③从有机化合物按官能团分类的角度考虑，莽草酸属于________类、________类。

班级：　　　　姓名：　　　　学号：

课时跟踪检测(二)　有机化合物中的共价键和同分异构现象

1. 下列关于 σ 键和 π 键的理解不正确的是 (　　)

A. 含有 π 键的分子在进行化学反应时，分子中的 π 键比 σ 键活泼

B. 在有些分子中，共价键可能只含有 π 键而没有 σ 键

C. 有些原子在与其他原子形成分子时只能形成 σ 键，不能形成 π 键

D. 当原子形成分子时，首先形成 σ 键，可能形成 π 键

2. 键线式可以简明扼要地表示碳氢化合物，如 表示 $CH_3CH_2CH_2CH_2CH_3$，则 表示的物质是 (　　)

A. 丁烷　　B. 丙烷

C. 丁烯　　D. 丙烯

3. 乙醇(CH_3CH_2OH)和二甲醚($CH_3—O—CH_3$)互为 (　　)

A. 位置异构体　　B. 官能团异构体

C. 同系物　　D. 碳链异构体

4. 有如下 4 种碳架的烃，则下列判断正确的是 (　　)

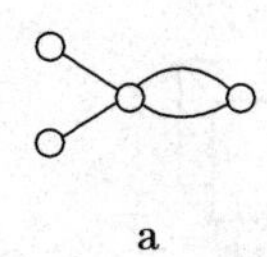
a

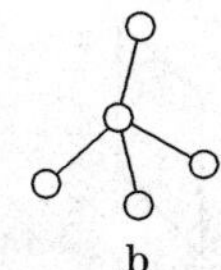
b

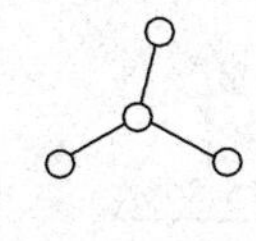
c

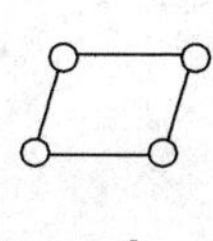
d

A. a 和 d 是同分异构体

B. b 和 c 不是同系物

C. a 和 d 都能发生加成反应

D. 只有 b 和 c 能发生取代反应

5. 下列理解不正确的是 (　　)

A. σ 键一般能单独形成，而 π 键一般不能单独形成

B. σ 键可以绕键轴旋转，π 键一定不能绕键轴旋转

C. 碳碳双键中一定有一个 σ 键，一个 π 键，碳碳三键中一定有一个 σ 键，二个 π 键

D. $CH_3—CH_3$、$CH_2═CH_2$、$CH≡CH$ 中 σ 键键能相等，π 键键能也相等

6. 轴烯是一类独特的星形环烃。三元轴烯( )与苯 (　　)

A. 均为芳香烃　　B. 互为同素异形体

C. 互为同系物　　D. 互为同分异构体

7. 已知—C_4H_9 有 4 种同分异构体，不必写出 $C_4H_{10}O$ 的结构简式，试说明其作为醇的同分异构体的数目有 (　　)

A. 2 种　　B. 4 种

C. 3 种　　D. 5 种

8. 在乙烯分子中有 5 个 σ 键、一个 π 键，它们分别是 (　　)

A. C—H 之间是 sp^2 形成的 σ 键，C—C 之间是未参加杂化的 2p 轨道形成的 π 键

B. C—C 之间是 sp^2 形成的 σ 键，C—H 之间是未参加杂化的 2p 轨道形成的 π 键

C. sp^2 杂化轨道都形成 σ 键、未杂化的 2p 轨道形成 π 键

D. sp^2 杂化轨道都形成 π 键、未杂化的 2p 轨道形成 σ 键

9. [**双选**]下列物质的一氯代物的同分异构体数目相同的是 (　　)

A. $CH_2═C(CH_2—CH_3)—CH(CH_3)—CH(CH_3)—CH_3$

B. $CH_3—CH(CH_3)—CH(CH_3)—CH(CH_3)—CH_3$

C. （1,5-二甲基萘，两个 CH_3）

D. （间二乙苯，两个 CH_2CH_3）

10. 某烷烃的一种同分异构体只有一种一氯代产物，该烃的分子式可能是 (　　)

A. C_3H_8　　B. C_4H_{10}

C. C_5H_{12}　　D. C_6H_{14}

11. 中国女药学家屠呦呦因创制新型抗疟药青蒿素和双氢青蒿素而获得 2015 年诺贝尔生理学或医学奖。下列关于青蒿素和双氢青蒿素(结构如图)说法正确的是 (　　)

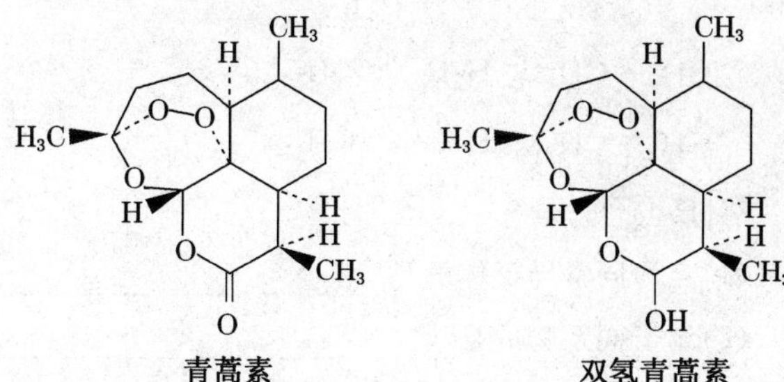

A. 青蒿素和双氢青蒿素互为同分异构体

B. 青蒿素和双氢青蒿素互为同系物

C. 青蒿素的分子式为 $C_{15}H_{18}O_5$

D. 青蒿素分子中含有酯基、醚键

[答题栏]

	1
	2
	3
	4
	5
	6
	7
	8
	9
	10
	11
	12

12. 相对分子质量为 100 的烃，且含有 4 个甲基的同分异构体共有(不考虑立体异构)　　(　　)

A. 3 种　　B. 4 种

C. 5 种　　D. 6 种

13. 有机化合物的表示方法多种多样，下面是常用的有机化合物的表示方法：

① (苯环)—COOH　② (键线式)　③CH_4

④ (空间充填模型)　⑤ (球棍模型)

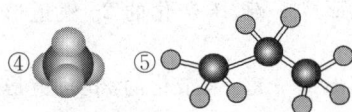

⑥ H—C(H)(O—H)—C(H)(O—H)—C(H)(O—H)—C(H)(O—H)—C(H)(O—H)—C(=O)—H

(1)上述表示方法中属于结构简式的为________；属于结构式的为________；属于键线式的为____；属于空间充填模型的为____；属于球棍模型的为__。

(2)②的分子式为__________，实验式为________。

(3)写出⑥中官能团的名称：________、________。

14. 下列各组物质：

①C_2H_4 与 $CH_2=CH_2$

②$CH_3-CH(CH_3)-CH(C_2H_5)-CH_2-CH_3$ 与 $CH_3-CH(CH_3)-CH(CH_3)-CH_2-CH_2-CH_3$

③金刚石与石墨

④$CH_2-CH-CH_3$(四元环，CH_2-CH_2)与 H_2C、CH_2、CH_2、H_2C、CH_2 组成的五元环

⑤$CH_3-CH=CH_2$ 与 CH_4

⑥CH_2-CH_2、CH_2-CH_2 组成的四元环与 H_2C、CH_2、CH_2、H_2C、CH_2 组成的五元环

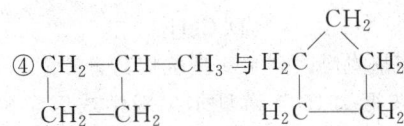

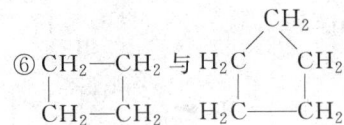

⑦${}^1_1H$ 与 ${}^2_1H$

(1)互为同素异形体的是________________。

(2)属于同系物的是________________。

(3)互为同分异构体的是________________。

(4)互为同位素的是________________。

(5)属于同一物质的是________________。

15. 有机化合物键线式的特点是以线表示键，每个拐点和端点均表示一个碳原子，并以氢原子补足四价，C、H 不表示出来，某有机化合物的立体结构如图所示。

(1)写出其分子式__________。

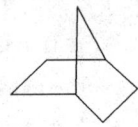

(2)当该有机化合物发生一氯取代时，能生成______种同分异构体。

(3)该有机化合物属于______。

A. 环烷烃　　B. 饱和烃

C. 不饱和烃　　D. 芳香烃

拔高提能训练

16. 下列几种烃类物质

苯　　$CH\equiv C-CH=CH_2$ 乙烯基乙炔　　环辛四烯

正四面体烷　　棱晶烷　　立方烷

(1)环辛四烯的分子式为____________。

(2)互为同分异构体的有__________、________(填写名称，可以不填满，也可以再补充)。

(3)正四面体烷的一氯取代产物有_______种；立方烷的二氯取代产物有_______种。

17. 按要求完成下列问题：

(1)乙酸乙酯的键线式为________________；

(键线式)的分子式为________________。

(2)戊烷(C_5H_{12})的某种同分异构体只有一种一氯代物，该烃的结构简式为__________。

(3)分子式为 C_4H_9Cl 的物质，有 4 种同分异构体，请写出这 4 种同分异构体的结构简式：__________，__________，__________，__________。

班级：　　　　姓名：　　　　学号：

课时跟踪检测（三）　研究有机化合物的一般方法

1. 以下用于研究有机化合物的方法错误的是　（　　）
A. 蒸馏可用于分离提纯液态有机混合物
B. 燃烧法是研究确定有机化合物成分的一种有效方法
C. 核磁共振氢谱通常用于分析有机化合物的相对分子质量
D. 对有机化合物分子红外光谱图的研究有助于确定有机化合物分子中的基团

2. 利用红外光谱对有机化合物分子进行测试并记录，可初步判断该有机化合物分子拥有的　（　　）
A. 同分异构体数　　B. 原子个数
C. 基团种类　　D. 共价键种类

3. ［双选］某物质在空气中完全燃烧时，生成水和二氧化碳的分子数比为 2∶1，则该物质可能是　（　　）
A. CH_4　　B. C_2H_4
C. C_2H_5OH　　D. CH_3OH

4. 某有机化合物仅由碳、氢、氧三种元素组成，其相对分子质量小于 150，若已知其中氧的质量分数为 50%，则分子中碳原子的个数最多为　（　　）
A. 4　　B. 5
C. 6　　D. 7

5. 下列实验操作或者分离方法正确的是　（　　）

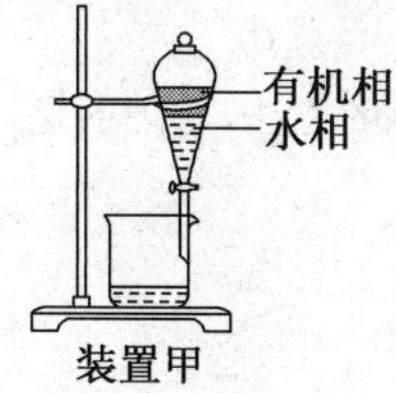

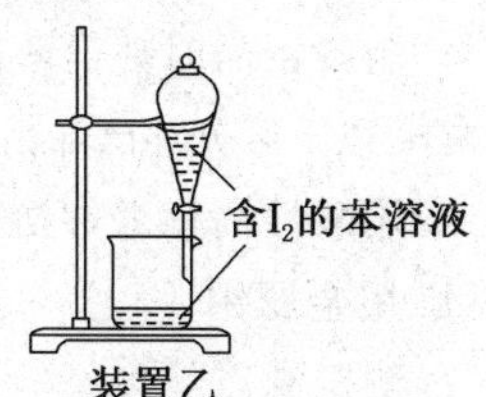

A. 用装置甲分液，放出水相后再从分液漏斗下口放出有机相
B. 已知 1-己醇的沸点比己烷的沸点高，所以 1-己醇和己烷的混合物可通过蒸馏初步分离
C. 苯萃取碘水中的 I_2 分出水层后的操作如装置乙所示
D. 提纯混有少量硝酸钾的氯化钠，应采用在较高温度下制得浓溶液再冷却结晶、过滤、干燥的方法

6. 设 H^+ 的质荷比为 β，某有机化合物样品的质荷比如图所示（假设离子均带一个单位正电荷，信号强度与该离子的多少有关），则该有机化合物可能是　（　　）

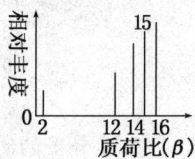

相对丰度　15　0　2　12 14 16　质荷比(β)

A. 甲醇（CH_3OH）　　B. 甲烷
C. 丙烷　　D. 乙烯

7. 有 X、Y 两种烃，其含碳的质量分数相等，下列关于 X 和 Y 的叙述正确的是　（　　）
A. 烃 X 和 Y 的实验式相同
B. 烃 X 和 Y 一定是同分异构体
C. 烃 X 和 Y 不可能是同系物
D. 烃 X 和 Y 各取 1 mol，完全燃烧时消耗氧气的质量一定相等

8. 现有一物质的核磁共振氢谱如图所示：

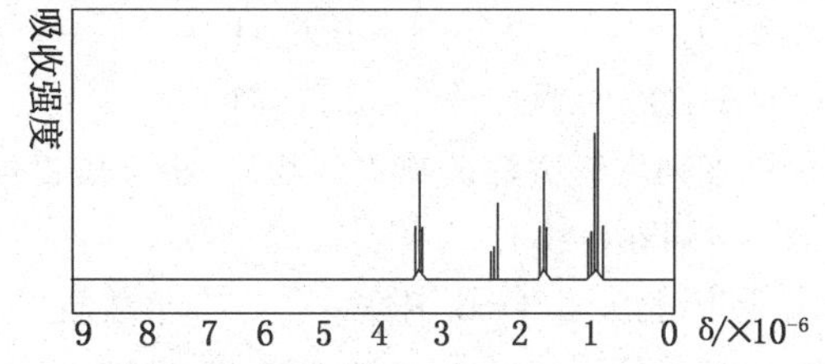

则该有机化合物可能是下列物质中的　（　　）
A. $CH_3CH_2CH_3$　　B. $CH_3CH_2CH_2OH$
C. $CH_2CH_2CH_3$（第一个 C 上连 CH_3）　　D. CH_3CH_2CHO

9. 下列实验中，所选取的分离装置与对应原理都正确的是　（　　）

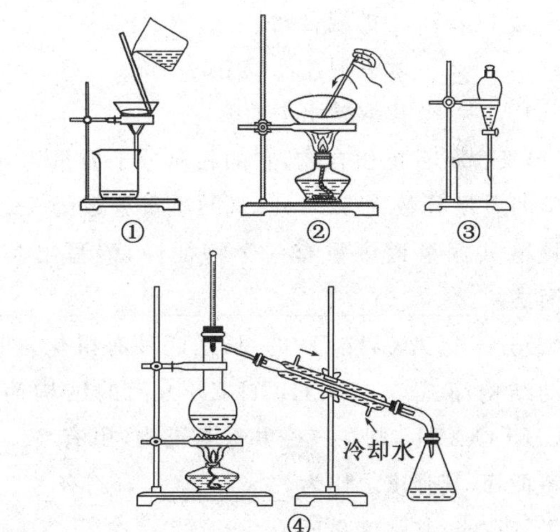

选项	目的	装置	原理
A	氢氧化铁胶体的纯化	①	胶体粒子不能通过滤纸，离子及小分子可以通过滤纸
B	分离苯中的溴苯	③	苯（0.88 g·mL^{-1}）和溴苯（1.5 g·mL^{-1}）的密度不同
C	粗盐提纯	①②	NaCl 在水中的溶解度很大
D	除去环己醇中的环己烯	④	环己醇的沸点（161 ℃）与环己烯的沸点（83 ℃）相差较大

10. 在核磁共振氢谱中出现两组峰，其氢原子数之比为 3∶2 的化合物为　（　　）
A. $(H_3C)_2C{=}CH_2$
B. 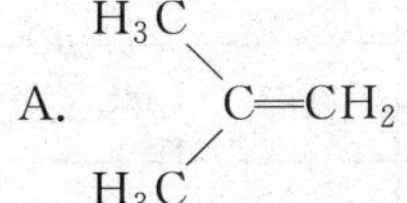

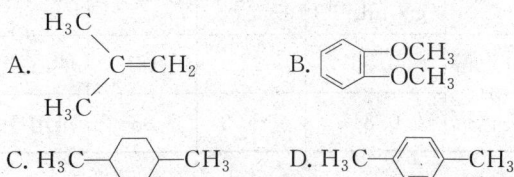

C. H_3C—⬡—CH_3（环己烷）
D. H_3C—⌬—CH_3（苯环）

[答题栏]

	1
	2
	3
	4
	5
	6
	7
	8
	9
	10
	11

11. 将有机化合物完全燃烧，生成 CO_2 和 H_2O。将 12 g 该有机化合物的完全燃烧产物通过浓 H_2SO_4，浓 H_2SO_4 增重14.4 g，再通过碱石灰，碱石灰增重 26.4 g。则该有机化合物的分子式为　　(　　)

A. C_4H_{10}　　B. C_2H_6O

C. C_3H_8O　　D. $C_2H_4O_2$

12. 选择下列实验方法分离提纯物质，将分离提纯方法的序号填在横线上。

A. 萃取分液　　B. 升华　　C. 重结晶

D. 分液　　E. 蒸馏　　F. 过滤

G. 洗气

(1)________从硝酸钾和氯化钠的混合溶液中获得硝酸钾。

(2)________分离水和汽油的混合物。

(3)________分离 CCl_4(沸点为 76.75 ℃)和甲苯(沸点为 110.6 ℃)的混合物。

(4)________除去混在乙烷中的乙烯。

(5)________提取碘水中的碘。

13. (1)某含氧有机化合物，它的相对分子质量为 46.0，碳的质量分数为 52.2%，氢的质量分数为 13.0%。核磁共振氢谱中只有一个特征峰，请写出其结构简式：________________________。

(2)分子式为 $C_3H_6O_2$ 的甲、乙两种有机化合物，甲的结构简式为 $HOCH_2CH_2CHO$，乙的结构简式为 CH_3COOCH_3，则在核磁共振氢谱中，甲有______个特征峰，其强度之比为__________；乙有________个特征峰，其强度之比为________。

拔高提能训练

14. 某化学小组采用类似制乙酸乙酯的装置(如图)，以环己醇制备环己烯。

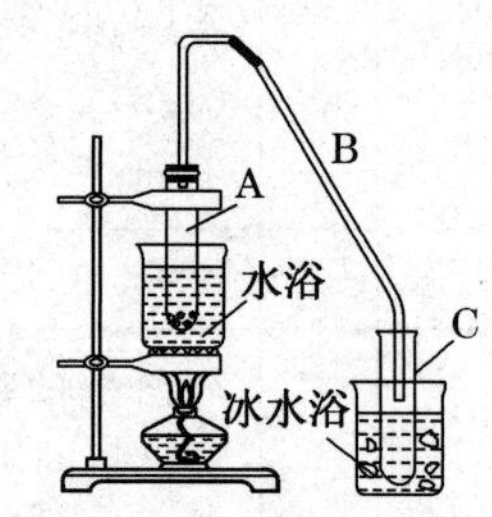

已知：◯—OH $\xrightarrow[85\ ℃]{\text{浓硫酸}}$ ◯ $+H_2O$

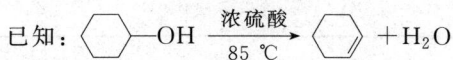

	密度/$(g\cdot mL^{-1})$	熔点/℃	沸点/℃	溶解性
环己醇	0.96	25	161	能溶于水
环己烯	0.81	−103	83	难溶于水

(1)制备粗品

将 12.5 mL 环己醇加入试管 A 中，再加入 1 mL 浓硫酸，摇匀后放入碎瓷片，缓慢加热至反应完全，在试管 C 内得到环己烯粗品。

①A 中碎瓷片的作用是______，导管 B 除了导气外还具有的作用是________。

②将试管 C 置于冰水浴中的目的是__________。

(2)制备精品

①环己烯粗品中含有环己醇和少量酸性杂质等。加入饱和食盐水，振荡、静置、分层，环己烯在________层(填“上”或“下”)，分液后用______(填入编号)洗涤。

a. $KMnO_4$ 溶液　b. 稀硫酸　c. Na_2CO_3 溶液

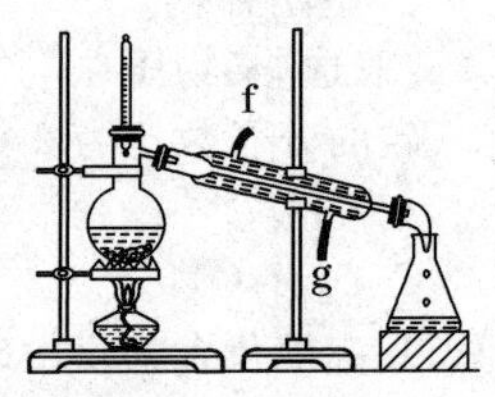

②再将环己烯按如图所示装置蒸馏，冷却水从______(填“g”或“f”)口进入。蒸馏时要加入生石灰，目的是____________________。

③收集产品时，控制的温度应在____左右，实验制得的环己烯精品质量低于理论产量，可能的原因是____。

a. 蒸馏时从 70 ℃开始收集产品

b. 环己醇实际用量多了

c. 制备粗品时环己醇随产品一起蒸出

(3)以下区分环己烯精品和粗品的方法，合理的是____。

a. 用酸性高锰酸钾溶液

b. 用金属钠

c. 测定沸点

15. 有机化合物 A 常用于食品行业，已知 9 g A 在足量 O_2 中充分燃烧，将生成的混合气体依次通过足量的浓硫酸和碱石灰，分别增重 5.4 g 和 13.2 g，经检验剩余气体为 O_2。

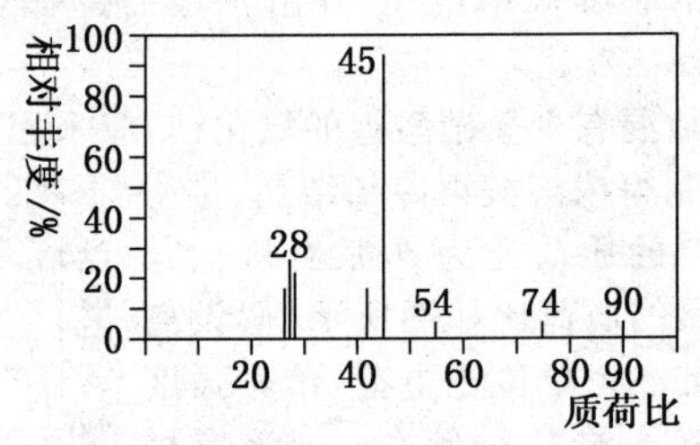

(1)A 分子的质谱图如图所示，从图中可知其相对分子质量是________，则 A 的分子式是________。

(2)A 能与 $NaHCO_3$ 溶液发生反应放出 CO_2 气体，A 一定含有的官能团名称是__________。

(3)A 分子的核磁共振氢谱有 4 个吸收峰，峰面积之比是 1∶1∶1∶3，则 A 的结构简式是__________。

(4)请写出官能团与 A 相同的同分异构体的结构简式____________________。

班级：　　　　姓名：　　　　学号：

章末检测验收(一)　有机化合物的结构特点与研究方法

(时间:90 分钟　满分:100 分)

一、选择题(本题包括 20 小题,每小题 2 分,共 40 分)

1. 下列各项中,官能团的名称和结构简式都正确的是　　(　　)

选项	A	B	C	D
官能团名称	羧基	醛基	羟基	氨基
结构简式	—COOH	—COH	OH—	$—NH_3$

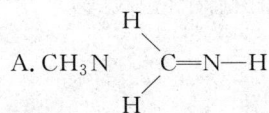

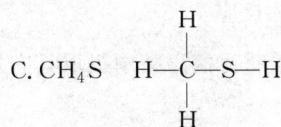

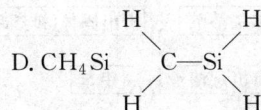

2. 有关物质的分类,下列说法正确的是　　(　　)

A. $\begin{matrix} C_{17}H_{35}COO—CH_2 \\ C_{17}H_{35}COO—CH \\ C_{17}H_{35}COO—CH_2 \end{matrix}$ 属于酯类

B. 属于芳香化合物

C. 属于脂环化合物

D. —OH 属于芳香烃

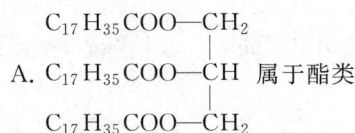

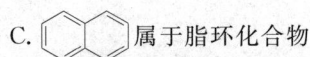

3. 下列分子式及结构式中,从成键情况看不合理的是　　(　　)

A. CH_3N　$H_2C{=}N—H$

B. CH_2SeO　$H—\overset{\overset{}{}}{C}(=Se)—O—H$

C. CH_4S　$H—CH_2—S—H$

D. CH_4Si　$H_2C—SiH_2$

4. 下列有关共价键的说法正确的是　　(　　)

A. 单键既有 σ 键也有 π 键

B. 所有的 π 键都容易打开

C. σ 键可沿键轴自由旋转而不影响键的强度

D. π 键比 σ 键重叠程度大,形成的共价键强

5. 下列有机化合物中,其一氯代物种类最少的是（　　）

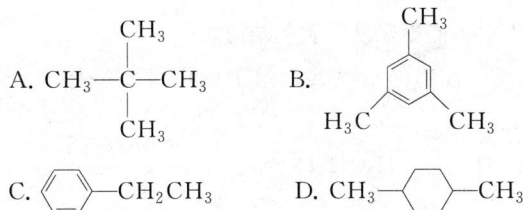

A. $C(CH_3)_4$　　B. 1,3,5-三甲基苯（CH_3、H_3C、CH_3）

C. —CH_2CH_3　　D. CH_3—环己烷—CH_3

6. 有下列几种说法：

①含相同元素的微粒的化学性质不一定相同；

②相对分子质量相同的物质如果结构不同则互为同分异构体；

③同分异构体的化学性质一定相同；

④同系物具有相同的通式；

⑤同系物的化学性质相似；

⑥互为同系物的物质间不可能互为同分异构体；

⑦两相邻同系物的相对分子质量相差 14；

⑧化学式相同,各元素质量分数也相同的物质一定是同种物质。

以上说法中不正确的是　　(　　)

A. ②③④　　B. ②⑥⑦⑧

C. ③④⑤⑦⑧　　D. ②③⑧

7. 下列说法正确的是　　(　　)

A. 乙烷的一氯代物同分异构体有 1 种,二氯代物的同分异构体有 3 种

B. 正戊烷的一氯代物同分异构体有 3 种,二氯代物的同分异构体有 9 种

C. 正丁烷的一氯代物同分异构体有 2 种,二氯代物的同分异构体有 5 种

D. 丙烷的一氯代物同分异构体有 2 种,二氯代物的同分异构体有 5 种

8. 工业上食用油的生产大多数采用浸出工艺。菜籽油的生产过程为将菜籽压成薄片,用轻汽油浸泡,进行操作 A;过滤,得液体混合物;对该混合物进行操作 B,制成半成品油,再经过脱胶、脱色、脱臭即制成食用油。操作 A 和 B 的名称分别是　　(　　)

A. 溶解、蒸发　　B. 萃取、蒸馏

C. 分液、蒸馏　　D. 萃取、过滤

9. 充分灼烧 a g 含C、H、O元素的有机化合物时，测得生成了 b g CO_2 和 c g H_2O，则以下判断正确的是（　　）

A. 肯定不能确定该物质的最简式

B. 肯定能确定该物质的最简式

C. 肯定能确定该物质的分子式

D. 肯定不能确定该物质的结构式

10. 下列化合物的核磁共振氢谱图中吸收峰数目正确的是（　　）

A. $CH_3CH_2CH_2CH_3$（3个）

B. $CH_3-\underset{\underset{CH_3}{|}}{\overset{\overset{Br}{|}}{C}}-CH_2-CH_3$（2个）

C. $CH_2=CH-CH_2CH_3$（3个）

D. $CH_3-\underset{\underset{Br}{|}}{\overset{\overset{Br}{|}}{C}}-\underset{\underset{Br}{|}}{\overset{\overset{Br}{|}}{C}}-CH_3$（1个）

11. 为测定某有机化合物的结构，用核磁共振仪处理后得到如图所示的核磁共振氢谱，则该有机化合物可能是（　　）

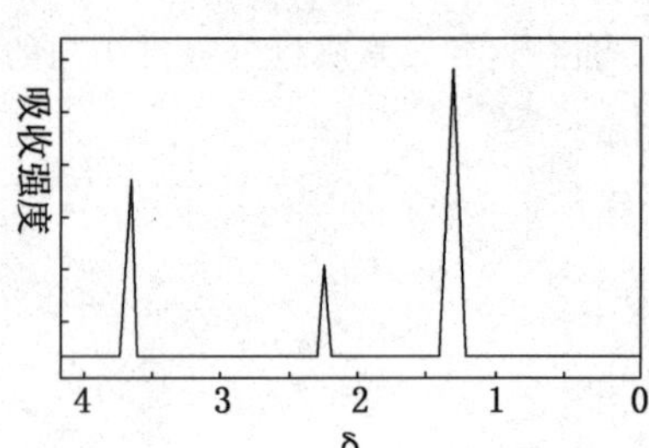

A. C_2H_5OH

B. $CH_3-\underset{\underset{CH_3}{|}}{C}=CH_2$

C. $CH_3CH_2CH_2COOH$

D. $CH_3-C_6H_4-CH_3$

12. 下列说法正确的是（　　）

A. 蒸馏和干馏都是物理变化

B. 重结晶是提纯固态有机化合物的常用方法，被提纯的有机化合物在所选溶剂中的溶解度受温度的影响较大

C. 分离和提纯都只利用物质的物理性质，不需要利用物质的化学性质

D. 萃取操作静置分层后，打开分液漏斗活塞，依次将下层液体和上层液体分别放出

13. 某有机化合物3.2 g在氧气中充分燃烧，将生成物依次通入盛有浓硫酸的洗气瓶和盛有碱石灰的干燥管，实验测得装有浓硫酸的洗气瓶增重3.6 g，盛有碱石灰的干燥管增重4.4 g。则下列判断正确的是（　　）

A. 肯定含有碳、氢、氧三种元素

B. 肯定含有碳、氢元素，可能含有氧元素

C. 肯定含有碳、氢元素，不含氧元素

D. 不可能同时含有碳、氢、氧三种元素

14. 某烃中碳和氢的质量比是24∶5，该烃在标准状况下的密度是 $2.59\ g\cdot L^{-1}$，其分子式为（　　）

A. C_2H_6　　B. C_4H_{10}

C. C_5H_8　　D. C_7H_8

15. 下列说法中正确的是（　　）

A. $CH_3CH_2\underset{\underset{CH_2CH_3}{|}}{CH}CH_2CH_3$ 在核磁共振氢谱中有7个吸收峰

B. 红外光谱图只能确定有机化合物中所含官能团的种类和数目

C. 质谱法不能用于相对分子质量的测定

D. 核磁共振氢谱、红外光谱和质谱都可用于分析有机化合物结构

16. 分子中碳与氢元素的质量比为21∶4的烃中，主链上有5个碳原子的结构共有几种（　　）

A. 5　　B. 6

C. 4　　D. 3

17. ［双选］盆烯的分子结构如图所示（键线式）。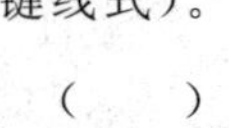下列关于盆烯的说法正确的是（　　）

A. 盆烯的一氯取代物有3种

B. 盆烯是乙烯的一种同系物

C. 盆烯是苯的一种同分异构体

D. 盆烯能与氢气发生加成反应

18. 按以下实验方案可从海洋动物柄海鞘中提取具有抗肿瘤活性的天然产物。

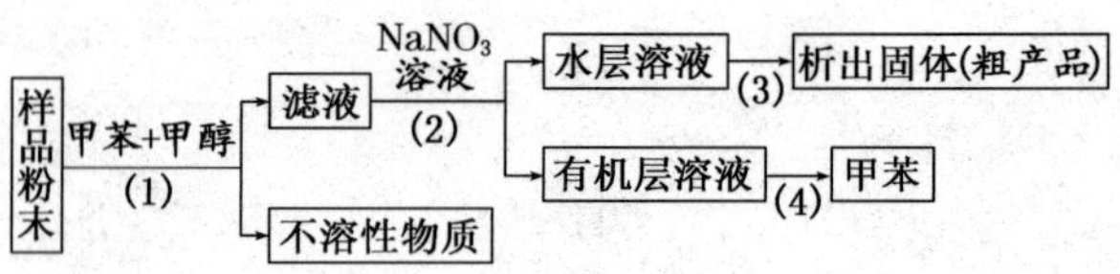

下列说法错误的是（　　）

A. 步骤(1)需要过滤装置

B. 步骤(2)需要用到分液漏斗

C. 步骤(3)需要用到坩埚

D. 步骤(4)需要蒸馏装置

19. 化合物 A 的相对分子质量为 136，分子式为 $C_8H_8O_2$。A 分子中只含一个苯环且苯环上只有一个取代基，其红外光谱和核磁共振氢谱如图所示。下列关于化合物 A 的说法中不正确的是（　　）

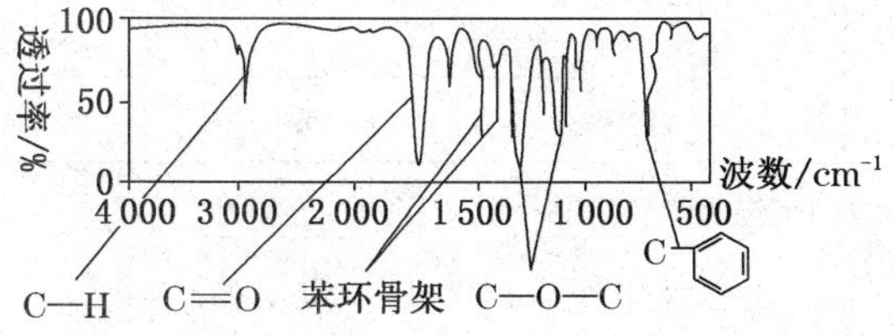

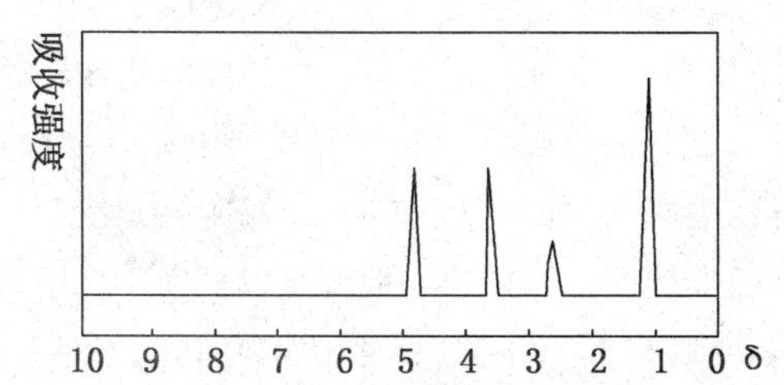

A. 化合物 A 属于酯类化合物，在一定条件下能发生水解反应

B. 化合物 A 在一定条件下可与 3 mol H_2 发生加成反应

C. 符合题中化合物 A 分子结构特征的有机化合物有 1 种

D. 与化合物 A 含有相同官能团的同分异构体只有 2 种

20. [**双选**]在一定条件下，甲苯可生成二甲苯混合物和苯。有关物质的沸点、熔点如下：

	对二甲苯	邻二甲苯	间二甲苯	苯
沸点/℃	138	144	139	80
熔点/℃	13	−25	−47	6

下列说法不正确的是（　　）

A. 该反应属于加成反应

B. 甲苯的沸点高于 144 ℃

C. 用蒸馏的方法可将苯从反应所得产物中首先分离出来

D. 从二甲苯混合物中，用冷却结晶的方法可将对二甲苯分离出来

二、非选择题(本题包括 5 小题，共 60 分)

21. (12 分)喝茶，对很多人来说是人生的一大快乐，茶叶中含有少量的咖啡因。咖啡因具有扩张血管、刺激心脑等作用，在 100 ℃时失去结晶水并开始升华，120 ℃时升华相当显著，178 ℃时升华很快。结构式如图。

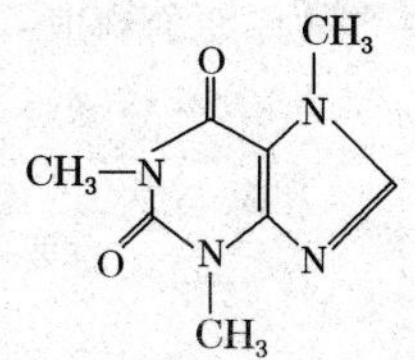

实验室可通过下列简单方法从茶叶中提取咖啡因：

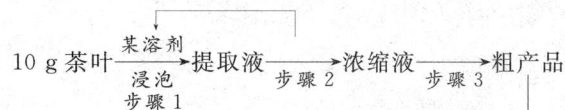

10 g 茶叶 —某溶剂 浸泡 步骤 1→ 提取液 —步骤 2→ 浓缩液 —步骤 3→ 粗产品 —步骤 4→ 精产品

(1)咖啡因的分子式为____________。

(2)步骤 1 浸泡茶叶所用的溶剂最好为________。

A. 水　　B. 酒精　　C. 石油醚

(3)步骤 1、步骤 4 所进行的操作或方法分别是____，__________。

22. (12 分)电炉加热时用纯氧气氧化管内样品，根据产物的质量确定有机化合物的组成，如图装置是用燃烧法确定有机化合物 M 分子式的常用装置。

a　b　碱石灰　A
c　d　无水 $CaCl_2$　B
e　f　浓硫酸　C
H_2O_2　g　MnO_2　D
电炉　电炉　i　h　样品　CuO　E

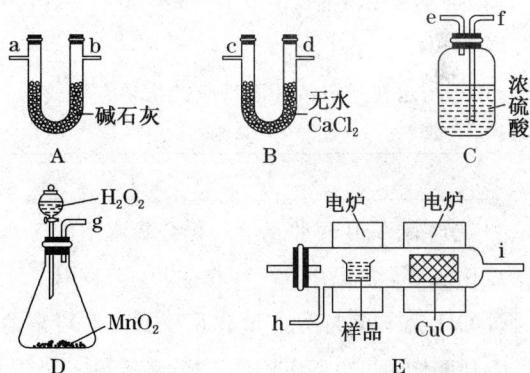

(1)产生的氧气按从左到右方向流动，所选装置各导管的连接顺序是____________________。

(2)C 装置中浓硫酸的作用是________________。

(3)若准确称取有机化合物 M(只含 C、H、O 三种元素中的两种或三种)0.70 g，经充分燃烧后，A 管质量增加2.2 g，B 管质量增加 0.9 g，则该有机化合物的实验式为____________。

(4)已知在相同条件下该 M 蒸气对氢气的相对密度为 35，则 M 的分子式为__________。若有机化合物 M 不能使溴水褪色，且其核磁共振氢谱只有一个吸收峰，则 M 的结构简式为________________。若该有机化合物 M 分子中所有碳原子一定都在同一平面内，且能使溴水褪色，在催化剂作用下能与 H_2 加成，其加成产物分子中含有 3 个甲基，则 M 的结构简式为

________________________________。

[答题栏]

1	
2	
3	
4	
5	
6	
7	
8	
9	
10	
11	
12	
13	
14	
15	
16	
17	
18	
19	
20	

23.(12 分)Ⅰ. ①$^{1}_{1}H$ 与$^{3}_{1}H$;② O_2 与 O_3;③ 正丁烷($CH_3CH_2CH_2CH_3$)与异丁烷($CH_3-\overset{CH_3}{\overset{|}{C}}H-CH_3$);④甲烷($CH_4$)与丙烷($C_3H_8$)。

(1)互为同位素的是________(填序号,下同)。

(2)互为同系物的是________。

(3)互为同分异构体的是________。

(4)互为同素异形体的是________。

Ⅱ. A~E 等几种烃分子的球棍模型如图所示,据此回答下列问题。

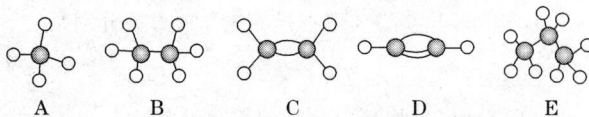

A　　B　　C　　D　　E

(1)D 的电子式为____________,A 的二氯取代物有________种。

(2)可作为植物生长调节剂的是____________(填结构简式)。

(3)C 与水在一定条件下反应的化学方程式为____。

24.(10 分)有 A、B 两种互溶的化合物都不溶于水且密度比水小,常温下 A 为液体,B 为固体,A 不与 NaOH 反应,B 与 NaOH 作用生成水和可溶的 C,C 与盐酸作用可得 NaCl 和 B。分离 A 和 B 的混合物,可采用下列方法:

(1)利用这两种化合物在某种试剂中溶解性的差异,可采用萃取的方法加以分离,实验操作的正确顺序是__________(用序号填空),从分液漏斗的______(填"上"或"下")层分离出的液体是 A;__________(用序号填空),从分液漏斗的________(填"上"或"下")层分离出的液体是 B。

可供选择的操作有:①向分液漏斗中加入稀盐酸;②向分液漏斗中加入 A 和 B 的混合物;③向分液漏斗中加入氢氧化钠溶液;④充分振荡混合液,静置,分液;⑤将烧杯中的液体重新倒回分液漏斗中。

(2)利用两种化合物沸点的不同,可采用蒸馏的方法加以分离,实验中需要用到的仪器有:铁架台(附有铁夹、铁圈、石棉网)、蒸馏烧瓶、酒精灯、接液管、__________、__________、__________及必要的导管和橡皮塞。首先蒸馏出来的液体是__________。

25.(14 分)两种有机化合物 A 和 B 可以互溶,有关性质如下:

	相对密度/20 ℃	熔点/℃	沸点/℃	溶解性
A	0.789 3	−117.3	78.5	与水以任意比混溶
B	0.713 7	−116.6	34.5	不溶于水

(1)若要除去 A 和 B 的混合物中少量的 B,采用________(填标号)方法即可得到 A。

a. 重结晶　　b. 蒸馏

c. 萃取　　d. 加水充分振荡,分液

(2)将有机化合物 A 置于氧气流中充分燃烧,实验测得:生成 5.4 g H_2O 和 8.8 g CO_2,消耗氧气 6.72 L(标准状况下),则该物质的最简式为__________,若要确定其分子式,是否必需要其他条件________(填"是"或"否")。已知有机化合物 A 的核磁共振氢谱、质谱如图所示,则 A 的结构简式为__________。

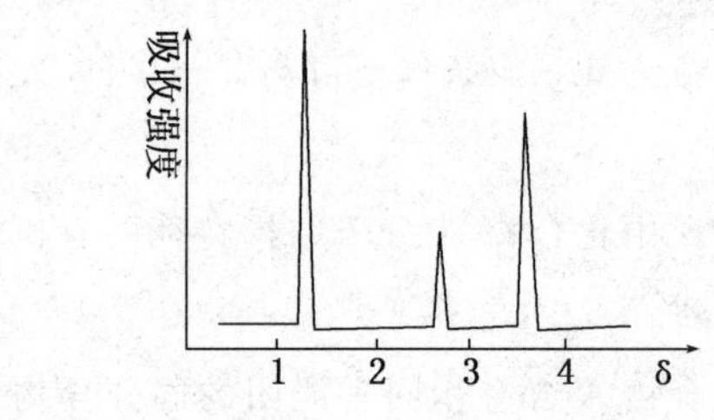

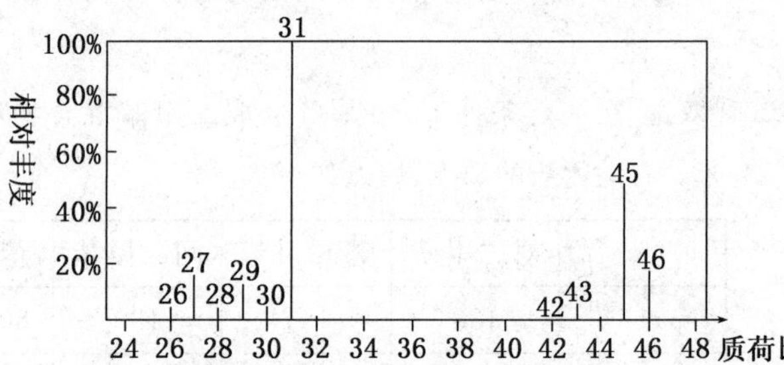

(3)若质谱图显示 B 的相对分子质量为 74,红外光谱如图所示,则 B 的结构简式为______________,其官能团的名称为__________。

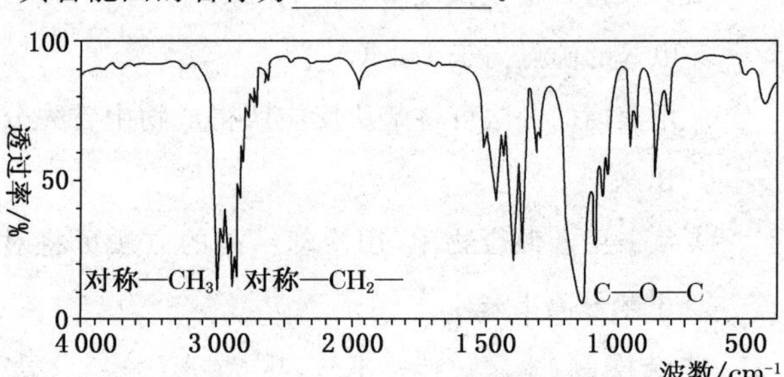

(4)准确称取一定质量的 A 和 B 的混合物,在足量氧气中充分燃烧,将产物依次通过足量的无水氯化钙和碱石灰,发现质量分别增加 19.8 g 和 35.2 g。计算混合物中 A 和 B 的物质的量之比为________。

班级：　　　　姓名：　　　　学号：

课时跟踪检测(四)　烷烃的结构和性质

1. 下列关于甲烷结构的说法中正确的是　　(　　)

A. 甲烷的分子式是 CH_4，5 个原子共面

B. 甲烷分子中，碳原子和氢原子形成了 4 个不完全相同的碳氢共价键

C. 甲烷分子的空间结构属于正四面体结构

D. 甲烷中的任意三个原子都不共面

2. 下列反应中，属于取代反应的是　　(　　)

A. $CH_4 \xrightarrow{高温} C+2H_2$

B. $2HI+Cl_2 = 2HCl+I_2$

C. $CH_4+2O_2 \xrightarrow{点燃} CO_2+2H_2O$

D. $C_2H_6+Cl_2 \xrightarrow{光照} C_2H_5Cl+HCl$

3. 下列可以用来说明烷烃的化学性质相对比较稳定的事实是　　(　　)

A. 烷烃不能使酸性高锰酸钾溶液褪色

B. 烷烃不与强酸反应

C. 烷烃不与强碱反应

D. 综合以上事实才可以说明

4. 有关烷烃的叙述：①大都是易燃物；②特征反应是取代反应；③相邻两个烷烃在分子组成上相差一个甲基，其中正确的是　　(　　)

A. ①和③　　B. ②和③

C. 只有①　　D. ①和②

5. 液化石油气中含有丙烷，且丙烷中碳原子成键特点与 CH_4 中碳原子相似，性质相似。下列有关丙烷的叙述中不正确的是　　(　　)

A. 分子中碳原子不在一条直线上

B. 光照下能够发生取代反应

C. 丙烷与甲烷不是同系物

D. 丙烷不能使酸性 $KMnO_4$ 溶液褪色

6. 乙烷在光照条件下与氯气发生取代反应，理论上得到的氯代物(有机化合物)最多有几种　　(　　)

A. 8　　B. 6

C. 5　　D. 9

7. 关于烷烃性质的叙述中，不正确的是　　(　　)

A. 烷烃同系物的熔沸点随分子内碳原子数的增多逐渐升高，常温下的状态由气态递变到液态，再递变到固态

B. 烷烃同系物的密度随分子内碳原子数的增多而逐渐增大，从比水轻递变到比水重

C. 烷烃与卤素单质在光照下能发生取代反应

D. 烷烃同系物都不能使溴水、酸性 $KMnO_4$ 溶液褪色

8. 下列烷烃在光照下与氯气反应，一氯代物只有一种的是　　(　　)

A. $CH_3CH_2CH_2CH_3$

B.
```
CH3—CH—CH3
     |
     CH3
```

C.
```
       CH3
       |
CH3—C—CH3
       |
       CH3
```

D.
```
CH3CHCH2CH3
     |
     CH3
```

9. 下列关于 CH_4 和
```
CH3—CH—CH2—CH3
     |
     CH3
```
的叙述正确的是　　(　　)

A. 均能用 C_nH_{2n+2} 组成通式来表示

B. 与所有烷烃互为同素异形体

C. 因为它们的结构相似，所以它们的化学性质相似，物理性质相同

D. 通常状况下，它们都是气态烷烃

10. 下列有关甲烷的取代反应的叙述正确的是　　(　　)

A. 甲烷与氯气以物质的量之比 1∶1 混合时发生取代反应只生成 CH_3Cl 和 HCl

B. 甲烷与氯气的取代反应产物中 CH_3Cl 最多

C. 甲烷与氯气的取代反应产物为混合物

D. 1 mol 甲烷生成 CCl_4 最多消耗 2 mol 氯气

11. [**双选**]下列有关烷烃的叙述中，正确的是　　(　　)

A. 在烷烃分子中，所有的化学键都是单键

B. 烷烃中除甲烷外，很多都能使酸性 $KMnO_4$ 溶液的紫色褪去

C. 所有的烷烃在光照条件下都能与氯气发生取代反应

D. 光照条件下，乙烷通入溴水中，可使溴水褪色

12. 下列说法正确的是　　(　　)

A. 烷烃的通式为 C_nH_{2n+2}，随着 n 的增大，碳元素的质量分数逐渐减小

B.
```
     CH3              CH3—CH—CH3
     |                     |
CH3—CH—CH2—CH3  和  CH3—CH2
```
互为同分异构体

C. 丙烷的空间充填模型为

D. 己烷(C_6H_{14})有 5 种同分异构体

[答题栏]

	1
	2
	3
	4
	5
	6
	7
	8
	9
	10
	11
	12
	13

13. 已知有一种烃的结构类似自行车，简称“自行车烃”，如图所示。下列关于它的叙述正确的是（　　）

A. 易溶于水

B. 一定条件下可以与氧气反应

C. 其密度大于水的密度

D. 与己烷互为同系物

14. 写出下列各烷烃的分子式。

(1)烷烃 A 在同温同压下蒸气的密度是氢气的 36 倍________。

(2)烷烃 B 的分子中含有 200 个氢原子________。

(3)1 L 烷烃 D 的蒸气完全燃烧时，生成同温同压下 15 L 水蒸气________。

(4)0.01 mol 烷烃 E 完全燃烧时，消耗标准状况下的氧气 2.464 L________。

15. 把 1 mol CH_4 和一定量 Cl_2 组成的混合气体通入大试管中，将此试管倒立在盛有饱和食盐水的水槽中，放在光亮处，回答下列问题：

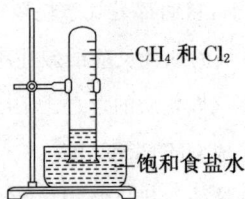

CH_4 和 Cl_2

饱和食盐水

(1)片刻后试管中的现象为：

①试管内气体的颜色变浅，②试管壁上出现________，③试管内________、________。

(2)在反应结束后，试管内的产物最多的是________，空间结构呈正四面体的产物为________。

(3)若(2)中生成的四种有机产物的物质的量相同，则反应消耗的 Cl_2 的物质的量为________mol。

(4)与 CH_4 相邻同系物的结构简式为________，该同系物与 Cl_2 发生一氯取代反应的化学方程式为________。

拔高提能训练

16. 如图是某同学利用日常用品注射器设计的简易实验装置。甲管中注入 10 mL CH_4，同温同压下乙管中注入 50 mL Cl_2，将乙管气体推入甲管中，气体在甲管中反应，针管放在光亮处一段时间。

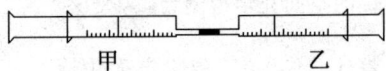

甲　　乙

(1)下列是某同学预测的实验现象：

①气体最终变为无色　②实验过程中，甲管活塞向内移动　③甲管内壁有油珠　④产生火花

其中正确的是________。

(2)甲管中发生化学反应的类型为________。

(3)反应后，能用于吸收甲管中剩余气体的是________。

A. 水　　B. NaOH 溶液

C. $AgNO_3$ 溶液　　D. 饱和食盐水

(4)反应后，若将甲中的物质推入盛有适量 $AgNO_3$ 溶液的小试管中会观察到________，若再向其中滴入几滴石蕊溶液，又观察到________。

17. 利用甲烷与氯气发生取代反应制取副产品盐酸的设想在工业上已成为现实。某化学兴趣小组在实验室中模拟上述过程，其设计的模拟装置如下：

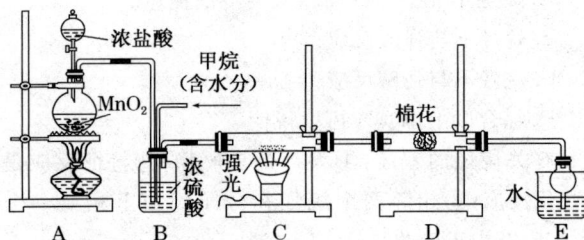

浓盐酸　甲烷（含水分）　MnO_2　浓硫酸　强光　棉花　水

A　B　C　D　E

试回答下列问题：

(1)请写出 C 装置中生成 CH_3Cl 的化学方程式：________。有人认为 E 中有氯化氢产生，不能证明甲烷与氯气发生了取代反应，你认为他的看法________（填“正确”或“不正确”）。

(2)B 装置有三种功能：①控制气流速度；②均匀混合气体；③________。

(3)一段时间后发现 D 装置中的棉花由白色变为蓝色，则棉花上可能预先滴有________溶液。

(4)E 装置中除盐酸外，还含有机化合物，从 E 中分离出盐酸的最佳方法为________（填字母）。

a. 分液法　　b. 蒸馏法　　c. 结晶法

(5)将 1 mol CH_4 与 Cl_2 发生取代反应，充分反应后生成的 CH_3Cl、CH_2Cl_2、$CHCl_3$、CCl_4 四种有机产物的物质的量依次增大 0.1 mol，则参加反应的 Cl_2 的物质的量为________，生成 HCl 的总物质的量为________。

班级：　　　　姓名：　　　　学号：

课时跟踪检测(五)　烷烃的命名

1. 某烷烃的结构简式为 $CH_3—CH—CH_2—CH—CH_3$ ，

$\quad\quad\quad\quad\quad\quad\quad |\quad\quad\quad\quad\quad |$

$\quad\quad\quad\quad\quad\quad CH_3\quad\quad\quad CH_2—CH_3$

它的正确命名是　(　　)

A. 2-甲基-4-乙基戊烷　B. 4-甲基-2-乙基戊烷

C. 2,4-二甲基己烷　D. 3,5-二甲基己烷

2. 下列哪个是该烷烃 $CH_3—C(CH_3)_2—CH_2—CH_2—CH_2—CH_2—CH_3$ 的名称　(　　)

A. 1-三甲基己烷　B. 2-二甲基庚烷

C. 6-二甲基庚烷　D. 2,2-二甲基庚烷

3. 对下面①和②两个结构简式的说法中,正确的是　(　　)

① $CH_3—CH—CH—CH_3$

$\quad\quad\quad |\quad\quad |$

$\quad\quad CH_3\ C_2H_5$

$\quad\quad\quad\quad CH_3$

$\quad\quad\quad\quad\quad |$

② $CH_3—CH_2—C—CH_2—CH_3$

$\quad\quad\quad\quad\quad |$

$\quad\quad\quad\quad CH_2—CH_3$

A. ①是 2-甲基-3-乙基丁烷,②是 3,3,4-三甲基戊烷

B. ①②互为同系物

C. ①②是同一种物质

D. ①②互为同分异构体

4. 下列有机化合物命名正确的是　(　　)

A. 2,3,3-三甲基己烷　B. 1,2,3-三甲基丁烷

C. 2-乙基丁烷　D. 3,3-二甲基丁烷

$\quad\quad\quad CH_3—CH_2\ \ CH_2—CH_3$

$\quad\quad\quad\quad\quad\quad |\quad\quad\quad |$

5. 对于烃 $CH_3—CH—C—CH_3$ 的命名正确的是

$\quad\quad\quad\quad\quad\quad\quad\quad\quad |$

$\quad\quad\quad CH_3—CH_2—CH_2$

(　　)

A. 4-甲基-4,5-二乙基己烷

B. 3-甲基-2,3-二乙基己烷

C. 4,5-二甲基-4-乙基庚烷

D. 3,4-二甲基-4-乙基庚烷

6. [**双选**]下列说法不正确的是　(　　)

A. 碳元素存在多种同素异形体,氧、磷等元素也存在同素异形现象

B. 丁烷(C_4H_{10})存在三种结构

C. $CH_3—CH—CH_2—CH_3$ 的名称是 2-乙基丁烷

$\quad\quad\quad\quad |$

$\quad\quad\quad C_2H_5$

D. CH_3COOH 与 $HOOCCH_2CH_3$ 是同系物关系

$\quad\quad\quad CH_3—CH_2—CH_2\quad\quad CH_2CH_3$

$\quad\quad\quad\quad\quad\quad\quad\quad |\quad\quad\quad\quad |$

7. 关于烷烃 $CH_3—CH_2—C—CH_2—C—CH_3$ 的命名正确的是　(　　)

$\quad\quad\quad\quad\quad\quad\quad\quad |\quad\quad\quad\quad |$

$\quad\quad\quad\quad\quad\quad\quad CH_3\quad\quad\quad CH_3$

A. 3,3,5-三甲基-5-乙基辛烷

B. 3,5-二甲基-5-乙基-3-丙基己烷

C. 4,6,6-三甲基-4-乙基辛烷

D. 2,4-二甲基-2,4-二乙基庚烷

8. 某链状烷烃的一个分子里含有 9 个碳原子,其一氯代物只有两种,该烷烃的名称是　(　　)

A. 正壬烷　B. 2,6-二甲基庚烷

C. 2,3,4-三甲基己烷　D. 2,2,4,4-四甲基戊烷

9. 关于 $CH_3—CH—CH—CH_3$ 的表述正确的是　(　　)

$\quad\quad\quad\quad\quad |\quad\quad |$

$\quad\quad\quad\quad CH_3\ CH_3$

A. 一氯代物有 3 种

B. 命名为 2,3-2 甲基丁烷

C. 是丁烷的同系物

D. 是 2-甲基己烷的同分异构体

10. 下列各物质的名称正确的是　(　　)

A. 3,3-二甲基丁烷

B. 2,3,3-三甲丁烷

C. 2,2-二甲基-3-乙基丁烷

D. 2,3-二甲基-4-乙基己烷

11. 某烷烃相对分子质量为 86,与 Cl_2 反应生成一氯取代物只有两种,它的结构简式、名称全正确的是　(　　)

A. $CH_3CH_2C(CH_3)_3$　2,2-二甲基丁烷

B. $(C_2H_5)_2CHCH_3$　2-乙基丁烷

C. $(CH_3)_2CHCH(CH_3)_2$　2,3-二甲基丁烷

D. $CH_3(CH_2)_4CH_3$　己烷

[答题栏]

	1
	2
	3
	4
	5
	6
	7
	8
	9
	10
	11
	12
	13

12.[双选]下列说法正确的是 ( )

A. 己烷共有 4 种同分异构体，它们的熔点、沸点各不相同

B. 用溴水即可鉴别乙烯和乙烷

C. 有机化合物（键线式）的名称是 2,3,5,5-四甲基-4-乙基己烷

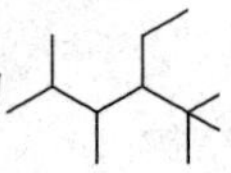

D. $CH_3—CH(C_2H_5)—CH_3$ 的名称为 2-甲基丁烷

13. 下列关于有机化合物的说法正确的是 ( )

A. 2-甲基丁烷也称异丁烷

B. 烷烃 $CH_3CH_2CH(CH_2CH_2CH_3)CH(CH_3)CH_3$ 的正确命名是 2-甲基-3-丙基戊烷

C. C_4H_9Cl 有 3 种同分异构体

D. 三元轴烯（  ）与苯互为同分异构体

14. 按要求回答问题。

(1)2,3-二甲基-4-乙基己烷(写出结构简式)

________________。

(2)$CH_2═CH—CH═CH_2$ 键线式________。

(3)（键线式）分子式________________。

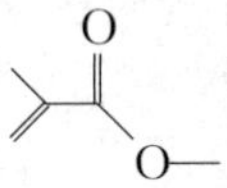

(4)结构简式 $CH_3—CH(CH_2—CH_3)—CH(C_2H_5)—CH(CH_3)—CH_3$ 的物质，用系统命法命名，其名称是________________。

15. 已知戊烷有三种同分异构体(结构简式如下)，请予以命名：

结构简式	$CH_3CH_2CH_2CH_2CH_3$	$CH_3CH(CH_3)CH_2CH_3$	$CH_3—C(CH_3)_2—CH_3$
习惯命名法			
系统命名法			

16. 按要求填空。

(1)羟基的电子式是________________。

(2)$(CH_3CH_2)_2C(CH_3)_2$ 的名称为________。

(3)相对分子质量最小的有机化合物分子式________。

(4)$CH_2═CH—CH(CH_3)—CHO$ 所含官能团的名称是________________；该有机化合物发生加聚反应后，所得产物的结构简式为________________。

(5)3-甲基戊烷的一氯代产物有________种(不考虑立体异构)。

拔高提能训练

17. (1)按系统命名法填写下面有机化合物的名称：

$CH_3—CH(C_2H_5)—CH(CH_3)—(CH_2)_2—CH_3$

________________________。

(2)2,6-二甲基-4-乙基辛烷的结构简式是________________________，1 mol 该烃完全燃烧需消耗氧气________mol。

(3)在烃的分子结构中，若每减少 2 个氢原子，则相当于碳碳间增加 1 对共用电子对。

①分子式为 C_nH_{2n+2} 的烃分子中碳碳间共用电子对数为________。

②符合该条件的单烯烃的分子式为________。

(4)（键线式）分子式为________，按碳的骨架分，该有机化合物属于________。(填字母)

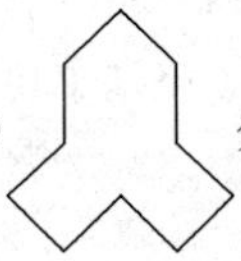

a. 环状化合物　　b. 脂环烃

c. 芳香化合物　　d. 苯的同系物

(5)2,2-二甲基丙烷的习惯命名为________________。

班级：　　　　姓名：　　　　学号：

课时跟踪检测(六)　烯烃

1. 下列变化中，气体被氧化的是　(　　)

A. 潮湿的二氧化碳与过氧化钠反应，固体由淡黄色变为白色

B. 氯气通入氯化亚铁溶液，溶液由浅绿色变为黄色

C. 乙烯通入酸性高锰酸钾溶液，溶液紫色褪去

D. 硫化氢通入硫酸铜溶液，有黑色硫化铜沉淀生成

2. 下列关于烷烃和烯烃的说法中，不正确的是　(　　)

A. 它们所含元素的种类相同，但通式不同

B. 烷烃分子中所有碳原子不可能在同一平面内，烯烃分子中所有碳原子肯定在同一平面内

C. 烯烃分子中的碳原子数至少为 2，烷烃分子中的碳原子至少为 1

D. 含碳原子数相同的烯烃和烷烃不互为同分异构体

3. 丙烯是一种常见的有机化合物。下列有关丙烯的化学用语中，不正确的是　(　　)

A. 实验式：CH_2

B. 聚合后的结构简式：$[\!-CH_2—CH—CH_3-\!]_n$

C. 球棍模型：

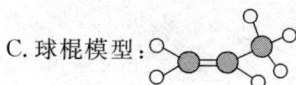

D. 结构简式：$CH_2═CHCH_3$

4. 既可以用来鉴别乙烯和甲烷，又可用来除去甲烷中混有的乙烯的方法是　(　　)

A. 通入足量溴的四氯化碳溶液中

B. 与足量的液溴反应

C. 通入酸性高锰酸钾溶液

D. 一定条件下与 H_2 反应

5. 下列有机化合物存在顺反异构的是　(　　)

A. 丙烯　　B. 2-丁烯

C. 1-丁烯　　D. 2-甲基丙烯

6. 能证明乙烯分子里含有一个碳碳双键的事实是　(　　)

A. 乙烯分子里碳氢原子的个数比为 1∶2

B. 乙烯完全燃烧生成的 CO_2 和 H_2O 的物质的量相等

C. 乙烯易与溴水发生加成反应，且 1 mol 乙烯完全加成需消耗 1 mol 溴单质

D. 乙烯能使酸性 $KMnO_4$ 溶液褪色

7. 将乙烯分别通过如图所示的装置，下列叙述正确的是　(　　)

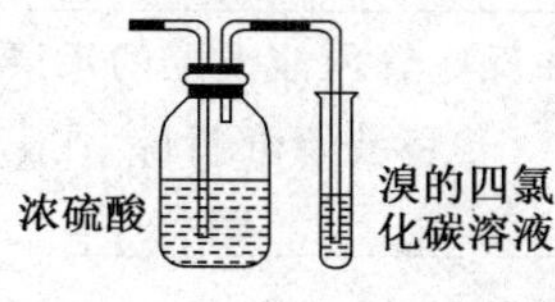

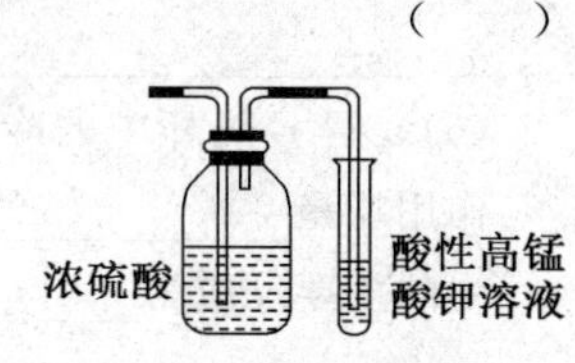

A. 二者都褪色且原理相同

B. 二者都能证明乙烯中有碳碳双键

C. 二者都可用于除去乙烷中混有的乙烯

D. 二者都可用于鉴别乙烷和乙烯

8. 含有一个双键的烯烃，加氢后产物的键线式为　，这种烯烃有(考虑顺反异构)　(　　)

A. 5 种　　B. 6 种

C. 7 种　　D. 8 种

9. 下列说法正确的是　(　　)

A. 酸性 $KMnO_4$ 溶液既可将乙烷、乙烯区别开，又可用于除去乙烷中的乙烯

B. 可用溴水鉴别环己烷和正己烷

C. 烷烃分子中只有单键

D. 乙烷、乙烯均是气体，完全燃烧时产生的现象完全相同

10. 环与环之间共用两个或多个碳原子的多环烷烃称为桥环烷烃，其中二环[1.1.0]丁烷(　)是其中一种。下列关于该化合物的说法正确的是　(　　)

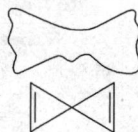

A. 与 C_3H_4 是同系物

B. 一氯代物只有一种

C. 与环丁烯互为同分异构体

D. 所有碳原子可能都处于同一平面

11. 若用乙烯和氯气在适当的条件下反应制取四氯乙烷，这一过程中所要经历的反应及耗用氯气的量是(设乙烯为 1 mol，反应产物中的有机化合物只有四氯乙烷)　(　　)

A. 取代，4 mol Cl_2

B. 加成，2 mol Cl_2

C. 加成、取代，2 mol Cl_2

D. 加成、取代，3 mol Cl_2

12. [双选]一种形状像布袋结构的烯烃分子，其形状和结构如图所示，有关说法不正确的是　(　　)

A. 该烯烃的分子式为 C_5H_6

B. 该分子所有碳原子在同一平面

C. 1 mol 该有机化合物最多可与 2 mol Br_2 发生加成反应

D. 与其互为同分异构体且只含三键的链烃不止一种

[答题栏]

	1
	2
	3
	4
	5
	6
	7
	8
	9
	10
	11
	12

13. 石油是工业的血液，与我们的生产、生活息息相关。

(1)乙烯是石油化工重要的基础原料。写出乙烯的电子式________。

(2)分子式为C_5H_{12}的某烃，分子中含有4个甲基，该烃的结构简式为________。

(3)与乙烯互为同系物的是________。(填标号)

a. $CH_3CH=CH_2$

b. $CH_2=CHCH=CH_2$

c. $CH\equiv CH$

d. CH_3CH_3

(4)聚乙烯安全无毒，可用于制食品包装袋。聚乙烯的结构简式为________。

拔高提能训练

14. Ⅰ. 乙烯是一种重要的化工原料。根据下列转化关系回答：

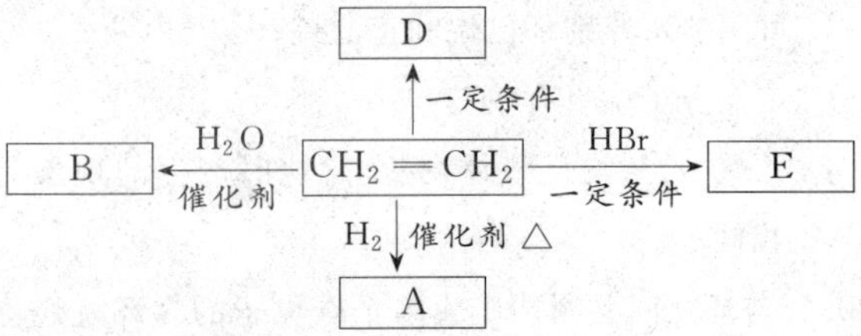

D ←(一定条件)— $CH_2=CH_2$

B ←(H_2O，催化剂)— $CH_2=CH_2$ —(HBr，一定条件)→ E

$CH_2=CH_2$ —(H_2，催化剂 △)→ A

(1)乙烯分子中官能团的名称是________。

(2)E的分子式是________。

(3)乙烯转化成A的化学方程式是________。反应类型是________。

Ⅱ. 乙烯在化工生产领域应用广泛。

以原油为起始原料合成聚乙烯的路线如图所示。

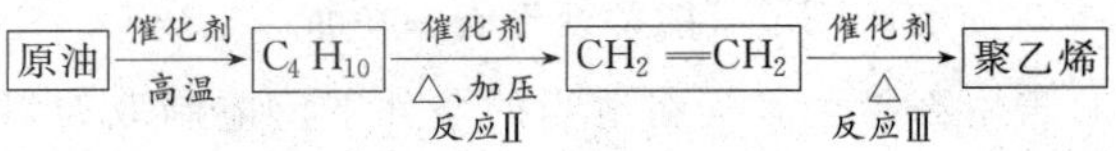

原油 $\xrightarrow[\text{高温}]{\text{催化剂}}$ C_4H_{10} $\xrightarrow[\text{△、加压 反应Ⅱ}]{\text{催化剂}}$ $CH_2=CH_2$ $\xrightarrow[\text{△ 反应Ⅲ}]{\text{催化剂}}$ 聚乙烯

(1)反应Ⅲ的化学方程式：________。反应类型是________。

(2)写出分子式符合C_4H_{10}的所有物质的结构简式________。

15. 某同学设计实验探究工业制乙烯的原理和乙烯的主要化学性质，实验装置如图所示(已知烃类都不与碱反应)。请回答下列问题：

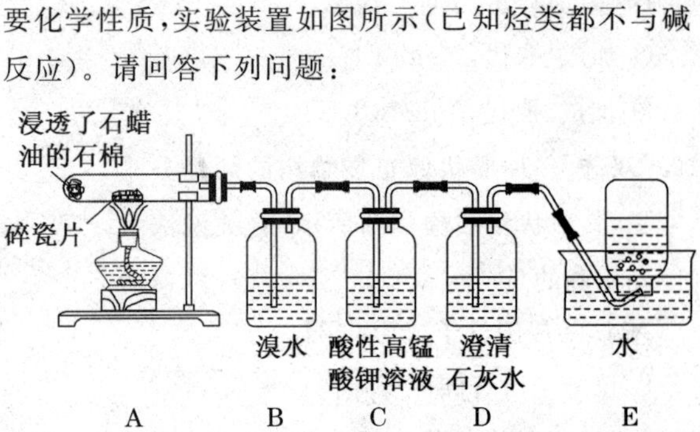

浸透了石蜡油的石棉　碎瓷片

A　B 溴水　C 酸性高锰酸钾溶液　D 澄清石灰水　E 水

(1)工业制乙烯的实验原理是烷烃(液态)在催化剂和加热条件下发生反应生成不饱和烃。例如，石油分馏产物之一的十六烷烃发生反应：$C_{16}H_{34}\xrightarrow[\triangle]{\text{催化剂}}C_8H_{18}+$甲，甲$\xrightarrow[\triangle]{\text{催化剂}}$4乙，乙的结构简式为________。

(2)B装置中发生反应的化学方程式：________。

(3)C装置中可观察到的现象是________，反应类型是________。

(4)查阅资料知，乙烯与酸性高锰酸钾溶液反应产生二氧化碳。本实验能证明这一点的实验现象________。

(5)乙跟氢气的加成产物与一定量的氯气混合后在光照条件下反应，反应产物共有________种。

16. 实验室用乙醇和浓硫酸反应制备乙烯，化学方程式为$C_2H_5OH\xrightarrow[\text{加热}]{\text{浓硫酸}}CH_2=CH_2\uparrow+H_2O$，接着再用液溴与乙烯反应制备1,2-二溴乙烷。在制备过程中由于部分乙醇与浓硫酸发生氧化还原反应还会产生CO_2、SO_2，并进而与Br_2反应生成HBr等酸性气体。某学习小组用上述三种为原料，组装下列仪器(短接口或橡皮管均已略去)来制备1,2-二溴乙烷。

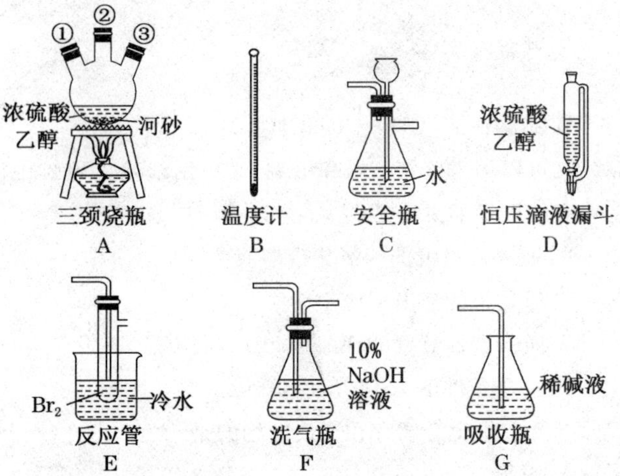

① ② ③ 浓硫酸 乙醇 河砂 三颈烧瓶 A　温度计 B　水 安全瓶 C　浓硫酸 乙醇 恒压滴液漏斗 D

Br_2 冷水 反应管 E　10% NaOH溶液 洗气瓶 F　稀碱液 吸收瓶 G

(1)如果气体流向从左到右，正确的连接顺序是：B经A①插入A中，D接入②；A③接________接________接________。

(2)温度计水银球的正确位置是________。

(3)装置D与分流漏斗相比，其主要优点是________。

(4)装置C的主要作用是________，装置F的作用是________。

(5)在反应管E中进行的主要反应的化学方程式为________。

(6)装置E烧杯中的冷水和反应管内液溴上的水层作用均是________。若将装置F拆除，在E中的主要反应为________。

班级：　　　　姓名：　　　　学号：

课时跟踪检测(七)　炔烃

1. 下列关于乙烯和乙炔的说法中，正确的是　(　　)
   A. 分子式相同　　B. 互为同系物
   C. 都属于不饱和烃　　D. 互为同分异构体

2. 关于乙炔的说法错误的是　(　　)
   A. 乙炔的键角为 180°，是非极性分子
   B. 碳原子 sp 杂化轨道形成 σ 键、未杂化的两个 2p 轨道形成两个 π 键，且互相垂直
   C. 碳碳三键中三条键能量大小相同，其键长是碳碳单键的 $\frac{1}{3}$
   D. 乙炔分子中既有极性键也有非极性键

3. 鉴别甲烷、乙烯、乙炔三种气体可采用的方法是(　　)
   A. 通入溴水中，观察溴水是否褪色
   B. 通入酸化的高锰酸钾溶液中，观察颜色是否变化
   C. 点燃，检验燃烧产物
   D. 点燃，观察火焰明亮程度及产生黑烟量的多少

4. [**双选**]下列说法中正确的是　(　　)
   A. 丙炔分子中三个碳原子有可能位于同一直线上
   B. 乙炔分子中碳碳间的三个共价键性质完全相同
   C. 分子组成符合 C_nH_{2n-2} 通式的链烃，一定是炔烃
   D. 乙炔及其同系物中，乙炔的含碳量最大

5. 下列关于乙炔的性质、用途的说法中，错误的是(　　)
   A. 乙炔在氧气中燃烧温度高达 3 000 ℃，所以氧炔焰可以用来焊接、切割金属
   B. 通过乙炔可以制得聚氯乙烯，所以乙炔是制取塑料的原料
   C. 乙炔能使溴水褪色
   D. 乙炔不能使酸性高锰酸钾溶液褪色

6. 两分子乙炔在一定条件下可生成乙烯基乙炔($HC\equiv C—CH═CH_2$)，下列关于乙烯基乙炔的说法错误的是　(　　)
   A. 能使酸性 $KMnO_4$ 溶液褪色
   B. 能发生加聚反应生成高分子化合物
   C. 分子中所有碳原子都在一条直线上
   D. 没有顺反异构现象

7. 据报道，近来发现了一种新的星际分子氰基辛炔，其结构简式为 $HC\equiv C—C\equiv C—C\equiv C—C\equiv C—C\equiv N$。下列对该物质的判断正确的是　(　　)
   A. 属于不饱和烃
   B. 不能使酸性 $KMnO_4$ 溶液褪色
   C. 所有原子都在同一条直线上
   D. 可由乙炔和含氮化合物加聚制得

8. 某温度和压强下，将 4 g 由三种炔烃(均只有一个三键)组成的混合气体与足量的氢气反应，充分加成后，生成 4.4 g 三种对应的烷烃，则所得烷烃中一定有　(　　)
   A. 异丁烷　　B. 乙烷
   C. 丙烷　　D. 丁烷

9. 如图是制备和研究乙炔性质的实验装置图，下列说法不正确的是　(　　)

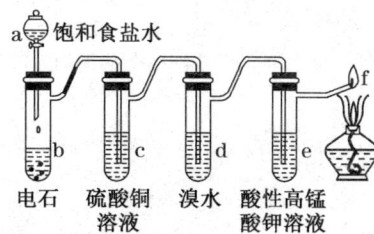

   a 饱和食盐水　b 电石　c 硫酸铜溶液　d 溴水　e 酸性高锰酸钾溶液　f

   A. 制备乙炔的反应原理是
   $CaC_2+2H_2O\longrightarrow Ca(OH)_2+CH\equiv CH\uparrow$
   B. c 的作用是除去影响后续实验的杂质
   C. d 中的有机产物与 $AgNO_3$ 溶液混合能产生沉淀
   D. e 中的现象说明乙炔能被酸性高锰酸钾溶液氧化

10. 在催化剂作用下，200 mL 的某烷烃与某炔烃的混合气体与氢气发生加成反应，最多需要 100 mL 的氢气(同温同压)，则混合气体中烷烃与炔烃的物质的量之比为　(　　)
    A. 1∶1　　B. 1∶2
    C. 1∶3　　D. 3∶1

11. [**双选**]对有机化合物 $H_3C—\underset{|}{CH}(CH_2CH_3)—CH_2—\underset{|}{CH}(CH_3)—\underset{|}{CH}(CH_3)—CH_3$ 说法正确的是　(　　)
    A. 1 mol 该物质所含原子数为 $32N_A$
    B. 该物质系统命名为 2,3-二甲基-5-乙基己烷
    C. 该物质一个分子中最多 10 个碳原子共平面
    D. 该物质为某炔烃加氢后的产物，则可能的炔烃的结构只有一种

12. 聚乙炔能够导电，下列关于聚乙炔 $\left[CH═CH\right]_n$ 和聚合物 A $\left[CH_2—CH═CH—CH_2\right]_n$ 的说法中正确的是　(　　)
    A. 两种聚合物的单体互为同系物
    B. 聚合物 A 不属于单双键交错的结构
    C. 聚合物 A 的相对分子质量是聚乙炔的两倍
    D. 1 mol 两种聚合物的单体分别与 Br_2 发生加成反应，最多消耗 Br_2 的物质的量之比为 2∶1

13. 含有两个碳原子的烃除乙烷、乙烯外，还有乙炔。乙炔的分子结构如图所示。
    回答下列问题：
    (1)乙炔的分子式是________，结构式是________，分子空间结构是________。
    (2)乙炔分子中含有________，能发生加成反应。
    (3)写出下列反应的化学方程式：
    ①将乙炔通入足量的溴的四氯化碳溶液中________________________________。
    ②乙炔与等物质的量的氯化氢发生加成反应________________________________。

[答题栏]

1	
2	
3	
4	
5	
6	
7	
8	
9	
10	
11	
12	

(4)下列关于乙烷、乙烯、乙炔的说法中正确的是_____。

①它们既不是同系物,也不是同分异构体

②乙烷是饱和烃,乙烯、乙炔是不饱和烃

③乙烯、乙炔能使溴水褪色,乙烷不能使溴水褪色

④它们都能燃烧,乙炔燃烧火焰最明亮,有浓烟

⑤它们都能使酸性高锰酸钾溶液褪色

14. 乙炔是一种重要的有机化工原料,已知乙炔二聚反应如下:

$$2HC\equiv CH \xrightarrow{催化剂} H_2C=CH-C\equiv CH$$

三聚同理,现以乙炔为原料在一定条件下发生如下转化:

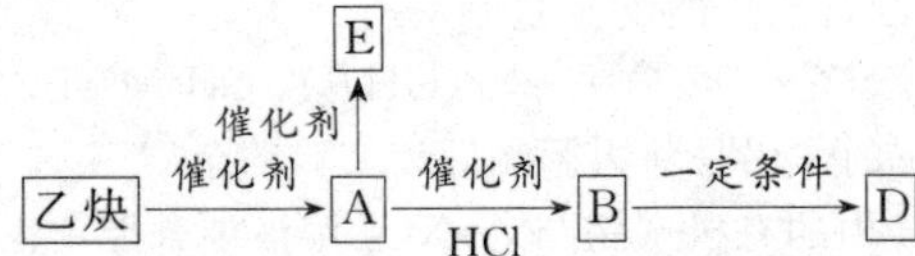

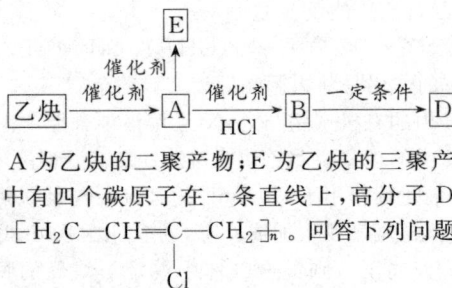

其中 A 为乙炔的二聚产物;E 为乙炔的三聚产物,E 分子中有四个碳原子在一条直线上,高分子 D 的结构为 $\mathrm{-\!\!\!\!\![\, H_2C-CH=\underset{\displaystyle Cl}{\underset{|}{C}}-CH_2 \,]\!\!\!\!\!-_n}$。回答下列问题:

(1)乙炔的电子式为_______________________。

(2)用电石制取乙炔的方程式为____。

(3)净化乙炔时,可用________________(填试剂)除去其中的 H_2S、PH_3 等杂质气体。

(4)B 的结构简式为____________________________,A→B 的反应类型为__________________。

(5)E 的结构简式为____________________________。

(6)已知环己烯可由下列物质在一定条件反应下得到:

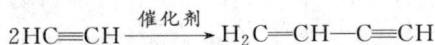

$$\begin{matrix} & CH_2 \\ HC & \\ | & \\ HC & \\ & CH_2 \end{matrix} + \begin{matrix} CH_2 \\ \| \\ CH_2 \end{matrix} \longrightarrow \begin{matrix} & CH_2 & \\ HC & & CH_2 \\ \| & & | \\ HC & & CH_2 \\ & CH_2 & \end{matrix}$$

(也可表示为:$\diagup\!\!\diagdown\!\!\diagup$ + ‖ ⟶ ⬡)

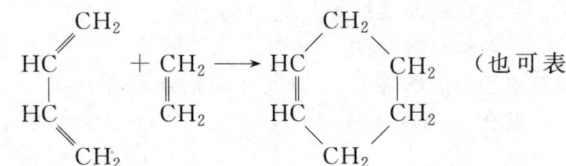

有机化合物 B 在一定条件下反应,生成含六元环的二氯代烃 G,G 分子式为 $C_8H_{10}Cl_2$,写出 G 的结构简式_____________________________(任写两种即可)。

拔高提能训练

15. 为探究乙炔与溴的加成反应,甲同学设计并进行了如下实验:先取一定量工业用电石与水反应,将生成的气体通入溴水中,发现溶液褪色,即证明乙炔与溴水发生了 加成反应。乙同学发现在甲同学的实验中,褪色后的溶液里有少许淡黄色浑浊,推测在制得的乙炔中还可能含有少量还原性的杂质气体,由此他提出必须先除去杂质,再与溴水反应。

请回答下列问题:

(1)写出甲同学实验中两个主要的化学方程式

____、

____。

(2)甲同学设计的实验________(填"能"或"不能")验证乙炔与溴发生加成反应,其理由是________________。

a. 使溴水褪色的反应,未必是加成反应

b. 使溴水褪色的反应,就是加成反应

c. 使溴水褪色的物质,未必是乙炔

d. 使溴水褪色的物质,就是乙炔

(3)乙同学推测此乙炔中必定含有的一种杂质气体是__________________,它与溴水反应的化学方程式是____;

在验证过程中必须将此杂质全部除去。

(4)请你选用下列四个装置(可重复使用)来实现乙同学的实验方案,将它们的编号填入方框,并写出装置内所放的化学药品。

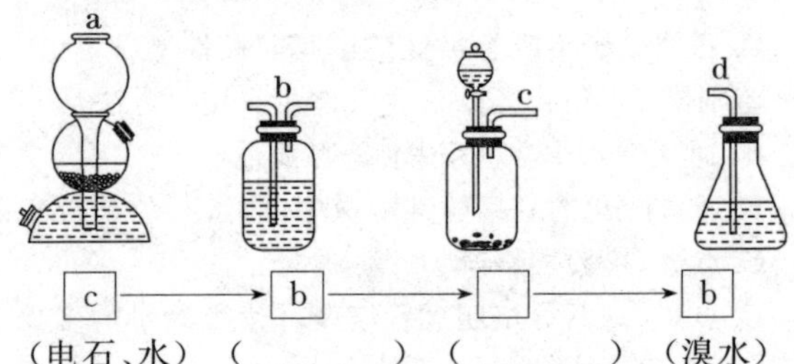

16. 电石中的碳化钙和水能完全反应:

$$CaC_2+2H_2O \longrightarrow CH\equiv CH\uparrow +Ca(OH)_2$$

使反应产生的气体排水,测量排出水的体积,可计算出标准状况下乙炔的体积,从而可测定电石中碳化钙的含量。

(1)若用下列仪器和导管组装实验装置:

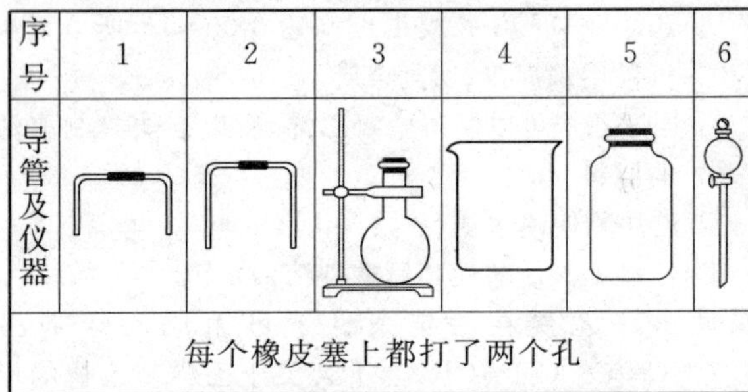

序号	1	2	3	4	5	6
导管及仪器						
每个橡皮塞上都打了两个孔						

如果所制气体流向为从左向右时,上述仪器和导管从左到右直接连接的顺序(填各仪器、导管的序号)是(　　)接(　　)接(　　)接(　　)接(　　)接(　　)。

(2)仪器连接好后,进行实验时,有下列操作(每项操作只进行一次):

①称取一定量电石,置于仪器 3 中,塞紧橡皮塞。

②检查装置的气密性。

③在仪器 6 和 5 中注入适量水。

④待仪器 3 恢复到室温时,量取仪器 4 中水的体积(导管 2 中的水忽略不计)。

⑤慢慢开启仪器 6 的活塞,使水逐滴滴下,至不产生气体时,关闭活塞。

正确的操作顺序(用操作序号填写)是______________。

(3)若实验产生的气体有难闻的气味,且测定结果偏大,这是因为电石中含有____________________杂质。

(4)若实验时称取的电石为 1.60 g,测量排出水的体积后,折算成标准状况时,乙炔的体积为 448 mL,此电石中碳化钙的质量分数是________%。

班级：　　　　姓名：　　　　学号：

课时跟踪检测(八)　苯

1. 苯和乙烯相比较，下列叙述中正确的是　（　　）

A. 都易与溴发生取代反应

B. 都易发生加成反应

C. 乙烯易发生加成反应，苯不能发生加成反应

D. 乙烯易被酸性高锰酸钾溶液氧化，苯不能被酸性高锰酸钾溶液氧化

2. 苯分子不能使酸性高锰酸钾褪色的原因是　（　　）

A. 分子中不存在 π 键

B. 分子中存在 6 电子大 π 键，结构稳定

C. 分子是平面结构

D. 分子中只存在 σ 键

3. 下列关于苯的叙述正确的是　（　　）

A. 苯的分子式为 C_6H_6，它不能使酸性 $KMnO_4$ 溶液褪色，属于饱和烃

B. 从苯的凯库勒式（⌬）看，苯分子中含有碳碳双键，应属于烯烃

C. 在催化剂作用下，苯与液溴反应生成溴苯，发生了加成反应

D. 苯分子为平面正六边形结构，6 个碳原子之间的价键完全相同

4. 下列能说明苯与一般的烯烃性质不同的事实是（　　）

A. 苯分子是高度对称的平面形分子

B. 苯能燃烧

C. 苯不与酸性 $KMnO_4$ 溶液反应

D. 1 mol 苯在一定条件下可与 3 mol 氢气发生加成反应

5. 有关苯分子的说法不正确的是　（　　）

A. 苯分子中 C 原子均以 sp^3 杂化方式成键，形成夹角为 120°的三个 sp^3 杂化轨道，故为正六边形的碳环

B. 每个碳原子还有一个未参与杂化的 2p 轨道，垂直碳环平面，相互平行重叠，形成大 π 键

C. 大 π 键中 6 个电子被 6 个 C 原子共用，故称为 6 中心 6 电子大 π 键

D. 苯分子中共有十二个原子共面，六个碳碳键完全相同

6. 下列变化属于物理变化的是　（　　）

A. 苯和溴水混合后振荡

B. 苯、液溴和铁粉混合

C. 石蜡的分解

D. 甲烷和氯气混合后光照

7. 能说明苯分子的平面正六边形结构中，碳碳键不是单、双键交替排布，而是 6 个碳原子之间的键完全相同的事实是　（　　）

A. 苯的一氯取代物（⌬—Cl）只有 1 种

B. 苯的邻位二氯取代物（邻二氯苯，结构式）只有 1 种

C. 苯的间位二氯取代物（间二氯苯，结构式）只有 1 种

D. 苯的对位二氯取代物（Cl—⌬—Cl）只有 1 种

8. 下列物质中，既能因发生化学反应使溴水褪色，又能使酸性 $KMnO_4$ 溶液褪色的是　（　　）

①SO_2　②$CH_3CH_2CH=CH_2$　③⌬　④CH_3CH_3

A. ①②③④　　B. ③④

C. ①②④　　D. ①②

9. 下列实验能获得成功的是　（　　）

A. 用溴水可鉴别苯、乙醇、苯乙烯（⌬—$CH=CH_2$）

B. 加浓溴水，然后过滤可除去苯中少量己烯

C. 用酸性高锰酸钾溶液鉴别苯和正戊烷

D. 可用分液漏斗分离硝基苯和苯

10. 下列叙述正确的是　（　　）

A. 将溴水、铁粉和苯混合加热即可制得溴苯

B. 用苯和浓硝酸、浓硫酸混合即可制得硝基苯

C. 由苯制取溴苯和硝基苯其反应原理相同

D. 溴苯和硝基苯与水分层，溴苯在下层，硝基苯在上层

11. 50～60 ℃时，苯与浓硝酸在浓硫酸催化下可制取硝基苯，反应装置如图。下列对该实验的描述错误的是　（　　）

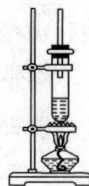

A. 最好用水浴加热，并用温度计控温

B. 长玻璃管起冷凝回流作用

C. 提纯硝基苯时只需直接用水去洗涤，便可洗去混在硝基苯中的杂质

D. 加入过量硝酸可以提高苯的转化率

[答题栏] 1 2 3 4 5 6 7 8 9 10 11 12

12.[双选]利用煤化工所得的苯可合成甲苯、乙苯、环己烷,其反应如下:

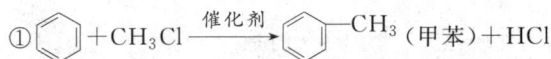

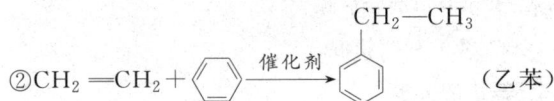

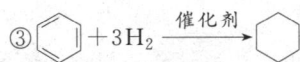

① $+CH_3Cl \xrightarrow{\text{催化剂}}$ $—CH_3$(甲苯)$+HCl$

② $CH_2=CH_2+$ $\xrightarrow{\text{催化剂}}$ $CH_2—CH_3$(乙苯)

③ $+3H_2 \xrightarrow{\text{催化剂}}$

下列说法正确的是 ( )

A. 反应②、③均属于加成反应

B. 溴水中加入苯,二者可发生取代反应

C. 乙苯中所有碳原子一定在同一平面上

D. 能用溴水判断反应②所得的乙苯中是否混有乙烯

13. 某同学要以“研究苯分子的结构”为题目做一次探究活动,下面是其活动记录,请补全所缺内容。

(1)理论推测:他根据苯的凯库勒式________,推测苯分子中有两种不同的碳碳键,即________和________,因此它可以使紫红色的________溶液褪色。

(2)实验验证:他取少量的上述溶液加入试管中,然后加入苯,充分振荡,静置,发现________________________________。

(3)实验结论:上述的理论推测是________(填“正确”或“错误”)的。

(4)查询资料:经查阅有关资料,发现苯分子中六个碳原子之间的键________(填“相同”或“不同”),是一种________________键,苯分子中的六个碳原子和六个氢原子________(填“在”或“不在”)同一平面上,应该用________表示苯分子的结构更合理。

(5)发现问题:当他将苯加入溴水中时,充分振荡,发现能使溴水褪色,于是该同学认为所查资料有误。你同意他的结论吗?为什么?________________________________。

14. 从石油和煤中提炼出化工原料A和B,A是一种果实催熟剂,它的产量用来衡量一个国家的石油化工发展水平。B是一种比水轻的油状液体,B仅由碳、氢两种元素组成,碳元素与氢元素的质量比为12∶1,B的相对分子质量为78。回答下列问题:

(1)A的电子式为____________,B的结构简式为____________。

(2)与A相邻的同系物C使溴的四氯化碳溶液褪色的化学反应方程式为________________________________。

(3)在碘水中加入B振荡静置后的现象为________________________________。

(4)等质量的A、B完全燃烧时消耗O_2的物质的量________(填“A>B”“A<B”或“A=B”)。

拔高提能训练

15. 甲、乙、丙、丁分别是乙烷、乙烯、乙炔、苯中的一种。

①甲、乙能使溴水褪色,乙与等物质的量的H_2反应生成甲,甲与等物质的量的H_2反应生成丙。

②丙既不能使溴的CCl_4溶液褪色,也不能使酸性$KMnO_4$溶液褪色。

③丁既不能通过化学反应使溴的CCl_4溶液褪色,也不能使酸性$KMnO_4$溶液褪色,但在一定条件下可与溴发生取代反应;一定条件下,1 mol丁可以和3 mol H_2完全加成。

请根据以上叙述完成下列填空:

(1)甲的结构简式:________________,乙的结构简式:________________。

(2)丁与溴在催化剂($FeBr_3$)作用下发生取代反应的化学方程式:________________________。

16. 实验室用如图所示装置进行苯与溴反应的实验。

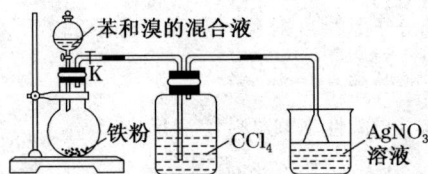

苯和溴的混合液 K 铁粉 CCl_4 $AgNO_3$溶液

(1)由分液漏斗往烧瓶中滴加苯和溴的混合液时,反应很剧烈,可明显观察到烧瓶中充满了________色气体。

(2)若装置中缺洗气瓶,则烧杯中产生的现象无法说明苯与溴的反应是取代反应,其理由是________________________________。

(3)实验完毕,关闭K,由分液漏斗往烧瓶中加NaOH溶液,加NaOH溶液的目的是

①________________________________;

②________________________________。

班级：　　　姓名：　　　学号：

课时跟踪检测(九)　苯的同系物

1. 了解有机化合物分子中化学键特征以及成键方式是研究有机化合物性质的基础。下列关于有机化合物分子的成键方式的描述不正确的是　(　　)

A. 烷烃分子中碳原子均采用 sp^3 杂化轨道成键

B. 炔烃分子中碳碳三键由 1 个 σ 键、2 个 π 键组成

C. 甲苯分子中所有碳原子均采用 sp^2 杂化轨道成键

D. 苯环中存在 6 个碳原子共有的大 π 键

2. 下列说法中，正确的是　(　　)

A. 芳香烃的分子通式是 $C_nH_{2n-6}(n\geqslant6)$

B. 苯的同系物是分子中仅含有一个苯环的所有烃类化合物

C. 苯和甲苯都不能使酸性 $KMnO_4$ 溶液褪色

D. 苯和甲苯都能与卤素单质、硝酸等发生取代反应

3. 下列物质属于芳香烃，但不是苯的同系物的是　(　　)

①（苯环）—CH_3　②（苯环）—$CH=CH_2$

③（苯环）—NO_2　④（苯环）—OH

⑤（萘）　⑥（苯环）—CH_2CH_3

A. ③④　　B. ②⑤

C. ①②⑤⑥　　D. ②③④⑤⑥

4. 下列实验的操作和所用的试剂都正确的是　(　　)

A. 要鉴别己烯中是否混有少量甲苯，应先加足量溴水，然后再加入酸性高锰酸钾溶液

B. 配制浓硫酸和浓硝酸的混合酸时，将浓硝酸沿器壁缓缓倒入浓硫酸中

C. 除去溴苯中少量的溴，可以加水后分液

D. 制硝基苯时，将盛有混合液的试管直接在酒精灯火焰上加热

5. 某烃不与溴水反应，能使酸性高锰酸钾溶液褪色，在 Fe 存在下与 Cl_2 反应，能生成两种一氯代物，该烃是　(　　)

A. 丙烯　　B. 对二甲苯

C. 1-甲基-4-乙基苯　　D. 1-甲基-2-乙基苯

6. 下列关于苯及其同系物的说法中，正确的是　(　　)

A. 苯及其同系物可以含有 1 个苯环，也可以含有多个苯环

B. 苯及其同系物都能与溴水发生取代反应

C. 苯及其同系物都能与氯气发生取代反应

D. 苯及其同系物都能被酸性 $KMnO_4$ 溶液氧化

7. 下列关于甲苯的实验中，能说明侧链对苯环有影响的是　(　　)

A. 甲苯硝化生成三硝基甲苯

B. 甲苯能使酸性高锰酸钾溶液褪色

C. 甲苯燃烧带有浓厚的黑烟

D. 甲苯与氢气可以发生加成反应

8. 下列苯的同系物中，苯环上的一溴化物只有一种的是　(　　)

A. 乙苯　　B. 邻二甲苯

C. 间二甲苯　　D. 对二甲苯

9. 聚苯乙烯塑料在生产、生活中有广泛应用，其单体可由乙苯和二氧化碳在一定条件下反应制得，其反应原理如下：

$$\text{乙苯} + CO_2 \xrightarrow{\text{一定条件}} \text{苯乙烯} + CO + H_2O$$

下列有关说法不正确的是　(　　)

A. 苯乙烯可通过加聚反应生成聚苯乙烯

B. 苯乙烯分子中所有原子可能共平面

C. 乙苯、苯乙烯均能使溴水褪色，且其褪色原理相同

D. 等质量的聚苯乙烯与苯乙烯中所含的碳原子数相同

10. 关于（邻位 CH_3 取代的苯环）—$CH=C(C_2H_5)-C\equiv CH$，下列结论正确的是　(　　)

A. 该有机化合物分子式为 $C_{13}H_{16}$

B. 该有机化合物属于苯的同系物

C. 该有机化合物分子至少有 4 个碳原子共直线

D. 该有机化合物分子最多有 13 个碳原子共平面

[答题栏]

	1
	2
	3
	4
	5
	6
	7
	8
	9
	10
	11
	12

11. [双选]下列说法正确的是 ( )

A. 某有机化合物燃烧只生成 CO_2 和 H_2O，且二者物质的量相等，则此有机化合物的组成为 C_nH_{2n}

B. 一种烃在足量的氧气中燃烧并通过浓 H_2SO_4，减少的体积就是生成的水蒸气的体积

C. 某气态烃 C_xH_y 与足量 O_2 恰好完全反应，如果反应前后气体体积不变(温度>100 ℃)，则 $y=4$；若体积减少，则 $y<4$；否则 $y>4$

D. 相同质量的烃，完全燃烧，消耗 O_2 越多，烃中含氢元素的质量分数就越高

12. 25 ℃和 101 kPa 时，乙烷、乙炔和丙烯组成的混合烃 8 mL与过量氧气混合并完全燃烧，除去水蒸气，恢复到原来的温度和压强，气体总体积缩小了 18 mL，原混合烃中乙炔的体积分数为 ( )

A. 12.5% B. 25%

C. 50% D. 75%

13. 写出下列变化的化学方程式，并标明反应条件和反应类型：

(1)苯→氯苯：化学方程式：____，反应类型__________。

(2)甲苯→三硝基甲苯：化学方程式____，反应类型__________。

(3)苯→环己烷：化学方程式__________________，反应类型__________。

(4)甲苯→间溴甲苯：化学方程式____，反应类型__________。

14. 甲苯是对煤的综合利用得到的产物之一，其结构简式为 (苯环)—CH_3。试回答下列问题：

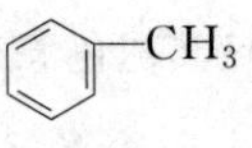

(1)苯与甲苯的相互关系为________。

A. 同分异构体 B. 同位素

C. 同素异形体 D. 同系物

(2)甲苯燃烧时的现象为__________________，1 mol 甲苯完全燃烧消耗氧气的物质的量为______。

(3)甲苯苯环上的一氯代物有______种。

(4)已知具有 (苯环)—C(—)—H 结构的物质可被酸性高锰酸钾氧化。区分苯和甲苯的方法是____。

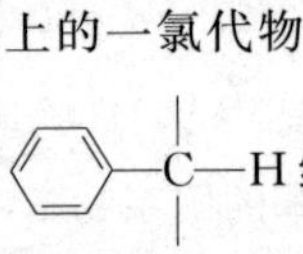

15. 某含苯环的化合物 A，其相对分子质量为 104，碳的质量分数为 92.3%。

(1)A 的分子式为__________。

(2)A 与溴的四氯化碳溶液反应的化学方程式为____，反应类型是__________。

(3)已知：$>C=C<$ $\xrightarrow{稀、冷\ KMnO_4/OH^-}$ $-\underset{OH}{\underset{|}{C}}-\underset{OH}{\underset{|}{C}}-$。

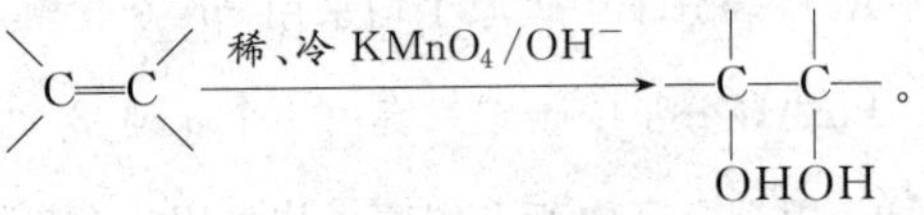

请写出 A 与稀、冷的 $KMnO_4$ 溶液在碱性条件下反应的化学方程式：____。

(4)一定条件下，A 与氢气反应，得到的化合物中碳的质量分数为 85.7%，写出此化合物的结构简式__________________。

(5)在一定条件下，由 A 聚合得到的高分子化合物的结构简式为__________。

拔高提能训练

16. 芳香化合物 A 是一种基本化工原料，可以从煤和石油中得到。A、B、C、D、E 的转化关系如图所示：

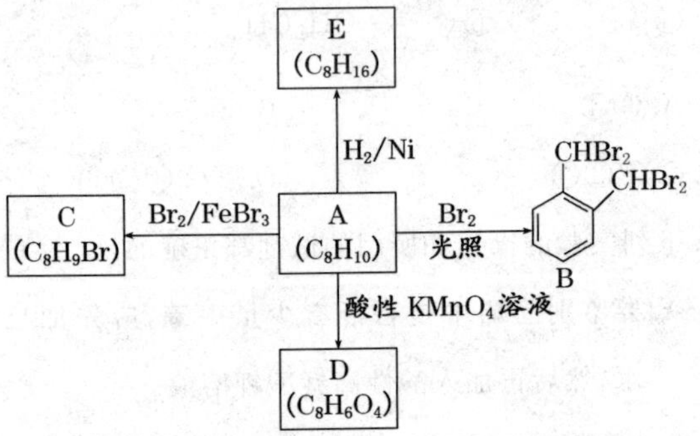

E (C_8H_{16}) ←(H_2/Ni)— A (C_8H_{10})

C (C_8H_9Br) ←($Br_2/FeBr_3$)— A (C_8H_{10}) —(Br_2 光照)→ B (邻位 $CHBr_2$、$CHBr_2$ 取代的苯)

A (C_8H_{10}) —(酸性 $KMnO_4$ 溶液)→ D ($C_8H_6O_4$)

回答下列问题：

(1)A 的化学名称是__________；E 属于__________(填“饱和烃”或“不饱和烃”)。

(2)A→B 的反应类型是__________，在该反应的副产物中，与 B 互为同分异构体的副产物的结构简式为__________。

(3)A→C 的化学方程式为____。

(4)A 与酸性 $KMnO_4$ 溶液反应可得到 D，写出 D 的结构简式：__________。

班级：　　　　姓名：　　　　学号：

章末检测验收(二)　烃

(时间:90 分钟　满分:100 分)

一、选择题(本题包括 20 小题,每小题 2 分,共 40 分)

1.已知下列烷烃的沸点是甲烷:-162 ℃;乙烷:-89 ℃;丁烷:-1 ℃;戊烷:36 ℃。根据以上数据推断,丙烷的沸点可能是　(　　)

A.约-40 ℃　　B.低于-162 ℃

C.低于-89 ℃　　D.高于 36 ℃

2.下列关于烷烃的叙述不正确的是　(　　)

A.烷烃只含有碳、氢两种元素

B.含有碳、氢元素的烃不一定是烷烃

C.烷烃一定是饱和烃,饱和烃不一定是烷烃

D.碳原子间只以单键相结合的烃一定是烷烃

3.下列各组有机化合物中,只需加入溴水就能鉴别的是　(　　)

A.己烯、苯、四氯化碳　　B.苯、己炔、己烯

C.己烷、苯、环己烷　　D.苯、己烷、己烯

4.某烃的结构简式为 $CH_3—CH_2—C(C_6H_5)=C(C_2H_5)—C≡CH$,若分子中共线碳原子数为 a,可能共面的碳原子数最多为 b,含四面体结构的碳原子数为 c,则 a、b、c 分别是　(　　)

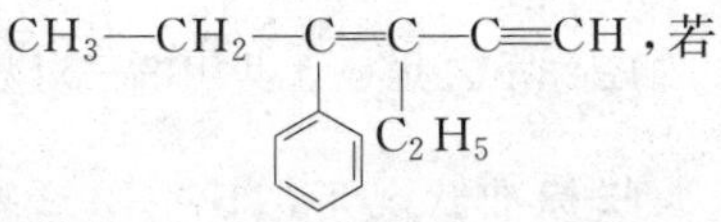

A.3、4、5　　B.3、10、4

C.3、14、4　　D.4、10、4

5.关于化合物 2-苯基丙烯(结构简式),下列说法正确的是　(　　)

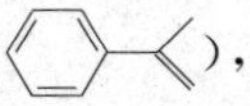

A.不能使酸性高锰酸钾溶液褪色

B.可以发生加成聚合反应

C.分子中所有原子共平面

D.易溶于水及甲苯

6.“辛烷值”用来表示汽油的质量,汽油中异辛烷的爆震程度最小,将其辛烷值标定为 100,如图是异辛烷的球棍模型,则异辛烷的系统命名为　(　　)

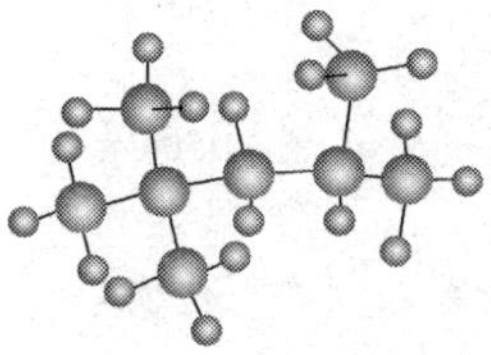

A.1,1,3,3-四甲基丁烷　　B.2-甲基庚烷

C.2,4,4-三甲基戊烷　　D.2,2,4-三甲基戊烷

7.下列有机化合物的命名错误的是　(　　)

A. 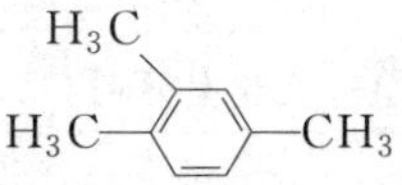 H_3C—(苯环,邻位 H_3C)—CH_3　1,2,4-三甲苯

B.  (键线式)　3-甲基-1-戊烯

C. 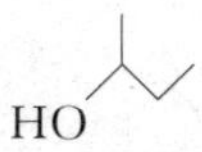 HO(键线式)　2-甲基-1-丙醇

D.  Br(键线式)Br　1,3-二溴丙烷

8.下列变化中,由加成反应引起的是　(　　)

A.乙烯通入酸性高锰酸钾溶液中,高锰酸钾溶液褪色

B.苯在一定温度、压强和催化剂的作用下和氢气反应,生成环己烷

C.一定条件下,苯滴入浓硝酸和浓硫酸的混合液中,有油状物生成

D.由电石制乙炔

9.某气态烷烃和气态单烯烃组成的混合气体,其密度是相同状况下 H_2 密度的 13 倍,把标准状况下 4.48 L 该混合气体通入足量的溴水中,溴水增重 2.8 g,则两种烃可能是　(　　)

A.甲烷和丙烯　　B.乙烷和丙烯

C.乙烷和 1-丁烯　　D.甲烷和 2-丁烯

10. 下列烯烃和 HBr 发生加成反应所得的产物中有同分异构体的是 ( )

A. $CH_2=CH_2$

B. $CH_3CH=CH_2$

C. $CH_3CH=CHCH_3$

D. $CH_3CH_2CH=CHCH_2CH_3$

11. [**双选**]对称变换是一种建模方法。依据甲烷的一氯代物只有一种,采用如下代换:

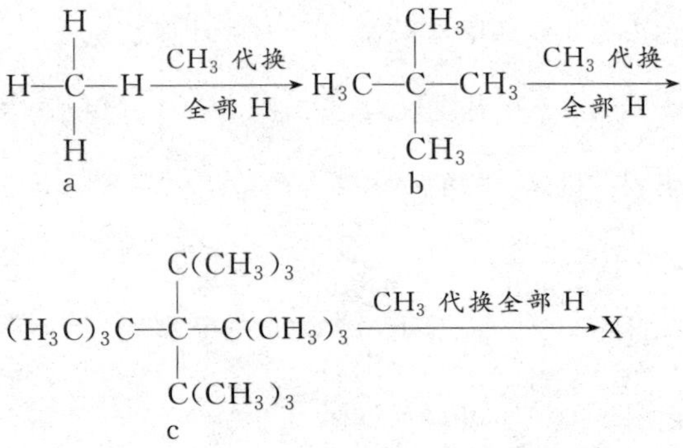

$$\underset{a}{CH_4}\xrightarrow[\text{全部 H}]{CH_3\text{ 代换}}\underset{b}{C(CH_3)_4}\xrightarrow[\text{全部 H}]{CH_3\text{ 代换}}\underset{c}{C[C(CH_3)_3]_4}\xrightarrow{CH_3\text{ 代换全部 H}}X$$

下列说法错误的是 ( )

A. a、b、c 互为同系物

B. X 的通式一定为 C_nH_{2n+2}

C. b 的同分异构体只有 3 种(不含立体异构)

D. c 的三氯代物只有 7 种(不含立体异构)

12. 下列各组烃的混合物,只要总质量一定,按任意比例混合,完全燃烧后生成 CO_2 和 H_2O 都是恒量的是 ( )

A. C_2H_2、C_2H_4 B. C_2H_4、C_4H_6

C. C_2H_6、C_3H_6 D. C_6H_6、C_2H_2

13. 下列实验操作中正确的是 ( )

A. 将液溴、铁粉和苯混合加热即可制得溴苯

B. 除去溴苯中红棕色的溴,可用稀 NaOH 溶液反复洗涤,并用分液漏斗分液

C. 用苯和浓 HNO_3、浓 H_2SO_4 反应制取硝基苯时需水浴加热,温度计应放在混合液中

D. 制取硝基苯时,应取浓 H_2SO_4 2 mL,加入 1.5 mL 浓 HNO_3,再滴入苯约 1 mL,然后放在水浴中加热

14. 柠檬烯具有特殊香气。可溶于乙醇或乙醚,不溶于水,其结构简式如图所示:(结构式:H_3C、$H_2C=C$—CH 环,环中含 CH—CH_3、C—CH_3、H_2C—CH),有关柠檬烯的说法正确的是 ( )

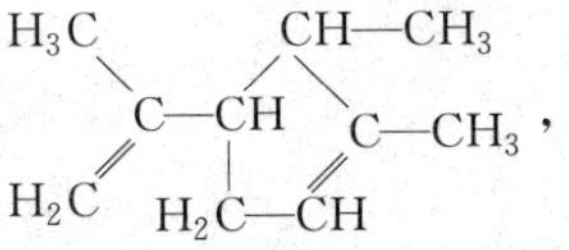

A. 柠檬烯属于芳香烃

B. 柠檬烯分子中所有碳原子处于同一个平面上

C. 柠檬烯能与酸性高锰酸钾溶液发生取代反应

D. 柠檬烯的分子式为 $C_{10}H_{16}$,能使溴的四氯化碳溶液褪色

15. 设 N_A 为阿伏加德罗常数的值,下列说法正确的是 ( )

A. 1 mol 甲基正离子(CH_3^+)所含的电子总数为 $9N_A$

B. 28 g 乙烯所含共用电子对数目为 $4N_A$

C. 标准状况下,11.2 L 二氯甲烷所含分子数为 $0.5N_A$

D. 现有乙烯、丙烯、丁烯的混合气体共 14 g,其原子数为 $3N_A$

16. [**双选**]某烃的结构简式如图(两个苯环以 C—C 键相连,各带一个 CH_3)。已知 C—C 键可以绕键轴旋转,下列说法正确的是 ( )

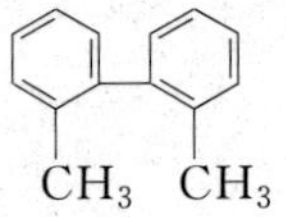

A. 分子中至少有 8 个碳原子处于同一平面上

B. 分子中至少有 9 个碳原子处于同一平面上

C. 该烃的一氯代物最多有 5 种

D. 该烃是苯的同系物

17. 某单烯烃与 H_2 加成后的产物是

$$CH_3-\underset{\displaystyle CH_3}{\underset{|}{CH}}-\underset{\displaystyle CH_3}{\underset{|}{CH}}-C(CH_3)_3$$，则该烯烃的结构式可能有（　　）

A. 1 种　　B. 2 种

C. 3 种　　D. 4 种

18. [双选]下列关于有机化合物的说法不正确的是（　　）

A. $CH_3-CH=CH_2$ 和 $CH_2=CH_2$ 的最简式相同

B. $CH\equiv CH$ 和 C_6H_6 含碳量相同

C. 丁二烯和丁烯为同系物

D. 标准状况下，11.2 L 的已烷所含的分子数为 $0.5N_A$（N_A 为阿伏加德罗常数的值）

19. 苯的同系物 C_8H_{10}，在 $FeBr_3$ 作催化剂的条件下与液溴反应，其中只能生成一种一溴代物的是（　　）

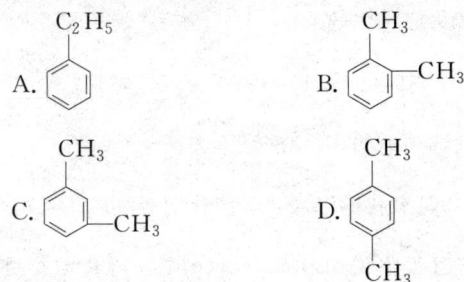

A. C_2H_5（乙苯）　　B. CH_3、CH_3（邻二甲苯）

C. CH_3、CH_3（间二甲苯）　　D. CH_3、CH_3（对二甲苯）

20. 用相对分子质量为 43 的烷基取代甲苯苯环上的一个氢原子，所得芳香烃产物的数目为（　　）

A. 3　　B. 4

C. 5　　D. 6

二、非选择题（本题包括 5 小题，共 60 分）

21. (10 分) A～G 是几种烃的分子球棍模型(如图)，据此回答下列问题：

A　B　C　D

E　F　G

(1)常温下含碳量最高的气态烃是______(填字母)。

(2)能够发生加成的烃有________种。

(3)写出实验室制 D 的化学方程式：________________________________。

(4)写出 F 发生硝化反应的化学方程式：________________________________。

(5)不与溴水反应但能与酸性 $KMnO_4$ 溶液反应的是__________(填名称)。

22. (10 分)请按要求回答下列问题：

(1)1-丁烯与溴水的反应：________________________________。

(2)相对分子质量为 72 的某烃，其一氯代物只有一种，则该烃的一氯代物的结构简式为____________。

(3)用系统命名方法命名下列有机化合物

$(CH_3)_2CHCH(CH_3)_2$ ____________________；

$$CH_3-\underset{\displaystyle CH_3}{\underset{|}{CH}}-\underset{\displaystyle C_2H_5}{\underset{|}{CH}}-\underset{\displaystyle C_2H_5}{\underset{|}{CH}}-CH_3$$ ____________________；

(4)已知结构式为
$$\overset{H}{\underset{Cl}{}}\!\!>C=C<\!\!\overset{H}{\underset{Cl}{}}$$ 和 $$\overset{Cl}{\underset{H}{}}\!\!>C=C<\!\!\overset{H}{\underset{Cl}{}}$$
的物质互为同分异构体，我们称之为顺反异构。则分子式为 C_5H_{10} 的有机化合物，属于烯烃的同分异构体的数目为________种(考虑顺反异构)。

23. (14 分)为探究苯与溴的取代反应，甲用如图装置 Ⅰ 进行如下实验：

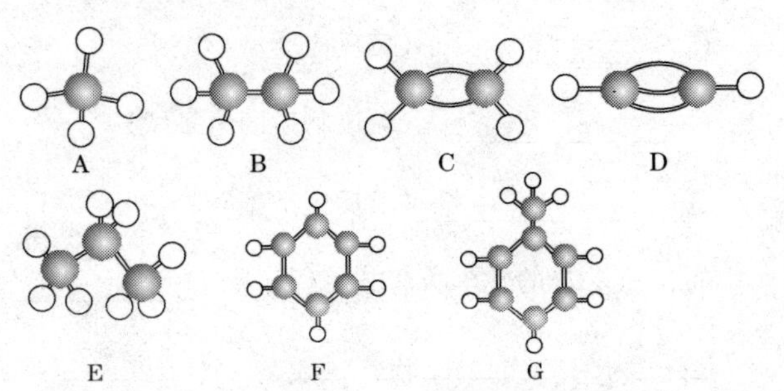

装置 Ⅰ

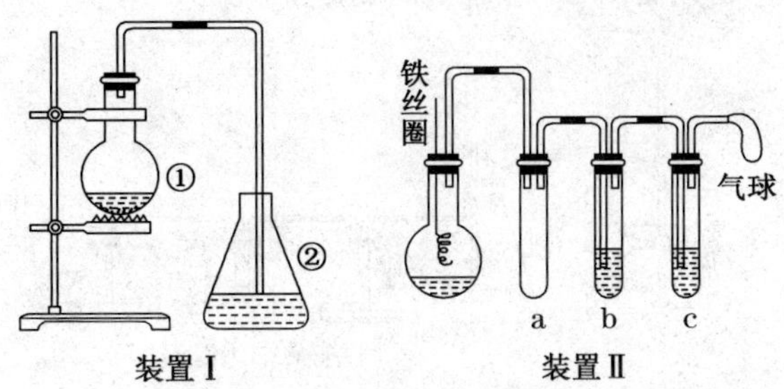

装置 Ⅱ

[答题栏]

题号	答案
1	
2	
3	
4	
5	
6	
7	
8	
9	
10	
11	
12	
13	
14	
15	
16	
17	
18	
19	
20	

将一定量的苯和溴放在烧瓶中，同时加入少量铁屑，3～5 min后发现滴有 $AgNO_3$ 的锥形瓶中有浅黄色的沉淀生成，即证明苯与溴发生了取代反应。

(1)装置Ⅰ①中发生反应的化学方程式为__________、__________，②中发生反应的离子方程式为__________。

(2)烧瓶中生成的红褐色油状液滴的成分是__________，要想得到纯净的产物，可用__________试剂洗涤。洗涤后分离粗产品应使用的仪器是__________。

(3)乙同学设计如图所示装置Ⅱ，并用下列某些试剂完成该实验。可选用的试剂是苯、液溴、浓硫酸、氢氧化钠溶液、硝酸银溶液、四氯化碳。a 的作用是__________。b 中的试剂是__________。比较两套装置，装置Ⅱ的主要优点是__________。

24.(12分)某种烃 A 的蒸气折合成标准状况下的密度是3.214 g·L^{-1}，已知该烃的碳氢质量比为5∶1。

(1)该烃的分子式：__________。

(2)如果该烃的一氯取代物有4种，该烃的结构简式为__________。

(3)烃 A 可由另一种烃炔 B 通过加成反应而制得，则烃 B 的结构简式是__________。

25.(14分)实验室制备1,2-二溴乙烷的反应原理如下：

$CH_3CH_2OH \xrightarrow[170\ ℃]{浓硫酸} CH_2=CH_2 + H_2O$，$CH_2=CH_2 + Br_2 \longrightarrow BrCH_2CH_2Br$。用少量的溴和足量的乙醇制备1,2-二溴乙烷的装置如图所示：

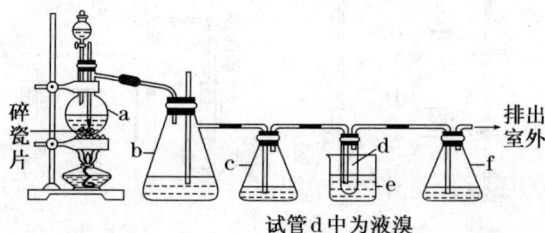

碎瓷片 a b c d e f 排出室外

试管d中为液溴

有关数据列表如下：

	乙醇	1,2-二溴乙烷	乙醚
状态	无色液体	无色液体	无色液体
密度/(g·cm^{-3})	0.79	2.2	0.71
沸点/℃	78.5	132	34.6
熔点/℃	−130	9	−116

回答下列问题：

(1)在装置 c 中应加入________(填序号)，其目的是吸收反应中可能生成的酸性气体。

①水　　②浓硫酸

③氢氧化钠溶液　　④饱和碳酸氢钠溶液

(2)判断 d 管中制备二溴乙烷反应已结束的最简单方法是__________。

(3)将二溴乙烷粗产品置于分液漏斗中加水，振荡后静置，产物应在水的________(填“上”或“下”)层。

(4)若产物中有少量未反应的 Br_2，最好用________(填正确选项前的序号)洗涤除去。

①水　②氢氧化钠溶液　③碘化钠溶液　④乙醇

(5)反应过程中需用冷水冷却(装置 e)，其主要目的是__________；但不用冰水进行过度冷却，原因是__________。

(6)以1,2-二溴乙烷为原料，制备聚氯乙烯，为了提高原料利用率，有同学设计了如下流程：1,2-二溴乙烷通过(①)反应制得(②)，②通过(③)反应制得氯乙烯，由氯乙烯制得聚氯乙烯。

①__________(填反应类型)

②__________(填该物质的电子式)

③__________(填反应类型)

写出第一步的化学方程式__________。

班级：　　　　姓名：　　　　学号：

课时跟踪检测(十)　卤代烃

1. 运动员的腿部肌肉不小心挫伤，队医马上对准该运动员的受伤部位喷射一种名叫氯乙烷的药剂(沸点约为12 ℃)进行冷冻麻醉处理。关于氯乙烷的说法不正确的是　　(　　)

A. 在一定条件下能发生水解反应

B. 一定条件下反应可以制备乙烯

C. 该物质易溶于水

D. 该物质官能团的名称是碳氯键

2. 下列关于卤代烃的叙述错误的是　　(　　)

A. 随着碳原子数的增多，一氯代烃的沸点逐渐升高

B. 随着碳原子数的增多，一氯代烃的密度逐渐增大

C. 等碳原子数的一氯代烃，支链越多，沸点越低

D. 等碳原子数的一卤代烃，卤素的原子序数越大，沸点越高

3. 下列液体中，滴入水中会出现分层现象，但滴入热的氢氧化钠溶液中时分层现象会逐渐消失的是　　(　　)

A. 溴乙烷　　B. 己烷

C. 苯　　D. 苯乙烯

4. 1-溴丙烷($\underset{\underset{Br}{|}}{CH_2}—CH_2—CH_3$)和 2-溴丙烷($CH_3—\underset{\underset{Br}{|}}{CH}—CH_3$)分别与 NaOH 的乙醇溶液共热的反应中，关于两个反应的说法正确的是　　(　　)

A. 产物相同，反应类型相同

B. 产物不同，反应类型不同

C. 碳氢键断裂的位置相同

D. 碳溴键断裂的位置相同

5. 下列卤代烃在 KOH 醇溶液中加热不反应的是(　　)

① C_6H_5—Cl　② $(CH_3)_2CHCH_2Cl$　③ $(CH_3)_3CCH_2Cl$

④ $CHCl_2—CHBr_2$　⑤ C_6H_{11}—Br（环己基溴）　⑥ CH_2Cl_2

A. ①③⑥　　B. ②③⑤

C. 全部　　D. ②④

6. [双选]下列化学反应的产物中，存在有互为同分异构体的是　　(　　)

A. $CH_3CH_2CH_2Br$ 在碱性溶液中水解

B. 甲苯在催化剂 $FeCl_3$ 作用下与 Cl_2 反应

C. $CH_3\underset{\underset{Br}{|}}{CH}—CH_2CH_3$ 与 NaOH 的醇溶液共热反应

D. C_6H_5—CH═CH_2 在催化剂存在下与 H_2 完全加成

7. 有下列反应：①取代反应；②加成反应；③消去反应；④使溴水褪色；⑤使酸性 $KMnO_4$ 溶液褪色；⑥与 $AgNO_3$ 溶液反应生成白色沉淀；⑦加聚反应。有机化合物$CH_3—CH═CH—Cl$能发生的反应是　　(　　)

A. 以上反应均可发生　　B. 只有⑦不能发生

C. 只有⑥不能发生　　D. 只有②不能发生

8. 已知有机化合物 A 与 NaOH 的醇溶液混合加热得产物 C 和溶液 D，C 与乙烯的混合物在催化剂作用下可生成高聚物 $\left[\underset{\underset{CH_3}{|}}{CH}—CH_2—CH_2—CH_2\right]_n$。而在溶液 D 中先加入硝酸酸化，后加入 $AgNO_3$ 溶液，有白色沉淀生成，则 A 的结构简式为　　(　　)

A. $CH_3—\underset{\underset{CH_3}{|}}{CH}—CH_2—CH_2Cl$

B. $CH_2═\underset{\underset{CH_3}{|}}{C}—CH_2CH_2Cl$

C. $CH_3CH_2CH_2Cl$

D. $CH_3—\underset{\underset{CH_3}{|}}{CH}—CH_2Cl$

9. 下图表示 4-溴环己烯所发生的 4 个不同反应，其中，产物只含有一种官能团的反应是　　(　　)

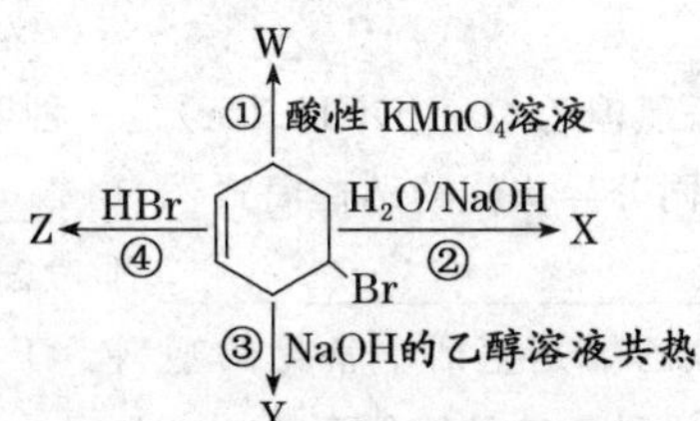

A. ①②　　B. ②③

C. ③④　　D. ①④

10. 聚四氟乙烯$\left[CF_2—CF_2\right]_n$的耐热性和化学稳定性超过其他塑料，被称为"塑料王"。其合成路线如下：

三氯甲烷$\xrightarrow[SbCl_3]{HF}$二氟一氯甲烷$\xrightarrow{\triangle}$四氟乙烯$\xrightarrow{引发剂}$聚四氟乙烯。下列说法中不正确的是　　(　　)

A. "塑料王"不能使酸性高锰酸钾溶液褪色

B. 三氯甲烷($CHCl_3$)可以用甲烷与氯气的取代反应来制取

C. 四氟乙烯($CF_2═CF_2$)中所有的原子都在同一个平面上

D. 二氟一氯甲烷($CHClF_2$)中所有原子最外层都达到了 8 电子稳定结构

[答题栏]

	1
	2
	3
	4
	5
	6
	7
	8
	9
	10
	11
	12

11. [**双选**]某有机化合物其结构简式为 $C_6H_5-C(CH_3)=CH-C(CH_3)_2-CH_2Cl$，关于该有机化合物下列叙述正确的是 ( )

A. 能使酸性 $KMnO_4$ 溶液褪色

B. 能使溴水褪色

C. 在加热和催化剂作用下，最多能和 3 mol H_2 反应

D. 一定条件下，能和 NaOH 的醇溶液反应

12. 化合物 X 的分子式为 $C_5H_{11}Cl$，用 NaOH 的醇溶液处理 X，可得分子式为 C_5H_{10} 的两种产物 Y、Z，Y、Z 经催化加氢后都可得到 2-甲基丁烷。若将化合物 X 用 NaOH 的水溶液处理，则所得有机产物的结构简式可能是 ( )

A. $CH_3CH_2CH_2CH_2CH_2OH$

B. $CH_3—C(CH_3)(OH)—CH_2—CH_3$

C. $CH_3—CH(CH_3)—CH_2—CH_2—OH$

D. $CH_3—C(CH_3)_2—CH_2OH$

13. 卤代烃在生产生活中具有广泛的应用，回答下列问题：

(1)多氯代甲烷作为溶剂，其中分子结构为正四面体的是__________。工业上分离这些多卤代甲烷的方法是________。

(2)三氟氯溴乙烷($CF_3CHClBr$)是一种麻醉剂，写出其所有同分异构体的结构简式：____(不考虑立体异构)。

(3)聚氯乙烯是生活中常见的塑料。工业生产聚氯乙烯的一种工艺路线如下：

乙烯 $\xrightarrow[①]{Cl_2}$ 1,2-二氯乙烷 $\xrightarrow[②]{480\sim530\ ℃}$ 氯乙烯 $\xrightarrow{聚合}$ 聚氯乙烯

反应①的化学方程式是____，反应类型为______，反应②的反应类型为____________。

14. 某同学在实验室进行 1,2-二溴乙烷的消去反应，按下列步骤进行，请填空：

a
b
溴水

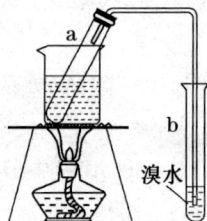

(1)按图连接好仪器装置并________________________________。

(2)在试管 a 中加入 2 mL 1,2-二溴乙烷和 5 mL 10% NaOH 的__________溶液，再向试管中加入几片__________________________。

(3)在试管 b 中加入少量溴水。

(4)用水浴法加热试管里的混合物，持续加热一段时间后，把生成的气体通入溴水中，观察到的现象是____。

(5)①写出发生反应的化学方程式：____。

②本实验中应注意的问题有____。

拔高提能训练

15. 有机化合物 E($C_3H_3Cl_3$)是一种播前除草剂的前体，其合成路线如下。

A $\xrightarrow[①]{氯气、高温}$ B $\xrightarrow[①加成]{氯气、室温}$ 1，2，3-三氯丙烷 $\xrightarrow[③]{烧碱、醇}$ C $\xrightarrow[④]{氯气、室温}$ D $\xrightarrow[⑤]{烧碱、醇}$ E

已知 D 在反应⑤中所生成的 E，其结构只有一种可能，E 分子中有 3 种不同类型的氯原子(不考虑空间异构)。试回答下列问题：

(1)利用题干中的信息推测有机化合物 D 的名称是______________________________。

(2)写出下列反应的类型：反应①是____________，反应③是____________。

(3)有机化合物 E 的链状同分异构体共有______种(不包括 E，不考虑空间异构)。

(4)试写出反应③的化学方程式：____。

16. 根据下面的反应路线及所给信息，回答下列问题：

A $\xrightarrow{Cl_2，光照}$ B $\xrightarrow{NaOH/醇，△①}$ D

A $\xrightarrow{Cl_2，光照}$ C $\xrightarrow{NaOH/醇，△}$ D

D $\xrightarrow[②]{Br_2/CCl_4}$ E $\xrightarrow[③]{NaOH/H_2O}$ F

(1)标准状况下的烃 A 11.2 L 在氧气中充分燃烧可以产生 88 g CO_2 和 45 g H_2O，则 A 的分子式为____________________。

(2)B 和 C 均为一氯代烃，它们的名称(系统命名)分别为____。

(3)D 的结构简式为__________________，D 中碳原子是否都处于同一平面？__________。

(4)E 的一个同分异构体的结构简式是____________。

(5)①、②、③的反应类型依次是____。

(6)写出②、③反应的化学方程式：____、____。

班级：　　　姓名：　　　学号：

课时跟踪检测(十一)　醇

1. 天文学家在太空发现一个长 4 630 亿千米的甲醇气团，这一天文发现为揭示“原始气体如何形成巨大恒星”提供了有力证据。下列关于醇的说法正确的是 (　　)

A. 甲醇能发生催化氧化生成甲醛

B. 所有的醇都能发生消去反应

C. 都符合通式 $C_nH_{2n+1}OH$

D. 醇与钠反应比水与钠反应剧烈

2. 下列各组有机化合物中，互为同分异构体且都属于醇类的是 (　　)

A. 乙二醇和丙三醇

B. 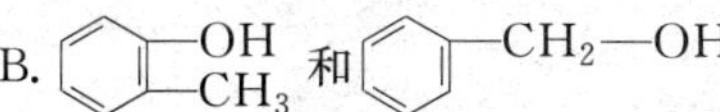

C. 2-丙醇和 1-丙醇

D. 2-丁醇和 2-丙醇

3. 现有四种有机化合物：①丙三醇；②丙烷；③乙二醇；④乙醇。它们的沸点由高到低排列正确的是 (　　)

A. ①②③④　　B. ④③②①

C. ①③④②　　D. ①③②④

4. 下列关于乙二醇和丙三醇的说法中，不正确的是 (　　)

A. 乙二醇的水溶液凝固点很低，可作汽车发动机的抗冻剂

B. 丙三醇的沸点比乙二醇的沸点高，可用于配制化妆品

C. 这两种多元醇都易溶于水，但难溶于有机溶剂

D. 丙三醇可以制造炸药，乙二醇是制涤纶的主要原料

5. 下列反应中，属于醇羟基被取代的是 (　　)

A. 乙醇和金属钠的反应

B. 乙醇和乙酸的反应

C. 由乙醇制乙烯的反应

D. 乙醇和浓氢溴酸溶液的反应

6. 有关下列两种物质的说法正确的是 (　　)

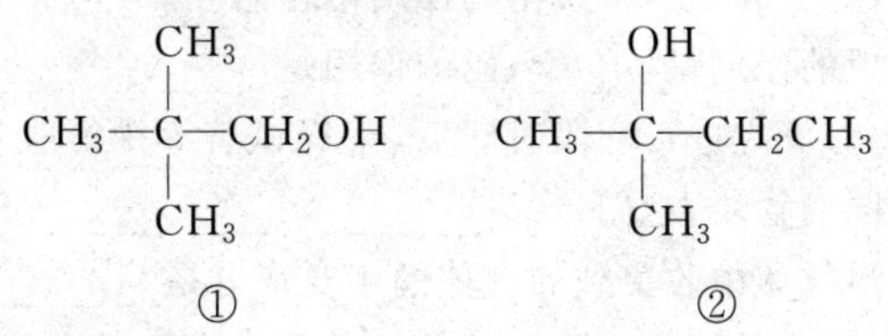

A. 两者都能发生消去反应

B. 两者都能在 Cu 作催化剂时发生氧化反应

C. 相同物质的量的①和②分别与足量 Na 反应时，产生 H_2 的量①>②

D. 两者互为同分异构体

7. 结构简式为 $CH_3(CH_2)_2C(CH_2CH_3)_2OH$ 的有机化合物的名称是 (　　)

A. 1,1-二乙基-1-丁醇　　B. 4-乙基-4-己醇

C. 3-乙基-3-己醇　　D. 3-丙基-3-戊醇

8. A、B、C 三种醇与足量的金属钠反应，在相同条件下产生相同体积的氢气，消耗这三种醇的物质的量之比为 3∶6∶2，则 A、B、C 醇分子中羟基数之比为 (　　)

A. 3∶2∶1　　B. 2∶6∶3

C. 3∶6∶2　　D. 2∶1∶3

9. [**双选**]金合欢醇广泛应用于多种香型的香精中，其结构简式如图所示。下列说法正确的是 (　　)

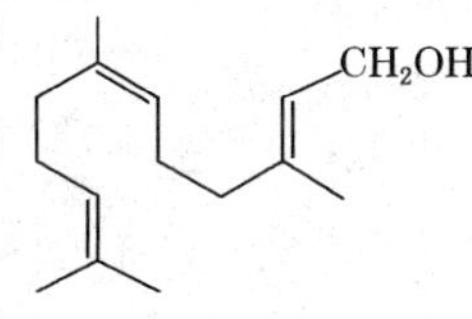

A. 金合欢醇与乙醇是同系物

B. 金合欢醇既能发生加成反应，也能发生取代反应

C. 1 mol 金合欢醇能与 3 mol H_2 发生加成反应，也能与 3 mol Br_2 发生加成反应

D. 1 mol 金合欢醇与足量 Na 反应生成 0.5 mol 氢气，与足量 $NaHCO_3$ 溶液反应生成 1 mol CO_2

10. 已知在浓 H_2SO_4 存在并加热至 140 ℃时，2 个醇分子在羟基上发生分子间脱水反应生成醚，如

$$CH_3CH_2—OH + HO—CH_2CH_3 \xrightarrow[140\ ℃]{浓\ H_2SO_4}$$

$CH_3CH_2—O—CH_2CH_3 + H_2O$。用浓 H_2SO_4 跟分子式分别为 C_2H_6O 和 C_3H_8O 的醇的混合液反应，可得到醚的种类有 (　　)

A. 1 种　　B. 3 种

C. 5 种　　D. 6 种

11. 如图表示 4-溴-1-环己醇所发生的 4 个不同反应。其中产物只含有一种官能团的反应是 (　　)

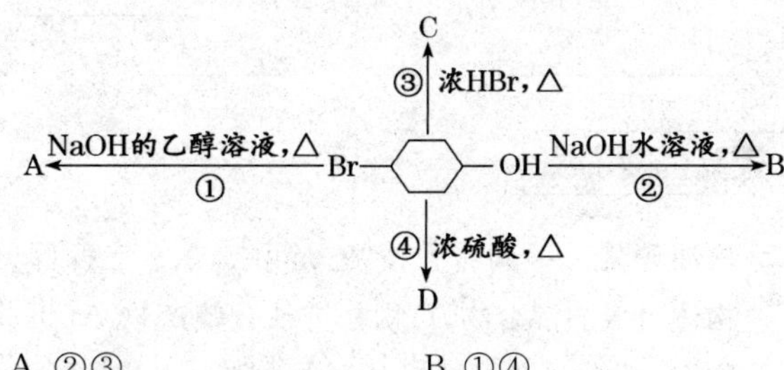

A. ②③　　B. ①④

C. ①②④　　D. ①②③④

[答题栏]

1	2	3	4	5	6	7	8	9	10	11	12

12. 将 1 mol 某饱和醇分成两等份，一份充分燃烧生成 1.5 mol CO_2，另一份与足量的金属钠反应生成 5.6 L（标准状况）H_2。该醇分子中除含羟基氢外，还有 2 种不同类型的氢原子，则该醇的结构简式为（　　）

A. 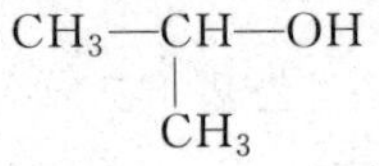 $CH_3—CH(CH_3)—OH$　　B. 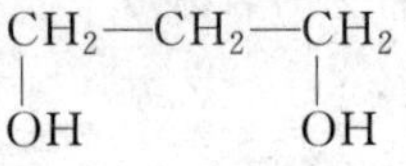 $CH_2(OH)—CH_2—CH_2(OH)$

C. $CH_3CH_2CH_2OH$　　D. 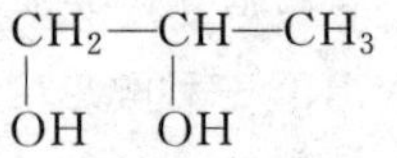 $CH_2(OH)—CH(OH)—CH_3$

13. 分子式为 $C_7H_{16}O$ 的饱和一元醇的同分异构体有多种，根据给出的该醇的同分异构体，回答下列问题。

A. 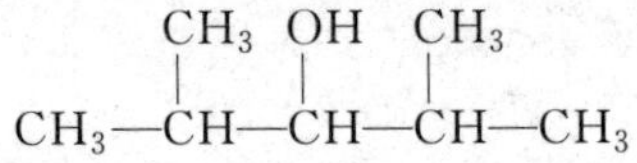 $CH_3—CH(CH_3)—CH(OH)—CH(CH_3)—CH_3$

B. 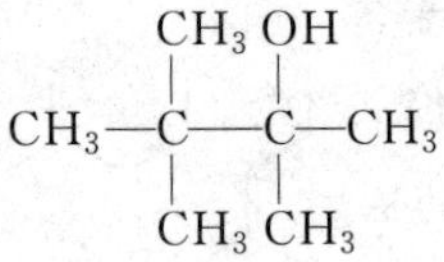 $CH_3—C(CH_3)_2—C(OH)(CH_3)—CH_3$

C. $CH_3—C(CH_3)_2—CH_2—CH(OH)—CH_3$

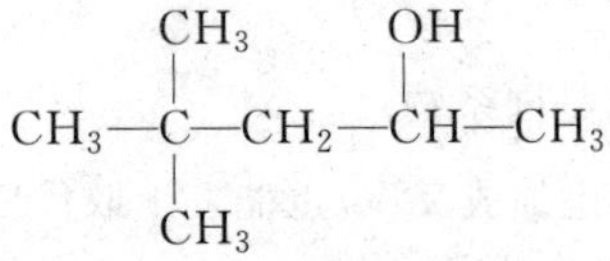

D. $CH_3(CH_2)_5CH_2OH$

(1)可以发生消去反应生成两种单烯烃的是______。

(2)可以发生催化氧化生成醛的是______。

(3)不能发生催化氧化的是______。

(4)能被催化氧化成酮的有______种。

14. 乙醇是一种重要的化工原料，由乙醇为原料衍生出的部分化工产品如图所示：

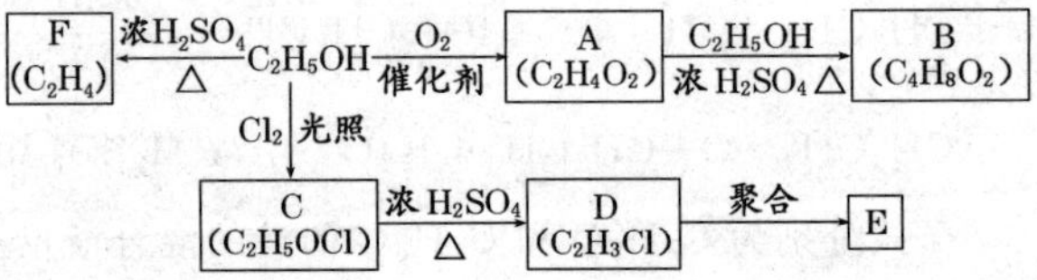

F(C_2H_4) ←(浓 H_2SO_4，△)— C_2H_5OH —(O_2，催化剂)→ A($C_2H_4O_2$) —(C_2H_5OH，浓 H_2SO_4 △)→ B($C_4H_8O_2$)

C_2H_5OH —(Cl_2 光照)→ C(C_2H_5OCl) —(浓 H_2SO_4，△)→ D(C_2H_3Cl) —(聚合)→ E

回答下列问题：

(1)A 的结构简式为______。

(2)B 的化学名称是______。

(3)由乙醇生成 C 的反应类型为______。

(4)E 是一种常见的塑料，其化学名称是______。

(5)由乙醇生成 F 的化学方程式为____________。

拔高提能训练

15. 松油醇是一种调味香精，它是由 α、β、γ 三种同分异构体组成的混合物，可由松节油分馏产物 A（下式中的 ^{18}O 是为区分两个羟基而人为加上去的）经下列反应制得。

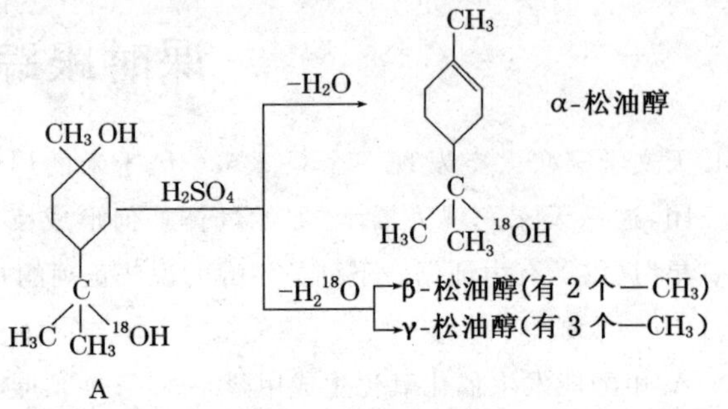

A（环己烷环上一端连 CH_3、OH，另一端连 $C(CH_3)_2{}^{18}OH$） —H_2SO_4→ ① $-H_2O$ → α-松油醇（环己烯环上连 CH_3，另一端连 $C(CH_3)_2{}^{18}OH$）；② $-H_2{}^{18}O$ → β-松油醇(有 2 个 $—CH_3$)、γ-松油醇(有 3 个 $—CH_3$)

试回答：

(1)α-松油醇的分子式为______。

(2)α-松油醇所属的有机化合物类别是______（填字母，下同）。

A. 醇　　B. 酚

C. 饱和一元醇　　D. 醚

(3)α-松油醇不能发生的反应类型是______。

A. 加成　　B. 水解

C. 氧化　　D. 酯化

(4)在许多香料中还有少量松油醇以酯的形式出现，写出 C_6H_5—COOH 和 α-松油醇反应的化学方程式：____________。

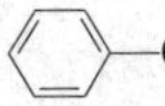

(5)写结构简式：β-松油醇______，γ-松油醇______。

16. 某实验小组用下列装置进行乙醇催化氧化的实验。

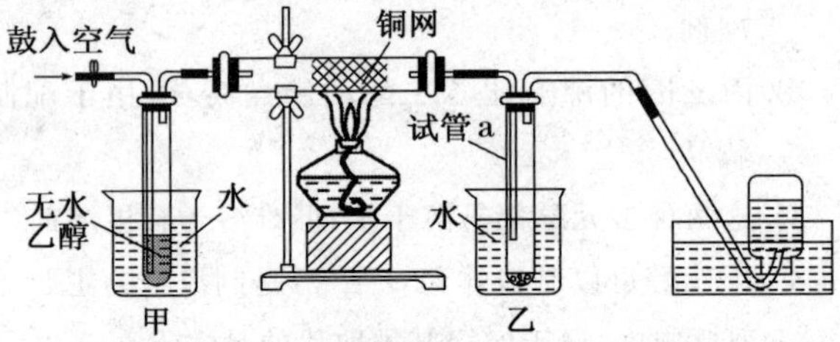

鼓入空气　铜网　试管a　无水乙醇　水　水　甲　乙

(1)实验过程中铜网出现红色和黑色交替的现象，请写出相应的化学方程式：____________。在不断鼓入空气的情况下，熄灭酒精灯，反应仍能继续进行，说明该乙醇氧化反应是______反应。

(2)甲和乙两个水浴的作用不相同。

甲的作用是______；乙的作用是______。

(3)反应进行一段时间后，干燥试管 a 中能收集到不同的物质，它们是______；集气瓶中收集到的气体的主要成分是______。

(4)若试管 a 中收集到的液体用紫色石蕊试纸检验，试纸显红色，说明液体中还含有______。要除去该物质，可先在混合液中加入______（填字母）。

a. 氯化钠溶液　　b. 苯

c. 碳酸氢钠溶液　　d. 四氯化碳

然后，再通过______（填实验操作名称）即可除去。

班级：　　　　姓名：　　　　学号：

课时跟踪检测(十二)　酚

1. 下列说法中正确的是　（　　）

A. 含有羟基的有机化合物一定属于醇类

B. 分子内有苯环和羟基的有机化合物一定属于酚类

C. 苯酚有强腐蚀性，沾在皮肤上可用酒精洗涤

D. 醇类和酚类具有相同的官能团，因而具有相同的化学性质

2. 下列关于苯酚的叙述，正确的是　（　　）

A. 热的苯酚浓溶液，冷却时不会形成浊液

B. 苯酚可以和浓溴水发生取代反应

C. 苯酚既难溶于水也难溶于 NaOH 溶液

D. 苯酚的酸性比碳酸、醋酸都强

3. 能证明苯酚具有弱酸性的实验是　（　　）

A. 加入浓溴水生成白色沉淀

B. 苯酚钠溶液中通入 CO_2 后，溶液由澄清变浑浊

C. 浑浊的苯酚加热后变澄清

D. 苯酚的水溶液中加入 NaOH，生成苯酚钠

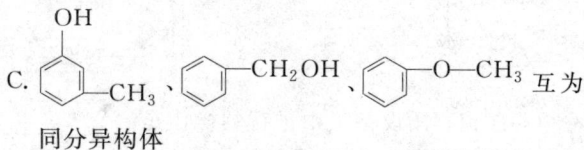

4. 下列说法正确的是　（　　）

A. 苯甲醇和苯酚都能与浓溴水反应产生白色沉淀

B. 苯甲醇、苯酚在分子组成上相差一个 CH_2 原子团，故两者互为同系物

C. （间甲基苯酚，含 OH、CH_3）、（苯环—CH_2OH）、（苯环—O—CH_3）互为同分异构体

D. 乙醇、苯甲醇、苯酚都既能与钠反应，又能与 NaOH 反应

5. 三百多年前，著名化学家波义耳发现了铁盐与没食子酸（结构简式如图所示）的显色反应，并由此发明了蓝黑墨水。与制造蓝黑墨水相关的基团可能是　（　　）

（没食子酸结构：苯环上连有三个 OH（HO、OH、OH）和一个 COOH）

A. 苯环　　B. 羧基

C. 羧基中的羟基　　D. 酚羟基

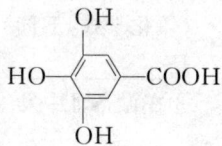

6. 漆酚（$(HO)_2C_6H_3—C_{15}H_{27}$，邻二羟基苯环连 $C_{15}H_{27}$）是生漆的主要成分，呈黄色，能溶于有机溶剂。生漆涂在物体表面，能在空气中干燥转变为黑色漆膜，下列有关其化学性质的叙述不正确的是　（　　）

A. 可以燃烧，当氧气充分时，产物为 CO_2 和 H_2O

B. 与 $FeCl_3$ 溶液发生显色反应

C. 能发生取代反应和加成反应

D. 不能被酸性 $KMnO_4$ 溶液氧化

7. 有机化合物分子中的原子(团)之间会相互影响，导致相同的原子(团)表现不同的性质。下列各项事实不能证明上述观点的是　（　　）

A. 甲苯能使酸性高锰酸钾溶液褪色，而甲基环己烷不能使酸性高锰酸钾溶液褪色

B. 乙烯能与溴水发生加成反应，而乙烷不能与溴水发生加成反应

C. 苯酚与溴水可直接反应，而苯与液溴反应则需要铁作催化剂

D. 苯酚可以与 NaOH 反应，而乙醇不能与 NaOH 反应

8. 由 $C_6H_5—$、$—C_6H_4—$、$—CH_2—$、$—OH$ 4 种原子团一起组成的酚类有　（　　）

A. 1 种　　B. 2 种

C. 3 种　　D. 4 种

9. 食品香精菠萝酯的生产路线(反应条件略去)如下：

苯酚（C_6H_5OH）$\xrightarrow[①]{ClCH_2COOH}$ 苯氧乙酸（$C_6H_5OCH_2COOH$）$\xrightarrow[②]{CH_2=CHCH_2OH}$ 菠萝酯（$C_6H_5OCH_2COOCH_2CH=CH_2$）

下列叙述错误的是　（　　）

A. 步骤①产物中残留的苯酚可用 $FeCl_3$ 溶液检验

B. 苯酚和菠萝酯均可与酸性 $KMnO_4$ 溶液发生反应

C. 苯氧乙酸和菠萝酯均可与 NaOH 溶液发生反应

D. 步骤②产物中残留的烯丙醇可用溴水检验

10. 某有机化合物的结构简式如图所示，它不可能具有的性质是　（　　）

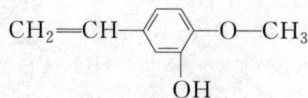

（结构：$CH_2=CH—$苯环$—O—CH_3$，苯环上另有 OH）

①易溶于水　②可以燃烧　③能使酸性 $KMnO_4$ 溶液褪色　④能与 KOH 溶液反应　⑤能与 $NaHCO_3$ 溶液反应　⑥能与 Na 反应　⑦能发生聚合反应

A. ①⑤　　B. ①④

C. ①④⑦　　D. ①②③⑥⑦

11. 要从苯酚的乙醇溶液中回收苯酚，有下列操作：①蒸馏，②过滤，③静置、分液，④加入足量金属钠，⑤通入过量 CO_2，⑥加入足量 NaOH 溶液，⑦加入足量 $FeCl_3$ 溶液，⑧加入乙酸与浓 H_2SO_4 混合加热。其中合理的步骤是　（　　）

A. ④⑤③　　B. ⑥①⑤③

C. ⑧⑦①　　D. ⑧②⑤③

[答题栏]

	1
	2
	3
	4
	5
	6
	7
	8
	9
	10
	11
	12

12.[双选]奥运会是国际性的运动盛会，而体现现代奥运会公平性的一个重要方式就是坚决反对运动员服用兴奋剂。已知某兴奋剂的结构简式如图所示，下列有关该物质的说法正确的是 ( )

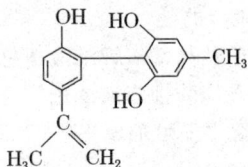

OH HO CH_3 HO C H_3C CH_2

A. 因该物质与苯酚互为同系物，故其遇 $FeCl_3$ 溶液显紫色

B. 滴入酸性 $KMnO_4$ 溶液，观察到溶液紫色褪去，可证明其结构中存在碳碳双键

C. 1 mol 该物质分别与足量的浓溴水和 H_2 反应时，最多消耗的 Br_2 和 H_2 分别为 4 mol、7 mol

D. 该分子中的所有碳原子有可能共平面

13. 下列物质中：①(环己醇，OH)，②(苯酚，OH)，③(苯基—CH_2OH)，④(邻甲基苯酚，CH_3，OH)。

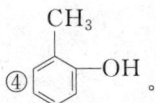

(1)能与 NaOH 溶液发生反应的是________。

(2)能与溴水发生反应的是________。

(3)能与金属钠发生反应的是________。

(4)能发生消去反应的是________。

(5)遇 $FeCl_3$ 溶液显紫色的是________。

(6)能被催化氧化为醛或酮的是________。

14. A、B 的结构简式如下：

CH_3 HO OH OH　　HO—⬡—CH_3

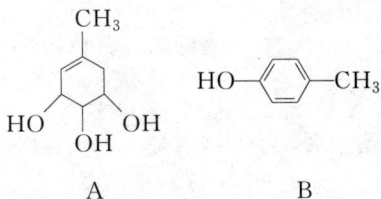

A　　B

(1)A 分子中含有的官能团的名称是____________；B 分子中含有的官能团的名称是______________。

(2)A 能否与氢氧化钠溶液反应__________；B 能否与氢氧化钠溶液反应________。(填“能”或“不能”)

(3)A 在浓硫酸作用下加热可得到 B，其反应类型是____________。

(4)A、B 各 1 mol 分别加入足量溴水，完全反应后消耗单质溴的物质的量分别是______mol、______mol。

拔高提能训练

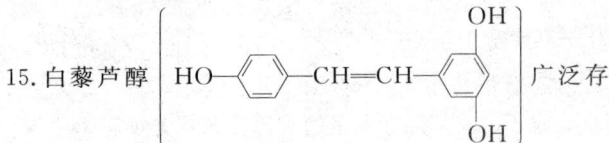

15. 白藜芦醇（HO—⬡—CH═CH—⬡(OH)(OH)）广泛存在于食物(如桑葚、花生，尤其是葡萄)中，它具有抗癌作用。

请回答下列问题：

(1)下列关于白藜芦醇的说法正确的是________。

A. 可使酸性 $KMnO_4$ 溶液褪色

B. 可与 $FeCl_3$ 溶液反应显紫色

C. 可使溴的 CCl_4 溶液褪色

D. 可与 NH_4HCO_3 溶液反应产生气泡

E. 属于醇类

(2)1 mol 该有机化合物最多消耗_________mol NaOH。

(3)1 mol 该有机化合物与浓溴水反应时，最多消耗______mol Br_2。

(4)1 mol 该有机化合物与 H_2 加成时，最多消耗标准状况下的 H_2 的体积为________L。

16. 含苯酚的工业废水的处理流程如图所示。

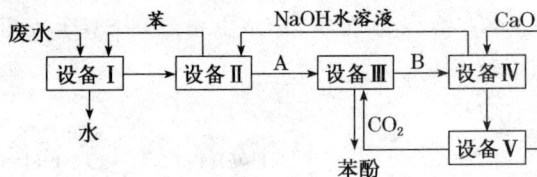

废水→设备Ⅰ→设备Ⅱ —A→ 设备Ⅲ —B→ 设备Ⅳ → 设备Ⅴ；设备Ⅰ→水；苯；NaOH水溶液；CaO；CO_2；苯酚

(1)①流程图设备Ⅰ中进行的操作是____________(填写操作名称)。实验室里这一步操作可以用____________(填仪器名称)进行。

②由设备Ⅱ进入设备Ⅲ的物质 A 是____________(填化学式，下同)。由设备Ⅲ进入设备Ⅳ的物质 B 是______________。

③在设备Ⅲ中发生反应的化学方程式为______________________________。

④在设备Ⅳ中，物质 B 的水溶液和 CaO 反应后，产物是 NaOH、H_2O 和______________。通过__________(填操作名称)，可以使产物相互分离。

⑤流程图中，能循环使用的物质是______、______、C_6H_6 和 CaO。

(2)为了防止水源污染，用简单而又现象明显的方法检验某工厂排放的污水中有无苯酚，此方法是______________________________。

从废水中回收苯酚的方法是①用有机溶剂萃取废液中的苯酚；②加入某种药品的水溶液使苯酚与有机溶剂脱离；③加入某物质又析出苯酚。试写出②、③两步的反应方程式：______________________，______________________________。

班级：　　　　姓名：　　　　学号：

课时跟踪检测(十三)　醛　酮

1. 下列说法中，正确的是　(　　)

A. 乙醛分子中的所有原子都在同一平面上

B. 苯乙醛的结构简式：$C_6H_5-CH_2COH$

C. 醛类既能被氧化为羧酸，又能被还原为醇

D. 完全燃烧等物质的量的乙醛和乙醇，消耗氧气的质量相等

2. 下列关于常见醛和酮的说法中正确的是　(　　)

A. 甲醛和乙醛都是有刺激性气味的无色液体

B. 丙酮是结构最简单的酮，可以发生银镜反应和加氢还原反应

C. 丙酮难溶于水，但丙酮是常用的有机溶剂

D. 人体缺乏维生素 A 时，难以氧化生成视黄醛，而引起夜盲症

3. 在 $2HCHO+NaOH(浓)\longrightarrow HCOONa+CH_3OH$ 中，关于 HCHO(甲醛)的说法正确的是　(　　)

A. 仅被氧化

B. 既未被氧化，又未被还原

C. 仅被还原

D. 既被氧化，又被还原

4. 把有机化合物 $H_3C-C_6H_4-CH=CHCHO$ 氧化为 $H_3C-C_6H_4-CH=CHCOOH$，所用的氧化剂最合理的是　(　　)

A. O_2　　B. 酸性 $KMnO_4$ 溶液

C. 银氨溶液　　D. 溴水

5. 某有机化合物的化学式为 $C_5H_{10}O$，它能发生银镜反应和加成反应。若将其与 H_2 加成，则所得产物的结构简式可能是　(　　)

①$(CH_3CH_2)_2CHOH$　②$(CH_3)_3CCH_2OH$

③$CH_3CH_2C(CH_3)_2OH$　④$CH_3(CH_2)_3CH_2OH$

A. ①②　　B. ②④

C. ①④　　D. ③④

6. 茉莉醛具有浓郁的茉莉花香，其结构简式如图所示：

$C_6H_5-CH=C(CH_2(CH_2)_3CH_3)-CHO$

下列关于茉莉醛的叙述错误的是　(　　)

A. 在加热和催化剂作用下，能被氢气还原

B. 能被酸性高锰酸钾溶液氧化

C. 在一定条件下能与溴发生取代反应

D. 不能与氢溴酸发生加成反应

7. 分子式为 C_4H_8O 的链状有机化合物中不含 $>C=C<$ 的同分异构体有　(　　)

A. 2 种　　B. 3 种

C. 4 种　　D. 5 种

8. 使用哪组试剂可鉴别在不同试剂瓶内的 1-己烯、甲苯和丙醛　(　　)

A. 酸性 $KMnO_4$ 溶液和溴的 CCl_4 溶液

B. 银氨溶液和溴的 CCl_4 溶液

C. $FeCl_3$ 溶液和银氨溶液

D. 银氨溶液和酸性 $KMnO_4$ 溶液

9. 某天然拒食素具有防御非洲大群蚯蚓的作用，其结构简式如图(未表示出原子或原子团的空间排列)。该拒食素与下列某试剂充分反应，所得有机化合物分子的官能团数目增加，则该试剂是　(　　)

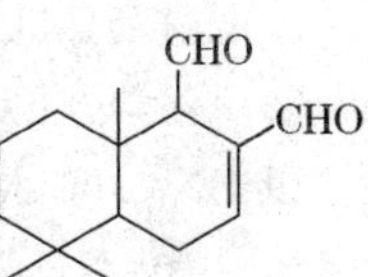

A. Br_2 的 CCl_4 溶液　　B. $Ag(NH_3)_2OH$ 溶液

C. HBr　　D. H_2

10. 某有机化合物 X，经过下列变化后可在一定条件下得到乙酸乙酯，则有机化合物 X 是　(　　)

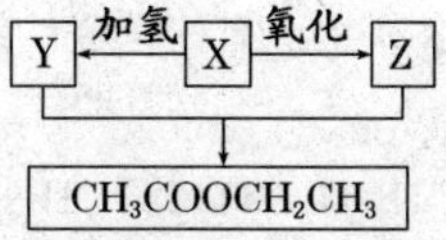

A. C_2H_5OH　　B. C_2H_4

C. CH_3CHO　　D. CH_3COOH

11. [双选]香草醛又名香兰素，是食品和药品的重要原料，其结构简式如图所示。下列有关香草醛的说法中不正确的是　(　　)

（结构简式：$HO-C_6H_3(OCH_3)-CHO$）

A. 香草醛可以发生银镜反应

B. 在一定条件下 1 mol 香草醛可以与 3 mol H_2 反应

C. 香草醛遇 $FeCl_3$ 溶液可变色

D. 香草醛可与 NaOH 溶液反应，也可与 $NaHCO_3$ 溶液反应

[答题栏] 1 2 3 4 5 6 7 8 9 10 11 12

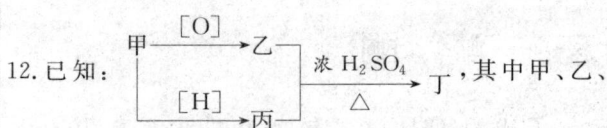

12. 已知：$甲 \xrightarrow{[O]} 乙$，$甲 \xrightarrow{[H]} 丙$，$乙、丙 \xrightarrow[\triangle]{浓 H_2SO_4} 丁$，其中甲、乙、丁均能发生银镜反应，下列说法不正确的是（　　）

A. 甲的水溶液可作为防腐剂

B. 1 mol 甲与足量的银氨溶液反应最多可得到 2 mol Ag

C. 等质量的甲和丁完全燃烧时，耗氧量相等

D. 甲和乙都没有同分异构体

13. 分子式为 C_3H_7Br 的有机化合物甲在适宜的条件下能发生如下一系列转化：

$$B \xleftarrow[和O_2共热]{Cu或Ag} A \xleftarrow[\triangle]{NaOH溶液} \underset{分子式C_3H_7Br}{甲} \xrightarrow{NaOH醇溶液} D \xrightarrow{加聚} E$$

$$A \xrightarrow[\triangle]{浓硫酸} D$$

(1)若 B 能发生银镜反应，请回答下列问题：

①试确定有机化合物甲的结构简式：________；

②用化学方程式表示下列转化过程：

甲＋NaOH(水)：________；

B＋$[Ag(NH_3)_2]OH$：________。

(2)若 B 不能发生银镜反应，请回答下列问题：

①试确定 A 的结构简式：________。

②用化学方程式表示下列转化过程：

甲＋NaOH(醇)：________；

A ⟶ B：________；

D ⟶ E：________。

14. 柠檬醛是一种具有柠檬香味的有机化合物，广泛存在于香精油中，是食品工业中重要的调味品，且可用于合成维生素 A。已知柠檬醛的结构简式为

$$CH_3-\underset{\displaystyle CH_3}{\underset{|}{C}}=CHCH_2CH_2\underset{\displaystyle CH_3}{\underset{|}{C}}=CH-C\begin{matrix}\nearrow O \\ \searrow H\end{matrix}$$。

(1)试推测柠檬醛可能发生的反应有______(填字母)。

①能使溴的四氯化碳溶液褪色

②能与乙醇发生酯化反应

③能发生银镜反应

④能与新制的 $Cu(OH)_2$ 悬浊液反应

⑤能使酸性 $KMnO_4$ 溶液褪色

⑥它与 H_2 完全加成后产物的分子式为 $C_{10}H_{20}O$

A. ①③④⑥　　B. ①②④⑤

C. ①③④⑤　　D. ①②③④⑤

(2)检验柠檬醛分子含有醛基的方法：________，发生反应的化学方程式：________。

(3)检验柠檬醛分子中含有碳碳双键的方法：________。

(4)实验操作中，应先检验哪一种官能团？________。

拔高提能训练

15. 下列是以芳香烃 A 为原料制备扁桃酸

$$H(\bigcirc\!\!\!\!\!\!\!\!\bigcirc-\overset{\displaystyle OH}{\overset{|}{CH}}-\overset{\displaystyle O}{\overset{\|}{C}}-OH)$$的流程图。

$$\underset{C_8H_{10}}{\boxed{A}} \xrightarrow[Cl_2①]{光照} \underset{一氯代物}{\boxed{B}} \xrightarrow[C_2H_5OH,\triangle]{NaOH②} \boxed{C} \xrightarrow[Br_2/CCl_4]{③} \boxed{D} \xrightarrow[\triangle,H_2O]{NaOH④}$$

$$\boxed{E} \xrightarrow[Cu,\triangle]{O_2⑤} \boxed{F} \xrightarrow[新制\ Cu(OH)_2]{\triangle⑥} \xrightarrow{H^+} \boxed{G} \xrightarrow[一定条件]{⑦H_2} \boxed{H}$$

请回答下列问题：

(1)A 的结构简式为________，D 中官能团的名称是________。

(2)C 中碳原子________(填“能”或“不能”)共面，产物 B 的结构简式可能有两种，分别为________。

(3)写出下列反应的化学方程式：

E→F：________；

G→H：________。

(4)上述转换中属于加成反应的是______(填序号)。

(5)设计实验证明物质 B 中含有氯元素：________

16. 已知：

$$2R-CH_2-CHO \xrightarrow[\triangle]{NaOH/H_2O} R-CH_2-CH=\underset{\displaystyle R}{\underset{|}{C}}-CHO$$

由 A 合成 D 的流程如下：

$$\boxed{A} \xrightarrow[①]{O_2/Cu,\triangle} \boxed{B} \xrightarrow[②]{NaOH/H_2O,\triangle} \boxed{C} \xrightarrow[③]{} \boxed{D}$$

$(M_D=130)$

请回答下列问题：

(1)一元醇 A 中氧的质量分数约为 21.6%，则 A 的分子式为________；结构分析显示 A 只有一个甲基，A 的名称为________。

(2)B 能与新制的 $Cu(OH)_2$ 发生反应，该反应的化学方程式为________。

(3)C 有________种结构；若一次取样，检验 C 中所含官能团，按使用的先后顺序写出所用试剂：________。

(4)第③步的反应类型为________；D 所含官能团的名称为________。

班级：　　　　姓名：　　　　学号：

课时跟踪检测（十四）　羧酸

1. 下列有关乙酸结构的表示或说法中错误的是　（　　）

A. 乙酸的充填模型为

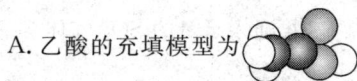

B. 乙酸分子中所有原子均位于同一平面上

C. 乙酸的结构简式为 CH_3COOH，官能团名称为羧基

D. 乙酸分子中既存在极性键又存在非极性键

2. 某同学在学习了乙酸的性质后，根据甲酸的结构（$H-\overset{\overset{O}{\|}}{C}-O-H$）对甲酸的化学性质进行了下列推断，其中不正确的是　（　　）

A. 能与碳酸钠溶液反应

B. 能发生银镜反应

C. 不能使酸性 $KMnO_4$ 溶液褪色

D. 能与单质镁反应

3. 现有甲基、羟基、羧基、苯基四种基团，两两组合形成化合物，其水溶液呈酸性的有　（　　）

A. 3 种　　B. 4 种

C. 5 种　　D. 6 种

4. 使 1 mol 乙醇（其中的氧用 ^{18}O 标记）在浓硫酸存在并加热的条件下与 1 mol 乙酸充分反应，下列叙述不正确的是　（　　）

A. 生成的乙酸乙酯中含有 ^{18}O

B. 生成的水中不含 ^{18}O

C. 生成 90 g 乙酸乙酯

D. 不能生成 90 g 乙酸乙酯

5. 山梨酸（$CH_3CH=CH-CH=CH-COOH$）和安息香酸（—COOH）都是常用食品防腐剂。下列关于这两种酸的叙述正确的是　（　　）

A. 通常情况下，都能使溴水褪色

B. 1 mol 酸分别与足量氢气加成，消耗氢气的量相等

C. 一定条件下都能与乙醇发生酯化反应

D. 1 mol 酸分别与 NaOH 发生中和反应，消耗 NaOH 的量不相等

6. 分子式为 $C_4H_8O_3$ 的有机化合物，一定条件下具有如下性质：

①在浓硫酸存在下，能分别与 CH_3CH_2OH 或 CH_3COOH 反应

②在浓硫酸存在下，能脱水生成一种能使溴水褪色的物质，该物质只存在一种结构形式

③在浓硫酸存在下，能生成一种分子式为 $C_4H_6O_2$ 的五元环状化合物，则 $C_4H_8O_3$ 的结构简式为　（　　）

A. $HOCH_2COOCH_2CH_3$

B. $CH_3CH(OH)CH_2COOH$

C. $HOCH_2CH_2CH_2COOH$

D. $CH_3CH_2CH(OH)COOH$

7. [双选]分枝酸可用于生化研究，其结构简式如图。下列关于分枝酸的叙述正确的是　（　　）

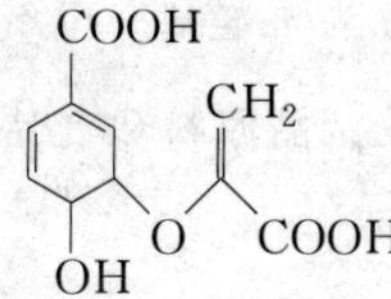

A. 分子中含有 2 种官能团

B. 可与乙醇、乙酸反应，且反应类型相同

C. 1 mol 分枝酸最多可与 2 mol NaOH 发生中和反应

D. 可使溴的 CCl_4 溶液、酸性 $KMnO_4$ 溶液褪色，且原理相同

8. 在同温同压下，某有机化合物和过量 Na 反应得到 V_1 L 氢气，另一份等量的有机化合物和足量的 $NaHCO_3$ 反应得 V_2 L 二氧化碳，若 $V_1=V_2\neq0$，则此有机化合物可能是　（　　）

A. $CH_3\underset{\underset{OH}{|}}{C}HCOOH$　　B. $HOOC-COOH$

C. $HOCH_2CH_2OH$　　D. CH_3COOH

[答题栏]

	1
	2
	3
	4
	5
	6
	7
	8
	9
	10
	11
	12

9. 咖啡酸(如图),存在于许多中药中,如野胡萝卜、光叶水苏、荞麦等。咖啡酸有止血作用。下列关于咖啡酸的说法不正确的是 ( )

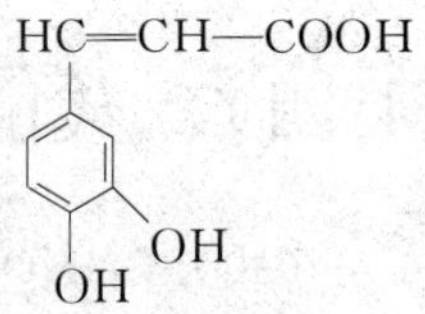

HC═CH—COOH(苯环上另有两个 OH)

A. 咖啡酸的分子式为 $C_9H_8O_4$

B. 1 mol 咖啡酸可以和含 4 mol Br_2 的浓溴水反应

C. 1 mol 咖啡酸可以和 3 mol NaOH 反应

D. 可以用高锰酸钾检验出咖啡酸分子中含有碳碳双键

10. 若检验甲酸溶液中是否存在甲醛,下列操作中,正确的是 ( )

A. 加入新制的 $Cu(OH)_2$ 悬浊液后加热,若有砖红色沉淀产生,则证明甲醛一定存在

B. 若能发生银镜反应,则证明甲醛一定存在

C. 与足量 NaOH 溶液混合,若其加热蒸出的产物能发生银镜反应,则甲醛一定存在

D. 先将溶液充分进行酯化反应,收集生成物进行银镜反应,若有银镜生成,则甲醛一定存在

11. 阿魏酸化学名称为 4-羟基-3-甲氧基肉桂酸,可以做医药、保健品、化妆品原料和食品添加剂,结构简式为 HO—(苯环,邻位 CH_3O)—CH═CH—COOH。在阿魏酸溶液中加入合适试剂(可以加热),检验其官能团。下列试剂、现象、结论都正确的是 ( )

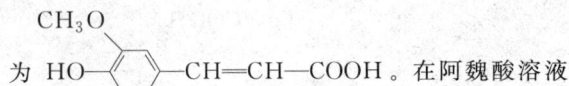

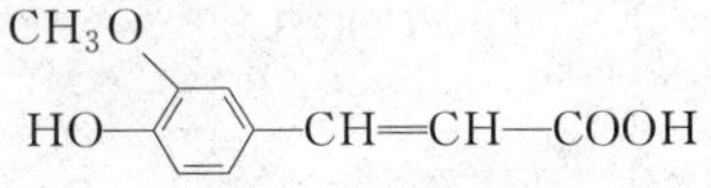

选项	试剂	现象	结论
A	氯化铁溶液	溶液变蓝色	它含有酚羟基
B	银氨溶液	产生银镜	它含有醛基
C	碳酸氢钠溶液	产生气泡	它含有羧基
D	溴水	溶液褪色	它含有碳碳双键

12. [双选]已知酸性:C_6H_5COOH > H_2CO_3 > C_6H_5OH > HCO_3^-,现要将(邻位 —COOH、—OOCCH₃ 的苯环化合物)转变为(邻位 —COONa、—OH 的苯环化合物),可行的方法是 ( )

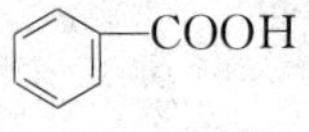

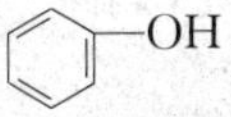

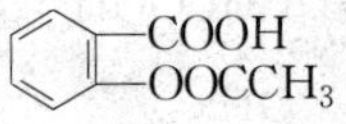

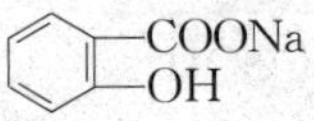

A. 与足量的 NaOH 溶液共热,再通入足量的 CO_2 气体

B. 与稀 H_2SO_4 共热后,再加入足量的 NaOH 溶液

C. 加热该物质的溶液,再通入足量的 SO_2 气体

D. 与稀 H_2SO_4 共热后,再加入足量的 $NaHCO_3$ 溶液

13. PMMA 常被用作光盘的支持基片,PMMA 的单体 A($C_5H_8O_2$)不溶于水,可以发生如图所示变化:

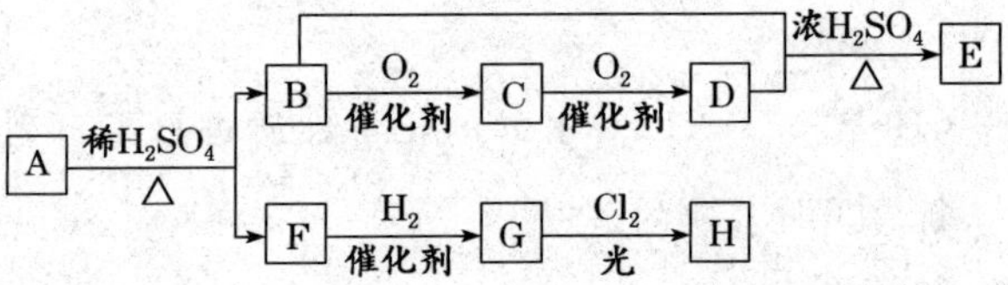

A —稀H_2SO_4,△→ B、F;B —O_2/催化剂→ C —O_2/催化剂→ D;B + D —浓H_2SO_4,△→ E;F —H_2/催化剂→ G —Cl_2/光→ H

已知:E 能发生银镜反应,F 与 $NaHCO_3$ 溶液反应能产生气体,G 的一氯取代产物 H 有两种不同的结构。

请完成下列问题:

(1)F 分子中含有的官能团的名称是________。

(2)由 F 转化成 G 的反应类型属于______(填序号)。

①氧化反应 ②还原反应 ③加成反应

④取代反应

(3)由 B 与 D 反应生成 E 的化学方程式为________________。

(4)由 A 发生加聚反应可得 PMMA,该反应的化学方程式是________________。

14. A、B、C、D、E 均为有机化合物,它们之间的关系如图所示(提示:RCH ═CHR′在酸性高锰酸钾溶液中反应生成 RCOOH 和 R′COOH,其中 R 和 R′为烷基)。

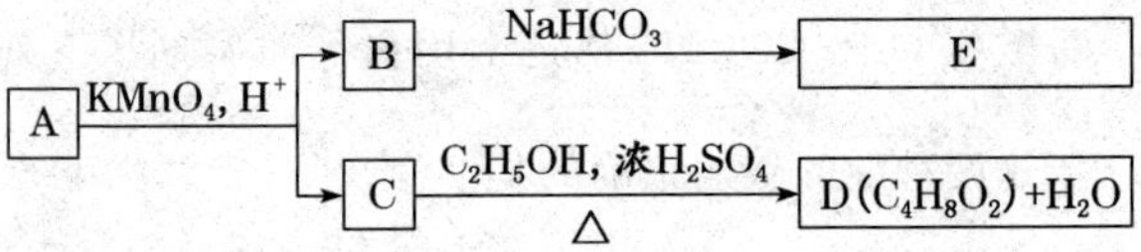

A —$KMnO_4$, H^+→ B、C;B —$NaHCO_3$→ E;C —C_2H_5OH, 浓H_2SO_4, △→ D($C_4H_8O_2$)+H_2O

回答下列问题:

(1)直链化合物 A 的相对分子质量小于 90,A 分子中碳、氢元素的总质量分数为 0.814,其余为氧元素质量分数,则 A 的分子式为________。

(2)已知B与$NaHCO_3$溶液完全反应，其物质的量之比为1∶2，则在浓硫酸的催化下，B与足量的C_2H_5OH发生反应的化学方程式是____，反应类型为________。

(3)A可以与金属钠作用放出氢气，能使溴的四氯化碳溶液褪色，则A的结构简式是____________。

(4)D的同分异构体中，能与$NaHCO_3$溶液反应放出CO_2的有______种，其相应的结构简式是____。

拔高提能训练

15.乙酸乙酯广泛用于药物、染料、香料等工业，中学化学实验常用a装置来制备。

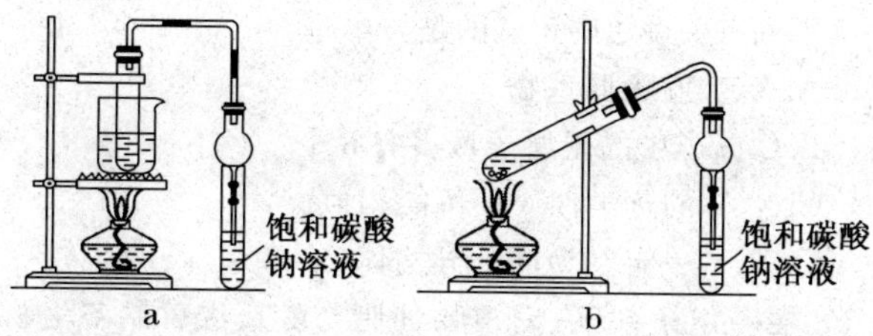

完成下列填空：

(1)实验时，通常加入过量的乙醇，原因是____________________________。加入数滴浓硫酸即能起催化作用，但实际用量多于此量，原因是__________________________________；浓硫酸用量又不能过多，原因是____。

(2)饱和Na_2CO_3溶液的作用是____________、____________________________、________________________。

(3)反应结束后，将试管中收集到的产品倒入分液漏斗中，______、______，然后分液。

(4)若用b装置制备乙酸乙酯，其缺点有___________________________________、____________________。由b装置制得的乙酸乙酯粗产品经饱和碳酸钠溶液和饱和食盐水洗涤后，还可能含有的有机杂质是________，分离乙酸乙酯与该杂质的方法是______________。

16.抗癌药托瑞米芬的前体K的合成路线如下。

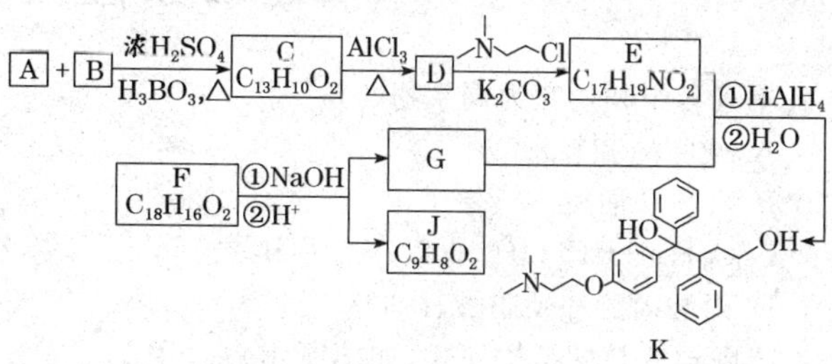

已知：

ⅰ.

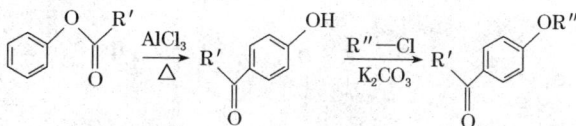

（反应式：苯酯 $\xrightarrow[\triangle]{AlCl_3}$ 对羟基苯基酮（R′—CO—C₆H₄—OH）$\xrightarrow[K_2CO_3]{R''—Cl}$ R′—CO—C₆H₄—OR″）

ⅱ.有机化合物结构可用键线式表示，如$(CH_3)_2NCH_2CH_3$的键线式为（键线式）

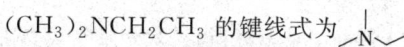

(1)有机化合物A能与Na_2CO_3溶液反应产生CO_2，其钠盐可用于食品防腐。有机化合物B能与Na_2CO_3溶液反应，但不产生CO_2；B加氢可得环己醇。A和B反应生成C的化学方程式是____，反应类型是________。

(2)D中含有的官能团：________。

(3)E的结构简式为________________________。

(4)F是一种天然香料，经碱性水解、酸化，得G和J。J经还原可转化为G。J的结构简式为________。

(5)M是J的同分异构体，符合下列条件的M的结构简式是____________________。

①包含2个六元环

②M可水解，与NaOH溶液共热时，1 mol M最多消耗2 mol NaOH

(6)推测E和G反应得到K的过程中，反应物$LiAlH_4$和H_2O的作用是________。

(7)由K合成托瑞米芬的过程：

K $\xrightarrow{-H_2O}$ N $\xrightarrow[取代反应]{SOCl_2}$ 托瑞米芬 $C_{26}H_{28}NOCl$

托瑞米芬具有反式结构，其结构简式是________。

班级：　　　　姓名：　　　　学号：

课时跟踪检测（十五）　羧酸衍生物

1. 下列各组物质互为同系物的是　（　　）

A. 硬脂酸和软脂酸

B. 乙酸和油酸

C. $C_6H_5-CH_2OH$ 和 C_6H_5-OH

D. 丙酸丙酯和硬脂酸甘油酯

2. 在阿司匹林的结构简式（如图所示）中，用①②③④⑤⑥分别标出了其分子中的不同的键。将阿司匹林与足量 NaOH 溶液共热，发生反应时断键的位置是　（　　）

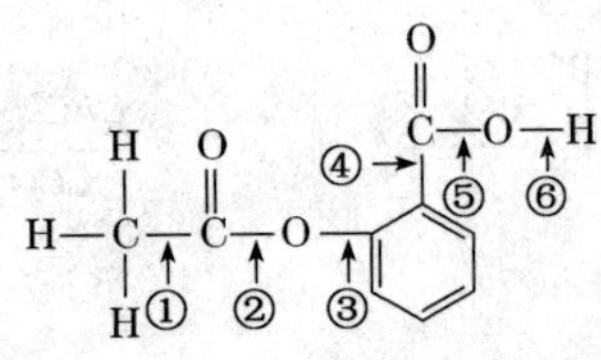

A. ①④　　B. ②⑤

C. ③④　　D. ②⑥

3. "脑黄金（DHA）"可谓是家喻户晓，其实脑黄金就是从深海鱼油中提取出的不饱和程度很高的脂肪酸，它的分子中有 6 个碳碳双键，称为二十六碳六烯酸，则其甘油酯的结构简式为　（　　）

A. $(C_{25}H_{51}COO)_3C_3H_5$　　B. $(C_{25}H_{39}COO)_3C_3H_5$

C. $(C_{26}H_{41}COO)_3C_3H_5$　　D. $(C_{26}H_{47}COO)_3C_3H_5$

4. 食用花生油中含有油酸，油酸是 1 种不饱和脂肪酸，对人体健康有益，其分子结构简式为

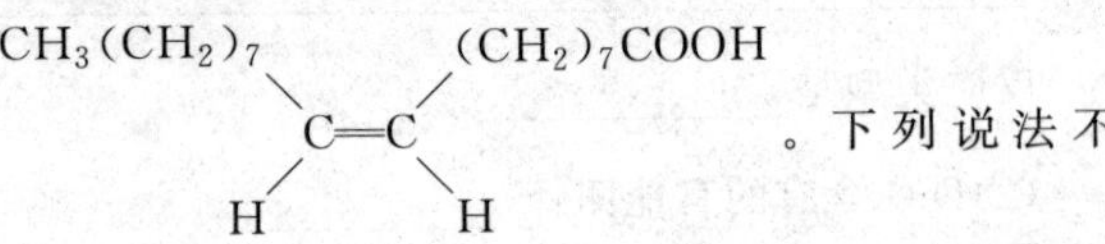

。下列说法不正确的是　（　　）

A. 油酸的分子式为 $C_{18}H_{34}O_2$

B. 油酸可与 NaOH 溶液发生中和反应

C. 1 mol 油酸可与 2 mol 氢气发生加成反应

D. 1 mol 甘油可与 3 mol 油酸发生酯化反应

5. 我国某些地区曾发生用石蜡油等工业用油加工大米的"毒米事件"，威胁人们的健康。植物油和石蜡油虽然都称为"油"，但从化学组成和分子结构看，它们是完全不同的。下列说法中正确的是　（　　）

A. 植物油属于纯净物，石蜡油属于混合物

B. 植物油属于酯类，石蜡油属于烃类

C. 植物油属于有机化合物，石蜡油属于无机物

D. 植物油属于高分子化合物，石蜡油属于小分子化合物

6. 某物质的结构为 $\begin{array}{l} C_{17}H_{35}COOCH_2 \\ \quad\quad\quad\quad | \\ C_{17}H_{33}COOCH \\ \quad\quad\quad\quad | \\ C_{15}H_{31}COOCH_2 \end{array}$，关于该物质的叙述正确的是　（　　）

A. 一定条件下与氢气反应可以生成硬脂酸甘油酯

B. 一定条件下与氢气反应可以生成软脂酸甘油酯

C. 与氢氧化钠溶液混合加热能得到肥皂的主要成分

D. 与其互为同分异构体且完全水解后产物相同的油脂有三种

7. 邻甲基苯甲酸（CH_3、$COOH$ 取代的苯环）有多种同分异构体，其中属于酯，但分子结构中含有甲基和苯环的同分异构体有　（　　）

A. 2 种　　B. 3 种

C. 4 种　　D. 5 种

8. 某羧酸酯的分子式为 $C_{10}H_{18}O_3$，1 mol 该酯完全水解可得到 1 mol 羧酸和 1 mol 乙醇，该羧酸的分子式为　（　　）

A. $C_8H_{16}O_2$　　B. $C_8H_{16}O_3$

C. $C_8H_{14}O_2$　　D. $C_8H_{14}O_3$

9. 有机化合物 A 与 B 是分子式为 $C_5H_{10}O_2$ 的同分异构体，在酸性条件下均可水解，水解情况如图所示，下列有关说法中正确的是　（　　）

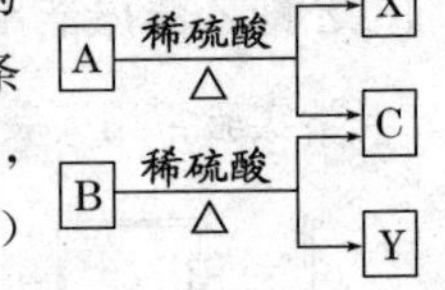

A. X、Y 互为同系物

B. C 分子中的碳原子最多有 3 个

C. X、Y 的化学性质不可能相似

D. X、Y 一定互为同分异构体

10. 在一定条件下，动植物油脂与醇反应可制备生物柴油，化学方程式如下：

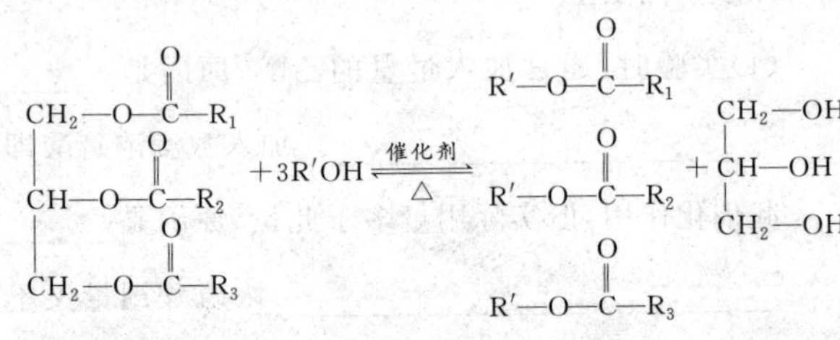

下列叙述错误的是　（　　）

A. 生物柴油由可再生资源制得

B. 生物柴油是不同酯组成的混合物

C. 动植物油脂是高分子化合物

D. "地沟油"可用于制备生物柴油

11. 某有机化合物的结构简式是 $CH_3-\overset{\overset{O}{\|}}{C}-O-$（苯环）$-COOH$，关于它的性质描述正确的是　（　　）

①能发生加成反应；②能溶于 NaOH 溶液中，且 1 mol 该有机化合物消耗 3 mol NaOH；③能水解生成两种酸；④不能使溴水褪色；⑤能发生酯化反应；⑥有酸性。

A. ①②③　　B. ②③⑤

C. 仅⑥　　D. ①②③④⑤⑥

12.[**双选**]乙酸橙花酯是一种食用香料，其结构如图所示。下列有关该物质的说法中正确的是（　　）

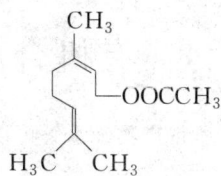

A.该有机化合物的分子式为$C_{11}H_{18}O_2$

B.1 mol 该有机化合物最多可与 3 mol H_2 反应

C.能发生加成、取代、氧化、加聚反应

D.在碱性条件下水解，1 mol 该有机化合物最多消耗 1 mol NaOH

13.《茉莉花》是首脍炙人口的江苏民歌。乙酸苯甲酯可以从茉莉花中提取，也可用如下路线合成：

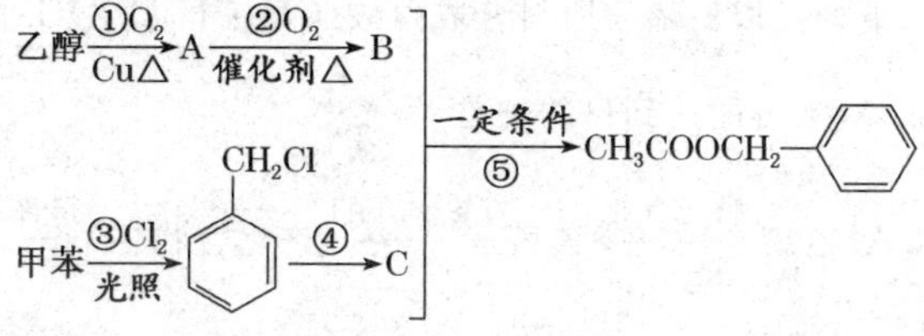

(1)乙酸苯甲酯的分子式为________，C 的结构简式为______，B 中所含官能团的名称为______，③的反应类型为________。

(2)①的化学方程式为________________。

(3)乙酸苯甲酯与 NaOH 溶液反应的离子方程式为________________。

14.环氧氯丙烷是制备树脂的主要原料，工业上有不同的合成路线，以下是其中的两条(有些反应未注明条件)。

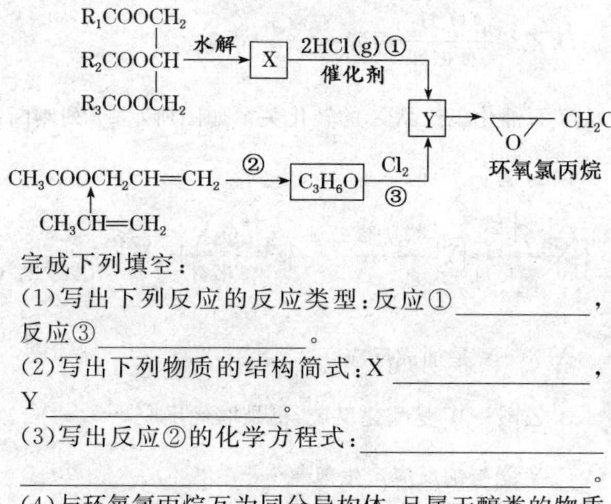

完成下列填空：

(1)写出下列反应的反应类型：反应①________，反应③________。

(2)写出下列物质的结构简式：X________，Y________。

(3)写出反应②的化学方程式：________________。

(4)与环氧氯丙烷互为同分异构体，且属于醇类的物质(不含 —C(Cl)—OH 及 —C═C—OH 结构)有______种。

拔高提能训练

15.酚酯是近年高考有机化学命题的热点，其合成方法之一是由酚与酰卤（R—C(=O)—X）反应制得。（4-羟基香豆素结构）是一种医药中间体，常用来制备抗凝血药，可通过下列路线合成：

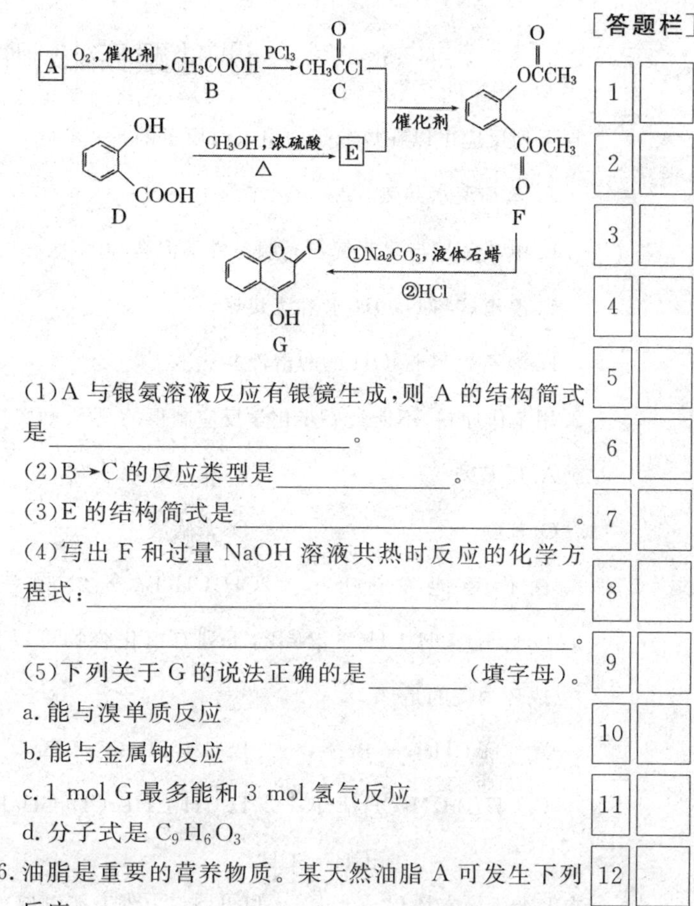

(1)A 与银氨溶液反应有银镜生成，则 A 的结构简式是________。

(2)B→C 的反应类型是________。

(3)E 的结构简式是________。

(4)写出 F 和过量 NaOH 溶液共热时反应的化学方程式：________________。

(5)下列关于 G 的说法正确的是______(填字母)。

a.能与溴单质反应

b.能与金属钠反应

c.1 mol G 最多能和 3 mol 氢气反应

d.分子式是$C_9H_6O_3$

16.油脂是重要的营养物质。某天然油脂 A 可发生下列反应：

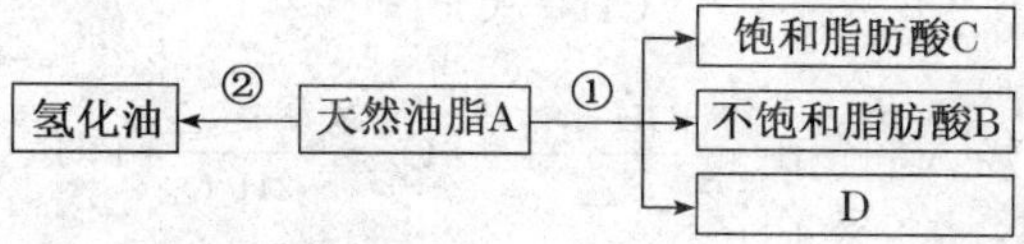

已知：A 的分子式为$C_{57}H_{106}O_6$。1 mol 该天然油脂 A 经反应①可得到 1 mol D、1 mol 不饱和脂肪酸 B 和 2 mol 直链饱和脂肪酸 C。经测定 B 的相对分子质量为 280，原子个数比为 $N(C):N(H):N(O)=9:16:1$。

(1)写出 B 的分子式：________。

(2)写出反应①的反应类型：______；C 的名称(或俗称)是________。

(3)反应②为天然油脂的氢化过程。下列有关说法不正确的是______。

a.氢化油又称人造奶油，通常又叫硬化油

b.植物油经过氢化处理后会产生副产品反式脂肪酸甘油酯，摄入过多的氢化油，容易堵塞血管而导致心脑血管疾病

c.氢化油的制备原理是在加热植物油时，加入金属催化剂，通入氢气，使液态油脂变为半固态或固态油脂

d.油脂的氢化与油脂的皂化都属于加成反应

(4)写出 D 和足量金属钠反应的化学方程式：________________。

[答题栏]

题号	答案
1	
2	
3	
4	
5	
6	
7	
8	
9	
10	
11	
12	

班级：　　　　姓名：　　　　学号：

课时跟踪检测(十六)　有机合成

1. 下列反应可以在烃分子中引入卤原子的是　(　　)

A. 苯和溴水共热

B. 甲苯蒸气与溴蒸气在光照条件下混合

C. 溴乙烷与 NaOH 水溶液共热

D. 溴乙烷与 NaOH 的醇溶液共热

2. 用苯作原料，不能经一步化学反应制得的是　(　　)

A. 硝基苯　　B. 环己烷

C. 苯酚　　D. 苯磺酸

3. 卤代烃能发生反应：$2CH_3CH_2Br + 2Na \longrightarrow CH_3CH_2CH_2CH_3 + 2NaBr$，下列有机化合物可以合成环丙烷的是　(　　)

A. $CH_3CH_2CH_2Br$　　B. $CH_3CHBrCH_2Br$

C. $CH_2BrCH_2CH_2Br$　　D. $CH_3CHBrCH_2CH_2Br$

4. 1,4-二氧六环（O 与 O 之间由两个 $CH_2—CH_2$ 连接成环的结构）可通过下列方法制取：

烃 A $\longrightarrow$ B $\xrightarrow[\triangle]{NaOH\ 水溶液}$ C $\xrightarrow[-2H_2O]{浓硫酸,\triangle}$ 1,4-二氧六环，则该烃 A 为　(　　)

A. 乙炔　　B. 1-丁烯

C. 1,3-丁二烯　　D. 乙烯

5. 某有机化合物甲经氧化后得乙（分子式为 $C_2H_3O_2Cl$）；而甲经水解可得丙，1 mol 丙和 2 mol 乙反应得一种含氯的酯（$C_6H_8O_4Cl_2$），由此推断甲的结构简式为　(　　)

A. $CH_2(Cl)—CH_2OH$（Cl 连在第一个 C 上）　　B. $H—\overset{\overset{O}{\|}}{C}—O—CH_2Cl$

C. $CH_2(Cl)—CHO$（Cl 连在 CH_2 上）　　D. $HOCH_2CH_2OH$

6. 卤代烃与金属镁在无水乙醚中反应，可制得格林试剂 RMgX，它可与醛、酮等羰基化合物加成：

$$>C=O + R—MgX \longrightarrow R—\underset{|}{\overset{|}{C}}—OMgX$$

所得产物经水解可以得到醇，这是某些复杂醇的合成方法之一。现欲合成 $(CH_3)_3C—OH$，下列所选用的卤代烃和羰基化合物的组合正确的是　(　　)

A. 乙醛和氯乙烷　　B. 甲醛和 1-溴丙烷

C. 甲醛和 2-溴丙烷　　D. 丙酮和一氯甲烷

7. 下列是以乙烯为原料合成丙酸（CH_3CH_2COOH）的途径，不可能达到目的的是　(　　)

A. 乙烯 $\xrightarrow{催化氧化}$ 乙醛 $\xrightarrow{甲醛,OH^-}$ 化合物 X $\xrightarrow{催化氧化}$ 丙酸

B. 乙烯 $\xrightarrow{加\ HBr}$ 溴乙烷 $\xrightarrow{NaCN}$ 化合物 Y $\xrightarrow{H_2O、H^+}$ 丙酸

C. 乙烯 $\xrightarrow{HCN}$ 化合物 Z $\xrightarrow{H_2O、H^+}$ 丙酸

D. 乙烯 $\xrightarrow[催化剂]{CO、H_2}$ 丙醛 $\xrightarrow{催化剂}$ 丙酸

8. 某石油化工产品 X 的转化关系如图所示，下列判断错误的是　(　　)

X $\xrightarrow[催化剂]{H_2O}$ Y $\xrightarrow[\triangle]{O_2/催化剂}$ Z $\xrightarrow[催化剂]{O_2}$ 乙酸 $\xrightarrow[\triangle]{浓硫酸}$ W（Y 也参与生成 W 的反应）

A. X→Y 是加成反应

B. 乙酸→W 是酯化反应，也是取代反应

C. Y 能与钠反应产生氢气

D. W 能与 NaOH 溶液反应，但不能与稀硫酸反应

9. A、B、C 都是有机化合物，具有转化关系：A $\underset{加氢}{\overset{去氢}{\rightleftharpoons}}$ B $\xrightarrow{催化氧化}$ C，A 的相对分子质量比 B 大 2，C 的相对分子质量比 B 大 16，C 能与 A 反应生成酯（$C_4H_8O_2$），以下说法正确的是　(　　)

A. A 是乙炔，B 是乙醇　　B. A 是乙烯，B 是乙炔

C. A 是乙醇，B 是乙醛　　D. A 是环己烷，B 是苯

10. 以乙醇为原料,用下述 6 种类型的反应:

①氧化;②消去;③加成;④酯化;⑤水解;⑥加聚,来合成乙二酸乙二酯(环状结构:$O=C-O-CH_2$ 与 $O=C-O-CH_2$ 两羰基相连、两亚甲基相连)的正确顺序是 ( )

A. ①⑤②③④　　　B. ①②③④⑤

C. ②③⑤①④　　　D. ②③⑤①⑥

11. 某物质转化关系如图所示,有关说法不正确的是 ( )

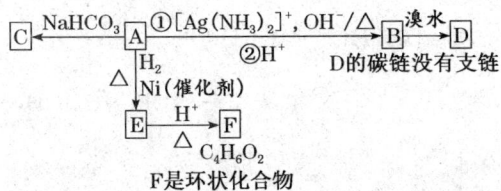

C $\xleftarrow{NaHCO_3}$ A $\xrightarrow[②H^+]{①[Ag(NH_3)_2]^+, OH^-/\triangle}$ B $\xrightarrow{溴水}$ D　D的碳链没有支链

A $\xrightarrow[\triangle]{H_2, Ni(催化剂)}$ E $\xrightarrow[\triangle]{H^+}$ F ($C_4H_6O_2$)　F是环状化合物

A. 化合物 A 中一定含有的官能团是醛基、羧基和碳碳双键

B. 由 A 生成 E 发生还原反应

C. F 的结构简式可表示为(五元环内酯,环上含 O,C=O)

D. 由 B 生成 D 发生加成反应

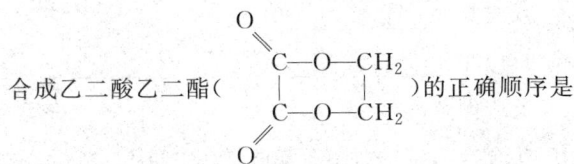

12. [双选]某优质甜樱桃中含有一种羟基酸(用 M 表示),M 的碳链结构无支链,分子式为 $C_4H_6O_5$;1.34 g M 与足量 $NaHCO_3$ 溶液反应,生成标准状况下的气体 0.448 L。M 在一定条件下可发生反应:M $\xrightarrow[\triangle]{浓硫酸}$ A $\xrightarrow{Br_2}$ B $\xrightarrow{足量NaOH溶液}$ C(M、A、B、C 分子中碳原子数目相同)。下列有关说法中不正确的是 ( )

A. M 的结构简式为

$HOOC-CHOH-CH_2-COOH$

B. B 的分子式为 $C_4H_4O_4Br$

C. 与 M 的官能团种类、数量完全相同的同分异构体有2 种

D. C 不能溶于水

13. H 是一种香料,可用如图的设计方案合成。

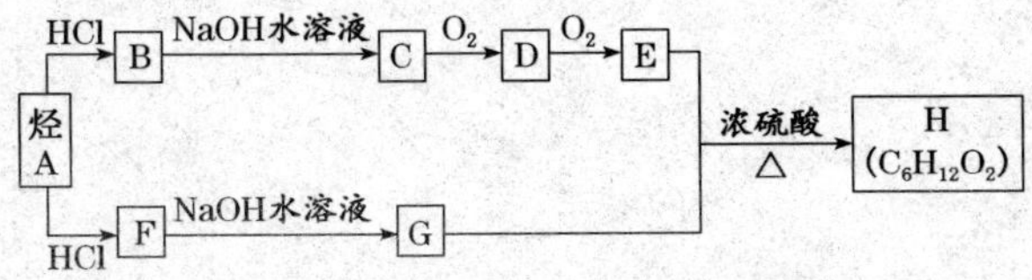

已知:①在一定条件下,有机化合物有下列转化关系(X 为卤素原子):

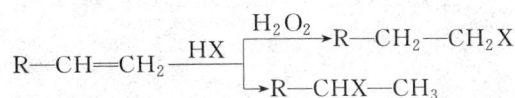

$R-CH=CH_2 \xrightarrow{HX}$ $\xrightarrow{H_2O_2} R-CH_2-CH_2X$；$\rightarrow R-CHX-CH_3$

②烃 A 和等物质的量的 HCl 在不同的条件下发生加成反应,既可以生成只有一个甲基的 B,也可以生成含有两个甲基的 F。

(1)D 的结构简式为__________。

(2)烃 A→B 的化学方程式是____________________。

(3)F→G 的化学反应类型为__________。

(4)E+G→H 的化学方程式是____________________。

(5)H 有多种同分异构体,其中含有一个羧基,且其烃基上一氯代物有两种的是__________(填结构简式)。

14. 氧化白藜芦醇 W 具有抗病毒等作用。下面是利用 Heck 反应合成 W 的一种方法:

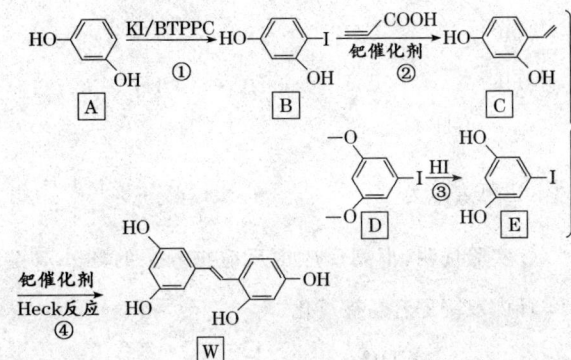

A $\xrightarrow[①]{KI/BTPPC}$ B $\xrightarrow[钯催化剂 ②]{CH_2=CH-COOH}$ C

D $\xrightarrow[③]{HI}$ E

C + E $\xrightarrow[Heck反应 ④]{钯催化剂}$ W

回答下列问题:

(1)A 的化学名称为__________。

(2) $CH_2=CH-COOH$ 中的官能团名称是__________。

(3)反应③的类型为__________,W 的分子式为__________。

(4)X 为 D 的同分异构体,写出满足如下条件的 X 的结构简式____________________。

①含有苯环;

②有三种不同化学环境的氢,个数比为6∶2∶1;

③1 mol 的 X 与足量金属 Na 反应可生成 2 g H_2。

[答题栏]

1	
2	
3	
4	
5	
6	
7	
8	
9	
10	
11	
12	

(5)利用 Heck 反应，由苯和溴乙烷为原料制备 [1,2-二苯乙烯结构式]，写出合成路线。(无机试剂任选)

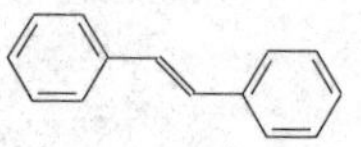

拔高提能训练

15.已知：①环己烯可以通过丁二烯与乙烯发生环化加成反应得到：

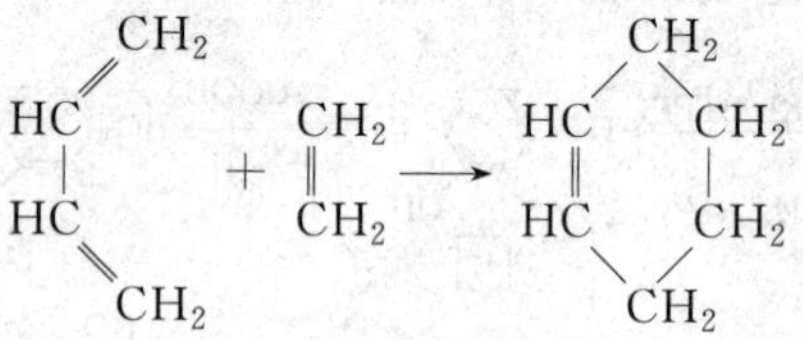

$CH_2=CH-CH=CH_2 + CH_2=CH_2 \longrightarrow$ 环己烯

(也可表示为 [丁二烯] + ‖ ⟶ [环己烯])。

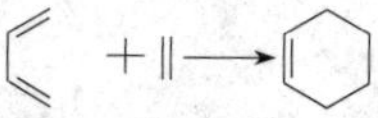

②实验证明，下列反应中反应物分子的环外双键比环内双键更容易被氧化：

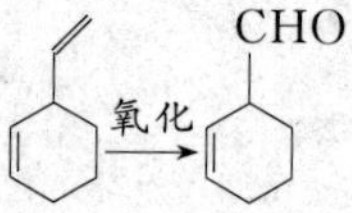

[4-乙烯基环己烯] $\xrightarrow{\text{氧化}}$ [环己烯甲醛(CHO)]。

现仅以丁二烯为有机原料，无机试剂任选，按下列途径合成甲基环己烷：

丁二烯 $\xrightarrow{①}$ [A] $\xrightarrow{②}$ [B] $\xrightarrow{③}$ [C] $\xrightarrow{④}$ [D] $\xrightarrow{⑤}$ 甲基环己烷(CH_3)

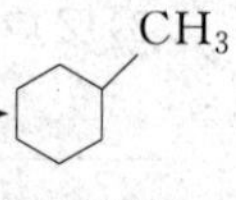

C 为 $C_7H_{14}O$

请按要求填空：

(1)A 的结构简式为____________；B 的结构简式为____________。

(2)写出下列反应的化学方程式和反应类型。

反应④：________________________，

反应类型____________；

反应⑤：________________________，

反应类型____________。

16.化合物 H 是一种有机光电材料中间体。实验室由芳香化合物 A 制备 H 的一种合成路线如下：

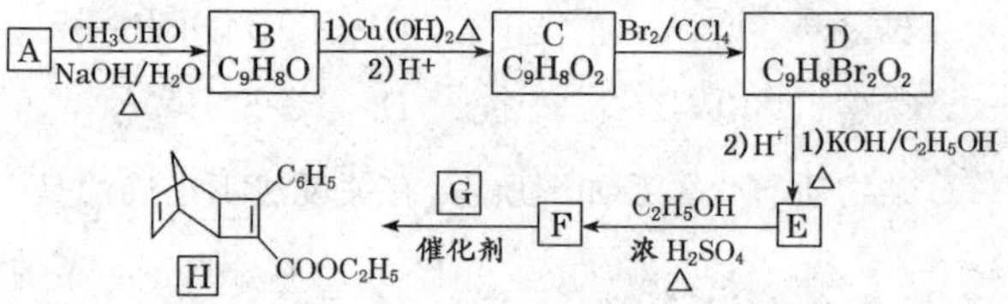

[A] $\xrightarrow[NaOH/H_2O,\ \triangle]{CH_3CHO}$ [B C_9H_8O] $\xrightarrow[2)H^+]{1)Cu(OH)_2\ \triangle}$ [C $C_9H_8O_2$] $\xrightarrow{Br_2/CCl_4}$ [D $C_9H_8Br_2O_2$] $\xrightarrow[2)H^+]{1)KOH/C_2H_5OH,\ \triangle}$ [E] $\xrightarrow[浓H_2SO_4,\ \triangle]{C_2H_5OH}$ [F] $\xrightarrow[催化剂]{[G]}$ [H]（含 C_6H_5、$COOC_2H_5$ 的桥环结构）

已知：①$RCHO+CH_3CHO \xrightarrow[\triangle]{NaOH/H_2O} RCH=CHCHO+H_2O$

② ‖ + ≡ $\xrightarrow{催化剂}$ [环丁烯]

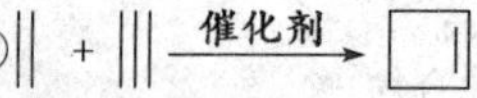

回答下列问题：

(1)A 的化学名称是____________。

(2)由 C 生成 D 和 E 生成 F 的反应类型分别为____________、____________。

(3)E 的结构简式为________________。

(4)G 为甲苯的同分异构体，由 F 生成 H 的化学方程式为________________________。

(5)芳香化合物 X 是 F 的同分异构体，X 能与饱和碳酸氢钠溶液反应放出 CO_2，其核磁共振氢谱显示有 4 种不同化学环境的氢，峰面积比为 6∶2∶1∶1。写出 2 种符合要求的 X 的结构简式：________________________。

(6)写出用环戊烷和 2-丁炔为原料制备化合物 [含两个 Br 及两个甲基的双环化合物] 的合成路线(其他试剂任选)。

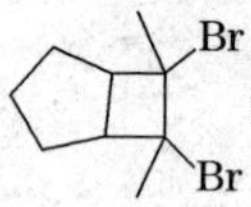

班级：　　　　姓名：　　　　学号：

章末检测验收(三)　烃的衍生物

(时间:90 分钟　满分:100 分)

一、选择题(本题包括 20 小题,每小题 2 分,共 40 分)

1. 阿比朵尔是一种能够有效抑制冠状病毒的药物,其结构简式如图所示。下列关于阿比朵尔的说法错误的是　(　　)

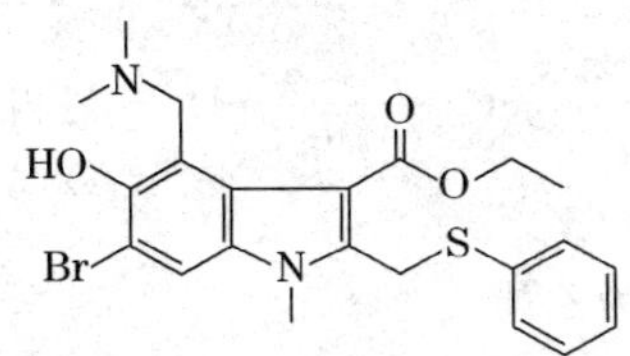

A. 分子中有两种含氧官能团

B. 分子中的所有碳原子不可能处于同一平面上

C. 该物质既可以发生加成反应又可以发生取代反应

D. 1 mol 该物质与足量 NaOH 溶液反应时消耗 3 mol NaOH

2. 由溴乙烷为主要原料制取乙二醇时,需要经过的反应的反应类型为　(　　)

A. 加成—消去—取代　　B. 消去—加成—取代

C. 取代—加成—消去　　D. 取代—消去—加成

3. 具有下列分子式的一溴代烷中,水解后产物在红热铜丝催化下最多可被空气氧化生成 4 种不同的醛的是　(　　)

A. C_4H_9Br　　B. $C_5H_{11}Br$

C. $C_6H_{13}Br$　　D. $C_7H_{15}Br$

4. 胆固醇是人体必需的生物活性物质,分子式为 $C_{27}H_{46}O$,一种胆固醇酯是液晶材料,分子式为 $C_{34}H_{50}O_2$,生成这种胆固醇酯的羧酸是　(　　)

A. $C_6H_{13}COOH$　　B. C_6H_5COOH

C. $C_7H_{15}COOH$　　D. $C_6H_5CH_2COOH$

5. 下列"试剂"和"烧杯中的物质"不能完成"实验目的"的是　(　　)

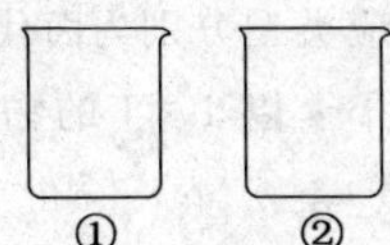

选项	实验目的	试剂	烧杯中的物质
A	醋酸的酸性强于苯酚	碳酸氢钠溶液	①醋酸 ②苯酚溶液
B	羟基对苯环的活性有影响	饱和溴水	①苯 ②苯酚溶液
C	甲基对苯环的活性有影响	酸性高锰酸钾溶液	①苯 ②甲苯
D	乙醇羟基中的氢原子不如水分子中的氢原子活泼	金属钠	①水 ②乙醇

6. 酯类物质广泛存在于香蕉、梨等水果中。某实验小组先从梨中分离出一种酯,然后将分离出的酯水解,得到了乙酸和另一种化学式为 $C_6H_{13}OH$ 的物质。对于此过程,以下分析中不正确的是　(　　)

A. $C_6H_{13}OH$ 分子含有羟基

B. $C_6H_{13}OH$ 可与金属钠发生反应

C. 实验小组分离出的酯可表示为 $CH_3COOC_6H_{13}$

D. 不需要催化剂,这种酯在水中加热即可大量水解

7. 某有机化合物的结构如图所示,这种有机化合物不可能具有的性质是　(　　)

(结构:苯环上连有 $CH=CH_2$、CH_2CHO、OH、CH_2OH)

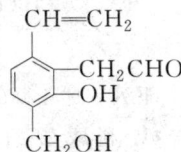

①可以燃烧　②能使酸性 $KMnO_4$ 溶液褪色　③能与 NaOH 溶液反应　④能与新制银氨溶液反应　⑤能发生加聚反应　⑥能发生水解反应

A. ①④　　B. 只有⑥

C. 只有⑤　　D. ④⑥

8. 下列有机化合物中均含有酸性杂质,除去这些杂质的方法中正确的是　(　　)

A. 苯中含苯酚杂质:加入溴水、过滤

B. 乙醇中含乙酸杂质:加入碳酸钠溶液洗涤,分液

C. 乙醛中含乙酸杂质:加入氢氧化钠溶液洗涤,分液

D. 乙酸乙酯中含乙酸杂质:加入碳酸钠溶液洗涤,分液

9. 下列关于分子式为 $C_4H_8O_2$ 的有机化合物的同分异构体的说法中,不正确的是　(　　)

A. 属于酯类的有 4 种

B. 属于羧酸类的有 2 种

C. 存在分子中含有六元环的同分异构体

D. 既含有羟基又含有醛基的有 3 种

10. 有甲酸、乙酸、乙醛、乙酸乙酯、乙醇、溴乙烷 6 种无色溶液,只用一种试剂就可以将它们一一鉴别出来。这种试剂是　(　　)

A. 蒸馏水　　B. $FeCl_3$ 溶液

C. 新制 $Cu(OH)_2$ 悬浊液　　D. NaOH 溶液

11. 胡椒酚是植物挥发油的成分之一,它的结构简式是 HO—⬡—$CH_2CH=CH_2$,下列叙述中不正确的是　(　　)

A. 1 mol 胡椒酚最多可与 4 mol H_2 发生反应

B. 1 mol 胡椒酚最多可与 4 mol Br_2 发生反应

C. 胡椒酚可与 NaOH 溶液反应

D. 胡椒酚在水中的溶解度不大

12. 以氯乙烷为原料制取乙二酸(HOOC—COOH)的过程中,要依次经过下列步骤中的　(　　)

①与 NaOH 的水溶液共热

②与 NaOH 的醇溶液共热

③与浓硫酸共热到 170 ℃

④在催化剂存在情况下与氯气反应

⑤在 Cu 或 Ag 存在的情况下与氧气共热

⑥与新制的 $Cu(OH)_2$ 悬浊液共热

⑦用稀 H_2SO_4 酸化

A. ①③④②⑥⑦　　B. ①③④②⑤

C. ②④①⑤⑥⑦　　D. ②④①⑥⑤

13. 利尿酸是运动会上被禁用的兴奋剂之一，其结构简式如下：

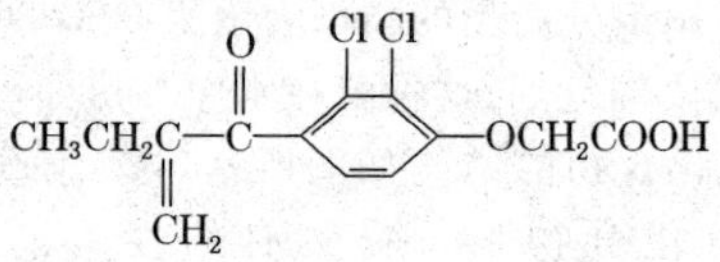

$CH_3CH_2C(=CH_2)-C(=O)-$（苯环，邻位 Cl Cl）$-OCH_2COOH$

下列叙述正确的是　　（　　）

A. 利尿酸的衍生物利尿酸甲酯的分子式是 $C_{14}H_{14}Cl_2O_4$

B. 利尿酸分子内处于同一平面的原子数不超过 10 个

C. 1 mol 利尿酸能与 6 mol H_2 发生加成反应

D. 利尿酸能与 $FeCl_3$ 溶液发生显色反应

14. [双选]膳食纤维具有突出的保健功能，近年来受到人们的普遍关注，被世界卫生组织称为人体的“第七营养素”。木质素是一种非糖类膳食纤维，其单体之一是芥子醇，结构简式如图所示。下列有关芥子醇的说法正确的是　　（　　）

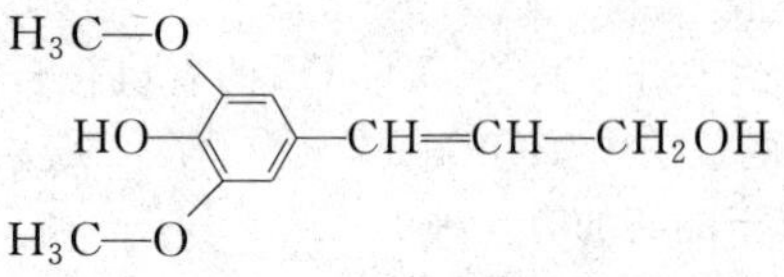

（H_3C-O、HO、H_3C-O 取代的苯环 $-CH=CH-CH_2OH$）

A. 芥子醇的分子式是 $C_{11}H_{12}O_4$

B. 芥子醇分子中所有碳原子不可能在同一平面

C. 芥子醇能与 $FeCl_3$ 溶液发生显色反应

D. 1 mol 芥子醇能与足量溴水反应消耗 1 mol Br_2

15. 下列有关实验装置及用途叙述正确的是　　（　　）

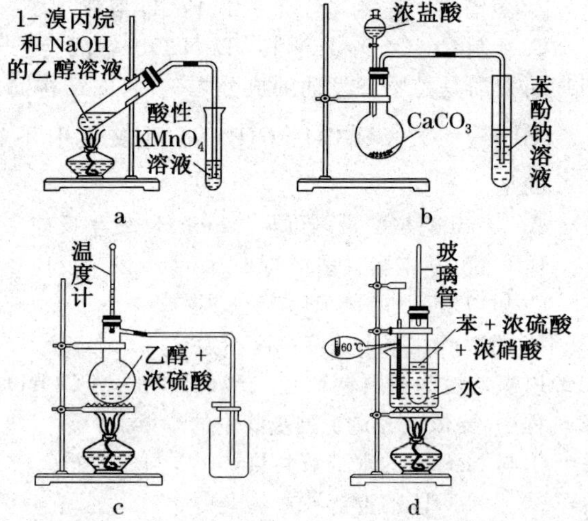

A. a 装置用于检验消去产物

B. b 装置检验酸性：盐酸＞碳酸＞苯酚

C. c 装置用于实验室制取并收集乙烯

D. d 装置用于实验室制硝基苯

16. 某有机化合物 D 的结构为（1,4-二氧六环），是一种常见的有机溶剂，它可以通过下列三步反应制得：烃 A $\xrightarrow[①]{Br_2}$ B $\xrightarrow[②]{NaOH 溶液}$ C $\xrightarrow[③140 ℃]{浓硫酸}$ D，下列相关说法中不正确的是　　（　　）

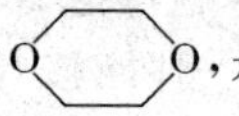

A. 烃 A 为乙烯

B. 反应①、②、③的反应类型依次为加成反应、取代反应、取代反应

C. 反应③为了加快反应速率可以快速升温至 170 ℃

D. 化合物 D 属于醚

17. 某分子式为 $C_{10}H_{20}O_2$ 的酯，在一定条件下可发生如下所示的转化过程：

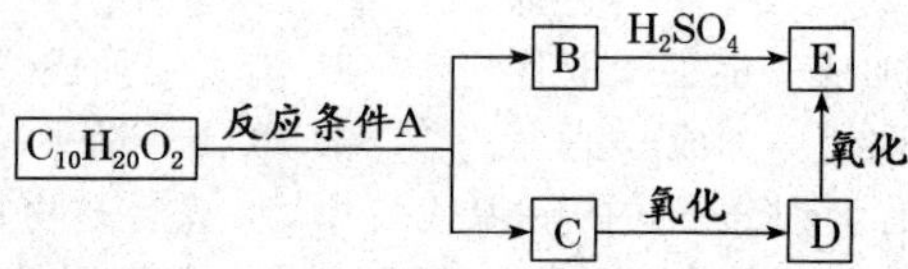

则符合上述条件的酯的结构有　　（　　）

A. 2 种　　B. 4 种

C. 6 种　　D. 8 种

18. 下面是以环戊烷为原料制备环戊二烯的合成路线，下列说法正确的是　　（　　）

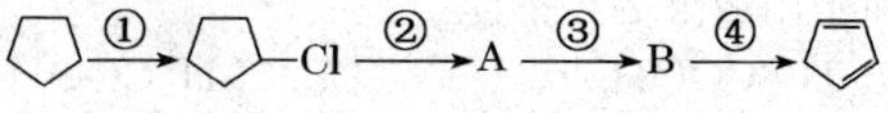

环戊烷 $\xrightarrow{①}$ 氯代环戊烷（—Cl） $\xrightarrow{②}$ A $\xrightarrow{③}$ B $\xrightarrow{④}$ 环戊二烯

A. A 的结构简式为（环戊基）—OH

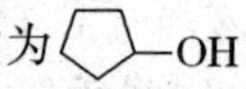

B. 反应④的反应试剂和反应条件是浓 H_2SO_4 加热

C. ①②③的反应类型分别为卤代、水解、消去

D. 环戊二烯与 Br_2 以 1∶1 的物质的量之比加成可生成 Br—（环戊烯）—Br

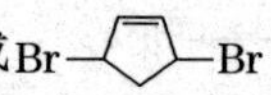

19. 洋蓟素是一种新结构类型的抗乙型肝炎病毒和抗艾滋病病毒的化合物，其结构如图所示，有关洋蓟素的说法正确的是　　（　　）

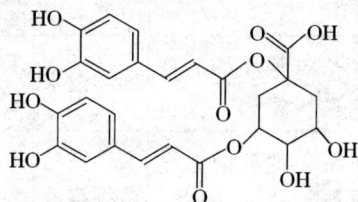

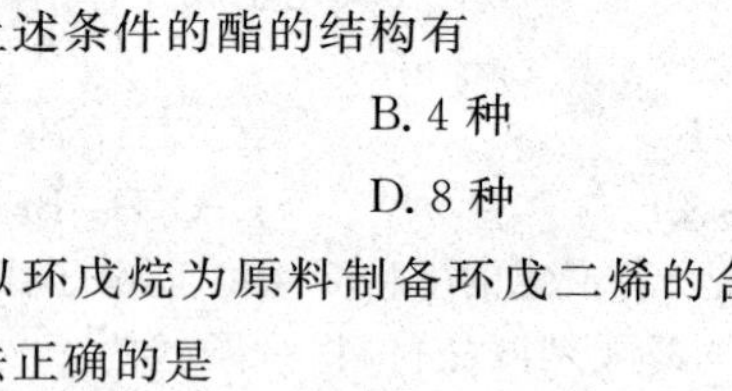

（结构式：含两个 HO、HO 取代苯环的肉桂酰酯基，连接于带 COOH、OH、OH 的环己烷上）

A. 1 mol 洋蓟素最多可与 6 mol Br_2 反应

B. 1 mol 洋蓟素含 6 mol 酚羟基

C. 一定条件下能发生酯化反应和消去反应

D. 1 mol 洋蓟素最多可与 9 mol NaOH 反应

20.［**双选**］CPAE是蜂胶的主要活性成分，它可由咖啡酸合成，其合成过程如下。下列说法不正确的是（　　）

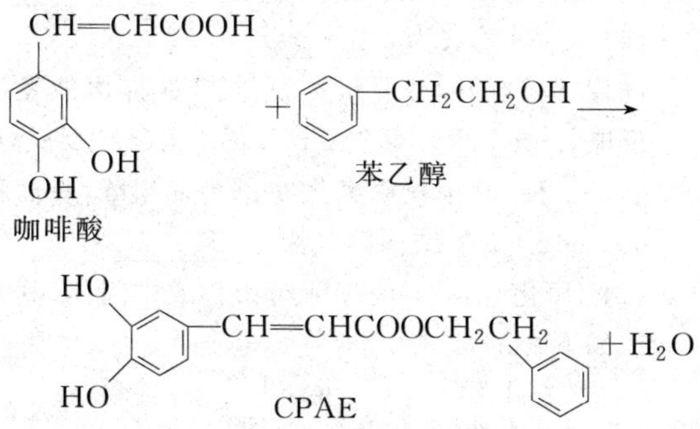

CH═CHCOOH（咖啡酸，苯环上另有两个 OH） + 苯乙醇（$C_6H_5CH_2CH_2OH$）⟶

HO、HO（苯环）—CH═CHCOOCH$_2$CH$_2$—C$_6$H$_5$ + H_2O

咖啡酸　　苯乙醇　　CPAE

A. 1 mol CPAE与足量的NaOH溶液反应，最多消耗5 mol NaOH

B. 可用金属Na检测上述反应是否残留苯乙醇

C. 与苯乙醇互为同分异构体的酚类物质共有9种

D. 咖啡酸可发生聚合反应，并且其分子中含有3种官能团

二、非选择题（本题包括5小题，共60分）

21.（10分）有机化合物A（$C_{10}H_{20}O_2$）具有兰花香味，可用作香皂、洗发香波的芳香赋予剂。已知：

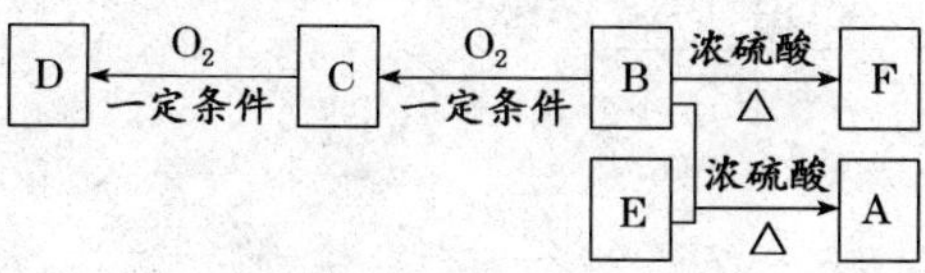

提示：①B分子中没有支链。

②D能与碳酸氢钠溶液反应放出二氧化碳。

③D、E互为具有相同官能团的同分异构体。E分子烃基上的氢若被氯取代，其一氯代物只有一种。

④F可以使溴的四氯化碳溶液褪色。

回答下列问题：

（1）B可以发生的反应有________（填序号）。

①取代反应　②消去反应　③加聚反应　④氧化反应

（2）D、F分子所含的官能团的名称分别是________、________。

（3）写出所有与D、E具有相同官能团的同分异构体的结构简式：________________。

（4）E可用于生产氨苄青霉素等。已知E的制备方法不同于其常见的同系物，据报道，可由2-甲基-1-丙醇和甲酸在一定条件下制取E。该反应的化学方程式是________________。

22.（10分）反-2-己烯醛（D）是一种重要的合成香料，下列合成路线是制备D的方法之一。根据该合成路线回答下列问题：

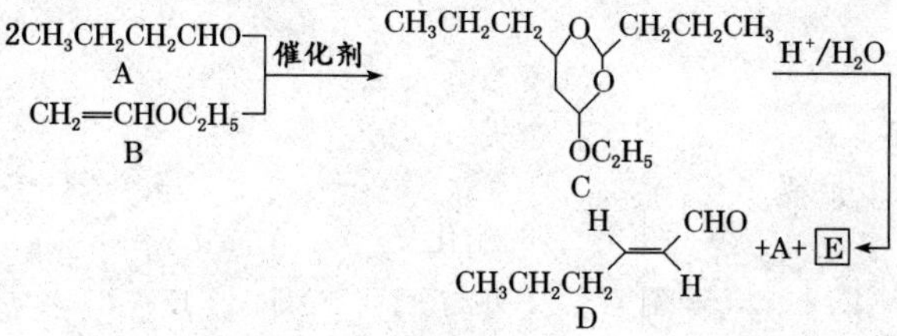

$2CH_3CH_2CH_2CHO$（A）+ CH_2═$CHOC_2H_5$（B）$\xrightarrow{催化剂}$ C（$CH_3CH_2CH_2$、$CH_2CH_2CH_3$、OC_2H_5 取代的六元环醚）$\xrightarrow{H^+/H_2O}$ D（$CH_3CH_2CH_2$、H、H、CHO 的反式烯醛）+A+ E

已知：$R—CH(O—R')(O—R'') \xrightarrow{H^+/H_2O} RCHO + R'OH + R''OH$

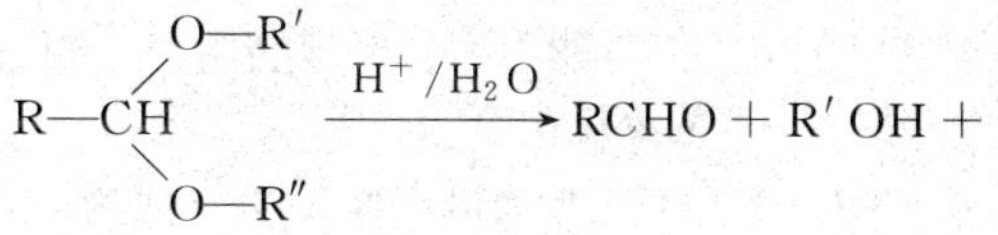

（1）A的名称是________；B分子中的共面原子数目最多为________；C分子中与环相连的三个基团中，不同化学环境的氢原子共有________种。

（2）D中含氧官能团的名称是________，写出检验该官能团的化学反应方程式：________________。

（3）E为有机化合物，能发生的反应有________。

a. 聚合反应　b. 加成反应　c. 消去反应

d. 取代反应

（4）B的同分异构体F与B有完全相同的官能团，写出F所有可能的结构：________________。

（5）以D为主要原料制备己醛（目标化合物），在方框中将合成路线的后半部分补充完整。

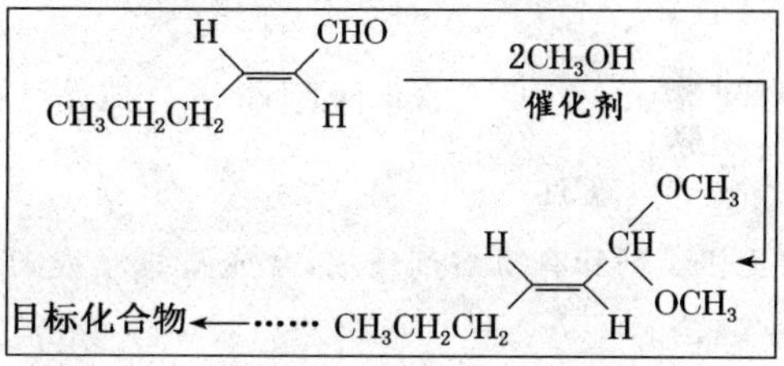

$CH_3CH_2CH_2$(H)C═C(H)CHO $\xrightarrow[催化剂]{2CH_3OH}$ $CH_3CH_2CH_2$(H)C═C(H)CH(OCH_3)$_2$ ······→ 目标化合物

（6）问题（5）的合成路线中第一步反应的目的是________________。

23.（12分）化合物F是合成一种天然芪类化合物的重要中间体，其合成路线如下：

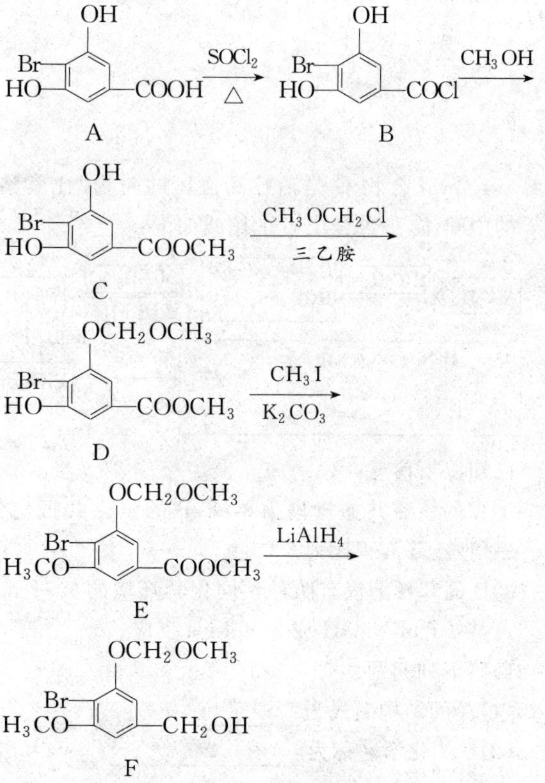

A（苯环上含 OH、Br、HO、COOH）$\xrightarrow[△]{SOCl_2}$ B（苯环上含 OH、Br、HO、COCl）$\xrightarrow{CH_3OH}$ C（苯环上含 OH、Br、HO、$COOCH_3$）$\xrightarrow[三乙胺]{CH_3OCH_2Cl}$ D（苯环上含 OCH_2OCH_3、Br、HO、$COOCH_3$）$\xrightarrow[K_2CO_3]{CH_3I}$ E（苯环上含 OCH_2OCH_3、Br、H_3CO、$COOCH_3$）$\xrightarrow{LiAlH_4}$ F（苯环上含 OCH_2OCH_3、Br、H_3CO、CH_2OH）

［答题栏］

1	
2	
3	
4	
5	
6	
7	
8	
9	
10	
11	
12	
13	
14	
15	
16	
17	
18	
19	
20	

(1)A 中含氧官能团的名称为________和________。

(2)A→B 的反应类型为________。

(3)C→D 的反应中有副产物 X(分子式为 $C_{12}H_{15}O_6Br$)生成,写出 X 的结构简式:________________。

(4)C 的一种同分异构体同时满足下列条件,写出该同分异构体的结构简式:________________。

①能与 $FeCl_3$ 溶液发生显色反应;

②碱性水解后酸化,含苯环的产物分子中不同化学环境的氢原子数目比为 1∶1。

(5)已知:

R—Cl $\xrightarrow[\text{无水乙醚}]{Mg}$ RMgCl $\xrightarrow[2)H_3O^+]{1)R'COR''}$ RR'R''C—OH

(R表示烃基,R′和R″表示烃基或氢)

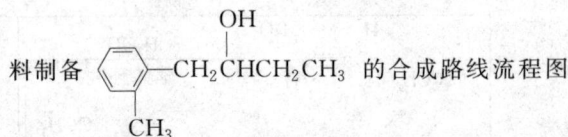

写出以 (邻甲基苯甲酸甲酯,—$COOCH_3$、—CH_3) 和 $CH_3CH_2CH_2OH$ 为原料制备 (间甲基苯基—$CH_2CH(OH)CH_2CH_3$) 的合成路线流程图(无机试剂和有机溶剂任用,合成路线流程图示例见本题题干)。

24.(14 分)化合物 G 是治疗高血压的药物"比索洛尔"的中间体,一种合成 G 的路线如下:

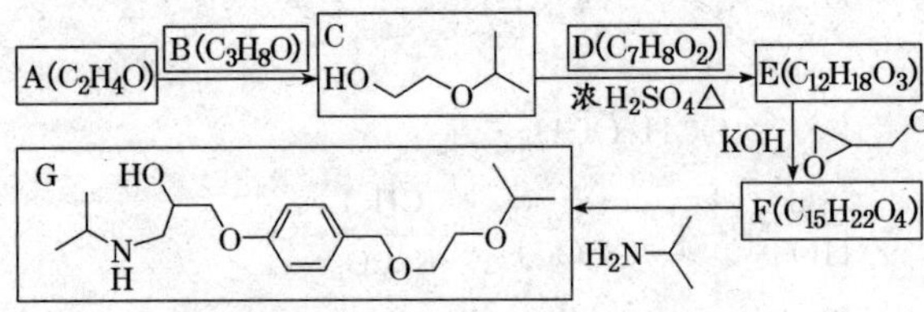

已知以下信息:

①A 的核磁共振氢谱为单峰;B 的核磁共振氢谱为三组峰,峰面积比为 6∶1∶1。

②D 的苯环上仅有两种不同化学环境的氢;1 mol D 可与 1 mol NaOH 或 2 mol Na 反应。

回答下列问题:

(1)A 的结构简式为________________。

(2)B 的化学名称为________________。

(3)C 与 D 反应生成 E 的化学方程式为________________________________。

(4)由 E 生成 F 的反应类型为________________。

(5)G 的分子式为________________。

(6)L 是 D 的同分异构体,可与 $FeCl_3$ 溶液发生显色反应,1 mol 的 L 可与 2 mol 的 Na_2CO_3 反应,L 共有________种;其中核磁共振氢谱为四组峰,峰面积比为 3∶2∶2∶1 的结构简式为________、________。

25.(14 分)化合物 G 是一种药物合成中间体,其合成路线如下:

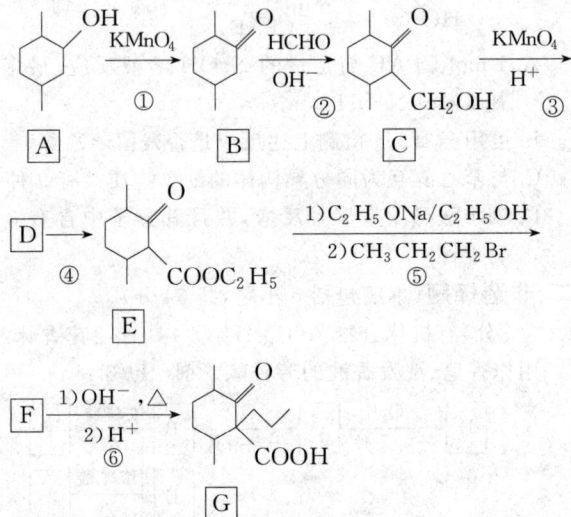

A (OH) $\xrightarrow[①]{KMnO_4}$ B (O) $\xrightarrow[OH^- \quad ②]{HCHO}$ C (O, CH_2OH) $\xrightarrow[H^+ \quad ③]{KMnO_4}$

D $\xrightarrow{④}$ E (O, $COOC_2H_5$) $\xrightarrow[2)CH_3CH_2CH_2Br \quad ⑤]{1)C_2H_5ONa/C_2H_5OH}$

F $\xrightarrow[2)H^+ \quad ⑥]{1)OH^-,△}$ G (O, COOH)

回答下列问题:

(1)A 中的官能团名称是________。

(2)碳原子上连有 4 个不同的原子或基团时,该碳称为手性碳。写出 B 的结构简式,用星号(*)标出 B 中的手性碳________。

(3)写出具有六元环结构、并能发生银镜反应的 B 的同分异构体的结构简式________________。(不考虑立体异构,只需写出 3 个)

(4)反应④所需的试剂和条件是________________。

(5)⑤的反应类型是________。

(6)写出 F 到 G 的反应方程式________________________________。

(7)设计由甲苯和乙酰乙酸乙酯($CH_3COCH_2COOC_2H_5$)制备 ($CH_3COCH(CH_2C_6H_5)COOH$) 的合成路线(无机试剂任选)。

班级：　　　　姓名：　　　　学号：

课时跟踪检测(十七)　糖类

1.下列物质中，属于糖类，但是分子组成不符合 $C_m(H_2O)_n$ 的是　　（　　）

A. CH_3CH_2CHO

B. $CH_2—CH—CH—CH—CH_2$（各碳上均连 OH）
　OH　OH　OH　OH　OH

C. $CH_2—CH_2—CH—CH—C—CH_2$（C 上连 =O）
　OH　　　OH　OH　O　OH

D. $CH_2—CH—CH—CHO$
　OH　OH　OH

2.下列说法中错误的是　　（　　）

A.通常蔗糖和淀粉都不显还原性

B.用大米酿的酒在一定条件下密封保存，时间越长越香醇

C.纤维素、蔗糖、葡萄糖和脂肪在一定条件下都可发生水解反应

D.纤维素分子是由葡萄糖单元组成的，可以表现出多元醇的性质

3.下列实验操作和结论错误的是　　（　　）

A.用新制 $Cu(OH)_2$ 悬浊液可鉴别麦芽糖和蔗糖

B.用银镜反应可证明蔗糖是否转化为葡萄糖，但不能证明是否完全转化

C.浓 H_2SO_4 可使蔗糖脱水变黑，证明蔗糖含 C、H、O 三种元素

D.蔗糖溶液中滴加几滴稀 H_2SO_4，水浴加热几分钟，加入到银氨溶液中，不能发生银镜反应，证明蔗糖不水解

4.乙醇、乙酸和葡萄糖三种溶液，只用一种试剂就能将它们区别开来，该试剂是　　（　　）

A.金属钠　　B.石蕊溶液

C.新制氢氧化铜悬浊液　　D. $NaHCO_3$ 溶液

5.下列关于糖类的说法正确的是　　（　　）

A.糖类物质的组成都符合 $C_m(H_2O)_n$

B.单糖就是分子组成简单的糖

C.含有醛基的糖是还原糖

D.淀粉、纤维素都是多糖，其分子式相同

6.青苹果汁遇碘溶液显蓝色，熟苹果汁能还原银氨溶液，这说明　　（　　）

A.青苹果中只含淀粉不含糖类

B.熟苹果中只含糖类不含淀粉

C.苹果转熟时淀粉水解为单糖

D.苹果转熟时单糖聚合成淀粉

7.下列说法中错误的是　　（　　）

A.碘化钾溶液不能使淀粉显蓝色

B.纤维素的水解难于淀粉的水解

C.用淀粉制乙醇仅发生了水解反应

D.多糖一般没有还原性，也没有甜味

8.糖原[$(C_6H_{10}O_5)_n$]是一种相对分子质量比淀粉更大的多糖，主要存在于肝脏和肌肉中，所以又叫动物淀粉和肝糖。下列关于糖原的叙述正确的是　　（　　）

A.糖原与淀粉、纤维素互为同分异构体

B.糖原与淀粉、纤维素属于同系物

C.糖原水解的最终产物是葡萄糖

D.糖原具有还原性，能发生银镜反应

9.下列物质中既能发生水解反应，也能发生银镜反应，其水解产物中还有能发生银镜反应的是　　（　　）

①乙醛　②葡萄糖　③甲酸甲酯　④蔗糖

⑤麦芽糖　⑥纤维素　⑦淀粉

A.①②⑤　　B.③④⑥

C.③⑤　　D.④⑤

10.有机化合物 X 能实现下列转化，下列判断一定错误的是　　（　　）

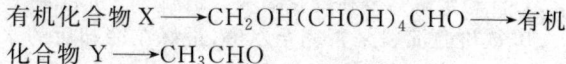

有机化合物 X $\longrightarrow CH_2OH(CHOH)_4CHO \longrightarrow$ 有机化合物 Y $\longrightarrow CH_3CHO$

A.有机化合物 X 可以是淀粉或纤维素

B.有机化合物 Y 在浓硫酸、加热条件下一定发生消去反应

C.有机化合物 Y $\longrightarrow$ 乙醛的反应属于氧化反应

D.有机化合物 X 分子中可能含有醛基

11.在将淀粉水解并用新制的 $Cu(OH)_2$ 悬浊液检验水解产物的实验中，要进行的主要操作有①加热；②滴入稀硫酸；③加入新制的 $Cu(OH)_2$ 悬浊液；④加入 NaOH 溶液中和。

以上各步操作的先后顺序排列正确的是　　（　　）

A.①②③④①　　B.②①④③①

C.②①④③　　D.④③①②①

12.[双选]下列说法正确的是　　（　　）

A.葡萄糖、果糖的分子式均为 $C_6H_{12}O_6$，二者互为同分异构体

B.淀粉、纤维素都属于天然高分子化合物

C.油脂、淀粉、蔗糖和葡萄糖在一定条件下都能发生水解反应

D.肌醇 与葡萄糖 的

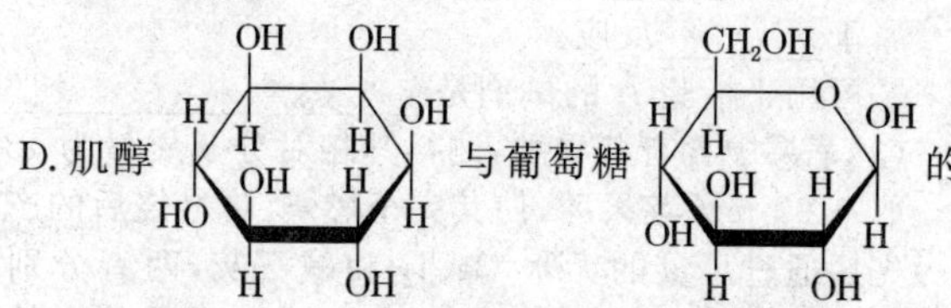

元素组成相同，化学式均为 $C_6H_{12}O_6$，满足 $C_m(H_2O)_n$，因此，均属于糖类化合物

[答题栏]

	1
	2
	3
	4
	5
	6
	7
	8
	9
	10
	11
	12

13. 为检验淀粉水解的情况，进行如图所示的实验，试管甲和丙均用 60～80 ℃的水浴加热 5～6 min，试管乙不加热。待试管甲中的溶液冷却后再进行后续实验。

2 g淀粉和20 mL 20%的稀硫酸　　2 g淀粉和20 mL水

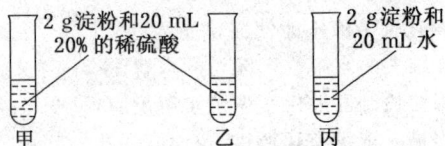

甲　　乙　　丙

实验1：取少量甲中溶液，加入新制氢氧化铜悬浊液，加热，没有砖红色沉淀出现。

实验2：取少量乙中溶液，滴加几滴碘水，溶液变为蓝色，但取少量甲中溶液做此实验时，溶液不变蓝色。

实验3：取少量丙中溶液加入 NaOH 溶液调节至碱性，再滴加碘水，溶液颜色无明显变化。

(1)写出淀粉水解的化学方程式：________________________________。

(2)设计甲和乙是为了探究________对淀粉水解的影响，设计甲和丙是为了探究________对淀粉水解的影响。

(3)实验1失败的原因是________________________________。

(4)实验3中溶液的颜色无明显变化的原因是____________________________。

(5)下列结论合理的是________(填字母)。

a. 淀粉水解需要在催化剂和一定温度下进行

b. 欲检验淀粉是否完全水解，最好在冷却后的水解液中直接加碘

c. 欲检验淀粉的水解产物具有还原性，应先在水解液中加入氢氧化钠溶液中和稀硫酸至溶液呈碱性，再加入新制氢氧化铜并加热

d. 若用唾液代替稀硫酸，则实验1可能出现预期的现象

14. 成熟的苹果中含有淀粉、葡萄糖和无机盐等，某课外兴趣小组设计了一组实验证明某些成分的存在，请你参与并协助他们完成相关实验。

(1)用小试管取少量的苹果汁，加入________(填名称)，溶液变蓝，则苹果中含有淀粉。

(2)利用含淀粉的物质可以生产醋酸。下面是生产醋酸的流程，根据流程回答下列问题：

淀粉 $\xrightarrow[\triangle]{稀硫酸}$ A ⟶ B ⟶ C ⟶ 醋酸

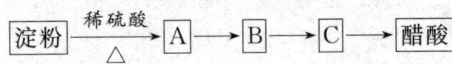

B是日常生活中有特殊香味的常见有机化合物，在有些饮料中含有B。

①写出化学方程式，并注明反应类型。

B与醋酸反应：____________________________，属于________反应。

B⟶C：________________________________，属于________反应。

②可用于检验A的试剂是________________。

(3)苹果中含有苹果酸，测得其相对分子质量为134。取0.02 mol苹果酸，使其完全燃烧，将燃烧后的产物先后通过足量的无水 $CaCl_2$ 和碱石灰，两者分别增重1.08 g和3.52 g。则分子中C、H原子的个数比为________，苹果酸的分子式是________________。

拔高提能训练

15. 某制糖厂以甘蔗为原料制糖，同时得到大量的甘蔗渣，对甘蔗渣进行综合利用不仅可以提高经济效益，而且还能防止环境污染，现按下列方式进行综合利用。

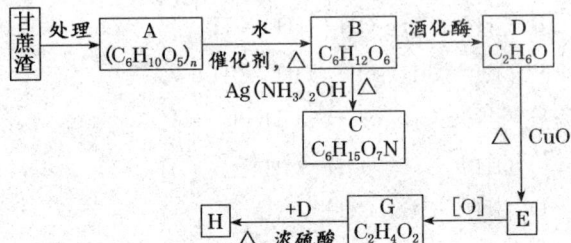

甘蔗渣 $\xrightarrow{处理}$ A $(C_6H_{10}O_5)_n$ $\xrightarrow[催化剂,\triangle]{水}$ B $C_6H_{12}O_6$ $\xrightarrow{酒化酶}$ D C_2H_6O $\xrightarrow[\triangle]{CuO}$ E $\xrightarrow{[O]}$ G $C_2H_4O_2$ $\xrightarrow[\triangle,浓硫酸]{+D}$ H

B $\xrightarrow{Ag(NH_3)_2OH\ \triangle}$ C $C_6H_{15}O_7N$

已知H是具有香味的液体。

(1)A的名称是________，H的名称是__________，H的同类同分异构体还有________________________________(写结构简式)。

(2)写出D→E的化学方程式：________________________________。

写出B→C的离子方程式：________________________________。

16. 如图所示的各物质中，E、F为具有香味的液态有机化合物。

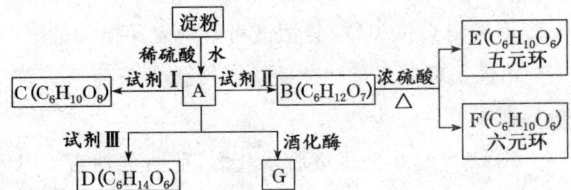

淀粉 $\xrightarrow{稀硫酸\ 水}$ A

A $\xrightarrow{试剂Ⅰ}$ C $(C_6H_{10}O_8)$

A $\xrightarrow{试剂Ⅱ}$ B $(C_6H_{12}O_7)$ $\xrightarrow[\triangle]{浓硫酸}$ E $(C_6H_{10}O_6)$ 五元环；F $(C_6H_{10}O_6)$ 六元环

A $\xrightarrow{试剂Ⅲ}$ D $(C_6H_{14}O_6)$

A $\xrightarrow{酒化酶}$ G

已知相关物质被氧化的顺序：

$RCHO>RCH_2OH>R(R_1)CHOH$。

(1)B→E的反应类型是________，F、C的结构简式分别为________________、________________；E、F两种物质的关系是________________。

(2)试剂Ⅲ最可能是__________，D的结构简式为________________________。

(3)下面对淀粉与A物质的有关描述中，正确的是________(填字母)。

a. 均能发生水解反应

b. 均属于糖类，且均有甜味

c. 可用碘或银氨溶液作试剂将它们的溶液区别开

d. A脱水可得到淀粉

(4)1 mol D物质与足量B发生与B→E相同反应类型的反应时，最多可消耗________mol B。

(5)写出有关反应的化学方程式：

A→B[试剂Ⅱ是新制 $Cu(OH)_2$ 悬浊液]：________________________________。

A→G：________________________________。

班级：　　　　姓名：　　　　学号：

课时跟踪检测（十八）　蛋白质

1. 苯丙氨酸（$C_6H_5-CH_2-\overset{NH_2}{\overset{|}{CH}}-COOH$）有多种同分异构体。其中同时符合下列两个条件：①有带两个取代基的苯环；②有一个硝基直接连接在苯环上的异构体有（　　）

A. 3 种　　B. 5 种

C. 6 种　　D. 10 种

2. 一种二肽的结构简式为 $\overset{NH_2}{\overset{|}{CH_2}}-\overset{O}{\overset{\|}{C}}-NH-\overset{CH_3}{\overset{|}{CH}}-\overset{O}{\overset{\|}{C}}-OH$，合成这种二肽的氨基酸是（　　）

A. $\overset{NH_2}{\overset{|}{CH_2}}-\overset{O}{\overset{\|}{C}}-OH$ 和 $\overset{NH_2}{\overset{|}{CH_2}}-CH_2-\overset{O}{\overset{\|}{C}}-OH$

B. $CH_3-\overset{NH_2}{\overset{|}{CH}}-\overset{O}{\overset{\|}{C}}-OH$

C. $\overset{NH_2}{\overset{|}{CH_2}}-\overset{O}{\overset{\|}{C}}-OH$

D. $\overset{NH_2}{\overset{|}{CH_2}}-\overset{O}{\overset{\|}{C}}-OH$ 和 $CH_3-\overset{NH_2}{\overset{|}{CH}}-\overset{O}{\overset{\|}{C}}-OH$

3. 下列物质中既能与盐酸反应，又能与 NaOH 溶液反应的是（　　）

①$NaHCO_3$　②$(NH_4)_2S$　③$Al(OH)_3$　④NH_4Cl　⑤H_2N-CH_2-COOH　⑥CH_3COOH

A. ①②③　　B. ①②④⑤

C. ⑤⑥　　D. ①②③⑤

4. 下列过程不属于化学变化的是（　　）

A. 在蛋白质溶液中，加入饱和硫酸铵溶液，有沉淀析出

B. 皮肤不慎沾上浓硝酸而呈现黄色

C. 在蛋白质溶液中，加入硫酸铜溶液，有沉淀析出

D. 用稀释的福尔马林溶液（0.1%～0.5%）浸泡植物种子

5. 下列关于蛋白质的叙述错误的是（　　）

A. 加热能杀死流感病毒是因为病毒的蛋白质受热发生变性

B. 在豆浆中加少量石膏，能使豆浆凝结为豆腐

C. 蛋白质水解的最终产物是氨基酸

D. 任何结构的蛋白质遇到浓硝酸都会变成黄色

6. 将淀粉和淀粉酶的混合物放入玻璃纸袋中，扎好袋口，浸入流动的温水中。相当一段时间后，取袋内液体分别与碘水、新制 $Cu(OH)_2$ 悬浊液（加热）和浓硝酸微热作用，其现象分别是（　　）

A. 显蓝色、无明显现象、显黄色

B. 显蓝色、红色沉淀、无明显现象

C. 无明显现象、变黑色、显黄色

D. 无明显现象、红色沉淀、无明显现象

7. “克隆羊”的关键技术之一是找到一些特殊的酶，这些酶能激活普通体细胞，使之能像生殖细胞一样发育成个体。下列说法不正确的是（　　）

A. 酶具有催化作用

B. 酶的催化作用具有选择性和专一性

C. 高温或重金属盐能降低酶的活性

D. 酶只有在强酸性或强碱性条件下才能发挥作用

8. [**双选**]阿斯巴甜具有清爽的甜味，甜味度约为蔗糖的 200 倍，其结构简式如图。下列有关说法不正确的是（　　）

H_2N　O　H　COOCH$_3$　COOH

A. 阿斯巴甜的分子式为 $C_{14}H_{17}N_2O_5$

B. 水解产物中有两种氨基酸

C. 阿斯巴甜属于蛋白质

D. 阿斯巴甜一定条件下既能与酸反应，又能与碱反应

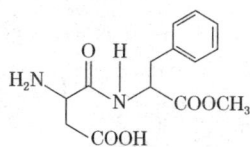

9. 褪黑素是一种内源性生物钟调节剂，在人体内由食物中的色氨酸转化得到。

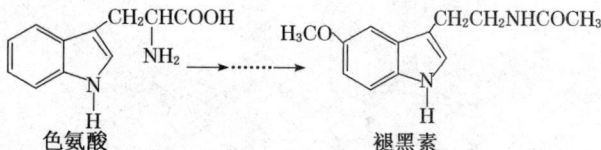

$CH_2CHCOOH$　NH_2　N　H　→……→　H_3CO　$CH_2CH_2NHCOCH_3$　N　H

色氨酸　　褪黑素

已知色氨酸水溶液中存在平衡：

$CH_2CHCOOH$　NH_2　N—H　⇌　CH_2CHCOO^-　NH_3^+　N—H

色氨酸　　色氨酸盐

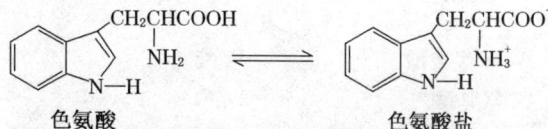

下列说法不正确的是（　　）

A. 色氨酸分子中存在氨基和羧基，能反应生成盐

B. 在色氨酸水溶液中，可通过调节溶液的 pH 使其形成晶体析出

C. 在一定条件下，色氨酸可发生脱水缩合反应

D. 褪黑素与色氨酸结构相似，也具有两性化合物的特性

10. 市场上有一种加酶洗衣粉，即在洗衣粉中加入少量的碱性蛋白酶，它的催化活性很强，衣物的汗渍、血迹及人本身排放的蛋白质油渍遇到它，都能水解而被除去，下列衣料中不能用加酶洗衣粉洗涤的是（　　）

①棉织品　②毛织品　③腈纶制品　④蚕丝制品　⑤涤纶制品　⑥锦纶制品

A. ①②③　　B. ②④

C. ③④⑤　　D. ③⑤⑥

[答题栏]

	1
	2
	3
	4
	5
	6
	7
	8
	9
	10
	11
	12

11. 绿色荧光蛋白(GFP)在紫外线照射下会发出鲜艳的绿光。下列有关说法正确的是　(　　)

A. 重金属离子能使 GFP 变性

B. 天然蛋白质属于纯净物

C. GFP 发出荧光是蛋白质的显色反应

D. 蛋白质通常用新制氢氧化铜悬浊液检验

12. 某天然蛋白质充分水解后,能分离出有机化合物 R,R 可与等物质的量的 KOH 或盐酸完全反应,4.45 g R 可与50 mL 1 $mol \cdot L^{-1}$ 的 NaOH 完全中和,则 R 的结构简式为　(　　)

A. $CH_2(NH_2)—COOH$

B. $CH_3—CH(NH_2)—COOH$

C. $CH_2(NH_2)—CH_2—COOH$

D. $HOOC—CH_2—CH(NH_2)—COOH$

13. 某期刊封面上有一个分子 X 的球棍模型图,图中"棍"代表单键或双键或三键,不同颜色的球代表不同元素的原子。

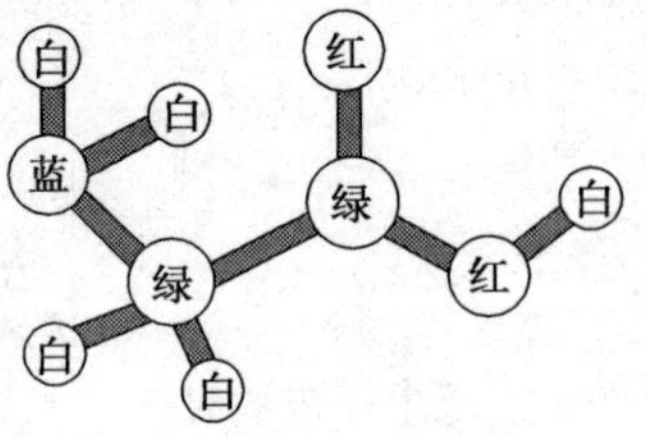

(球棍模型:白、白、蓝、绿、白、白、绿、红、红、白)

(1)X 是________。

A. 卤代羧酸　　B. 酯

C. 氨基酸　　D. 醇钠

(2)现有下列物质

A. CH_3COOH　　B. $CH_3CH_2NO_2$

C. $CH_3CH_2CH_2ONO_2$　　D. $CH_3CH_2CH(NH_2)COOH$

①X 与上述物质中的________是同分异构体。

②X 与上述物质中的 Y 是同系物,则 Y 的同分异构体中(含 Y)与 X 是同系物的共有________种。

14. 酪氨酸是一种生命活动不可缺少的氨基酸,它的结构简式如下:

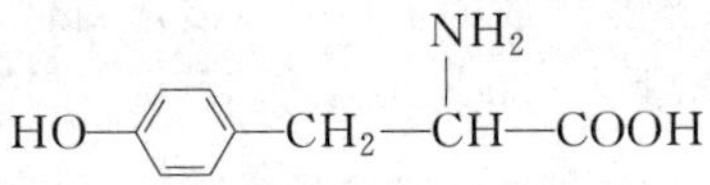

$HO—C_6H_4—CH_2—CH(NH_2)—COOH$

(1)酪氨酸能发生的化学反应类型有__________(填字母)。

A. 取代反应　　B. 氧化反应

C. 酯化反应　　D. 中和反应

(2)在酪氨酸的同分异构体中,同时满足如下三个条件的,除酪氨酸外还有________种。

①属于氨基酸且"碳骨架"与酪氨酸相同;②与氯化铁溶液能发生显色反应;③氨基($—NH_2$)不与苯环直接相连。

(3)已知氨基酸能与碱反应,写出酪氨酸与足量的 NaOH 溶液反应的化学方程式:______________________________。

拔高提能训练

15. 下列是某蛋白质的结构片段:

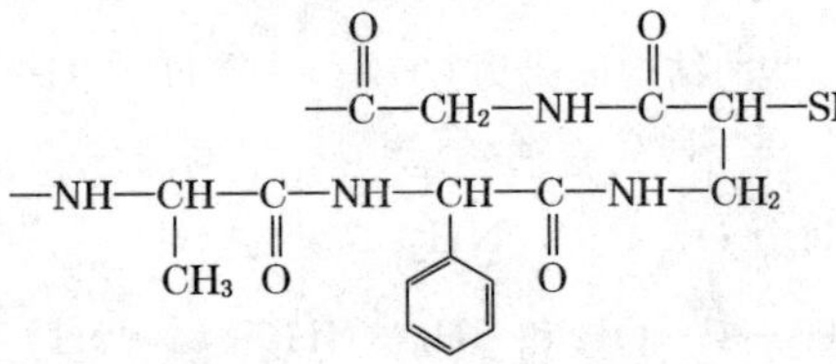

$—NH—CH(CH_3)—CO—NH—CH(C_6H_5)—CO—NH—CH(CH_2SH)—NH—CO—CH_2—CO—$

(即:$—C(=O)—CH_2—NH—C(=O)—CH(—SH)$ 连 CH_2;$—NH—CH(CH_3)—C(=O)—NH—CH(C_6H_5)—C(=O)—NH—CH_2$)

(1)上述蛋白质的结构片段的水解产物中不属于α-氨基酸的结构简式是______________________。

(2)上述蛋白质的结构片段水解后的氨基酸中,某氨基酸中碳、氢原子数比值最大。

①该氨基酸与 NaOH 反应的化学方程式为______________________。

②两分子该氨基酸缩合形成环状物质的分子式为________。

③该氨基酸的同分异构体中,属于硝基化合物且苯环上除硝基外只有甲基的同分异构体有______种。

(3)已知上述蛋白质结构片段的式量为 364,则水解生成的各种氨基酸的式量之和为________。

16. 已知 α-氨基酸在一定条件下能与亚硝酸(HNO_2)反应得到 α-羟基酸。

$R—CH(NH_2)—COOH + HNO_2 \longrightarrow R—CH(OH)—COOH + N_2\uparrow + H_2O$

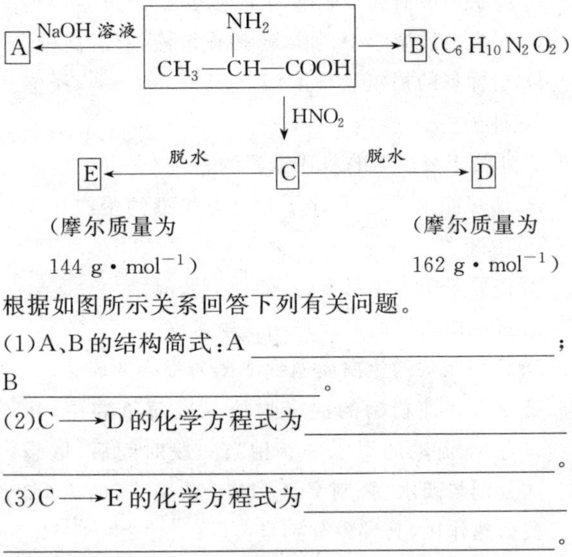

$CH_3—CH(NH_2)—COOH$ 经 NaOH 溶液 → A;→ B($C_6H_{10}N_2O_2$);经 HNO_2 → C;C 脱水 → E(摩尔质量为 144 $g \cdot mol^{-1}$);C 脱水 → D(摩尔质量为 162 $g \cdot mol^{-1}$)

根据如图所示关系回答下列有关问题。

(1)A、B 的结构简式:A ______________________;

B ______________________。

(2)C⟶D 的化学方程式为______________________。

(3)C⟶E 的化学方程式为______________________。

班级：　　　姓名：　　　学号：

课时跟踪检测(十九)　核酸

1. 蛋白质和核酸中共有的化学元素是　(　　)

A. C、H、O　　B. C、H、O、N、P

C. C、H、O、N　　D. C、H、O、P

2. 杨树叶肉细胞中的核酸，含有的碱基种类是　(　　)

A. 1 种　　B. 5 种

C. 4 种　　D. 8 种

3. 下列哪项不是组成核酸的必要物质　(　　)

A. 五碳糖　　B. 磷酸

C. 氨基酸　　D. 含氮碱基

4. 下列有关核酸的叙述，不正确的是　(　　)

A. 核酸是生物的遗传物质

B. 核酸包括 DNA 和 RNA

C. 核酸的基本组成单位是核苷酸

D. 核酸主要存在于细胞壁中

5. 下列表述正确的是　(　　)

A. 核酸属于小分子

B. 所有生物的 DNA 都具有相同的脱氧核苷酸排列顺序

C. 组成 DNA 的脱氧核苷酸只有 4 种，所以连成长链时，其排列顺序是有限的

D. DNA 和 RNA 都能携带遗传信息

6. 自然界中的生物形形色色、丰富多彩的根本原因可能是　(　　)

A. 蛋白质的多种多样　　B. DNA 分子的复杂多样

C. 自然环境的多种多样　　D. 碳元素的同位素较多

7. 有关核酸和蛋白质的结构与功能的叙述，错误的是　(　　)

A. 蛋白质的生物活性与蛋白质的空间结构有关

B. 数量相同的 5 种氨基酸可以组成不同的多肽链

C. 核酸具有固定的结构，所以只有一种核酸分子

D. 氨基酸序列相同的多肽链可折叠成不同的空间结构

8. 核糖和脱氧核糖是组成核酸的重要戊糖，其链式结构和环式结构如下，判断手性碳原子最少的是　(　　)

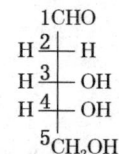

1CHO
H—2—OH
H—3—OH
H—4—OH
5CH₂OH

链式核糖

A

5CH₂OH　OH
4　O　1
3　2
OH　OH

环式核糖

B

1CHO
H—2—H
H—3—OH
H—4—OH
5CH₂OH

链式 2-脱氧核糖

C

5CH₂OH　OH
4　O　1
3　2
OH

环式 2-脱氧核糖

D

9. [**双选**]下列有关说法中正确的是　(　　)

A. 用甘氨酸($H_2N—CH_2—COOH$)与丙氨酸($CH_3—CH(NH_2)—COOH$)缩合最多可得到四种链状二肽

B. 核糖核酸(RNA)是生物体遗传信息的载体

C. 蛋白质的一级结构的主键是肽键

D. 绝大多数酶是蛋白质，具有高效的催化活性，本身不能水解

10. 下列各项中，不属于核酸功能的是　(　　)

A. 它是生物的遗传物质

B. 携带遗传信息，对生物的遗传有重要作用

C. 核酸分子的变化可能引起生物的变异

D. 贮存能量供应生命活动

11. 甘氨酸在 NaOH 溶液中存在的形式是　(　　)

A. $H_2N—CH_2—COONa$　　B. $H_2N—CH_2—COOH$

C. $CH_2(NH_3^+)—COO^-$　　D. $H_2N—CH_2—COO^-$

[答题栏]

	1
	2
	3
	4
	5
	6
	7
	8
	9
	10
	11
	12

12. 下列核苷酸中,在 DNA 结构中不可能具有的是 ( )

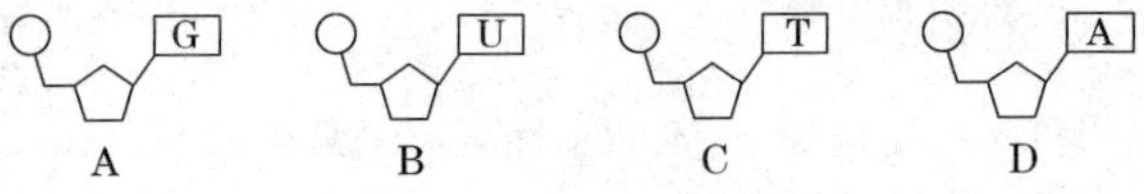

A（G） B（U） C（T） D（A）

13. 如图中的①代表磷酸,②代表五碳糖,③代表含氮碱基。请据图回答:

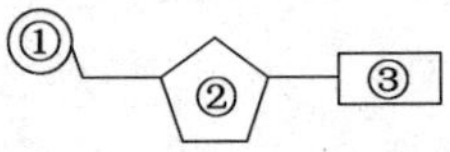

①—②—③

(1)若③是胞嘧啶,当②是______时,该图代表胞嘧啶核糖核苷酸;当②是______时,该图代表胞嘧啶脱氧核苷酸。

(2)若③是尿嘧啶,则②是______;若③是胸腺嘧啶,则②是______,此图叫做________。

(3)若②是核糖,则③有____种,若②是脱氧核糖,则③有______种。

(4)若该图所示的物质只存在于 SARS 病毒中,则②一定是______,而③可以是____。

拔高提能训练

14. DNA 指纹法在案件侦破工作中有着重要的用途。刑侦人员将从案发现场得到的血液、头发样品中提取的 DNA,与犯罪嫌疑人的 DNA 进行比较,就可能为案件的侦破提供证据。

(1)DNA 侦破的准确率非常高,原因是绝大多数的生物,其遗传信息就储存在__________中,而且每个个体的 DNA 的________序列各有特点。

(2)DNA 是由脱氧核苷酸连接成的长链,是细胞内携带__________的物质。

(3)核酸包括________和________,其基本组成单位分别是________和________。

15. 如图为大肠杆菌的 DNA 分子结构示意图(片段)。请据图回答问题:

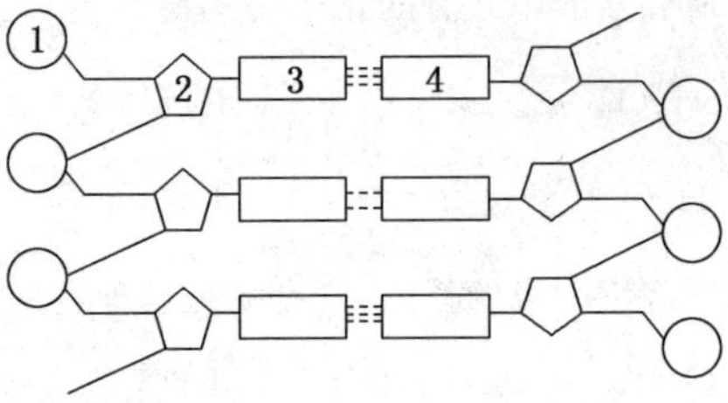

(1)图中 1 表示__________,2 表示______________,1、2、3 结合在一起的结构叫______________。

(2)DNA 分子中的“3”和“4”是通过________键连接起来的。

16. 如图为 DNA 分子平面结构示意图,请据图分析回答下列问题:

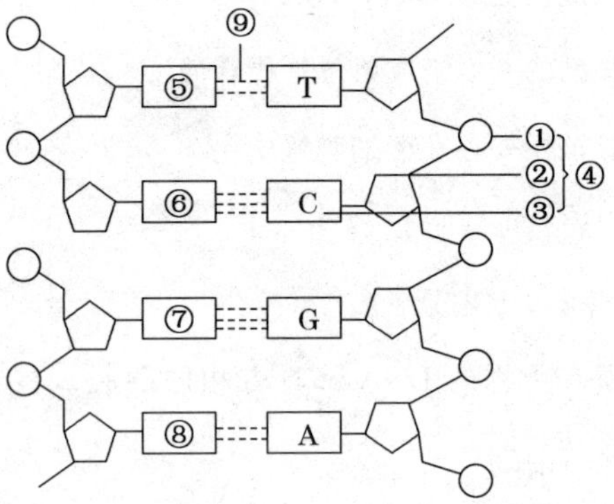

(1)从空间上看,DNA 分子的两条单链按________方式盘旋成____________结构。

(2)图中④的中文名称是______________________;⑦的中文名称是______________。

(3)构成 DNA 分子的碱基虽然只有 4 种,但由于____________________的千变万化,因此构成了 DNA 分子的多样性。

(4)如果将细胞培养在含^{15}N的同位素培养基上,则能在此图的________成分(填写编号)上可以测到^{15}N。

班级：　　　　姓名：　　　　学号：

章末检测验收(四)　生物大分子

(时间:90 分钟　满分:100 分)

一、选择题(本题包括 20 小题,每小题 2 分,共 40 分)

1.下列物质不属于高分子的是　(　　)

A.纤维素　　B.核糖

C.核酸　　D.蛋白质

2.下列各组物质,既不是同系物又不互为同分异构体的是　(　　)

①蔗糖和麦芽糖　②软脂酸甘油酯和硬脂酸甘油酯

③淀粉和纤维素　④油酸甘油酯和乙酸甘油酯

A.①②　　B.③④

C.①③　　D.②④

3.下列物质中,能够在酸性溶液中水解,生成两种相对分子质量相同物质的是　(　　)

A.麦芽糖　　B.蔗糖

C.油脂　　D.淀粉

4.下列物质既能发生水解反应,又能发生银镜反应的是　(　　)

A.油酸甘油酯　　B.麦芽糖

C.蛋白质　　D.核酸

5.多巴胺结构如图所示,下列说法错误的是　(　　)

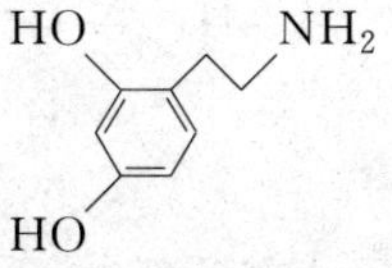

A.多巴胺分子式为 $C_8H_{11}NO_2$

B.多巴胺可以发生加成、取代、氧化反应

C.和溴水反应时,1 mol 多巴胺可以消耗 6 mol 溴单质

D.多巴胺既可以与强酸反应,又可以与强碱反应

6.下列关于淀粉和纤维素的叙述错误的是　(　　)

A.都能发生水解反应　　B.基本结构单元相同

C.互为同分异构体　　D.都是天然高分子

7.能证明淀粉已完全水解的现象是　(　　)

A.能发生银镜反应　　B.能溶于水

C.有甜味　　D.遇碘不再变蓝

8.下列过程中没有发生酯化反应的是　(　　)

A.用秸秆制取燃料乙醇

B.用纤维素制取硝酸纤维

C.核苷酸聚合生成多聚核苷酸

D.白酒在陈化过程中产生香味

9.[**双选**]百服宁口服液为解热镇痛药,主要用于治疗头痛、发烧。其主要化学成分的结构简式为 HO—⟨苯环⟩—NH—C(=O)—CH_3。下列有关该有机化合物叙述正确的是　(　　)

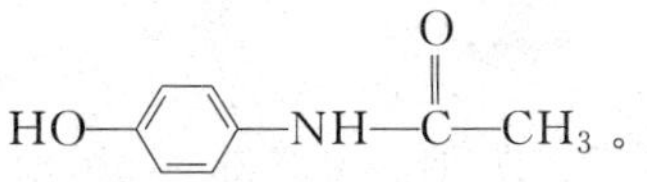

A.分子式为 $C_8H_9NO_2$

B.该有机化合物属于 α-氨基酸

C.其属于 α-氨基酸的同分异构体有 3 种

D.该有机化合物可与 $FeCl_3$ 溶液发生显色反应

10.蛋白质受某些因素的影响,其空间结构发生变化(一级结构不变),引起其理化性质和生物活性的变化,此时发生了蛋白质的　(　　)

A.水解　　B.变性

C.盐析　　D.溶解

11.天门冬氨酸($C_4H_7NO_4$)是组成人体蛋白质的氨基酸之一,可由链状化合物 B($C_4H_4O_4$)通过以下反应制取。通常状况下 B 为无色晶体,与碳酸氢钠溶液反应生成 $C_4H_2O_4Na_2$,B 没有支链。

$$\boxed{B}\xrightarrow[①]{HCl}\boxed{C}\xrightarrow[②]{NH_3}\boxed{天门冬氨酸}$$

下列说法正确的是　(　　)

A.B 中只含一种官能团:羧基

B.反应①属于取代反应

C.反应②属于加成反应

D.天门冬氨酸的结构简式为 HO—C(=O)—CH_2—CH(NH_2)—C(=O)—OH

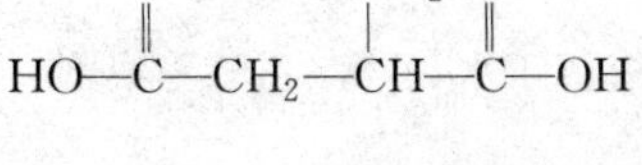

12. 酶是蛋白质，因而具有蛋白质的特性，酶又是生物制造出来的催化剂，因而能在许多有机反应中发挥作用。在如图表示温度 T 与反应速度 v 的关系曲线中，有酶参加的是 （　　）

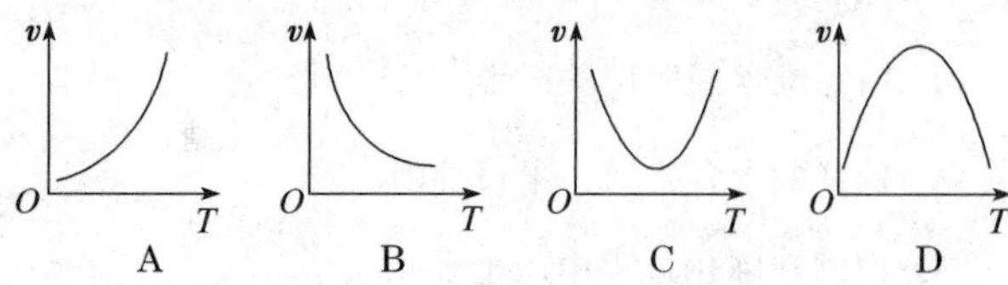

13. 若 1 mol 有机化合物 A 在稀 H_2SO_4 作用下水解生成 2 mol B，符合题意的物质 A 可能是下列物质中的 （　　）

①蔗糖　②麦芽糖　③葡萄糖　④淀粉

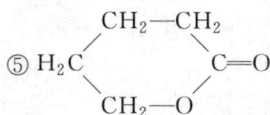

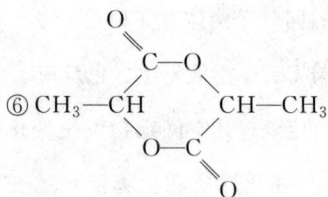

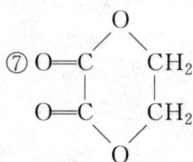

⑤ 环状结构：$CH_2—CH_2$、H_2C、$C=O$、$CH_2—O$

⑥ 环状结构：$CH_3—CH$ 与 $CH—CH_3$ 之间以 $C(=O)—O$ 和 $O—C(=O)$ 相连

⑦ 环状结构：$O=C—CH_2$、$O=C—CH_2$，两端以 O 相连

⑧ $CH_3—CH(NH_2)—CO—NH—CH(CH_3)—COOH$

A. ①②③　　　B. ④⑤⑧

C. ②⑥⑧　　　D. ①⑤⑦

14. 下列说法中正确的是 （　　）

A. 蔗糖在稀硫酸中充分水解后再加入银氨溶液并水浴加热，一定可得到银镜

B. 氨基酸、肽类物质及蛋白质均可与酸、碱溶液发生反应

C. 糖精是糖中精华，是最甜的一种糖

D. 氨基酸不能溶解于水、乙醇、乙醚等溶剂

15. [双选]下列关于蛋白质的说法正确的是 （　　）

A. 蛋白质属于天然高分子化合物，组成元素除有 C、H、O、N 外，还有 S 等元素

B. 用浓 Na_2SO_4、$CuSO_4$ 溶液或浓 HNO_3 使蛋清发生盐析，进而分离、提纯蛋白质

C. 蛋白酶是蛋白质，它不仅可以催化蛋白质的水解反应，还可以催化淀粉的水解反应

D. 蛋白质水解产生的甘氨酸（$H_2N—CH_2—COOH$）既显酸性，又显碱性，是最简单的氨基酸

16. 当含下列结构片段的蛋白质在胃液中水解时，不可能产生的氨基酸是 （　　）

$—NH—CH(CH_3)—CO—NH—CH(C_6H_5)—CO—NH—CH(CH_2SH)—CO—NH—CH(H)—CO—$

A. $CH_3—CH(NH_2)—COOH$

B. $CH_2(SH)—CH(NH_2)—COOH$

C. $CH_2(NH_2)—COOH$

D. $CH_3—CH(NH_2)—CH(C_6H_5)—COOH$

17. 人类肝脏蛋白质两谱三图三库已全面破译完成，它将为肝脏疾病的预警、预防、诊断和治疗提供科学依据。下列关于乙肝病毒的说法不正确的是 （　　）

A. 属于高分子化合物

B. 水解的最终产物能与酸或碱反应

C. 遇浓硝酸会变性

D. 水解时碳氧键断裂

18. 下列与生物体内核酸分子功能多样性无关的是 （　　）

A. 核苷酸的组成种类　　B. 核苷酸的连接方式

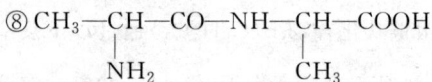

C. 核苷酸的排列顺序　　D. 核苷酸数量的多少

19. 下列物质中可以使蛋白质变性的是（　　）

①福尔马林　②酒精　③高锰酸钾溶液

④硫酸铵溶液　⑤硫酸铜　⑥双氧水　⑦硝酸

A. 除④、⑦外　　B. 除③、⑥外

C. ①②⑤　　D. 除④外

20. DNA 指纹法在案件侦破工作中有着重要作用，从案发现场提取 DNA 样品，可为案件侦破提供证据，其中的生物学原理是（　　）

A. 不同人体内的 DNA 所含的碱基种类不同

B. 不同人体内的 DNA 所含的五碳糖和磷酸不同

C. 不同人体内的 DNA 的空间结构不同

D. 不同人体内的 DNA 所含的脱氧核苷酸排列顺序不同

二、非选择题(本题包括 5 小题，共 60 分)

21. (10 分)(1)下面 3 种有机化合物，用提供的试剂分别鉴别，将所用试剂及产生的现象的标号填在各个横线上(不能重复使用)。

有机化合物	试剂	现象
①葡萄糖______	a. 碘水	A. 出现红色沉淀
②淀粉______	b. 浓硝酸	B. 呈蓝色
③蛋白质______	c. 新制氢氧化铜悬浊液	C. 呈黄色

(2)苏云金杆菌是一种对昆虫有致病作用的细菌，其杀虫活性物质主要是一类伴孢晶体蛋白，某伴孢晶体蛋白含两条多肽链，共由 126 个氨基酸组成，经昆虫肠液消化成毒性肽，该伴孢晶体蛋白中含有的肽键数是______。

(3)天然蛋白质水解产物中含有某物质 A，A 由 C、H、O、N 四种元素组成，A 既能与 NaOH 反应，又能与 HCl 反应，在一定条件下，两分子 A 发生缩合反应生成 B 和一分子水。B 的相对分子质量为 312，当与浓 HNO_3 反应时显黄色。据此推断 A、B 的结构简式分别为：____。

22. (12 分)玉米芯、花生壳、木屑等农林副产品是生物质资源，人们曾将其作为燃料直接燃烧，造成了大气污染。为综合利用资源，保护环境，目前人们可以用化学方法使其中的木聚糖转化为木糖等物质，得到一系列食品、医药和化工原料。

(1)木糖的分子式为 $C_5H_{10}O_5$，属于醛糖，其分子结构中无支链，与葡萄糖的结构类似。木糖的结构简式为________________(不考虑立体异构)。

(2)木糖经催化加氢可以生成木糖醇，木糖醇的结构简式为________________(不考虑立体异构)。木糖醇是一种常用的甜味剂，可用于口香糖和糖尿病患者专用食品等的生产，下列有关木糖醇的叙述正确的是________。

a. 木糖醇与葡萄糖类似，属于单糖

b. 木糖醇与核糖类似，属于戊糖

c. 木糖醇与丙三醇(甘油)类似，属于多元醇

d. 木糖醇不易溶于水

(3)木糖在一定条件下脱水缩合生成的糠醛是一种重要的化工原料，可用于合成材料、药物等的生产。糠醛的结构简式为 CHO，请写出由木糖生成糠醛的化学方程式：____________________________。

由木糖生成糠醛的反应类型是______(填字母)。

A. 氧化反应　　B. 还原反应

C. 脱水反应　　D. 酯化反应

E. 消去反应

23. (12 分)Ⅰ. 充分燃烧 1.4 g 某有机化合物 A 生成 4.4 g CO_2 和 1.8 g H_2O，该有机化合物蒸气的密度是相同条件下 H_2 密度的 28 倍。

(1)该有机化合物的分子式为______。

(2)A 的链状同分异构体共______种(不考虑顺反异构)。

(3)A 的链状同分异构体中含有支链的同分异构体的结构简式为______，其系统命名为______。

[答题栏]

题号	答案
1	
2	
3	
4	
5	
6	
7	
8	
9	
10	
11	
12	
13	
14	
15	
16	
17	
18	
19	
20	

(4)B是A的某种同分异构体，B的核磁共振氢谱中只有4个信号峰(即只有4种氢原子)，B通入Br_2的CCl_4溶液褪色，生成化合物C。则由B生成C的化学方程式为____。

Ⅱ.油脂是高级脂肪酸甘油酯，在工业上用途广泛。

(1)以硬脂酸甘油酯为例写出油脂的皂化反应方程式为____。

(2)从皂化反应后的溶液中提取肥皂和甘油的过程如下：

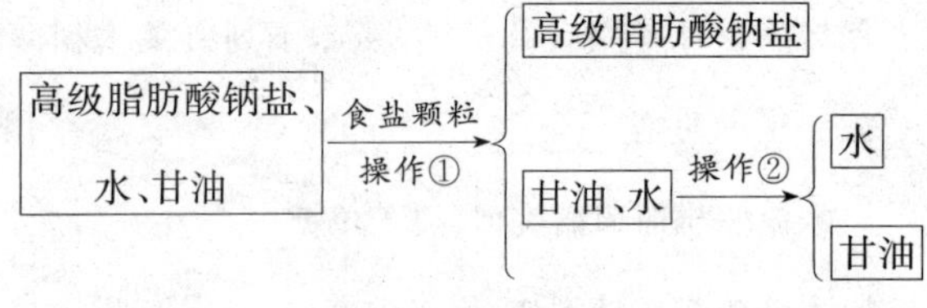

加入食盐颗粒后，液体表面析出白色固体，则食盐的作用是________________________。

24.(14分)秸秆(含多糖类物质)的综合利用具有重要的意义。下面是以秸秆为原料合成聚酯类高分子化合物的路线：

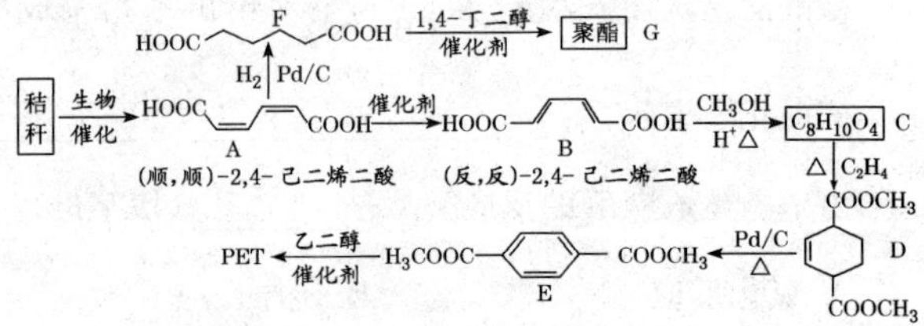

回答下列问题：

(1)下列关于糖类的说法正确的是__________。(填标号)

a.糖类都有甜味，具有$C_nH_{2m}O_m$的通式

b.麦芽糖水解生成互为同分异构体的葡萄糖和果糖

c.用银镜反应不能判断淀粉水解是否完全

d.淀粉和纤维素都属于多糖类天然高分子化合物

(2)B生成C的反应类型为________________。

(3)D中的官能团名称为________，D生成E的反应类型为________。

(4)F的化学名称是________，由F生成G的化学方程式为____。

(5)具有一种官能团的二取代芳香化合物W是E的同分异构体，0.5 mol W与足量碳酸氢钠溶液反应生成44 g CO_2，W共有________种(不含立体异构)，其中核磁共振氢谱为三组峰的结构简式为________________________。

(6)参照上述合成路线，以(反，反)-2,4-己二烯和C_2H_4为原料(无机试剂任选)，设计制备对苯二甲酸的合成路线。

25.(12分)某化学兴趣小组欲研究当酶的浓度一定时，反应速率(v)与反应物浓度(c)、温度(T)的关系。以下两个图象是根据实验结论画出的。

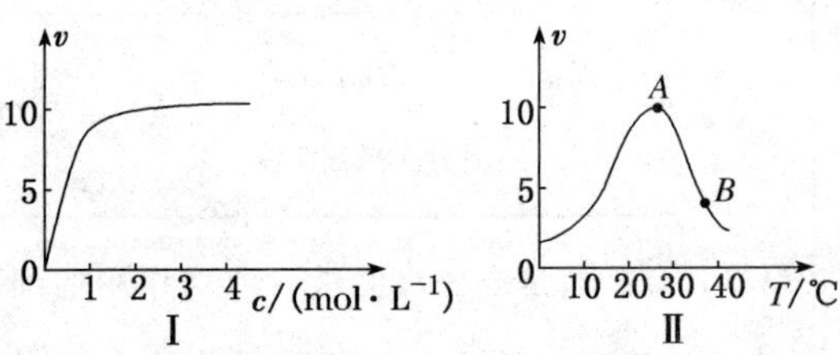

试根据图象回答下列问题：

(1)图Ⅰ中，反应物达到某一浓度时，反应速率不再上升，其原因是________________________。

(2)图Ⅱ中，A点所对应的温度是________________。

(3)图Ⅱ中，A点到B点曲线急剧下降，其原因是________________________________。

(4)将装有酶与反应物的甲、乙两试管分别放入12 ℃和75 ℃水浴锅内，20 min后取出转入37 ℃的水浴锅中保温，两试管反应速率分别为甲________________，乙________________________。

班级：　　　　　姓名：　　　　　学号：

课时跟踪检测（二十）　合成高分子的基本方法

1. 下列属于天然高分子化合物的是　　（　　）
A. 聚乙烯　　B. 淀粉
C. 硝化纤维　　D. 油脂

2. 下列关于对有机高分子化合物的认识正确的是（　　）
A. 有机高分子化合物被称为聚合物或高聚物，是因为它们大部分是由高分子化合物通过聚合反应而得到的
B. 有机高分子化合物的相对分子质量很大，因而其结构很复杂
C. 对于一块高分子材料来说，n 是一个整数值，因而它的相对分子质量是确定的
D. 高分子材料可分为天然高分子材料和合成高分子材料两大类

3. 下列高分子化合物对应的链节正确的是　　（　　）
A. 聚氯乙烯 $\underset{\text{Cl}}{\underset{|}{\text{CH}}}{=}\text{CH}_2$
B. 聚苯乙烯 $-\text{C}_6\text{H}_4-\text{CH}-\text{CH}_2-$
C. 聚异戊二烯 $-\text{CH}_2-\underset{\text{CH}_3}{\underset{|}{\text{C}}}{=}\text{CH}-\text{CH}_2-$
D. 聚丙烯 $-\text{CH}_2-\text{CH}_2-\text{CH}_2-$

4. 下列合成有机高分子化合物的反应中，属于加聚反应的是　　（　　）
①$n\text{CH}_3-\overset{\text{OH}}{\overset{|}{\text{CH}}}-\text{COOH}\xrightarrow{\text{催化剂}}\text{H}{\left[\!\!-\text{O}-\overset{\text{CH}_3}{\overset{|}{\text{CH}}}-\overset{\text{O}}{\overset{\|}{\text{C}}}-\right]_n}\text{OH}+(n-1)\text{H}_2\text{O}$
②$n\text{HCHO}\xrightarrow{\text{催化剂}}{\left[\!\!-\text{CH}_2\text{O}-\right]_n}$
③$n\text{HCHO}+n\,\text{C}_6\text{H}_5-\text{OH}\xrightarrow{\text{催化剂}}\text{H}{\left[\!\!-\text{C}_6\text{H}_3(\text{OH})-\text{CH}_2-\right]_n}\text{OH}+(n-1)\text{H}_2\text{O}$
④$n\text{CH}_2{=}\text{CH}-\text{CH}{=}\text{CH}_2+n\,\text{C}_6\text{H}_5-\text{CH}{=}\text{CH}_2\xrightarrow{\text{催化剂}}{\left[\!\!-\text{CH}_2-\text{CH}{=}\text{CH}-\text{CH}_2-\text{CH}_2-\underset{\text{C}_6\text{H}_5}{\underset{|}{\text{CH}}}-\right]_n}$
A. ①②　　B. ②④
C. ①③　　D. ③④

5. 某有机化合物能通过加聚反应生成高聚物，还能水解生成两种有机化合物，则该有机化合物的结构中一定具有的基团是　　（　　）

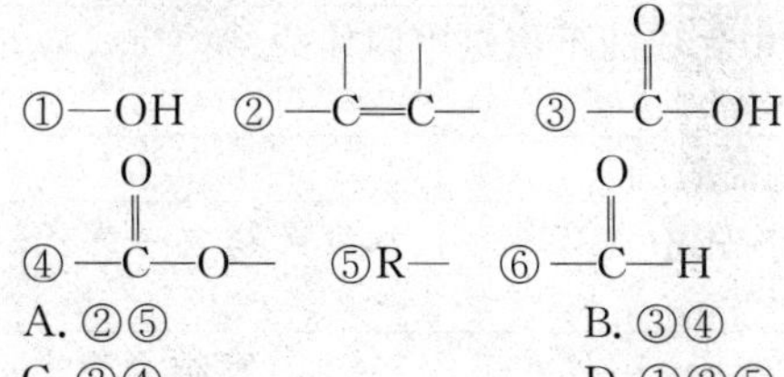
①$-\text{OH}$　②$-\overset{|}{\text{C}}{=}\overset{|}{\text{C}}-$　③$-\overset{\text{O}}{\overset{\|}{\text{C}}}-\text{OH}$
④$-\overset{\text{O}}{\overset{\|}{\text{C}}}-\text{O}-$　⑤$\text{R}-$　⑥$-\overset{\text{O}}{\overset{\|}{\text{C}}}-\text{H}$

A. ②⑤　　B. ③④
C. ②④　　D. ①②⑤

6. 关于 ${\left[\!\!-\text{CH}_2-\text{CH}_2-\right]_n}$ 与 $\text{H}{\left[\!\!-\text{O}-\text{CH}_2-\text{CH}_2-\text{O}-\overset{\text{O}}{\overset{\|}{\text{C}}}-\overset{\text{O}}{\overset{\|}{\text{C}}}-\right]_n}\text{OH}$ 的说法不正确的是　　（　　）
A. 二者相对分子质量大小不能确定
B. 二者形成的物质均为混合物
C. 合成二者的反应类型相同
D. 二者的性质不相同

7. ［**双选**］某高分子化合物的结构如下所示，可用于合成该聚合物的单体是　　（　　）
$$\text{HO}{\left[\!\!-\underset{\text{O}}{\underset{\|}{\text{C}}}-\underset{\underset{\text{C}_6\text{H}_5}{|}}{\underset{\text{CH}_2}{\underset{|}{\text{CH}}}}-\text{NH}-\underset{\text{O}}{\underset{\|}{\text{C}}}-\text{CH}_2-\text{NH}-\right]_n}\text{H}$$
A. 甘氨酸　　B. 丙氨酸
C. 苯丙氨酸　　D. 谷氨酸

8. 丁腈橡胶的结构简式为 ${\left[\!\!-\text{CH}_2-\text{CH}{=}\text{CH}-\text{CH}_2-\text{CH}_2-\underset{\text{CN}}{\underset{|}{\text{CH}}}-\right]_n}$，具有优良的耐油、耐高温性能，合成丁腈橡胶的原料是（　　）
①$\text{CH}_2{=}\text{CH}-\text{CH}{=}\text{CH}_2$　②$\text{CH}_3-\text{C}{\equiv}\text{C}-\text{CH}_3$
③$\text{CH}_2{=}\text{CH}-\text{CN}$　④$\text{CH}_3-\text{CH}{=}\text{CH}-\text{CN}$
⑤$\text{CH}_3-\text{CH}{=}\text{CH}_2$　⑥$\text{CH}_3-\text{CH}{=}\text{CH}-\text{CH}_3$
A. ③⑥　　B. ②③
C. ①③　　D. ④⑤

9. 某高聚物的结构简式为 ${\left[\!\!-\text{CH}_2-\underset{\text{OCH}_3}{\underset{|}{\underset{\text{C}=\text{O}}{\underset{|}{\text{CH}}}}}-\right]_n}$，下列分析正确的是　　（　　）

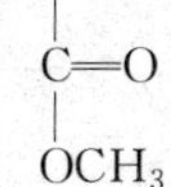

A. 它是缩聚反应的产物
B. 其单体是 $\text{CH}_2{=}\text{CH}_2$ 和 HCOOCH_3
C. 其单体为 $\text{CH}_2{=}\text{CHCOOCH}_3$
D. 它燃烧后产生 CO_2 和 H_2O 的物质的量之比为1∶1

10. 聚四氟乙烯可以作为不粘锅的内衬，其链节是（　　）
A. ${\left[\!\!-\text{CF}_2-\text{CF}_2-\right]_n}$　　B. $-\text{CF}_2-\text{CF}_2-$
C. $\text{CF}_2{=}\text{CF}_2$　　D. $-\text{CF}_2{=}\text{CF}_2-$

11. ABS 合成树脂的结构可表示为
$${\left[\!\!-\text{CH}_2-\underset{\text{CN}}{\underset{|}{\text{CH}}}-\text{CH}_2-\text{CH}{=}\text{CH}-\text{CH}_2-\text{CH}_2-\underset{\text{C}_6\text{H}_5}{\underset{|}{\text{CH}}}-\right]_n}$$
则生成该树脂的单体的种类和化学反应所属类型正确的是　　（　　）
A. 1 种　加聚反应　　B. 2 种　缩聚反应
C. 3 种　加聚反应　　D. 3 种　缩聚反应

12. 下列工业生产过程中，属于应用缩聚反应制取高聚物的是　　（　　）
A. 单体 $\text{CH}_2{=}\text{CH}_2$ 制高聚物 ${\left[\!\!-\text{CH}_2-\text{CH}_2-\right]_n}$
B. 单体 $\text{C}_6\text{H}_5-\text{CH}{=}\text{CH}_2$ 与 $\text{CH}_2{=}\text{CH}-\text{CH}{=}\text{CH}_2$ 制高聚物 ${\left[\!\!-\text{CH}_2-\text{CH}{=}\text{CH}-\text{CH}_2-\text{CH}_2-\underset{\text{C}_6\text{H}_5}{\underset{|}{\text{CH}}}-\right]_n}$

[答题栏]

	1
	2
	3
	4
	5
	6
	7
	8
	9
	10
	11
	12

C. 单体 $CH_2=CH-CH_3$ 制高聚物 $\left[CH_2-\underset{\displaystyle CH_3}{\underset{|}{CH}}\right]_n$

D. 单体 $HOCH_2CH_2OH$ 与 $HOOC-C_6H_4-COOH$ 制高聚物 $H\left[O-CH_2-CH_2-O-\overset{\displaystyle O}{\overset{\|}{C}}-C_6H_4-\overset{\displaystyle O}{\overset{\|}{C}}\right]_nOH$

13. 按要求完成下列问题。

(1)聚苯乙烯的结构为 $\left[CH_2-\underset{\displaystyle C_6H_5}{\underset{|}{CH}}\right]_n$

①聚苯乙烯的链节是________,单体是________。

②实验测得某聚苯乙烯的相对分子质量(平均值)为 52 000,则该高聚物的聚合度 n 为________。

(2)完成下列反应的化学方程式,并指出其反应类型。

①由乙烯制取聚乙烯:________________________,________。

②由丙烯制取聚丙烯:________________________,________。

③由对苯二甲酸($HOOC-C_6H_4-COOH$)与乙二醇发生反应生成高分子化合物:________________________,________。

14. 根据图示回答下列问题:

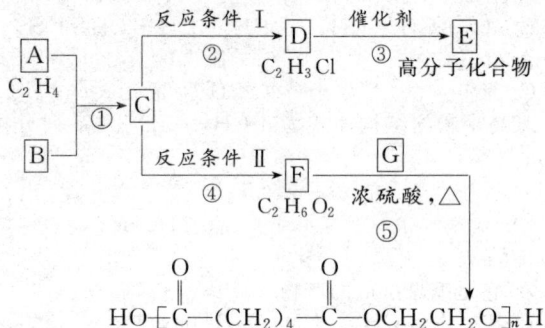

A(C_2H_4)与 B 经①生成 C;C 经反应条件Ⅰ②生成 D(C_2H_3Cl),D 在催化剂作用下经③生成 E(高分子化合物);C 经反应条件Ⅱ④生成 F($C_2H_6O_2$),F 与 G 在浓硫酸、△条件下经⑤生成

$HO\left[\overset{\displaystyle O}{\overset{\|}{C}}-(CH_2)_4-\overset{\displaystyle O}{\overset{\|}{C}}-OCH_2CH_2O\right]_nH$

(1)写出 A、E、G 的结构简式:A________,E________,G________。

(2)反应②的化学方程式(包括反应条件)是________________________,反应④的化学方程式(包括反应条件)是________________________。

(3)写出反应①③⑤的化学方程式及反应类型:

①________________,________;

③________________,________;

⑤________________,________。

拔高提能训练

15. (1)新型的合成材料"丁苯吡橡胶",结构简式为

$\left[CH_2-CH=CH-CH_2-CH_2-\underset{\displaystyle C_6H_5}{\underset{|}{CH}}-CH_2-\underset{|}{CH}\right]_n$(最后一个 CH 上连有 6-甲基-2-吡啶基,即 H_3C 取代的吡啶环)

它是由三种单体________、________和________通过________反应而制得的。

(2)聚丁二酸乙二醇酯(PES)是一种生物可降解的聚酯,它在塑料薄膜、食品包装和生物材料等方面有着广泛的应用。其结构简式如下:

$HO\left[\overset{\displaystyle O}{\overset{\|}{C}}-CH_2CH_2-\overset{\displaystyle O}{\overset{\|}{C}}-OCH_2CH_2O\right]_nH$

①聚丁二酸乙二醇酯(PES)是由两种单体通过________(填反应类型)反应制得的。形成该聚合物的两种单体是________和________。

②这两种单体相互之间也可能形成一种八元环状酯,请写出该环状化合物的结构简式:________。

(3)高分子化合物 A 和 B 的部分结构如下:

A. $\cdots-\underset{\displaystyle COOH}{\underset{|}{CH}}-CH_2-\underset{\displaystyle COOH}{\underset{|}{CH}}-CH_2-\underset{\displaystyle COOH}{\underset{|}{CH}}-CH_2-\cdots$

B. $\cdots-\overset{\displaystyle O}{\overset{\|}{C}}-\overset{\displaystyle CH_3}{\overset{|}{CH}}-NH-\overset{\displaystyle O}{\overset{\|}{C}}-\overset{\displaystyle CH_3}{\overset{|}{CH}}-NH-\overset{\displaystyle O}{\overset{\|}{C}}-\overset{\displaystyle CH_3}{\overset{|}{CH}}-NH-\cdots$

①合成高分子化合物 A 的单体是________,生成 A 的反应是________反应。

②合成高分子化合物 B 的单体是________,生成 B 的反应是________反应。

16. 以下是某课题组设计的合成聚酯类高分子材料 $H\left[OCH_2-C_6H_4-\overset{\displaystyle O}{\overset{\|}{C}}\right]_nOH$ 的路线:

$$\boxed{A}\xrightarrow[\text{光}]{Cl_2}\boxed{B}\xrightarrow{NaOH/H_2O}\boxed{C\ (C_8H_8O_2)}\xrightarrow[\text{催化剂}]{O_2}\boxed{D}$$

$$nD\xrightarrow[\triangle]{\text{浓}H_2SO_4}H\left[OCH_2-C_6H_4-\overset{\displaystyle O}{\overset{\|}{C}}\right]_nOH+(n-1)H_2O$$

已知:

①烃 A 的相对分子质量小于 110,其中碳的质量分数约为 0.9;

②同一碳原子上连两个羟基时结构不稳定,易脱水生成醛或酮;

$$-\overset{\displaystyle Cl}{\underset{\displaystyle Cl}{\overset{|}{\underset{|}{C}}}}-\xrightarrow{H_2O/OH^-}\left[-\overset{\displaystyle OH}{\underset{\displaystyle OH}{\overset{|}{\underset{|}{C}}}}-\right]\xrightarrow{-H_2O}-\underset{\displaystyle O}{\underset{\|}{C}}-;$$

③C 可发生银镜反应。

请根据以上信息回答下列问题:

(1)A 的分子式为________。

(2)由 A 生成 B 的化学方程式为________________________,反应类型是________。

(3)由 B 生成 C 的化学方程式为________________________,该反应过程中生成的不稳定中间体的结构简式应是________________________。

(4)D 的结构简式为________________,D 的同分异构体中含有苯环且水解产物之一为乙酸的有________________________(写结构简式)。

班级：　　　　姓名：　　　　学号：

课时跟踪检测(二十一)　高分子材料

1. 下列关于高分子化合物的组成、结构、性质的说法错误的是　(　　)

①高分子化合物的相对分子质量都很大

②纯净的淀粉属于纯净物

③有机高分子的结构分为线型结构和网状结构

④线型高分子具有热固型

⑤高分子材料一般不易燃烧

A. ④⑤　　B. ①③

C. ②⑤　　D. ②④⑤

2. 生物降解塑料能在微生物的作用下降解成二氧化碳和水，从而消除废弃塑料对环境的污染。PHB 塑料就属于这种塑料，其结构简式为 $H\!\!\left[O-\underset{}{\overset{C_2H_5}{\overset{|}{C}H}}-\overset{O}{\overset{\|}{C}}\right]_n\!\!OH$，下面有关 PHB 的说法中正确的是　(　　)

A. PHB 是一种聚酯，有固定的熔点

B. PHB 的降解过程不需要氧气参加反应

C. 合成 PHB 的单体是 $CH_3CH_2CH(OH)COOH$

D. 通过加聚反应可以制得 PHB

3. 在制备顺丁橡胶和高吸水性树脂时，都要加入交联剂。下列说法错误的是　(　　)

A. 加入交联剂都可使线型结构变为网状结构

B. 橡胶工业中将线型结构连接为网状结构是为了增强橡胶的强度

C. 制备高吸水性树脂时将线型结构连接为网状结构是为了使它既吸水又不溶于水

D. 顺丁橡胶和高吸水性树脂都可溶于水

4. X 是一种性能优异的高分子材料，其结构简式为 $\left[\underset{CN}{\underset{|}{C}H}-\underset{CN}{\underset{|}{C}H}-CH_2-\underset{OOCCH_3}{\underset{|}{C}H}\right]_n$，已被广泛应用于声、热、光的传感等方面，它是由 $HC\equiv CH$、$(CN)_2$、CH_3COOH 和 H_2O 四种单体通过适宜的反应形成的。由 X 的结构简式分析合成过程中发生反应的类型有　(　　)

①加成反应　②取代反应　③缩聚反应

④加聚反应　⑤酯化反应

A. ①④⑤　　B. ①④

C. ①②④　　D. ①②③

5. 下列生活用品中主要由合成纤维制造的是　(　　)

A. 尼龙绳　　B. 宣纸

C. 羊绒衫　　D. 棉衬衣

6. 用高分子塑料骨钉取代钛合金骨钉是医学上的一项新技术，这种塑料骨钉不仅具有相当的强度，而且可在人体内水解，使骨科病人免遭拔钉的痛苦。合成这种塑料骨钉的原料能与强碱溶液反应，也能在浓硫酸作用下形成环酯。则合成这种塑料骨钉的原料是　(　　)

A. $CH_2=CH-CH_2Cl$　　B. $CH_2=CH-COOH$

C. $CH_3-CH(OH)-COOH$　　D. H_2N-CH_2-COOH

7. 科学家研制的一种使沙漠变绿洲的新技术，即在沙漠中喷洒一定量的聚丙烯酸酯（$\left[CH_2-\underset{COOR}{\underset{|}{C}H}\right]_n$）与水的混合物，使其与沙粒结合，既能阻止地下的盐分上升，又能拦截、蓄积雨水。下列对聚丙烯酸酯的叙述中正确的是　(　　)

①聚丙烯酸酯的单体的结构简式为 $CH_2=CHCOOR$

②聚丙烯酸酯没有固定的熔沸点

③聚丙烯酸酯在一定条件下能发生水解反应和加成反应

④其聚合方式与酚醛树脂的聚合方式相同

⑤聚丙烯酸酯具有很强的吸水性

A. ③④　　B. ①②

C. ①②③　　D. ①②③④

8. [**双选**]光刻胶是大规模集成电路印刷电路板技术中的关键材料，某一光刻胶的主要成分如图所示，下列有关说法正确的是　(　　)

$$\left[CH_2-\underset{\underset{\underset{CH=CH-C_6H_5}{|}}{O-C=O}}{\underset{|}{C}H}\right]_n$$

A. 合成此高聚物的单体的化学式为 $C_{11}H_{10}O_2$

B. 1 mol 该物质可消耗 4 mol H_2

C. 该物质可稳定存在于碱性溶液中

D. 该物质可经过加聚反应制得

9. 下列关于塑料的说法中，正确的是　(　　)

A. 聚乙烯塑料的单体是乙烯，所以聚乙烯塑料是纯净物

B. 塑料不都是经过人工合成制成的

C. 酚醛树脂塑料可以用作绝缘和隔热材料

D. 只有热塑性高分子材料才可能是塑料

10. PBT 是最坚韧的工程热塑性材料之一，它是半结晶材料，有非常好的化学稳定性、机械强度、电绝缘性和热稳定性，其结构简式为

$$HO\!\left[\overset{O}{\overset{\|}{C}}-C_6H_4-\overset{O}{\overset{\|}{C}}-O-(CH_2)_4-O\right]_n\!H$$

下列叙述错误的是　(　　)

A. PBT 具有热固性，受热不熔化

B. PBT 的单体是对苯二甲酸和丁二醇

C. 由单体合成 PBT 的反应属于缩聚反应

D. 1 mol PBT 与 NaOH 溶液反应时，最多可消耗 $2n$ mol NaOH

11. 下列说法正确的是　(　　)

A. 合成纤维和人造纤维统称为化学纤维

B. 酚醛树脂和聚氯乙烯塑料都是热固性塑料

C. 锦纶丝接近火焰时先卷缩，燃烧时有烧焦羽毛的气味，灰烬为有光泽的硬块，能压成粉末

D. 制作航天服的聚酯纤维属于天然高分子材料

[答题栏]

	1
	2
	3
	4
	5
	6
	7
	8
	9
	10
	11
	12

12.[双选]某种毛绒玩具的外材料为纯羊毛线，内充物为无毒的聚酯纤维（$HO{+}\overset{O}{\overset{\|}{C}}-C_6H_4-\overset{O}{\overset{\|}{C}}OCH_2CH_2O{+}_nH$）。下列对人造羊毛和聚酯纤维的说法正确的是（　　）

A. 羊毛与聚酯纤维的化学成分相同，都为纯净物

B. 聚酯纤维和羊毛在一定条件下均能发生水解反应

C. 该聚酯纤维是由单体对苯二甲酸和乙二醇经过加聚反应生成的

D. 羊毛与聚酯纤维能用燃烧的方法区别

13. 耐纶是一种重要的合成纤维，用它可制取具有光泽、耐拉和耐化学腐蚀的人造丝和人造毛，下面是聚合物耐纶分子中的重复结构单元片段：

$$\cdots\cdots-NH-(CH_2)_6-NH-\overset{O}{\overset{\|}{C}}-(CH_2)_4-\overset{O}{\overset{\|}{C}}-\cdots\cdots$$

请据此回答：

(1)合成耐纶的单体有________种。

(2)具有碱性的单体的结构简式为________________。

(3)合成耐纶的反应类型为________反应。

14. 尼龙-66广泛用于制造机械、汽车、化学与电气装置的零件，亦可制成薄膜用作包装材料，其合成路线如图所示(中间产物E给出了两条合成路线)。

已知：$R-Cl \xrightarrow[催化剂]{HCN} R-CN \xrightarrow[催化剂]{H_2} R-CH_2NH_2$

$CH_2=CH-CH=CH_2 \xrightarrow{①} \boxed{A} \xrightarrow[催化剂]{HCN} NCCH_2CH=CHCH_2CN \xrightarrow[催化剂]{H_2} \boxed{E}$

环己烷 $\xrightarrow[催化剂]{O_2}$ $\boxed{B\ (C_6H_{12}O)} \xrightarrow[催化剂]{O_2②}$ 环己酮 $\xrightarrow[催化剂]{HNO_3} \boxed{C} \xrightarrow{NH_3} \boxed{D} \xrightarrow{-H_2O} NC(CH_2)_4CN \xrightarrow[催化剂]{H_2} \boxed{E}$

$\boxed{C}$ + $\boxed{E}$ $\xrightarrow{③\ 一定条件}$ $HO{+}\overset{O}{\overset{\|}{C}}-(CH_2)_4-\overset{O}{\overset{\|}{C}}-NH-(CH_2)_6-NH{+}_nH$

尼龙-66

完成下列填空：

(1)写出反应类型：反应②____________；反应③____________。

(2)写出化合物D的结构简式：________________。

(3)写出一种与C互为同分异构体，且能发生银镜反应的化合物的结构简式：________________。

(4)写出反应①的化学方程式：________________________________。

(5)下列化合物中能与E发生化学反应的是______。

a. NaOH　　b. Na_2CO_3　　c. NaCl　　d. HCl

(6)用化学方程式表示化合物B的另一种制备方法(原料任选)：________________________________。

15. 有一种广泛用于汽车、家电产品上的高分子涂料，是按下列流程图生产的。图中M(C_3H_4O)和A都可以发生银镜反应。N和M的分子中碳原子数目相等，A的烃基上一氯取代位置有三种。

丙烯 $\xrightarrow[催化剂]{+CO,H_2} \boxed{A} \xrightarrow[属(X)反应]{H_2,催化剂} \boxed{B}$

丙烯 $\xrightarrow[催化剂]{O_2} \boxed{M\ (C_3H_4O)} \xrightarrow[催化剂]{O_2} \boxed{N}$

$\boxed{B}$ + $\boxed{N}$ $\xrightarrow{浓硫酸,\triangle} \boxed{D\ (C_7H_{12}O_2)} \xrightarrow[属Y反应]{引发剂}$ 高分子涂料

请回答下列问题：

(1)写出物质的结构简式：A ________，M ________。物质A的同类别的同分异构体为____________。

(2)反应类型：X ____________，Y ____________。

(3)写出下列反应的化学方程式：

①$N+B \longrightarrow D$：________________________________；

②$D \longrightarrow$高分子涂料：________________________________。

拔高提能训练

16. 常用作风信子等香精的定香剂D以及可用作安全玻璃夹层的高分子化合物PVB的合成路线如下：

$\boxed{A\ (C_2H_4O)}$ + 苯甲醛（C_6H_5CHO） $\xrightarrow{稀NaOH,\triangle} \boxed{B} \longrightarrow \boxed{C}$

$\boxed{C}$ + $\boxed{M}$ $\xrightarrow{浓H_2SO_4,\triangle} \boxed{D\ (C_{11}H_{12}O_2)}$

$\boxed{A} \xrightarrow{①} \boxed{E} \xrightarrow{②} \boxed{F} \xrightarrow{③} \boxed{N}$

$\boxed{PVAc} \xrightarrow{(1)NaOH溶液,\triangle\ (2)H^+} \boxed{M}$ + $\boxed{PVA}$

$\boxed{N}$ + $\boxed{PVA}$ $\xrightarrow{H^+}$ PVB：$\left[\ CH-CH_2-CH-CH_2\ \right]_{\frac{n}{2}}$（两个CH上的O与 $CH(CH_2CH_2CH_3)$ 成环）(PVB)

已知：Ⅰ. $RCHO+R'CH_2CHO \xrightarrow[\triangle]{稀\ NaOH} RCH=\overset{R'}{\overset{|}{C}}CHO+H_2O$（R、R′表示烃基或氢）

Ⅱ. 醛与二元醇(如：乙二醇)可生成环状化合物：

$$RCHO+\begin{matrix}CH_2OH\\|\\CH_2OH\end{matrix} \xrightarrow{H^+} RCH\begin{matrix}O-CH_2\\ \quad |\\O-CH_2\end{matrix}+H_2O$$

(1)A的核磁共振氢谱有两种峰。A的名称是______。

(2)A与C_6H_5—CHO合成B的化学方程式是________________________________。

(3)C为反式结构，由B还原得到。C的结构简式是________________。

(4)E能使Br_2的CCl_4溶液褪色。N由A经反应①～③合成。

a. ①的反应试剂和条件是________________。

b. ②的反应类型是________________。

c. ③的化学方程式是________________________________。

(5)PVAc由一种单体经加聚反应得到，该单体的结构简式是________________。

(6)碱性条件下，PVAc完全水解的化学方程式是________________________________。

班级：　　　　姓名：　　　　学号：

章末检测验收(五)　合成高分子

(时间:90 分钟　满分:100 分)

一、选择题(本题包括 20 小题,每小题 2 分,共 40 分)

1. 有机材料在建造港珠澳大桥中发挥了巨大作用。下列所用到的材料中不属于有机材料的是　(　　)

A. 高韧薄层罩面的沥青　B. 高强度耐腐蚀的钢筋
C. 隔震支座所用的橡胶　D. 超高分子量聚乙烯纤维

2. 化学与生产和生活密切相关,下列说法不正确的是　(　　)

A. 聚乙烯塑料的老化是因为发生了加成反应
B. 高吸水性树脂属于功能高分子材料
C. 食品包装袋、食物保鲜膜等材料的主要成分是聚乙烯
D. 盛放液溴或溴水的试剂瓶不能用天然橡胶作瓶塞

3. 某同学在收到的信封上发现有收藏价值的邮票,便将邮票剪下来浸入水中,以去掉邮票背面的黏合剂。该黏合剂的成分可能是　(　　)

A. $\text{+}CH_2-CH_2\text{+}_n$

B.  $\text{+}CH_2-CH(OH)\text{+}_n$

C. $\text{+}CH_2-CH(Cl)\text{+}_n$

D. $\text{+}CH_2-CH(CH_3)\text{+}_n$

4. 共建"一带一路"符合国际社会的根本利益,彰显人类社会的共同理想和美好追求。下列贸易商品中,主要成分属于有机化合物但不属于高分子化合物的是　(　　)

A. 中国丝绸	B. 捷克水晶	C. 埃及长绒棉	D. 乌克兰葵花籽油

5. 下列化合物属于塑料的是　(　　)

A. PVC　B. 锦纶
C. 轮胎　D. 棉花

6. 下列几种橡胶中,最不稳定、长期见光与空气作用逐渐被氧化而变硬变脆的是　(　　)

A. 天然橡胶($\text{+}CH_2-C(CH_3)=CH-CH_2\text{+}_n$)

B. 硅橡胶($H\text{+}O-Si(CH_3)_2\text{+}_nOH$)

C. 聚硫橡胶($CH_2-CH_2-S_4$)

D. 硫化橡胶(天然橡胶中加硫黄,使 $>C=C<$ 断裂,使其由线型结构变成网状结构)

7. 具有单双键交替长链结构(如 $-C=C-C=C-C=C-$)的高分子有可能成为导电塑料。下列高分子中可能成为导电塑料的是　(　　)

A. 聚乙烯　B. 聚丙炔
C. 聚丁烯　D. 聚氯乙烯

8. DAP 是电表和仪表部件中常用的一种高分子化合物,其结构简式为

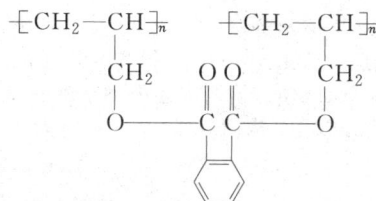

$\text{+}CH_2-CH\text{+}_n$ 　$\text{+}CH_2-CH\text{+}_n$
CH_2 　O O 　CH_2
O—C C—O (邻苯二甲酸酯基)

则合成它的单体可能有:①邻苯二甲酸
②丙烯醇($CH_2=CH-CH_2-OH$)　③丙烯
④乙烯　⑤邻苯二甲酸甲酯

下列选项正确的是　(　　)

A. ①②　B. ④⑤
C. ①③　D. ③④

9. 下列关于合成材料的说法中,不正确的是　(　　)

A. 塑料、合成纤维和合成橡胶都属于合成材料
B. 聚氯乙烯可制成薄膜、软管等,其单体是 $CH_2=CHCl$
C. 合成酚醛树脂($H\text{+}C_6H_3(OH)-CH_2\text{+}_nOH$)的单体是苯酚和甲醇
D. 合成顺丁橡胶($\text{+}CH_2-CH=CH-CH_2\text{+}_n$,顺式)的单体是 $CH_2=CH-CH=CH_2$

10. 聚维酮碘的水溶液是一种常见的碘伏类缓释消毒剂,聚维酮通过氢键与 HI_3 形成聚维酮碘,其结构表示如下:

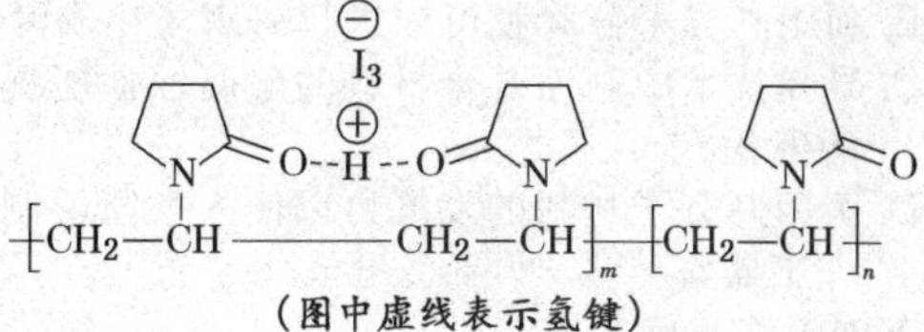

下列说法不正确的是　(　　)

A. 聚维酮的单体是 (N-乙烯基吡咯烷酮)
B. 聚维酮分子由$(m+n)$个单体聚合而成
C. 聚维酮碘是一种水溶性物质
D. 聚维酮在一定条件下能发生水解反应

11. 随着工业的高速发展，橡胶的产量和性能已不能满足工业生产的需要，近年来，人们合成了一种无机耐火橡胶，它的结构应是　(　　)

A. $\mathrm{\lbrack CH_2-CH{=}CH-CH_2\rbrack_n}$

B. $\mathrm{\lbrack CH_2-\underset{}{\overset{CH_3}{\overset{|}{C}}}{=}CH-CH_2\rbrack_n}$

C. $\mathrm{\lbrack \overset{Cl}{\overset{|}{\underset{\underset{Cl}{|}}{P}}}{=}N\rbrack_n}$

D. $\mathrm{\lbrack CH_2-\overset{Cl}{\overset{|}{C}}{=}CH-CH_2\rbrack_n}$

12. 尼龙-66是一种重要的合成纤维，它是由己二酸和己二胺 $\mathrm{H_2N(CH_2)_6NH_2}$ 以相等的物质的量在一定条件下聚合而成的，下列叙述中不正确的是　(　　)

A. 尼龙-66的结构简式是

$$\mathrm{H\lbrack NH-(CH_2)_6NH\overset{O}{\overset{\|}{C}}-(CH_2)_4-\overset{O}{\overset{\|}{C}}\rbrack_n OH}$$

B. 合成尼龙-66的反应属于缩聚反应

C. 合成尼龙-66的基础反应为酯化反应

D. 尼龙-66的长链结构中含有肽键（—CONH—）

13. 凯夫拉纤维是生产防弹衣的主要材料之一，其结构片段如下：

$$\cdots\cdots\overset{O}{\overset{\|}{C}}-C_6H_4-\overset{O}{\overset{\|}{C}}-\overset{H}{\overset{|}{N}}-C_6H_4-\overset{H}{\overset{|}{N}}-\overset{O}{\overset{\|}{C}}-C_6H_4-\overset{O}{\overset{\|}{C}}-\overset{H}{\overset{|}{N}}-C_6H_4-\overset{H}{\overset{|}{N}}\cdots\cdots$$

下列说法不正确的是　(　　)

A. 其结构简式为：$\mathrm{H\lbrack \underset{\underset{H}{|}}{N}-C_6H_4-\underset{\underset{O}{\|}}{C}\rbrack_n OH}$

B. 凯夫拉纤维在发生水解反应的过程中，$\mathrm{-\overset{O}{\overset{\|}{C}}-\overset{H}{\overset{|}{N}}-}$ 中的C—N键断裂

C. 完全水解产物的单个分子中，苯环上的氢原子具有相同的化学环境

D. 通过质谱法测定凯夫拉纤维的平均相对分子质量，可得其聚合度

14. 新型有机高分子材料在日常生活、工农业生产和尖端科技领域中发挥着越来越重要的作用。下列有关高分子材料的叙述中不正确的是　(　　)

A. 在通用高分子材料基础上改进的导电塑料属于新型高分子材料

B. 利用高分子分离膜可以进行海水淡化或污水净化

C. 导弹技术中利用复合材料的耐腐蚀性能提高导弹的射程

D. 医用高分子材料的发展可以使人类能够制造各种人工器官

15. 下列说法正确的是　(　　)

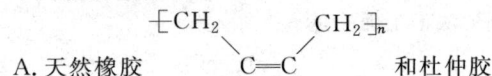

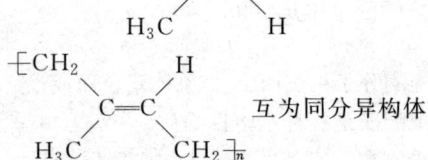

A. 天然橡胶 $\mathrm{\lbrack CH_2(H_3C)C{=}CH\,CH_2\rbrack_n}$（顺式，$\mathrm{CH_2}$ 与 $\mathrm{CH_2}$ 在双键同侧）和杜仲胶 $\mathrm{\lbrack CH_2(H_3C)C{=}CH\,CH_2\rbrack_n}$（反式，$\mathrm{CH_2}$ 与 $\mathrm{CH_2}$ 在双键两侧）互为同分异构体

B. $\mathrm{H-\overset{O}{\overset{\|}{C}}-OH}$ 与 $\mathrm{H-\overset{O}{\overset{\|}{C}}-CH_2-OH}$ 属于同系物

C. 合成 $\mathrm{\lbrack CH_2-CH{=}CH-CH_2-\underset{\underset{CH_3}{|}}{CH}-CH_2\rbrack_n}$ 的单体为乙烯和2-丁烯

D. $\mathrm{H\lbrack C_6H_3(OH)-CH_2\rbrack_n OH}$ 是由苯酚和甲醛发生加成反应后的产物脱水缩合而成

16.［双选］下列物质是可以作为人体心脏及人工血管等人体植入物的高分子生物材料。

$\mathrm{\lbrack CF_2-CF_2\rbrack_n}$	$\mathrm{\lbrack CH_2-CF_2-CF_2-\overset{CF_3}{\overset{|}{CF}}\rbrack_n}$
聚四氟乙烯	维通橡胶
$\mathrm{H\lbrack O-\overset{CH_3}{\overset{|}{\underset{\underset{CH_3}{|}}{Si}}}\rbrack_n OH}$	$\mathrm{\lbrack CH_2-\overset{CH_3}{\overset{|}{\underset{\underset{COOCH_3}{|}}{C}}}\rbrack_n}$
有机硅橡胶	聚甲基丙烯酸甲酯

下列关于上述高分子生物材料的说法中正确的是　(　　)

A. 用于合成维通橡胶的单体是 $\mathrm{CH_2{=}CF_2}$ 和 $\mathrm{CF_2{=}CF-CF_3}$

B. 用于合成有机硅橡胶的单体是 $\mathrm{HO-\overset{CH_3}{\overset{|}{\underset{\underset{CH_3}{|}}{Si}}}-OH}$

C. 聚四氟乙烯、有机硅橡胶均可看作加聚反应的产物

D. 有机硅橡胶、聚甲基丙烯酸甲酯均可通过缩聚反应制得

17. 现有两种高聚物A、B，A能溶于氯仿等有机溶剂，并加热到一定温度下熔融成黏稠状的液体，B不溶于任何溶剂，加热不会变软或熔融，则下列叙述中正确的是　(　　)

A. 高聚物A可能具有弹性，而高聚物B一定没有弹性

B. 高聚物A可能是线型高分子材料

C. 高聚物A一定是网状高分子材料

D. 高聚物B一定不是网状高分子材料

18.［双选］喷水溶液法是科学家近期研制出的一种使沙漠变绿洲的新技术，它是先在沙漠中喷洒一定量的聚丙烯酸酯（$\mathrm{\lbrack CH_2-\underset{\underset{COOC_nH_{2n+1}}{|}}{CH}\rbrack_n}$）"水溶液"，"水溶液"中的高分子化合物与沙土粒子结合，在地表下一定深度处形成一个一定厚度的隔水层，既能阻止地下盐分的上升，又有拦截、蓄积雨水的作用。下列关于聚丙烯酸酯的说法不正确的是　(　　)

A. 聚丙烯酸酯的单体是 $\mathrm{CH_2{=}CH-COOC_nH_{2n+1}}$

B. 其聚合方式与酚醛树脂的聚合方式不同

C. 聚丙烯酸酯在一定条件下能发生水解反应和加成反应

D. 聚丙烯酸酯具有很强的吸水性

19. 聚乙炔导电聚合物的合成使高分子材料进入了“合成金属”和塑料电子学时代，当聚乙炔分子带上药物、氨基酸等分子片段后，就具有了一定的生物活性。以下是我国化学家合成的聚乙炔衍生物分子 M 的结构简式及 M 在稀硫酸作用下的水解过程。

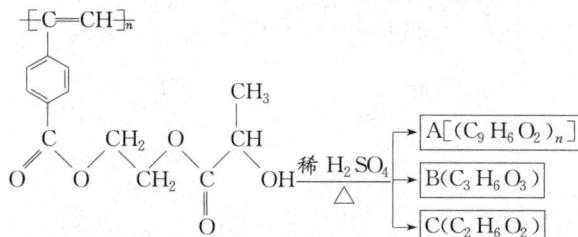

$-\!\!\left[C{=}CH\right]\!\!-_n$（苯环）—C(=O)—O—$CH_2$—$CH_2$—O—C(=O)—CH($CH_3$)—OH $\xrightarrow[\triangle]{稀\ H_2SO_4}$ A$[(C_9H_6O_2)_n]$ 、B$(C_3H_6O_3)$ 、C$(C_2H_6O_2)$

下列有关说法中不正确的是 ( )

A. M 与 A 均能使酸性高锰酸钾溶液和溴水褪色

B. B 中含有羧基和羟基两种官能团，B 能发生消去反应和酯化反应

C. 1 mol M 与热的烧碱溶液反应，可消耗 $2n$ mol NaOH

D. A、B、C 各 1 mol 分别与足量金属钠反应，放出的气体的物质的量之比为 1∶2∶2

20. 聚氯乙烯是制作装修材料的最常用原料，失火时聚氯乙烯在不同的温度下，发生一系列复杂的化学变化，产生大量有害气体，其过程大体如下：

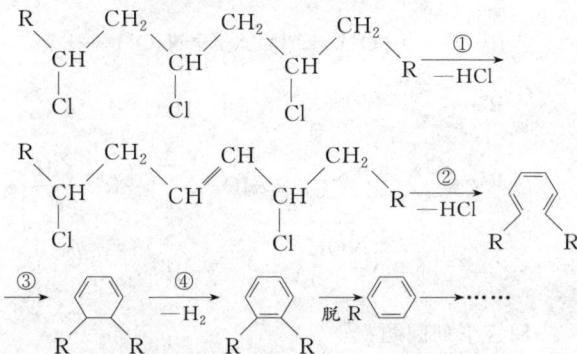

R—CH(Cl)—CH_2—CH(Cl)—CH_2—CH(Cl)—CH_2—R $\xrightarrow[-HCl]{①}$ R—CH(Cl)—CH_2—CH=CH—CH(Cl)—CH_2—R $\xrightarrow[-HCl]{②}$ （共轭三烯，两端为 R）$\xrightarrow{③}$ （环己二烯，邻位两个 R）$\xrightarrow[-H_2]{④}$ （苯环，邻位两个 R）$\xrightarrow{脱\ R}$ （苯）$\longrightarrow$……

下列说法不正确的是 ( )

A. 聚氯乙烯的单体可由乙烯与 HCl 加成而得

B. 上述反应中①属于消去反应，④属于(脱氢)氧化反应

C. 火灾中由聚氯乙烯产生的有害气体中含 HCl、CO、C_6H_6 等

D. 在火灾现场，可以用湿毛巾捂住口鼻，并尽快远离现场

二、非选择题(本题包括 5 小题，共 60 分)

21. (10 分)根据下列高分子化合物回答问题。

$-\!\!\left[CH_2—CH\right]\!\!-_n$（CH 上连 COONa）

聚丙烯酸钠

HO$-\!\!\left[$C(=O)—（苯环）—C(=O)—OCH_2CH_2O$\right]\!\!-_n$H

涤纶

(1)合成聚丙烯酸钠的单体的结构简式是__________，反应类型是________。

(2)①合成涤纶有两种单体，其中能和 $NaHCO_3$ 反应的单体的结构简式是__________，其核磁共振氢谱的峰面积之比是________。

②合成涤纶的化学方程式为____________________________。

22. (14 分)酚醛树脂是一种合成塑料，线型酚醛树脂可通过如下路线合成：

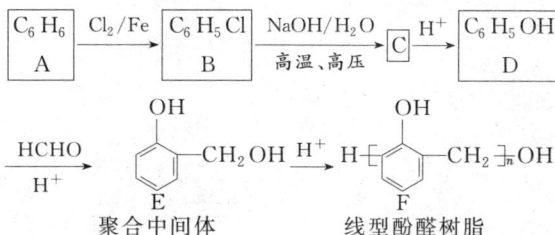

C_6H_6（A）$\xrightarrow{Cl_2/Fe}$ C_6H_5Cl（B）$\xrightarrow[高温、高压]{NaOH/H_2O}$ C $\xrightarrow{H^+}$ C_6H_5OH（D）$\xrightarrow[H^+]{HCHO}$ E（邻羟基苯甲醇：苯环上连 OH 和 CH_2OH）聚合中间体 $\xrightarrow{H^+}$ F：H$-\!\!\left[$（苯环，含 OH）—$CH_2\right]\!\!-_n$OH 线型酚醛树脂

回答下列问题：

(1)B 的官能团为________，C 的化学式为________。

(2)A 生成 B 的化学方程式为________________，反应类型为________。

(3)D 生成 E 的反应类型是________，若 D 与 HCHO 按物质的量比 1∶3 发生类似反应，则生成另一种聚合中间体的结构简式为________________。

(4)E 的同分异构体中，属于二元酚的共有________种，其中核磁共振氢谱有四组吸收峰，且峰面积比为 3∶2∶2∶1 的是________(写出其一种的结构简式)。

(5)尿素$[CO(NH_2)_2]$分子中氮原子上的氢原子可以像苯环上的氢原子那样与甲醛发生类似 D→E→F 的反应，则生成线型脲醛树脂的结构简式为________________。

23. (12 分)航天员航天服采用了很多新型超高性能复合材料。其中聚酰胺纤维 M 就是一种新型超高性能纤维，它的防热和防火性能十分出色。聚酰胺纤维 M 的结构简式为

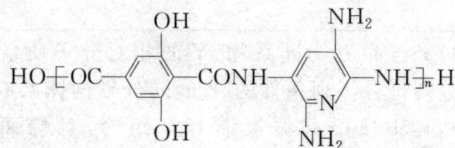

HO$-\!\!\left[$OC—（苯环，含两个 OH）—CONH—（吡啶环，含两个 NH_2）—NH$\right]\!\!-_n$H

下面是聚酰胺纤维 M 的一种合成路线(部分反应未注明条件)：

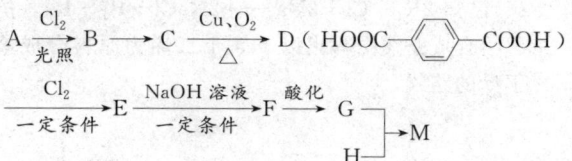

A $\xrightarrow[光照]{Cl_2}$ B $\longrightarrow$ C $\xrightarrow[\triangle]{Cu、O_2}$ D（HOOC—（苯环）—COOH）$\xrightarrow[一定条件]{Cl_2}$ E $\xrightarrow[一定条件]{NaOH\ 溶液}$ F $\xrightarrow{酸化}$ G；G + H $\longrightarrow$ M

请回答下列问题：

(1)写出下列反应的反应类型：

A$\longrightarrow$B：________，G+H$\longrightarrow$M：________。

(2)生成 B 的同时还可能生成 B 的一种同分异构体，其结构简式为________。

(3)写出 E$\longrightarrow$F 反应的化学方程式：________________________。

[答题栏]

题号	答案
1	
2	
3	
4	
5	
6	
7	
8	
9	
10	
11	
12	
13	
14	
15	
16	
17	
18	
19	
20	

(4)聚酯纤维 P 是一种无毒的玩具内充物，其结构简式为 $HO\!\left[\!-\overset{O}{\overset{\|}{C}}-C_6H_4-\overset{O}{\overset{\|}{C}}-OCH_2CH_2O\!-\!\right]_n\!H$。聚酯纤维 P 可用 A 和乙烯为原料合成，请你设计并写出其合成路线。

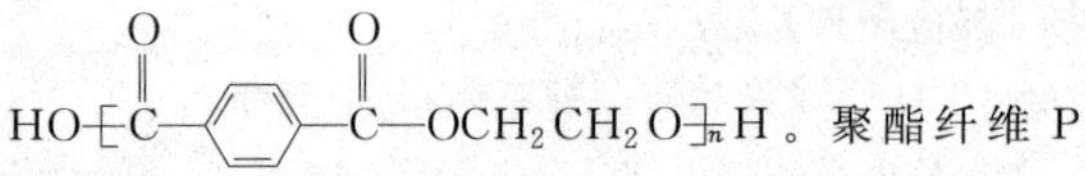

提示：① $C_6H_5-CH_3 \xrightarrow{KMnO_4,H^+} C_6H_5-COOH$

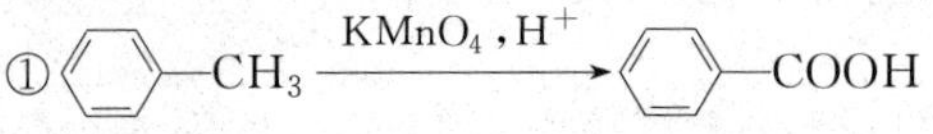

②合成过程中无机试剂任选。

24.(12 分)聚丙烯酸钠 I($\left[\!-CH_2-\underset{COONa}{\underset{|}{CH}}-\!\right]_n$)有良好的亲水性，广泛用于水处理、食品加工、涂料等，以石油裂解气为主要原料合成聚丙烯酸钠的一种路线如图所示。

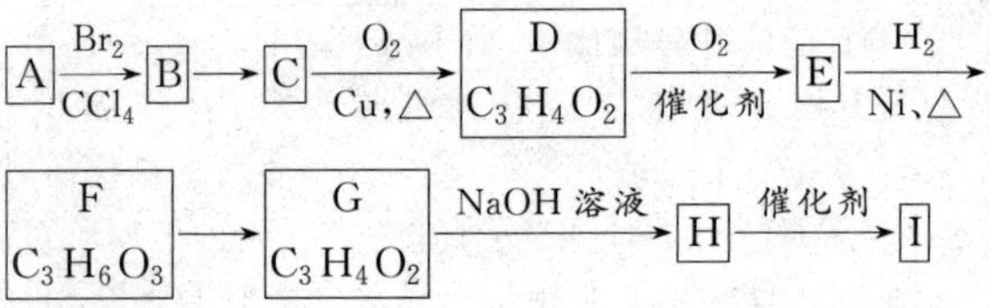

$\boxed{A}\xrightarrow[CCl_4]{Br_2}\boxed{B}\longrightarrow\boxed{C}\xrightarrow[Cu,\triangle]{O_2}\boxed{\begin{matrix}D\\C_3H_4O_2\end{matrix}}\xrightarrow[催化剂]{O_2}\boxed{E}\xrightarrow[Ni、\triangle]{H_2}$

$\boxed{\begin{matrix}F\\C_3H_6O_3\end{matrix}}\longrightarrow\boxed{\begin{matrix}G\\C_3H_4O_2\end{matrix}}\xrightarrow{NaOH 溶液}\boxed{H}\xrightarrow{催化剂}\boxed{I}$

回答下列问题：

(1)A 的分子式为________；F→G 的反应类型为________。

(2)B 的名称是________；E 中官能团的名称为________。

(3)写出 H→I 的化学方程式：________________。

(4)Y 与 D 互为同系物，Y 的相对分子质量比 D 大 28，则符合下列条件的 Y 的同分异构体共有______种，其中核磁共振氢谱有 3 组峰，且峰面积之比 1∶1∶2 的同分异构体的结构简式为________。

①能发生银镜反应　②分子中只含有一种官能团

(5)已知 $2R_1-Cl+2Na\longrightarrow 2NaCl+R_1-R_1$。仿照题给合成路线图写出以 1,3-丁二烯为原料合成聚环丁烯的路线。

25.(12 分)环氧树脂因其具有良好的机械性能、绝缘性能以及与各种材料的粘结性能，已广泛应用于涂料和胶黏剂等领域。下面是制备一种新型环氧树脂 G 的合成路线：

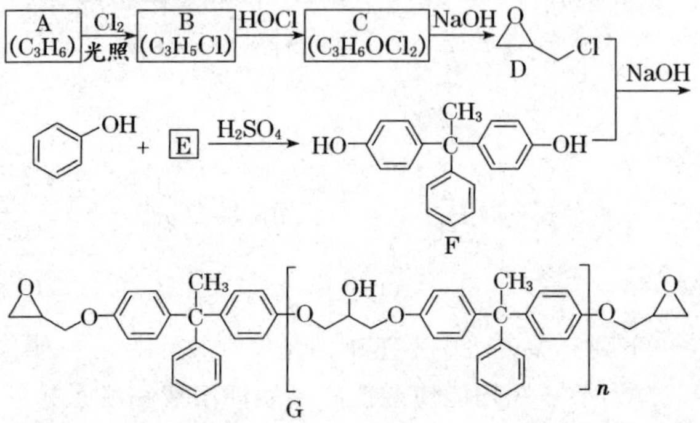

$\boxed{\begin{matrix}A\\(C_3H_6)\end{matrix}}\xrightarrow[光照]{Cl_2}\boxed{\begin{matrix}B\\(C_3H_5Cl)\end{matrix}}\xrightarrow{HOCl}\boxed{\begin{matrix}C\\(C_3H_6OCl_2)\end{matrix}}\xrightarrow{NaOH}$ D（环氧丙基—Cl）$\xrightarrow{NaOH}$

苯酚 + $\boxed{E}\xrightarrow{H_2SO_4}$ F（$HO-C_6H_4-C(CH_3)(C_6H_5)-C_6H_4-OH$）

G：环氧丙基$-O-C_6H_4-C(CH_3)(C_6H_5)-C_6H_4-\!\left[O-CH_2-CH(OH)-CH_2-O-C_6H_4-C(CH_3)(C_6H_5)-C_6H_4\right]_n\!-O-$环氧丙基

已知以下信息：

① 苯酚 + $H_3C-\underset{\|}{\overset{}{C}}(=O)-R \xrightarrow{H_2SO_4}$ $HO-C_6H_4-C(CH_3)(R)-C_6H_4-OH+H_2O$

② $R'-C_6H_4-OH+Cl-CH_2-$环氧乙基$+NaOH\longrightarrow R'-C_6H_4-O-CH_2-$环氧乙基$+NaCl+H_2O$

③ $R'-C_6H_4-O-CH_2-$环氧乙基$+HO-C_6H_4-R''\xrightarrow[H_2O]{OH^-}R'-C_6H_4-O-CH_2-CH(OH)-CH_2-O-C_6H_4-R''$

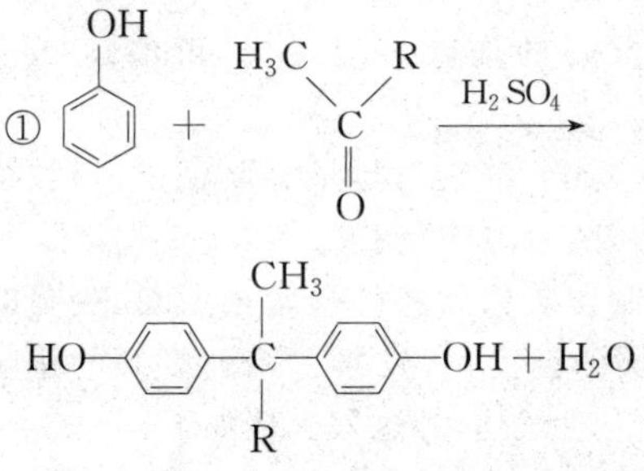

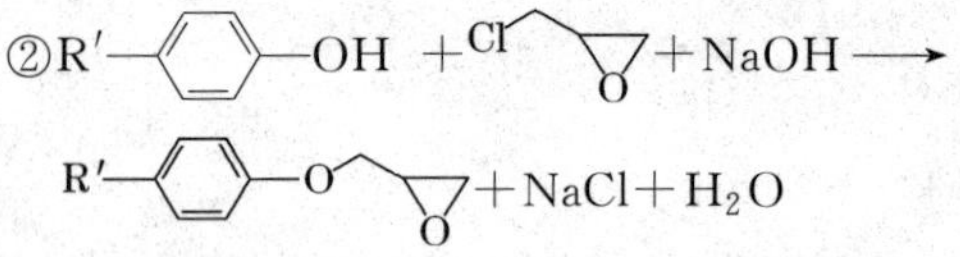

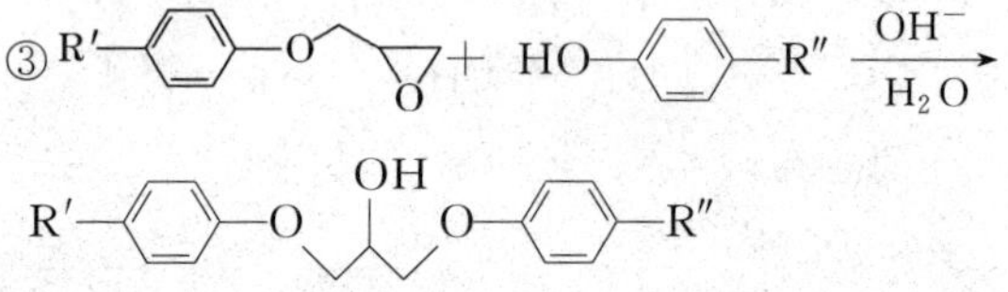

回答下列问题：

(1)A 是一种烯烃，化学名称为________，C 中官能团的名称为______、______。

(2)由 B 生成 C 的反应类型为________。

(3)由 C 生成 D 的反应方程式为________________。

(4)E 的结构简式为________。

(5)E 的二氯代物有多种同分异构体，请写出其中能同时满足以下条件的芳香化合物的结构简式________、________。

①能发生银镜反应；

②核磁共振氢谱有三组峰，且峰面积比为 3∶2∶1。

(6)假设化合物 D、F 和 NaOH 恰好完全反应生成 1 mol 单一聚合度的 G，若生成的 NaCl 和 H_2O 的总质量为 765 g，则 G 的 n 值理论上应等于________。

班级：　　　　姓名：　　　　学号：

全程质量检测(一)

(时间:90分钟　满分:100分)

一、选择题(本题包括20小题,每小题2分,共40分)

1. 化学来源于生活,下列有关常识说法错误的是 (　　)
   A. 用灼烧法可以区分蚕丝和人造皮革
   B. 垃圾焚烧会产生二噁英等有害物质
   C. 医用消毒酒精中乙醇的浓度为90%
   D. 加热能杀死流感病毒是因为蛋白质受热变性

2. 下列模型表示的烃或烃的衍生物中,可以发生酯化反应的是 (　　)

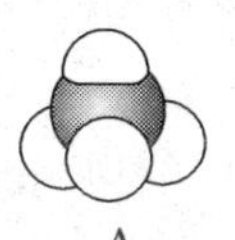
A

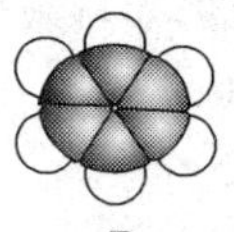
B

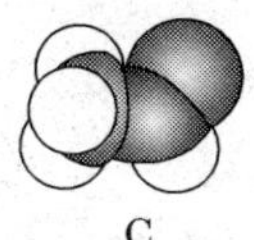
C

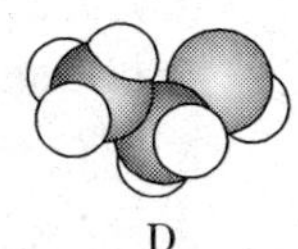
D

3. 可以准确判断有机化合物分子中含有哪些官能团的分析方法是 (　　)
   A. 核磁共振氢谱　　B. 质谱
   C. 红外光谱　　D. 紫外光谱

4. 下列表述错误的是 (　　)
   A. 植物油可发生催化加氢反应
   B. 氨基酸脱水缩合可形成多肽
   C. 蔗糖和果糖均可水解为单糖
   D. 顺丁橡胶可被强氧化剂氧化

5. 某烯烃分子的结构简式为 ,用系统命名法命名其名称为 (　　)
   A. 2,2,4-三甲基-3-乙基-3-戊烯
   B. 2,4,4-三甲基-3-乙基-2-戊烯
   C. 2,2,4-三甲基-3-乙基-2-戊烯
   D. 2-甲基-3-叔丁基-2-戊烯

6. 有下列七种物质:①甲烷、②苯、③聚乙烯、④聚乙炔、⑤2-丁炔、⑥环己烷、⑦环己烯,既能使酸性高锰酸钾溶液褪色,又能使溴水因发生化学反应而褪色的是 (　　)
   A. ③④⑤　　B. ④⑤⑦
   C. ④⑤⑥　　D. ③④⑤⑦

7. 分子式为C_7H_8O的芳香族化合物中,与$FeCl_3$溶液混合后显紫色和不显紫色的物质分别有 (　　)
   A. 2种和1种　　B. 3种和2种
   C. 2种和3种　　D. 3种和1种

8. 以淀粉为基本原料制备聚乙烯和乙酸。下列说法正确的是 (　　)
   A. 淀粉和葡萄糖都是营养物质,均能在体内发生水解、氧化反应
   B. 工业上以石油为原料制取聚乙烯,需经裂解、加聚等反应
   C. 燃烧等物质的量的乙烯和乙醇耗氧量不同
   D. 乙醇和乙酸发生酯化反应制乙酸乙酯,原子利用率为100%

9. 碳酸亚乙酯是一种重要的添加剂,其结构简式为 。用环氧乙烷合成碳酸亚乙酯的反应为:

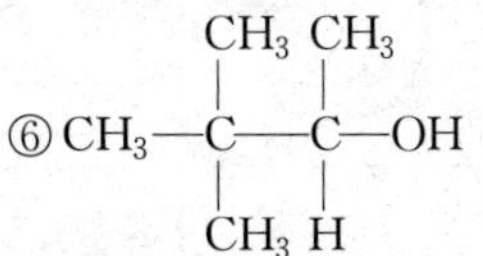

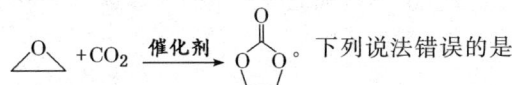

。下列说法错误的是 (　　)
   A. 上述反应属于加成反应
   B. 碳酸亚乙酯的二氯代物只有两种
   C. 碳酸亚乙酯中的所有原子处于同一平面内
   D. 1 mol碳酸亚乙酯最多可消耗2 mol NaOH

10. 下列醇中既能发生消去反应,又能被氧化为酮的是 (　　)

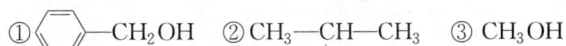

① $C_6H_5-CH_2OH$　② $CH_3-CH(OH)-CH_3$　③ CH_3OH

④ $C_6H_{11}-CH_2OH$　⑤ $CH_3-C(CH_3)_2-CH_2OH$

⑥ $CH_3-C(CH_3)_2-CH(CH_3)-OH$

   A. ①④⑤　　B. ②③④
   C. ②⑥　　D. ①②⑥

11. 肉桂酸($C_6H_5-CH=CH-COOH$)是一种合成有机光电材料的中间体。关于肉桂酸的下列说法正确的是 (　　)
   A. 分子式为$C_9H_9O_2$
   B. 不存在顺反异构
   C. 可发生加成、取代、加聚反应
   D. 与安息香酸(C_6H_5-COOH)互为同系物

12. 下列实验装置错误的是 (　　)

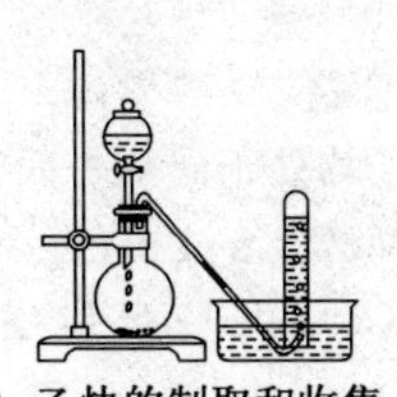
A. 乙炔的制取和收集

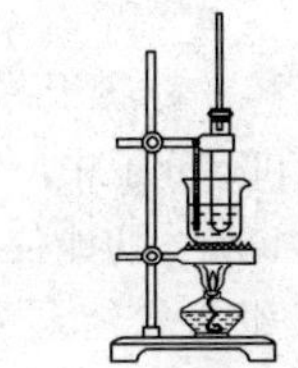
B. 苯的硝化反应

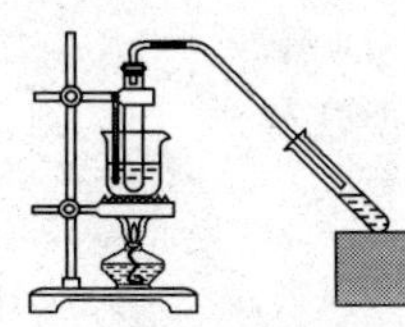
C. 乙酸乙酯的制取

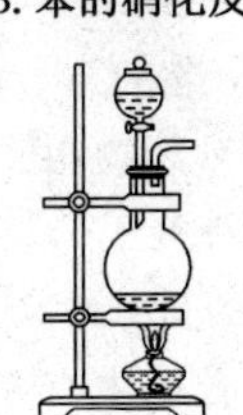
D. 乙烯的制取

13. 下列各组中的反应，属于同一反应类型的是（　　）

A. 由溴丙烷水解制丙醇；由丙烯与水反应制丙醇

B. 由甲苯硝化制对硝基甲苯；由甲苯氧化制苯甲酸

C. 由氯代环己烷消去制环己烯；由丙烯加溴制1,2-二溴丙烷

D. 由乙酸和乙醇制乙酸乙酯；由苯甲酸乙酯水解制苯甲酸和乙醇

14. ［**双选**］如图所示物质是蜂胶里的活性成分，关于此物质说法正确的是（　　）

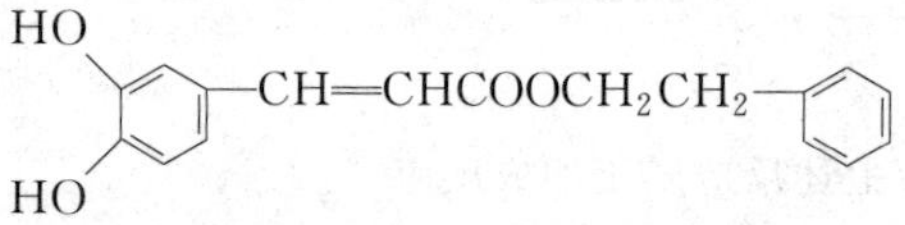

（HO、HO 取代苯环）—$CH=CHCOOCH_2CH_2$—（苯环）

A. 分子式为 $C_{17}H_{14}O_4$

B. 分子存在顺反异构体

C. 能使溴的四氯化碳溶液褪色

D. 1 mol 该物质最多能与 2 mol NaOH 反应

15. 下列实验结论正确的是（　　）

选项	实验操作	现象	结论
A	淀粉溶液中加入碘水	溶液变蓝	说明淀粉没有水解
B	将乙醇与酸性重铬酸钾（$K_2Cr_2O_7$）溶液混合	橙色溶液变为绿色	乙醇具有还原性
C	蔗糖溶液中加入稀硫酸，水解后加入银氨溶液，水浴加热	未出现银镜	水解的产物为非还原性糖
D	将新制 $Cu(OH)_2$ 与葡萄糖溶液混合加热	产生红色沉淀（Cu_2O）	葡萄糖具有氧化性

16. 萜类化合物广泛存在于动植物体内，关于下列萜类化合物的说法正确的是（　　）

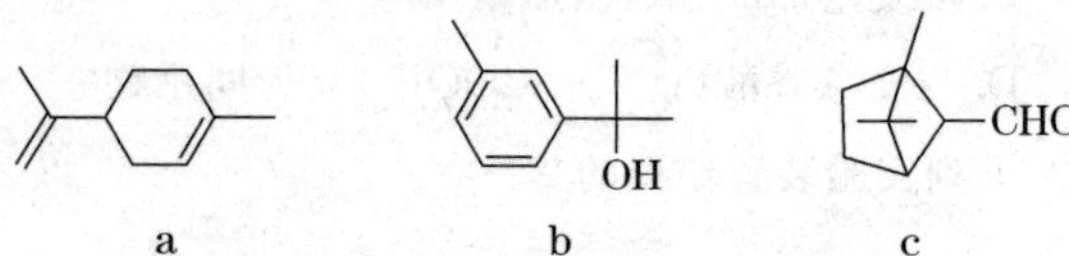

A. a 和 b 都属于芳香族化合物

B. a 和 c 分子中所有碳原子均处于同一平面上

C. a、b 和 c 均能使酸性 $KMnO_4$ 溶液褪色

D. b 和 c 均能与新制的 $Cu(OH)_2$ 反应生成红色沉淀

17. ［**双选**］Calanolide A 是一种抗 HIV 药物，其结构简式如图所示。下列关于Calanolide A 的说法错误的是（　　）

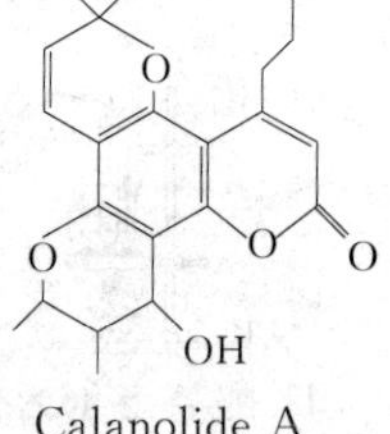

Calanolide A

A. 分子中有 3 个手性碳原子

B. 分子中有 2 种含氧官能团

C. 该物质既可发生消去反应又可发生加成反应

D. 1 mol 该物质与足量 NaOH 溶液反应时消耗 1 mol NaOH

18. 下列实验的失败原因可能是缺少必要的实验步骤的是（　　）

①将乙醇和乙酸混合，再加入稀硫酸共热制乙酸乙酯

②实验室用无水乙醇和浓硫酸共热到 140 ℃制乙烯

③验证某 RX 是碘代烷，把 RX 与烧碱水溶液混合加热后，将溶液冷却后再加入硝酸银溶液出现褐色沉淀

④做醛的还原性实验时，当加入新制的氢氧化铜后，加热至沸腾未出现红色沉淀

⑤检验淀粉已经水解：将淀粉与少量稀硫酸加热一段时间后，加入银氨溶液水浴加热后未析出银镜

A. ①④⑤　　B. ①③④⑤

C. ③④⑤　　D. ②④⑤

19. 交联聚合物 P 的结构片段如图所示。下列说法不正确的是(图中〰表示链延长)（　　）

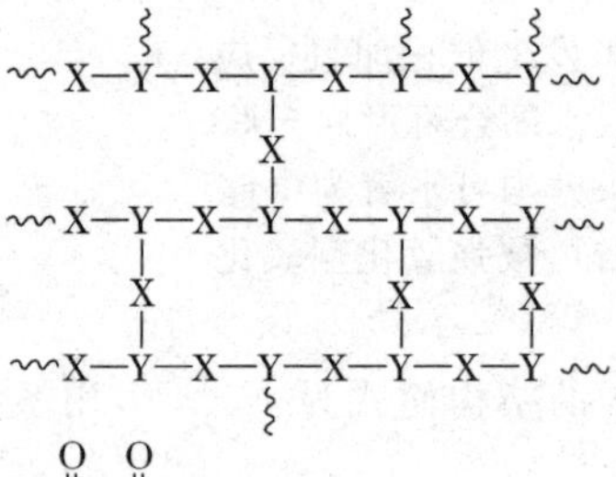

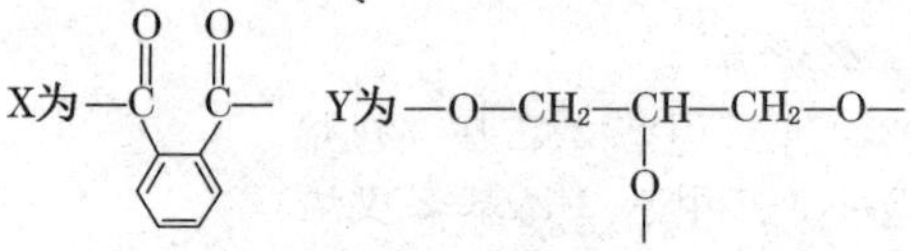

〰X—Y—X—Y—X—Y—X—Y〰
〰X—Y—X—Y—X—Y—X—Y〰
〰X—Y—X—Y—X—Y—X—Y〰

X为 —C(=O)—C₆H₄—C(=O)—（邻位）　Y为 —O—CH_2—CH(—O—)—CH_2—O—

A. 聚合物 P 中有酯基，能水解

B. 聚合物 P 的合成反应为缩聚反应

C. 聚合物 P 的原料之一丙三醇可由油脂水解获得

D. 邻苯二甲酸和乙二醇在聚合过程中也可形成类似聚合物 P 的交联结构

20. ［**双选**］下列关于 $\lbrack CH_2—C(CH_3)(COOCH_2CH_2OC(=O)—C_6H_4—OC(=O)CH_3)\rbrack_n$ 的说法，正确的是（　　）

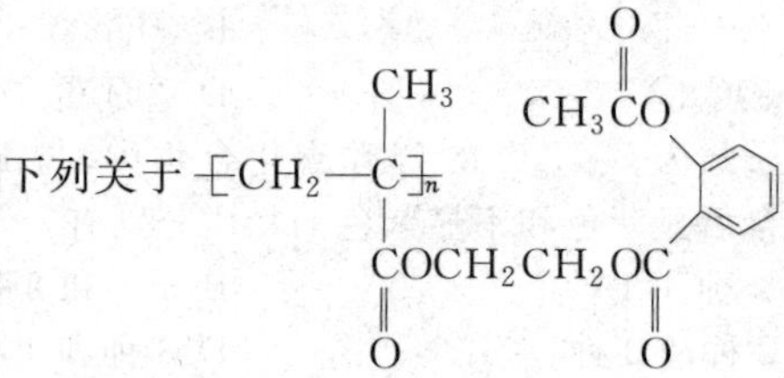

A. 该物质可由 n 个单体分子通过加聚反应生成

B. 0.1 mol 该物质完全燃烧，生成 33.6 L(标准状况)的 CO_2

C. 该物质在酸性条件下水解产物之一可作汽车发动机的抗冻剂

D. 1 mol 该物质与足量 NaOH 溶液反应，最多可消耗$3n$ mol NaOH

二、非选择题(本题包括 5 小题,共 60 分)

21.(12 分)化合物 G 是某种低毒利尿药的主要成分。其合成路线如下(部分条件已省略)。回答下列问题:

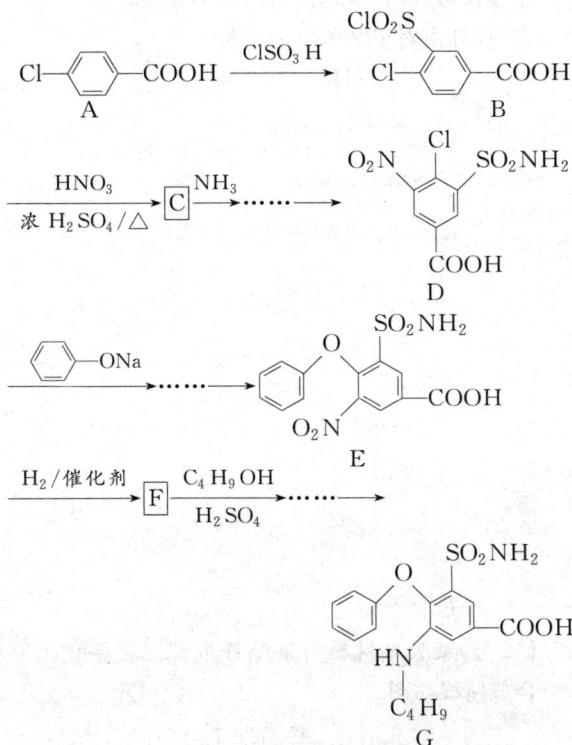

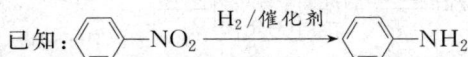

Cl—⟨苯环⟩—COOH (A) $\xrightarrow{ClSO_3H}$ ClO_2S, Cl—⟨苯环⟩—COOH (B) $\xrightarrow[浓H_2SO_4/\triangle]{HNO_3}$ [C] $\xrightarrow{NH_3}$ …… → O_2N, Cl, SO_2NH_2, COOH 取代苯 (D)

$\xrightarrow{⟨苯环⟩—ONa}$ …… → SO_2NH_2, O—⟨苯环⟩, COOH, O_2N 取代苯 (E)

$\xrightarrow{H_2/催化剂}$ [F] $\xrightarrow[H_2SO_4]{C_4H_9OH}$ …… → SO_2NH_2, O—⟨苯环⟩, COOH, HN—C_4H_9 取代苯 (G)

已知:⟨苯环⟩—NO_2 $\xrightarrow{H_2/催化剂}$ ⟨苯环⟩—NH_2

(1)A 的化学名称:______________。

(2)A→B 的反应类型:______________。

(3)F 的结构简式:______________。

(4)B→C 的化学反应方程式:______________

______________。

(5)若 G 发生自身缩聚反应,其缩聚产物的链节结构为______________(写一种)。

(6)C_4H_9OH 的同分异构体中属于醇的有______种,其中核磁共振氢谱图中有四组峰的同分异构体的结构简式为______________。

(7)上述转化中使用的 C_4H_9OH 一般为正丁醇。写出以乙烯(其他无机试剂任选)为原料合成正丁醇的合成路线。

已知:$R_1CHO+R_2CH_2CHO \xrightarrow[H_2O]{OH^-} R_1CH(OH)—CH(R_2)CHO \xrightarrow[\triangle]{-H_2O} R_1CH═C(R_2)CHO$

22.(12 分)M 是聚合物胶黏剂、涂料等的单体,其一条合成路线如下(部分试剂及反应条件省略):

$C_3H_6 \xrightarrow[催化剂]{H_2/CO}$ 丁醛 $\xrightarrow{OH^-}$ $CH_3CH_2CH_2CH(OH)CH(CH_2CH_3)CHO$ $\xrightarrow{反应①}$ $C_8H_{14}O$ (A) $\xrightarrow[反应②]{H_2,\ Pd/C}$ B $\xrightarrow[反应③]{H_2,\ Pd/C}$ $C_8H_{18}O$ (Y)

$C_3H_6 \xrightarrow[催化剂]{O_2}$ C_3H_4O (C) $\xrightarrow[催化剂]{O_2}$ $C_3H_4O_2$ (D) $\xrightarrow[反应④]{Y}$ M

完成下列填空:

(1)反应①的反应类型是______________。反应④的反应条件是______________。

(2)除催化氧化法外,由 A 得到 $CH_3CH_2CH_2CH═C(C_2H_5)COOH$ 所需试剂为__________。

(3)已知 B 能发生银镜反应。由反应②、反应③说明:在该条件下,______________。

(4)写出结构简式:C______________;

M______________。

(5)D 与 1-丁醇反应的产物与氯乙烯共聚可提高聚合物性能,写出该共聚物的结构简式:

______________。

(6)写出一种满足下列条件的丁醛的同分异构体的结构简式:__________。

①不含羰基 ②含有 3 种不同化学环境的氢原子

(已知:双键碳上连有羟基的结构不稳定)

23.(12 分)某研究小组以芳香族化合物 A 为起始原料,按下列路线合成高血压药物阿替洛尔。

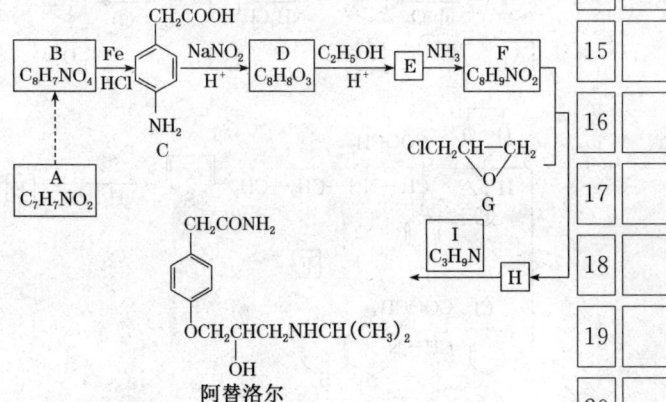

A ($C_7H_7NO_2$) ⇢ B ($C_8H_7NO_4$) $\xrightarrow{Fe/HCl}$ C (CH_2COOH、NH_2 对位取代苯) $\xrightarrow[H^+]{NaNO_2}$ D ($C_8H_8O_3$) $\xrightarrow[H^+]{C_2H_5OH}$ E $\xrightarrow{NH_3}$ F ($C_8H_9NO_2$) $\xrightarrow{ClCH_2CH—CH_2(环氧,O)\ (G)}$ H $\xrightarrow{I\ (C_3H_9N)}$ 阿替洛尔

阿替洛尔:CH_2CONH_2 与 $OCH_2CH(OH)CH_2NHCH(CH_3)_2$ 对位取代苯

已知:化合物 H 中除了苯环还有其他环;

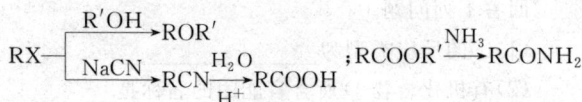

$RX \xrightarrow{R'OH} ROR'$;$RX \xrightarrow{NaCN} RCN \xrightarrow[H^+]{H_2O} RCOOH$;$RCOOR' \xrightarrow{NH_3} RCONH_2$

请回答:

(1)下列说法正确的是________。

A. 化合物 D 能发生加成、取代、氧化反应,不发生还原反应

B. 化合物 E 能与 $FeCl_3$ 溶液发生显色反应

C. 化合物 I 具有弱碱性

D. 阿替洛尔的分子式是 $C_{14}H_{20}N_2O_3$

[答题栏]

1 2 3 4 5 6 7 8 9 10 11 12 13 14 15 16 17 18 19 20

(2)写出化合物 E 的结构简式________。

(3)写出 F+G→H 的化学方程式________

____

________。

(4)设计从 A 到 B 的合成路线(用流程图表示,无机试剂任选)。

(5)写出化合物 C 同时符合下列条件的同分异构体的结构简式________。

①^{1}H-NMR 谱和 IR 谱检测表明:分子中共有 4 种氢原子,无氮氧键和碳氮双键;

②除了苯环外无其他环。

24.(12 分)化合物 G 是一种药物合成中间体,其合成路线如下:

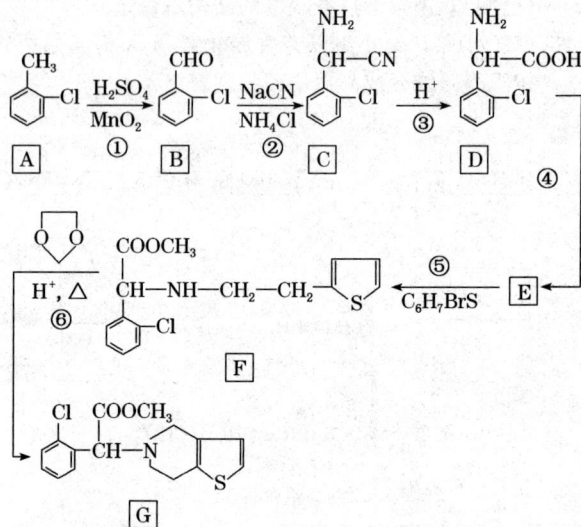

$$\text{A (邻氯甲苯)}\xrightarrow[\text{①}]{H_2SO_4,\ MnO_2}\text{B (邻氯苯甲醛)}\xrightarrow[\text{②}]{NaCN,\ NH_4Cl}\text{C}:\ \text{2-}ClC_6H_4\text{—}CH(NH_2)\text{—}CN\xrightarrow[\text{③}]{H^+}\text{D}:\ \text{2-}ClC_6H_4\text{—}CH(NH_2)\text{—}COOH\xrightarrow{\text{④}}\text{E}$$

$$\text{E}\xrightarrow[C_6H_7BrS]{\text{⑤}}\text{F}:\ \text{2-}ClC_6H_4\text{—}CH(COOCH_3)\text{—}NH\text{—}CH_2\text{—}CH_2\text{—(2-噻吩基)}\xrightarrow[H^+,\triangle\ \text{⑥}]{\text{1,3-二氧戊环}}\text{G}$$

G:2-ClC$_6$H$_4$—CH(COOCH$_3$)—N(噻吩并四氢吡啶环)

回答下列问题:

(1)①的反应类型为________。

(2)有机化合物 D 所含官能团的名称是________。

(3)反应④所需的试剂和条件分别是________和________。

(4)反应⑥生成 G 和 X 两种有机化合物,X 的一种主要用途是________。

(5)反应⑤的化学方程式为________

________(反应物 C_6H_7BrS 用结构简式表示)。

(6)写出满足下列条件的 D 的同分异构体的结构简式:________(不考虑立体异构,写出一种即可)。

①苯环上含有三个不同取代基;②含酯基且能发生银镜反应;③含氨基但与苯环不直接相连。

(7)设计由对甲基苯甲醇制备

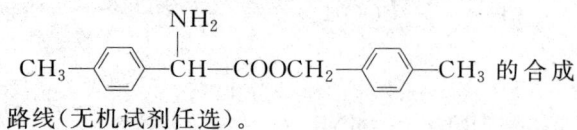

CH_3—C$_6$H$_4$—CH(NH$_2$)—COOCH$_2$—C$_6$H$_4$—CH_3 的合成路线(无机试剂任选)。

25.(12 分)某吸水材料与聚酯纤维都是重要化工原料。合成路线如图:

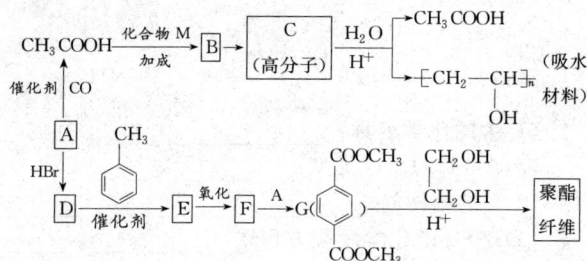

$$CH_3COOH\xrightarrow[\text{加成}]{\text{化合物 M}}\text{B}\rightarrow\text{C (高分子)}\xrightarrow{H_2O/H^+}CH_3COOH + \text{⁅}CH_2\text{—}CH(OH)\text{⁆}_n\ (\text{吸水材料})$$

$$\text{A}\xrightarrow{\text{催化剂},\ CO}CH_3COOH;\quad \text{A}\xrightarrow{HBr}\text{D}\xrightarrow[\text{催化剂}]{\text{甲苯}}\text{E}\xrightarrow{\text{氧化}}\text{F}\xrightarrow{\text{A}}\text{G}\ (\text{对苯二甲酸二甲酯})\xrightarrow[H^+]{HOCH_2CH_2OH}\text{聚酯纤维}$$

已知:①A 由 C、H、O 三种元素组成,相对分子质量为 32。

② $RCOOR'+R''OH\xrightarrow{H^+}RCOOR''+R'OH$(R、R′、R″代表烃基)

(1)A 的结构简式是________。

(2)B 中的官能团名称是________。

(3)D ⟶E 的反应类型是________。

(4)①乙酸与化合物 M 反应的化学方程式是________

________。

②G ⟶聚酯纤维的化学方程式是________

________。

(5)E 的名称是________。

(6)G 的同分异构体有多种,满足下列条件的共有________种。

①苯环上只有两个取代基

②1 mol 该物质能与足量的 $NaHCO_3$ 溶液反应生成 2 mol CO_2 气体

班级：　　　　姓名：　　　　学号：

全程质量检测(二)

(时间:90 分钟　满分:100 分)

一、选择题(本题包括 20 小题,每小题 2 分,共 40 分)

1.化学与生活密切相关,下列说法错误的是　　(　　)

A.乙醇汽油可以减少尾气污染

B.化妆品中添加甘油可以起到保湿作用

C.有机高分子聚合物不能用作导电材料

D.葡萄与浸泡过高锰酸钾溶液的硅藻土放在一起可以保鲜

2.现代家居装修材料中,普遍存在着甲醛、苯及苯的同系物等有毒物质,如果不注意处理就会对人体产生极大的危害。按照有机化合物的分类,甲醛属于醛。下面各项对有机化合物的分类方法与此方法相同的是　　(　　)

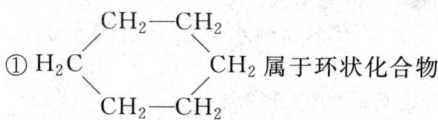

① H_2C(环:$CH_2—CH_2$、CH_2、$CH_2—CH_2$)属于环状化合物

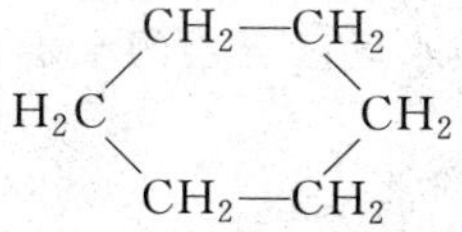

② (苯环)—Br 属于卤代烃

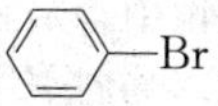

③ $CH_3—CH_2—(CH_2)_2—CH_2—\overset{O}{\overset{\|}{C}}—OH$ 属于链状化合物

④ $(CH_3)_2CH—O—$(苯环)属于醚

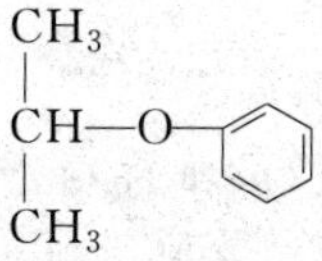

A.①②　　B.②③

C.②④　　D.①④

3.关于营养物质的下列说法不正确的是　　(　　)

A.淀粉能水解为葡萄糖

B.油脂属于有机高分子化合物

C.鸡蛋煮熟过程中蛋白质变性

D.食用新鲜蔬菜和水果可补充维生素 C

4.下列有机化合物的命名正确的是　　(　　)

A.2,3,5-三甲基己烷

B.1,3-二甲基丁烷

C.2,3-二甲基-2-乙基己烷

D.2,3-二甲基-4-乙基戊烷

5.下列化合物在核磁共振氢谱中能出现两组峰,且其峰面积之比为 2∶1 的是　　(　　)

A.乙酸甲酯　　B.乙醛

C.2-甲基丙烷　　D.对苯二甲酸

6.已知乙烯为平面形结构,因此 1,2-二苯乙烯可形成如下两种不同的空间异构体。下列叙述正确的是(　　)

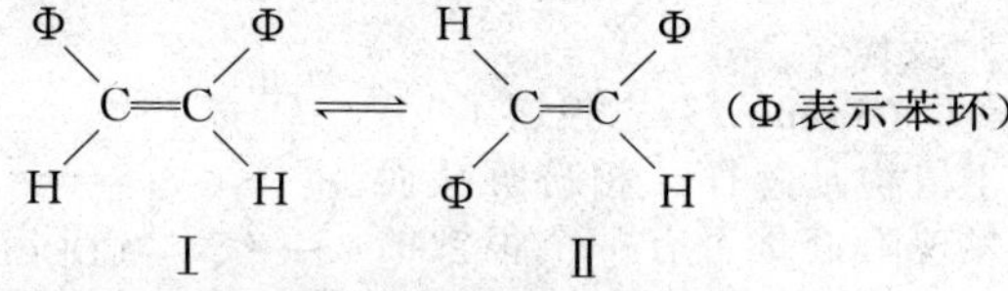

A.丙烯和 2-丁烯也能发生类似的结构变化

B.由结构Ⅰ到结构Ⅱ属物理变化

C.结构Ⅰ和结构Ⅱ互为同分异构体

D.1,2-二苯乙烯中所有原子不可能处于同一平面内

7.已知酸性大小:羧酸>碳酸>酚,下列含溴化合物中的溴原子,在适当条件下都能被羟基(—OH)取代(均可称之为水解反应),所得产物能跟 $NaHCO_3$ 溶液反应的是　　(　　)

A. 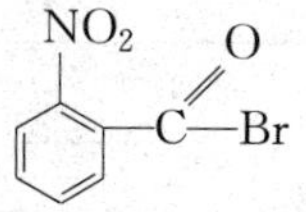 (邻位 NO_2 的苯环)—$\overset{O}{\overset{\|}{C}}$—Br

B. (邻位 NO_2 的苯环)—Br

C. (邻位 CH_3 的苯环)—Br

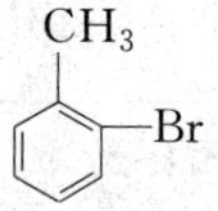

D. 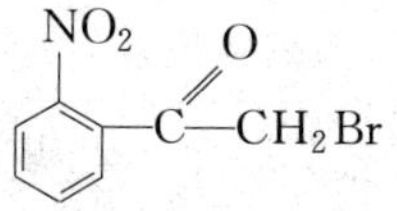 (邻位 NO_2 的苯环)—$\overset{O}{\overset{\|}{C}}$—$CH_2Br$

8.下列合成高分子材料的反应式和反应类型均正确的是　　(　　)

A. $nCH_2=CH—Cl \xrightarrow{一定条件下} [CH_2—CH—Cl]_n$　加聚反应

B. 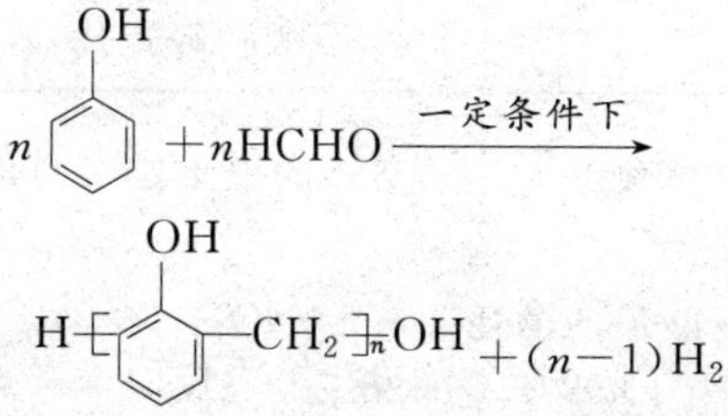 n(苯酚)$+nHCHO \xrightarrow{一定条件下}$ $H[$(邻羟基苯环)$—CH_2]_nOH+(n-1)H_2O$　加聚反应

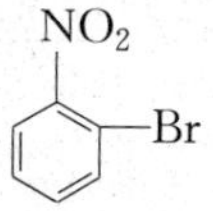

C. 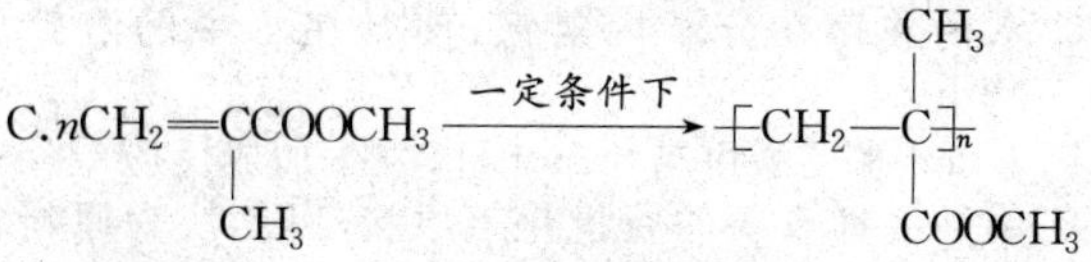 $nCH_2=C(CH_3)COOCH_3 \xrightarrow{一定条件下} [CH_2—C(CH_3)(COOCH_3)]_n$　加聚反应

D. 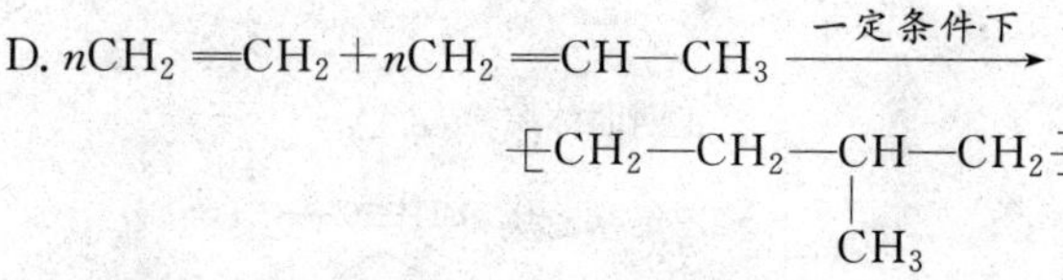 $nCH_2=CH_2+nCH_2=CH—CH_3 \xrightarrow{一定条件下} [CH_2—CH_2—CH(CH_3)—CH_2]_n$　缩聚反应

9.实验室回收废水中苯酚的过程如图所示。下列分析错误的是　　(　　)

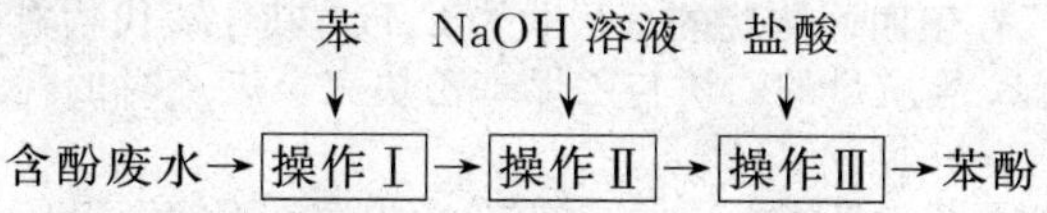

含酚废水→[操作Ⅰ(加苯)]→[操作Ⅱ(加 NaOH 溶液)]→[操作Ⅲ(加盐酸)]→苯酚

A.操作Ⅰ中苯作萃取剂

B.苯酚钠在苯中的溶解度比在水中的大

C.通过操作Ⅱ苯可循环使用

D.三步操作均需要分液漏斗

10.经研究发现白蚁信息素有:(键线式)(2,4-二甲基-1-庚烯),(键线式)(3,7-二甲基-1-辛烯),家蚕的性信息素为:$CH_3(CH_2)_3CH=CH—CH=CH(CH_2)_3CH_3$。下列说法正确的是　　(　　)

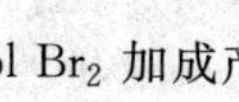

A.以上三种信息素互为同系物

B.以上三种信息素均能使溴的四氯化碳溶液褪色

C.2,4-二甲基-1-庚烯与 3,7-二甲基-1-辛烯互为同分异构体

D.家蚕的性信息素与 1 mol Br_2 加成产物只有一种

11.［双选］在 pH=0～8.2 条件下酚酞的结构简式如图所示，下列说法正确的是　(　　)

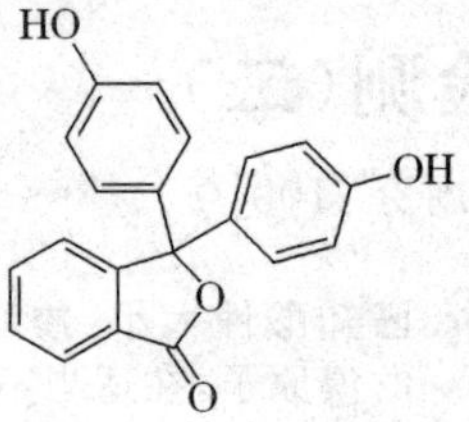

A. 分子中含有醚键

B. 能发生取代反应

C. 分子中所有碳原子共平面

D. pH=7 时，1 mol 酚酞最多消耗 3 mol NaOH

12. 下列操作能达到相应实验目的的是　(　　)

选项	实验目的	操作
A	检验绿茶中是否含有酚类物质	向茶水中滴加 $FeCl_3$ 溶液
B	测定 84 消毒液的 pH	用洁净的玻璃棒蘸取少许 84 消毒液滴在 pH 试纸上
C	除去苯中混有的少量苯酚	向苯和苯酚的混合物中滴加溴水，过滤后分液
D	实验室制备乙酸乙酯	向试管中依次加入浓硫酸、乙醇、乙酸和碎瓷片，加热

13. 下列关于水杨酸（COOH, OH）的说法错误的是　(　　)

A. 1 mol 水杨酸最多消耗 2 mol NaOH

B. 水杨酸可以与 $FeCl_3$ 溶液发生显色反应

C. 水杨酸存在分子内氢键，使其在水中的溶解度减小

D. 1 mol 水杨酸可与 4 mol H_2 发生加成反应

14. 乙炔是一种重要的有机化工原料，以乙炔为原料在不同的反应条件下可以转化成以下化合物。下列说法正确的是　(　　)

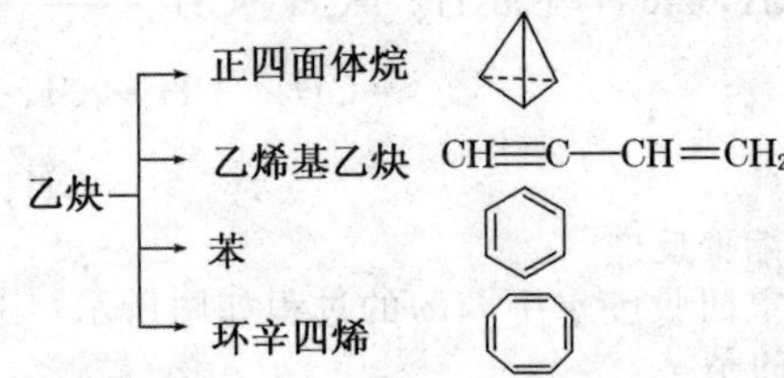

A. 正四面体烷的分子式为 C_4H_4，其二氯代物有两种

B. 等质量的乙炔与乙烯基乙炔完全燃烧时的耗氧量相同

C. 苯为平面六边形结构，分子中存在 C—C 和 C=C，能使酸性 $KMnO_4$ 溶液褪色

D. 环辛四烯跟苯的结构很像，不能使溴水褪色

15. 下图是一些常见有机化合物的转化关系，关于反应①～⑩的说法正确的是　(　　)

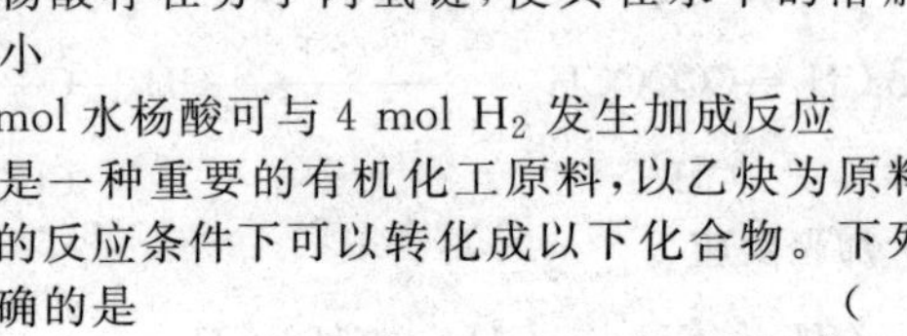

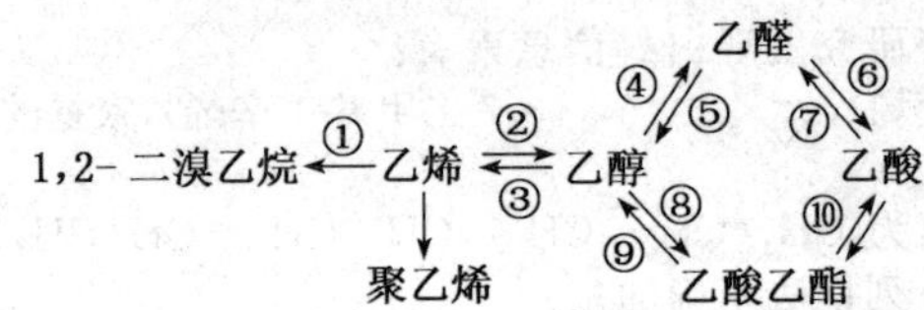

A. 反应①是加成反应，产物的结构简式为 CH_3CHBr_2

B. 反应②④⑥是氧化反应，其中④是去氢氧化

C. 反应⑦⑧⑨⑩是取代反应，其中⑧是酯化反应

D. ③是消去反应，反应的副产物中有 SO_2 气体

16. 用下列装置(夹持仪器已略去)进行相关实验，装置正确且能达到实验目的的是　(　　)

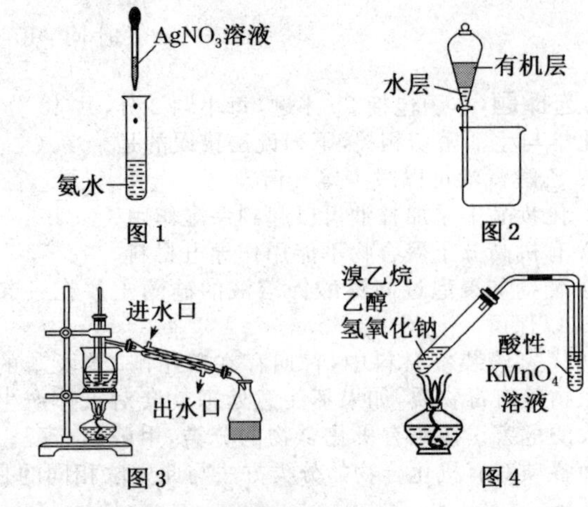

A. 图 1 装置配制银氨溶液

B. 图 2 装置分离苯萃取碘水后已分层的水层与有机层

C. 图 3 装置进行石油的分馏

D. 图 4 装置检验溴乙烷的消去反应产物中含有乙烯

17.［双选］我国科学家发现金丝桃素对高致病性禽流感病毒杀灭效果良好，某种金丝桃素的结构简式如图所示：

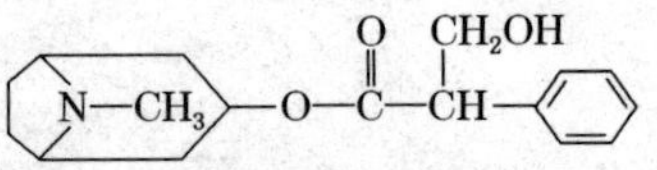

下列有关金丝桃素的说法错误的是　(　　)

A. 属于烃的衍生物，燃烧只产生 CO_2 和 H_2O

B. 可以发生取代、加成、酯化、消去等反应

C. 分子式为 $C_{17}H_{23}O_3N$，苯环上的一氯取代物有 3 种

D. 1 mol 该物质最多能和 6 mol H_2 发生加成反应

18. PVDC 是世界上目前唯一大工业化生产、可以承受高温蒸煮、具有高阻隔性能的塑料，可作为保鲜食品的包装材料，用它作为中间层，制造多层复合材料，更是目前塑料包装行业技术进步和技术创新的前沿阵地。PVDC 是聚偏二氯乙烯的英文缩写，它的结构简式是 $\lbrack CCl_2—CH_2 \rbrack_n$。下列说法错误的是　(　　)

A. PVDC 是由单体 $CCl_2=CH_2$ 发生加聚反应合成的

B. PVDC 是由单体 CCl_3CH_3 发生缩聚反应合成的

C. PVDC 也有很大的缺点，如在空气中熔融可分解，分解成为 HCl、炭黑、水蒸气等，会污染空气

D. PVDC 的单体可发生加成、取代、氧化、消去等反应

19. 美国《Science》杂志报道了“关于植物是怎样互相窃听从而发现附近是否有一个很饿的食草动物”，提出了关于植物能释放出化学“云”(挥发性有机化合物)的假设。如图就是一种化学“云”——茉莉酮酸酯的结构简式，有关该物质的说法正确的是　(　　)

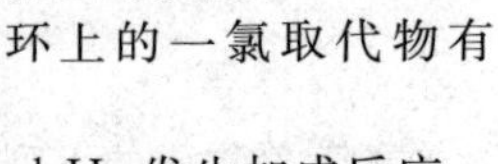

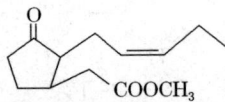

A. 该有机化合物能使高锰酸钾酸性溶液褪色

B. 1 mol 该有机化合物最多可以和 3 mol H_2 发生加成反应

C. 该有机化合物可以发生银镜反应

D. 该物质在酸性条件下的水解比在碱性条件下的水解程度大

20. [双选]化合物 Y 具有抗菌、消炎作用，可由 X 制得。

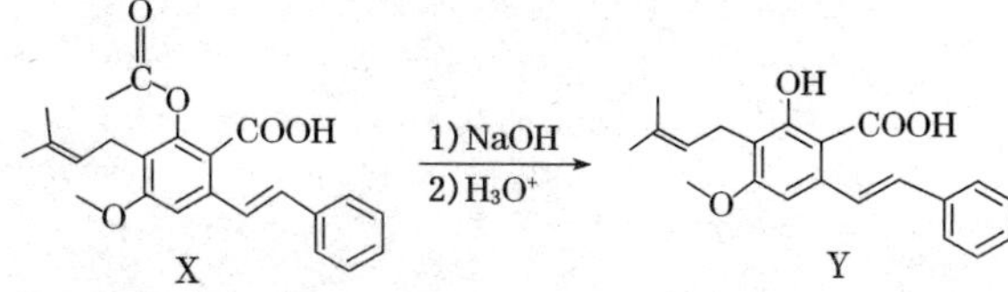

下列有关化合物 X、Y 的说法正确的是　　(　　)

A. 1 mol X 最多能与 2 mol NaOH 反应

B. Y 与乙醇发生酯化反应可得到 X

C. X、Y 均能与酸性 $KMnO_4$ 溶液反应

D. 室温下 X、Y 分别与足量 Br_2 加成的产物分子中手性碳原子数目相等

二、非选择题(本题包括 5 小题，共 60 分)

21. (10 分)阿司匹林(化合物 L)是人们熟知的解热镇痛药物。一种长效、缓释阿司匹林(化合物 P)的合成路线如图所示：

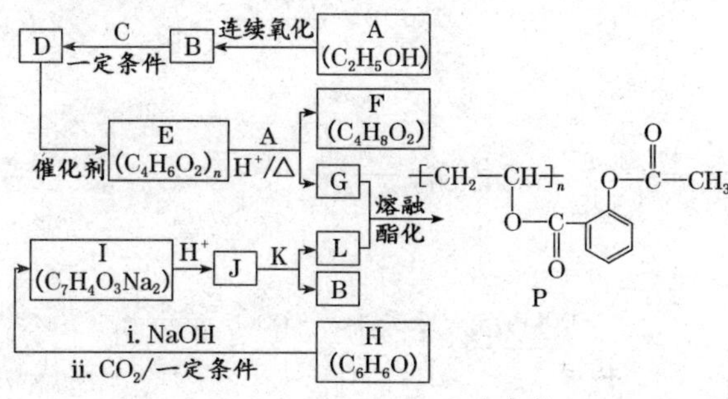

已知：① $HC\equiv CH + RCOOH \xrightarrow{一定条件} H_2C=CH-O-\overset{O}{\overset{\|}{C}}-R$

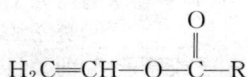

② $RCOOR' + R''OH \xrightarrow[\triangle]{H^+} RCOOR'' + R'OH$(R、R′、R″代表烃基)

请回答：

(1)A 中的官能团是________________。

(2)C 的结构简式是________________。

(3)D→E 的反应类型是________________。

(4)E→G 的化学方程式是________________________________。

(5)已知：H 是芳香族化合物。在一定条件下 2B→K＋H_2O，K 的核磁共振氢谱只有一组峰。J→L 的化学方程式是________________________。

(6)L 在体内可较快转化为具有药效的 J，而化合物 P 与 L 相比，在体内能缓慢持续释放 J。

①血液中 J 浓度过高能使人中毒，可静脉滴注 $NaHCO_3$ 溶液解毒。请用化学方程式解释 $NaHCO_3$ 的作用：________________________________。

②下列说法正确的是______(填字母)。

a. P 中的酯基在体内可缓慢水解，逐渐释放出 J

b. P 在体内的水解产物中没有高分子化合物

c. 将小分子药物引入到高分子中可以实现药物的缓释功能

22. (10 分)化合物 G 是一种医药中间体，由芳香化合物 A 制备 G 的一种合成路线如下：

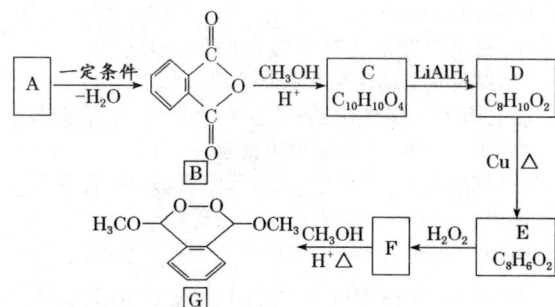

A $\xrightarrow[-H_2O]{一定条件}$ B $\xrightarrow[H^+]{CH_3OH}$ C ($C_{10}H_{10}O_4$) $\xrightarrow{LiAlH_4}$ D ($C_8H_{10}O_2$) $\xrightarrow{Cu\ \triangle}$ E ($C_8H_6O_2$) $\xrightarrow{H_2O_2}$ F $\xrightarrow[H^+\triangle]{CH_3OH}$ G

已知：①酯能被 $LiAlH_4$ 还原为醇

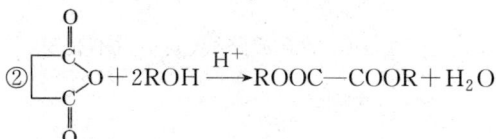

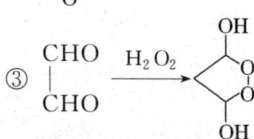

② (丁二酸酐) ＋2ROH $\xrightarrow{H^+}$ ROOC—COOR＋H_2O

③ $\begin{matrix}CHO\\CHO\end{matrix} \xrightarrow{H_2O_2}$ (含 —O—O— 的环状产物，两端各连 OH)

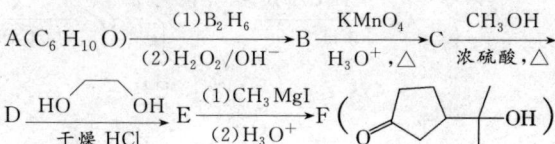

回答下列问题：

(1)A 的化学名称________________。

(2)C 的结构简式________________，由 B 生成 C 的反应类型____________。

(3)由 F 生成 G 的反应方程式________________________________。

(4)芳香化合物 X 是 C 的同分异构体，1 mol X 与足量碳酸氢钠溶液反应生成 88 g CO_2，其核磁共振氢谱显示有 3 种不同化学环境的氢，峰面积之比为 3∶1∶1 的有________种，写出 1 种符合要求的 X 的结构简式________________。

23. (12 分)酯类化合物与格氏试剂(RMgX，X＝Cl、Br、I)的反应是合成叔醇类化合物的重要方法，可用于制备含氧多官能团化合物。化合物 F 的合成路线如下，回答下列问题：

$A(C_6H_{10}O) \xrightarrow[(2)H_2O_2/OH^-]{(1)B_2H_6} B \xrightarrow[H_3O^+,\triangle]{KMnO_4} C \xrightarrow[浓硫酸,\triangle]{CH_3OH} D \xrightarrow[干燥\ HCl]{HO\frown OH} E \xrightarrow[(2)H_3O^+]{(1)CH_3MgI} F$ (环戊酮-3-位连 $C(CH_3)_2OH$)

已知信息如下：

① $RCH=CH_2 \xrightarrow[(2)H_2O_2/OH^-]{(1)B_2H_6} RCH_2CH_2OH$

② $R\overset{O}{\overset{\|}{C}}R' \xrightarrow[干燥\ HCl]{HO\frown OH}$ (缩酮) $\xrightarrow{H_3O^+} R\overset{O}{\overset{\|}{C}}R'$

③ $RCOOCH_3 \xrightarrow{CH_3MgI} R\overset{O}{\overset{\|}{C}}CH_3 \xrightarrow{CH_3MgI} R-C(OMgI)(CH_3)-CH_3 \xrightarrow{H_3O^+} R-C(OH)(CH_3)-CH_3$

[答题栏]

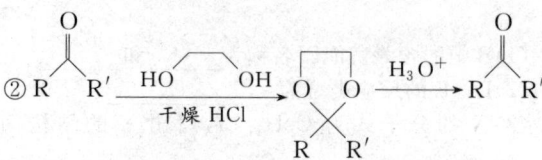

题号	答案
1	
2	
3	
4	
5	
6	
7	
8	
9	
10	
11	
12	
13	
14	
15	
16	
17	
18	
19	
20	

(1)A 的结构简式为________,B→C 的反应类型为______,C 中官能团的名称为________,C→D 反应的方程式为________________。

(2)写出符合下列条件的 D 的同分异构体________(填结构简式,不考虑立体异构)。

①含有五元碳环结构;②能与 $NaHCO_3$ 溶液反应放出 CO_2 气体;③能发生银镜反应。

(3)判断化合物 F 中有无手性碳原子,若有用"*"标出。

(4)已知羟基能与格氏试剂发生反应。写出以 HO—(环己基)—CHO、CH_3OH 和格氏试剂为原料制备 O=(环己基)—C(OH)(CH₂-环戊基)₂ 的合成路线(其他试剂任选)。

24.(14 分)化合物 G 是临床常用的镇静、麻醉药物,其合成路线流程图如下:

CH_3COCH_3 (A) $\xrightarrow[\text{碱}/\triangle]{HCOOC_2H_5}$ H—C(=O)—CH₂—C(=O)—OCH₃ (B) $\xrightarrow[\text{催化剂}/\triangle]{O_2}$ HO—C(=O)—CH₂—C(=O)—OCH₃ (C) $\xrightarrow[\text{浓 }H_2SO_4/\triangle]{CH_3OH}$ D $\xrightarrow[CH_3ONa]{CH_3CH_2Br}$ E $\xrightarrow[CH_3ONa]{X}$ F $\xrightarrow[\text{一定条件}]{H_2N-C(=O)-NH_2}$ G

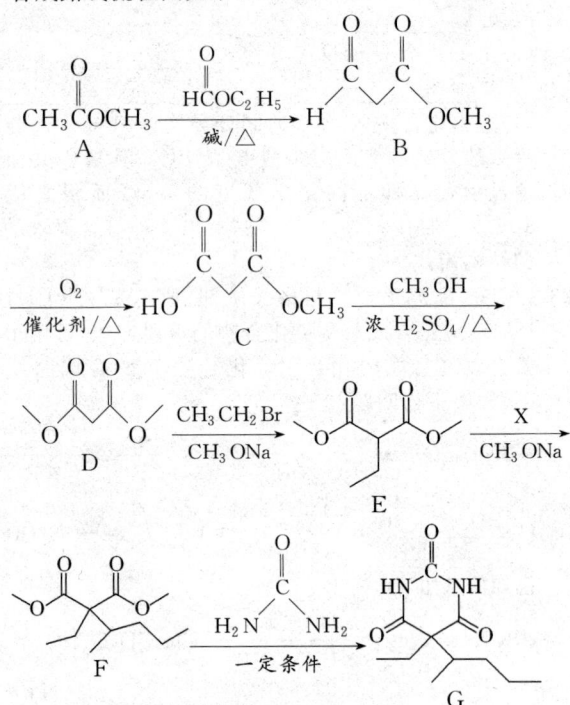

(1)B 中的含氧官能团名称为______和______。

(2)D→E 的反应类型为________。

(3)X 的分子式为 $C_5H_{11}Br$,写出 X 的结构简式________。

(4)F→G 的转化过程中,还有可能生成一种高分子副产物 Y,Y 的结构简式为________________。

(5)写出同时满足下列条件的 G 的一种同分异构体的结构简式:________________。

①分子中含有苯环,能与 $FeCl_3$ 溶液发生显色反应

②分子中只有 4 种不同化学环境的氢

(6)写出以 $CH_2BrCH_2CH_2Br$、CH_3OH 和 CH_3ONa 为原料制备 (1,1-环丁烷二甲酸二甲酯) 的合成路线流程图(无机试剂任用,合成路线流程图示例见本题题干)。

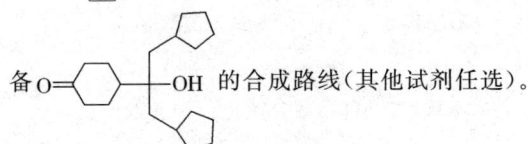

25.(14 分)我国化学家首次实现了膦催化的(3+2)环加成反应,并依据该反应,发展了一条合成中草药活性成分茅苍术醇的有效路线。已知(3+2)环加成反应:

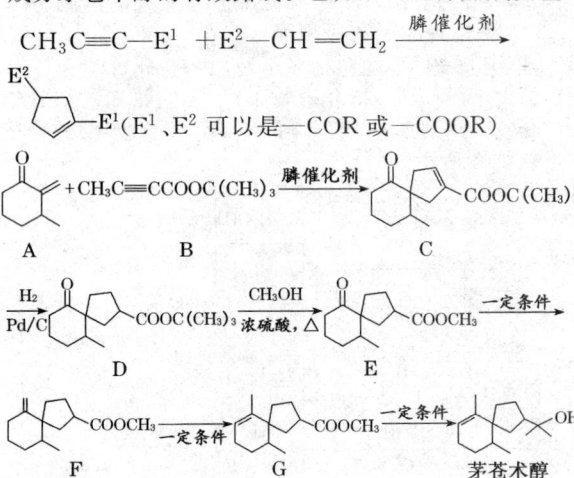

$CH_3C\equiv C-E^1 + E^2-CH=CH_2 \xrightarrow{\text{膦催化剂}}$ (环戊烯,含 E^2、E^1)(E^1、E^2 可以是—COR 或—COOR)

A + $CH_3C\equiv CCOOC(CH_3)_3$ (B) $\xrightarrow{\text{膦催化剂}}$ C $\xrightarrow[Pd/C]{H_2}$ D(—COOC(CH₃)₃) $\xrightarrow[\text{浓硫酸},\triangle]{CH_3OH}$ E(—COOCH₃) $\xrightarrow{\text{一定条件}}$ F(—COOCH₃) $\xrightarrow{\text{一定条件}}$ G(—COOCH₃) $\xrightarrow{\text{一定条件}}$ 茅苍术醇(—C(CH₃)₂OH)

回答下列问题:

(1)茅苍术醇的分子式为________,所含官能团名称为________,分子中手性碳原子(连有四个不同的原子或原子团)的数目为________。

(2)化合物 B 的核磁共振氢谱中有________个吸收峰;其满足以下条件的同分异构体(不考虑手性异构)数目为________。

①分子中含有碳碳三键和乙酯基($-COOCH_2CH_3$)

②分子中有连续四个碳原子在一条直线上

写出其中碳碳三键和乙酯基直接相连的同分异构体的结构简式________________。

(3)C→D 的反应类型为________。

(4)D→E 的化学方程式为________________________________,除 E 外该反应另一产物的系统命名为________。

(5)下列试剂分别与 F 和 G 反应,可生成相同环状产物的是________(填标号)。

a. Br_2 b. HBr c. NaOH 溶液

(6)参考以上合成路线及条件,选择两种链状不饱和酯,通过两步反应合成化合物 M,在方框中写出路线流程图(其他试剂任选)。

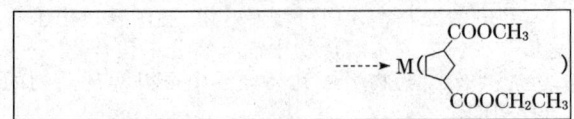

------→M(环戊烯,含 $COOCH_3$ 与 $COOCH_2CH_3$)